永州市地方志丛书

永州市回龙圩管理区志

永州市回龙圩管理区志编纂委员会　编

方志出版社
Publishing House of Local Records

图书在版编目（CIP）数据

永州市回龙圩管理区志/永州市回龙圩管理区志编纂委员会编.—北京：方志出版社，2020.5
ISBN 978-7-5144-4207-6

Ⅰ.①永…　Ⅱ.①永…　Ⅲ.①区（城市）—地方志—永州—1992-2015　Ⅳ.①K296.44

中国版本图书馆 CIP 数据核字（2020）第 101505 号

永州市回龙圩管理区志

编　　者：永州市回龙圩管理区志编纂委员会
责任编辑：刘　珊
出 版 者：方志出版社
地址　北京市朝阳区潘家园东里 9 号（国家方志馆 4 层）
邮编　100021
网址　http：//www.fzph.org
发　　行：方志出版社图书经销中心
电话（010）67110500
经　　销：各地新华书店
印　　刷：衡阳顺地印务有限公司
开　　本：889×1194　1/16
印　　张：40.75
字　　数：800 千
版　　次：2020 年 5 月第 1 版　2020 年 5 月第 1 次印刷
印　　数：0001～1000 册
ISBN 978-7-5144-4207-6　定价：380.00 元

《永州市回龙圩管理区志》编纂委员会

顾　问： 盘志元

主　任： 李社光　易恢节

副主任： 成　萍　周礼才　王湘文　李冬华

欧阳群松　何　科　刘香山

成　员（排名不分先后）：

刘　炜　杨华深　欧阳松林　奉明国　朱石旺

张家忠　何泽荣　何强旺　曾　勇　卢武金

朱建旺　何洪琼　朱春跃　杨春良　何彦谦

周人瑞　卢登福　欧学军　陈闯祖　蒋明辉

欧阳树亮　王佩华　柏德增　周官友　唐建国

何喜德　何红代　卢先植　李　磊　彭向东

董　勇　唐　凌　容散龙　唐建平　宋　旗

《永州市回龙圩管理区志》
编纂委员会办公室

主　任：刘　炜

《永州市回龙圩管理区志》
编辑部

总　纂：刘　炜

副总纂：刘香山

编　辑：毛国芳　卢朝瑞

《永州市回龙圩管理区志》
审稿人员

高　波

凡 例

一、本志以马克思列宁主义、毛泽东思想、邓小平理论、“三个代表”重要思想、科学发展观、习近平新时代中国特色社会主义理论为指导，坚持辩证唯物主义和历史唯物主义的立场、观点和方法，坚持存真求实、精选精编、繁简适当，突出时代特色和地方特色的编纂原则，全面系统地记述1958—2015年永州市回龙圩管理区自然、政治、经济、文化和社会的历史与现状。

二、本志记述上起1958年，下迄2015年，个别事类适当下延。

三、本志采用述、记、志、传、图、表、录七种体裁，以志为主。志前设文前彩页、概述、大事记，设专志17篇，志末设人物、附录、索引。各篇分章、节，篇前设无题小序；节下设目、子目。

四、本志遵循横分门类、以类系事、纵述史实的体例编纂，按科学性、专业性与当代社会分工及突出地方特色与时代特色相结合的原则分类设目。为突出回龙圩农业经济中柑桔的重要地位，将经济作物“柑桔”升格为一章。

五、本志中党政组织、社会团体、企事业单位等机构与职务的名称均以当时的标准名称为准，多次使用的名称首次用全称，括注简称。中国共产党简称“中共”；中共永州市委员会、永州市人民政府分别简称“市委”“市政府”；中共永州市回龙圩管理区委员会、回龙圩管理区管理委员会分别简称“区党委”“区管委”；“有限公司”除标题外简写为“公司”。

六、本志行文概用语体文，标题格式、时间表述、数字书写、计量名称、引文注释、图表处理等方面均按《〈永州市志〉编纂指南》中所作行文通则执行。

永州市行政区划图

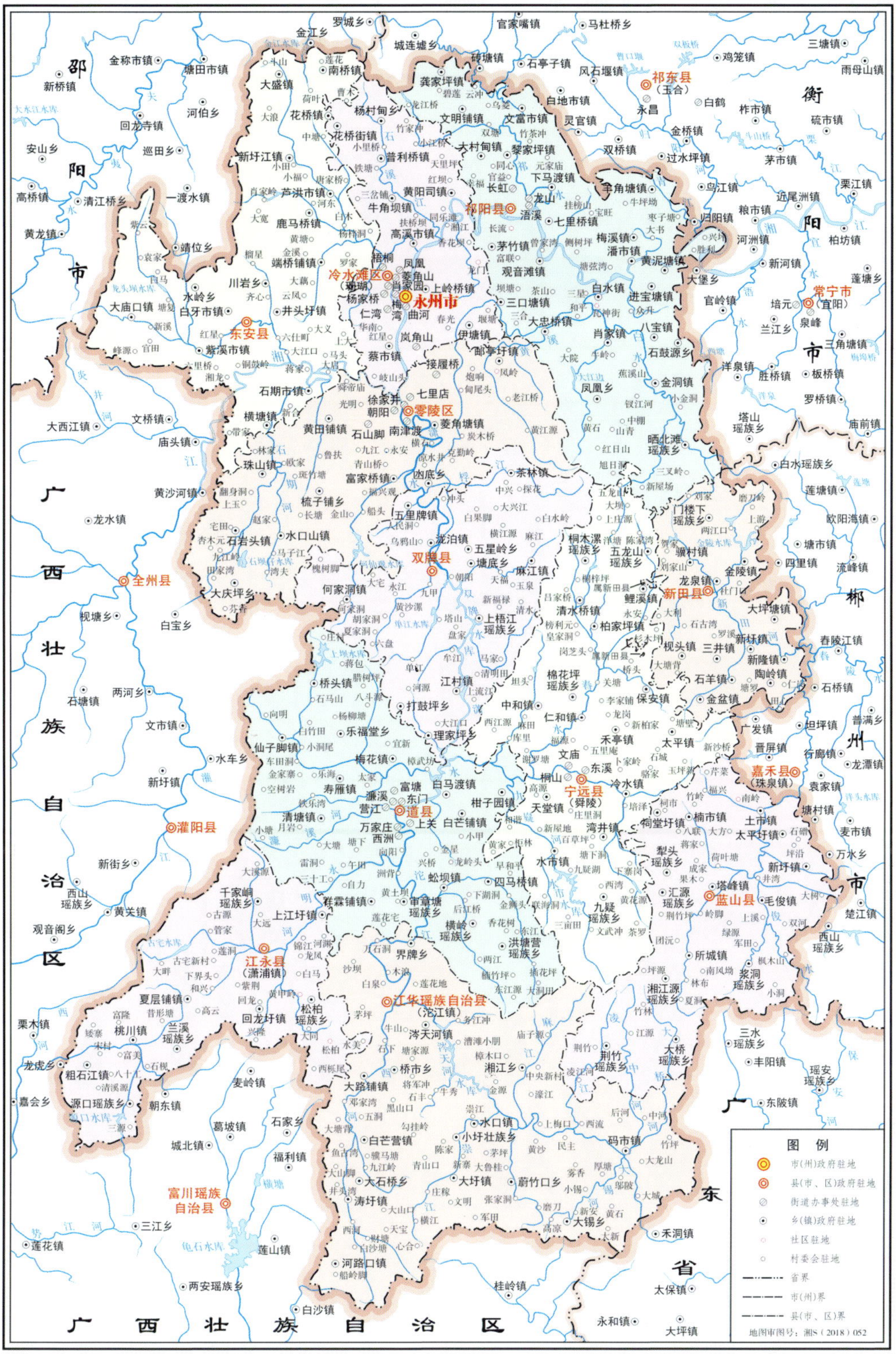

永州市
冷水滩区
零陵区
祁阳县
东安县
双牌县
道县
江永县
宁远县
新田县
蓝山县
嘉禾县
江华瑶族自治县
祁东县
常宁市
全州县
灌阳县
富川瑶族自治县
邵阳市
衡阳市
郴州市
广西壮族自治区
广东省
图例
市(州)政府驻地
县(市、区)政府驻地
街道办事处驻地
乡(镇)政府驻地
社区驻地
村委会驻地
省界
市(州)界
县(市、区)界
地图审图号：湘S（2018）052

回龙圩管理区地图

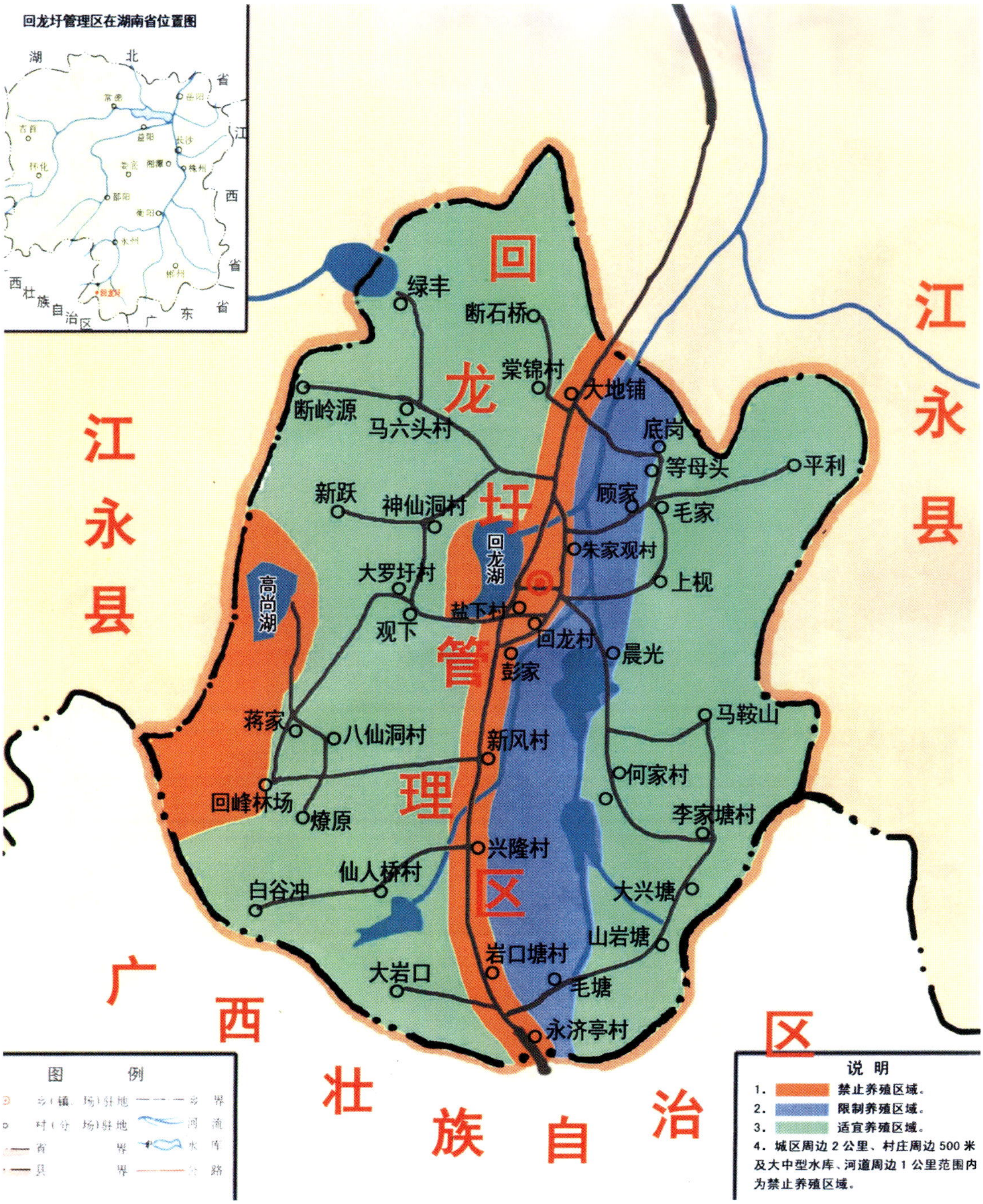
回龙圩管理区在湖南省位置图
湖
北
省
江
西
省
广
东
省
西
壮
族
自
治
区
回龙圩管理区
江永县
江永县
广西壮族自治区
回龙湖
高尚湖
绿丰
断石桥
棠锦村
大地铺
断岭源
马六头村
底岗
等母头
平利
新跃
神仙洞村
顾家
毛家
朱家观村
大罗圩村
上枧
盐下村
观下
回龙村
晨光
彭家
马鞍山
蒋家
八仙洞村
新风村
何家村
回峰林场
燎原
李家塘村
兴隆村
仙人桥村
白谷冲
大兴塘
山岩塘
岩口塘村
大岩口
毛塘
永济亭村
图例
乡（镇、场）驻地
村（分场）驻地
省界
县界
乡界
河流
水库
公路
说明
1. 禁止养殖区域。
2. 限制养殖区域。
3. 适宜养殖区域。
4. 城区周边2公里、村庄周边500米及大中型水库、河道周边1公里范围内为禁止养殖区域。

领导关怀

①　②
③
④
⑤

① 2005年，省委副书记、省长周伯华考察回龙圩

② 1992年8月2日，国家喷灌总公司副经理陈雷（左三）到果园验收回龙圩果园节水自压喷灌工程

③ 2011年6月22日，市委书记张硕辅（右三）一行考察管理区高端茶叶种植基地

④ 2010年8月3日，市委书记黄天锡（左二）在党委书记魏和胜（右一），党委副书记、管委会主任李润志（左一）陪同下到管理区调研和指导工作

⑤ 2011年3月17日，省移民局副总工程师钱本章、省澧水公司移民部部长方长荣、副市长舒平（前排左一）、市移民局局长李爱斌一行到管理区考察涔天河水库移民安置工作

①	②
③	
④	
⑤	

① 2012年，市委书记张硕辅（右三）到回龙圩调研指导工作

② 2012年，省水利厅厅长戴军勇（一排右二）一行到回龙圩管理区调研指导节水灌溉项目工作

③ 2013年，市委副书记、市长严志辉（右二）到回龙圩调研指导工作

④ 2013年，副省长张硕辅（左二）调研万山娇茶叶基地

⑤ 2013年，市委书记陈文浩（右三）在回龙圩考察指导工作

城镇新貌

①

②

③

④

⑤

⑥

⑦

① 2015年，中心城区

② 2015年，新农村建设点——新风村

③ 2014年，高速公路路口

④ 2015年，整齐划一建设中的公租房小区

⑤ 2014年，新建成的回龙圩中小学合格学校

⑥ 2013年，整齐靓丽的八字桥居委会

⑦ 2013年，市级新农村建设示范村——岩口塘村

风景如画

①

②

③

④

① 2012年，回龙湖生态休闲园项目之天然游泳池

② 2013年，人间仙境——高尚湖

③ 2012年，万山娇现代农业标准化茶果生产基地

④ 2014年，万亩橘花

⑤ 2013年，八仙洞万亩桔园

⑤

①

②

③

④

① 2014年，建设中的马河流域

② 2015年，回龙湖生态休闲园项目

③ 2013年，回龙湖现代农业生态旅游休闲园项目

④ 2014年，建设中的回龙湖跨湖大桥

⑤ 2015年，神仙洞柑橘园风光

⑥ 2015年，高尚湖森林公园

⑤

⑥

目 录

概　述

永州市回龙圩管理区是永州市人民政府的派出机构，在辖区内比照行使县级政府职能。回龙圩管理区是农业部绿色食品生产基地，无公害产品示范基地，现代农业生态休闲基地。境内生态美，空气清新、山清水秀、四季花香、景色迷人，拥有天然氧吧高尚湖、音花意境回龙湖。道贺高速、国道538线穿境而过，是联系中西部的重要纽带。有高质、高产、高效柑橘5.95万亩，畅销全国，出口东南亚。辖区内大多为瑶族聚居地，民风淳朴、诚实守信、热情好客、相敬如宾、和谐安康。

一

回龙圩管理区位于湖南省南部，地处北纬25°1′~25°8′，东经111°9′~111°11′之间。南邻广西富川，东、西、北分别与江永县松柏瑶族乡、夏层铺、潇浦镇接壤。东西宽9.4公里，南北长12.5公里，总面积106.92平方公里。居住着瑶族、汉族、壮族、苗族、侗族、回族、彝族、土家族、黎族、水族、穿青族、布依族12个民族，其中以瑶族为主的少数民族人口占总人口的52.6%。2015年，全区有3701户，总人口10440人。

回龙圩管理区四周山丘环峙，有大小山峰62座，回峰岭海拔945.5米。地势由西南向东北倾斜，中部为插花式平原和盆地。永富二级公路南北贯穿，道贺高速从境内东南边过境。村村通水泥路，总长120公里。境内有两条小溪，一条起源于岩口塘村与广西交界的百谷冲，流入双龙水库。另一条起源于回峰岭，流入盐下水库。两条小溪从朱家观村汇合，由南向北流入潇水。全区有小（1）型水库一座，小（2）型水库11座。境内属中亚热带季风湿润气候，四季分明、气候温和、光照充足、雨量充沛、无霜期长，宜于种养业。全区土地为15.58万亩，其中耕地面积17538亩，林地面积8.96万亩，森林覆盖率78.28%。活立木蓄积14万平方米，水域面积5901.7亩。其中可利用水产养殖面积4736.7亩，地下水有泉井195口。生物种类繁多，动物500余种，木本植物900余种，属国家保护珍稀林8种。境内有铁、铜、铅、云母、石棉、钴土、花岗石等矿藏，这些自然资源为回龙圩经济发展提供良好的基础。

回龙圩管理区以农业为主，粮食作物以水稻为主，其次为红薯、玉米、大豆。经济作物以柑橘为主，其次为烤烟，茶叶，食用油有菜籽油、花生油、茶油。柑橘是回龙圩的名优产品，被农业部鉴定为无公害产品，曾获得首届湖南省柑橘评比金奖产品。远销加拿大、新加坡、俄罗斯及中国香港和中国澳门。2015 年，有种植面积 5.95 万亩，产量 12.5 万吨，产值 5 亿元。柑橘是回龙圩的支柱产业，是老百姓致富的主要途径。

回龙圩的工业起于 20 世纪 70 年代，兴盛于 20 世纪 80 年代，衰落于 20 世纪 90 年代末。主要有农副产品加工、农业机械维修、造纸及松脂油冶炼。随着经济体制改革的深入和市场经济的影响，2001 年，区办企业陆续倒闭破产。2005—2015 年，通过招商引进一些工商企业，但规模小。2015 年，工业总产值 7367 万元，占回龙圩国民生产总值的 32%。

二

2004 年，新开辟的柑橘基地

回龙圩管理区前身为湖南省回龙圩农场是省属 13 大农场之一，也是湘南地区唯一的省属农场。行政级别正县级，省属市管，是政企合一的农垦企业。下辖 4 个农业分场，6 个水果（柑橘）分场，9 个工商企业，1 个林场和渔场，1 所中学和 1 所中心小学，4 所村小，1 家职工医院，场直机关设 6 个办公室。1958 年 5 月 1 日，经湖南省人民政府批准成立国营江永回龙圩农场，先后将衡山“五四”青年集体农庄和三合人民公社兴隆大队的李家塘村并入，总场驻李家塘，设 4 个生产区，购入马 101 匹，牛 469 头，主营畜牧业，兼营农业。1959 年，将三合人民公社兴隆、回龙圩、马鹿头 3 个大队并入，组成 4 个分场，总场移驻回龙圩。因土地增加，转为主营农业，兼营畜牧业，开始调入农业机械。1960 年，一度引种橡胶和香料作物，后因不能越冬和销售价低而停种。是年，江永、道县、宁远 3 县移民 1782 人到场落户，开荒 8680 亩。1962 年，永回公路建成通车，长沙知识青年到场落户，推动农场两个文明建设的发展。1963 年，成立联合工厂和运输队，全场实行“三定一奖”（定产量、定利润、定工资，超产奖励）的管理办法，生产不断发展，先后建成农场办公楼、礼堂和一批知青点，创办农场中学和广播站。1964年，开展社会主义教育运动，精简机构。1965年，农场下放零陵地区管理，全场人口5557人，职工2750人，劳平产粮627公斤，工农业总产值首次突破百万元。1967年、1968年全场粮食产量下降，工农业总产值跌入低谷。1969年，农场下放江永县管理。这个时期农场干部、工人在极端困难的情况下，坚持农田基本建设，集中劳力、机械，坚持常年施工，先后建设橘园2100亩，茶园5366亩，造林2000余亩。垦复部分油茶林，修建塍下、早禾冲、毛家、道山湾水库。同时改糖厂为造纸厂，架设江永—回龙圩10千伏高压输电线13公里，茶厂、电站、职工医院也陆续建成，水稻品种由常规高秆改矮秆良种、杂交水稻制种和推广种植均先后成功。1978年，农场党委重新分析研究农场实际情况，从实际出发，因地制宜，扬长避短，果断地跳出“以粮为纲”的圈子，调整产业结构。1984年，农场收归省属地管，实行场长责任制，逐渐完善“粮食自给，茶果为主，多种经营，立足农业，加强工业，办好商业”的总方针和“三级管理，三级核算，核交利润，超产分成，支出包干，亏损不补”的管理办法。农业方面，把适合自然条件、经济效益好的茶叶、柑橘作为支柱，橘园建设坚持常年机械施工，推行大棚育苗，种植面积逐年扩大。茶叶生产先后引进小链轨拖拉机、修剪机和采茶机，提高茶叶生产的机械化程度。水稻种植面积虽有减少，但普遍推广杂交品种，加强田间管理，产量逐年提高。同时补修、新修水库及自然灌溉、喷灌设施，新建畜禽良种场。在管理体制上，实行专业分工和完善经营承包责任制，先后组建果林分场和柑橘分场、园艺场、林场和水产分场；茶叶队划归茶厂管理。工业方面，改建和扩建原有的茶厂、造纸厂、农机厂，米厂扩大为粮油厂，湘粉厂转为林化厂，新建罐头厂和饲料厂，并推行厂长负责制，实行独立核算，承包经营，工资与效益挂钩等管理办法。商业方面，新建农工商公司，开辟农贸市场，扶植个体工商户，有粮油、畜禽、肉食水产、南百货、饮食、五金交电、生活服务等网点及门市铺店。柑橘是农场的主产业，1992年，农场经营柑橘面积8000余亩，丰产面积6000亩，产量12000吨，产值1000万元，占农场收入1/2。1997年，为把柑橘产业做大

2006年，金橘飘香

做强，经职代会审议通过制定《回龙圩农场柑橘管理办法》。为保证柑橘生产的投入，1995—1997年，高息（月息2分）集收社会闲散资金。在管理和技术上向广西立新、源头、良丰等柑橘场学习，组织干部和柑橘种植户到现场参观学习。1997年1月，回龙圩农场生产的柑橘，经农业部食品质量监督检测中心检验为绿色食品。12月，湖南省公布的首届优质水果评选结果，回龙圩农场推送的椪柑获金质奖，脐橙获优质奖。“回峰”柑橘商标被评为省名优产品商标。1995年10月22日，湖南省委书记王茂林在永州市委书记邹金鹭的陪同下考察回圩农场高产优质的橘园，对回龙圩山地开发给予肯定。为推广回龙圩农场柑橘栽培经验，当年市政府把回龙圩农场作为全市柑橘生产的培训基地，并拨15万元培训经费，对全市的柑橘发展起到示范性作用。1999年11月，回龙圩遭受前所未有的霜冻，柑橘受灾严重，受灾柑橘面积100%，受灾严重的60%，被冻死的树木的达30%，加上高息集资还款的压力，农场党委研究将果园向社会公开租赁承包。从此，集约化的柑橘生产经营形式转为分散的个人租赁承包经营形式。

1994年1月17日，八仙洞柑橘场新风村职工吴国忠从广东中山市购回35公斤猪板油，带入生猪“口蹄疫”病毒，先后在新风村、回龙村、李家塘生猪良种场流行，到3月30日，烧毁带病生猪643头，其中公猪3头，母猪105头，后备猪257头，奶猪273头，直接经济损失26.44万元。1995年1月4日，引进重庆市长寿湖渔场网箱高产养殖技术，高薪聘请该渔场技术员陈中泸到场指导。是年5月25日，从湖北龙感湖购进68万尾建鲤鱼苗，投入盐下水库网箱渔场和神光渔场放养。饲养员吹口哨喂食，引起市、县领导和有关部门前来参观，在全市产生影响。后因成本过高和市场原因以及1998年的水灾，建鲤逐渐消失。1997年，农场党委为贯彻落实市委《关于大力推进养殖业产业化的决定》文件精神，农场印发《关于进一步加快生猪发展的有关规定》文件，推进生猪生产“五三”工程，即生猪出栏5万头，母猪存栏3000头的目标。按人头把饲养任务落实到各单位包括机关科室、学校、医院。完不成任务的单位“一把手”就地免职，全体人员受罚，全场掀起养猪高潮。1998年年底，出栏生猪3万多头，存栏2.7万头，全场人均5头。

20世纪90年代初，争取到红壤开发和农业综合开发两个项目，红壤开发由副场长王医凤负责。此项目从1991年开始到1999年结束，历时9年，引入开发资金1082.2万元，其中世界银行贷款80万美元，折合人民币541.6万元，国内配套资金541.6万元。农业综合开发由副场长宋罗春负责，引入资金675.27万元。1996年，从河南引进一批菜牛，在马鞍山饲养，因气候环境等原因没有成功。这两个项目对引进资金技术，优良品种，平整耕地和农田水利基本建设起到推进作用。

20世纪90年代初，农场经营好的企业有罐头厂、林化厂、茶厂、农工商公司。

特别是茶厂和罐头厂生产旺季实行“三班倒”生产，其产品“清水玉笋”“回峰毛尖”“回峰红茶”出口到东南亚等国家和地区。20世纪90年代末，受亚洲金融危机和市场的影响，大部份企业经营状况不好，负债累累。工厂职工因发不出工资下岗、待岗，一些退休的老工人因发不出退休工资，集体上访。为确保老工人的最低生活费，农场党委决定每人每月发90元生活费和15公斤大米。到2000年，按照国家及省、市相关政策，农场成立以党委委员、副场长范桑洪为组长的企业产权制度改革领导小组，制定2000年工商企业改革方案，到2002年，场办10家工商企业经江永人民法院裁决，宣告破产倒闭，通过破产消掉不良债务3861万元，置换职工身份689人。

1992—2009年，农场有中学1所、完全小学1所、村小5所，中、小学教师105人，在校中、小学生1635人。有职工医院1所，由于企业办社会负担大、包袱重，对农场教育、卫生方面投入严重不足，导致发展缓慢，特别是医院，一度停业关门，医生、护士自由组合开个体诊所，后群众意见大，才得以恢复。

1998—2000年是回龙圩农场最困难的时期，为了开源节支，机关精简机构和人员。鼓励管理人员停薪留职，在职人员按级别交纳风险金、带岗金，方能继续上岗，否则下岗待岗。1999年1—3月，全场管理人员发不出工资，每人每月只发100公斤稻谷。市政府召开专题常务会议，研究解决欠发教师工资问题。

1995年，由书记挂帅成立农场体制改革领导小组，积极向省市领导和相关部门报告请示，争取省市领导的支持。永州市委、市政府十分重视农场体制改革，安排市委政策研究室和市政府体改委两个部门就回龙圩农场体制改革问题进行调研，在历经3个月的调研后，市委政策研究和市政府体改委联名向市委、市政府呈报关于回龙圩农场改制为回龙圩管理区，并设立一级金库的书面调研报告。1997年，市委、市政府决定回龙圩农场设立一级财政，市编办于当年6月6日印发同意回龙圩农场设立“永州市回龙圩财政税务局”的文件。1996年，回龙圩镇被列为全国小城镇综合改革试点镇。1999年，回龙圩农场被列为湖南省社会发展综合试验区。省农垦局也为农场体制改革积极向省委、省政府领导汇报请示。2000年1月24日，省委、省政府印发中共湖南省委、湖南省人民政府关于国有大中型农场体制改革的意见，同年10月24日，省编办对永州市回龙圩管理区机构编制有关问题进行批复，并对机构设立，人员编制作出明确规定，确定回龙圩管理区为正县级管理区，永州市人民政府派出机构。2001年4月17日，永州市委、市政府研究决定撤销回龙圩农场，设立永州市回龙圩管理区。回龙圩管理区作为永州市人民政府派出机构，行使县级人民政府职能，管理辖区的社会事务。随后市编办对回龙圩管理区机构设立，人员编制作出相应的安排，2002年3月6日，永州市回龙圩管理区挂牌成立。

三

2006年，城区道路二纵三横全部连接贯通，道路进行硬化、绿化和亮化，并拓宽和改造回峰路人行道及下水道。2009年，投资2600万元，新建办公大楼和办公楼前的文化广场，改造区招待所和农贸市场，加大中心城区的绿化、亮化和美化。2011年，招商引进永州颐鸿农业生态有限公司，打造回龙湖农业休闲观光园，规划总投资5亿元，当年投资1000万元，用于平整土地，修建道路和露天游泳池，开辟工业园、回龙湖、彭家山三个新区。2014年10月，新任管理区领导到任后，城镇建设继续加速。投资7000万元把回龙湖路扩宽提质为8车道的沥青路面；投资2300万元在回龙湖安装过山车、高空飞翔、旋转骑士等游乐设施；投资2000万元修建时代广场及八字桥小区广场和高速公路的出口节点；投资150万元兴建的冠上公园，投资400万元购买洒水车、清扫车、垃圾车、垃圾箱，聘请80人的环卫工人和村级保洁员，对镇、各办事处环境卫生实行月月考核评比，对评为前一、二名分别奖4000元、2000元，末名的罚1000元。为确保中心城区环境整洁，组建30人城区综合执法队，对中心城区和永富二级公路回龙圩段两旁乱摆乱放、乱搭乱建、乱停乱画等影响环境的不文明的行为依法查处。2015年，中心城区的范围南北向从回龙圩镇的黄家村至八仙洞的新风村约5公里，东西向从上枧村至回龙湖的母本园约2公里，面积10平方公里。主要街道“二纵三横”。“二纵”：回峰路、回龙湖大道；“三横”：回龙路、迎宾路、知青路。2015年，城中心城区面积比改制前扩大3倍，人口增加5倍。投资2000万元新建廉租房和公租房，其中廉租房504套，公租房480套，解决3984困难户的住房问题。

2011年，启动农垦棚户区改造，农村危房改造，林场危房改造工程，总投资3.5亿元。随着城区扩大，城区人口的增加，带动第三产业快速发展，到2015年，城区有月销售额10万元的超市5家，宾馆2家。其中星级宾馆1家，餐馆4家，物流快递、音乐茶座、美容美发、按摩足浴等休闲服务业悄然兴起。

2015年，道贺高速从回龙圩管理区永济亭、李家塘两个办事处穿境而过，并设有永济亭互通口；永富二级公路南北贯穿；洛湛铁路在江永设站，火车站距管理区只有25公里。辖区内新修改造通村公路24条，总里程123.2公里，总投入4216.6万元，实现每个自然村都通水泥路的目标。

2014年，管理区党委和管委提出柑橘产业的发展新思路，在突出的生态环保的基础上，柑橘生产与美丽的乡村建设、与产业合作社的建设、与农业休闲观光建设连接起来，做大做强柑橘这个绿色产业，延长柑橘产业链，发展乡村旅游。2014年，投资3000万元，建设6个美丽的乡村，八仙洞、农科所和岩口塘乡村进入省级美丽乡村行列。八仙洞办事处为湖南省科技技术普及基地，这里有风景迷人的高尚湖，有千亩自压喷灌橘园，有一棵多品种的观光果树。从新风村—八仙洞办事处、神仙洞办事处—新铺村—马鹿头村—回峰林场棚改区，两条主要果园道路全部为炒沙沥青路面，沿途10公里都安装太阳能杀虫灯。一个近6万亩的绿色生态的柑橘大观园已经形成，2015年，到管理区观光休闲的游客近万人次。

成立管理区后，烤烟税归本级财政，管理区党委、管委把发展烤烟生产，作为一个新的经济增长点来抓。到2015年，烤烟种植面积2500亩，产量5000担，税收300万元。

为彻底解决回龙圩水利问题，1989年，积极向省水利厅申请将晨光水库扩建升级为中型水库，并做好项目前期工作。2009年，财政安排经费对全区11座水库除险加固，维修改造山塘水坝21处。2014—2015年，投资1300万元对马河流域回龙圩段进行改造，在工程项目建设的同时，注重生态环保的保护建设，使每座山塘水库每一条河流青山碧水，绿绿茵茵，鸟语花香，成为人们观光休闲的乐园。

养猪由一家一户饲养向大户发展，小猪场向大猪场发展，同时着力解决污水处理和环境污染问题。2015年，全区年生猪存出栏量1000头以上的猪场14个，产值1768万元。利用水塘和水库养鱼，以四大家鱼为主，以天然草料投养为主，对水及周边环境没有污染。家禽以果园鸡为主，销售以两广及本地为主。

2002年，回龙圩养老保险进入全省养老体系并不断健全。2015年，全区应参保人数7821人，参保7679人，参保率98%，年发社会养老金3369.76万元。2015年，参加新型农村合作医疗10408人，参保率100%，参保资金124.9万元，政府配套437.14万元，支出613.82万元。基本消除因病致贫，看不起病的现象。2004—2015年，管理区城镇低保累计44070户8576人，发低保金1405.1万元，到2015年人均246.5元人/月，农村低保累计20758户43217人，发低保金393.5万元。到2015年人均113.94元人/月，优抚对象2015年67人，发优抚资金40.62万元，从2002—2015年累计优抚支出346.86万元。农场时有五保户人员25人，人均每月/每人供养金66元，到2015年供养人员减少到5人，月供养金人均242元。对90岁以上的老人每人每月发补贴100元。2001年，建立养老院，配备专职的护理人员。对全区的孤寡老人集中抚养，使他们安度晚年。2012年以来连续三年从省争取农垦危房改造和农村危房改造资金共计6.35亿元。为解决群众看病难的问题，将原农场卫生院升为区人民医院，新建门诊楼和住院部，增加医疗器械和2辆救护车。投资1200万元，对中小学进行改造。2015年，经省市验收中学和中心小学为合格学校，学校的软硬设施建设在永州市县（区）基层中、小学相比较为先进。是年，管理区加强文体设施和群众休闲场所建设，建立高标准的篮球、气排球、羽毛球场及老人门球场。在乡村开展农家书屋建设，活跃农村文化生活，组织开展各种积极健康的文体活动。开展科学技术普及，组织科技下乡服务，请专家教授和技术人员开办科技培训，提高全民的科学技术水平。2015 年，回龙圩的柑橘种植能人被周边县区种植大户聘请为技术员。经济的快速发展经济总量增加，人们的生活水平提高，幸福指数增加，上访事件特别是集体上访逐年减少，实现进京到省上访零人次，得到市委、市政府的表彰。

2002—2015 年，上项目、招商引资，是管理区经济工作的主要抓手，历届党委和管委都十分重视项目建设和招商引资工作，制定招商引资争项目的优惠激励政策。实行领导挂帅定项目、定任务、定责任、定奖惩。每年争取资金 100 万元以上的项目近百个，项目资金总额过亿元。

1995 年开始，农场积极向零陵地委、行署汇报请示争取在回龙圩设立一级财政政策。1997 年 4 月 15 日，市委市政府下发《永州市人民政府常务会议纪要》及《永州市人民政府办公室关于建立回龙圩农场一级财政的通知》。随后市编办批复设立永州市回龙圩财税局、工商局。市政府确定回龙圩农场年上缴市财政税费 280 万元，并以每年 10%的比例递增，农场的负担不但没有减轻，反而加重。2001 年 11 月 22 日，经中国人民银行长沙中心支行批复，设立国家金库永州市回龙圩行政管理区支库，建立分税制的财政体制和财政预算制度，回龙圩的财政体系逐渐完善。1997 年，设立一级财政时财政总收入 623 万元，支出 659 万元。2002 年，财政总收入 862 万元。到 2015 年财政总收入 1. 96 亿元，比 1997 年设立一级财政时增加 31. 5 倍。

2015 年，回龙圩管理区坚持以全面建成小康社会为总揽，以打造现代休闲观光农业示范区为中心，深入实施“生态立区、产业强区、城镇靓区、旅游旺区”四大战略，全区经济社会持续快速健康发展。完成地方生产总值 2. 29 亿元，同比增长 11. 5%；完成财政收入 4081 万元，同比增长 15. 94%；完成固定资产投资 7. 5 亿元，同比增长 22. 95%；实现社会消费品零售总额 7139 万元，同比增长 12%；城镇居民可支配收入 1. 87 万元，同比增长 10. 39%；农村居民人均纯收入 1. 16 万元，同比增长 65. 7%。全区社会管理综合治理、安全生产、三项优先、农业农村四项工作受到市委、市政府的综合表彰。

2015 年，管理区争取到位资金 1. 99 亿元，同比增长 17%；确定重点项目 13 个，项目投资拉动作用明显。坚持科学规划，完善城乡功能，提升城市品位。投资 5 亿余元，规划实施中心城区道路提质改造、公租房、三个节点、城乡环境综合整治、农垦危房改造、二级客运站、冷链物流园等一批城乡基础设施项目。将旅游旺区与美丽乡村建设相结合，统筹推进全区美丽乡村建设。其中，八仙洞办事处八仙洞村美丽乡村建设初具规模。完善各类环卫设施，建好垃圾处理场，建立健全环境卫生制度，组建专业执法队伍和覆盖城乡的保洁员队伍，全区城乡面貌和人居环境明显改观。

进一步加大柑橘黄龙病统防统治、品种改良力度，加快推进标准化生产，柑橘主导地位进一步巩固。建成集党建、社会治理、农产品网上销售、农产品质量追溯功能于一体、覆盖全区的回龙圩电商平台，带动全区农产品销售。推广罗汉果、青钱柳种植，加快发展农业专业合作社等新型经营主体，鼓励多元发展。新型工业有新进展，新储备园区建设用地600亩，配套8栋生活用房，建筑总面积达5万平方米。做好华能风力发电项目的前期准备工作。发展农产品加工业，新增水果、茶叶加工厂4家。旅游业发展基础不断夯实。回龙湖生态休闲乐园、八仙洞水果观光园、卫东村美丽乡村旅游点等旅游景点配套服务设施不断完善。

始终把执行力建设作为干部能力建设核心工作抓好抓实。坚持抓好执纪立规，建立健全领导干部实绩卡考核、财务管理、作风追究、工程招投标等一整套制度；进一步抓好党员干部教育培训、农村党员春训、书记上党课常态化、制度化；坚定不移反“四风”，抓好领导干部基层调研、驻村帮扶等工作机制落实；坚持以督办抓执行，全年开展作风督查30余次，立案4起，结案4起，涉及乡科级干部5人，给予开除党籍1人，党内严重警告2人，党内警告4人。提高村组干部待遇和村级运转经费，村级运转经费提高到7.332万元；建好党建发展基地，增强村级集体经济实力。

全区脱贫329人，朱家观村顺利出列，贫困村、贫困群众生产、生活条件得到改善，收入水平大幅提升。保障性住房、饮水安全、医疗卫生、社会保障等民生工程有序推进。敬老院和人民医院整体搬迁项目完成3层主体建设，农村居民安全饮水率达85.6%。

2015年，回龙圩管理区党委提出“农业稳区、工业强区、城镇靓区、生态立区、旅游兴区”的发展观念，管理区上下团结一心，积极进取，一个充满活力、生态优美、幸福小康的回龙圩在不久的将来一定会实现。

大事记

1992 年

1 月 9 日，回龙圩农场喷灌管理总站、回龙圩农场保安队成立。

1 月 23 日，回龙圩农场晨光水库工程指挥部成立。

1 月 24 日，永济亭果场黄景荣驾驶“湖南 42-40139”工具车从零陵返场，行至双牌尚仁里工班转弯处，因超速行驶加上路滑及临危操作不当而翻车，车上 7 人，重伤 2 人，轻伤 5 人，重伤者卢民英抢救无效，于 2 月 7 日死亡，直接经济损失金额 4 万元。

2 月 28 日，农场第六届四次职工代表大会召开。

3 月 25 日，林业管理站建立。

4 月 10 日，进行土地利用现状调查。

4 月 22 日，回龙圩农场职业中学实习农场成立。

5 月，罐头厂销往日本清水玉笋罐头 64 吨，创外汇 25 万元，创月出口产值最高纪录。

5 月，回龙圩镇经济工作委员会成立。

6 月 29 日，回龙圩农场长沙知识青年基金会成立。

7 月 27 日，农场召开议教会，决定教师节表彰一批尊师重教的单位和个人，调整村小学布局。

8 月 1 日，回龙圩镇民政办公室、回龙圩镇民政基金会成立。

8 月 2 日，南方饲料厂发行内部股票。

8 月 3 日，水利部喷灌总公司设计项目经理陈雷受总经理邹广荣委托，组织湖南省水利厅、零陵地区水利局、农业局、江永农行到农场验收喷灌工程。

9 月 13 日，全场推广使用液化气灶。

11 月 12 日，农场安全委员会成立。

11 月 14 日，零陵地委、行署任命肖建文为回龙圩农场场长、党委书记。

11 月 17 日，罐头厂年产 3000 吨果蔬罐头技改工程通过零陵地区经委、轻纺局、农行、农业局验收。

12月26日，经零陵地区森林调查队验收，回龙圩农场消灭宜林荒山达到省颁DB/T 43001—90标准。

1993年

2月12日，回龙圩农场生产的“回峰牌”绿茶、“回峰脐橙”获农业部颁发绿色食品证书。

2月18—21日，农场第七届一次职工代表大会召开。

2月20日，回龙圩农场被省委、省政府授予1992年度文明建设先进单位称号。

2月，柑橘生产改分户经营（成本费用自负，超产全得，亏产全罚）为统一管理，分户承包（农场有计划投入成本，超产按比例分成）。

3月10日，农场住房改革办公室成立。

4月6—7日，农场组织各科室负责人及分场场长、技术人员共48人到广西良丰、源头、立新农场参观学习柑橘修剪保花保果等技术。

4月10日，农场农机科、农机安全监理站、江永回龙圩农场交通安全联组成立。

4月22日，农行江永县支行批复同意回龙圩茶厂茶园更新和改造、茶叶生产设备投资80万元贷款项目。

4月30日，中国绿色食品发展中心授予回龙圩农场回峰绿茶和回峰脐橙两个产品绿色食品标志商标使用权。

5月1日，回龙圩农场普降暴雨，降雨量150毫米，山洪暴发，冲垮山塘6口，水坝35处，鱼池156亩，机耕道180处35公里，倒塌低压电杆8根电线350米，通信线路11处，毁坏沟渠6200米，秧田266亩，损失谷种0.5万公斤。毁坏早稻530亩，水田1500亩，果树1557亩（其中成龄果树357亩）；茶园20亩，经济作物（烤烟、黄豆、花生、西瓜、蔬菜等）530亩。

5月3日，场党委书记肖建文启程到中国香港地区以及泰国、新加坡等地参观学习。

5月4日，农场渔政管理站成立。

6月中下旬，农场稻瘟病，稻瘿蚊突发。

6月28—30日，湖南省农垦局在农场召开各地市农垦管理站站长和省属农场办公室主任会议。

7月17日下午，李家塘分场新村欧兵昌等5人到马鞍山双肖井捞野鱼，被江永县黄甲岭乡山脉下村开发场人员殴打罚款。19日上午，山脉下村30余人手持猎枪、棍棒等凶器窜入新村。新村村民左长清被猎枪打死。

8月1日，农场农业公司、水果公司成立。

8月12日，零陵地区福田茶场到回龙圩参观学习机采茶园和柑橘管理技术。

8月18日，农场党委书记肖建文带队一行5人到上海前卫农场学习参观柑橘栽培管理经验。

10月12日，零陵地区环保局、农业局确定回龙圩农场为绿色食品生产示范基地。

11月1日，农场颁发全场职工离退休基金统筹实施细则。

12月，财务决算农场年度亏损190.83万元。

1994年

1月17日，八仙洞柑橘场新风村队吴国忠从广东中山市购买猪板油35公斤，带入生猪口蹄疫病，先后在新村、回龙村、李家塘村畜禽良种场流行。到3月30日止，共烧毁生猪643头，其中公猪2头，母猪105头，肥猪4头，后备猪257头，奶猪273头，直接经济损失26.44万元。

3月21日，农场组织分场干部及生产队队长赴江华县参观学习酸土育秧技术。

5月8日，农场被零陵地区纳入“国有资产清产核资”试点单位。

6月13—16日，连降暴雨，雨量140毫米，山洪暴发，对农作物和基础设施造成极大损失。直接经济损失49.02万元，间接经济损失69.26万元。

6月17日，湖南省国营回龙圩农场保险促进委员会成立。

7月14日，农场考核办公室成立。

7月23日，凌晨4时—上午9时，降大暴雨，雨量180毫米，山洪暴发，直接经济损失1100多万元。

9月28日，全场开展农村耕地调查。

9月30日，农场举办“94”国庆书画、根雕、盆景展览。

10月6日，副场长欧学勤带领9人赴屈原、君山、大通湖、西洞庭等农场考察学习。

11月，全场实行工资调整。

12月12日，副场长盘新花带领渔场负责人到重庆市长寿湖考察高产网箱养鱼。

12月31日，年终决算亏损406万元。

1995年

2月14日，高薪引进重庆市长寿湖渔场技术员陈种沪到场指导高产网箱养鱼。

2月16日，农场红壤路动工。

3月1日，程控电话建设指挥部成立。

3月19日，全场普及早稻酸土育秧技术。

4月14日，罗汉果茶获得国家专利局发明专利证书，专利号ZL911689307。

4月15日，湖南省人大常委会主任刘夫生到农场考察工作。

4月，欧学勤、邱元煦、何斌3人到新加坡、马来西亚、泰国等国以及中国香港、澳门等地参加世界旅游招商活动。

5月1日，全场农、果、茶职工公费医疗恢复。

5月25日，从湖北龙感湖引进68万尾建鲤鱼苗，投放网箱养殖。

7月6日，招待所新建贵宾楼竣工。

7月10—12日，召开《回龙圩农场志》稿评议会。

8月8日，回龙圩农场程控电话开通剪彩。

8月25日，零陵地委、行署召开联席会议，讨论农场体制改革问题。

10月20日，湖南省农垦局局长马恩惠、副局长李志宏一行到农场检查工作，决定开发断石桥2000亩脐橙基地。

10月22日，湖南省委书记王茂林到农场考察山地丘岗开发工作。

10月26日，江永县回龙圩镇人大第三届换届选举大会召开。王昌发当选镇人大主席，刘香山当选镇长。

10月28日，红壤路竣工剪彩，行署副专员王干成出席剪彩仪式。

10月30日，零陵地区水果栽培先进技术经验交流会在农场召开。

11月2日，零陵地区政务信息工作会议在回龙圩农场召开。

11月5日，道县70多人到农场参观学习果、茶栽培和鱼养殖新技术。

11月12日，零陵地区文联、永州诗社诗歌研讨会在农场召开。

11月，肖建文到美国、墨西哥等国考察招商活动。

1996年

2月6日，农场召开七届二次职工代表大会，代表263人。会上就农场《财务管理办法》《劳动人事管理办法》征求意见，并表彰一批先进单位和先进个人。

2月29日，启动修建从大地铺至石头水至马鹿头的道路，全长11.8公里。

4月4日，湖南省农业厅厅长于来山到农场考察工作。

4月19日，场领导肖建文、王医凤参加由湖南省科委组织的“湖南省社会发展综合试验区评审会”，回龙圩农场综合排名第二，获首批湖南省社会发展综合试验区。

5月20日至6月7日，农场领导陈曦、宋罗春、王医凤到新加坡、马来西亚、泰国及中国香港、澳门两地区参观学习。

5月28日，零陵行署副专员王干成到农场调研红壤开发工作。

6月25日，湖南省公安厅批复同意建立江永县公安局回龙圩派出所。回龙圩派出所由企业派出所转为行政派出所。

7月3—6日，全省农垦上半年经济形势分析会在回龙圩农场召开。

7月28日，任命卢国焕为回龙圩农场武装部部长。

8月6日，全市人大办公室工作会议在农场召开。

8月，农场党委印发《湖南省回龙圩农场社会发展综合试验区“九五”计划及2010年远景目标纲要》。

10月10日，市体改委在回龙圩农场召开绿色产业工作会。

1997年

1月30日，回龙圩农场生产的脐橙，经农业部食品质量监督检验测试中心检验为绿色食品。

2月25日，对永连公路在建工程开展募捐活动。

3月6日，回龙圩农场被评为1996年度全省农垦系统统计工作先进单位。

3月，市政府确定回龙圩农场为全市柑橘栽培培训基地。

6月6日，永编办发文同意回龙圩农场设立“永州市回龙圩财政税务局”“永州市回龙圩工商行政管理局”（加挂永州市回龙圩物价局牌子）“永州市回龙圩烤烟生产办公室”。

6月19日，对外贸易经济合作部批复同意湖南省国营回龙圩农场农工商企业公司经营进出口业务。

10月31日，回龙圩农场与台商陈台笙签订百谷冲土地开发合同。

11月10日，省委书记王茂林在市委书记周金鸗的陪同下到回龙圩农场考察高产橘园。

11月10日，农场党委为贯彻落实市委、市政府《关于大力促进养殖业产业化的决定》文件精神，制定“五三工程”。即生猪出栏5万头，母猪存栏3000头，并将任务分解到单位和责任人，全场掀起饲养生猪的高潮。

12月20日，湖南省公布首届优质水果评选结果，回龙圩农场推选的椪柑，得分94分，获金质奖，脐橙得92分，获优质奖。

12月26日，回龙圩镇被列入国家第二批小城镇建设综合试点镇。

1998 年

1月1日，中国共产党回龙圩农场第十次代表大会在回龙圩大礼堂召开，共有代表100人，永州市农村工作部部长左东林到大会指导。大会通过无记名投票选举产生中国共产党回龙圩农场第十届委员会委员。

2月8日，回龙圩农场科学技术协会成立。

2月17日，欧学勤主持召开场长办公会，研究审议农场与台商陈台笙签订的百谷冲1000亩土地开发合同。

4月21—24日，场长助理范桑洪带队参加由农业部主办的“中国国际农业新技术博览会”。

5月5日下午，市政府副秘书长蒋成荣主持召开专题协调会，研究台商到回龙圩农场承包土地从事农业开发工作有关问题，市农委、市法制局、市国土局、市司法局、回龙圩农场负责人参加会议。

10月20日，农业部农垦局副局长龚菊芳一行4人，在湖南省农垦局局长曹德华、总经济师张凯峰、办公室主任杨孟觉陪同下，到回龙圩农场考察。

11月28日，回龙圩农场被评为全市第三期农业综合开发工作二等奖。

12月1日，根据市委、市政府安排，永州市离退休厅级老干部一行35人到农场考察。

12月，回龙圩生态农业和绿色食品工程被列入湖南省湘江流域环境治理项目总体规划。

1999 年

1月1日，农场印发《企业职工离退休基金统筹试行办法》。

1月13日，回龙圩农场印发《工商企业改革方案》。

2月5日，永州市房改办发文确定回龙圩农场开发建设晨光苑经济适用（安居）住宅小区列入国家安居工程。

3月，回龙圩农场的柑橘由集约经营转个人承包（承包期20年），转让面积6800亩。

3月3日，农场召开七届四次职工代表大会，审议通过《人事劳动管理办法》《财务管理办法》

3月18日，回龙圩农场印发《湖南省国营回龙圩农场一九九九年柑橘经营管理办法》。

5月，回龙圩农场决定对全场管理人员每月暂发工资200元，稻谷100公斤。

5月6日，回龙圩农场印发《关于进一步深化国有企业改革的若干规定》。

8月下旬，市农村改革领导小组办公室、市委督查室、市政府督查室对回龙圩农场回龙圩镇小城镇综合改革试点工作进行督查。

12月16日，广西富川县麦岭镇月塘村23人到永济亭哄抢椪柑并与守果人员发生争斗，下午4点，麦岭镇月塘村又来30余人手持鸟枪和镰刀抢走椪柑250公斤，围攻永济亭分场。事发后，场领导高度重视，一边向有关部门报告，一边与广西富川县联系，在双方政法部门的努力工作下，事件得到平息。

12月20—26日，全场遭受特大霜冻袭击，果树受冻面积9100亩，损失2149.2万元。

2000年

2月13日，回龙圩农场对1999年度未完成人口计划生产工作任务的回龙分场、永济亭分场、基建公司行政负责人和分管领导给予行政降级处分。

6月12日，省委、省政府在长沙召开“全省国有农场体制改革工作座谈会”，市委副书记谭政、回龙圩农场党委书记肖建文参加会议。

6月16日，中共湖南省国营回龙圩农场委员会、湖南省国营回龙圩农场制定《回龙圩农场体制改革实施方案》。

7月10日，湖南省教育厅印发《同意举办永州市回龙圩农场金星中学》，后因办学经费、生源等原因未落实。

10月，农场中小学教师30人因欠发教师工资，集体到省、市上访。

10月24日，确定回龙圩管理区管理委员会为永州市人民政府的派出机构，党政群机关暂核定全额拨款行政编制50名，管理人员实行公务员制度。

10月30日，以色列专家纳尔·大卫到农场考察橘园。

11月8日，市委书记邹金鷟到农场考察，市委常委、市委秘书长龚武生陪同。

12月，农场党委书记肖建文调离回龙圩农场，任市农委党组成员、副主任。

2001年

1月11日，农场成立“三个代表”重要思想学习教育活动领导小组。

2月5日，欧学勤主持召开党委会专题研究科技兴场工作。

3月8日，欧学勤主持召开党委工作会，研究农村税费、分场机构和农村教育改革。

4月17日，永州市人民政府召开第六次常务会议，专题研究回龙圩农场体制改革工作。

5月13日，农场党委印发《关于在场直各部门开展“三个代表”重要思想学习教育活动的实施方案》。

9月21日，欧学勤主持召开党委扩大会，专题研究工商系统退休人员、特困职工生活费及内退人员工资发放问题。

10月，在回龙圩镇等母头村媳妇娘山橘园机耕道上发生一起江永慢慢游司机（女）被杀案。

11月22日，中国人民银行长沙中心支行批复设立国家金库永州市回龙圩行政管理区支库。

12月26日，欧学勤任中共永州市回龙圩管理区委员会党委委员、书记。

12月27号，市人民政府任命范桑洪为回龙圩管理区（农场）管委会主任（场长）；免去欧学勤的回龙圩农场场长职务。

2002年

1月16日，永州市回龙圩管理区管委会印发对区经济发展局呈报的《关于工商企业“两个置换”的请示》的批复。

3月6日，中共回龙圩管理区委员会、永州市回龙圩管理区管理委员会、中共回龙圩纪律检查委员会挂牌。

4月6日，市委市政府印发《中共永州市委员会　永州市人民政府关于回龙圩管理区机构改革方案的通知》，决定撤销回龙圩农场建制，设立永州市回龙圩管理区。

5月21日，湖南省高级人民法院同意恢复江永县人民法院回龙圩人民法庭。

5月30日，回龙圩管理区全面推行农村税费改革工作。

5月31日，招商引资浙江翁老板在管理区马鹿头办事处虎湾兴建金属制品厂。

6月11日，回龙圩管委成立第二轮小城镇综合改革试点工作领导小组。

9月9日，经中共永州市委组织部批复，中共回龙圩管理区委员会召开第一次代表大会，大会代表100名。

9月11日，《回龙圩管理区基础教育管理办法》实施。

9月12日，湖南省农村改革试点领导小组办公室受国务院体改办中国小城镇改革发展中心委托批准永州市回龙圩镇小城镇综合改革试点方案。

9月16日，永州市人民政府印发《回龙圩管理区行政执法有关问题的通知》。

10月25日，党委书记欧学勤主持党委扩大会，研究工商企业依法破产工作，并成立领导小组。

12月23日，周礼才被评为2002年湖南省农村政策法规体改工作和农村改革试点工作先进个人。

2003年

1月5日，回龙圩管理区遭冰冻袭击，直接经济损失1600万元。

1月14日，晨光、上枧两村后背山发生山火，过火面积500多亩。

1月22日，永州市政府副市长程晨曦，在市政府副秘书长唐庆生陪同下到管理区走访特困户。

1月20—25日，管理区开展“送温暖、献爱心”活动。

2月12日，受“非典型性肺炎”疫情的影响，管理区食醋、板蓝根价格大幅上涨。

3月8日，管理区召开第一次妇女代表大会，选举产生管理区妇女联合会第一届委员会。

3月12日，管理区组织全体干部职工到马鞍山植树造林。

3月15日，省农垦局副局长郭诚在市农业局领导陪同下一行8人到管理区调研。

4月11日上午，在招待所会议室召开农场9家工商企业破产公告会。会上江永县人民法院副院长陈祁零宣读民事裁定书和破产还债通知书、债权申请公告。

4月17日，回龙圩管理区获得全市信访工作目标管理二等奖。

4月26日，市政府第四十四次常务会议研究同意回龙圩管理区行政机关加挂具有行政执法职能机构的牌子。

5月8日，市委常委陈金荣率政府办、财政、劳动等部门领导到管理区考察招商引资工作。

5月15日，永州市回龙圩灯饰厂开业。

5月20日，市人大常委会副主任赵荣一行6人，到管理区督查5月16日全市专网电话会议精神的落实情况。

6月2日，党委书记欧学勤主持召开林业工作会。会上制定《关于整顿、规范承包荒山造林和林地经营权转让的通知》。

6月16日，省科技厅、发改委、农村工作领导小组办公室、建设厅联合发文，明确回龙圩管理区为湖南省可持续发展实验区合格单位。

6月17日，管理区召开防“非典”工作总结会。

6月26日，管理区召开全区民营经济工作会。

6月至7月上旬，管理区持续20余天未下雨，造成全区2个街道8个自然村人畜饮水困难，损失1450万元。

7 月 1 日，管理区召开“中国共产党成立 82 周年庆祝大会”。

9 月 5 日，江永县人民法院对管理区 9 个工商企业作出依法破产还债的终审判定。

9 月 13—19 日，管理区管委会主任范桑洪、副主任何斌率各办事处主任赴深圳、珠海、北海考察学习。

9 月 14 日，棠锦村、大地铺村村民聚集到兴业金属制品厂，因该厂废气污染造成两村农作物减产要求赔偿。事件发生后，管理区党委、管委高度重视，组织工作组进村做群众工作，使矛盾及时得到化解。

9 月 18 日，经永州市红十字会批复回龙圩管理区红十字会宣布成立。

10 月 13 日，江永县电力局在回龙圩管理区农网改造施工过程时，发生民工被水泥杆砸死事件。

10 月 14 日，管理区领导欧学勤、范桑洪、成萍、周礼才率有关部门负责人赴深圳参加招商引资洽谈会。

10 月 15 日，市安全生产督查组一行 5 人到管理区进行安全生产大检查。

11 月 15 日，管理区管委会副主任何斌率管理区农经局、经作办负责人到长沙参加湖南国际农博会。

12 月 5 日，中共永州市回龙圩管理区委员会一届二次全会召开。

12 月 16 日，管理区在招待所会议室首次对 13 宗土地进行公开拍卖。

12 月 19 日，管理区召开国有农垦企业职工养老保险工作会议。

2004 年

1 月 11—14 日，管理区领导带队组成 10 个走访慰问组，对全区老复员军人、伤残军人、军烈属等重点优抚对象，基层困难党员干部、离退休干部、劳模、五保户及孤寡老人进行帮扶送暖活动。

2 月 1 日，回龙圩管理区八仙洞办事处卫东村死亡鸡 29 只，经区畜牧局鉴定，初步诊断为疑似禽流感疫情致死。

2 月 1—7 日，管理区党委书记欧学勤、主任范桑洪分别参加市人大二届四次全会和政协二届四次全会。

3 月 8 日，马鹿头办事处断岭源村后背山、神仙洞水库后背山、毛家水库山场相继发生森林火灾。

3 月 13 日，央视新闻频道《共同关注》栏目以《荒唐退耕还林》为题，对管理区退耕还林工作出现的问题进行报道。

4 月 21 日，市调处纠纷办公室主任严星明召集江永、回龙圩分管领导和有关部门负责人，对江永县潇浦镇挂榜山村、硖石村与回龙圩管理区马鹿头办事处石头水的旱土、山地权属纠纷进行调解，确定争执范围的土地所有权属归回龙圩。

5月21日，区党委、管委在招待所会议室召开全区安全生产工作会。

6月10日，湖南省科技信息研究所咨询评估中心受省科技厅委托到管理区对回龙圩可持续发展实验区进行综合评估确定为合格。

6月24日，湖南省军区政治部主任黄振杰一行5人在永州军分区政委杨南平、江永县人武部部长胡建华的陪同下，到回龙圩管理区考察民兵预备役工作。

6月26日，永州市质量技术监督局回龙圩分局挂牌成立。

7月1日，区党委在大礼堂召开“七一”庆祝大会。

8月10日，永州市人民政府办公室批复同意，管理区设立永州市回龙圩管理区农垦集团公司。

8月16日，永州市林业局授予回龙圩管理区林业局“林业采伐许可证”发放权。

8月19日，永州市人民政府市长刘爱才在市政府秘书长蒋正平陪同下到回龙圩考察。

8月24日上午，回龙圩管理区党委、管委在招待所会议室召开全区农垦企业职工基本养老保险工作会议。

9月3日，在招待所会议室召开管理区党委一届三次会议，会上审议通过《回龙圩农垦企业职工基本养老保险实施办法》。

9月14日，回龙圩工商分局出纳张琳从江永县建设银行取款回分局的途中遭到拦路抢劫，张琳不畏强暴，与两个暴徒搏斗，保护国家财产。市工商局号召全市工商系统干部职工向张琳学习。

10月21日，管理区党委书记欧学勤、管委会副主任周礼才参加首届“湖南省国际贸易投资洽谈会”。

10月30日，省委副书记、省长周伯华率领省有关部门负责人，在市委书记曾庆炎、市长刘爱才等陪同下，到回龙圩管理区考察永富公路湖南段及长神尾脐橙园。

11月2日，管理区党委书记欧学勤、副书记陈曦、纪委书记黄和平到南宁参加南宁—东盟博览会。

11月19日，管委会主任范桑洪参加九嶷山舜帝陵基金会揭牌暨募捐仪式。

12月3日，永州军分区政委杨南平到回龙圩管理区人武部检查“三室”建设情况。

12月26日，永济亭办事处仙人桥村米筛井出现有史以来自然干枯现象。

12月28日，永州市质监局回龙圩质监分局办公楼落成。

2005年

1月3日，根据中央、省市委关于在党员中开展“三个代表”重要思想为主要内容的保持共产党员先进性教育活动的文件精神，区党委研究决定从2005年1月开始用一年半时间，在全区党员中开展以实践“三个代表”重要思想为主要内容的保持共产党员先进性教育活动。

1月6日，永州市副市长蒋吉秀率市政府办、招商局负责人到管理区对管理区2004年招商工作进行考核。

1月30日，区党委召开保持共产党员先进性教育活动学习动员会。

3月18日，副市长陈晨曦陪同省商检局、衡阳商检局调查组到管理区调研柑橘出口基地建设。

3月23日，党委管委召开科技暨招商引资表彰大会。

3月29日，永州军分区参谋长杨泽定一行7人考察管理区武装部，并对民兵应急分队进行集结点验。

4月29日，兴隆办事处村民刘跃进被评为永州市劳动模范。

5月28日，党委书记欧学勤，管委会副主任成萍、周礼才组团参加“港洽周”招商活动。

6月21日，区党委书记欧学勤主持召开党委民主生活会。市委“三个代表”重要思想学教活动督导组组长刘锦河出席会议。

6月24日，全市调研工作会议在管理区召开。

6月28日，召开全区落实国有农垦企业职工及家属城镇居民户口工作会议。

7月7日，管理区党委召开第二批保持共产党员先进性教育培训会。8月17日，召开第二批保持共产党员先进性教育活动分析评论阶段动员会。

8月21日，省发改委、省交通厅、省公路局联合通告“永富二级公路”项目可行论证报告，该项目设计里程，回龙圩境内14公里，设计投资9000万元。

9月25日，全区276名干部职工在中心小学集中参加2005年度“四五”普法考试。

10月19日，市委副书记邓三龙率市农办、市水利局、市乡镇企业局负责人到管理区调研。

10月22日，在农业部、省农业厅及市农业局有关领导专家陪同下，非洲毛里求斯农业部一名官员和一名检疫员到管理区考察橘园和柑橘加工厂。

10月22日，管理区成立以范桑洪为组长，何斌为副组长的高致病性禽流感防控领导小组。

11月3日，市编办下文确定回龙圩法庭机构级别为副科级。

1月8日，注册资金700万美元台资企业回龙铸造厂开业。

11月9日，回龙圩管理区（农场）被农业部定为第二批农业部无公害农产品示范基地，示范产品为柑橘，示范规模1333公顷，有效期为2005年至2008年11月。

11月18日，中共永州市回龙圩委员会一届四次全会召开，审议和通过《永州市回龙圩管理区国民经济和社会发展第十一个五年规划纲要》。

11月20日，“回龙圩管理区行政公路卡片”项目被纳入湖南省农村公路计划。该项目计划于2006年动工，2008年完工，总投2421万元。

11月29日，管理区组织各单位负责人到广西恭城参观莲花镇生态旅游新村、黄岭村生态农业、衡山瑶寨等新农村示范点。

12月4日，永州市物价局行文确定回龙圩管理区回龙圩镇和回龙圩管理区农村用电的收费标准。

2006年

1月17日，市人大常委会副主任赵荣、市政协副主席张爱国及市民政局、市总工会负责人到管理区走访慰问2名劳动模范和3户特困户。

3月29日，省农业厅副厅长欧代明、省农垦局局长张凯锋、总经济师彭菊泉到管理区考察农村经济发展和饮水工程项目落实情况。

4月29日，管理区党委、管委印发《关于推进社会主义新农村建设意见》。

6月13日，管理区组织全区副科级以上党员干部在招待所会议室学习党章和党内知识法规，并参加中央纪委组织的“红船杯”党章知识测试。

6月29日，管理区召开中国共产党成立85周年庆祝大会。

6月30日，管理区召开领导干部会，宣布市委对区党委主要领导的调整决定：欧学勤调江永县任调研员，江永县委副书记何绍云调任回龙圩管理区党委书记。

7月15日，受四号强热带风暴“碧利斯”影响，管理区连续三天受暴雨袭击，遭受严重的洪涝灾害。

7月25日，回龙圩管理区成立永富二级公路回龙圩段指挥部，何绍云任顾问，范桑洪任指挥长。

8月11日，省农垦局副局长杨青等一行8人到回龙圩调查了解灾情。

8月17日，广西农垦局局长助理甘羽翔率自治区农垦场负责人到回龙圩考察学习体制改革情况。

8月30日，市防控生猪混合感染疫情督查组一行3人到管理区检查生猪混合感染疫情防控工作。

10月9日，党委书记何绍云、管委会主任范桑洪、副主任周礼才为贫困农场扶贫项目、职工医院建设项目到省农垦局汇报，争取财政扶贫资金120万元。

9月11日，市讲师团副主任蒋星珉到管理区作科学发展观辅导报告，全区副科级以上干部参加报告会。

10月17日，省农垦局局长张凯锋率总经济师彭菊泉、计财办主任彭志勇，到管理区验收人畜饮水一、二期工程。

10月21日，党委书记何绍云、管委会主任范桑洪及组织部副部长、人社局局长李冬华作为市党代表出席全市第三次党代会。

11月6日，党委书记何绍云出席省第九次党代会。

11月20日，管委会召开公务员工资改革工作会。

11月25日，中共回龙圩管理区党委决定在全区开展“迎接2007年共谋新发展献计献策活动。

12月20日，市法制局领导到管理区开展行政执法证换证培训。

2007年

1月3日，管委会办公室印发《永州市回龙圩管理区企业职工2006年工资指导线升级实施方案》。

2月28日，管理区印发《回龙圩管理区2007年农村公路建设计划的通知》。

8月20日，回龙圩管理区妇女第二次代表大会召开，选举产生第一届妇联领导班子。

11月29日，永州市工商行政管理局复函回龙圩管理区管委会，自2006年12月1日起赋予回龙圩工商分局行使企业注册登记权限。

12月18日，永州市人民政府批准《回龙圩管理区规范公务员津贴补贴发放实施办法》。

12月24日，江永县人民政府批复回龙圩管理区民政局，增设岩口塘等6个行政村，由回龙圩管理区直接管辖。

2007年，管理区被评为全国农垦系统农业现代化示范区。

2008年

2月3日，回龙圩管理区遭到前所未有持续11天之久的冰冻。

2月21日，回龙圩管理区果蔬贸易有限公司的脐橙、蜜橘、蜜本南瓜，获得无公害农产品认证。

3月4日，回龙圩镇被列入全市2008年人口计生工作重点管理单位。

4月6日，神仙洞办事处评为全市2007年度为民办8件实事先进集体，何强旺立二等功，邹文琴立三等功。

4月12日，永州市人民政府下达2008年县、区（管理区、开发区）固定资产投资和重点建设项目计划，回龙圩管理区2个项目列入。

12月26日，经市工会批准回龙圩管理区工会第二次代表大会召开。成萍当选为管理区工会主席。

12月27日，区管委会批复同意区房产局的《彭家山廉租房住宅小区投资计划》。

2009年

2月18日，回龙圩管理区李家塘村部分村民因征地补偿一事到高速公路指挥部闹事。

3月22日，中共永州市回龙圩管理区委员会印发《关于发展粮食生产，制止耕地抛荒的规定》。

3月27日，永州市回龙圩管理区管委会印发《永州市回龙圩管理区（农场）土地承包经营实施方案》。

3月31日，永州市回龙圩管理区管理委员会印发《永州市回龙圩管理区招商引资优惠政策》。

4月30日，回龙圩二级汽车客运站建设项目启动，该项目投资2100万元，占地50亩，日发车200次，日送旅客5000人次。

8月2日，市委组织部同意中共回龙圩管理区第二届委员会由原来的5名委员增设到9名委员。

11月24日，中共永州市回龙圩管理区委员会第二次代表大会选举产生中共永州市回龙圩管理区第二届委员会和中共永州市回龙圩管理区纪律检查委员会。

2010年

3月5日，中共永州市回龙圩管理区委员会组织200名机关干部，开展“下基层，服务发展促和谐”活动。

6月4日，永州市人民政府发文，李润志任回龙圩管理区（农场）主任（场长），同时免去魏和胜的回龙圩管理区（农场）主任（场长）职务。

7月1日，回龙圩管理区召开全区党员大会，庆祝中国共产党成立89周年。

11月6日，回龙圩管理区开展义务献血活动。

2011年

3月6日，回龙圩管理区开展“建设绿色回龙圩”签名誓师活动。

4月10日，永州市人民政府发文同意《回龙圩管理区回龙圩镇（2011—2020）建设规划》。

4月27日，回龙圩管理区农垦危旧房改造实施方案实施。

9月5日，中共永州市回龙圩管理区委员会召开党员代表大会，以无记名投票方式选举党委书记魏和胜，区民政局副局长陈永红为永州市第四次党代表。

9月7日，永州市发展和改革委员会、永州市农业局、永州市房产局联合下文，回龙圩管理区2011年中央预算内投资2631.25万元，其中中央投资675.75万元、地方配套675.75万元，自筹4299.75万元，实施危房改造901户。

9月13日，回龙圩镇补选江永县人大代表2名。

12月30日，湖南道县至广西贺州高速公路湖南段建成通车。途经回龙圩境内8公里，设立永济亭省级收费站。

2012年

1月11日，回龙圩管理区乔迁新办公大楼。

4月28日，区党政办被评为2011年度全市党委办系统优胜单位和业务工作先进单位。

5月17日，永州市回龙圩管理区管理委员会印发《回龙圩管理区“十二五”农村危房改造规划》。

6月1日，回龙圩管理区首次成功挂牌拍卖国有土地使用权1宗，拍卖价518.98万元。

6月27日，湖南省水利厅组织对《湖南省江永县马河回龙圩河段治理工程设计》进行审查。

7月6日，市委书记张硕辅到回龙圩管理区考察现代农业生态休闲园建设和万山姣高端茶叶基地。

8月17日，江永县正处级干部何斌与回龙圩管理区党委委员、副主任义洁组成联合调查组，对回龙圩与黄甲岭三脉下村土地权属问题进行实地调查。经多次现场勘查，查阅资料一致认为马鞍山东抵三脉下西圹岗旱地，南抵八宝山脚，西抵大石漕山脚，北抵牛山小路，面积约1100亩，属国有土地，其土地所有权属回龙圩管理区。

11月14日，经永州市回龙圩管理区管理委员会批准，管理区农垦集团柑橘加工厂国有土地使用权挂牌出让，土地面积33284平方米。

2013年

1月9日，管理区呈报永济亭办事处岩口塘村为湖南省新农村建设示范村。

2月25日，区党委副书记、管委会主任李润志参加省农垦工作会议。

2月28日，回龙圩管理区被评为2012年度永州市保障性安居工程先进单位。

3月4日，回龙圩管理区被评为2012年度全市土地管理和耕地保护先进单位，全市农业农村工作、新农村建设先进单位，八仙洞柑橘专业合作社获全省两型示范创建先进单位。

3月7日，回龙圩管理区被评为2012年度全市优化经济环境和机关效能建设工作先进单位。

3月14日，省农业厅党组成员、副厅长谢国华，在农业厅市场信息处处长顾大勇及市政府副厅级干部杨秋林、市农业局局长周善生陪同下到管理区督查指导“三农”工作。

4月11日，永州市委书记陈文浩，在市委常委、市委秘书长朱映红陪同下到管理区调研。

5月16日，全市农场及市柑橘示范场农垦危房改造现场会在回龙圩召开。

5月21日，回龙圩管理区办公室印发《提高城乡困难群众基本生活保障标准的通知》。

7月13日，市委组织部副部长黄冰、干部一室副主任邓可旺到管理区召开处级领导干部会，宣布魏和胜调双牌县任县委副书记，县长候选人，李润志主持管理区工作。

7月23日，市委、市政府两办印发《关于2013年上半年全市经济工作结账情况通报》，回龙圩为民办实事工作完成目标任务89.59%，在县区、管理区、经开区中排名第一。

7月26日，永州市编办批复回龙圩公安派出所升为永州市公安局回龙圩中心派出所。

9月22日，永州市回龙圩管理区管委会决定依法收回管理区城镇南区和西区部分国有土地。

11月11日，永州市回龙圩管理区管委会批复区民政局设立朱家观村、回龙村两个农村社区。

12月31日，根据省委、市委精神，区党委决定在全区深入开展党的群众路线教育实践活动。

2014 年

2 月 10 日，回龙圩管理区被评为 2013 年度全市土地管理和耕地保护及维护矿产资源开发秩序工作目标管理先进单位。

2 月 11 日，中心小学搬迁到八字桥同中学合并。

2 月 19 日，回管办印发《永州市回龙圩管理区 2014 年农垦危房改造工作实施方案》。

4 月 16 日，兴业金属制品厂因未报批建设项目环境影响评价文件，污染马河流域，管委会研究决定对兴业金属制品厂停产关闭。

8 月 26 日，回龙圩镇被住房城市建设部、发改委、财政部、国土资源部、民政部、科技部列入全国重点镇。

9 月 26 日，回龙圩管理区召开领导干部大会。会上，市委组织部部务委员艾建华宣布市委决定，赵文旺任中共回龙圩管理区（农场）党委书记，李社光任中共回龙圩管理区（农场）党委副书记、管委会（农场）主任（场长），李润志调任市经信委党组副书记、副主任。

12 月 6 日，投资 1200 万元改造的中小学，经市有关部门验收为合格学校。

12 月 18 日，回龙圩管理区管委会办公室印发《环境卫生考核办法》。中心城区、社区、村配保洁员 85 人。

2015 年

4 月 1 日，江永县委书记冯德校率有关部门负责人到回龙圩管理区参观新农村建设。管理区党委书记赵文旺、管委会主任李社光等领导介绍情况。

4 月 8 日，回龙圩管理区冠山公园项目建设开工。

5 月 5 日，根据中央国有林场改革的文件精神，回龙圩管理区成立回峰林场改革领导小组。

5 月 8 日，回龙圩管理区宇仙果业车间主任蒋年旺和神仙洞办事处柑橘种植专业户何永珠（女）被评为市劳动模范。

5 月 26 日，中共永州市回龙圩管理区委员会办公室印发《关于在副处级以上领导干部中深入开展“三严三实”专题教育的实施方案》的通知。

6 月 16 日，回龙圩管理区人民医院开工建设。

6 月 16 日，湖南省国有林场改革领导办公室批复《回龙圩管理区关于回峰林场的改革方案》。

7月9日，永州市回龙圩管理区新敬老院项目开工建设。

7月14日，回龙圩镇被列入湖南省新型城镇化试点镇。

7月30日，决定将回龙圩八字桥至彭家山永富二级公路两侧6.14公顷国有土地依法收回，作为回龙圩管理区中心城区道路提质改造工程项目建设用地。

8月10日，回龙圩管理区回龙湖游乐园开工。

8月16日，回龙圩管理区卫东新农村建设工程项目动工。

9月8日，回龙圩管理区中心城区道路提质改造工程项目开工。

10月12日，永州市回龙圩管理区第一届一次工会联合代表大会召开，选举成萍为工会主席。

10月20日，回龙圩管理区回龙圩镇籍的廖秋云在全国青年运动会上，获三项第一。2011年在全国少年女子举重分龄赛中获得第一名。2014年全国女子冠军赛中以213公斤总成绩斩获53公斤级成年组金牌。

11月9日，永州市人民政府下文，李社光任回龙圩管理区（农场）主任（场长）。

第一篇

建　置

第一章　地理环境

第一节　境域

永州市回龙圩管理区位于湖南省江永县南部，地理坐标介于北纬25°1′～25°8′东经111°9′～111°11′之间，东部与江永县松柏瑶族乡三脉下村接壤，南部与广西富川县麦岭镇月镇塘村交界，西部与江永县夏层铺镇张家村、雷家村毗邻，北部与江永县的潇浦镇五爱村、瓦屋下村相接。南北长12.5公里，东西宽9.4公里，总面积106.92平方公里。

第二节　地貌

都庞岭山脉

回龙圩管理区属南岭山脉的山地丘陵区，都庞岭、萌渚岭环绕四周。中部地势平坦，山间盆地相连，属喀斯特地貌，大体为“七山半水二分半地”。

回龙圩管理区位于湘桂边界，系南岭山脉之脊背，境内四面群山，多属山丘之地，中部插花式平原，地势由西南向东北倾斜。湘桂界线基本上以倒水为界，水往北流入江永潇水注入湘江，水往南流入广西富川县注入珠江。海拔高度在250～945.6米之间，相对高度200～500米，地貌形态分三种类别。

一、山岭

回龙圩管理区山岭东西对峙西面为主，有大小山岭62座，东面北起竹家地南至猪头山等21座山，西面北起消水岩至观音山、回峰大岭等41座山岭。其中黄沙岭三脚架海拔945.6米为最高峰，现称之为回峰。从南至北，东向是间隙的低矮山丘，坡度较缓。西边连绵群山，树林茂盛。中部时有小山丘，各具姿态，形成天然屏障，分离出若干平原和盆地。据1994年土地详查提供的数据，回龙圩林地面积89624.6亩，占总面积的57.49%。到2015年部分林地转为园地，林地面积65965亩，占总面积42.34%。

二、岗地丘陵

岗地地面起伏和缓，呈馒头状，比高10~60米，坡度为5~15度，处平原丘陵过渡类型，按形态特征分为低岗、高岗。全区以高岗为主，比高30米~60米，坡度10~15度。岗顶浑圆呈垅状沟，垅相间分布，部分岗丘间交错分布有宽而浅的溶蚀洼地。根据物质组织不同分为石灰岩、砂页岩和红土等高岗。这种岩性相同的低岗基本类似，回龙圩管理区岗地分布面积较小，具有切割浅、坡度缓、土层较深厚的特点，坡地宜发展经济林。

回龙圩丘陵地面波状起伏，比高30米~200米，坡度15度~25度，丘体浑圆，脉络不明显。根据形态不同可以分为浅丘、中丘、高丘。回龙圩岗地丘陵面积54600亩，占总面积的35.03%，全区岗地丘陵面积较大，且光、热、水条件较好，土壤沙性重，土层深厚疏松，呈酸性反映，宜发展柑橘、茶叶等经济林。主要分布在八仙洞办事处、神仙洞办事处、永济亭办事处，是回龙圩管理区柑橘、茶叶主产区。但是自1999年以来，花岗岩地区存在不合理开垦，水土流失严重，应迅速恢复植被，保护生态。

三、平原盆地

平原盆地分布在管理区的中部，形成的原因主要是山岩溶蚀和山洪冲积形成。相对高度小于10米，坡度在5度以下。面积11654.2万亩，占土地总面积的7.48%，主要分布回龙圩镇李家塘办事处、兴隆办事处、马鹿头办事处、永济亭办事处、八仙洞办事处，是回龙圩管理区粮食主产区。

第二章　行政区划

第一节　农场时期

1992—2001年，回龙圩农场下设4个农业分场、6个水果分场、1个渔场、1个林场和一个建制镇。4个农业分场分别是回龙分场、李家塘分场、兴隆分场、马鹿头分场。水果分场分别是永济亭柑橘分场、仙人桥柑橘分场、八仙洞柑橘分场、神仙洞柑橘分场、大地铺柑橘分场、马鞍山园艺场。2000年，水果经营权转让后，撤销仙人桥柑橘分场，并入兴隆分场；撤销大地铺柑橘分场，并入回龙分场和马鹿头分场；撤销马鞍山园艺场并入李家塘分场，撤销渔场并入回龙分场。改革前，农场行政区划设有回龙圩镇、永济亭分场、兴隆分场、回龙分场、马鹿头分场、李家塘分场、八仙洞分场、神仙洞分场、回峰林场7个分场，1个建制镇，1个林场。其中回龙圩镇为虚设单位，其主要作用是协调与周边乡镇的关系，边界纠纷调解，书记由农场党委书记兼任，镇长由派出所所长兼任，人大主席由场办公室一位正科级干部兼任。

第二节 管理区时期

2001年5月17日，永州市机构编制委员会印发《关于回龙圩管理区机构编制等事宜的通知》，对回龙圩管理区原分场、镇的设置，人员编制、领导职数等进行明确，保留回龙圩镇，回峰林场，原分场改为行政村由管理区直接领导。2002年，农场改管理区后为了便于工作，理顺分场和村的关系，把分场改为办事处，作为管理区派出机构。由区民政局报江永县人民政府批准，每个办事处下设两个行政村，每个行政村设若干村民小组（一般以自然村设村民小组）。设1个镇、6个办事处、1个林场、15个行政村、2个居委会。2003年，将每个办事处2个行政村合并为1个行政村，全区现有9个行政村、2个居委会。

第三节 镇、办事处、林场简况

一、回龙圩镇

回龙圩镇是1989年11月经省民政厅批准的建制镇，1990年6月，镇人民政府挂牌成立。镇党委书记由农场副书记副场长肖建文兼任，镇长欧道明，镇人大主席王昌发。回龙圩镇主要职责是协调与周边乡镇的关系，调处边界纠纷。回龙圩镇下设2个居委会、3个行政村，总人口2854人。2002年2月，撤销回龙分场，合并回龙圩镇，定编12人，原回龙分场党总支部书记张仁德任镇党委书记，胡六旺任镇人大主席，朱石旺任镇长，回龙圩镇作为一个建制镇运作。2015年，回龙圩镇有1744户，4520人。辖区设有2个居委会，即八字桥居委会、回峰居委会。以朱家观桥为界，桥以下由八字桥居委会管辖，以上由回峰居委会管辖。3个行政村，即回龙行政村、盐下行政村、朱家观行政村。回龙行政村辖回龙村、神光村、渔场、上枧、毛家、平利6个自然村；盐下行政村辖彭家、绕塘、盐下3个自然村；朱家观行政村辖朱家观、顾家、媳妇娘山、底岗、等母头、创业队、黄家7个自然村。

有村民小组14个，总面积32平方公里。耕地面积6166亩，其中水田2946亩，旱地3220亩，有林面积1700亩，水果园6258亩。

回龙圩镇是管理区党委、管委所在地，是回龙圩管理区政治、经济、文化中心。镇内有1所完全小学、1所中学、5所幼儿园、1家医院、1所敬老院、1个供电所、1个邮电局和电信分局。工业以农副产品加工为主，有回粤果品加工厂、玉绿果业加工厂、卢氏果业、化来果业有限公司。旅游业有永州颐鸿农业生态休闲园有限公司开发的回龙湖农业生态观光园。有商贸网点229个、超市5家、酒店2家、农贸市场1个、快递公司4家、电商网店61家。商业银行两家，即回龙圩农商银行、回龙圩邮政储蓄银行。主要街道“两纵三横”，回龙湖路和回峰路长分别为2公里和3公里，宽分别为6车道和2车道。“三横”：一是从兴发超市至供电所的商业步行街，全长0.8公里；二是从原农场粮店至回龙圩医院的迎宾路，全场0.5公里；三是从宏达酒店至招待所的知青路，全长0.4公里。中心城区实现美化、绿化、净化、亮化。1997年12月，回龙圩镇被国家体改委列入第二批全国小城镇建设综合改革试点镇。2012年6月，回龙圩管理区被市委评为全市创优争先进基层党组织。2013年被市政府评为全市政务公开、政务服务工作先进单位。2014年8月，被住房城乡建设部、发改委、财政部、国土资源部、农业部、民政部、科技部列为全国重点镇。2014年12月被市委、市政府评为2013年度全市绿色乡镇建设工作先进乡镇。2015年2月被评为全市优秀乡镇。2015年7月，回龙圩镇被列入湖南省新型城镇化试点镇、永州市社会主义新农村建设示范镇、永州市学习党组织建设示范点。

二、永济亭办事处

永济亭办事处位于回龙圩管理区最南端，南与广西富川县麦岭镇接壤，北、西与管理区兴隆办事处相邻，东与管理区李家塘办事处交界。距管理区机关所在地6.5公里，总面积7.4平方公里。耕地面积2851.9亩，其中水田420亩，旱地2431亩，橘园2191.3亩，茶叶面积438亩。水面507亩，主要是山塘蓄水。2015年，常住户口330户，人口947人。下设1个行政村，6个村民小组。这里是湘桂交界地，交界线长5.5公里。永富公路、道贺高速在此出入境，有省级永济亭收费站互通口。永济亭办事处的岩口塘村是一个近千年的古村，该村北500米处有始建于明成祖永乐八年（1411年）的镇水阁，又名真武阁，当时为御匪设防而筑。永乐二十二年，因战争楼阁破损严重，清顺治十年（1653年）重修。镇水阁呈四方形，每面宽8米，中有4柱共5层，2010年被定为市级保护文物单位。永济亭始建于民国初年，为方便湘桂两省客商休闲而建，1934年9月1日，红六军团一支100余人先遣队到湖广交界的永济亭，在亭里小憩，墙上写有“中国共产党万岁!”标语。

20 世纪 90 年代初塌毁。

2013 年，管理区投资 430 万元，在保持原样的基础上对岩口塘村进行改造，岩口塘村被确定为永州市新农村建设示范村。

永济亭办事处盛产柑橘、茶叶。回龙圩管理区万山娇优质高产乌龙茶就出自这里。

三、李家塘办事处

李家塘办事处位于管理区东南部，东与江永县松柏瑶族乡的三脉下村交界，南与广西麦岭镇接壤，西与兴隆办事处相邻，北与回龙圩镇神光村连接，距管理区机关驻地 6.1 公里。道贺高速从该办事处东南侧穿过，各自然村都通车，通村道路全部硬化，路宽 3.5~5 米不等。2015 年，该办事处常住人口 328 户，821 人，耕地面积 2048.1 亩，其中水田 1420.1 亩，旱地 568 亩，果园 4200 亩，林地面积 9909.4 亩。水域面积 109.8 公顷，有小（1）（2）型双龙水库一座，较大的山塘 3 处。李家塘办事处辖 1 个行政村，何家、唐家、田家、李家、新村、李家塘、新思、大申塘、山岩塘、小溪、马鞍山 11 个自然村。1958 年，回龙圩农场建场初期，场部设在李家塘，1959 年农场扩大时移迁到回龙圩。李家塘是知青下乡基地，本场知青、江永知青、永州知青、长沙知青都曾下乡在此开荒种茶、种果，新思村是知青点，也因此而取名为新思。

李家塘村、大申塘村、山岩塘村古时叫黄岗，是瑶族发源地之一。该办事处何家村的何家门楼修建于明崇祯年，碑文中记录该村官至省级的何寿巍带头捐建门楼一事。在田家村北侧 250 米的田洞中。有一古建筑回龙阁，建于清宣统二年（1910 年），回龙阁呈宝塔型砖瓦杉木结构，每面墙 8 米宽，内立 4 根杉木大柱，共 5 层，现已倒塌。

20 世纪 80、90 年代，李家塘新思队有高标准茶园 3600 亩，其中机采茶园 400 亩，是回龙圩茶叶主产区。20 世纪 90 年代末被毁，改种柑橘和马尾松。李家塘以种粮和柑橘为主，养殖业以水产为主。大申塘、山岩塘村是种植烤烟的老产区，这里的老百姓有多年种烤烟的经验，回龙圩管理区优质烤烟一部分出自这里。在李家村岗坡有小储量铁矿。

四、兴隆办事处

兴隆办事处位于管理区中南部，距管理区机关所在地 4.3 公里。南与永济亭办事处岩口塘村及广西麦岭镇月塘村接壤，北与八仙洞办事处新风村相邻，西与广西油木乡及江永县夏层铺镇交界，东面与李家塘办事处田家村比邻。2015 年，有常住户 416 户，人口 1038 人，耕地面积 3866.3 亩，其中水田 2887.6 亩，旱地 978.7

亩，橘园 3462. 7 亩，林地 9667. 2 亩，水面 265 亩，较大的水系是道山湾水库。兴隆办事处下设 1 个行政村，8 个村民小组，辖区内有兴隆村、八工弯村、十工弯村、甘头源村、扁山村、仙人桥村、百谷冲村、茭冲村。永富公路贯穿兴隆办事处，办事处与各自然村都有通村公路，路面混凝土硬化。仙人桥原来是荒原茅地，在建场初期，农场把农业科研所建在此。20 世纪 60 年代初，回龙圩农场从广东湛江引进三叶橡胶和香料作物，在农科所试种，因气候问题而失败。柑橘、茶叶最初在该地试种成功后在全场推广。兴隆村水田面积占全场水田面积 1/3，是粮食主产区。

五、八仙洞办事处

八仙洞办事处位于管理区中西部，距管理区机关驻地 3. 5 公里。南临兴隆办事处，北交神仙洞办事处，东与回龙圩镇彭家村相邻，西与广西油松，江永县兰溪瑶族乡交界。2015 年，八仙洞有户数 384 户，人口 1075 人。下辖 1 个行政村、7 个村民小组。辖区有新风村、苟仔井村、下干村、燎原村、蒋家村、八仙洞村、高尚村、大弯村 8 个自然村，其中下干、燎原、蒋家 3 个古老村落。下干古村布局合理，保持完好。燎原村坐落在古树参天的树林中，房在林中，林在院落中。八仙洞、新风村两个新建的新农村示范点各具特色。八仙洞办事处有耕地面积 1680 亩，其中水田 570 亩，旱地 1110 亩，果园 3650 亩，水域面积 276 亩，有回峰水库、高尚湖。八仙洞传说是八仙修身之地，境内青山环绕，气候温和，土地肥沃，适宜种植柑橘。1989 年在回峰岭上修建高尚湖，山下三千多亩的柑橘园建设为节水自压喷灌，是水利部节水自压喷灌示范点。八仙洞村是省级新农村建设示范村、湖南省农业科普示范基地，高尚湖被列入省级森林公园。八仙洞村依托有“庐山之秀，西湖之幽”美称的高尚湖森林公园和 3000 多亩节水自压喷灌高产优质橘园的自然风光把瑶族风情、知青文化融为一体，注重环保、生态、绿色建设，是农业休闲观光、都市慢生活的圣地。新风村位于八仙洞办事处的东边，永富公路穿村而过，两侧民宅以马头墙为主要造型，外墙采取统一灰色涂料，体现当地瑶寨传统民居特点，整体形态“青瓷古庄花格窗，飞檐翘角马头墙”。八仙洞办事处是回龙圩管理区乡村旅游的核心区，柑橘是这里的主产业。2015 年，村民人均收入 9860 元。

六、神仙洞办事处

神仙洞办事处位于管理区西部，距管理区机关驻地 3. 8 公里。南与八仙洞办事处高尚村相交，东与回龙圩镇毗邻，西与江永县夏层铺镇相邻，北与马鹿头办事处交界。神仙洞办事处下设 1 个行政村、6 个村民小组，有观下、新铺、高圩、新屋、小罗、神仙洞、新塘 7 个自然村，其中观下、新铺、高圩是老村庄，村前村后古树参天、翠竹幽幽、溪水潺潺，凉亭古桥，一派山村秀丽风景。在光下村村口岩石上长有一株有337年树龄的黄莲古树，树高43米，树根将整块岩石包住，更奇特的是树蔸东西两侧分别长出两株直径10.13厘米的桂花树，枝叶繁茂、生机盎然，实为罕见。神仙洞村是长沙知青点，到2015年还有一幢当年知青下乡宿舍楼及墙上书写的标语、学习宣传栏完好无损，知青文化浓厚，是回龙圩管理区乡村休闲观光带重要景点。2015年，神仙洞办事处有185户，人口523人；耕地面积113.8亩，其中水田69.7亩，旱地43.9亩，橘园1605.7亩。神仙洞办事处主要产品柑橘，这里的柑橘品种优良，成熟早，是回龙圩管理区特早熟柑橘主产区。

七、马鹿头办事处

马鹿头办事处位于管理区西北部，距管理区机构驻地4.5公里。南与神仙洞办事处交界，北与江永潇浦镇瓦屋下村相邻，东与回龙圩镇相连，西与江永县夏层铺镇毗邻。2015年，有人口398户，1173人。有个行政村、12个村民小组、15个自然村。分别是马鹿头村、下岩村、田美村、断岭源村、向阳村、凤塘村、石头水村、棠锦村、大地铺村、断石桥村、绿丰村、长神尾村、葵阳村、红光村。总面积25平方公里，耕地面积4536亩，其中水田2399.6亩，橘园4500亩，林地2119亩，水面832.2亩，主要有棠锦水库，大塘、虾公塘等山塘。马鹿头办事处地属于江永县夏层铺高地的延伸地带，矿藏较多，但储量不大，在葵阳、田美两村发现铁矿，断岭源、石头水发现铅、锌，石头水、绿丰有品位较高的花岗岩。马鹿头办事处竹山多，盛产小竹笋，是原农场罐头厂生产的玉笋罐头的主要原料之地。马鹿头、断里源、田美、下岩、棠锦都是几百年的古村，依山而建，后垅山树木葱茏，除村里的五保户可进山捡枯死的柴除外，任何人不许进山砍伐。大地铺村在清明时期，湘桂官道穿村而过，村里家家户户开铺经商办客栈，供过往商客歇脚，是繁荣的商业村。马鹿头办事处主产水稻、柑橘和烤烟。

八、回峰林场

回峰林场始建于1987年8月，1991年6月10日经省林业厅批复，纳入国有林场系列管理。回峰林场管理区域是回龙圩管理区西南边境一带山林，位于南岭山脉的脊背，马河流域源头，西部被回峰岭所盘踞，其地势为南北走向，由南向北倾斜，形成正南高，东北低，最高海拔銮子岭945米，最低海拔猪仔岭脚下小坳处海拔292.8米，南北长7.15公里，东西宽4.4公里，总面积21301.9亩。场部设在八仙洞办事处新风村，距管理区委员会驻地2公里。2008年2月，回龙圩管理区遭遇前所未有的冰冻，林场损失严重，通过几年的精心造林和护林，森林植被得到恢复。林区有马尾松 5554 亩，杉木 2339 亩，阔叶林 7932 亩，森林总蓄积 15 万立方米，有生态公益林 6.5 万亩，占国有林场林地面积约 76%，其中国家生态公益林 1.34 万亩，省级生态公益林 1.5 万亩。

2015 年 7 月，根据中央、省、市有关国有林场改革的文件精神，对回峰林场实行“三定”，即定性、定编、定经费。明确回峰林场为全额拨款公益一类事业单位，纳入管理区财政预算。2015 年，回峰林场辖 5 个分场，13 个林业班组，管理人员 8 人，职工 136 人。

第三章　体制改革

湖南省回龙圩农场是省属十三大农场之一，也是湘南唯一的大型农场。位于湖南西南端，地处湘桂两省接合部。农场创建于 1958 年，是在高度集中的计划经济体制下，按照苏联集体农庄的模式建立起来的。1962 年 7 月，被定为省属农场。1965 年，下放零陵地区管理。1969 年，又下放归江永县管理。1984 年，农场收归省属地管。体制改革前农场实行总场、分场、生产队三级管理体制。财政实行“独立核算、定额上交、自负盈亏”。

第一节　设立县级行政管理区

1989 年 5 月，经省民政厅批准，在回龙圩农场设立江永县回龙圩镇，其主要职能是在回龙圩农场辖区内管理社会事务，行使行政管理权。由于回龙圩镇挂江永县的牌子，而江永县对回龙圩农场事务又无权管理，回龙圩镇建置名存实亡，主要作用仅为协调农场与周边乡镇的关系。1994 年 10 月，农场党委副书记、副场长欧学勤带队到岳阳市屈原管理区、益阳市大通湖农场考察农场体制改革工作。考察回场后，农场党委向零陵地委、行署写出专题汇报，要求设立县级回龙圩管理区。1995 年，地委行署派出地委调研室、行署体改委的人员到回龙圩农场开展农场体制改革专题调研。历时 3 个多月，地委政策研究室向地委行署呈报《关于回龙圩农场建立县级行政管理区的改革建议方案》专题报告，第一次提出建立县级行政管理区的设想。

1997 年 4 月，回龙圩农场以《永州市人民政府常务会议纪要》及《永州市人民政府办公室关于建立回龙圩农场一级财政的通知》予以确定。农场财税机构以市编委《关于设立永州市回龙圩财税局、工商局管理机构的批复》予以定编，并相继设立国税分局、地税分局、国土、农机、房产、畜牧、烤烟、林政、教育、计生等机构，直接纳入市直有关部门管理，实行计划考评单列。1997 年，农场完成国民生产总值 2875 万元，分别比上年增长 12%；工农业总产值 6183 万元，其中农业总产值 5470 万元，比上年增长 8%和 32%；人均纯收入 2210 元，比上年增加 428 元。实现财政收入 629. 7 万元，比上年增长 53%。1998 年 10 月 20 日，农业部农垦总局副局长龚菊芳一行 4 人，在省农垦局局长曹德华，总经济师张凯峰等陪同下，到回龙圩农场调研设立一级财政的成功经验。当时的一级财政实质上是一种“核定收支、递增上解、短收自负、自求平衡”的财政体制。2000 年 1 月 24 日，省委、省政府印发《中共湖南省委湖南省人民政府关于国有大中型农场体制改革的意见》，农场立即成立以农场党委书记肖建文为组长，农场党委副书记邱元煦任常务副组长的农场体制改革领导小组，农场党委委员、组织部部长成萍，农场办公室副主任曾勇专抓体改工作。并从办公室、组织部、人社局、财政局抽调人员，组建体改办。改革的原则和指导思想以省委、省政府《关于国有大中型农场体制改革的意见》精神为依据。按照“三个有利于”的要求，遵循社会主义市场经济体制的客观要求，以政务公开、职能配套、权利和责任对等，事权和财权相统一的原则，建立健全行政管理体制、司法体制、财政体制和符合现代企业制度要求的运行机制。通过改革理顺体制、转换机制、精简机构、裁减人员，转变职能、加强管理、增强活力，把回龙圩建设成为“农业产业化、企业市场化、经济多元化、城乡一体化、管理高效化、社会体制化”的新型管理区。

2000 年，市委常委会议两次专题研究，市委、市政府领导多次到农场调研体改工作，派出考察组赴湘北有关农场考察，并以市委、市政府名义向省委、省政府呈报《关于深化农场体制改革、设立回龙圩管理区的请示》，省编办于 2000 年 10 月，确定“回龙圩管理区管理委员会为永州市人民政府的派出机构，行政级别为正县级，比照县级政府赋予职能职权，全面负责管理区域内的行政经济和社会事务”。同时明确“回龙圩管理区管理委员会党政群机关暂核定全额拨款事业编制 50 名，管理人员实行公务员制度，回龙圩管理区管理委员会的机构编制方案由永州市确定。今后管理区的机构编制统一纳入市县机构编制的管理范围”。2001 年 4 月 17 日，市长刘爱才主持召开市政府第六次常务会，会上对回龙圩农场体制改革工作作出相关决定。

2001 年 4 月 19 日，市委常委扩大会进行专题研究，同意市政府第六次常务会对回龙圩农场体制改革的几点决策。2001 年 5 月 17 日永州市机构编制委员会印发《关于回龙圩管理区机构编制等事宜的通知》，对回龙圩管理区机构级别、性质及其职能，内设机构及其分场、镇的设置，人员编制、领导职数进行明确。

2001 年 4 月，通过竞争上岗、民主评议等办法，精简机构和分流人员。解聘、清退以工代干、代教、代医等人员158人，人员分流比例30%。中小学校采取适当集中的办法，由原来15所中小学，减到5所中小学，精简2/3学校。按照“一厂一策或多策，分类指导，因地制宜”的原则，采取租赁、股份合作、转体民营多种形式，放开放活场办企业。到2000年年底，2万多亩果、茶全部实现经营权转让。2001年11月29日，中共回龙圩管理区党委、管委向市委、市政府呈报《永州市回龙圩管理区机构改革方案》，随后永州市委、市政府批准管理区机构改革方案。明确改革的指导思想和原则，改革的基本内容和组织实施。2001年12月26日，中共永州市委明确欧学勤任回龙圩管理区（农场）书记，范桑洪任副书记，陈曦任副书记，黄和平任纪委书记。2001年12月27日，永州市人民政府明确范桑洪任回龙圩管理区（农场）管委会主任（场长），何斌、成萍、周礼才任回龙圩管理区（农场）管委会副主任（副场长）。2002年3月6日，中共永州市回龙圩管理区委员会、永州市回龙圩管理区管理委员会挂牌运作。

第二节 体制改革成效

一、综合实力

2002年体制改革初期，管理区完成国民生产总值4880万元，到2015年完成国民生产总值2.29亿元，增长近3.7倍。2002年财政收入862万元，2015年财政收入19625万元，增长22.8倍；2002年完成固定资产投入2800万元，2015年完成固定资产投入7.5亿元，增长25.8倍；2002年完成社会消费品零售总额580万元，2015年完成7139万元，增长11.3倍；城镇居民人均可支配收入2002年为5042元，2015年城镇居民人均可支配收入18723元，增长2.7倍。三次产业比重由2002年的84∶7∶6调整为49∶20∶31，产业结构更为合理优化。围绕主导产业，办基地，改品种，强设施，引企业，组建农民农业合作社，发展生态休闲旅游，走一、二、三产业高度融合的现代示范农业发展道路。形成集“电商+招商+休闲观光+政务+生态环保”多功能于一体的“智慧回龙圩”云平台。2015年，全区有柑橘面积5.95万亩，年产柑橘12.5万吨，产值5亿元，是农业部绿色食品基地，无公害农产品示范区。橘园道路全部硬化，主道沥青路面，沿路安装太阳能杀虫灯700盏。把万亩橘园打造成现代生态绿色休闲观光园，把优势做强做大、做全。回龙湖现代农业休闲观光园被评为湖南省五星级乡村旅游点。八仙洞现代农业示范园被评为湖南省三星级乡村旅游点、省科普示范基地。近5年来立足资源优势招商引资，引进农副产品加工企业5家。2015年与中国华能新能源股份有限公司签订10亿元风力发电项目。推进民营经济意向协议，民营企业注资比高达95.8%，大众创业、万众创新蔚然成风。

二、城镇化水平

体制改革前，中心城区面积不足 1 平方公里，人口不到 2000 人，2015 年，中心城区面积扩大到 3.6 平方公里，人口 6781 人，其中流动人口占 30%。城区基本设施增强，功能进一步完善。2002—2015 年，城区累计完成固定投资 5.6 亿元，实现水、电、路、通信、邮（快递）、有线电视“六通”目标，“两纵三横”中心城区格局形成，并进行绿化、亮化、美化、净化。修建市民广场、文化广场、八字桥广场以及冠山公园、马河风光带等休闲场所。向上争取 1.3 亿元对农垦职工和农村危房进行改造，新建 984 套廉租房、公租房，解决城镇困难户的住房问题，并成功引进房地产开发商进行土地房产开发。乡村农民 90%建新房。启动二级客运站建设项目，结束回龙圩无汽车客运站的历史。交通便捷、四通八达，全区 30%的家庭有小汽车。建成日产 5000 吨的自来水引水工程。投资 1300 万元改造中心小学和回龙圩中学校舍，投资 800 多万元新建区人民医院和敬老院。中心城区主道修建成双向 6 车道炒砂路，沿路居民住房统一装修成马头墙样式。城区建立城建环卫机构，购买洒水车、清扫车、垃圾车、垃圾箱，组建环卫清洁队伍，做到 24 小时清扫，建立垃圾处理场，整个回龙圩更加生态整洁宜居，回龙圩镇被列入全省新型城镇化试点镇。2002 年体制改革初，第三产业占地方生产总值比重的 6%，到 2015 年占地方生产总值的 31%，增长 4.17 倍。2015 年，中心城区有年销售上千万元的超市 5 家，宾馆、酒店 3 家，回龙湖大酒店被评定为准四星级酒店。

三、社会事业

回龙圩管理区不但享受县（区）体制政策待遇，而且同时享受农垦的优惠政策。身份得到确定，72 名国家干部过渡为公务员，225 名管理人员被定为全额拨款的事业编人员。全区城镇职工医保和社保覆盖率分别为 100%和 98%，管理区农垦退休职工人均工资达到 1500 元/月。医保既可以选择农村合作医疗，也可选择城镇职工医保。改革前，教育、卫生、文化、体育等社会事业由农场出资办，得不到国家政策扶助。转为管理区体制后，同其他县（区）一样享受国家的项目支持，14 年来国家在管理区社会事业方面投资 1 亿元。2015 年，永富二级公路、道贺高速穿境而过，通村公路通到每个自然村，全部进行硬化。加大美丽乡村建设和农村改水改厕力度，乡村环境更优美，水、电、路、通信功能更完善。八仙洞村、岩口塘村被列为省级美丽乡村示范村。推进农村环境卫生整顿，每个自然村配备保洁员，有效根治乡村村民乱堆乱放、乱搭乱建、乱丢垃圾的陋习，实现美化、亮化、净化。

第二篇

自然环境

第一章　地质

第一节　岩层

一、寒武系（E）

回龙圩管理区境内岩性以浅海相碎沉积为主，由砂质板岩、洼质板岩或灰岩等组成。分布于都庞岭西北部之天门山，凉伞界及西南部之白沙界、白沙源、大坪等高山区是境内年代最古的底层。

二、奥陶系（O）

下中统为笔石页岩相沉积，上统为碎屑浅海相沉积。由砂岩、板岩、炭质板岩组成，岩石均已浅变质。

三、泥盆系（D）

境内沉盆系地层，从下部陆相碎屑到中上部浅海相生物碳酸盐沉积均较发育。底部为砾石、白云岩、白玉质灰岩，含燧石结核，胶结物以铁质及泥质为特征。具有同心圆结构，中央有厚豆状赤铁矿结构。

四、第四系（Q）

为残积、坡积、冲积、洪积之砾石，泥沙，黏土等松散泥积物，岩性复杂，厚5~32米，主要分布在山前坡地，河谷两侧。

第二节　构造

回龙圩属地台基础隆起（台凸）上的断裂拗陷带，即南岭褶皱带中段处湘南孤立西翼，孤顶及反射弧两面张力集中之处。褶皱都庞岭背斜为前泥盆系基础褶皱构造，轴向呈北向东，核心为花岗岩西翼，由前泥盆纪变质岩系逐渐变为泥盆系和石炭系，分布于北西面都庞岭山区，成长条状带，轴间N40E左右，走向二端延长至广西境内。大源岭背斜为泥盆系，石灰系褶皱构造，轴向近于南北，核心为莲花山砂岩，位于沱江（江华）向斜与回龙圩复向斜间，成南北条带状延伸宽约6公里，长约10公里，两翼倾角10°~15°，南延至广西富川。

第三节 岩石

回龙圩管理区境内系石灰岩、紫色砂岩、页岩及第四世纪红土经长期演变形成的喀斯特类型。

在管理区西北部有一种独特的岩体叫玻基橄辉岩—煌斑岩体，由云煌岩闪辉正煌岩、玻基橄辉岩组成。

第四节 矿藏

回龙圩管理区境内有铁、钴土、铅、锌、云母、石棉、花岗石、矿泉水等矿藏。铁矿主要分布在马鹿头办事处葵阳村、李家塘办事处李家村，品味分别为60%和50%。1958年大炼钢铁时曾开采冶炼，储量不大。钴土主要分布在断里源等地，结核含砂率25%~30%，储量不详。铅锌分布于石头水、绿丰一带，品位较高，储量不详。云母、石棉在盐下水库一带有所发现，储量不多。在石头水村、绿丰一带还发现高品位花岗石，深度6米左右，矿层厚度500~1000米，面积约5平方公里。红光村还发现矿泉水，初步抽样检验亦符合质量标准。

第二章 气候

回龙圩管理区属亚热带季风性湿润气候区，具有夏无酷暑、冬无严寒、春夏多雨、秋冬多旱的特点。

第一节 日照

1992—2015年，回龙圩管理区平均日照时数为1399小时。最多的1992年1608.8小时，最少的2015年835.2小时。一年中光照时间最长、强度最大是7月和8月，平均219小时，两个月的日照时数占全年的29%。全年太阳辐射值平均为106.7千卡/平方厘米。一年中的月季变化规律是1—7月逐月增加，8—12月逐月减少。全年以7月的辐射值最大，为14.3千卡/平方厘米；2月最小，为5.6千卡/平方厘米。

第二节 气温

1992—2015年，回龙圩平均气温18.5℃左右，一年中12月至次年1月间最低，月平均气温为6.3℃~7.7℃。1999年12月，极端低温-7.7℃；月最高气温在7—8月间，月平均气温27.5℃~38.3℃，2005年8月，极端高温39.6℃，候平均气温低于0℃的严寒期和候平均气温高于35℃的酷热期极少出现。年无霜期293~365天。日平均气温≥10℃的初日在3月23—25日，终日在11月15—18日，初冬日间隔天数为244~248天。积温5500~5700℃，日平均气温≥10℃~≥20℃，终日的天数194~198天，其间积温4600℃~4800℃。热量丰富，昼夜温差大，有利于发展农、林、牧、渔业。

第三节 降水

1992—2015年，回龙圩年平均降雨量为1591毫米。最高是2015年，年均降雨2284.1毫米。月降雨量相差悬殊，3—8月降雨比较集中，占年降雨量的77.1%，4—7月降雨最多，月均328毫米，占年降雨量的56%，2015年5月月均降雨量497.1毫米。2002年7月1日，降雨量多达172.9毫米。6—7月常有暴雨、山洪发生，9月至次年1月降雨量少，为全年降雨量的22.01%，由于受南亚季风和台风的影响，7—8月降雨不正常，其降雨量多则达362毫米，少则106毫米，由于雨量的时空分布不均匀，多数年份出现前涝后旱。年蒸发量为1643.2毫米左右，除3—6月外，其余8个月蒸发量大于降雨量，8—10月月蒸发量都在150毫米以上，此时降雨量最少、往往发生伏旱秋旱。年相对湿度为79%左右，2—6月湿度在80%以上，由于暖湿气候控制，空气潮湿，物品极易发霉。

第四节 霜雪 冰冻

1992—2015年，回龙圩管理区年均无霜期348天。最多的是2015年，全年无霜冻；最少的是2013年的无霜冻期293天。1999年12月22—27日，回龙圩出现罕见霜冻，最低气温在-7.7℃，对农业影响很大，果树受冻面积9100亩，损失2149.2万元。2008年2月3—14日，回龙圩持续小雨低温，冰冻厚度达到1.5~2厘米，给回龙圩造成极大的损失，特别是林业、电网、交通破坏大。

回龙圩管理区 1992—2015 年气候资料统计表

表 2-1

事项 年份	年平均降雨量（毫米）总量	月份/量大降雨量（月/毫米）	年平均气温（℃）	月份/最高气温（月/℃）	月份/最低气温（月/℃）	年霜冻天气（天数）	最大霜冻天及发生月份（天数/月）	年无霜天气（天数）	年平均日照天气（小时）	最强日照月份及日照时间（月/小时	年平均风速（米/秒）	年最大风速及发生月（米/秒/月）
1992	1691. 9	5/341. 4	18. 3	8/37. 8	1/−2. 3	14	6/1	352	1608. 8	8/234. 4	1. 9	14. 7/5
1993	1987. 2	5/417. 7	18	8/36. 6	12/−3. 6	17	10/12	348	1314. 5	8/165. 1	2. 1	11/5
1994	1746. 4	7/324. 7	18. 2	7/37. 4	1/−4. 1	5	4/1	360	1125. 1	7/158. 1	2. 2	15/2
1995	1623. 6	4/306. 6	18. 2	7/36. 9	12/−3. 4	18	10/12	347	1546. 7	7/235. 2	—	15. 7/3
1996	1384. 5	7/213. 7	17. 7	8/36. 6	2/−1. 4	12	8/12	354	1557. 7	8/208. 9	2. 1	11. 7/3
1997	1850. 8	5/276. 2	18. 4	7/35. 8	1/−3. 5	2	2/2	363	1320	8/194. 6	2	13/4
1998	1429. 7	6/274. 1	19. 2	8/38. 8	1/−0. 6	8	5/1	357	1581. 7	8/278. 6	2. 3	15/2
1999	1149	8/247. 7	18. 9	8/36. 8	12/−7. 7	9	7/12	356	1564. 7	9/203. 5	2. 2	10/2
2000	1405. 8	4/283. 7	18. 1	7/37. 1	2/−1. 7	9	6/12	357	1395. 5	7/227. 4	2. 3	11/4
2001	1615. 6	4/357. 9	18. 4	7/36. 6	12/−3. 3	12	6/11	353	1460. 3	7/236. 2	2. 4	9. 7/2
2002	2110. 2	7/362. 9	18. 7	7/36. 4	12/−3. 0	6	5/1	359	1293. 4	8/161. 9	2. 2	10. 5/4
2003	1283. 7	6/284. 9	18. 7	8/39	1/−2. 7	12	8/12	353	1598. 9	7/292. 7	2. 3	12/8
2004	1663. 3	5/368. 4	18. 7	8/37. 6	1/−3. 6	9	7/12	357	1587. 7	8/195. 7	2. 2	10. 1/5
2005	1723. 8	5/357. 1	18. 5	8/39. 2	1/−2. 1	11	6/12	354	1297. 2	7/227. 2	2. 3	10. 4/4
2006	1666. 5	5/367. 4	18. 8	9/37. 5	1/−3. 6	17	10/12	348	1351. 2	8/228. 1	2. 1	10. 9/4
2007	1285. 9	6/404. 6	19. 3	8/38. 1	2/−1. 5	13	4/1	352	1414. 8	7/245. 4	2. 3	10. 5/5
2008	1532. 8	6/400. 2	18. 4	7/37. 9	2/−3. 5	16	7/1	350	1402. 6	7/195. 9	2. 1	9. 7/7
2009	1159. 4	5/249. 4	19	7/37. 9	1/−4. 7	3	2/11	362	1560. 6	8/223. 9	1. 8	11/2
2010	1640. 9	6/399. 4	18. 5	8/39. 6	12/−4. 3	4	4/12	361	1293. 3	8/243. 6	1. 7	9. 2/2
2011	1131. 5	5/345. 5	18	7/37. 9	12/−3. 6	62	4/12	303	1502. 9	8/243. 8	1. 7	7. 6/7
2012	1640. 9	6/399. 4	18. 5	8/39. 6	12/−4. 3	4	4/12	361	1293. 3	8/243. 6	1. 7	9. 2/2
2013	1625. 1	4/274. 6	18. 9	8/38. 1	12/−2. 5	72	6/12	293	1436. 2	7/234. 9	1. 7	9. 3/7
2014	1442. 2	5/199. 3	19	7/37. 4	1/−3. 2	70	7/12	295	1338. 8	7/243. 1	1. 5	11. 8/8
2015	2284. 1	5/497. 1	18. 8	7/37. 2	2/0. 3	0	0/0	365	835. 2	8/152. 7	107	11. 1/4

第三章 水文

第一节 河流

栎溪河

回龙圩管理区有 4 条河流，它们分别是：栎溪河、回龙圩河、廖源河、晨光河。

栎溪河属湘江水系，位于回龙圩管理区中下部，起源于回峰大岭，河流级别三级，流经回龙圩镇的回龙村、盐下村、朱家观村、黄家村，回峰居委会、八字桥居委会，马鹿头办事处的大地埔村，然后进入江永县潇蒲镇的栎溪村，全长 16 千米，流域面积 98. 6 平方公里，水域面积 8 万平方米，径流量 7800 万立方米，水质Ⅱ类，流入马河。

回龙圩河属湘江水系，位于回龙圩管理区中上部，起源于兴隆办事处百谷冲，河流级别四级，流经兴隆办事处的仙人桥村、岗头源村、兴隆村、十工湾村、永济亭办事处的岩口塘村、岩湾村、八仙洞办事处的新风村、回龙圩镇的彭家村、回龙村、朱家观村、回峰居委会，全长 12 千米，流域面积 41. 6 平方公里，水域面积 4. 8 万平方米，径流量 3200 万立方米，水质 II 类，流入栎溪河。

燎源河属湘江水系，位于回龙圩管理区西部，起源于回峰林场的蒋家大岭，河流级别四级，流经八仙洞办事处的燎源村、卫东村、蒋家村、下干村、新风村、高尚村，神仙洞办事处的高圩村、光下村进入盐下水库，流入栎溪河，河流全长 9 公里，流域面积 23. 4 平方公里，水域面积 3. 6 万平方米，径流量 1850 万立方米，水质 ll 类。

晨光河属于湘江水系，位于回龙圩管理区东面，起源于李家塘办事处的三角塘、清水塘，流经李家塘办事处的小溪村、李家塘村、田家村、何家村、唐家村，回龙圩镇的晨光村、渔场、上枧、朱家观村、黄家村，接连两座水库，即双龙水库、晨光水库，河流全长 9 千米，流域面积 35. 8 平方公里，水域面积 4 万平方米，径流量 2850 万立方米，水质 ll 类，流于栎溪河。

第二节 地下水

回龙圩管理区属铜山岭花岗石外围接触带富水区，区域面积 113 平方公里，含水层为石炭系灰岩等，有地下河九条，钻孔涌水量 92.5 立方米/天～750 立方米/天。境内地下水资源测算约为 3000 万立方米，有泉井 195 口，如岩口塘村的岩湾井、仙人桥的米筛井、八仙洞的狗崽井、李家塘的新村井、大罗圩的雷进井、高圩的仙井、平利的女鬼神井，水清流量大，常年不沽。20 世纪 90 年代，先后在干旱地区的永济亭、李家塘、马鞍山等地打 3 口机井，开发利用地下水约 120 万立方米，主要用于这些干旱地区的农业灌溉和生活用水。

仙井碑刻

仙井

第三节 水质

回龙圩管理区属重碳酸钙，重碳酸钙镁型水，矿化度均低于 0.5 毫克/升，pH 值 5.5～8，为酸性至弱碱性，以总硬度小于 4.2 的极软水和 8.4～16.8 的微硬水为主，地下水优良。永州市疾病预防控制中心，按《生活饮用水卫生标准》要求检验，检验结果自来水厂的水合格，双龙水库的水合格，神光水库的水除水色度超标外，基本指标均合格。

第四章 土壤 植被

第一节 土壤

回龙圩土壤母质大都为石灰岩和砂岩发育而成，质地疏松适应性广。砂岩红壤土主要分布于西部，约占管理区总面积的30%，石灰岩红壤土主要分布于管理区的东部和中部，约占总面积的60%。结构松散，土层厚薄不一，一般为一米以上，土壤呈中性偏酸。质地大都分为壤土和黏壤土。水田沙壤土占7.5%。壤土占22.4%，黏壤土占64.7%，其余则为黏土；旱地大都为壤土和黏壤土，占93.7%，其余则为黏土。

水田大部分偏碱，阳值在7.6~8.4之间的占87.2%，旱地大部分偏酸，阳值在4.5~6.4之间的占90%以上。水田地下水位大于60厘米的占86.9%，30~60厘米的占12.4%。小于30厘米的占0.7%。旱土地下水位大于60厘米。

一、耕地类型

2009年，管理区农业局启动土壤测土配方施肥项目，同时开展回龙圩耕地地力评价工作。2015年回龙圩管理区耕地面积1.76万亩，其中水田1.09万亩，旱地6665亩。水稻土有3个亚类、6个土属、10个土种；旱地有3个土类、4个亚类、5个土属、6个土种。

回龙圩管理区2015年水稻土壤分类表

表2-2

土类	亚类	土属	土种	面积	占水稻土%
水稻土	潜育型水稻土	烂泥田	石灰性烂泥田	372	3.41
		青泥田	石灰性青泥田	236	2.17
	淹育型水稻土	浅黄沙泥	浅黄泥沙	57	0.53
		浅灰泥田	浅灰泥	478	4.38
			浅灰沙泥	5.4	4.71
	潜育型水稻土	黄沙泥	黄沙泥	313	2.87
			石灰性黄沙泥	170	1.56
		灰泥田	灰泥田、	6770	62.00
			灰沙泥田	1035	9.43
			鸭屎泥田	875	8.94
总　计				10920	100

回龙圩管理区 2015 年旱地分类表

表 2-3

土类	亚类	土属	土种	面积	占旱土%
黑色石灰土	黑色石灰土	耕型黑色石灰土	石灰性土	636	9.55
		耕型砂岩红让	黄沙土	459	6.88
红壤	红让	耕型石灰岩红让	灰红沙土	3685	55.30
	红色石灰土		灰红土	1712	25.68
红色石灰土	淋溶红色石灰土	耕型红色石灰土	红灰土	94	1.41
		耕型淋溶红色石灰土	灰泥土	79	1.18
合并				6665	100

二、耕地地力

2009—2012 年，区农业局开展的土壤测土配方施肥工作调查，回龙圩管理区一级地 4125 亩，占耕地面积的 23.46%，一级地主要为水田；二级地 3103 亩，占 17.64%；三级地 2924 亩，占 16.63%；四级地 1569 亩，占 8.92%；五级地 2288 亩，占 13.01%；六级地 2815 亩，占 16.01%；七级地 761 亩，占 4.32%。回龙圩一、二级地只占耕地面积 31.1%，主要原因是近 20 年化肥用量过大，有机肥用量少，肥料结构不合理造成土壤板结，耕地地力下降。另外，大量使用化学除草剂也是造成地力下降原因之一。

三、土壤有机质含量

2009—2012 年，回龙圩管理区农业局测土结果表明，回龙圩土壤有机质含量较高，低于 20.0 克/公斤的仅占样本总数的 25.86%，高于 40.0 克/公斤的占 16.42%，但变异性较大，有机质含量最高达到 69.00 克/公斤，最小仅为 6.5 克/公斤，平均为 28.99 克/公斤，属于四级含量水平。土壤有机质含量属于五级水平（>40 克/公斤）的占样本总数的 16.42%，四级水平（30~40 克/公斤）的占 25.96%，处于三级含量水平（20~30 克/公斤）的占 31.76%，三者合计占 74.14%，回龙圩管理区耕地土壤有机质含量属于中等偏高水平。

四、土地利用

回龙圩管理区总面积 15.58 万亩，土地分布总体为“七山半水半分田，二分道路加庄园”的格局。农田地 14.3 万亩，占总面积 91.79%，建设用地 12371 亩，占

7.94%，未利用地417亩，占0.3%，未利用地主要是沼池和岩石地。

回龙圩管理区2015年土地利用表

表2-4

地类			面积（亩）	占总面积%
合计			155800	100
农用地	小计		143012	91.79
	耕地	小计	17585	11.29
		水田	10920	7
		旱地	6665	4.29
	园地		59462	38.16
	林地		65965	42.34
建设用地	小计		12371	7.94
	城镇、村庄		5997	3.85
	交通运输用地		1524	0.98
	水利设施用地		4850	3.11
未利用地			417	0.3

第二节　植被

回龙圩管理区境内属于亚热带常绿阔叶林区，植物种类繁多，常见的乔木有槠栲类、樟科类、马尾松、杉木、木荷、南酸枣等。灌木有紫花杜鹃、桎木、镀牡荆、白栎等；植被物有羽毛草、王节芝、铁芒、马鞭草等；珍稀珍贵树种有榉木、闽楠、黄枝、油杉、长苞铁、三尖松、青岩油杉、水杉、阿丁枫、白克木、鹅掌楸、光皮桦、华南针松、银杏。随着农业结构的调整，柑橘、油茶、松、杉等现代人工次生林迅速发展，构成新的常绿阔叶林和针叶混交，常绿阔叶和落叶混交林带。西部为常绿落叶阔叶林区，中北部为柑橘类果树林，南部为常绿叶马尾松、国外松树林。森林覆盖率78.28%。

第五章　野生动植物

第一节　野生动物

兽类

主要有：野猪、鹿、豪猪、野猫、黄鼠狼、獐、麂、穿山甲、竹根鼠、野兔、果子狸、鼠漱狸等。

禽类

主要有：野鸡、绵鸡、竹鸡、秧鸡、猫头鹰、猴面鹰、啄木鸟、杜鹃、翡翠、白鹭、岩鹰、蓑衣鸟、布谷鸟、白头翁、画眉、八哥、麻雀、喜鹊、乌鸦、野鸭等。

爬行类

主要有：乌龟、甲鱼、蜥蜴、壁虎、蜈蚣、蚯蚓、蛇（竹叶青、眼镜蛇、菜花蛇、墨蛇、蝮蛇、乌草蛇、银环蛇）、蜗牛等。

两栖类

主要有：青蛙、树蛙、牛蛙、蟾蜍等。

贝类

主要有：蚌、螺等。

昆虫类

害虫主要有螟虫、稻飞虱、叶蝉、蝗虫、蜜蜂、胡蜂、土蜂、大黄蜂、卷叶虫、各类蚊子，蚧壳虫、天牛、红蜘蛛、螨、红铃虫、地老虎、蚜虫、叶蛾、萤火虫、白蚁、木虱、苍蝇、臭虫、蟑螂等。益虫主要有蚕、白蜡虫、红瓢虫、螳螂、蜘蛛等。

第二节　野生植物

回龙圩管理区地处亚热带，自然条件优越，有利于生物的生长发育，各种植物繁多，数量丰富。

竹类

楠竹、方竹、苦竹、毛竹、湘妃竹、水竹、箬叶竹、黄竹等。

林木

松、杉、甜椿、苦椿、槐椿、山杉、油桐、水桐、水青风、黄林木、桂树、光皮树、梧桐、樟、柳、枫、栎、山楂、铁屎、茶木、牡荆木、皂壳树、楠木、榉木、苦栋、银杏等。

菜类

可食用的有：野芹菜、西洋菜、石蕨菜、马齿苋、紫苏、砂姜、艾叶、苦麻菜等。

不可食用的有：鹅菜、水葫芦、水浮莲、菖蒲、麻等。

草类

有马便草、油草、桐子追、鸭舌草、蛤蟆草、革命草、白茅、田头青、牛毛钻、稗草、节节高、夏橘草、龙古草等。

瓜藤类

青光藤、鸡血藤、金银花、首乌、牵牛花等。

可食的野果子：杨梅、橄榄、山楂、红籽仔、糯米团、青梅、乌梅、地梅、刺梅、猕猴桃（牛丸子）、柿子等。

可食用菌：鸡爪菌、南风菌、（枞树菌）香菇、木耳、绿豆菌、雁鹅菌、灵芝菌等。

第三篇

人　口

第一章 人口变动与分布

第一节 人口变动

一、人口总量变动

1992年年底，回龙圩总人数是8808人，到2015年年底，回龙圩总人口10440人，增加1632人，年均增加68人，增长率6.5‰。1993年回龙圩农场清理劳力，凡年满18周岁以上，男60周岁以下，女55周岁以下的社会人都算劳动力，凡是劳力就要上缴管理费用每人每年600元，这样一些人将户口迁出逃避上缴费用，一些地方农村粮转商品粮户口，只要出一定费用，可改变农村户口为商品粮户口，并迁出农场。1993年人口比1992年人口减少457人。1992—1998年办理户口迁出手续的共705人，这其中很大一部分是因为躲避劳力费用和购买商品粮户口而迁出的。

回龙圩管理区1992—2015年人口统计表

表3-1 **单位：人**

年份	人口	年份	人口	年份	人口
1992	8808	2000	8618	2008	9791
1993	8351	2001	8647	2009	9887
1994	8749	2002	8751	2010	10085
1995	8766	2003	8769	2011	10218
1996	8729	2004	8831	2012	10052
1997	8755	2005	9028	2013	9924
1998	8785	2006	9453	2014	10206
1999	8616	2007	9639	2015	10440

二、人口自然变动

1992年，回龙圩出生人口81人，出生率9.2‰；死亡人口44人，死亡率5‰，自然增长率4.2‰。2012年，双独子女结婚可生育二孩扩大为单独子女结婚也可生育二孩。2015 年回龙圩出生人口 192 人，出生率 18.39‰，死亡人口 49 人，死亡率 4.7‰，自然增长率 13.7‰。

回龙圩 1992—2015 年人口自然变动表

表 3-2　　单位：人

年份	出生			死亡			年份	出生			死亡		
	小计	男	女	小计	男	女		小计	男	女	小计	男	女
1992	81	40	41	44	27	17	2004	128	67	61	25	15	10
1993	96	57	39	—	—	—	2005	128	74	54	51	29	22
1994	97	54	43	45	28	17	2006	146	81	65	36	20	16
1995	93	53	40	60	39	21	2007	118	69	49	18	10	8
1996	84	46	38	50	36	14	2008	117	69	48	6	4	2
1997	69	37	32	49	23	26	2009	119	72	47	52	30	22
1998	84	44	40	47	25	22	2010	224	130	94	102	58	44
1999	99	56	43	47	25	22	2011	133	83	50	53	32	21
2000	81	36	45	15	7	8	2012	149	81	68	357	190	167
2001	109	64	45	75	47	28	2013	140	71	69	320	152	168
2002	117	67	50	24	19	5	2014	194	109	85	64	30	34
2003	115	71	44	20	11	9	2015	192	103	89	49	29	20

三、户口迁移

1992 年，省内迁入 80 人，省外迁入 0 人，迁往省内 60 人，迁往省外 0 人。2015 年，省内迁入 92 人，省外迁入 32 人，省内迁出 15 人，省外迁出 18 人。随着改革开放和市场经济的发展，人口流动量逐年增大。

回龙圩 1992—2015 年人口迁移区域变动表

表 3-3　　单位：人

年　份	迁入		迁出		年份	迁入		迁出	
	省内	省外	省内	省外		省内	省外	省内	省外
1992	80	—	60	—	1998	34	5	83	9
1993	57	—	73	—	1999	91	1	26	14
1994	57	—	62	11	2000	—	7	—	2
1995	23	8	113	4	2001	—	6	—	14
1996	100	3	146	4	2002	—	5	—	13
1997	133	—	91	9	2003	—	3	—	10

续表3-3

年　份	迁入		迁出		年份	迁入		迁出	
	省内	省外	省内	省外		省内	省外	省内	省外
2004	80	10	60	15	2010	68	31	47	21
2005	—	5	—	8	2011	105	25	27	21
2006	—	35	—	14	2012	71	30	41	18
2007	125	41	23	9	2013	68	21	23	10
2008	96	21	24	18	2014	152	36	19	17
2009	93	37	40	16	2015	92	32	15	18

第二节　人口分布

一、人口密度

1992 年回龙圩的人口密度是 84.75 人/平方公里，到 2015 年回龙圩人口密度是 100.46 人/平方公里。2015 年与 1992 年人口密度相比增加 15.71/平方公里/人。永州市 2015 年人口密度是 280 人/平方公里，与之相比每平方公里少 179.5 人。

回龙圩管理区 1992—2015 年人口密度表

表 3-4　　单位：人/平方公里

年份	人口密度	年份	人口密度	年份	人口密度
1992	84.76	2000	82.93	2008	94.21
1993	80.36	2001	83.2	2009	95.7
1994	84.19	2002	84.21	2010	97.05
1995	84.35	2003	84.58	2011	98.33
1996	83.99	2004	84.98	2012	96.73
1997	84.77	2005	86.87	2013	95.50
1998	84.54	2006	90.96	2014	98.21
1999	82.93	2007	92.75	2015	100.46

二、城乡分布

1992 年年末，回龙圩总人口 8808 人，其中农业人口为 7773 人，非农业人口 1035 人。2005 年 5 月 24 日湖南省人民政府办公厅印发《关于落实国有农垦企业职工及家属城镇居民政策有关问题的通知》，回龙圩农场职工及家属凡愿意转商品粮户口的都办理“农转非”手续，到2015年人口为10440人，其中非农业人口7234人，占总人口的69.3%；中心城区常住人口1859人，占总人口的17.8%。实际人口4375人，占总人口的41.9%。

第二章　人口构成

第一节　民族构成

回龙圩境内是瑶族居住地之一，依山险而居，形成清溪、扶灵、古调、勾兰四大民瑶和四岗（松柏岗、四面岗、马头岗、黄岗）、九源瑶族聚居地。其中黄岗在境内李家塘办事处的大申塘村和山岩塘村一带。2015年，回龙圩10440人口中，有瑶、汉、壮、回、苗、布依、侗等12个民族。其中瑶族5310人，回族7人，彝族1人，土家族5人，黎族3人，水族2人，穿青族3人，侗族9人、壮族123人、苗族23人、布依族3人，以瑶族为主的少数民族5489人，占总人口的52.6%，汉族4951人，占总人口的47.4%。

第二节　性别构成

回龙圩人口性别构成，男性略多于女性。2015年总人口10440人，其中男性5413人，占总人数的51.8%；女性5027人，占总人数的48.2%。

回龙圩管理区1992—2015年人口性别结构表

表3-5　　单位：人、%

年份	人口	男	女	男性占比	女性占比	性别比
1992	8808	4475	4033	54.21	45.79	118.4
1993	8351	4426	3925	53	47	112.8
1994	8749	4666	4083	53.33	46.67	114.28
1995	8766	4716	4050	53.8	46.2	116.4
1996	8729	4549	4180	52.11	47.89	108.8
1997	8809	4627	4182	52.53	47.47	110.6
1998	8755	4630	4125	52.88	47.12	112.2
1999	8785	4640	4145	52.82	47.18	111.9
2000	8618	4551	4067	52.81	47.19	111.9

续表3-5

年份	人口	男	女	男性占比	女性占比	性别比
2001	8647	4550	4097	52.62	47.38	111
2002	8751	4583	4168	52.37	47.63	110
2003	8769	4621	4169	52.57	47.43	111
2004	8831	4970	4261	52.57	48.25	107
2005	9028	4749	4279	57.75	47.4	111
2006	9453	4950	4503	52.6	47.64	109.9
2007	9639	5050	4589	52.6	47.61	110
2008	9791	5112	4679	52.36	47.8	109.25
2009	9887	5170	4762	52.1	47.9	108.57
2010	10085	5240	4845	52	48	108.2
2011	10218	5304	4914	51.9	48.1	107.9
2012	10052	5214	4838	51.9	48.1	107.8
2013	9924	5460	4764	52	48	108.21
2014	10206	5307	4899	52	48	108.3
2015	10440	5413	5027	51.8	48.2	107.67

第三节　年龄构成

2015 年，回龙圩管理区总人口 10440 人，按年龄结构分 18 岁以下的 2241 人，占 21.3%；18~35 岁 2580 人，占 24.7%，；5~60 岁 3945 人，占 37.8%；60 岁以上的 1674 人，占 16.03%。

回龙圩管理区 2008—2015 年人口年龄构成表

表 3-6　　单位：人、%

年份	总人口	18 岁以下		18~35 岁		35~60 岁		60 岁以上	
		人数	占总人口百分比	人数	占总人口百分比	人数	占总人口百分比	人数	占总人口百分比
2008	9791	1692	17.28	2866	29.2	3826	39.08	1407	14.37
2009	9932	1656	16.67	2906	29.25	3900	39.27	1470	14.8
2010	10085	1782	17.67	2858	28.34	3981	39.47	1464	14.52
2011	10218	1830	17.9	2828	27.67	4056	39.7	1504	14.72
2012	10052	1892	18.82	2739	27.25	3966	39.45	1455	14.47
2013	9924	1957	19.72	2622	26.42	3852	38.81	1493	15
2014	10206	2097	20.55	2612	25.59	3893	38	1604	15.71
2015	10440	2241	21.46	2580	24.71	3945	37.78	1674	16

第四节　职业构成

2015年，回龙圩总人口10440人，中青年6525人，占总人口62.5%，其中在校大中专学生117人，占1.8%。公务员72人，占1.1%，事业编人员175人，占2.7%，其中教师72人，医务人员21人，企业员工74人，占1.1%，从事个体工商企业616人，占9.4%，外出务工746人，占11.4%，在家务农的4725人，占72%。

第五节　文化构成

2010年第六次全国人口普查提供的资料显示，回龙圩管理区6岁以上的人口10671人，其中男5511人、女5160人；未上过学的人口为418人，占总人口3.9%，其中男119人、女299人；15岁以上的文盲人口411人，其中男118人、女293人；小学3285人，占30.8%，其中男1458人、女1827人；初中4541人，占42.5%，其中男2437人、女2404人；高中1957人，占总人口的18.7%，其中男1208人、女749人；大学349人，其中男243人、女106人，占总人口3.7%；研究生3人，其中男2人、女1人。

第三章　姓氏

第一节　前十名姓氏

2015年，回龙圩总人口1.04万人，共有姓氏165个，比1991年131个多34个。排在前10名的姓氏是卢姓1060人、占总人口13.7%；何姓1057人、占总口9.95%；李姓691人、占总人口6.5%；刘姓560人、占总人口5%；周姓512人、占总人口4.8%；黄姓505人、占总人口4.7%；唐姓435人、占总人口4.1%；蒋姓436人、占总人口4.1%；欧阳姓401人、占总人口3.7%；张姓374人、占总人口3.5%。

第二节　姓氏录

表 3-7　　单位：人

姓氏	人数	姓氏	人数	姓氏	人数	姓氏	人数	姓氏	人数
卢	1460	黄	505	顾	150	蔡	14	匡	13
何	1057	张	374	廖	82	营	14	谢	84
李	691	朱	353	罗	62	程	33	熊	67
刘	560	杨	277	邓	78	段	13	徐	15
蒋	436	毛	250	胡	81	范	17	许	102
唐	435	欧	211	莫	89	冯	23	尹	20
欧阳	401	彭	210	义	50	奉	13	袁	16
周	512	陈	244	赵	67	高	39	游	10
雷	31	邱	14	涂	13	宾	2	郭	4
练	25	全	14	田	75	成	4	赖	3
梁	32	荣	13	汪	26	丁	5	侯	2
林	11	余	12	王	184	董	3	贾	3
龙	39	沈	12	魏	13	费	2	江	5
聂	10	首	12	文	24	房	2	金	3
潘	13	宋	20	吴	113	封	2	君	2
浦	18	孙	19	伍	21	龚	3	黎	2
秦	16	谭	73	肖	29	葛	4	芦	4
曾	47	戴	6	韦	6	管	3	鲁	4
郑	40	樊	8	夏	8	姚	3	方	1
钟	19	甘	8	燕	5	佘	3	韩	1
邵	46	盘	8	阳	4	岳	2	桂	1
左	64	石	6	易	10	欠	1	贺	1
安	8	腾	6	柏	4	昌	1	乎	1
岑	6	万	9	艾	4	杜	1	姜	1
任	3	容	5	阮	2	盛	4	舒	2
苏	3	倪	1	陆	5	蒙	2	康	1
覃	3	庞	1	吕	4	孟	2	乐	1
陶	3	戚	1	马	5	裴	4	兰	1
翁	2	卿	1	麦	2	钱	3	荆	1
向	4	屈	1	骆	3	饶	2	粟	1
巫	1	邹	1	庚	1	凌	1	祝	1

续表3-7

姓氏	人数	姓氏	人数	姓氏	人数	姓氏	人数	姓氏	人数
武	1	柳	1	尤	1	晏	1	叶	1
薛	1	闵	1	苑	1	颜	1	权	1

第四章 人口普查

第一节 第五次全国人口普查

2000 年 10 月 1 日，启动第五次全国人口普查，普查项目 49 项，比 1990 年第四次全国人口普查增加 28 个项目，并首次采用光电录入技术。为确保完成第五次人口普查任务，回龙圩农场成立第五次人口普查领导小组，组长由农场党委委员、办公室主任刘香山担任，副组长由统计局局长卢国甫担任，同时兼任人口普查办公室主任。在农场经济十分困难的情况下，仍安排 4 万元人口普查经费，普查前对普查指导员、普查员进行培训，标准时间为 2000 年 10 月 1 日零时。经普查，回龙圩农场 2000 年总户数 3320 户，总人口 8647 人，其中男 4550 人、女 4097 人，总人口中农业人口 7837 人，非农业人口 810 人。当年出生人口 84 人，其中男 43 人、女 41 人，当年死亡 75 人，其中男 47 人、女 28 人。

第二节 全国第六次人口普查

2010 年 10 月 1 日，进行第六次全国人口普查。这次人口普查有 21 个大项目、95 个小项目，有普查登记和复查、数据处理和应用三个阶段，为抓好第六次全国人口普查，管理区成立以党委委员、管委副主任周礼才为组长的领导小组，安排普查经费 15 万元。回龙圩管理区分 19 个普查区、38 个普查小组，从各单位抽调 19 名普查指导员、75 名普查员，普查登记前对指导员和普查员进行培训，开展户口整顿和流动人口清查工作，摸清底子。普查标准时间为 2010 年 10 月 1 日零时，通过第六次人口普查摸清回龙圩管理区人口基本情况。管理区总户数为 3183 户，总人口 1. 17 万人，其中男 6100 人、女 5596 人。

一、家庭户的住房间数和面积

2010年第六次全国人口普查，回龙圩普查区总户数3183户，11475人，平均每户住房间数4.04个，人均住房建筑面积人平31.29平方米，人均住房间数1.12个。

二、人口年龄结构和抚养

2010年总人口11696人，其中0~14岁2183人，占总人口18.66%。15~64岁8505人，占总人口72.72%。65岁以上1008人，占总人口8.62%。总抚养比37.52%，老年抚养比11.85%。

总户数3183。其中0间10户，一间228户，二间517户，三间656户，四间696户，五间402户，六间306户，七间138户，八间150户，九间30户，十间以上50户。

2010年第六次人口普查回龙圩人口年龄结构统计表

表3-8

年　龄（岁）	人　数		
	小计（人）	男（人）	女（人）
0	117	67	50
1~4	692	398	294
5~9	840	476	364
10~14	534	271	263
15~19	654	364	290
20~24	1096	539	557
25~29	1013	495	518
30~34	843	430	413
35~39	998	531	467
40~44	1165	598	567
45~49	910	490	420
50~54	708	351	357
55~59	699	338	361
60~64	419	234	185
65~69	305	180	125
70~74	303	158	145
75~79	205	95	110

续表3-8

年　龄（岁）	人　数		
	小计（人）	男（人）	女（人）
80~84	124	58	66
85~89	52	20	32
90~94	13	4	9
95~99	6	3	3

回龙圩管理区2010年6岁以上受教育程度的人口统计表

表3-9

文化程度	人　数		
	小计（人）	男（人）	女（人）
未上过学	418	119	299
小学	3285	1458	1827
初中	4541	2437	2104
高中	1957	1208	749
大学专科	394	243	151
本科	73	44	29
研究生	3	2	1

回龙圩管理区2010年15岁以上的文盲人口统计表

表3-10

文化程度	人　数		
	小计（人）	男（人）	女（人）
文盲人口	411	118	293
比重	4. 32	2. 41	6. 34

回龙圩管理区2010年家庭规模统计表

表3-11

家庭户（3183）	户数（户）	比重（%）
一人户	355	10. 52
二人户	490	15. 39
三人户	647	20. 33

续表3-11

家庭户（3183）	户数（户）	比重（%）
四人户	866	27.21
五人户	524	16.46
六人户	189	5.94
七人户	83	2.61
八人户	32	1.01
九人户	12	0.38
十人户以上	5	0.16

回龙圩管理区 2010 年家庭户类别统计表

表 3-12

家庭户（3183）	户数（户）	比重（%）
一代户	718	22.56
二代户	1814	56.99
三代户	623	19.57
四代户	28	0.88

回龙圩管理区 2010 年老年一人户统计表

表 3-13

年龄（岁）	总人数（人）	男（人）	女（人）
65～69	18	13	5
70～74	37	20	17
75～79	28	16	12
80～84	17	7	10
85～89	11	6	5
90～94	1	—	1
95～99	2	1	1

回龙圩管理区 2010 年家庭户按住户间数分的户数

表 3-14

人均住房面积（平方米）	户数（户）	人均住房面积（平方米）	户数（户）
人均 8	33	30～39	564
9～12	114	40～49	336

续表3-14

人均住房面积（平方米）	户数（户）	人均住房面积（平方米）	户数（户）
13~16	283	50~59	174
17~19	236	60~69	23
20~29	917	70 以上	313

第五章 人口控制

第一节 计划生育队伍

一、专干队伍建设

1992 年，回龙圩农场计生办只有 3 人。2015 年，管理区计生专干增至 9 人。各镇、办事处、林场配备 1 名计生专干，村、居委会设 1 名计生员，形成计划生育工作党政共管，行政主要领导挂帅，分管领导亲抓，计生专干具体抓、长年抓的阵势。

二、专业技术队伍建设

1992 年，建立计划生育服务站，配专业技术人员 2 人，与区人民医院共享有关医疗器材和医务人员。除结扎需送江永计生服务站外，一般检查和手术都能就地解决。

三、计生群众队伍建设

1986 年，回龙圩成立计生协会，选举李巨良为计生协会会长，计生办主任为常务副会长，2001 年，由农场副书记邱元煦任会长。谢祁零任常务副会长兼秘书长。2015 年 7 月，回龙圩管理区副调研员刘香山任会长。计生委主任何科任第一副会长，周建茂任常务副会长，邓丽群任秘书长。镇、各办事处、林场都相应成立计生协会，15 个行政村和 2 个居委会成立计生协会，全区有区级计生协会 1 个，镇、办事处、林场计生协会 8 个，村、居委会计生协会 17 个，有会员 165 人。

1992—2015 年，回龙圩管理区、各行政村、居委会、社区建立计生队伍。村委会、居委会配备计生专职，村民小组、社区设计生员。人员工资、津贴、工作经费纳入财政预算。为提高队伍素质，采取轮流分层次培训，层层开办人口计生学校，请专家讲课。关爱稳定计生队伍，保证工资、津贴按时发放，对在工作、生活中遇到的困难符合政策能解决的及时解决，对工作突出的人员提拔重用。2015年，有2名计生主任进区领导班子。

第二节 计生服务

计生大楼

1992—2015年，计生服务工作主要是围绕为育龄夫妇服务，为节育对象服务。计划生育服务站责任就是为育对象服务。同时还进行“三育”和“三查一站”服务，即运用B超机、优生遗传检测仪、红外线治疗仪等设备，为育龄群众开展生育、节育、不育的服务和查环、查孕、查病、治疗妇科病的服务，每年进行2~4次免费孕环情普查。开展计生救助服务，对计生对象在生产、生活中遇到的困难，尽可能地给予救助解决。开展送温暖活动，逢年过节走访困难计生户，每年财政安排计生困难户走访资金在5万元左右。同时与部门联手，对计生困难户在资金、产业、技术上给予帮扶，使他们脱贫致富。计生委做好辖区内育龄妇女的生殖健康登记，节育技术服务登记和建立《使用药具人员名册》《避孕药具发放登记》《药具人员随访登记卡》等服务事项。基层计生员配备专用药箱，送药上门，服务上门。

第三节 计生成效

1991年第四次人口普查，回龙圩总人口8808人，至2015年人口增加1632人，年均增加68人。1992年，管理区人口密度为84.76人/平方公里，2015年，为100.46人/平方公里，略有增长。1992年，性别比为118.4，到2015年为107.6，下降10个百分点。

1991年，回龙圩农场国内生产总值2235.07万元。2015年，回龙圩管理区国内生产总值2.29亿元，增加10.25倍。城乡人均收入1991年840元，2015年1.52万元，人均增加1.43万元。

第四篇

党派群团

第一章　组织机构

第一节　党委

1992年10月，回龙圩农场党委由8人组成，设党委书记1人，副书记2人，纪委书记1人。1998年7月，农场召开党代会，选举产生党委委员8人，增加党委委员2人。1999年3月，回龙圩农场召开党代会，选举产生党委委员9人，增加1人。

2002年4月，根据中共永州市委、永州市人民政府《关于回龙圩管理区机构改革的通知》，撤销回龙圩农场，设立永州市回龙圩管理区，成立中国共产党永州市回龙圩管理区委员会，党委由5人党委委员组成，其中书记1人，副书记2人（1人副书记兼任管委会主任），纪检书记1人。

2009年9月，回龙圩管理区党委委员由5人增加到9人。

第二节　党支部

1992年，农场党务工作由组织部管理，全场设1个党委，总场机关和分场设党总支10个，下设59个党支部。1996年2月，全场设党总支5个，分别是机关总支、水果系统总支、经委总支、农委总支、宣教委总支，下设基层党支部36个，其中，机关总支下设9个支部，水果系统下设7个支部，经委总支下设9个支部，农委总支下设7个基层党支部，宣教委总支下设4个党支部。1998年，全场共设5个总支部，与1996年相比较，党支部有35个，其中减少老协党支部、马鞍山党支部，增加响水岩柑橘场党支部。2002年农场改制，回龙圩设管理区党委、回龙圩镇党委两级党委，全区只设立1个党总支、27个党支部，分别是经发局党支部、农经局党支部、社发局党支部、财税局党支部、粮贸公司党支部、医院党支部、回龙圩镇小学党支部、回龙圩中学党支部、政工部党支部、经作办党支部、纪委党支部、政法委党支部、党政办党支部、八仙洞办事处党支部、神仙洞办事处党支部、永济亭办事处党支部、李家塘办事处党支部、兴隆办事处党支部、马鹿办事处党支部、回峰林场党支部、回龙圩填党支部、盐下村党支部、朱家观党支部、工商局党支部。2009年，全区设1个党总支、29个党支部。比2004年增加2个党支部。2011年，全区设7个党总支，即原来的6个办事处支部改为总支，全区共设40个党支部，增设12个行政村党支部。2015年，全区设7个党总支，下设41个基层党支部。

回龙圩农场委员会1958—2001年历任正、副书记名录表

表4-1

书　记			
姓名	**性别**	**籍贯**	**任职时间**
王鸣久	男	河北	1958年5月至1959年6月
和世明	男	河北	1959年6月至1962年6月
杜殿魁	男	山西	1962年7月至1965年8月
周兴忠	男	湖南江永	1965年9月至1968年3月
张武祥	男	湖南长沙	1970年1月至1980年1月
周嗣海	男	湖南衡阳	1980年2月至1983年1月
徐景屏	男	湖南新宁	1983年1月至1987年3月
何祥麟	男	湖南常宁	1987年3月至1992年11月
肖建文	男	湖南宁乡	1992年12月至2000年10月
欧学勤	男	湖南道县	2000年11月至2002年3月
副书记			
和世明	男	河北	1962年8月至1964年5月
赵天秀	男	山西忻州	1962年8月至1974年3月
欧章标	男	湖南江华	1970年1月至1980年1月
周嗣海	男	湖南衡阳	1975年3月至1980年1月
罗　君	男	湖南长沙	1979年4月至1984年4月
吕保兴	男	湖南宁远	1980年1月至1984年3月
徐景屏	男	湖南新宁	1980年8月至1982年12月
肖鑫海	男	湖南长沙	1984年4月至1989年7月
肖建文	男	湖南宁乡	1989年4月至1992年8月
邱元煦	男	广西柳州	1989年8月至2001年8月
欧学勤	男	湖南道县	1993年8月至2000年10月

回龙圩管理区委员会 2002—2015 年历任正、副书记名录表

表 4-2

书记			
姓名	性别	籍贯	任职时间
欧学勤	男	湖南道县	2002 年 4 月至 2006 年 6 月
何绍云	男	湖南江永	2006 年 6 月至 2010 年 6 月
魏和胜	男	湖南宁远	2010 年 6 月至 2013 年 8 月
赵文旺	男	湖南道县	2014 年 9 月至 2015 年 12 月
副书记			
范桑洪	男	湖南道县	2001 年 12 月至 2006 年 9 月
陈　曦	男	湖南零陵	2002 年 4 月至 2010 年 6 月
李润志	男	湖南江永	2010 年 6 月至 2014 年 9 月
成　萍	女	湖南宁乡	2010 年 6 月至 2015 年 12 月
李社光	男	湖南宁远	2014 年 9 月至 2015 年 12 月

回龙圩管理区（农场）1992 年 1 至 2015 年 12 月党委委员名录表

表 4-3

姓名	性别	籍贯	任职时间
何祥麟	男	湖南常宁	1992 年 1 月至 1992 年 10 月
肖鑫海	男	湖南长沙	1992 年 1 月至 1992 年 10 月
肖建文	男	湖南宁乡	1992 年 1 月至 2000 年 10 月
欧学勤	男	湖南道县	1992 年 1 月至 2006 年 9 月
邱元煦	男	广西柳州	1992 年 1 月至 2001 年 8 月
陈　曦	男	湖南零陵	1992 年 1 月至 2012 年 5 月
黄和平	男	湖南祁阳	1992 年 1 月至 2006 年 8 月
范桑洪	男	湖南道县	1998 年 3 月至 2006 年 9 月
卢国焕	男	湖南江永	1992 年 1 月至 2001 年 12 月
何绍云	男	湖南江永	2006 年 6 月至 2010 年 6 月
魏和胜	男	湖南宁远	2010 年 6 月至 2013 年 8 月

续表4-3

姓名	性别	籍贯	任职时间
王湘文	男	湖南湘乡	2009 年 12 月至 2015 年 12 月
李润志	男	湖南江永	2010 年 6 月至 2014 年 9 月
赵文旺	男	湖南道县	2014 年 9 月至 2015 年 12 月
李社光	男	湖南宁远	2014 年 9 月至 2015 年 12 月
成　萍	女	湖南宁乡	1998 年 7 月至 2015 年 12 月
刘香山	男	湖南祁阳	1999 年 3 月至 2000 年 12 月
何　斌	男	湖南江永	2002 年 9 月至 2007 年 6 月
周礼才	男	湖南道县	2009 年 9 月至 2015 年 12 月
欧阳群松	男	湖南宁远	2010 年 12 月至 2015 年 12 月
李雪辉	男	湖南道县	2009 年 9 月至 2014 年 7 月
李冬华	女	湖南祁阳	2009 年 9 月至 2015 年 12 月
宋罗春	男	湖南双峰	1996 年 3 月至 1997 年 12 月
盘新花	男	湖南双牌	1996 年 3 月至 1996 年 12 月

第三节　党委部门

党政办：1992 年称办公室，2002 年改制后改为党政办，归口单位有信访局、后管中心、档案室。

政治工作部：1992 年时称组织部。2002 年改制后改为政治工作部，归口单位有组织部、人社局、工会、妇联、统战部、共青团、关工委。

纪律检查委员会：1984 年 5 月成立，设信访室、案审室、纪检组、审计科。1992 年增设检查室、监察室、考核办，1997 年 5 月撤销检察室，2000 年撤销考核办。2002 年 3 月监察室改为监察局，审计科改为审计局。

宣传部：1990 年 11 月成立，归口单位有邮电局、广播站。2002 年 1 月，宣传部的归口单位有文化局、电视广播局、新闻出版局。2015 年，归口单位有文化局、广播电视局、新闻出版局，总称文体广新局。

第二章　党代表大会

第一节　农场党员代表大会

1992—1999 年，中共回龙圩农场委员会召开 2 次党代表大会。

一、中共回龙圩农场第十次党代表大会

1998 年 1 月 1 日，中共回龙圩农场第十次党代表大会召开。共有代表 100 人，永州市农场工作部长左东林参加大会。大会通过无记名投票选举，产生中共回龙圩农场委员会，卢国焕、成萍、肖建文、邱元煦、陈曦、欧学勤、范桑洪、黄和平 8 人为第十届委员会委员（参选的候选人共 11 人，票数过半的候选人只有 8 人），肖建文为党委书记，欧学勤、邱元煦为副书记，陈曦为纪委书记。

二、中共回龙圩农场第十一次党代表大会

1999 年 3 月 3 日，中共回龙圩农场第十一次党代表大会召开，共有代表 100 人。增补刘香山为回龙圩农场党委委员。

第二节　管理区党员代表大会

一、中共永州市回龙圩管理区第一次党代表大会

2002 年 9 月 9 日，中共永州市回龙圩管理区委员会召开第一次党代表大会，大会代表 100 人。大会选举陈曦、何斌、范桑洪、欧学勤、黄和平 5 人为中共永州市回龙圩管理区委员会委员，欧学勤为书记，范桑洪、陈曦为副书记，黄和平为纪委书记。

二、中共永州市回龙圩管理区第二次党代表大会

2009 年 11 月 24 日，中共永州市回龙圩管理区委员会召开第二次党代表大会，到会代表 100 人。大会通过无记名投票选举产生中共永州市回龙圩管理区委员会，王湘文、何绍云、何斌、周礼才、成萍、陈曦、李雪辉、李冬华、魏和胜 9 人为委员会委员，何绍云为书记，魏和胜、陈曦为副书记，王湘文为纪委书记。

三、第三次党代表大会

2011 年 9 月 5 日，中共永州市回龙圩管理区委员会召开第三次党员代表大会，到会代表 106 人. 大会选举魏和胜、陈永红 2 人为出席永州市第四次党员代表大会代表。

第三章 党务工作

第一节 组织工作

一、党员发展

1992 年 12 日，全场有党员 412 人，其中在职 152 人，离退休人员 98 人，农牧果及其他人员 162 人。1993—1999 年，主要把干部、农民和其他社会阶层的先进分子吸收到党内来，成熟一个发展一个，农场每年都要举办非党积极分子培训班，把符合党员标准的骨干分子吸收入党。2000 年，中共回龙圩农场各级党组织重视培养和发展文化程度较高和一线岗位上的优秀青年入党，加大对农村党员发展的力度，要求每个办事处每年必须要培养一名入党积极分子入党。2000—2007 年，全区每年平均发展党员 15 人。2008—2015 年平均每年发展新党员 20 人，其中发展新党员最多的一年是 2008 年，发展新党员 27 人。2015 年，全区有党员 673 人，其中研究生 4 人、大学本科 72 人、大学专科 115 人，占全体党员的 28%。

回龙圩管理区（农场）1992—2015 年部分年份党员统计表

表 4-4　　单位：人

年份	发展数	总数	其中			年龄结构					文化结构						在岗职工	农牧渔民	离退休（退职人员）	其他
			男	女	少数民族	35岁以下	36~45岁	46~54岁	55~59岁	60岁以上	研究生	大学本科	大学专科	中专	高中	初中以下				
1992	13	412	347	65	131	70	98	90	37	117	—	16	53	107	53	183	152	119	98	43
1995	15	441	372	69	141	74	105	97	39	126	—	17	57	115	57	195	163	127	105	46
2000	13	496	421	75	158	84	121	112	48	131	—	19	67	131	66	213	184	144	120	48
2004	14	550	466	84	176	94	135	125	54	142	1	24	75	146	74	230	205	160	134	51
2005	10	544	456	88	180	82	145	119	53	145	—	23	79	145	75	222	212	160	126	46
2008	27	578	480	98	209	62	185	107	66	158	1	28	80	148	91	230	217	193	130	38
2011	14	628	510	118	240	74	167	126	79	182	3	38	98	155	105	229	248	210	136	34
2012	24	654	529	125	257	87	168	127	74	198	4	48	102	158	110	232	265	220	134	35
2015	18	673	527	146	272	98	124	175	77	199	4	72	115	141	116	225	240	259	169	5

二、党员管理

1992—2015 年，中共回龙圩农场、回龙圩管理区各级党组织坚持建立党支部“三会一课”（支部党员大会、支部委员会、党小组会，党课）的党员活动制度，坚持每个月一次支部委员会，一月一次党小组会，一季度一次支部党员大会，每季度一次支部党课。党课的重点内容是学习中国特色社会主义理论、党章、党的基本知识、党在农村各阶段的政策、法规及科技知识。

开展党员争先创优“双学”（学党章、学理论）和“三比三争”（比党性争先进，比作为争贡献，比业绩争一流）”活动，开展创先进党支部，争当优秀党员活动。每年“七一”前全区评选先进党支部、优秀党务工作者、优秀共产党员，在“七一”期间进行表彰。

每个党支部根据所了解和掌握的党员基本情况，帮助党员解决生产和生活中的实际困难，每年的“七一”或春节期间，各党支部对生活上有困难的党员给予照顾，对一些曾担任过基层干部的老党员进行走访、看望、慰问。

2000 年 12 月，全场开展党员评议活动，应参加评议的党员 518 人，实参评 481 人，未参加评议人数 37 人，共评出 60 名优秀党员，占 12. 47%，409 人为合格党员占 85. 03%，基本合格党员 12 人，占 2. 5%。

回龙圩管理区（农场）1993—2015 年部分年份评优评先情况表

表 4-5

年份	先进党支部（个）	优秀党务工作者（人）	优秀共产党员（人）
1993	7	—	29
1996	7	14	36
1999	5	9	24
2001	5	11	21
2006	6	9	25
2010	6	6	42
2015	7	9	41

三、队伍建设

（一）编制

1992—2001 年，农场共设置副科级以上建制的事企业单位 47 个，其中农场机关单位24个，事业单位5个，基层分场8个，厂矿企业10家。2001年，全场有处级干部10人，享受副处待遇7人，在职科级干部77人，其中正科级43人，副科级34人。科级干部中有妇女干部5人，占5.7%。

2002年，农场体制改革，成立回龙圩管理区，根据省编办关于永州市回龙圩管理区机构编制有关问题的批复，回龙圩管理区机关的人员编制控制在50人之内，回龙圩镇编制在10人之间，回龙圩派出所，法庭人员控制在10人之内。管理区根据“相对稳定、局部调整、改革机制、改革机构、提高素质”总体要求，把改制后的党委、管委领导班子成员，机关行政部、办、委、局的正、副科级负责人和部分工作人员转为国家公务员。

2002年4月6日，永州市委、永州市人民政府印发《关于回龙圩管理区机构改革方案的通知》，确定回龙圩设事业单位13个，即区后勤管理中心、农广校、文化广播站，交管所、经济作物管理办公室、畜牧水产技术服务站、回峰林场、城建管理中心、市场管理中心、会计核算中心、农业综合开发办、社保医保管理中心、区人民医院，核定事业编91名。

2003年，改制后全区在编干部195人，其中正处级干部2人，副处级干部5人，正科级干部39人，副科级干部47人，一般干部102人。

（二）领导班子和干部队伍建设

1992—2001年农场党委、组织部组织全场干部认真贯彻落实中央、省、市《关于加强领导班子思想政治建设的意见精神》，狠抓理论武装，健全完善学习制度，以创建学习型党组织、学习型领导班子为契机，组织干部进村入户，扶农惠农抓好落实。引导各级领导干部认真学习中国特色社会主义理论、“三个代表”重要思想，加强党性修养，密切干群关系，按照教育、培训提高要求，分级分层次搞好教育培训工作。其间，到省党校、市党校进行培训的干部280人次。2002年成立管理区后，加大干部培训的力度。2002—2015年，到北大、清华、浙大等高校进行干部执行力提升培训37人次，到省党校、市党校各种干部培训班进行培训的科级干部、村干部、后备干部及大学生村干部257人，区委组织部建立完善干部个人学习档案，将学习表现、培训成绩纳入干部管理信息库，作为干部考察考核的依据。

1992—2015年，按照《党政领导干部选拔任用工作条例》和“四项监督”制度的各项规定，管理区坚持民主、公开、竞争、择优的原则和德才兼备，以德为先的标准选拔任用干部，区委组织部负责全面落实党委会讨论任用干部原则，探索试行“公推直推”的干部选任形式，坚持民主集中，提高用人公信度和人民群众的满意度，全区（场）提拔科级干部89人，平职调整干部215人，改任非领导职务18人，公开选聘科级干部2人。落实从严管理干部各项要求，制定出台《回龙圩管理区关于进一步从严管理干部的实施意见》《村两委和村级干部管理考核办法》《大学生村官管理办法》，规范回龙圩管理区干部选任制度。

2008—2015 年，回龙圩管理区各级党组织重视对干部的监督管理工作，引导广大党员干部争先创业，勤政为民，把全部精力投入到推动发展、服务群众、改善民生的具体工作中来。党委坚持领导开展干部谈话制度，把谈话细化为工作谈话、任免谈话、提醒谈话和勤政廉政谈话；坚持干部监督和工作联席会议制度，征求纪检、审计、信访、综治等有关部门的意见，认真把好事前监督关；坚持领导集体决策和重大事项报告制度和财务会签制度，并对各单位的执行情况定期监督检查，及时处理和纠正违反纪律的人和事；坚持干部经济责任审查制度，对任期届满，或任期内办理调、转任、轮岗、免职、辞职手续的科级党政机关、群众团体组织和事业单位负责人都进行离任审计。

2009 年，管理区开始进行公开招考公务员和事业编制干部。到 2015 年，全区共录取公务人员 24 人，事业编制人员 15 人。年末全区在岗管理人员 228 人，其中行政编制 78 人，事业编制 74 人，企业编制 76 人。有处级领导干部 11 人，正处级 2 人，副处级 9 人；处及领导中有妇女干部 2 人，占 18. 1%。研究生学历 3 人，占 27. 2%，大学本科学历 6 人，占 54. 5%，大专 2 人，占 18. 1%。在职科级领导干部 115 人，其中正科级 68 人，副科级 48 人，科级干部中有妇女干部 18 人，占 15. 6%，非党员 5 人，占 4. 3%。研究生 2 人，占 1. 7%，大学本科学历 24 人，占 20. 8%，专科学历 51 人，占 44. 3%，中专以下学历 38 人，占 33%。

第二节 宣传工作

一、宣传队伍

1990 年 11 月，回龙圩农场成立宣传部。1992 年，宣传部与教育科合署办公，称宣教科，实行一套人马、两块牌子、一室多章、一人多岗、分工合作。教育科负责农场的业教和普教工作。宣传部负责农场的宣传工作。1998 年，宣传部与教育科分开，独立负责农场宣传工作。设部长 1 人，副部长 1 人，工作人员 3 人，宣传员 11 人。2002 年，回龙圩农场机构改革，成立回龙圩管理区，按照“一室多章、一人多岗”的办法，管理区区机关设立 6 个行政机构，宣传部的工作职能放在区政治工作部的工作职责内。

2007 年 1 月，由于工作需要，宣传队伍扩大，机关各科室、基层各单位均设有宣传通讯员，全区有宣传通讯员 35 人。

2008 年，欧阳群松担任宣传部长，各级的宣传干部 63 人。2015 年，增加到 96

人，机关各局的宣传理论工作人员 58 人，基层单位通讯员 38 人，广播电视局的摄影、播音、编辑人员 10 人。

二、宣传形式

20 世纪 90 年代，回龙圩宣传部运用会议、标语、传单、墙报、黑板报、海报、报纸、讲座、电视广播的形式，宣传中共十一届三中全会以来党的路线、方针和政策，还利用通讯、投稿、报道的形式宣传党的政策和农场经济建设情况。1993 年建立回龙圩电视差转台试播回龙圩新闻，宣传回龙圩的生产、经营情况。2006 年，管理区开通光缆有限电视网络，开通回龙圩管理区新闻网站。2009 年，广播电视站开设“村村通，户户通”，发放安装直播卫星设备 2807 套。2009 年，成立区电视台，增置摄像机，节目制作的排编系统等，播出管理区新闻，还通过悬挂横幅，制作宣传图板，印发宣传资料，运用电视台、新闻台、新闻报道、网络、手机短信、手机彩铃、微信、微博等形式宣传回龙圩发展的新理论，新动态和扶贫为民办实事的各项政策。2011 年，回龙圩管理区新闻网进行大的改版，新闻网整合新闻网、政府网、电商平台三网合一，宣传省、市、区的重点新闻和回龙圩经济发展情况。

三、宣传内容

1992—2000 年，学习宣传邓小平关于建设有中国特色的理论和党的基本路线，组织干部群众学习邓小平南方谈话、《邓小平文选》第三卷，宣传贯彻《中共中央关于建设社会主义市场经济若干问题的决定》、中共十五大精神，开展“迎香港回归”的宣传教育活动。2003 年，宣传“三个代表”重要思想和中共十六大精神，围绕中心，服务大局，解放思想，实事求是、与时俱进、开拓创新，把全区党员的思想和行动统一到中共十六大的精神上来，把全区的智慧和力量凝聚到实现中共十六大确实的任务上来，促进改革发展，维护社会稳定，为建设小康回龙圩，提供强大的精神力量、思想保证和舆论支持。2010 年是实施“十一五”规划的最后一年，回龙圩管理区按照中央对宣传思想工作高举旗帜，围绕大局、服务人民、改革创新的总体要求。结合管理区党委的工作安排，着力发展高举中国特色社会主义伟大旗帜，以邓小平理论、“三个代表”重要思想为指导，深入贯彻落实科学发展观的宣传活动。2013—2015 年，重点宣传中共十八大以来习近平总书记系列讲话，紧紧围绕坚持和发展中国特色社会主义，实现中华民族伟大复兴的中国梦；围绕推进经济建设、政治建设、文化建设、生态文明建设，以及推进国防建设和军队建设，祖国统一和从严治党全面提高党的建设科学文化水平，提出的新观点和新理论，结合管理区实际，努力践行创新、协调、绿色、开发、共享五大发展理论，突出“生态立区、产业强区、城镇靓区、旅游旺区”，保持发展实力，深入推进现代休闲观光农业示范区建设，着力打造现代农业示范区，加速建设小康回龙圩的宣传教育。

四、新闻报道

1992—2001 年，在省、市报纸杂志上每年都有回龙圩农场的新闻报道发表，成立管理区后在省、市报纸杂志、电视台发表的稿件逐年增多，2002—2009 年，在省、市报纸杂志、电视台发表的稿件共 97 篇。

2010 年，全年在《永州日报》发表新闻报道 26 篇。

2011 年，全年在《永州日报》发表新闻报道 27 篇。

2012 年 10 月 26 日，在《湖南日报》上稿新闻报道 1 篇，全年在永州日报上稿 22 篇，12 月 9 日，在中共湖南省委编《书记谈文化》上稿 1 篇。

2013 年 5 月 6 日，在《湖南日报》上稿新闻报道 1 篇、8 月 3 日刊登图片新闻 1 篇。全年在《永州日报》上稿新闻报道 42 篇。

2014 年 10 月 11 日，在《湖南日报》上稿新闻报道 1 篇，全年在《永州日报》上稿 44 篇。

2015 年 4 月 30 日在《湖南日报》上稿新闻报道 1 篇、在湖南省行政学院刊上稿综合材料 3 篇，7 月 28 日在《三湘都市报》上稿综合材料 3 篇，《求实先锋》第一册发表综合材料 1 篇、

全年在永州电视台上稿新闻报道 18 篇，《永州日报》上稿新闻报道、图片新闻 84 篇。

第三节　党校培训

2008 年 6 月，回龙圩管理区党校成立，与管理区组织部合署办公，在党委和组织部领导下开展工作，党校干部培训以短期培训为主，主要内容是党委书记上党课，党员干部短期培训，举办非党积极分子的培训班。到 2015 年，党委书记上党课 12 次，办短期培训班 23 期，培训人员 679 人次。回龙圩的干部培训主要是以到省、市党校培训和组织人员到外地培训为主。每年选派处级干部、科级干部、优秀中青年干部到省委党校、市委党校学习培训，学习党的基础知识和邓小平社会主义初级阶段理论，计划经济向市场经济转变的理论知识。

2002 年 3 月至 2012 年 12 月，管理区组织部党校协助区党委举办干部短期培训班 21 期，坚持党委书记上党课，组织党员干部学习邓小平理论、“三个代表”重要思想、科学发展观、坚持以培训和践行社会主义为根本，围绕区党委、管委不同年份的政治、经济发展要求的思路和部署，提高党员干部的思想意识和理论水平。选

派干部到党校去学习，到市党校学习培训的处级干部12人，到省党校学习的处级干部3人，到清华大学学习培训的处级干部1人，到北戴河学习培训的1人，到市委党校参加培训学习的科局级干部76人。

2013年，到永州市委党校学习培训的科级干部7人，处级干部1人，着重学习中共十八大会议精神、邓小平理论、“三个代表”重要思想、科学发展观。

2014年，到永州市委党校培训的处级干部1人，科级干部7人。

2015年，到永州市委党校培训的科局级干部10人，乡镇干部3人，村党支部支书4人。到北京大学参加领导干部执行力提升研修班学习的处级干部2人，到浙江大学参加领导干部执行力提升研修班学习的处级干部1人。到北京大学参加干部业务素质提升研修班的科技干部1人，到省党校参加新常态下发展改革专题研讨班学习的处级干部2人。

第四节　纪检工作

一、机构

1992年，中共回龙圩农场纪律检查委员会（简称场纪委）成立设纪委书记1人，副书记1人，纪委委员3人，纪委内设信访、纪检、案审组。

2002年，回龙圩镇成立纪律检查委员会，设专职纪委书记1人，纪委书记为镇党委委员，副科级干部；副书记1人、兼职纪委常委3人。

2002年3月，回龙圩农场改为名回龙圩管理区，中共回龙圩农场纪律检查委员会改名为中共回龙圩管理区纪律检查委员会（简称区纪委）。区纪委设书记1人，副书记1人，区纪委设监察局，监察局设局长1人，纪委副书记兼任监察局局长。区纪委、监察局合署办公，实行“一个班子、两块牌子，两个单位并存”的体制，定行政编制5人。区纪委（监察局）内设信访室、纪检监察室、案件审理室。履行党的纪律检查，行政监察的职能，接受同级党委和上级纪检监察机关的双重领导。2012—2015年，回龙圩纪检工作的主要任务是维护党的章程和其他规章制度，协助区党委全面加强党风廉政建设，围绕中心，服务大局，突出重点，狠抓落实。

二、案件检查处理

1992—2015年，区（场）纪委、监察局（室）查处党内违纪违法案件45件，结案45件，给予党政纪处分党员76人，其中开除党籍10人，留党察看6人，党内严重警告17人，党内警告24人。政纪处分45人，其中警告5人，记过6人，记大过4人，降级6人，开除公职8人，撤销党内职务6人。1992—1995年，农场纪检监察案审工作的主要内容是整治和维护党的纪律，以经济建设为中心，履行维护、惩处、监督、教育职能，推动党风廉政建设。对官僚主义，失职、渎职，经济方面的违纪违法的党员进行检查处理。1996—2002 年，根据中共十四届五中全会和中纪委六次全会精神，着重对以权谋私、贪污受贿、失职渎职的违纪违法行为进行检查。2001 年，场纪委对农场水果销售的贪污受贿案件进行立案调查，对 4 名因贪污受贿的党员给予党纪处分，其中 3 人被开除党籍，1 人留党察看。2003—2007 年，根据中共十六大和中纪委十六次会议精神，按照标本兼治，综合治理，惩防并举，注重预防的原则，管理区纪委对一些拖欠公款、吃空饷现象进行清理，对 5 名损害群众利益、弄虚作假、参与赌博损坏党的形象的党员干部，给予党纪处分。2008—2011 年，区纪委监察局紧紧围绕经济建设这个中心，加大党风廉政建设和反腐工作的力度，对管理区重大工程建设中的工程发包、竣工验收、材料设备采购、质量评估、工程变更进行跟踪监察，对私设小金库、公车私用等进行清查，对 7 名违纪的党员干部进行教育、批评，对于情节较严重的给予党纪处分。2014 年，区纪委、监察局配合永州市纪委监察局对管理区私设“小金库”贪污受贿案件进行立案调查处理。处分党员干部 15 人，其中 8 人被开除党籍，6 人被开除公职，对 15 人进行诫勉谈话。开除党籍和开除公职的党员干部中，副处级干部 1 人，正科级干部 3 人，副科级干部 1 人，工作人员 2 人。2012—2015 年，区纪委围绕树立和落实科学发展观，构建和谐社会，严格遵守四大纪律、中央八项规定，对私立小金库，贪污受贿，公车私用，铺张浪费的事件立案调查，对一些脱离群众、与民争利的现象进行及时教育。

第五节　统一战线工作

一、机构

1992—2001 年，回龙圩农场统战工作由场组织部一名副部长兼任。2002 年，回龙圩农场机构改革，市编委没有给回龙圩管理区配备统战部的领导职数、人员编制。回龙圩管理区统战工作在组织部管理下开展。

二、党外人士培养使用

1992 年以来，回龙圩农场党委、回龙圩管理区党委重视非中国共产党党员在各级领导班子中的教育培养和安排使用。2015 年，管理区在岗的党外人士担任科级干部 8 人，其中正科级干部 2 人，副科级干部 5 人。

三、民族工作

1992年，回龙圩农场成立民宗委，办公室设在党政办，由一名党政办副主任兼任民宗委主任，农场改制后，回龙圩管理区的民宗委为独立的正科级单位，全面负责管理区域内的民族、宗教工作。1992—2015年，回龙圩农场选拔培养少数民族干部69人，其中处级干部1人、科级干部49人。

四、对台工作

1997年10月31日，成功引进台商，与台商陈台笙签订租赁百谷冲土地开发的合同。2012年5月，回龙圩派出5名代表随同永州市农业代表团到台湾进行农业技术考察。

第六节　信访

1992年1月至2001年12月，回龙圩农场信访办由党委办归口管理，信访办主任由一名党委办副主任兼任。1993年回龙圩农场制定印发《领导来访接待日制度》《领导带头办理信访案件制度》。规定每月1日、15日为接待群众上访日，领导干部及时为群众排忧解难。接待群众来信来访1026件次，办结887件次，办结率86.5%。

2002年12月，回龙圩管理区成立信访局，信访局长由区党政办一名副主任兼任。信访工作在党委和党政办的双重领导下开展工作，到2009年12月，接待群众来信来访2165件次，办结1926件，办结率89.5%。2010年，全区接待来信来访26批210次，其中到管理区集体上访4批92人次，到永州市集体上访3批60人次，进北京上访2批6人次（未挂号）。受理信访案件15件，办结14件，办结率93.3%。全区在中央、省、市登记的非正常上访的恶意事件，重复登记的上访事件为“零”。2011年，全区接待来信来访17批141人次，比2010年同期减少8批61人次，群众诉求得到妥善处理，杜绝群众性事件，恶意事件的发生，实现赴省进京登记零挂号目标。2012年，全区接待来访群众19批135人次，其中集体来访5批65人次，区级领导接待日接待群众来访14批85人次，办结率100%。2012年，管理区获永州市中共十八大期间“信访稳定工作先进县区”称号，奉明国被评为先进个人。2014年，全区接待群众来信来访167批692人次，处理信访问题51件，办结51件，办结率100%，全区没有发生一起赴省进京非正常上访事件。同年6月，管理区因评选贫困户发生大规模集体上访事件，顾家、下岩、龙母塘、山岩塘、小溪、林场、岩口塘、底岗、农科所、石头水、棠锦、下干村的村民多次集体到区上访，区有关领导和区信访局负责人进行接洽，解决问题、排解矛盾。

2015 年，全区接待群众来访 63 批 155 人次，办结率 100%。

第四章　重大活动

第一节　庆祝香港、澳门回归祖国

1997 年和 1999 年香港、澳门相继回归祖国。1999 年又逢新中国成立 50 周年，场内开展形式多样的宣传教育活动，举办“辉煌五十年、庆国庆、迎回归、展望新世纪”美术摄影展，迎澳门回归祖国演讲比赛，爱祖国、爱家乡读书活动，在中小学校开展“洗雪百年国耻、喜迎香港回归”主题演讲比赛，进行爱祖国、爱社会主义、爱家乡教育。

第二节　“三讲”教育

2005 年 5 月，根据《中共中央关于在县级以上党政领导班子、领导干部中开展“讲学习、讲政治、讲正气”为主要内容的党性、党风教育的意见》精神，按照省、市统一部署，回龙圩农场于 2000 年 5 月中旬至 8 月中旬开展“三讲”教育，分四个阶段进行。第一阶段制定实施方案，召开动员大会，组织对象集中学习、听取群众意见，收集群众意见 986 条次。第二阶段为反馈意见、撰写剖析材料、民主评议和民主测评阶段，发出评议表 65 分，班子剖析材料满意的 46 份，基本满意的 18 份，满意率达 98.5%。第三阶段为“交流思想开展批评”阶段，通报农场领导班子民主活动情况，进行民主测评，发出测评表 68 份，满意率和基本满意率达 97.2%。第四阶段整改和总结阶段。具体在政治理论和抓经济建设、基层组织建设、健全规章制度、解决群众关心的热点难点问题等方面进行整改。

第三节　“三个代表”重要思想学教活动

根据《中共湖南省委办公厅关于在县（市、区）部门和部门驻乡镇单位开展“三个代表”重要思想学习教育活动的意见》和《中共永州市委关于在农村开展“三个代表”重要思想学教活动的实施意见》，2001 年 2 月 8 日至 2002 年 11 月，回龙圩管理区（农场）历时两年时间，在全场的 1 个镇、7 个农业分场、32 个场直属部门的领导干部和基层干部及65个村级班子中，分三批开展农村“三个代表”重要思想学教活动。2001年2—4月为第一批，重点对象是乡镇干部，集中在农委系统和水果系统进行。5—10月第二批，主要对象是机关各科室的学习培训。11月第三批，集中在村一级班子中开展。

第一批“三个代表”重要思想学习教育活动分三个阶段进行：第一阶段从2月8日起至2月结束，这阶段是学习培训阶段，其间召开动员大会，举办各单位党政主要干部培训班，培训对象是各单位党支部书记、场长、农场党委书记欧学勤作动员报告、讲课；学习中组部编写的《农村干部学习“三个代表”重要思想文件汇编》材料。第二阶段从3月1日起至3月25日结束，这一阶段是进行对照检查阶段，着重进行进村入户，广泛听取群众意见；总结反思、形成书面材料；召开民主生活会、开展批评与自我批评三个环节。第三阶段是总结提高阶段，从3月30日起至4月14日结束，这一阶段进行“制定整改方案、明确整改责任、落实整改措施、召开总结大会”4个环节。

第二批“三个代表”重要思想学习教育活动分4个阶段进行：

从5月2日起到6月3日结束，进行学习培训阶段。其间召开动员大会，开办好两个学习培训班，管理区的领导认真学习“三个代表”重要思想的具体内容，论证“三个代表”重要思想内在的辩证统一关系。全区189名学教对象认真学习“三个代表”的具体内容，记学习笔记472.5万字，人均2.5万字，写学习心得852篇，人均4.5篇，学习培训期间，进行两次闭卷集中测试，考试及格率100%，成绩优秀率98%。

6月5日至6月29日，学教活动进入对照检查阶段。其间召开动员大会，进行宣传发动；组织干部进村入户，广泛地征求群众意见，找准存在的突出问题；对照问题进行自查自纠，撰写对照材料；开展交心谈心活动，营造团结和谐氛围，并开展批评和自我批评。7月30日起学教活动进入整改提高阶段，到7月28日结束，全场制定8份班子集体整改方案，189份个人的整改措施，建立健全相关制度80项700余条，其中全场制定学习制度、会议的考勤制度、来信来访的接待制度、转变干部作风制度、民主生活制度、政务公开制度，干部廉洁自律制度、社会治安稳定工作制度58项单位和个人整改方案（措施）都明确了整顿措施完成的时间，具体的项目责任人，项目结果。

9月8日，学教活动进入回访复查阶段，到10月7日结束，其间进行进村回访，开展民主评议，召开民主生活会，有针对性地搞好整改，组织学教对象对整改方案和整改措施的落实情况进行自纠，看整改方案是否具体可行；整改责任制是否明确；整改措施是否落实；整改的效果是否明显。回访复查阶段突出整改重点，实现上下联动、标本兼治、综合治理，有针对性地搞好整改。

第四节　学习实践科学发展观活动

2009年3月，按照省委、市委统一部署，回龙圩管理区开展学习实践科学发展观活动。全区50个党组织（包括管理区和回龙圩镇2级党委、7个党总支部、41个党支部）596名党员，开展学习实践教育活动，学习实践活动围绕“党员干部受教育，科学发展上水平，人民群众得实惠”的总体要求，坚持解放思想，突出实践特色，贯彻群众路线，正面教育为主的原则，用科学理论武装头脑、深入认识，着眼于解决影响，制约科学发展的突出问题和群众关心的重点问题，着眼于提高领导班子和党员干部的整体素质。学习期间，邀请永州市党校副校长、副教授王再兴到回龙圩作“抓住机遇促发展”专题辅导报告。4—5月，区党委把学习实践活动与市委布置的“万名干部下基层，服务发展促和谐”活动紧密结合起来，组织机关干部深入基层察民情、解民忧、帮民富。全区的97名党员干部深入道贺高速公路建设前沿，了解情况，排查矛盾，解决征地难的困难；到回龙圩镇、各办事处、行政村调查民情，累计解决突出问题80多个，办实事、办好事1562件。农业党支部深入农村引导农工调整产业结构。医院党支部与政工党支部下辖的社保站共同合作，开展主题为“以人为本、关爱健康”的大型免费健康检查活动，全区1618人参与这次免费健康体检。结合学习实践活动，2009年，全区实施全市重点考核建设项目3个，总投资4.047亿元，该年度计划投资0.677亿元，实际投资1.125亿元，其中永富二级公路修建未完工，盐下水库的除险加固项目完成，道贺高速公路有序实施，新增招商引资5个项目，到位资金5200万元。完成财政总收入1340万元，同比增长21.8%；全社会固定资产投资完成1.317亿元，同比增长12.8%；农民人均纯收入2464元，同比增长6.8%，退还职工住房公积金24.5万元。坚持民生为重，民生为主原则，优先解决群众最关心、最现实、最直接的利益问题。区社保站狠抓养老保险参保扩面重点工作，2009年完成参保扩面600人，征缴社保资金430万元，发放养老金1119.6万元，月人均养老金654元，继续推行新型农场合作医疗制度，参合率达87%，逐步解决群众看病难、看病贵的问题。

第五节　开展执行中央八项规定活动

2013年，管理区党委、管委领导深入回龙圩镇、各办事处、林场了解真实情况，总结经验，研究问题，同基层干部谈心，研究扶贫工作中遇到的问题，指导基层干部掌握工作方法，提高基层干部执行政策的能力。精减管理区的会议活动，切实改进会风，坚持开短会，减少各类会议活动，可开可不开的会议坚决不开，必须要召开的会议就一定要开好，开一个会要解决实际的问题。厉行节约，2014 年 12 月 17 日，中共永州市回龙圩管理区委员会办公室、永州市回龙圩管理区委员会办公室印发《回龙圩管理区党政机关关于国内公务接待实施细则》的通知，根据通知精神，管理区严格实行对口接待，上下级党政机关之间，同级党政机关之间，异地党政机关之间开展公务活动，由对口部门和单位接待，没有对口单位的根据来访单位性质和公务活动内容，相对应的由区党政办公室确定接待单位，市级领导到管理区及市委、市政府安排的综合检查督察组的接待工作，党政办负责牵头，相关部门协同配合，按省、市相关规定和要求执行，控制陪同人员，执行相关规定，不层层陪同。省领导到管理区调研按省相关规定和要求执行。市主要负责人到回龙圩调研，管理区主要负责人陪同，其他市级领导来回龙圩调研，管理区安排 1 名与考察调研相关的负责人陪同，区主要负责人一般不陪同。严格食宿标准，按标准安排接待住宿用房，不超标准安排接待住房，接待对象按照规定标准自行用餐，确因工作需要，管理区安排工作餐一次，并按规定标准执行。控制陪餐人数，接待对象在 10 人以内的，陪餐人数不超过 3 人，超过 10 人的，不超过接待对象的三分之一，工作餐根据人数采用圆桌餐或者自助餐形式，以回龙圩的本地家常菜为主，不提供高档菜肴和用野生保护动物制作的菜肴。严格预算支出管理，压缩一切不必要的开支，不超标购置公务用车或为公务用车增加高档配置、豪华内饰。控制会议活动经费，单位之间不相互宴请，公款私请，廉洁从政。执行住房、车辆配备、生活待遇规定，严禁送礼和接受现金、有价证券，一经发现轻者教育，重者法办。严格公车私用，严禁区领导干部到下属单位报销各类开支，管好配偶、子女、亲属和身边工作人员，区里的工作人员如有乔迁新居、婚丧嫁娶、子女升学等确需设摆宴席的先向区纪委报告后按有关规定宴请范围、宴请桌数进行宴请。

第六节 开展党的群众路线教育实践活动

根据《中共湖南省关于深入开展党的群众路线教育实践活动的实施意见》《中共湖南省办公厅〈湖南省第二批党的群众路线教育实践活动实施方案〉湘发》文件精神，回龙圩管理区各机关事业单位，各镇、办事处、村（社区）和其他基层组织，从 2014 年 2 月开始，开展以民为主务实清廉为主要内容的党的群众路线教育实践活动。教育活动贯彻习近平总书记系列重要讲话精神，坚持把“照镜子、正衣冠、洗洗澡、治治病”这个总要求贯穿活动全过程。“照镜子”主要是对照理论思想、党章、党纪、民心民声这“四面镜子”，查找自己在宗旨意识，工作作风，廉洁自律方面的差距；“正衣冠”主要是指按照为民、务实、清廉的要求，严明党的纪律特别是政治纪律，敢于触及思想、正视矛盾和问题，从自己做起，从现在做起，端正行为，维护良好形象；“洗洗澡”主要是以整风精神开展批评和自我批评，深入分析出现形式主义、官僚主义、享乐主义和奢靡之风的原因，坚持自我净化、自我完善、自我革新、自我提高，既要解决实际问题，更要解决思想问题；“治治病”主要是坚持惩前毖后，治病救人的方针，区别情况、对症下药，对作风方面存在问题的党员、干部进行教育提醒，对问题严重的进行查处，对与民争利，损害群众利益的不正之风和突出问题进行专项治理。教育实践活动按学习教育，听取意见；查摆问题，开展批评；整改落实，建章建制三个环节进行，学习教育、听取意见，重点是抓好思想动员，理论武装和征求意见。查摆问题，开展批评，重点是抓好查找问题，剖析检查和开展自我批评。整改落实，建章建制，重点是查摆剖析，对专题组织生活会查找出来的问题进行梳理、归类。进一步聚焦“四风”问题，逐步列出问题清单，明确整改方向，提出整改措施，完善相关制度规定。在开展党的群众路线教育实践活动期间，管理区加强组织领导，落实领导责任，加强监督检查，强化宣传引导，坚持统筹兼顾，整个活动从2014年2月开始，到9月完成，着力解决“四风”的突出问题，关系群众切身利益的问题、联系群众的问题，把党员干部的思想和行动统一到中央决策和省市委、区党委部署要求上来，切实增强政治自觉、思想自觉和行动自觉，以作风建设的新成效把全面深化改革各项任务落实到实处。

第五章 群众团体

第一节 工会

一、组织机构

1962年春，经衡阳地区总工会批准，成立回龙圩农场工会委员会。委员5人，设工会主席1人，全场有工会会员77人。

1963年，农场第二届工会主席由农场党委1名副书记兼任，工会委员9人，专干2人，下设基层工会委员10人，工会小组25人。

1979年4月，农场成立江永县回龙圩农场工会委员会，工会主席由1名党委副书记兼任。

1984年，农场收归省属地管，农场工会属零陵地区总工领导，设工会主席1

人，副主席 2 人，工会委员 17 人

1992 年，回龙圩设立农场总工会机关（简称总工会）编制 4 人，下设农业分场、水果分场、林场、机关、工厂、学区、医院等分会委员会 17 个，工会小组 30 个，全场共有工会会员 372 人，1996 年 2 月 16 日，回龙圩农场召开第六届职工代表大会，选举产生新的领导班子，编制 4 人。2003 年，回龙圩农场工会转为回龙圩管理区工会，内设 3 个职能办，即工会经费审查委员会，女职工委员会，区总工会办公室，编制 6 人；2008 年至 2015 年年底，区内设 12 个基层组织，工会会员共有 541 人。

二、职工代表大会

1991 年 3 月、1994 年 2 月、1999 年 3 月回龙圩农场分别召开全场第六届第三次、第四次和第七届第四次职工代表大会，2003 年 11 月、2008 年 12 月回龙圩管理区分别召开第一届工会委员会和第二届工会委员会代表大会。

回龙圩农场六届、七届和回龙圩管理区第一、第二次职代表大会简况表

表 4-6

<table>
<tr><th>届次</th><th>开会时间</th><th>代表人数</th><th>会议内容</th><th>委员（人）</th><th>主席</th><th>副主席</th><th>选举、任命</th><th>任职时间</th></tr>
<tr><td>农场六届三次</td><td>1991. 3. 23—25</td><td>334</td><td rowspan="2">审议财务计划和计划及十年规划</td><td rowspan="2">12</td><td rowspan="2">朱兴隆</td><td rowspan="2">何井淑</td><td rowspan="2">选举</td><td rowspan="2">1991. 2—1996. 1</td></tr>
<tr><td>农场六届四次</td><td>1994. 2. 24—26</td><td>351</td></tr>
<tr><td>农场 6（4）</td><td>1996. 2. 16—18</td><td>372</td><td rowspan="2">审议通过《财务管理办法人事管理办法》表彰先进</td><td rowspan="2">12</td><td rowspan="2">董仁亳</td><td rowspan="2">何井淑</td><td rowspan="2">选举</td><td rowspan="2">1996. 2—2003、11</td></tr>
<tr><td>农场七届四次</td><td>1999. 3. 3—4</td><td>381</td></tr>
<tr><td>管理区第一届</td><td>2003. 11. 10—12</td><td>47</td><td>选举产生了管理区第一届工会委员</td><td>5</td><td>成萍</td><td>李冬华</td><td>选举</td><td>2003. 12—2008. 11</td></tr>
<tr><td>管理区第二届</td><td>2008. 12. 24—26</td><td>47</td><td>选举产生了管理区第二届职代会委员会</td><td>5</td><td>成萍</td><td>李冬华</td><td>选举</td><td>2008. 12—2015. 12. 26</td></tr>
</table>

三、主要活动

（一）经济建设

2000 年，全区农垦企业职工以种植柑橘为主，开展多种经营，发家致富，全场的柑橘转让承包给果农后，回龙圩的柑橘生产发展迅速。2015年，全区的柑橘种植面积达5.94万亩，柑橘年产量达10.9万吨。成立家庭农场30个，农产品工业企业柑橘合作社13户，年解决季节性用工2000余人，实现城乡居民共同解困脱贫。2000—2015年，经工会组织，各单位推荐评选出永州市（地区）级劳动模范6名，其中职工劳动模范3名，农民劳动模范3名。其间，建立健全劳动模范档案，督促落实劳模待遇，区内营造出学习劳模、争当劳模的良好氛围。

（二）职工权益维护

2010—2015年，开展送温暖活动总工会对区内15名农垦企业职工子女上大学进行救助。每逢春节，区总工会对一些特困户分别进行走访慰问并给予一定的经济和物质救助。

2001年6月至2002年8月，开展再就业工作农场推进企业产权制度和劳动用工制度改革，实施企业“两个置换”，全场9个工商企业689名企业职工通过改革置换了其全民工身份。其间，利用工会组织面向基层，面向职工的优势，向职工宣传国家在就业政策，积极协助农场和企业稳妥做好下岗职工再就业工作。通过鼓励下岗职工自谋职业，兴办第三产业和各类经济实体，下岗职工实现再就业600多人。

2003年，管理区开展职工社会保障工作启动农垦企业养老保险，2931名农垦企业职工全部参加农垦企业养老保险。其中有305人参加工商企业职工的养老保险。2005年1月到2015年12月，全区有780余名城乡女职工参加女职工特殊残疾病保险。区内农产品加工行业工资实行工资集体协商，养老保险、医疗保险由职工自由选择，按实际工作天数领取报酬，小时工不低于管理区最低工资水平。

回龙圩管理区2000—2015年省、市级劳动模范一览表

表4-7

年份	劳动等级	农民劳模名单	职工劳模名单
2000	湖南省、永州市	毛国光	—
2005	永州市	刘跃进	卢强清（事业单位）
2010	永州市	卢益高	卢登福（公务员）
2015	永州市	何永珠 蒋年旺	何永珠（农垦企业职工） 蒋年旺（企业职工）

第二节 共青团

一、组织机构

1958 年，回龙圩农场成立共青团国营回龙圩农场支部委员会，仅有团员 12 人。

1991 年，回龙圩农场团委设书记 1 人，副书记 1 人，下设农业分场团支部 4 个，果林分场团支部 7 个，工业企业团支部 7 个，行政事业单位团支部 2 人，共 20 个支部。

1992 年 2 月至 2002 年 1 月，回龙圩农场团委设书记 1 人，副书记 1 人，下设团支部 20 个有团员 576 名。

2002 年 4 月至 2009 年 10 月，回龙圩团委下设 1 个基层团委，1 个直属团总支，17 个团支部。2010 年 11 月至 2015 年 12 月，回龙圩农场团委下设农村团支部 8 个，机关、事业单位团支部 7 个，中学团支部 1 个，街道、社区团支部 2 个，全区 14 至 40 周岁的青年 5180 人，团员 2008 人，团员占青年总数比例 38.76%，其中女团员 896 人，占 44.6%；少数民族团员 115 人，占 5.72%。

二、主要活动

（一）参加社会生产建设活动

1958—1991 年，农场团委先后召开 6 次代表大会。场团委对青年、团员进行思想政治宣传教育，发挥青年突击手作用。建场初期开展劳动竞赛活动，争当先进，带头开荒建场，艰苦创业。1962 年种丰产试验田 20 亩。1978 年“农业学大寨”时，以团员为骨干成立青年突击队 25 个、铁姑娘队 18 个，在兴修水利、造大寨田中起带头作用，团委书记肖建文被评为全国农垦系统先进生产者。1979 年，龙永善被评为团中央新长征突击手。

1992—1997 年，农场团委组织团员认真学习邓小平建设有中国特色的社会主义理论，引导团员、青年在社会主义市场经济建设中发挥作用，在承包责任制的体制中，争做劳动致富能手。

（二）开展社会主义精神文明活动

1997 年 8 月，回龙圩中学团支部组织学校团员学生进行庆祝香港回归演讲比赛。

1998 年 8 月，农场团委派 8 人参加永州市团委组织的“相约 98”宁远县九嶷山篝火晚会，庆祝香港回归一周年。

2002—2009 年，在预防青少年犯罪工作中，区团委狠抓宣传教育，营造良好氛围，对未成年人开展法制教育，培养未成年人的法律意识，形成家庭、学校、社会共同关注和切实维护青少年合法权益，为预防青少年犯罪营造良好的氛围。

2010 年 5 月，区团委开展为团徽、国旗争光添彩活动。组织团员到回龙圩镇敬老院为老人整理内务、洗衣、洗被、陪老人聊天，让老人们感到人间的温暖，社会的关爱。

2011 年 5 月 3 日，团委组织团员参加开展以“给力回龙圩建设绿色家园”为主题的植树活动，植树 1538 株。

（三）维护青少年合法权益

2012 年，区共青团开展“小小慈善行”捐款活动，筹集善款 10307 元。同年，区团委争取到圆梦红土地资金 1000 元，国窖茅台助学金 5000 元，资助回龙圩镇底岗村贫困大学生卢志园。争取到芙蓉学子助学金 5000 元，资助回龙圩镇顾家村贫困大学生 1 人。在“3·12”，植树节期间，由管理区团委牵头，区林业局免费提供树苗 500 株，回龙圩镇提供土地，区中小学组织学生进行义务植树，提升青少年环保绿色意识。

2003 年，“六一”儿童节——少先队员宣誓

2014 年，组织开展“一元捐”希望工程捐款活动，发动各级各单位干部职工、团员青年、中小学生广泛参与慷慨解囊。全区筹集善款 2.6 万元。其中 1.2 万元上交市青基金会，1.4 万元资助 7 名贫困学生。

2015 年，募集、争取助学资金 3.3 万元，全部资助给区内 28 名贫困学生。

第三节　妇联

一、组织机构

1962 年冬，回龙圩农场召开第一次妇女代表会，成立第一届妇女联合会，有委员 7 人，设妇联主任 1 人。

1965 年，农场成立第二届妇女联合会，委员 5 人，设妇联主任 1 人。

1973 年 6 月，召开农场第三届妇代会，委员 5 人，选举妇联主任 1 人，副主任 2 人。

1978 年 10 月，农场召开第四届妇代会，出席代表 84 人，列席 16 人，选举妇联主席 1 人，副主任 2 人，委员 7 人，还选举产生 54 个生产队妇女队长。

1982 年 11 月，农场召开第五届妇女代表会，选举妇联主任 1 人，副主任 1 人，委员 7 人。

1990 年，召开第六届妇代会，参会代表 44 人，选举妇女主任 1 人，副主任 2 人，委员 7 人，同时配备分场、工厂、场直属机关单位妇女兼职干部 13 人，各生产队配备妇女小队长 1 人。

1992—1998 年，回龙圩农场妇联设主任 1 人，副主任 2 人委员 7 人，场直属机关单位、各分场、工厂都配备妇女兼职干部 16 人，各生产队配备妇女小队长 1 人。

2003 年 3 月 8 日，回龙圩管理区召开第一次妇女代表大会，参会代表 62 人。大会选举产生管理区妇女联合会第一届委员会委员 5 人，妇联主席 1 人，副主席 1 人。

2006 年 8 月 20 日，回龙圩管理区召开第二次妇女代表大会，参会代表 88 人，选举产生第二届妇联会领导班子，设主席 1 人，副主席 1 人，执行委员 5 人。

2011—2015 年，管理区妇联有工作人员 3 人，其中主席 1 人，副主席 2 人，工作人员 1 人。

二、主要活动

（一）主体活动

1963 年，农场成立“三八”猪场，由 20 名妇女承担全部饲养任务，当年出栏生猪 300 余头。同年，农场基建队女职工吴有桂被评为省劳模。20 世纪 70 年代中期，农科所妇女队长何美女带领女职工 24 人上山砍灰柴、装窑、烧窑火，连续 7 昼夜，烧出石灰，破除妇女不能烧石灰的迷信。

1979 年，农场评出 42 名“三八红旗手”。

1985 年，回龙圩中心校女教师徐曼清被评为全国农垦系统先进教师。

1989 年，场妇联配合场教育部门在平利、大兴塘、山岩塘、新铺、盐下、马鹿头村开办 6 所文化夜校，有学员 106 人，其中女学员 83 人，占 78.30%。1990 年秋，经地县业教部门考试、验收合格。

1992—2015 年，妇联组织 5 次“三八”国际妇女节女子拔河比赛，全区镇（场）、办事处、工厂、机关、学校、单位派队参加比赛，每次比赛都活泼、激烈、精彩。

2012 年 3 月 4 日，管理区团委、文明办、妇联组织 30 名妇女志愿者到回龙圩敬老院打扫卫生，为老人按摩、修剪指甲、晒被子，与老人们一起包饺子，做菜、聊天，让老人们享受到天伦之乐。

1995 年，田家队知识青年王忠华被评为全场养猪模范。

2000 年，熊梅蓉被评为永州市第三次团结进步模范。

2012 年 3 月 9 日，区妇联组织全体女职工开展庆祝“三八”妇女节暨美丽乡村参观活动，全区有 86 人参加。

2013 年 6 月 26 日，区妇联联合区派出所、区团委在大礼堂前组织“手牵手，远离新型毒品，齐参与共筑防毒长城”宣传活动。

2015 年 11 月 22 日，区妇联、党委宣传部、文体广新局共同举办的最美家庭、讲好家训、传好家风宣讲活动在区中学开讲，全校师生 400 人参加。

2014 年，回龙圩小学女教师黄灿被评为永州市最美乡村教师。

2014 年，回龙圩小学女教师何兰凤家庭被评为永州市“五好家庭”。

2015 年，何家村女职工何永珠被评为永州市“劳动模范”。

（二）培养和选荐人才

1992 年至 2001 年，农场妇联配合场党委着力培养选拔妇女干部。1995 年，选派成萍参加永州市首届青年妇女干部培训班进行半年培训。1995—2005 年，推选农场女职工何永珠参加永州市第一、第二届人民代表大会。1995 年，全场在职女科级干部 9 人，占全场科级干部的 11.9%，1998 年农场党委委员 9 人，其中女干部 1 人，占同级干部百分之 11%。2002 年改制后，管理区继续加强对妇女干部的培养和选拔，2007 年 3 月，推选女干部何雪英参加永州市第三届人民代表大会。2011 年 9 月，推选陈永红参加永州市第四次党代会。

2003 年，全区在职女干部 37 人，占在职干部的 30.2%，其中副处级女干部 1 人，占同级干部 11.4%；区直部、办、委、局科级女干部 10 人，占同级干部的 11.6%；有副科级以上女干部 25 人，占同级干部的 21.7%。2015 年，区党委班子配备女干部 2 名，区直各部、办、委、局的女性主要负责人 4 人。

第四节　残联

一、组织机构

2011 年 3 月，经永州市残联批准，回龙圩管理区设立残疾人联合会，区残联设理事长 1 人，由区民政局局长兼任；副理事长 1 人，由区民政局副局长兼任。残联归口区民政局管理，与民政局合署办公至 2015 年。

二、主要活动

（一）核发残疾人补贴

2011年，区残联对辖区内的各类残疾人对象进行调查摸底，全区有各类残疾人917人。根据残疾人不同类型，不同的残疾程度进行登记发证，2012年，发放各类补贴3.59万元；2013年发放13.54万元；2014年发放6.41万元；2015年发放14.13万元。

（二）发放残疾人机动车轮椅燃油补贴

2011年3月，区残联向永州市残联争取到残疾人机动车轮椅燃油补贴款，根据市残联的要求，经区残联登记筛查，全区有59名残疾人符合补贴标准，每人发放260元机动车轮椅燃油补贴，15340元；2012年，给全区的67名残疾对象发放机动车轮椅燃油补贴17420元；2013年，为75名残疾人发放机动车轮椅燃油补贴19500元；2014年，为98名残疾人发放机动车轮椅燃油补贴25500元；2015年，为123名残疾人发放机动车轮椅燃油补贴31980元；4年，发放残疾人机动车轮椅燃油补贴10.97万元。

（三）残疾人康复

2013年，区残联为7名重度肢残对象配置轮椅车；2014年又为7名重度肢残对象配置轮椅车；完成成人助听器1名，装备矫形器2名；组织供应各类辅助器具56件；协调区民政局为3名精神病患者提供医疗救助1.3万元，解决贫困患者就医困难问题；筛选一名贫困家庭贫困儿童进行康复治疗。

（四）教育就业

2011—2015年，完成为20名重度残疾人居家托养工作，居家托养补贴经严格审批后从邮政银行打卡发放到本人，发放资金1.2万元，确保项目资金专款专用；组织61名残疾人开展培训，受训残疾人学到一技之长，为其实现就业创造条件，增强就业竞争力；用市残联资金扶持创办八仙洞残疾人就业基地，为15名残疾人家庭解决生活困难。

（五）社会保障和扶贫

2011年，管理区把残疾人扶贫工作纳入政府扶贫计划，统一安排，围绕国家扶贫攻坚计划同步实施；落实国家社会保障政策，城乡残疾人家庭低保得到应保尽保。2015年12月，全区114名贫困残疾人纳入城乡低保，纳入城乡低保的残疾人达到总数的97.43%

第五节　科学技术协会

一、组织机构

1998 年，回龙圩农场成立科学技术学会，设科协主席 1 人。2002 年 5 月，回龙圩农场科学技术协会改为回龙圩管理区科学技术协会，设主席 1 人。2015 年 12 月，全区有各类科学专业技术人员 139 人，其中高级职称 4 人，中级职称 66 人，初级职称 123 人。

二、主要活动

1996—2015 年，管理区每年进行 20~50 期科学技术培训，培训 12000 人次。共培育科普示范基地 5 个，涉及柑橘、茶叶、中药材生产等方面。发展农业科技协会 3 个，科技示范户 135 户，其中省级科技示范户 6 户，市级 19 户，区级 10 户。1993—2015 年，管理区先后邀请广西立新农场、源头农场、良丰农场技术员、湖南农大教授到管理区对农户技术员和干部进行柑橘种植讲座，指导、培训 80 场次，1997 年 8 月，还请以色列专家到场进行农业节水技术讲座。组织科技示范户成立柑橘修剪，嫁接技术服务队。2015 年，全区有柑橘修剪服务队 26 个，嫁接服务队 12 个，帮管理区和周边县区乡镇大户的果树进行修剪、嫁接技术服务。每年修剪近万亩，高接换种近千亩。

第六节　计划生育协会

一、组织机构

1980 年 10 月，回龙圩农场成立计划生育协会，设会长 1 人，常务副会长 1 人，秘书长 1 人。2002—2015 年，回龙圩农场计划生育协会改为回龙圩管理区计划生育协会。设会长 1 人，副会长 1 人，2015 年，秘书长 1 人。回龙圩管理区土地规模、人口数量相对较小，实行多块牌子一套人马。计生协会从成立至 2015 年，与区计生委同属一个单位。2015 年发展基层分会 7 个，会员 65 人，协会积极分子 287 人。

二、主要活动

2013—2015 年，创建示范村 5 个。每年走访困难户 20~25 户，慰问资金 5000~10000 元。计生协会与有关部门配合，开展计生对象关爱活动，组织科技人员为计生困难户解决生产生活中的科学技术难题；组织会员及计生积极分子开展互相帮助活动。建立计生协会活动室9处，开展计生宣传窗15个。帮助计生对象开展法律援助活动，2013—2015年，与司法、法庭联合开展法律援助22起。

第七节　老年科技协会

2015年，回龙圩管理区成立老年科学技术协会，老年科学协会设会长1人，副会长、秘书长由1人担任。全区有会员45人。

开展中老年保健科普宣传活动，订阅《中老年自我保健》杂志供老科技工作者阅读。2015年，订阅20份。

第八节　关心下一代工作委员会

一、组织机构

2005年11月，回龙圩管理区成立关心下一代工作委员会，委员会设主任1人，副主任1人，委员由5位在职工作人员兼任，秘书长1人。2012年6月，管理区关心下一代工作委员会换届，关工委设主任1人，副主任1人，秘书长1人。

二、主要活动

2006年，配合区妇联、区教育局创办女子家庭学校。

2010年，邀请一些老干部、老教师、老党员到中学、小学进行爱国主义、革命传统、民主法制、社会公德、职业道德、家庭美德、现场课教育，引导青少年树立正确的人生观、世界观、价值观。经常组织帮助青少年学习科学文化知识，实用技术、专业技能，使青少年从小就养成爱科学、爱动脑、爱动手的良好习惯。

2013—2015年，开展对贫困学生的助学、助教、助困等活动，争取3万元资金，资助给部分困难的大学生。

第五篇

政　务

第一章 行政机构

第一节 领导机构

清光绪三十三年（1907年），回龙圩为江永县兴化乡兴德里四都境域。

民国27年（1938年）回龙圩为江永县2区瓦屋下文盛乡。1956年，文盛乡改为回龙圩乡，乡政府设在盐下村。

1958年5月，回龙圩农场在江永县回龙圩乡李家塘村成立，名为湖南省江永回龙圩农林垦殖场，设场长1名，副场长2名。

1959年5月，江永县黄甲岭公社的马鹿头、回龙圩、兴隆3个大队并入农场，改名为湖南省国营回龙圩农场，属省农垦局和衡阳行署农垦局领导。

1960年，黄甲岭公社的平利队并入农场，场部由李家塘迁往回龙圩。1961年5月改名为湖南省江永回龙圩农林垦殖场。

1961年7月，江永县高泽源林场划入回龙圩农林垦殖场管辖，改名为第五分场。1963年，高泽源划归江永县管辖，恢复为高泽源林场。

1965年，回龙圩农场下放零陵地区，1969年下放江永县，名为江永县国营回龙圩农场。

1984年收归省属，名为湖南省国营回龙圩农场，由零陵行署农委代管。

1992年至2002年3月，回龙圩农场设场长1名，副场长若干名。

2002年3月6日，永州市回龙圩管理区管理委员会挂牌运行（保留原回龙圩农场牌子），实行一个机构、两块牌子，管理委员会设主任（场长）1名、副主任（副场长）3名。

2004年8月10日，经永州市人民政府办公室批准同意设立回龙圩农垦集团公司，负责管理和运营原回龙圩农场国有资产。农场体制改革设立的管理区、回龙圩镇、办事处仍按原统计口径向上级主管部门报送社会发展规划和计划，编报统计和会计报表，提供综合情况，按原渠道向国家农垦主管部门申报有关项目，争取国家支持。

回龙圩管理区 1992—2015 年历届农场、领导班子一览表

表 5-1

届别	职务	姓名	性别	籍贯	任免时间
1992. 1—1992. 10	书记	何祥麟	男	湖南常宁	1992. 1—
	副书记、场长	肖鑫海	男	湖南长沙	1992. 1—
	副书记	肖建文	男	湖南宁乡	1992. 1—
	副书记	邱元煦	男	广西柳州	1992. 1—
	副场长	欧学勤	男	湖南道县	1992. 1—
1992. 12—2000. 10	书记	肖建文	男	湖南宁乡	1992. 12—
	副书记	邱元煦	男	广西柳州	1992. 12—
	副书记	欧学勤	男	湖南道县	1993. 8—
	纪委书记	陈曦	男	湖南零陵	1992. 1—
	场长	肖建文	男	湖南宁乡	1992. 12—1998. 2
	场长	欧学勤	男	湖南道县	1998. 2—
	副场长	欧学勤	男	湖南道县	1992. 1—1998. 2
	副场长	宋罗春	男	湖南双峰	1993. 1—
	副场长	王医凤	男	江苏徐州	1993. 1—
	副场长	李万年	男	湖南常德	1993. 1—
	副场长	盘新花	男	湖南双牌	1993. 1—1996. 9
	副场长	何斌	男	湖南江永	1997. 2—
	党委委员	刘香山	男	湖南祁阳	1999. 3—2000. 11
	党委委员	卢国焕	男	湖南江永	1992. 12—
	党委委员	黄和平	男	湖南祁阳	1992. 12—
2000. 11—2002. 3	书记	欧学勤	男	湖南道县	2000. 11—
	副书记	范桑洪	男	湖南道县	2000. 11—
	副书记	陈曦	男	湖南零陵	2000. 11—
	党委委员	卢国焕	男	湖南江永	2000. 11—
	党委委员	黄和平	男	湖南祁阳	2000. 11——

续表5-1

届别	职务	姓名	性别	籍贯	任免时间
2002. 3—2006. 6	书记	欧学勤	男	湖南道县	2002. 3—
	副书记、管委会主任	范桑洪	男	湖南道县	2002. 3—
	副书记	陈曦	男	湖南零陵	2002. 4—
	党委委员、纪委书记	黄和平	男	湖南祁阳	2002. 3—
	党委委员、管委会副主任	何斌	男	湖南江永	2002. 3—
	党委委员、管委会副主任	周礼才	男	湖南道县	2002. 12—
	党委委员、管委会副主任	成萍	女	湖南宁乡	2002. 12—
2006. 6—2010. 6	书记	何绍云	男	湖南宁远	2006. 6—
	副书记、管委会主任	魏和胜	男	湖南宁远	2007. 8—
	副书记	陈曦	男	湖南零陵	2006. 6—
	党委委员、纪委书记	王湘文	男	湖南宁乡	2006. 6—
	党委委员、管委会副主任	何斌	男	湖南江永	2006. 6—
	党委委员、管委会副主任	周礼才	男	湖南道县	2006. 6—
	党委委员、管委会副主任	成萍	女	湖南宁乡	2006. 6—
	党委委员、管委会副主任	李雪辉	男	湖南江永	2009. 8—
	党委委员、组织部长	李冬华	女	湖南祁阳	2009. 8—
2010. 6—2014. 9	书记	魏和胜	男	湖南宁远	2010. 6—2013. 8
	副书记、管委会主任	李润志	男	湖南江永	2010. 6—2014. 9（2013. 9—2014. 9主持党委工作）
	副书记	成萍	女	湖南宁乡	2010. 6—
	党委委员、管委会副主任	周礼才	男	湖南道县	2010. 6—
	党委委员、纪委书记	王湘文	男	湖南宁乡	2010. 6—

续表5-1

届别	职务	姓名	性别	籍贯	任免时间
2010.6—2014.9	党委委员、管委会副主任	李雪辉	男	湖南江永	2010.6—
	党委委员	李冬华	女	湖南祁阳	2010.6—
	党委委员	欧阳群松	男	湖南宁远	2010.12—
	副主任	义洁	男	湖南江永	2011.6—
2014.9—2015.12	书记	赵文旺	男	湖南道县	2014.9—
	副书记、管委会主任	李社光	男	湖南宁远	2014.9—
	副书记	成萍	女	湖南宁乡	2014.9—
	党委委员、管委会副主任	周礼才	男	湖南道县	2014.9—
	党委委员、纪委书记	王湘文	男	湖南宁乡	2014.9—
	党委委员、组织部长	李冬华	女	湖南祁阳	2014.9—
	党委委员	欧阳群松	男	湖南宁远	2014.9—
	管委会副主任	义洁	男	湖南江永	2014.9—
	党委委员	何科	男	湖南道县	2015.11—

第二节　内设机构

1992年11月，回龙圩农场党政领导班子完成新老交接，前任场长肖鑫海调到江永县县政府任职，欧学勤担任回龙圩农场场长。1993年1月，农场党委根据农场的实际情况，按“一套人马、多块牌子、一人多岗、一室多章”的原则，实行“精简机构、政企和一、减少费用、节约开支”机制，总场机关设9个大办，即党政办、组织人事办、考核办、财务办、政法办、宣教办、农委办、水果办、经委办。其中，党政办内设信访、调研、小车队、招待所、机关总务室、档案室、机要室等机构；组织人事办内设组织部、人事科、统筹办、计生委、共青团等机构；考核办内设纪检、监察室、检查室、审计科、考核办等机构；财务办内设计财科、物价统计科；政法办内设保卫科、派出所、法庭、保安队；经委办下管林化厂、粮油站、电站、农机厂、饲料厂、造纸厂、茶厂、罐头厂、建筑公司、农工商公司10个工商企业；农委办下辖回龙、李家塘、兴隆、马鹿头4个农业分场，还有回峰林场和水产分场；水果办下辖永济亭、仙人桥、八仙洞、神仙洞、响水岩、大地铺6个柑橘分场和马鞍山园艺场；宣教办内设宣传部、教育科，下管医院、中学、小学。2000年，回龙圩农场的柑橘园全部转让承包给果农，农场水果办解散。

回龙圩区委办公大楼

2001年4月，市委、市政府同意撤销回龙圩农场，设立永州市回龙圩管理区，成立回龙圩管理区管理委员会，行政级别为正县级，作为永州市人民政府的派出机构，代表市政府管理本区域内的行政、经济和社会事务，行使管理区内的各项政府职能和职权。

2004年8月10日，经永州市人民政府办公室批复同意设立回龙圩农垦集团公司，管理和运营原回龙圩农场国有资产。

管理区机关行政机构的设置仍按照“党政合一、一室多章、一人多岗”的原则，设6个行政机构，即党政办公室（加挂武装部的牌子）、政治工作部、财政税务局（加挂发展计划局、物价局牌子）、农村经济工作局（加挂水利水电局、林业局牌子）、经济发展局（加挂国土资源管理局牌子）、社会事业发展局（加挂民政司法局牌子），区机关在原设机构18个的基础上精简至12个，精简67%。

随着管理区经济不断发展的需要，为方便进市上省争项目、引资金，管理区与省、市有关的国土资源管理局、房产局、城建建设规划局、环保局、发展与改革委员会、商务局、交通局、水利局、林业局、农机局、民政局、安全生产监督管理局、人社局、审计局、能源局、扶贫办从各大局分离出来，成为独立的行政单位。

全区设13个事业单位，即后管中心、农管校、文化广播站、交管所、经济作物办公室、畜牧水产技术服务站、回峰林场、城建管理中心、市场管理中心、会计核算中心、农业综合开发办（加挂红壤开发办公室牌子）、社保医保中心、区人民医院（加挂卫生防疫站、妇幼保健站、计划生育服务指导站牌子）。

第三节 基层政权

一、镇政府、办事处

1989年，经湖南省民政厅批复，设立江永县回龙圩镇，下辖回龙、盐下、朱家观3个行政村和八字桥、回峰2个居民委员会。

1992年，回龙圩农场设回龙圩镇1个镇，回龙、李家塘、马鹿头、兴隆4个农业分场，永济亭、八仙洞、仙人桥、神仙洞、大地铺5个柑橘场和1个马鞍山园艺场、1个回峰林场。

1996年3月，增设响水岩柑橘场。

1999年3月，撤销响水岩柑橘场并入八仙洞柑橘场。

2001年2月，撤销马鞍山园艺场并入李家塘分场，撤销仙人桥柑橘场并入八仙洞柑橘场，撤销大地铺柑橘场并入神仙洞柑橘场管理。

2002年3月，农场改制，经市委、市政府批复，回龙圩管理区机构改革将原来的6个分场改为6个行政村，由回龙圩管理区直接管理。为工作需要，便于实际操作，管理区将6个行政村改为办事处。即李家塘、兴隆、八仙洞、神仙洞、马鹿头、永济亭6个办事处。办事处作为管理区的派出机构，行政级别为正科级，工作人员5~7人。设党支部书记1人，主任1人，副主任1~2人。

二、生产队、行政村及居民委员会

1992—2001年，全场4个农业分场共有54个农业生产队，其中李家塘分场11个队、兴隆分场12个队、回龙分场19个队、马鹿头分场12个队，5个柑橘场有22个队，其中永济亭柑橘场5个队、仙人桥柑橘场5个队、八仙洞柑橘场5个队、神仙洞柑橘场4个大地铺柑橘场3个队，生产队设队长1人。

2015年，全区设15个行政村，2个居委会。其中回龙圩镇设3个行政村，2个居民委员会，6个办事处。每个办事处设2个行政村，每个行政村设若干个村名小组（一般以自然村设村民小组），2个居委会设12个居民小组。居民委员会的党支部书记、居委会主任由1人担任，支部委员、居民委员各1人，居委会干部由居民代表和居民直接选举产生。行政村设党支部书记1人，村主任、村副主任各设1人，妇女专干1人。全区有68个村民小组，村民小组设小组长1人，村组干部由村民代表或村民直接选举产生。

回龙圩管理区 2015 年各行政村、村民小组情况表

表 5-2

	行政村名称	村民小组名称
李家塘办事处	何家村	何家　田家　李家　唐家　马鞍山
	李家塘村	李家塘　新村　新思　山岩塘　大兴塘　小溪
马鹿头办事处	马鹿头村	马鹿头　下岩　田美　断岭源　向阳洞　绿峰　凤塘村
	棠锦村	棠锦　大地铺　石头水　断石桥　龙母塘
永济亭办事处	岩口塘	阳家　张家　塘湾　大岩口　毛塘
	三角塘	三角塘　湘桂队
神仙洞办事处	大罗圩	光下　新铺　高圩　新屋
	神仙洞	新跃　小罗　神仙洞
兴隆办事处	仙人桥	仙人桥　鸡公山　百谷冲
	兴隆村	兴隆　八工湾　十工湾　岗头源
八仙洞办事处	新风村	新风村　下干　大湾
	八仙洞	蒋家　燎原　卫东　高尚
回龙圩镇	回龙村	回龙村　上枧一　上枧二　渔场　晨光　毛家平利
	盐下	盐下　彭家　绕塘
	朱家观村	朱家观　顾家　黄家　等母头　底岗　创业队　媳妇娘山

第四节　镇、办事处简介

一、李家塘办事处

（一）沿革

1959 年，回龙圩农场成立，李家塘为第一生产区。

1960 年，回龙圩农场场部由李家塘迁往回龙圩，全场设 4 个分场，李家塘为第一分场。

1966 年，李家塘分场改为红旗工区，1984 年恢复为李家塘分场。

1992—2001 年，李家塘分场辖 11 个农业生产队。

2002 年改制，更名为李家塘办事处，辖 2 个行政村，11 个村民小组。

（二）机构队伍

1992—2001 年，李家塘分场管理干部 8 人，其中支部书记 1 人，场长 1 人，副场长1人、大队长3人、会计1人、出纳1人。

2002年至2015年年底，李家塘办事处干部5人，其中党总支部书记1人，主任1人、副主任1人，管理干部1人，大学生村官1人。办事处的司法所、信访办、团委、水管所、民政办、社会劳动保障事务中心、国土站、安监站、林业站等内设机构的工作都由办事处干部兼任，实行一人多岗、一室多章。有1所小学，2014年停办，学生转移到回龙圩中心小学读书。有医疗点一个，医务人员1个。办事处设何家、李家塘2个行政村。何家村分管5个自然村；李家塘村分管6个自然村。每个行政村设村支部书记1人、村主任1人、村委委员2人。村干部每5年进行换届选举，村干部由村委和村民民主选举产生。村干部实行月薪制，2015年，村支书月薪1200元、村主任1000元、村委委员600元、村组长200元。

（三）基层政务纪要

1988年12月18日，中共中央政治局委员、国务院副总理田纪云在农业部部长刘江及湖南省副省长陈邦柱、零陵地委书记唐盛世陪同下到农场考察工作，到李家塘踏荒时，田纪云作出“南方还有这么大一片可开垦荒地而没有开发实属少见。农场开发势在必行。这是一块处女地，土壤较好，温光条件也好，就是水利条件差一点，只要解决水的问题，开发很有潜力。你们一定要充分发挥自己的优势，加大开发力度，加快开发步伐，将回龙圩打造成湘南的一颗明珠”的讲话。

1993年3月至1999年12月，投资1083.2万元资金，其中世界银行贷款541.6万元，省、市配套资金541.6万元，在李家塘双龙水库流域用2年时间完成红壤开发任务。

2009年，国家投资修建道贺高速公路，该路从李家塘办事处境内通过，全长8.1公里。是年2月18日，李家塘村的村民因征地补偿一事到区高速公路指挥部集体上访，要求按国家标准补偿补征收的土地。李家塘办事处的全体工作人员，协助区党委、区信访局、区高速公路指挥部做工作，达成首次照县（区）做法按国家政策补偿被征收的土地。

2012年8月17日，江永县正处级干部何斌与管理区党委委员副主任义洁组成调查组（李家塘办事处负责人参加），对回龙圩李家塘办事处与江永县黄甲岭三脉下村土地权属问题进行实地调查。经多次现场勘查，查阅资料，一致认为马鞍山东抵三脉下西塘岗旱地，南抵八宝山脚，西抵大石漕山脚，北抵牛山小路，面积约66.66公顷，属国有土地，其土地所有权属回龙圩管理区。

2007—2014年，管理区在李家塘投资574.796元，硬化5条通村公路，总长18.24公里。其中2007年硬化回龙村至晨光村路面宽4.5米，厚0.2米的通村公路1.2公里；晨光至唐家村路面宽3.5米、厚0.2米的通村公路1.26公里；2008年硬化李家塘至永济亭长塘路面宽 4.5 米、厚 0.2 米的通村公路 4.176 公里；2012 年硬化山岩塘至长塘路面宽 4.5 米，厚 0.2 米的通村公路 2 公里；2014 年硬化唐家至李家塘办事处驻地路面宽 4.5 米、厚 0.2 米的通村公路 5.889 米；马鞍山至李家塘小学路面宽 4.5 米、厚 0.2 米的通村公路 3.71 公里。

2010—2015 年，投资 58.6 万元，为域内 2 个行政村、11 个村民小组、337 户村民的 853 栋房屋进行农垦危房改造。

二、马鹿头办事处

（一）沿革

马鹿头办事处原称马鹿头分场，1959 年组建，1965 年分为马鹿头、龙母塘、神仙洞塘锦 4 个生产队。

1967 年改为向阳工区，1984 年恢复为马鹿头分场，并入原大志工区的塘锦、大地铺 2 个村 3 个生产队。

1992—2001 年，马鹿头分场辖 12 个农业生产队。

2002 年改制，更名为马鹿头办事处。辖马鹿头、棠锦 2 个行政村。

（二）机构队伍

马鹿头办事处位于管理区的西北角，距管理管委会驻地 4 公里。1958—2005 年马鹿头分场场址设在马鹿头村，2006 年办事处搬迁到葵阳。

1992—2001 年，马鹿头分场有管理干部 8 人。其中党支部书记 1 人、场长 1 人、副场长 1 人、财会人员 2 人、大队长 3 人。

2015 年年底，马鹿头办事处有干部职工 6 人。其中党总支部书记 1 人，主任 1 人，副主任 1 人，管理干部 3 人。办事处的司法所、信访办、团委、国土站、水管站、民政办、社会劳动保障事务中心、安监站、林业站等内设机构的工作由办事处干部兼任，实行一人多岗、一岗多责。办事处辖马鹿头、棠锦两个行政村，有 12 个村民小组，15 个自然村。每个行政村设村支部书记 1 人，村主任 1 人，村委委员 2 人，村干部每 5 年进行换届选举，由村民选举产生。村干部实行月薪制，其标准按管理区的有关规定执行。有 1 所小学，2010 年撤销；设有 1 个医疗点，配医务人员 1 人。

（三）基层政务纪要

2004 年 4 月 21 日，永州市调纠处纠纷办公室负责人召集江永县、回龙圩农场分管领导和有关部门负责人、马鹿头办事处主要负责人，对江永县潇浦镇挂榜山、峡石村与回龙圩管理区马鹿头办事处石头水村的山地权属纠纷进行调解。以永调纪字（2004）01 号文件确定争执范围的土地所有权归回龙圩管理区。

2006 年，办事处投资 120 万元在葵阳新建马鹿头办事处办公楼，马鹿头办事处从马鹿头村搬迁到葵阳新办公楼办公。

2009—2013 年，管理区投资 112 万元完成田美、凤塘村新农村建设项目。

2006—2014 年，管理区在马鹿头办事处投资 442.36 万元硬化 4 条通村公路，总长 13.198 公里。其中 2006 年硬化马鹿头至八字桥二级公路，路面宽 4.5 米、厚 0.2 米的通村公路 2.796 公里；2008 年硬化马鹿头至断岭源路面宽 4.5 米、厚 0.2 米的通村公路 1.5 公里，断岭源至向阳洞路面宽 3 米、厚 0.2 米的通村公路 2 公里，大地铺至石头水路面宽 4.5 米、厚 0.2 米的通村公路 3.6 公里；2014 年硬化从石头水至下岩路面宽 4.5 米、厚 0.2 米的通村公路 3.338 公里。

2010—2015 年，投资 92.96 万元，为辖区内 2 个行政村 12 个村民小组 363 户村民的 918 栋房屋进行农垦危房改造。

三、永济亭办事处

（一）沿革

永济亭办事处的前身是永济亭柑橘分场。1988 年春，永济亭柑橘分场从原果林分场划出扩建，下辖大岩口、茅塘、长塘、三角塘、清水塘、湘桂队 6 个柑橘生产队。

2002 年，撤销仙人桥柑橘分场，农科所、鸡公山并入永济亭管理。

2003 年，改制更名为回龙圩管理区永济亭办事处。农科所、鸡公山划入兴隆办事处，塘湾、阳家、张家划入永济亭办事处。辖永济亭、岩口塘 2 个行政村。

（二）机构队伍

永济亭办事处位于回龙圩管理区南端，与广西壮族自治区富阳县麦岭镇接壤，距管理区管委会驻地 5.9 公里。

2015 年年底，永济亭办事处有干部职工 6 人，办事处设党总支部书记 1 人，主任 1 人，副主任 1 人，管理人员 2 人。办事处的司法所、信访办、团委、国土站、水管办站、民政办、社会劳动保障中心、安监站、林业站等内设机构的工作由办事处干部兼任。辖岩口塘和永济亭 2 个行政村，行政村设村支部书记 1 人、村主任 1 人，委员 2 人。2 个行政村下辖 6 个村民小组，每个村民小组设组长 1 人，村委会干部由村民选举产生。村干部实行月薪制，其标准按管理区有关规定执行。办事处设一个医疗点，配 1 名医务人员。

永济亭办事处是湖南通往广西的南大门，地理位置十分重要。永富公路从永济亭办事处大门口经过进入广西。道贺高速公路从永济停境内通过直达广西贺州，连接京广高速直达广州、深圳。据清道光《永州府志》记载，曾有一条经过岩口塘通往广西的鹅卵石商道，史称潇贺古道。清代到民国年间，岩口塘村的商道旁商铺众多，专门接待到广西做盐生意来往的客商。

（三）古迹

永济亭 离岩口塘村南面500米的岗坡上原有一座凉亭，名为永济亭。永济亭修建于民国初年，为方便湘桂两省客商及附近村民劳作停歇和乘凉、饮水，以原永明县文盛乡岩口塘、八工湾、下干村知名人士唐子林、张学汲、张万重、唐子福、杨光久、杨光广等人为首，向原永明县四都及各乡村邻民众发起乐捐，并拆除小溪村的“状元楼”的砖瓦作原材料，雇请湖南祁阳木匠李松捐，嘉禾砌匠周世雄建成。永济亭呈长方形，长10米，宽4米，系砖木青瓦结构，墙面用三层红砖砌就，南北拱门对开，拱门上嵌有青石板雕刻的“永济亭”长方形亭碑。原永富交通古道从亭内通过，亭内地面用青石、红砖铺设，四周用条石架设石凳，有圆形水缸两口，装水供过往行人停歇饮用。亭中两根原木台楼上雕刻有“狮子头像”“龙凤呈祥”“八仙过海”等雕像。凉亭北面旁边有张万重书写的鼎建永济亭碑一块。民国28年（1939），因凉亭出现倾斜墙裂现象，又由岩口塘村张学汲等发起乐捐，重修。1958年，因永富公路改道，十年“文化大革命”影响及多年失修，永济亭于20世纪90年代初塌毁，现亭迹尚存。

文昌阁 位于岩口塘阳家西北面的文昌镇水阁（又名八角楼），始建于明成祖永乐八年（1410），永乐二十二年（1424），因战事楼阁破损严重，清顺治十年（1653）年重修。文昌阁呈四方形，每面8米，中有四柱共五层楼，1~3层用土红色烧砖砌成，4~5层为全木结构。门口有一石碑，宽1.2米，长1.8米，碑上对镇水阁有详细计载。2009年，管理区将其公布为区级文物保护单位之一，2010年，被永州市公布为市级文物保护单位。

（三）基层政务纪要

1999年12月16日，广西富川县麦岭镇月塘村23人到永济亭哄抢椪柑，并与永济亭果场采果人员发生争斗，下午4点，麦岭镇月塘村又来30余人手持鸟枪和镰刀，抢走椪柑250公斤，围攻永济亭分场。事发后，农场领导高度重视，一边向有关部门报告，一边与广西富川县联系，经双方政法部门努力工作事态很快得到平息。

2003年2月12日，受“非典型性肺炎”疫情的影响，管理区在永济亭办事处设点检查从两广进入湖南客运车上的旅客是否“发烧发热”携带“非典”病毒。全区抽调12名干部到永济亭与办事处工作人员一起分“三班倒”日夜值班检查，连续工作40天，3月22日结束。

2011年3月，永济亭办事处在万山娇茶叶基地投资700万元，分三期建设，2014年完成。种植500亩铁观英茶，完成茶叶加工厂建设，基地道路硬化，电路架设。正式投产后每年可产干茶1500担，实现产值1800万元，创利税1100万元。2012年生产茶叶500担，质量上乘，实现产值600万元。

2013年，管理区将岩口塘塘湾村作为省级新农村建设示范村，2014年年底，投入500万元，按照规划科学、布置合理、功能齐全的目标，对原村庄旧房进行改造，通村道路及活动场地进行统一硬化和全面美化、亮化、绿化，房屋统一装修为青瓷花格、飞檐翘角的瑶寨风格，地方民族特色浓郁，新建村委活动室、健身场地、候车亭（招呼站）。同时规划岩口塘新农村建设，2015年年底，岩口塘新村30余栋村民新居建成。

2012—2014年，管理区在永济亭办事处投资253.728万元硬化3条通村公路，总长7.929公里。其中2012年硬化从岩口塘村至农科所路面宽4.5米、厚0.2米的通村公路2.59公里；2014年硬化巨形山至大岩口、茅塘、至道贺高速公路出口收费站路面宽4.5米、厚0.2米的通村公路3.845公里；硬化从长塘至永富二级公路路面宽4.5米、厚0.2米的通村公路1.494公里。

2010—2015年，投资36.7万元，为辖区内2个行政村、7个村民小组、212户村民的535栋房屋进行农垦危房改造。

四、兴隆办事处

（一）沿革

兴隆办事处的前身是兴隆分场，1959年组建。1965年分为岩口塘、兴隆、下干、新风村4个大队。

1966年分为红卫、燎原2个工区，1984年恢复为兴隆分场。

1992—2001年，兴隆分场管辖12个农业生产队。

2002年改制，更名为兴隆办事处。为了方便管理，将原属永济亭办事处管辖的农科所、鸡公山划入兴隆办事处，原属兴隆办事处管辖的岩口塘划归永济亭管辖。兴隆办事处设兴隆和仙人桥2个行政村，下辖7个自然村。

（二）机构队伍

兴隆办事处位于回龙圩管理区中南部，永富公路穿越全境，北接八仙洞办事处，南临永济亭办事处，距管理区驻地4.8公里。

1992—2001年，兴隆分场有管理干部8人，其中党支部书记1人、场长1人、副场长1人、财会人员2人、管队干部3人。

2002—2015年，兴隆办事处有干部职工6人，设党总支部书记1人，办事处设主任1人，副主任1人，管理干部2人。办事处的司法所、信访办、团委、国土站、水管站、民政办、社会劳动保障事务中心、安监站、林业站等内设机构的工作由办事处干部兼任，实行一人多岗、一室多章、一岗多责。2个行政村有8名村干部，每个行政村设村支部书记1人，村主任1人，村委委员2人，村民委员会每隔5年进行换届选举，村干部由村民选举产生。村干部实行月新制，工资按管理区有关规定发放。有小学1所，4个教学班，130名学生配有教职工7人，教室12间。有村卫生室1个，配医务人员1人。

（三）基层政务纪要

2006—2012年，管理区在兴隆办事处投资98.286万元硬化3条通村公路，总长3.449公里。其中2006年硬化从兴隆至八工湾路面宽3.5米、厚0.2米的通村公路0.926公里；2008年硬化兴隆至农科所路面宽4.5公里、厚0.2米的通村公路1.723公里；2012年硬化从从兴隆至十工湾路面宽3.5米厚0.2米的通村公路0.8公里。

2010—2015年，投资46.2万元，为辖区内2个行政村、7个村民小组、267户村民的674栋房屋进行农垦危房改造。

五、神仙洞办事处

（一）沿革

神仙洞办事处的前身是神仙洞柑橘分场。

1992年12月，神仙洞由八仙洞柑橘分场划出成立神仙洞柑橘分场，辖神仙洞、小罗、新屋、新塘4个果树队。2002年农场改制更名为神仙洞办事处。原属回龙分场管辖的新屋、新铺、高圩、光下村划归神仙洞。设大罗圩、神仙洞2个行政村。下辖新跃、小罗、新屋、新铺、高圩、光下、神仙洞7个村民小组。

（二）机构队伍

神仙洞办事处位于管理区西部，距管理区管委会驻地4.5公里。东面与回龙圩镇公业园区交界，南面与八仙洞办事处卫东队接壤，西面与夏层铺湖广界相依，北面与马鹿头办事处相邻，神仙洞办事处从成立以来驻地一直设在小罗东侧大路岗公路旁。

1992—2001年，神仙洞柑橘场有管理干部8人，设党支部书记1人，场长1人，副场长1人，财会人员2人，管队干部3人。

2015年，办事处干部职工6人，设党总支部书记1人，主任1人，副主任1人，管理干部2人，工人1人。办事处的司法所、信访办、团委、国土站、水管站、民政办、社会劳动保障事务中心、安监站、林业站等内设机构没有专人负责，其工作由办事处干部兼任。

办事处辖2个行政村，7个村民小组，2个行政村8名村干部，每个行政村设村党支部书记1人，村主任1人，村委委员2人。村民小组设小组长1人。村民委员会每隔5年进行换届选举，村干部由村民选举产生。村干部实行工薪制，资金纳入区财政拨款，其工资按区有关规定标准发放。

（三）基层政务纪要

2012年，管理区投资217万元，将新跃村作为全区新农村建设试点进行改造修建，硬化村里的通道、活动场所，种花、种树、种草，美化、亮化环境，将当年长沙知青在新跃村居住的宿舍楼修缮一新。

2006—2012年，管理区在神仙洞办事处投资131.06万元硬化2条通村公路，总长4.555公里。其中2006年硬化新跃至神仙洞办事处驻地路面宽3米、厚0.2米的通村公路1.4公里，从神仙洞办事处至葵阳路面宽4.5米、厚0.2米的通村公路1.455公里；2012年硬化从神仙洞办事处至新铺路面宽4.5米、厚0.2米的通村公路1.7公里。

2015年，管理区投资57万元，在葵阳—新跃、神仙洞—高圩公路旁安装太阳能路灯260盏。在神仙洞办事处旁新建大棚苗木基地30亩。

2010—2015年，投资31.85万元，为辖区内2个行政村7个村民小组185户村民的463栋房屋进行农垦危房改造。

六、八仙洞办事处

（一）沿革

八仙洞办事处的前身是八仙洞柑橘分场。

1988年2月，八仙洞从农科所果林分场划分出来建立八仙洞果林分场，分场场址建在蒋家村原镇水庵旁，新建1幢120平方米2层办公楼、1幢120平方米两层楼宿舍。下辖卫东、高尚、八仙洞、新风村、廖源5个柑橘生产队，1994年，成立响水岩柑橘分场，分场场址设在新风村，八仙洞办事处的新风村、大湾划入响水岩柑橘分场。1997年，撤销响水岩柑橘分场，并入八仙洞柑橘分场，新风村、大湾又划入八仙洞柑橘分场。2002年改制，更名为八仙洞办事处，2007年1月，原属兴隆办事处管辖的下干、蒋家、廖源划入八仙洞办事处。设新风村、八仙洞2个行政村。

（二）机构队伍

八仙洞办事处位于管理区西南部，距管理区管委会驻地5.8公里。南面与永济亭办事处相接，北面与回龙圩镇相连，西面与广西湖广界相依，区域面积8.3平方公里。

八仙洞办事处的水果观光园是湖南省乡村旅游三星级景点。休闲果园内建有观光小道、观景台、喷灌等果园游乐设施。离办事处1.5公里的回峰岭上有高尚湖森林公园，公园里建有高尚湖，公园里湖光山色、青翠欲滴、令人流连忘返。

1992—2001年，八仙洞柑橘场有管理干部7人，其中党支部书记1人、场长1人、副场长1人、财会人员2人、管片干部2人。

2015年，八仙洞办事处有干部职工7人，设办事处党总支部书记1人，主任1人，副主任1人，管理干部2人，大学生村干部1人。办事处的司法所、信访办、团委、国土站、水管站、民政办、社会劳动保障事务中心、安监站、林业站等等内设级构的工作都由办事处的工作人员兼任。办事处辖新风村、八仙洞2个行政村，共有新风村、下干、大湾、廖源、将家、卫东、高尚7个村民小组，367户人家，1398人。村支两委有村干部8人，每个行政村设村党支部书记1人、村主任1人、村委委员2人。村干部每隔5年进行换届选举，村干部由村民选举产生。村干部实行月薪制，资金纳入区财政拨款，其工资按管理区规定的标准发放。

（三）基层政务纪要

2006—2015年，管理区在八仙洞办事处投资210.56万元硬化3条通村公路，总长6.58公里。其中2006年硬化新风村至八仙洞路面宽4.5米、宽0.2米的通村公路3.76公里；2014年硬化从八仙洞至卫东路面宽4.5米、厚0.2米的通村公路0.82公里；2015年硬化从八仙洞至大湾路面宽4.5米、厚0.2米的通村公路2公里。

2014年，管理区在八仙洞投资780万元，规划建设以卫东为中心辐射高尚、下干村的八仙洞水果观光园，制定卫东发展远景发展规划。征地53处、全村群众自主拆除不合理的建筑102处。村内的道路、活动场所全部硬化，建设卫东村民休闲广场，修建休闲凉亭1座，发动卫东村的张国安等几人入股投资120万元新建一家标准较高的原生态休闲农庄。完善八仙洞旅游示范村的配套设施。2015年，八仙洞休闲农庄被评为三星级乡村旅游农庄。

2010—2015年，投资63.7万元，为辖区内2个行政村、7个村民小组、367户村民的928栋房屋进行农垦危房改造。

七、回峰林场

（一）沿革

1987年，成立回龙圩农场回峰林场。

1991年6月10日，湖南省林业厅湘发（91）02号文件通知，定名为江永县回峰林场，属零陵地区26个国营林场之一。

1995年改名为回龙圩农场回峰林场。

2002年，回龙圩农场改为回龙圩管理区，回峰林场名称未变。

2015年，回峰林场体制改革，回峰林场依旧。

（二）机构队伍

回峰林场的林地分布在回龙圩镇和6个办事处范围内，场址设在永富公路新风村地段西侧，办公楼及宿舍占地400平方米。

林场属亚热带季风湿润气候区，林场范围内有高级植物23科52属439种，其中常见和比较珍贵且具观赏价值的树有榉树、香樟、银杏、杜鹃、南酸枣等。珍稀动物有麂子、灵猫、红腹角雉、黄腹角雉、獐子、穿山甲、野猪、果子狸等。

2015年，回峰国有林场有经营面积8万公顷，其中林地面积4038.66公顷，园地面积3961.33公顷。林地面积中国家级和省级及地方级公益林3333.33公顷，其他森林面积750.33公顷，活立木蓄积量14.5万立方米。回峰林场是典型的生态公益性林场。

2015年，回峰国有林场配备科级领导职数12名，其中场长兼书记1名，副场长3名，副科级纪检组长1名，分场场长（主任）兼书记7人，均为副科级。在职干部中，有初级专业技术人员15人，有中级职称的2人。

（三）基层政务纪要

2015年7月，回峰林场完成回峰国有林场的改革。这次改革，根据管理区和林场的实际，对林场进行定性、定编、定经费，明确林场为全额拨款公益一类事业。林场原有职工271人，其中在职职工234人，退休职工37人，改革后核定事业编制143人，占原有职工总数的52.7%，经费全额拨款纳入区财政预算；坚持以人为本、完善社会保障、“内部消化为主”、多渠道解决就业和以人为本确保稳定的原则，妥善安置富余职工，不采取强制买断方式、不搞下岗分流，人员妥善安置，“五险一金”到位。

八、回龙圩镇

（一）沿革

回龙圩镇原为回龙分场，组建于1959年。

1965年，分为彭家、回龙、平利、上枧、等母头、大罗圩6个生产大队。

1966年，将平利、等母头2个大队组建为大志工区，大罗圩大队改为东风工区，其余为东方红工区。

1974 年，东方红工区、东风工区、大志工区合并为回龙圩工区。

1984 年，回龙圩工区改称回龙分场。

1989 年 11 月，经省民政厅批准，成立回龙圩镇。

1990 年 6 月，回龙圩镇人民政府挂牌成立。回龙圩镇主要职责是协调周边关系、维护地方安定；而企业管理，发展农业生产，维护社会稳定等方面的工作由回龙分场负责承担。

2002 年 2 月，撤销回龙圩分场，并入回龙圩镇。辖回龙、盐下、朱家观 3 个行政村，八字桥、回峰两个居委会。

（二）机构队伍

回龙圩镇内地势平坦，土地肥沃，气候温暖湿润，水利条件优越，交通便利，永富公路贯穿南北，通往各办事处的道路纵横，是发展农业生产，开展多种经营的重要基地。管理区的党政机关、学校、超市商店、银行都集中于此，是管理区政治、经济、文化教育中心。

2015 年，回龙圩镇有干部 19 人，其中国家公务员 9 人，事业编制 7 人。镇党委设书记 1 人，副书记 2 人，镇纪委书记 1 人，党委委员 4 人，人大设主席 1 人、副主席 2 人。镇政府设镇长 1 人、副镇长 2 人。办公室、团委、妇联、民政助理、武装专干、国土所、司法所、经管站、林业站、农技站、水管站、文化站等内设机构的工作都是镇干部兼任，实行多块牌子，一套人马，一人多岗，一岗多责。3 个行政村有 12 名村干部，2 个居委会，有居委会干部 8 人。每个行政村设村党支部书记 1 人，村主任 1 人，村委委员 2 人；居民委员会设党支部 1 人，主任 1 人，委员 2 人，村委会每隔 5 年进行换届选举，村干部由村民选举产生。村干部、居委会干部、村民小组组长实行月薪制，资金纳入区财政拨款，其工资按管理区规定标准发放。全镇有中学 1 所，完全小学 1 所，人民医院 1 所，（2001 年以前农场时期称职工医院，2002 年成立管理区后改为管理区人民医院）。中学教师有 24 人，在校学生 378 人；小学教师 63 人，在校小学生 1218 人。医院有医务人员 25 人。

（三）基层政务纪要

2007—2015 年，管理区在回龙圩镇投资 355.56 万元，共硬化 4 条通村公路，总长 11.382 公里。其中 2007 年硬化回龙圩至上枧村路面宽 3.5 米、厚 0.2 米的通村公路 1.241 公里；毛家至平利村路面宽 4.5 米、厚 0.2 米的通村公路 3.759 公里；2008 年，硬化农机厂至毛家、底岗、大地铺路面宽 4.5 米、厚 0.2 米的通村公路 3.123 公里；盐下至高圩村路面宽 4.5 米、厚 0.2 米的通村公路 1.8 公里；2015 年硬化黄家至等母头村路面宽 4.5 米、厚 0.2 米的通村公路 1.46 公里。

2009 年，管理区引进永州市颐鸿生态休闲园有限公司，公司驻址设在盐下水库旁边，所征用的356亩土地全部都是盐下村村民承包种植的水田和柑橘园。镇政府根据村民的要求和实际情况，按国家政策对被征收的水田和橘园进行补偿，还按政策给予盐下村43户人家119人最低生活保障。

2010年，管理区决定在永富公路西面，原茶厂老宿舍向南到盐下水库北面母本园地段，征用270亩土地建设回龙圩工业园区，被征用的土地都是朱家观村村民承包的旱地和橘园，回龙圩镇政府按国家政策补偿朱家观村民被征收土地的费用，还将进朱家观村的村道硬化成道路面宽4.5米、厚0.2米的水泥路。把朱家观村的祠堂大厅修缮一新，并在大厅旁边修建一个面积120平方米的铁棚供村民办事公用。可朱家观村的部分村民认为补偿不合理，要求增加被征收土地的补偿，并非法组织村民到省、市上访。对于村民的无理要求，镇政府不同意增加补偿，管理区要征收的土地必须按政策征收。经过工作，大部分村民愿意接受政府的补偿方案，对3名蓄意扰乱镇政府征地工作秩序带头上访的村民，公安机关依法将其进行行政拘留。土地征收任务顺利完成。

2013年，回龙圩镇将回龙村列为整体搬迁建设新农村示范村，回龙新村建房地点设在林化厂坡上。按科学的布局、合理的规划，镇政府将回龙村村民的48宗建房用地按坐东朝西方向分为前后两排，前后距离30米，其中安排通道、停车场、花园用地，房屋统一由村民自建3层，道路硬化，水、电安装，外墙装修费用管理区负责，2015年，一座整洁、美观、大方的回龙新村建成。

2010—2015年，投资336.84万元，为辖区内3个行政村17个村民小组村民、3个居民委员会居民的4904栋（套）房屋进行农垦危房改造。

第二章　政务纪要

第一节　重要施政

一、改革开放

1982年，回龙圩农场实行家庭联产承包责任制。

（一）水田联产承包

1963年，农场实行计划供给制度。工人每月供大米45斤、农工36斤、干部职工27斤、小孩25斤，油0.5斤，猪肉每月1斤，生活比较困难，每家每户的粮油都比较紧张。

1982年2月，回龙圩农场实行联产承包责任制。全场有回龙、兴隆、李家塘、马鹿头4个农业分场，48个农业生产队，2017名职工，11005亩水田，其中回龙分场辖底岗、等母头、平利、黄家、顾家、毛家、上枧一、二队、回龙、岩盐下、朱家观、晨光、彭家、光下、新铺、高圩16个农业生产队，总人口515户，1743人，其中职工807人，水田面积4227.2亩；李家塘分场辖唐家、何家、田家、李家、山岩塘、大申塘、小溪、李家塘、新村、果树队10个农业生产队，169户582人，243名职工，水田面积2765.5亩；马鹿头分场辖马鹿头、下岩、田美、断岭源、向阳、龙母塘、石头水、棠锦一、二队、大地铺10个农业生产队，324户1056人，其中职工614人，水田2399.6亩；兴隆分场辖十工湾、八工湾、兴隆一、二队、下干、廖源、蒋家、岗头源、阳家、塘湾、张家、白露塘12个生产队，在册人口264户844人，职工353人，分场共有土地面积18249.8亩，其中水田面积2765.5亩。农场根据各分场实际情况，各生产队先按人口每人分0.5亩口粮田，剩余的水田面积平均分给每个劳动力承包，旱地和茶山按比例承包到户到人。实行“农场所有、家庭经营、定额上交、自负盈亏”。职工生产积极性高，投入大，产量高。第一年全场的粮食总产量由原来的4291.95吨，增加到4887.75吨，农户除上交农场规定的粮食外，还有足够的自余粮食。农场职工长期缺粮少油问题得到了解决。1995年后，回龙圩农场的家庭承包责任制进一步完善，农村产业结构的合理调整，全场农村经济发展较快，农民收入成倍增长，全场农工大部分解决温饱问题。

（二）柑橘园承包转让

20世纪70年代起，回龙圩农场在农科所试种温州蜜柑成功后，全场内大面积推广种植，品种有普通早熟蜜橘、中迟熟蜜橘、哈姆林、椪柑、金橘、华盛顿脐橙。在管理模式上实行集约经营，即统一资金、统一技术、统一采摘、统一销售、统一结算、统一发放果农工资。1995年，回龙圩的集约经营的柑橘面积发展到7000亩，回龙圩的柑橘色泽光亮、果质优良、味道鲜美，在销售市场上很受欢迎，广东、广西、北京、上海、东北等地商贩纷纷到回龙圩来争相抢购，络绎不绝。1994年回龙圩通过永州市外贸进出口公司渠道打通海外市场，把保鲜的柑橘鲜果远销俄罗斯、东南亚和加拿大，经济效益非常可观。1997年，受经济危机的影响，回龙圩的柑橘在国内和国际市场上滞销，价钱不高，贷款困难，回龙圩农场的柑橘集约经营困难重重。1999年2月，农场党委决定把神仙洞小洞里的脐橙、蜜橘园、大地铺柑橘分场断石桥、媳妇娘山3000亩橘园，承包转让给果农种植。同年的12月26日夜，农场普降大霜，气温下降到-5°C，全农场的10000多亩柑橘受灾严重。

2000年，农场党委决定把剩余的橘园全部转让承包给农户，农场的柑橘集约体制结束。

橘园全部转让给果农后，果农加大投入，在管理上做到精修剪、细管理，杀虫打药用药准、及时杀，经过3年时间的管理，全区冰灾后的柑橘恢复产量，2004年，果农的收入增加。2008年，北京、东北满洲里的商贩到回龙圩大量收购蜜橘，价格为1公斤1.8~2.0元之间。全场很多果农年纯收入万元以上。

（三）工业两个置换

2001年6月，回龙圩管理区对辖区内的林化厂、农工商、纸箱厂、茶厂、罐头厂、供销公司、饲料厂、农机厂、基建、粮油站10个工商企业进行改革，2002年8月全部完成。改革的重点和目的是推进企业产权制度和劳动用工制度改革，大力实施企业“两个置换”（产权置换、身份置换）。

工商企业改革采取三种形式：第一种形式是通过资产重组，重新组成新经济联合体，采取股份制搞活；第二种形式是通过招商引资租赁重组搞活；第三种形式是引导职工退二进一，退二进三搞活。此次改革，全区10家工商企业，有9家实行“两个置换”，改革面达90%。全场689名职工通过改革置换其全民工身份。协议签字率98%。其中，林化厂为100%，农工商100%，饲料厂100%，纸箱厂98%，茶厂99%，罐头厂100%，基建96%，农机厂91%，供销公司94.6%，处置资产986.73万元，一次性补偿给职工的资产为289.96万元，偿还职工债务227.06万元，为管理区消化债务7万元，预留资产321.77万元，用于偿还其他债务。此次改革重新组建经济联合组织14个，其中松香生产线2条，纸箱生产线1条，茶叶生产线3条，罐头厂生产线2条，红砖生产线1条，饲料生产线1条，制桶生产线2条，个体工商户60多户。置换身份的职工大部分实现再就业，其中从事种植业153人，建筑业13人，其他行业98人。2005年，全场置换全民工身份的689名职工全部参加回龙圩农垦企业职工基本养老保险。

回龙圩 2001 年工商系统企业改革主要指标统计表（一）

表 5-3

单位	固定资产原值（万元）	资产评估总值（万元）	职工人数（人）			工龄总和（年）	年工龄补贴（元）	工龄总值（元）	偿还债务情况（元）			协议书签字率%
			合计	在职	退休				职工	外来单位及个人债务	银行（信用社）	
林化厂	83.42	73.09	67	49	18	1605	118	189390	206151	4500	—	100
农工商	31.78	56.41	26	21	5	647	400	258800	124123	10235	5000	100
纸箱厂	683	402	134	116	18	2623	400	1049200	321366	1428504	—	98
农机厂	14.1	28.13	63	53	10	1053	96	100992	143456	36874	—	91
茶厂	133.5	126.2	135	107	28	2590	170	440300	580354	30912	—	99
罐头厂	365	162	106	101	5	1819	262	476578	389072	540000	—	100
建筑公司	8.5	12	78	54	24	1808	28	52790	34581	3000	—	96
饲料厂	99.3	67.9	24	22	2	326	460	149960	292415	12351	—	100
供销公司	60	59	56	38	18	1396	130	181610	183514	10295	—	94.6
合计	1478.6	986.73	689	561	128	13867	—	2899620	2270532	2076671	5000	98

回龙圩 2001 年工商系统职工再就业情况统计表（二）

表 5-4 单位：人

单位	在册职工人数	从事职业情况								备注
		种养业	建筑业	工业	商业服务业	运输	劳务输出	其他	待业	
林化厂	49	13	—	5	4	2	12	13	—	—
农工商	21	4	—	2	6	—	1	8	—	—
纸箱厂	116	24	—	16	11	4	36	6	19	—
农机厂	53	—	—	—	6	7	10	19	11	—
茶厂	107	58	—	—	9	—	32	4	4	—
罐头厂	101	25	5	10	9	8	32	7	5	—
建筑公司	54	14	8	—	1	—	9	22	—	—
饲料厂	22	7	—	—	—	2	9	4	—	—
供销公司	38	8	—	1	5	—	4	15	5	—
合计	561	153	13	34	51	23	145	98	44	—

（四）工商企业破产

2002 年 5 月 7 日，回龙圩饲料厂依法向江永县人民法院提交破产申请书，申请依法破产。11 月 20 日，回龙圩回峰水果有限责任公司依法向江永县人民法院递交破产申请书，申请依法破产。2003 年 3 月 8 日，回龙圩管理区决定，将原回龙圩农场粮油站、罐头厂、纸板纸箱厂、农工商企业公司、林化厂、茶厂、建筑工程公司、农机厂 8 个设备陈旧、产品科技含量低、质量不过硬、产品滞销、管理不善、连年亏损、负债累累、资不抵债的工商企业单位，依法向江永县人民法院提交破产申请书，申请依法破产。2003 年 4 月 7 日，江永县人民法院下达民事裁决书，分别给申请人湖南省国营回龙圩罐头厂法定代表人杨兴旺，南方饲料厂法定代表人卢三才，纸板纸箱厂法定代表人欧学俭，农工商企业公司法定代表人唐凯，林化厂法定代表人卢志辉，茶厂法定代表人练龙，建筑公司法定代表人何吉政，农机厂法定代表人王海，粮油站（含供销公司）法人代表肖金华，下达民事裁决书，认为 9 个单位亏损严重，资不抵债，不能清偿到期债务呈连续状态，符合法定破产条件，宣告申请人湖南省回龙圩罐头厂、纸板纸箱厂、农工商企业公司、林化厂、茶厂、建筑公司、农机厂、粮油站（含供销公司）破产还债。6 月 19 日，江永县人民法院给申请人湖南省南方饲料厂法定代表人卢三才下达民事解决书，宣告南方饲料厂破产还债。截至 2003 年 10 月，企业资产为 277 万元，负债为 3861 万元，资产负债率达 1394%，已严重资不抵债，不能清偿到期债务呈连续状态，符合法定破产条件。宣告申请人回龙圩管理区回峰水果有限公司破产还债，并由法庭指定清算组结算破产企业。2004 年 1 月 9 日，江永县人民法院给永州市回龙圩管理区回峰水果有限公司法定代表人何一涛下达民事裁决书，认为回龙圩管理区回峰水果有限责任公司因经营管理不善，造成严重亏损。

回龙圩 2001 年工商企业负债情况表

表 5-5

单位	累计亏损（万人）	总负债（万人）	总资产（万人）	资产负债率（%）
罐头厂	1290	1380	103	1339
农机厂	116	132	6	675
茶厂	814	808	12	6733
林化厂	495.5	518.8	48.6	1065
纸箱厂	1364	1483	129	115
农工商	72	69	6.6	951
饲料厂	290.28	—	73.3	479
建筑公司	68	63.1	6.6	951
水果公司	3595	3861	277	1394

（五）体制改革

1989 年 5 月经省民政厅批准，在回龙圩农场设立江永县回龙圩镇，其主要职能是在回龙圩辖区内管理社会事务，行使行政管理权。

1994 年 10 月 6—16 日，回龙圩的常务副场长欧学勤，正场级调研员罗君，副场长宋罗春一行 8 人，经省农垦局介绍到湘北的屈原、君山、大通湖、西洞庭 4 个农场考察国营农场的体制改革情况。

为了落实省委关于理顺农场体制改革问题的精神，岳阳、常德、益阳市委、市政府成立专门领导班子、负责领导、研究、协调、解决在各大国营农场设立县级行政区的问题，省定点在屈原农场进行体制改革试点。1994 年，屈原农场体制改革完成，设立岳阳市屈原行政管理区。考察回来后，回龙圩农场于 10 月 19 日，向零陵地委、行署作出关于赴湘北各农场考察农场体制改革的情况汇报，请求在回龙圩农场区域内设置一个与县级政府相当的行政机构，即零陵地区回龙圩管理区，建立相应的一级财政体制。并同时设立回龙圩农业集团公司，按管理区、企业集团公司两块牌子一套人马的原则，解决回龙圩农场体制改革问题。

1995 年，地委行署派出地委政研室、行署体改委的领导到回龙圩农场开展农场体制改革专题调研，经过调研，地委政策研究室向地委行署上报《关于回龙圩农场建立县级行政管理区的改革建设议案》专题报告，第一次提出建立县级行政管理区的设想。

1997 年 4 月，根据永州市政府关于设立永州市回龙圩一级财政的通知和市编委《关于设立永州市回龙圩财税局、工商管理局的批复》，相继在回龙圩设立国税分局、地税分局。

2000年1月24日，省委省政府关于国有大型农场体制改革的意见出台。农场成立以书记为组长的领导小组，由一名副书记任常务副组长，专抓体制改革工作，抽调工作人员组建体改办。并多次赴省、市汇报农场体改的情况，得到市委、市政府的高度重视，多次到农场调研体改工作，并派出考察组赴湘北农场考察后，向省委、省政府呈报《关于深化农场体制改革、建立回龙圩管理区的请示》。2000年10月，确定回龙圩管理区管理委员会为永州市人民政府的派出机构，行政级别为正县级，比照县级政府赋予职能职权，全面负责管理区域内的经济社会事务。

2001年12月26日，欧学勤任中共永州市回龙圩管理区委员会书记，范桑洪、陈曦任副书记，黄和平任纪委书记。2001年12月27日，范桑洪任回龙圩管理区（农场）管委会主任（场长），何斌、成萍、周礼才任回龙圩管理区（农场）管委会副主任（副场长）。

2002年3月6日，中共永州市回龙圩管理区委员会、永州市回龙圩管理区管理委员会挂牌。

二、经济建设

（一）柑橘生产

回龙圩管理区是全国农垦系统中最大的柑橘无公害示范基地，全国农垦现代农业示范区，湖南省绿色食品示范基地和外贸出口基地。1873—1991年，全场柑橘种植面积1.06万亩，1992年至2015年12月，全区建成相对集中连片的标准化柑橘园5.94万亩。蜜柑和脐橙获得绿色食品认证，全区1个镇6个办事处1个林场32个村均有规模化、商品化的柑橘园。回龙圩的柑橘品质好、出口潜力大、效益好，在回龙圩的经济建设中发挥巨大的作用。

2006年12月、2009年12月，“回峰柑橘”品牌连续三届被湖南省工商行政管理局评为湖南省著名商标。

管理区的柑橘品种以温州蜜柑为主，脐橙、南丰、蜜橘、杂柑为补充。近年来又引进砂糖橘、卡拉卡拉红肉脐橙、W-默科特、沃柑。砂糖橘的价格9~12元/公斤，W-默科特、沃柑价格10~13元/公斤。

2013年，回龙圩管理区党委、管委领导班子提出“生态立区、产业强区、城镇靓区、旅游旺区”战略，努力建设现代休闲观光农业示范区。工作思路上突出“六抓”，其中抓产业，助民富重点就是抓柑橘产业的发展，采取措施加强果园基础实施及配套实施建设，用于果园水泥路硬化和田间机耕道建设，水库整修和果园排灌水渠建设，太阳能杀虫灯安装，温室大棚建设等各项基础设施和配套设施资金近1.5亿元；加强果园标准化建设及新技术推广，按照规模化、机械化、标准化、产业化的要求，全力打造绿色标准化的柑橘示范园；加强品牌建设和推进产业化进程，打造自主品牌，全区统一注册“回峰柑橘”品牌。

2015 年，全区柑橘总产量 11.9 万吨，产值 2.38 亿元。由于品质优良、口味鲜美，管理区的柑橘销售市场广阔，其市场包括华南的广州、珠海、茂名、海口等大中城市，华北京津冀的北京、石家庄、太原、济南，东北的沈阳、哈尔滨、满洲里。通过满洲里、广西凭祥等边境出口到俄罗斯、越南，还销售至中国港、澳地区和东盟国家。

（二）工业生产

1992 年，农场有回龙圩林化厂、回龙圩纸箱厂、回龙圩茶厂、回龙圩罐头厂、回龙圩饲料厂、回龙圩农机厂 6 家工业企业。

2002 年 8 月，回龙圩的林化厂、农工商、纸箱厂、茶厂、罐头厂、供销公司、饲料厂、农机厂、基建公司，九个工商企业实现“两个置换”后，重新组建了新的经济联合组织，林化厂重新组建 2 条松香生产线、2 条制桶生产线；纸箱厂重组一条纸箱生产线；茶厂重组 3 条茶叶加工生产线；罐头厂重组 2 条罐头生产线；基建公司成立一个红砖厂，这些重新组建的生产线使置换身份的职工大部分实现再就业，年生产总值达 1.2 亿元。这些生产线由于科技含量低，产品质量不过硬，污染环境，2006 年陆续停产，只有两条茶叶生产线还在继续生产。

回龙圩农场改制后，管理区大力承接沿海地区产业转移，先后引进金属制品厂、华松炭业有限公司、海兴木业有限公司、兴隆喜炮厂、金农品锄头加工厂、永富红砖厂、华通物流有限公司、宇仙果业、化来果业、玉绿果业、创和塑料制品厂等企业。随着国家淘汰落后和过剩产能，促进产业升级转型政策的推进，2010 年后，金属制品厂、华松碳业有限公司、海星木业有限公司、兴隆喜炮厂、金农品锄头加工厂等有高污染、高能耗企业相继被关闭停厂。管理区较大的工业企业有宁仙果业、化来果业、玉绿果业、万山娇高端茶叶加工厂、回峰山野罐头厂、回峰花生加工厂、永富红砖厂等。2015 年，全区实现工业总产值 1.8 亿元。

（三）招商引资

1997—2005 年，回龙圩管理区通过招商引资签订招商引资项目协议 3 个，引进资金 8000 多万元，其中台商陈筀百谷冲的土地租赁合同引进资金 2000 万元，浙江商人翁细伊的金属制品厂项目引进资金 4000 万元，广东灯饰厂项目合同引进资金 2000 万元。其中金属制品、灯饰厂规模较大，经济效益好，社会效益高。

2007 年，引进广东蔡老板、刘老板的回粤果品加工厂项目，合同资金 2000 多万元。该厂的柑橘加工量大，年加工水果 2 万吨，每年招收的季节工 300 人~500 人。

2011 年，引进永州颐鸿农业生态休闲园有限公司、永济亭万山娇产业基地、湖南春和风电投资有限公司测风项目。

2012—2015 年，引进回龙湖现代农业生态旅游休闲园美化、绿化、亮化工程。

（四）道路建设

2007 年，回龙圩管理区投入道路建设资金 2622.2 万元，将永富公路回龙圩段全线改造成二级公路，采用双向二车道，水泥硬化路面，设计时速 60 公里，并且城区路段实行改线，2008 年通车。道路升质为省道，编号 S013 线。同年时将永富公路原城区段八字桥至彭家山的路面进行硬化。

2008 年 2 月至 2011 年 12 月，修建道贺高速公路，回龙圩段全长 8.1 公里，国家投入资金 4.6 亿元，结束回龙圩管理区不通高速公路的历史。道贺高速公路北与夏蓉高速联通，可通桂林、长沙、厦门、成都等城市，南与二广高速相接，可直达珠江三角地区，从此，回龙圩纳入永州市“三小时”城市经济圈。

2005 年 4 月至 2015 年 12 月，回龙圩管理区投入交通建设资金 4216.6 万元，硬化水泥道路 24 条，修建乡村公路 18 条，总路程 123.2 公里，实现所有行政村都通水泥路，95%的自然村通水泥路目标。

三、社会事业

1991 年 3 月，回龙圩农场科教中心成立。农场科教中心，长期与省农大、省农垦部门开展技术合作，经常请农大的教授到场讲课，传授水果种植技术，推广品种改良、病虫害防治、农机应用、家禽养殖、疾病防控等知识，推动回龙圩产业的发展。农场将出版的《回峰柑橘栽培技术》《回峰奈李栽培史》等实用操作技术手册发到果农和基层干部手中。

（一）科技

回龙圩管理区有科学技术委员会、科学技术局、科学技术协会和老年科学科技工作者协会 4 个科技单位。

1996 年回龙圩农场成立科委，2000 年转设回龙圩管理区科技局，1998 年成立回龙圩农场科协，2002 年转设回龙圩管理区科协。

2004 年起，管理区每年出版 4~6 期《回峰柑橘》期刊发给果农，指导果农从事果树生产经营。

2015 年，成立回龙圩管理区老年科学技术协会。回龙圩管理区的科委、科协和老年科协为三块牌子一套人马，负责全区的科技投入、科技服务、科技普及和科技实验活动。

1995 年，回峰脐橙标准化栽培技术获湖南省丰收计划二等奖。2012—2014 年，《柑橘采后商品化处理技术开发》《砂糖橘延迟栽培技术集成与示范项目》《油茶优质高效栽培技术项目》、《黑美人西瓜嫁接高产栽培技术推广与示范》四个项目先后获永州科技计划项目支持。八仙洞科普示范基地、万山娇植物生态果茶基地分别被省、市科协命名为优秀科普示范基地；八仙洞柑橘协会、兴隆果蔬协会、八仙洞养猪协会分别被省、市科协命名为优秀农技协会；李友光等 5 人分别被评为省级、市级优秀科技示范户。八仙洞科普示范基地和八仙洞柑橘协会分别于 2012 年和 2013 年被评为省级科普惠农示范项目。

（二）文化体育

2007 年前，回龙圩管理区只有文化广播站，一个文化机构，2007 年 4 月，成立回龙圩管理区文化广播电视局，2015 年 2 月，更名为回龙圩管理区文体广新局。2007 年以来，相续完成机关灯光篮球场，羽毛球场建设；全场 15 个行政村建都安装农民体育健身器材；机关的绿化广场建设了灯光篮球场、羽毛球场、气排球场，农机厂廉租房小区、茶厂老宿舍廉租房小区都设置了健身器材，中学还建设了足球场。在全区范围内发放安装 20 套乒乓球桌；15 个行政村设有农家书屋，每个农家书屋配备图书 1265 种、1665 册，电子音像制品 141 张。

（三）教育

回龙圩设有回龙圩中学（初中部）、回龙圩完全小学和兴隆小学 3 所学校。

回龙圩中学 始建于 20 世纪 50 年代，其前身是回龙圩农场农中。1970 年回龙圩中学设有高中部 1 个班，学制 2 年。1977 年恢复高考后，农场调整中学布局，实行初中修业 3 年，高中修业 2 年，采用全国统编教材，加强基础知识教学，进行以发展学生智力，培养学生能力的教学改革，教学质量逐渐提高。1979 年高考，回龙圩中学高 10 班、高 11 班毕业学生被录取 12 名，其中本科 2 名，专科 2 名，中专 8 名，化学人均成绩居全县第一名。1982 年，高考物理成绩人均成绩居零陵地区第一名。1983 年，参加江永县中学物理化学竞赛获第一名。1989 年，高中部改制为职业高中。1992 年，撤销职业高中，只办初中，经过多年努力，2015 年建成教学条件较为完善，教学理念较为先进的农村中学。2015 年，中学在编教师 42 人，其中中学高级教师 4 人，一级教师 16 人，二级教师 4 人。全校在校学生人数 397 人，分 8 个教学班。回龙圩中学属九年义务教育初中阶段，学校按政策对学生实行“两免一补”，按要求开足课程课，全面贯彻党的教育方针，培养德智体美劳全面发展的学生。

回龙圩完全小学 1958 年 9 月创办。回龙圩完全小学原设在回龙圩冠山北面，“文化大革命”期间称回龙圩农场东方红小学。1978 年恢复为回龙圩完全小学。2014 年 2 月整体搬迁到回龙圩中学南面的新校区。2015 年，学校有教职员工 67 人，其中本科学历 15 人，大专学历 31 人，小学高级教师 26 人，小学一级教师 25 人。学校设 27 个教学班，在校学生 1268 人。

兴隆小学　是回龙圩管理区唯一的村级小学，学校只有1~3年级，有3个教学班，106名学生，在职教师7人。

四、特色文化

瑶文化　回龙圩瑶族人口占全区人口的68%，瑶族文化充满独特的民族风情和地域特色，主要包括瑶族歌谣、瑶族饮食和瑶族服饰三个方面。

农垦文化　农垦文化是在特殊的农场历史时期，由农垦的特殊群体，用特殊的方式，为完成垦荒造田，建立国家商品粮生产基地。2013年回龙圩管理区将农垦精神概括为16个字："艰苦创业、奋发图强、开拓创新、乐于奉献"。

知青文化　1962—1965年，先后有三批共787名长沙知青到回龙圩农场，积极投身到农业生产和农场建设中，以回龙圩农场为第二故乡，与农场干部、职工携手并肩，为农场的建设无私地奉献自己的聪明才智和青春年华，如今，知青们上山下乡那段与青春有关的日子，已沉淀在厚重的历史中，形成特殊的知青文化。

五、重点项目建设

2003年起，回龙圩管理区的重点项目建设逐年增多，为落实任务，责任到人，确保每个重点项目顺利进行，成立以管理区党委、管委主要领导负责的领导小组和项目指部、落实责任单位。到2015年，管理区顺利完成的重点项目有：雷进井人畜引水工程，全区18条123.2公里的通村公路硬化，道贺高速公路回龙圩段7公里的建设项目；廉租房、公租房项目建设，回龙湖现代农业生态休闲园建设，下岩村等4000亩土地开发整理，工业园区建设，垃圾处理厂项目建设，二级汽车站建设，区办公大楼建设，中学临街商品房开发，八字桥至黄家街道亮化建设，盐下、双龙等16座水库的除险加固项目建设，神仙洞、新风村、岩口糖、八仙洞、光下5个村的新农村建设，万山娇1000亩茶园基地建设，合格小学整体搬迁新教学楼建设，林场6000平方米棚户区建设，回龙镇政府大楼建设，马河流域防洪工程建设，中心城区6车道道路提质改造。

第二节　为民办实事

2004年动工，2005年完成，投资200万元修建光下村雷进井饮水工程，实现日供水量5000吨，解决管理区机关、学校、居民及附近村民1万人的饮水问题。2015年，投资286万元，修建岩口塘村的农口饮水工程，投资119.5万元修建新风村的农村安全饮水工程，投资435万元修建镇区饮水管道的改扩建工程。2010年3月至2014年7月，投资2059.31万元清理修建马河流域回龙圩河段工程。2012年1

月至2015年12月，投资5.91亿元完成9226套农垦危房改造工程。2009—2015年新建保障性住房984套，建筑面积5.33万平方米，其中廉租房504套，建筑面积2.49万平方米，公租房480套，建筑面积2.84万平方米。到2015年12月底，安排分配入住856套，入住率86.99%。2008年3月投资26万元，将原农场水电站改造成回龙圩镇敬老院。有实际床位30张，每年入住10人左右，从2009年6月1日起运行。2003—2015年12月，投资2000万元完成16座水库的除险加固任务。2002—2015年，投资34.5万元，建设、安装、更新、改造沼气池157户，投资200万元按标准建设安装太阳能热水器200户，安装太阳能路灯200余盏。

2006—2015年，回龙圩管理区投入交通建设资金4216.6万元，修建农村通村公路18条，总里程123.2公里，实现所有行政村通水泥路，95%的自然村通水泥路的通村公路建设目标。

第三节　议案提案办理

2002年、2003年，市人大代表、回龙圩管理区党委书记欧学勤连续两年向永州市人大常委会提案，要求改造修建永富二级公路。2004年10月，省委副书记、省长周伯华到回龙圩调研，管理区及时汇报修建永富二级公路事宜，周伯华当场拍板同意改造修建永富二级公路，并责成随行调研的省直有关部门负责人按章程办理有关行政审批手续。2007年，管理区投资2622万元，将永富公路全线改造成二级公路，采用双向二车道，水泥硬化路面，设计时速60公里，2008年，建成通车，道路升质为国道，编号S013线。

第四节　优化经济环境

2002年，回龙圩管理区成立优化经济环境办公室，办公室设在回龙圩管理区纪委，负责回龙圩管理区优化经济环境工作。区直各单位，回龙圩镇、各办事处、林场等单位行政负责人与管委会签订优化经济环境和机关效能建设工作责任书，要求管理区干部职工必须按照公开承诺的内容开展工作，对违反公开承诺内容的将进行严格处理。2002年，回龙圩管理区优化经济环境工作办公室开展整治经济环境，重点是治理“四权”工作。2003年，管理区把整治经济环境转移到优化经济环境上来。在标本兼治、重在治本创建上下功夫。开展营造一个优惠政策环境，营造一个优质服务环境和一个优良的执法环境工作，造就一支优秀的优化经济环境工作队伍和开创“四优”活动，优化管理区经济环境。2004年，区优化经济环境按照违章建制，宣传教育；执行制度，规范行为；接受群众监督、狠抓行风建设、开展行风评议；评选评比，奖优罚劣四个步骤进行，重点对管理区的行政执法部门进行行风评议，对被评为满意单位进行奖励，对评为不满意单位和不满意人员予以通报批评，并按有关规定给予相应的组织处理。

2010年，区优化经济环境办公室开展对区直35个单位优化经济环境和机关效能建设工作“满意不满意单位”民主评议活动。对被评为“优化经济环境和机关效能建设工作满意”的区民政局、水利局、卫生局、交通局、质量技术监督局六个单位进行表彰，对评议得分倒数第一、二、三名的三个单位给予通报批评，责令限期半年整改到位。对被评为“优化经济环境和机关效能建设工作不满意”的单位给予黄牌警告，取消单位及其班子成员2010年度评先评优资格，单位负责人2011年度不得提拔。

2012年，管理区领导、区优化办负责人多次深入企业调查研究，对全区22个重点项目开工情况、项目进度、资金到位情况、项目实施存在的困难等问题进行调研，查找原因、研究对策，并向22家重点工程项目派出优化经济环境监督员，协调解决生产经营和施工环境等方面的问题8起，全区的领导，区直各部门及镇、办事处党员干部186人都具体联系村组、企业，与190余户帮扶对象结成对子，发放帮扶联系卡（名片）3700余张，走访慰问困难群众120余户，维修房屋1000余栋，修建村道4.5公里，修建水渠水沟4300米，落实帮扶资金200万元。认真开展“机关效能提升年”活动，深入推进行政审批制度，严格落实涉企检查制度，深化涉企制度和涉企处罚制度改革，切实减轻企业的负担。回龙圩优化办被市委、市政府评为2012年度优化经济环境机关效能建设先进单位。

2014年，成立以管委会主任为组长的优化经济环境领导小组，制定《2014年优化经济环境和机关效能建设工作要点》，积极开展立项专项效能监察和重要岗位效能监督，强化效能监察，开展定期和不定期检查，对整改不到位项目及时进行整改。半年立案2起，结案2起，两人均为正科级干部，给予党内严重警告处分和免去职务的组织处理，同时积极协助市纪委调查组对管理区在建项目实施中违纪违法的8名党员干部进行查处，并全部给予开除党籍的处分。对优化经济环境和机关效能建设收红包礼金的11名干部进行诫勉谈话。

第三章 职能转变

第一节 政府机构改革

2000年1月24日，中共湖南省委关于回龙圩国有大中型农场体制改革的意见指出：“国有农场是农场经济的重要组成部门。自50年代创建以来，湖南省国有农场开发土地资源，扩大社会就业，增加商品供给和国家积累做出了重要贡献。随着改革开发的深入和社会主义市场经济体制的建立，国有农场在计划经济体制下形成的政企合一，高度集中的管理体制越来越不适应区域经济社会发展的要求，不利于深化工商企业改革和多种所有制经济共同发展，不利于减轻企业和职工负担，不利于依法行政和依法办事，必须改革。改革的基本原则是按照政企分开、职能配套、权利和责任对等，事权和财权统一，建立健全行政管理体制、司法体制、财政体制和符合现代企业制度要求的运行机制。通过改革，理顺体制，转换机制，加强管理，增强发展活力。国有农场改革，要区分不同情况，建立健全行政管理体制。在大规模的农场设立管理区，规模较小且地理位置毗邻的合并设立。管理区设管理区委员会，作为上一级政府的派出机构，比照县级政府赋予职能职权，全面负责管理区域内的经济社会事务。规模较小单个存在的农场改为乡镇建制。”

2000 年 10 月 24 日，湖南省机构编制委员会作出关于永州市回龙圩管理区机构编制有关问题的批复：

一、回龙圩管理区管理委员会为永州市人民政府的派出机构，行政级别为正县级，并“比照县级政府赋予职能职权，全面负责管理区内经济社会事务”。

二、回龙圩管理区管理区委员会、党政机关暂核定全额拨款事业编制 50 名，管理人员实行公务员制度。机关后勤服务人员事业编制，根据当地经济状况，可按区直机关编制总额的 8%～10%比例予以核定。

三、回龙圩管理区管理委员会党政领导职数及内设机构领导职数从紧配备。

2001 年 5 月 17 日，永州市机构编制委员会下发关于回龙圩管理区机构编制等事宜的通知，决定撤销国有回龙圩农场，设立永州市回龙圩管理区。回龙圩管理区机关和下辖的回龙圩镇核定全额拨款的事业编制 50 名，这 50 名编制的人员可实行公务员管理。“回龙圩管理区配领导职数 7 名，其中党委书记 1 名，副书记 2 名，纪委书记 1 名，管委会主任由 1 名副书记兼任，副主任 3 名”。2002 年 4 月 6 日，中共永州市委印发《关于回龙圩管理区机构改革方案的通知》，对回龙圩管理区改革的基本内容作安排部署。2002 年 10 月 17 日，中共湖南省委办公厅下发的《关于国有大中型农场体制改革的补充意见》第八条规定：“农场体制改革后，设立的管理区或乡镇，仍然按原统计口经向上级农垦主管部门报送社会经济发展规划和计划，编报统计和会计报表，提供综合情况，并按原渠道向国家农垦主管部门申报有关项目，争取国家支持。”

2002 年 3 月 6 日，中共回龙圩管理区委员会、永州市回龙圩管理区管理委员会、中共回龙圩纪律检查委员会成立，回龙圩农场顺利地完成撤场建区的行政机构改革。

第二节 依法行政

2002 年 9 月 16 日，永州市人民政府发文授予回龙圩管理区行政执法权和行政执法监督权。

2002 年 11 月，全区组织学习《国家公务员暂行条例》《中华人民共和国行政赔偿法》《中华人民共和国行政处罚法》。成立以区党委常委、管理区副主任为组长的行政执法责任制工作领导小组，制定和实施《回龙圩行政执法责任制实施方案》，组织区党委、管委成员和各部门、各单位党政负责人参加《中华人民共和国行政许可法》讲座。对各级行政执法机关的行政执法人员实行上岗培训，举办行政执法培训班 2 期，对 112 名考试合格者发放、湖南省政府统一印制的行政执法证，执法人员实行持证上岗，亮证执法。

2003—2015 年，为依法决策、依法行政、依法管理，回龙圩管理区建立健全依法行政工作规则，实行科学民主决策，坚持依法行政。加强科学民主决策、坚持公示制度、管理区的重大事项、重大决策，干部的提拔、任用，都出示公告、公示，广泛听取群众意见，接受群众监督。坚持招投标制度，管理区的大项目工程，依法进行公开招投标，避免钱权交易，暗箱操作。规范行政行为，在行政执法方面，加强执法行为的监督管理，改进执法方式，推行综合执法，执法时向当事人告知执法依据，执法程序和执法结果，有效地遏制乱罚款、乱收费、乱摊派和多头执法，重复执法等问题，做到文明执法、礼貌执法。2015 年，全区没有发生一起因行政执法引起的行政应诉案件和民事诉讼案件。

第三节 政务公开

1992—2001 年，回龙圩农场贯彻落实中共中央《关于加强党同人民群众联系的决定》，坚持推行“两公开一监督”的公开办事章程，公开办事结果，制定群众监督和基建工程张榜招标制度。1996 年，农场的场部机关、农业分场、厂矿企业、学校都实行场务公开、厂务公开和校务公开、公开办事的依据和条件、办事程序和结果以及办事的职责（办事机构和办事人员的职位）。根据湖南省人民政府《关于实施政务公开的决定》，农场制定政务公开实施方案。召开全场政务公开工作动员大会，农场就农场的职权和场长副场长的职责等方面制定公布《农场场务工作规划试行》。2001 年年底，总场机关，4 个农业分场，5 个水果分场，1 个园艺场，10 个工商企业单位，回龙圩中学、回龙圩小学都推行办事公开制度，建立政务公开栏，制作各种办事公开制度牌，印制岗位证 856 块，设立举办中心 8 个，专设举办电话 5 部和 2 个举报箱。

1992年，场内继续实行场领导每月1日、15日为接待群众日。1992年6月1日至1996年年底，场领导接待群众上访57批890人次，其中集体上访的15批590人，提出问题67个，当众宣传政策措施和解决26个，采纳来访群众合理化建议19条。

2002年，回龙圩管理区成立行政审批制度改革领导小组，加强领导、明确了责任。印发《推行政务公开制度办法（试行）》和《推行政务公开工作考核和责任追究办法（试行）》，实行党委统一领导，管委主抓，纪检监察协助管委监督检查，党政办组织协调领导格局和工作制度。贯彻落实中共中央、国务院《关于在全国乡镇政务机关全面推行政权公开制度的通知》，根据通知精神，区内的镇、办事处、村全面推行政务、财务公开。2004年，回龙圩管理区把实行政务公开作为行政执法工作考核评分的一项重要内容。

2011年3月，回龙圩管理区政务中心运作，纳入服务中心窗口的单位有8个，服务项目37个，有窗口工作人员10人，实行“一站式办公，一条龙服务，一个窗口”的运行模式。到2015年，办理各类照证567证次。

2012年，管理区的政务收费公开，管理区充分采用回龙圩新闻网站平台、政务公开栏的方式进行政务公开。政务公开的内容，在不涉及党和国家秘密的前提下，抓住关键环节和群众关心的热点问题、民生问题，最大限度地向社会公开。管理区通过区新闻平台，政务公开栏公开党委、管委的职能、职责和权限，领导干部的分工，主要职责，区各部门的工作制度，工作纪律、办事依据、办理程序、办事时限、办事标准、办事结果；财务的收支情况以及收费（罚款）项目的收缴，管理使用情况；上级部门下拨的各项经费的分配，使用情况，干部的考核、奖罚、任免情况、年度工作计划、目标、各项工作措施、方案、廉洁自律情况。区属事业单位的政务公开内容有：单位的职能、职责和办事依据、单位的年度工作计划，目标及各项工作措施、实施方案和情况进展等事项；由单位行使的各项收费和罚没款的收缴等事项；各单位的工作制度、纪律、办事的程序、标准、依据和结果等事项，“收支两条线”落实情况、经费来源、支出等事项，部门干部群众关心的其他重要事项。在公开时间方面，实行每月、每季或每半年公开一次；阶段性工作分布，临时性工作随时公布。截至2015年，回龙圩新闻发布信息2.95万条，各部办主动公开政务信息1024条。

第四节　行政审批

2012年，回龙圩成立政务中心，管理区行政审批职能单位大部分都纳入政务中心管理。区领导十分重视行政审批工作，管委领导亲自抓，负总责，并明确一名管委领导分管此项工作，具体抓落实和合理跟踪监督。在行政审批工作中，始终严格标准，认真审查，及时办结，做到热情接待办事群众，简化办事程序、一次告知、一站办公，限时办结，为群众提供快速、便捷服务。坚持政务公开，接受监督。认真落实政务公开制度，做到“八公开”（坚持审批主体、审批内容、审批依据、审批条件、审批程序、审批时限、收费标准、收费依据全部公开），并将许可依据、许可条件、许可材料、许可程序、许可期限、联系人、受理电话、受理地址等相关内容通过门户网站、统一平台进行公开。方便群众咨询办事，接受社会公众监督。聘请专人为监督员，明察暗访、通报曝光、实施监督，有效地防止“暗箱操作、违规操作，搭车收费、吃拿卡要”现象。

2012 年 6 月 1 日，回龙圩首度成功挂牌拍卖 1 宗国有土地使用权。即管理区中心小学土地（含冠山部分）及建筑物，拍卖价位 518.98 万元。截至 2015 年年底，全区有纠纷行政许可项目 52 项，非行政许可项目 23 项，年检年审项目 9 项，其他管理服务事项 27 项。全区受理行政审批 17523 件，办结 17523 件，办结率 100%。

第五节 办公自动化

1993 年，回龙圩农场办公室引进第一台黑白屏计算机，办公室主要用于打字，进行公文管理和文档管理。1995 年，回龙圩农场财务科引进第一台彩屏的计算机，主要用于计划管理和财务管理。

1998 年，为了尽快掌握和应用计算机程序，农场举办第一期计算机应用培训班，邀请永州市的老师到场传授计算机的操作和运用等知识，农场的机关干部年龄在 45 岁以下的 68 名学员参加了这次培训，计算机的运用逐步在农场普及推广。

2002 年，成立回龙圩管理区后，全区 32 个部门，1 个镇、6 个办事处和 1 个回峰林场都使用计算机办公，回龙圩初步实现办公自动化。

按照永州市政府信息化工作有关要求，加快电子政务内网信息安全系统建设，管理区党委和政府网络视频会议系统进行升级改造，实现管理区区直机关（镇、办事处、林场），行政村政务网络全覆盖。截至 2015 年年底，全区区级外网设备通过网络，在公文流转、公共信息、论坛管理、问卷调查、计划管理、会务管理、信访管理、关联项目、关联人员、文档管理、外部邮件、在线考试、车辆管理、设备管理、在线消息、督办系统、短信平台、人事管理等方面运用。

第四章 机关编制管理

第一节 党委机构与编制

永州市回龙圩管理区党委、管委会行政级别为正县级，中共永州市回龙圩管理区委员会为管理区的核心领导机构，按照党章规定设立。代表市人民政府管理区本区域的行政，经济和社会事务，行使管理区内各项政府职能和职权。2002 年，回龙圩管理区配领导职数 7 名，党委委员 5 名，其中党委书记 1 名，副书记 2 名，纪委书记 1 名。党委会主任由 1 名副书记兼任。2009 年 11 月，回龙圩管理区党委向永州市委申请并经批准，增加 4 名党委委员名额。管理区设立纪律检查委员会（加挂监察局、审计局牌子）。设纪委书记 1 名，副书记 1 名。

第二节 行政机构与编制

2002 年，区机关 6 个行政机构，行政级别为正科级，即党政办办公室（加挂武装部牌子）、经济发展局（加挂国土资源管理局牌子）、社会事业发展局（加挂民政司法局牌子）、财政税务局、整治工作部、农经局。管理区机关核定进行行政编制 50 名，回龙圩镇核定乡镇行政编制 9 名（从江永县乡镇行政编制中调剂解决）。

第三节 事业机构与编制

2002 年，回龙圩管理区设事业单位 13 个，即区后管中心、农广校、文广新局、农机局、经济作物管理办公室、畜牧水产局、回峰林场、城建管理局、市场管理局、会计核算中心、农业综合开发办公（加挂红壤开发办牌子）、社保医保中心、区人民医院（加挂卫生防疫站、妇幼保健站、计划生育技术指导站牌子）。13 个事业单位机构级别为科级、核定事业编制 91 名。

调整学校布局。管理区设中学 1 所，镇完全小学 1 所。

撤销原农场各分场，按照有利于管理的原则，改设 6 个行政村，行政村直接由管理区管辖。为管理方便，管理区将李家塘。永济亭、兴隆、八仙洞、神仙洞、马鹿头 6 个行政村改为办事处。

第六篇

军事 政法

第一章 军事

第一节 机构

一、区人民武装部

回龙圩管理区人民武装部的组织人事由回龙圩管理区党委领导，业务上接受江永县人武部的指导，区人武部领导人选由区党委提出人选，江永县人武部任免，区武装部部长进入区党委领导班子。1992—2001年，卢国焕任武装部部长；2002—2010年，何强旺任武装部部长；2011—2015年，何科任武装部部长。

回龙圩管理区人民武装部，设部长1名，副部长1名，主要管辖回龙圩镇、马鹿头办事处、神仙洞办事处、八仙洞办事处、兴隆办事处、永济亭办事处、李家塘办事处、回峰林场8个单位的民兵预备役工作、国防动员和国防教育及征兵工作。武装部部长和工作人员都兼任管理区其他工作。

二、镇人民武装部

2002年，根据江永县人武部文件精神，回龙圩镇成立镇人武部，欧学朴任首届回龙圩镇人民武装部部长。镇人武部主要负责回峰居委会、八字桥居委会、盐下行政村、朱家观行政村民兵预备役及征兵工作。组建回龙圩镇民兵组织，建立民兵应急小分队。民兵应急小分队，在治安、消防、防洪抢险等突发事件中发挥突击队作用。镇人武部每年在基干民兵中抽调10~20人参加江永县人武部组织的民兵集中训练。自从成立回龙圩镇人武部后，管理区的人武工作与江永人武部的业务联系以镇武装部为主。

第二节 国防教育

1992—1997年，回龙圩农场国防教育主要是结合征兵、民兵整组、民兵集中训练以及重大节日，特别是“八一”建军节等时机进行。以“青年民兵之家”为阵地，以人民战争思想、民兵性质任务、形势战备和光荣传统等为主要内容，组织民兵读书、看报。全场办国防教育专栏50个、写宣传标语500幅、观看军事题材的电影、电视23余次。听英模报告团巡讲400人次，参观革命烈士纪念馆以及开展形式多样的文娱体育竞赛活动8次。1998年，人武部组织民兵进行爱国主义、国防历史、国防法制、人民解放军光辉历史和拥军优属光荣传统教育，营造“支持人民军队建设，爱护人民子弟兵、关心烈军属和复员退伍军人”良好风气。2002—2014年，管理区每年组织领导干部学习国防知识、军事知识、了解国际国内形势，把国防教育纳入干部培训内容。2015年，人武部到学校指导学生为期一星期的军训，训练学生300余人次，并在学生中开展消防演习和国防知识教育宣传活动，树立学生的战备意识。

第三节 兵役

1992年，执行20世纪80年代颁布的第二部《中华人民共和国兵役法》，实行义务兵役制为主体的义务兵和志愿兵相结合，民兵与预备役相结合的兵役制度，征集18~22周岁的男女公民服现役征兵。回龙圩农场一般冬季征兵，一年一次。1995年，168名适龄青年踊跃报名参军，是人数最多的一年，报名率100%。1998—2015年，管理区每年成立征兵工作领导小组，鼓励适龄青年报名参军，农村青年必须具备初中以上文化，城镇青年必须具备高中以上文化。

第四节 民兵

1993年，回龙圩人武部对民兵组织进行调整，由原来的普通民兵、基干民兵。武装基干民兵调整为基干民兵和普通民兵，取消武装基干民兵，基干民兵编为第一类预备役，年龄18~28岁。普通民兵编为第二类预备役，年龄18~35岁。回龙圩管理区设民兵团，镇、各办事处设民兵营，行政村设民兵连、排。民兵每年都要进行政治思想教育，军事训练，提高民兵的战备意识。1994年，回龙圩人武部在机关组建一支民兵应急小分队，随时参加各种应急预案，并组织民兵应急小分队开展学政治、学军事、学语言、学文化、学技能，提高民兵的整体素质。按要求管理区人武部每年选派一批思想品质好、身体素质强、专业技术精的民兵骨干参加江永县武装部举行的军事训练，练习射击、投弹、刺杀等军事项目，实行军事、政治、民用技术一体化训练。做到招之即来、来之能战、战之能胜。1995—2015年，对7个民兵营进行整顿，改进民兵编组方案，调整民兵干部和基干民兵布局。全场设民兵团1个，民兵营8个，民兵连21个，民兵排48个。2015年，全区普通民兵编为11个民兵连、33个民兵排，基干民兵编为3个民兵连，9个民兵排，优化民兵队伍。1995—2015年，全区各种突发事件中出动民兵368人次，配合公安部门执行护厂、护店、护林、护渔、护果等任务，抓获违法人员17人次，缴获赃物185件，挽回经济损失2.86万元。在植树造林中出动民兵865人次，义务投工1963个，植树造林 11.93 公顷。扑灭山火 8 起，挽回经济损失 5.83 万元。对民兵进行爱国主义教育，先后印发教育宣传资料 1236 份，广播讲座 8 篇。两次组织各级领导进行手枪、步枪、冲锋枪射击训练。举办两期民兵营长培训班，开展 3 次国防知识竞赛活动。

第二章　法治

第一节　政法建设

一、机构

1992 年，设立回龙圩农场政法委，政法委由派出所、法庭、司法所组成，农场党委委员、副场长黄义达兼任政法委书记。1994—1997 年，农场党委委员、武装部部长卢国焕兼任政法委书记；1998—2000 年，党委委员黄和平兼任政法委书记；2001—2015 年，何永祥任政法委书记。2002 年，回龙圩管理区政法工作委员会主要职责是负责协调公安、派出所、法庭、司法局工作，负责社会治安综合治理和维稳工作。实行多块牌子合署办公，人员定编 4 人。

二、综合治理

1992 年 4 月，召开零陵地区社会治安综合治理表彰大会，农场保卫科副科长、派出所副所长刘香山被评为零陵地区社会治安综合治理先进个人。在社会治安综合治理工作中，回龙圩农场根据国家有关法律法规，制定《回龙圩农场场规》并经全场职工代表通过，依照《回龙圩农场场规》对一些轻微违法人员进行处罚，在全场开展建立安全文明村和五好文明家庭户活动。1993 年，农场评选出 3 个安全文明村、19 个五好文明家庭户、2 个文明办公室、1 个安全文明厂，同时还开展“遵纪守法”光荣户评比活动。1994—2001 年，政法委在全场开展群防群治活动，组织护厂队、护村队、护校队，实施“五个一”，即一个袖章、一根警棍、一只哨子、一本记录本、一只电筒，确保一方平安。通过活动的开展，回龙圩区成为永州市发案率最低的区域，破案率、纠纷调解率最高的区域。2001 年，被评为全市社会治安综合治理先进单位。2002 年，农场改制后，重新组建社会治安综合治理委员会，由分管政法工作的区领导兼任综治委主任，制定回龙圩管理区社会治安综合治理目标管理责任制。回龙圩管理区党委、管委每年与各办事处、区直有关部门签订社会治安综合治理目标管理责任书，年终进行检查、考核、评比，实行社会治安综合治理一票否决权。

2002年，开展对山林水土权属纠纷和边界权属纠纷调处活动，实行“四长”信访群众接待日，每月中旬由政法委牵头，派出所、法庭、司法部门主要负责人参加接待有关治安方面的问题。全年群众来访18人次，接受咨询24人次。2003年，建立“110”“119”“122”“三台合一”的监控指挥系统，在区域重点部位安装监控录像100台。整合警力、加强群防群治。在农村实行“十户联保”联防，全区配备联防队员20人，推进群防群治工作。2004年，按照上级统一部署，结合回龙圩管理区治安实际，不间断地组织季节性、专题性和阶段性严打整治斗争，确保社会稳定。2009年，区综治办、宣传部、派出所等部门协同开展“创三安”（安全文明小区、安全文明村镇、安全文明单位）活动，是年，评选出安全文明小区2个、安全文明村5个、安全文明单位4个。2010年，根据省委、省政府部署，启动建设平安回龙圩活动。回龙圩管理区党委与办事处、区直各单位签订2010年平安创建回龙圩工作责任状，先后召开平安创建动员会、推进会、现场会、汇报会，印发宣传提纲380份、悬挂宣传年画180幅，开辟电视台专题栏目。2011—2015年，加强流动人口管理、特种行业管理、易燃易爆及危险品、剧毒化学品管理，预防违法犯罪。

2002—2015年，全区每年组织在职管理人员进行普法考试，考试成绩作为干部提拔使用的依据。

三、民意调查

2012年，永州市将回龙圩镇纳入民意调查之中，这项工作由区政法委具体负责。民意调查主要是政府有关部门对该地区对民生及与群众利益密切相关的工作。政府通过手机抽查，调查民众对这些工作的满意度，有10个方面工作的抽查，每项工作满分为10分。2015年，民调工作中回龙圩镇全年综合得分98.466分，回龙圩镇在全市238个乡镇中排名第五名，农场管理区在14个县（区）中排名第一。2012—2015年连续四年在全市保持第一方阵。

第二节　公安派出所

一、机构

1992—1996年，回龙圩派出所定性为企业派出所。派出所的业务归江永公安局领导、人员和经费由农场负责。农场内设保卫科，保卫科与派出所合署办公，两块牌子一套人马。1996 年 6 月 25 日，省公安厅下发《同意建立江永县公安局回龙圩派出所》，行政定编 5 人。回龙圩农场派出所由企业派出所转为行政派出所。2000 年干警受衔。派出所最高警衔为一级警督，每月享受 1250 元警衔津贴。派出所有民警 6 人，协警 5 人，共 11 人，所长蒋贵荣，教导员何永祥，派出所行政级别为副科级。2013 年 7 月 26 日，市编办下文，确定回龙圩派出所为中心派出所，由市公安局管理，所长教导员高配为副处级，但到 2015 年还没有落实运行。派出所有警车 3 辆，电动巡逻车 1 辆，消防车 1 辆，警械及枪支按警务规定配备。

二、案件侦查

1992—2015 年，回龙圩派出所刑事案件立案 537 件，破案 403 件，破案率 75%；治安案件立案 760 件，查处 712 件，查处率 94%；调处民间纠纷 831 件。

回龙圩管理区 1992—2015 年各类案件情况统计表

表 6-1 单位：件、(%)

案件 / 年份	刑事			治安			调解纠纷
	立案	破案	破案率	立案	查处	查处率	
1992	20	12	60	12	8	67	30
1993	21	14	66	25	18	72	32
1994	22	17	77	26	23	88	28
1995	28	25	89	17	15	88	27
1996	23	18	78	20	20	100	27
1997	29	24	83	38	38	100	30
1998	15	10	67	40	40	100	30
1999	25	19	76	36	34	94	28
2000	23	17	74	37	28	76	30
2001	21	15	71	22	20	91	40
2002	13	8	62	25	22	88	32
2003	29	20	69	36	33	92	19
2004	33	15	55	22	22	100	31
2005	26	19	73	27	26	96	30
2006	26	18	69	32	30	94	31
2007	25	18	72	38	36	95	37
2008	22	17	77	30	28	93	27

续表6-1

年份＼案件	刑事			治安			调解纠纷
	立案	破案	破案率	立案	查处	查处率	
2009	21	16	76	29	26	90	34
2010	26	24	92	35	32	91	42
2011	24	24	100	27	27	100	48
2012	34	25	74	34	34	100	48
2013	19	15	79	71	71	100	31
2014	19	3	16	42	42	100	50
2015	15	7	47	39	39	100	43
合计	537	403	75	760	712	94	831

三、治安管理

1992—2015 年，回龙圩管理区治安案件立案 735 件，查处 680 件，查处率 92. 5%。2007—2015 年，治安拘留 131 人，治安罚款 12 人，调解各类纠纷 230 件。

（一）危险品管理

枪支刀具管理　1999 年，落实公务用枪集中保管，建立健全枪支领取、交还制度，派出所除所长配备一支专用枪支，其余的枪支实行县公安局集中保管。2001—2004 年，按照公安部门的部署，开展“治缉枪”专项行动。对社会上各类非法枪支、管制刀具、爆炸物品进行收缴。1992—2015 年，根据市、县公安局统一部署，派出所每年对全区枪支弹药和管制刀具进行清理登记、建立档卡，对非法枪支弹药，爆炸物品，管制刀具进行收缴清理。收缴土枪、猎枪 12 支，管制刀具 5 把。

危险品、易爆物品管理　1991 年，根据水利和农田基本建设的需要，经县公安局批准，在回龙圩晨光水库左边山冲建立一座炸药储存仓库，炸药储存仓库在选址和设计方面都严格按公安部门要求进行建设。炸药仓库保管员是一名新风村的复员退伍军人，并经过培训上岗。生产中需要爆破物品由单位书面申请，经公安部门批准后，由爆破员按每天实际用量到仓库领取，当天没用完的爆破物品要交回仓库统一管理，严禁非法生产、销售危险易爆物品。1996 年，回龙圩农场对养路班非法到广西购买炸药一事进行处理，对主要责任人实行治安拘留。2013 年，回龙圩炸药储存仓库取消。建设需要炸药等危险物品，经过严格的审批程序后，由具有爆破资格的爆破员到江永公安局办理，并严格按照爆破操作程序执行。2014 年，对回龙圩镇的彭家山兴隆烟花爆竹厂进行取缔，烟花爆竹的销售，要经过严格的审批程序，严格控制销售点，并与业主签订治安管理责任书，方可销售。

（二）特种行业管理

特种行业主要是指公安机关依法对辖区内的旅馆、废旧物品收购店、印刷刻字、寄卖店、房屋出租、酒店、美容按摩、机动车修理等行业管理。回龙圩管理区1991年有旅馆2家、美容按摩店1家、酒店3家、私房出租9户。2002年成立管理区后，旅馆3家、酒店6家、按摩足浴1家、机动车修理2家、私房出租25户，这些行业除经公安机关治安大队发给特种行业经营证外，还需要签订治安承包责任状。县公安局治安大队和回龙圩派出所不定期地开展检查，对违法者进行处罚，并给业主发出整改通知书，限期整改。

（三）扫黄禁赌禁毒

1992年，在一旅馆抓获一对卖淫女和嫖客，分别按治安管理处罚条例给予处罚，旅馆停业整顿。1998年，原招待所内美容院按摩店发现有卖淫嫖娼活动，查实后对其老板依法按照《治安管理条例》进行处理，美容按摩店关闭营业。

1992年，对境内的赌博违法行为，一直保持有赌必查势态，对情节较轻的，依照《回龙圩农场场规》内部处理，对情节较重的，依照《治安管理处罚条例》进行查处。2000年，配合江永公安局对永济亭与广西富川县麦岭镇交界的松树林里野外聚众赌博场所进行查处，依法处理违法人员50余人，彻底捣毁赌博场所，铲除社会毒瘤，净化社会风气。

2014年，回龙圩管理区成立禁毒委员会，禁毒工作列入党委、管委议事日程，并作为社会治安综合治理考核评估的重要内容。按照预防为主、全民参与，综合治理的方针，开展禁毒工作，使广大居民远离毒品。2014年，抓获吸毒人员7人，都依法进行处理。其中送戒毒所强制戒毒二年3人，行政拘留4人。在全区加强禁毒宣传教育，办法治宣传栏12个，每年6月定为禁毒宣传月。

（四）公共、娱乐场所管理

农贸市场，客车停靠点、商场、酒店、广场、学校等凡是公共娱乐场所均安装高清卡口报警系统，实施24小时有效监控，同时加强民警巡逻，巡逻分为驾驶标志明显的警用巡逻车开展巡逻，控制社会面，形成震慑。着便装驾摩托车在背街小巷巡逻，不留治安死角。1992—2002年，公安派出所在巡逻守候中抓获各类违法犯罪人员75人，破获刑事案件58起。在治安管理中实行谁主管，谁负责的原则，签订治安责任书，公安派出所定期检查考核。每逢三、六、九赶集日，派便衣民警进入集市，开展“反扒手、反偷摸”活动。1992—2015年，抓获扒手83人，调处各类纠纷矛盾217余起，及时排除公共场所不安全隐患18处，确保公共场所良好的治安秩序。在开展校园及周边治安秩序整治的同时，认真落实公安部“八条措施”，制定《加强校园治安秩序整治的工作方案》，落实在师生上下学集中时段、实行路段民警管制，在学校大门等部位排查，安装监控报警设备，制定应急处置预案。发现学校周边不安全隐患 5 处，立即整改 1 处，限期整改 4 处，维护学校及周边的社会治安环境。

（五）常住人口，重点人口和流动人口的管理

全面清查身份证号码的错、重、漏及重复户口问题。到 2015 年，查出身份证重号 79 人次。对未办理身份证人员进行摸底排查，做到底子清情况明。至 2015 年年底全区 16 岁以上未办理身份证 370 人，全部进行补办。暂住人口，流动人口管理办法落实到社区、居委会，经常召开信息协勤员会议，宣传暂住人口和流动人口管理政策，设立暂住人口，流动人口登记站。同时加大对出租房和旅馆、宾馆的检查，暂住人口登记率达 96%以上。做好重点人口及监管对象管理工作，2015 年，派出所登记在册的重点人口 99 人，重点人口信息采集录入率达 100%，对列管对象在摸清现实表现的基础上实行分类分层次管控措施，按规定进行建档。民警经常与列管人员谈心，及时了解他们的思想动态，填写考察报告，并录入微机。

四、消防管理

1992 年，回龙圩农场建有一支企业消防大队，有兼职消防队员 120 人，配备消防车 1 辆和常用的消防器材，每年进行两次以上的消防演习和消防业务培训及消防安全隐患排查。凡检查有消防安全隐患的单位要求制定整改措施，定期整改。1992—2002 年，消防大队对各单位进行防火安全检查 18 次，发现有火险隐患 147 处，督促整改 147 处，组织消防队员扑救火灾 2 起，查处火灾事故 2 起。2002 年农场改制后，消防业务归江永县消防中队指导，派出所负责日常消防工作，由一名副所长分管。管理区每年向市政府递交消防安全责任状并与下属各单位签订消防安全责任书。利用电视台、公益广告、手机短信等形式进行消防宣传，充分发挥“96119”火灾隐患举报投诉中心作用。2010 年，通过消防培训，90%的消防队员取得消防行业特有工种职业资格证书，熟悉消防设备，熟练掌握火警处置和启动消防器材、设备的程序和方法。不断规范消防安全管理行为，建立精干高效的消防安全防控体系，构建群防群治的社会化消防工作格局。2013 年，全区各行政村实施“网格化”管理，每个行政村确定 1 名消防兼职管理人员，建立防火安全公约，每月开展一次防火排查，进村的路口及村民活动场所固定永久消防宣传牌 28 块，宣传栏板报 8 个，以及村民防火公约牌 10 块。不断规范消防安全管理行为，建立精干高效的消防队伍。2015 年，消防大队实行“预防为主、消防结合”方针，注重

宣传教育，消防宣传基本达到“进农村、进企业、进学校、进社区”的“四进”要求。是年，排查出火灾隐患8处，整改8处，对公共场所、集合场所和宾馆、酒家、歌舞厅等重点单位的消防设施经常检查，督促整修，达不到消防安全要求的不准使用，不准营业，每季度对消防重点单位进行一次消防安全检查。

第三节 人民法庭

一、机构

1986年，回龙圩人民法庭成立，属企业法庭，业务归江永县人民法院指导。1999年根据上级有关文件精神，回龙圩人民法庭撤销。

2002年，农场改制。是年5月，省高院同意回龙圩管理区恢复人民法庭，由企业法庭转为行政法庭。第一任庭长黄占远。2003—2009年，何洪琼主持回龙圩人民法庭工作；2010—2015年，黄谦和负责主持法庭工作。回龙圩人民法庭核定5个行政编，2015年在编人员4名，其中行政领导1名，审判员1名，书记员1员，助理审判员1名。

二、立案

回龙圩人民法庭受理的案件主要涉及生命权、健康权纠纷，机动车交通事故责任纠纷，离婚纠纷、买卖合同纠纷、邻里纠纷、村际纠纷、民间借贷纠纷、土地承包合同纠纷、财产损害赔偿纠纷、追索劳动报酬纠纷等案件。2006—2015年，法庭受理各类案件立案618件，法定审限内结案率100%，调撤率98%，受理执行案件111件，执结率、和解率、执兑率达100%。回龙圩人民法庭于2006年、2007年、2012年、2014年，四年被市中院评为优秀法庭。

三、民事调解

到2007年，累计民事案件审结案105件，民事调解结案101件，民事调解结案率96%；2010年，受理各类民间案件20件，结案16件，结案率80%。其中调解撤诉14件，调撤率达87.5%。诉前调解案件20件，执行案件1件，执结率100%，所审案件无一件返回重审或改判，无一件涉及上访。2012年，受理各类民商案件52件，其中调解结案38件，调解率73%。撤诉案件9件，调撤率90.4%。2013年，受理民商案件71件，法定审限内审结69件，结案率97.18%。其中调解结案52件，调解率为73.24%。撤诉14件，撤诉率为20.3%。受理执行案件8件，执结8件，执结率100%，全部和解结案、和解率100%。2014年，受理各类民商案件

177 件，旧存 2 件，比 2013 年增加 106 件，受理案件上升 149.2%，审结各类纠纷案件 187 件，其中调解 124 件，撤诉案件 53 件，调撤诉率 94.7%，执行案件 25 件，执结 25 件，执结率 100%，和解率 100%。2015 年，受理民商案件 216 件，旧存 6 件，共 222 件，法定审限内审结 217 件，结案率 97.75%，其中调解结案 127 件，撤诉案件 59 件，调撤率 85.71%，执行案件 44 件，全部结案，执结率 100%，为当事人收回执行款 150 余万元。

四、经济纠纷调解

2012 年，受理涉及机动车交通事故损害赔偿、金融借款、居间合同、离婚纠纷等执行案件 16 件，标的额 122 万余元，案件和解结案率、执毕率，标的额实际到位率 100%。2013 年 3 月，法庭受理李某拖欠农民工工资一案，李某逃避债务外出无法联系，最后采取保全措施，将李某银行 9600 元存款及时冻结，维护农民的合法权益。5 月，法庭化解群访案件 2 件，涉及 94 户下岗职工的房屋买卖合同纠纷和拖欠 40 名农民工工资案件，12 月，法庭通过调解为 40 名农民工追回工资 20 多万元，帮助区经纪人收回外省的贷款 4.6 万余元，帮助农民工贫困户等弱势群体减免诉讼费 32000 元，协助江永农行、农商行清收不良贷款本息 420 余万元。2014 年，法庭坚持公正司法，全面落实"调解优先、调判结合"的办案方针，受理金融借款合同纠纷案 108 件，其中民间借款纠纷 5 件，帮助金融部门清收贷款 150 余万元。

2015 年，解除回峰林场与刘某高尚湖承包合同，收回高尚湖承包经营权。判决双牌兴隆公司返还区房产局多付的 15 万元，帮助 30 多名农民工追回工资 10 万多元。李某在兴隆种植烤烟拖欠 38 名农民工工资 6 万多元已付清。何某在郴州承包工程拖欠民工工资已付 2 万元，仍欠 2.8 万元。帮助张某从外省收回贷款 3.2 万元。

五、案件执行

2007—2015 年，各类民、商案件纠纷逐年增多。2007 年，新收案件 105 件，结案 105 件，结案率 100%。2010 年，新收案件 20 件，结案 16 件，结案率 80%。2012 年，新收案件 87 件，结案 78 件，结案率 88.64%。2013 年，新收案件 206 件，结案 211 件，结案率 97.69%。2014 年，新收案件 213 件，结案 203 件，结案率 93.12%。

第四节　司法行政

一、机构

1992—2001 年，回龙圩农场以回龙圩镇的名义设立民政司法办，设民政司法助理1人，业务上受江永民政局、司法局指导。2002年回龙圩改制后，设立司法局，合署回龙圩管理区社会发展局，司法局下设8个司法所，社会发展局局长刘香山兼任回龙圩管理区司法局局长。2009年，回龙圩管理区司法局单列，何洪琼任司法局局长，司法局内设司法办公室、宣传教育股、基层教育股、社会矫正股、政工室。司法局机关工作人员3人，司法所工作人员16人。司法局主要职能是贯彻执行国家有关行政司法工作的方针、政策和法规，拟定行政司法工作规范性文件，指导各单位司法所、法律服务所和人民调解工作，参与社会治安综合治理，制定法律宣传和普法教育方案，负责刑满释放和期满劳教人员的安置和帮教工作，指导受理和监督全区律师和企业法律顾问工作。2002—2005年，区司法局会同区发改委，争取8个司法所的业务办公资金补助，每个司法所6万元。2008年，回龙圩管理区司法局业务用房建设，中央补助资金列入省司法系统计划，司法干警业务经费进入省统筹，2010年全部资金到位，成为回龙圩政法系统争取业务资金到位最好的单位。

二、普法教育与宣传

1992—1995年，开展“二五”普法，普法的对象为党政机关工作人员，企事业单位的法人代表。主要内容是深入学习《社会主义法治建设若干问题讲话》和《中华人民共和国宪法》，使广大公民人人学法、懂法、用法，提高全民的法律意识。“二五”普法，以“宪法”为核心，以专业法律法规为重点，组织学习法律、宣传法律、运用法律、执行法律收到良好的效果。每年购买普法读本300余本，参加普法考试290人，普法考试合格率达100%。1996—2000年，开展“三五”普法，主要内容学习邓小平关于社会主义民主与法制建设理论，提高公民知法、守法、护法，依法维护自身合法权益和运用法律武器同违法犯罪行为做斗争的自觉性，坚持学法与用法相结合，全面开展依法、治法工作。“三五”普法期间，发放《公民普法读本》414本，参加“三五”普法考试340人，发放普法合格证340份，管理干部发证率100%。2001—2004年，开展“四五”普法，参加普法考试318人，合格率为99%。2005—2015年，开展“五五”普法、“六五”普法、“七五”普法，增强干部群众的法律意识。开展“法治进校园、法治进厂矿、法治进农村”等法治宣传活动，发放青少年法治宣传小读本1200册，发放《中华人民共和国婚姻法》《中华人民共和国妇女权益保障法》《以案说法读本》等资料1890套，加大“法治约束”、“法治教育”宣传力度，营造法治氛围，创建回龙圩法治宣传一条街，法治广场。干部群众积极参与普法，每年普法参学率100%，普法考试参学率100%，普法考试合格率100%。2015年，回龙圩管理区司法局被评为全市“六五”普法依法治理先进集体。

三、人民调解

1992 年，回龙圩设立司法办，主要负责辖区的婚姻登记，烈、军属优抚、安置，社会困难救济，民事纠纷、调解等事务。2002 年，农场改制后成立回龙圩管理区司法局，建立健全基层调解网络。镇、办事处、林场成立人民调解委员会，每个自然村建立调解小组。人民调解是司法的重要抓手，及时化解矛盾纠纷，维护社会和谐稳定。是年，区司法局印制人民调解档案范本 108 本，装订成册发至镇、办事处、林场。2003—2010 年，管理区司法局举办基层调解员培训班 7 期，培训学员 140 人。2011 年，对全区调解小组的调解人员实行培训考试，持证上岗，提高基层调解员的法律水平和业务素质，为化解矛盾纠纷奠定基础。司法局对重点、难点的矛盾纠纷开展定期不定期的排查，把调解案件的数量进行分解，落实到位，做到“一季度一总结一分析一上报”。2012 年，为了深入开展“三调联动解纠纷防控风险促发展”专项调解活动，区司法局主动联合区信访办、派出所、国土资源局、法庭等部门对全区影响较大的纠纷案进行梳理调处。2013 年，妥善处理马六头何某拆迁房屋案件，回龙圩道路施工引发的矛盾纠纷案件，回龙圩镇顾家、黄家历来的土地边界纠纷案件，跨区域交通事故赔偿纠纷案件等，把矛盾消除在萌芽状态，防止矛盾激化，维护社会稳定。

人民调解案件经费，按照永州市司法局、财政局联合印发的《关于永州市调解案件“以奖代补”实施细节的通知》精神，对调解成功的案件及时奖励到位，调动调解人员的积极性，真正起到发挥人民调解在解决社会矛盾中的调节器和减压阀的作用。

2009—2015 年，区司法局调解案件 446 件，其中重大疑难案件 30 件，一般矛盾纠纷案件 416 件，大部分集中在土地纠纷及家庭邻里矛盾纠纷，调解成功率达 100%。

回龙圩管理区 2009—2014 年各类矛盾纠纷调解案件统计表

表 6-2　　　　　　**单位：件（%）**

年份	调解案件总数（件）	调成率（%）
2009	30	100%
2010	42	100%
2011	56	100%
2012	60	100%
2013	65	100%
2014	80	100%
2015	113	100%

四、社区矫正

回龙圩管理区司法局时刻绷紧社会矫正这根弦，帮助服刑人员早日融入社会大家庭。司法局首先做好社区矫正前调查，确保“审”“矫”工作无缝衔接，其次做好社区服刑人员监督管理。加强各司法所社区矫正工作的监管力度，回龙圩镇司法所社区服刑人员黄某因外出脱管，区司法局连下三次警告，最终经法院依法裁定撤销缓刑。永济亭司法所社区服刑人员蒋某因法庭判决不服，多次到司法局闹事，拒绝接受社区矫正，司法局一面走访蒋某家中及所在村组，对他进行法律讲解和疏导，另一方面与江永县法院进行衔接沟通，最终使蒋某配合社会矫正。

截至2015年年底，区司法局开展社区矫正调查评估35例，均来自人民法院。司法局出具建议适用社区矫正意见34例，全区接收社区服刑人员37人，来自法院的37人，解除矫正22人，期满解矫15人，在册15人，普管15人。

第七篇

人事 劳动 社会保障

第一章 人事

第一节 人事制度改革

1992—2001年，回龙圩农场为进一步深化企业改革，转换企业经营机制，建立适应社会主义市场经济的劳动人事管理制度，全员实行劳动合同制，开展竞争上岗、公开选拔、能上能下，按劳计酬。干部任免，处级干部由市农委任免，农场党委委员候选人由市委组织部批复，党代会选举，赞同票过半即通过。正科级干部享受副处级待遇和科级以下干部由农场党委任免或聘请。

1994年，在职在岗人员交风险金方可上岗，风险金正副场级干部800元，科级干部400元，一般干部200元。1997年，农场困难时期为保障柑橘生产资金运转，干部职工交上岗金，正场级交上岗金15000元，副场级12000元，正科级8000元，副科级6000元，一般管理人员5000元，交纳后方可上岗，否则下岗、待岗。

1999年，农场精减在职管理人员，总场核定各单位人员编制，超编人员单位除党政主要领导不参加竞聘外，其他人员都要参加竞聘，按得票多少确定在编人员，得票少的解聘。全场解聘35人，其中代教13人，代干20人，代医2人。解聘人员由单位每月发给生活补贴，补贴标准按工龄计算，每年工龄5元。解聘时担任副科级以上干部的每年工龄发给6元。对于解聘后的正式职工由单位一次性退还住房公积金、风险金，解聘人员不再享受原所在单位的福利待遇，人事关系仍保留在本单位。

2002年，根据中共永州市委《关于回龙圩管理区机构改革方案》的通知，撤销回龙圩农场设立永州市回龙圩管理区。提出通过，政策理顺体制、转换机制、精简机构、裁减人员、转变职能、加强管理、增强活力把回龙圩建设成为农业产业化、企业市场化、经济多元化、城市一体化、管理高效化、社会法制化的新型管理区。

2002年，回龙圩管理区按照“小社会、大服务”和精简统一、高效的原则进行机构人事制度改革，设立精干的管理机构，并行使县级行政和管理职权。

管理区设立党委会、管委会，党委会由5名委员组成，其中书记1名，副书记2名，1名副书记兼任管委会主任，纪检书记1名，有一名委员兼任管委会常务副主任。

管委会是永州市政府的派出机构，代表永州市政府管理本区域的行政、经济和社会事务，行使管理区的各项政府职能和职权，管委会设一正三副，管委会主任由管理区党委1名副书记兼任，常务副主任由区党委会1名委员兼任。

管理区设立纪律检查委员会（加挂监察局、审计局），纪检会设书记1名，副书记1名。

回龙圩管理区按照“一室多章、一人多岗、一岗多责”的办法设立机构和核定人员编制。区机关6个行政机构，党政办公室、纪检监察室、政治工作部、财政税务局、经济发展局、社会事业发展局。在原农场机构18个的基础上精简12个，精简67%。

区机关核定行政编制50名，在原编制数97名国家干部的基础上精简47名，精简48%，管理区行政机关配备正副科级领导18名。

回龙圩镇行政编制12名，从江永县乡镇行政编制中调剂解决。其中党委书记1名，党委副书记兼镇长1名，纪委书记1名，武装部部长1名，办事人员8名。

区后勤管理中心、农广校、文化广播新局、交管所、经济作物管理办公室、畜牧水产服务站、回峰林场、城建管理中心、市场管理中心、会计核算中心、农业综合开发、社保医保管理中心、区人民医院机构级别为科级，在原有40个事业单位的基础上精简27个，精简67.5%，核定事业编制91名，在原定编制186名事业编制人员，精简95名，精简48.9%。全区设6个办事处，一个国有林场，直接由管理区管辖。

调整学校布局，管理区设中学一所、区完全小学一所、村办小学一所，定编162人。

国税、地税、工商、金融、质监、烟草等垂直延伸到管理区的对口部门予以设置和定编。司法机构的设置维持原状。

区党委、管委办公室加挂武装部、法治办、宣传部牌子，协助区党委、管委领导处理日常工作和负责法制、宣传、武装，下设6个职能室，即文秘室、督查室、信访室、国防教育办公室、宣传室，定编8人，其中正职1名，副职2名。

政治工作部加挂机构编制委员会办公室、社发局牌子，主管组织、编制、人事劳动、民政、统战、老干和工、青、妇等。下设办公室、组织工作室、劳动人事局、民政局、综合室。定编7人，其中正职1名，副职2名。

农村经济工作局加挂水利水电局、林业局、农机局，主管全区农村工作和水利水电、林业、农机工作，下设3个股室，即办公室、综合执法股、农业股，定编4人，其中正职1名，副职2名。

财政税务局主管全区财政发展计划、物价、统计工作，内设4个职能股室，即办公室、预算股、农税股、综合股，编制7名，局长1名，副局长2名。

永州市回龙圩管理区纪检监察室、审计局合署办公，履行党的纪律检查和政府职能监察。纪检审计职能下设4个职能室办公室，即纪检信访室、纪检监察室、案件审理室、综合审计室，编制3人，书记1名，副书记1名（兼审计局局长）。

经济发展局加挂国土资源管理局、环保局、乡镇企业局牌子，主管全区经贸、国土、环保、城乡房产、乡镇企业工作，下设办公室，综合执法股，企业股，定编3人，其中正职1名，副级职2名。

社会事业发展局加挂民政局、司法局、卫生局牌子，主管全区教育、计生、防疫、文化广电、旅游、司法等工作，定编5人，其中正职1名，副职2名。

回龙镇内设党政综合办公室、财税所、农村农业综合服务站、计划生育文体服务站，定编12人，其中正职3人，副职4人。

政法委、派出所、法庭主管全区政法工作，下设办公室、综合办、维稳办，定编7人，设政法委书记1名，正职1名，副职1名。

区后勤管理中心负责管理区党委、管委机关事务、后勤服务等工作，下设招待所、小车队，定编11人，其中正职1名，副职3名。

农广校主管全区农广校招生、培训、扫盲工作，设办公室、教学部，定编3人，设正职1名。

文化广播站统筹指导、安排管理区的文化、广播、电视事业的发展和规范文化、广播、电视市场的执法职责，下设3个股室，即文化辅导站、文化执法大队和广播电视管理站。

交管所农机管理站主管全区范围内机动车辆的管理，行使交通局和农机局职能，定编5人，其中正职1名，副职3名。

经济作物管理办公室下设办公室、水果办植保站，定编11人，设正职1名，副级3名。

畜牧水产技术服务站，负责全区畜牧水产生产销售、技术服务等工作，内设2个职能股室，即畜牧水产股、防疫股（对外称动物检疫站），定编6人，设正职1名，副职1名。

回峰林场林业管理站主管全区林业工作，下设4个股室，即营林股、财务室、供销办、防火护林办，定编10人，设正职1人，副职3人。

市场管理中心（屠宰办）下设三个职能股室，即办公室、市管所、财会室，定编4人，设正职1名。

农业综合开发办（红壤开发）主管全区农业综合开发和红壤开发，下设综合股、业务股，定编5人，设正职1名。

社保医保管理中心专门管理区内基本养老保险、农村保险和基本医疗保险，下设三个职能室，即社保医保管理中心办公室、基金管理室、监督检查室。定编5人，设正职1名，副职1名。

区人民医院加挂卫生防疫站、妇幼保健站、计划生育技术服务站牌子。负责管理区医疗、预防、计划生育、技术服务和妇幼保健工作，设办公室、门诊部、药房部、住院部、防疫站、妇幼保健站和计划生育财务室，设院长1名。

城镇建设管理中心主管城镇内建设管理工作。下设3个职能股室，即办公室、综合执法室、建设规划室，核定全额拨款事业编制5人，其中主任1名。

未定编的人员，根据省委、省政府《湖南省政府机构改革人员分流实施意见》和市委、市政府《关于县区机构改革的意见》精神，实行人员分流。

人员分流基本原则："带职分流"，定向培训、加强企业、充实基层、优化结构、减员增效、优胜劣汰、下岗分流、竞争上岗。

人员分流渠道：转制分流、充实基层、教育培训、离岗退养、自谋职业。党政机关、事业单位在原有的基础上，精简92人。其中处级领导提前离岗4人，管理人员提前离岗19人，顺延到2014年12月31日的干部7人，教师以工代教21人，离岗退养13人，以工代医2人，停薪留级24人，解聘2人。

清退出来的代干、代教、代医人员根据工作年限给予一定的补贴。根据省委文件精神，国家干部工作年限达到30年的男满52周岁，女满50周岁，本人申请组织批准，可以提前退休。

2002年，回龙圩从企业国家干部中，经市人事局考察考核过渡公务员72名。

2009年，管理区面向原农场企业管理人员中进行一次事业招聘，解决12名事业人员编制身份。2015年，根据中共中央办公厅《关于县级以下机关公务员与职级并行制度的意见》，机关公务员设置5个职级：科员级、副科级、正科级、副处级、正处级。晋升科员级须任办事员满8年，级别为二十五级，晋升副科级须任科员级满12年，级别为二十三级；晋升正科级须任副科级或乡科级正职、副主任科员满15年，级别为二十级，晋升副处级须任正科级或乡科级正职、主任科员满15年，级别为十九级，晋升正处级须任副处级或具有县处级副职满15年，级别为十七级。

2015年，回龙圩管理区科员晋升副科2人，副科晋升正科7人，正科晋升副处的10人。

第二节　干部人事管理

一、干部队伍

1992年，回龙圩农场国家干部155人（含教、医），以工代干人员180人，代干占管理人员总数的54%。为解决农场以工代干的身份问题，省人事厅与省农垦局联合下文，从1993年起连续5年给农场一定的转干指标，将长期以工代干，并且担任农场中层领导的人员解决国干身份。1993—1997年连续5年，回龙圩农场每年有16个转干指标，共解决80人代干转国干身份。

1995年，全场在职管理人员317人，其中国家干部122人（未含中、小学教师），代职干部195人。1996年，全场国家管理人员259人（未含中、小学教师），1997年，农场国家干部271人（未含中、小学教师），以工代干、以工代医、以工代教223人，其中以工代干人员21名转为国家干部，共计在职管理人员494人（含中、小学教师）。1998年，全场管理人员336人，其中国家干部126人，教师116人，医务人员18人。在编工人64人，临时工12人。1999年全场管理人员307人。2000年，全场解聘管理人员22人，其中机关干部2人。落聘人员41人，停薪留级59人，其中国干30人（含病休3人）；内退人员42人，其中国干17人；退休人员100人，其中国干53人。另外清退临时工29人，清退代教人员26人，清退学校工人3人，清退代医人员3人。2000年全场管理干部380人（含中、小学教师）。

2002年，农场改制后，处级干部提前离岗4人，机关干部提前离岗19人。2002年，全区在岗管理人员，正处级2人，副处级5人，正科级39人，副科级47人，一般干部102人，全区在职人员195人。全区公务员定编72人，其中机关公务员50人，回龙圩镇公务员编12人，法庭、派出所公务员编10人，机关事业编98人，中小学教师编制115人。原农场企业工作人员76人参照事业编管理。2003—2005年，全区管理人员189人，其中行政编制62人，事业编57人（未含中小学教职工），企业编制70人。2006年全区管理人员224人，其中行政编制62人，事业编制68人（未含中小学教师），企业编制94人。其中正处级2人，副处级7人，正科级44人，副科级45人，科员及一般干部92人，其他工作人员34人。2007年，全区管理人员224人（未含教师）；2008年，全区管理人员220人（未含教师）。2009—2015年，向社会招考公务员24名，招考事业单位工作人员15名，充实干部队伍。2015年，全区管理人员293人。

回龙圩管理区 1995—2015 年干部基本情况表

表 7-1　　　　单位：人

年份	干部总数	定编			级别				备注
		行政	事业	企业	正处级	副处级	正科级	副科级	
1995	317			317	2	8	86	60	含中小学教师
1996	259			259	2	8	48	58	
1997	494		85	409	2	8	71	52	含中小学教师
1998	336		85	251	2	12	67	41	含中小学教师
1999	307		85	222	3	11	56	33	含中小学教师
2000	380		85	295	3	14	51	32	含中小学教师
2001	380		85	295	3	14	58	34	含中小学教师
2002	195	62	57	76	2	5	39	47	
2003	189	62	57	70	2	7	44	44	
2004	189	62	57	70	2	7	44	44	
2005	189	62	57	70	2	7	44	44	
2006	224	62	68	94	2	7	44	45	
2007	224	62	68	94	2	7	55	37	
2008	220	61	62	997	2	7	60	45	
2009	222	59	60	103	2	8	60	48	
2010	232	62	68	102	2	10	61	49	
2011	239	78	74	87	2	12	62	51	
2012	326	90	150	86	2	12	64	56	含中小学教师
2013	309	88	141	80	2	10	76	51	含中小学教师
2014	294	74	143	77	2	9	60	48	含中小学教师
2015	293	78	139	76	2	9	70	46	含中小学教师

说明：1992—1994 年干部基本情况表没有存档无法统计

二、公务员招考

1992—2001 年，回龙圩农场属省农垦企业，不存在公务员招考。

2009 年，管理区根据湖南省、永州市公务员考试录用制度要求，每年向永州市编委、市公务员管理局申报招考计划。2009—2015 年，回龙圩管理区通过全市公务员统一招考，面向社会招录 24 名公务员。

三、人员调配

回龙圩管理区干部调动根据各单位的编制数和干部的能力进行调配，首先是用人单位申请然后区党委集体研究决定。人员调配主要有3种情况：1. 夫妻分居，经申请劳动部门发商调函，经调入单位同意后即可调动；2. 对调，主要照顾亲属关系进行调动；3. 对效益不好的单位，又达不到退休年龄的职工，为确保稳定，安排其他效益好的单位。2002年，回龙圩管理区，严格控制企业人员流入行政事业单位，凡调入行政事业单位的必须经市编委员会研究，编制办公室开编制单，再由劳动、人事部门开具有关调动手续，方可调动。2002—2015年，全区共办理干部调配77人，其中外地调入8人。调出外地15人，内部调动54人。

四、考核与奖惩

（一）考核

1993年，回龙圩农场全面推行岗位责任制，干部考核逐步进入科学化、制度化、规范化。岗位责任制分领导干部任期目标责任制和一般干部岗位责任制，根据单位工作性质和本人所担负的工作，制定出所要达到的目标要求，对完成任务的数量、质量、效率等进行逐项逐条考核。

2002年，回龙圩区加大考核力度，对副科级以上干部和在职管理人员实行定期考察、采取民主评议的考核办法。管理区领导属市管干部，由市委组织部考核组进行考核测评。区管干部由区组织部牵头，纪委、办公室参与，逐单位逐人进行考核。部办委局主要负责人考核本部门、本单位副级以下工作人员。各单位主要负责人考核单位副职以下工作人员。考核干部从德、能、勤、绩四方面考核，“德”主要是政治品德、伦理道德、职业道德和个性心理品质；“能”从工作中表现的聪明才智，业务水平，组织能力和管理能力；“勤”在履行岗位职责中的工作态度，敬业精神和日常出勤情况等表现；“绩”完成各项工作中的成绩和效果。年终考核分优秀、合格、基本合格、不合格四类。根据考核人员的述职，工作业绩，单位签出意见，进行逐一评估，量化打分，优秀等次比例控制在12%以内，对领导干部进行全面考察和民意测评。2012年，经济社会发展考核分三类：镇、办事处、林场为一类，六大办、区纪委、发改委为一类，其他区直单位为一类。实行分类评比，以100分制实行奖励加分、惩处扣分考核办法。考核单位业务工作经上级主管部门考核，进入国家、省、市先进行列的分别加4分、3分、2分（以荣誉证书或表彰文件为凭）。考核单位业务受中央、省、市业务主管部门通报批评的分别扣4分、3分、2分。六大办、区纪委、发改委、镇、办事处、林场年度考核综合奖设一等奖

2个，二等奖2个，奖励分别为6000元、4000元，获奖单位的党政“一把手”各奖20%，年度考核为优秀。区直单位考核设一等奖1个，二等奖2个，三等奖3个，奖金分别为4000元、3000元、2000元，党政“一把手”各奖20%，年度考核为优秀。经济社会发展年终验收未达标的单位，其主要领导和责任领导年终不能评先评优，所有考核单位在综合考核中排位最后且得分低于70分，影响管理区和市里排名的单位，党政主要领导不能评先评优，各罚款1000元，并进行组织处理。计划生育，社会治安、综合治理，信访，安全生产四个“一票否决”，不能享受一、二等综合考核奖。党风廉政建设执行不力的单位，指单位领导班子成员被纪检部门当年被党纪政纪处分的，除不能享受综合考核奖励外，另按党风廉政建设有关规定处理。

2015年，全区机关行政事业单位参加考核233人，被评为优秀的25人，称职206人，不称职2人。

（二）奖励

1992年，对工作业绩突出的工作人员按一年一度进行先进单位和先进工作者评比。奖励以精神鼓励为主，适当给予物质奖励。1997年，除精神鼓励外，更注重物质奖励。是年，水果系统1个岗超产2万斤，奖自行车1辆，超产2.5万斤奖彩电1台，全场奖自行车7辆，彩电1台。2001—2009年，管理区对有贡献的单位和个人每年实行物质奖励，先进单位奖1000元，先进个人奖100元，对争资引项有突出贡献的单位奖1万元，50%弥补单位经费不足，50%奖给个人。2010—2015年，管理区对贡献大的单位和个人实行重奖，颁发奖牌、荣誉证书和奖金。2010年，经济社会发展综合奖6个、奖励22000元。单项奖、先进单位40个，奖励80000元。先进个人38人，奖励7600元。是年，在全市经济工作会议中受表彰的部门5个，其中有区发改委、区计生委、区政法委、区林业局、区回峰林场。2011年，经济社会综合奖先进单位14个，奖励64000元，单项奖39个，奖励39000元，先进个人29个，奖金17400元。2012年，经济社会发展综合奖先进单位11个，奖励39000元；单项奖46个，奖励57000元；先进个人40个，奖金24800元。2013年，绩效考核评估综合奖先进单位21个，奖励58000元；单项奖65个，奖励78000元；先进个人56个，奖励22400元。2014年，绩效考核评估综合奖先进单位4个，奖励63000元；单项奖50个，奖励74000元；先进个人37人，奖励23800元。2015年，绩效考核评估综合奖先进单位10个，奖励15000元；单项奖94个，奖励240000元；先进个人51人，奖励30600元。回龙圩管理区不仅对经济社会考核的先进单位和先进个人进行物质奖励，而且对行业有贡献的个人也进行表彰和奖励。

2000年，评选出先进工作者9人，劳动模范21人，纳税光荣户6人；2002年，评比市农村改革试点工作先进个人1人，市烤烟先进个人2人；2003年，评比妇女先进个人7人，妇女致富能手9人；2004年，评比安全生产先进个人7人，国企改革先进个人14人；2008年，评比抗冰救灾先进个人24人；2009年，评比安全生产先进个人7人，防汛抗灾先进个人11人；2010年，评比支持重点项目建设先进个人16人；2011年，评比市烤烟工作先进个人1人，党政办先进个人5人，党务工作者7人，优秀教育工作者14人，优秀班主任4人；2012年，评比市劳模2人，永州市民族团结进步奖1人；2015年，评比信访工作先进个人6人，调纠治斗先进个人4人。

（三）惩处

2008—2015年，党纪处分29人，政纪处分10人。2014年，因贪污受贿被追究刑事责任判刑6人，其中处级干部1人，科级干部5人。

回龙圩管理区2008—2015年纪检监察立案统计表

表7-2 **单位：人**

处分方式		2008	2009	2010	2011	2012	2013	2014	2015
党纪	警告			1	2	1	4	2	1
	严重警告	3				1		2	1
	撤销党内职务								
	留党察看								
	开除党籍		1	1			2	7	
	合计	3	1	2	2	2	6	11	2
政纪	警告						1		
	记过				2				
	记大过				1				1
	降级					1			1
	撤职								
	开除			1					3
	合计			1	3	1	1		4

五、退休 退职

（一）退休

回龙圩根据《国务院关于职工退休、退职的暂行办法》，全民所有制企、事业单位和党政机关，群众团体的工人或基层干部以及企业（农垦）职工，男满60周岁，女满55周岁均可退休。党政机关事业单位女职工50周岁可以退休。

到2015年，回龙圩管理区退休人员1945人，其中机关、行政事业单位退休106人，企业（农垦）职工退休1718人，新农保退休121人。

机关行政事业单位退休的年满35年工龄的按90%计算退休工资，企业（农垦）退休人员和城乡居民退休的人员按照国家企业（农垦）政策发给退休金。

（二）退职

退职是指职工因病、残、丧失基本劳动能力，但在年龄、工龄或个人缴费年限方面又不具备退休条件的，经医院证明并经劳动鉴定委员会确认，组织批准后，退出生产或工作岗位，并按国家有关规定给予一定的物质帮助和补偿进行休养。1992—2015年，回龙圩管理区退职3人，其中男性2人，女性1人。

六、机关事业单位工资福利

（一）机关事业单位工资

1992—2001年，回龙圩农场属农垦企业，企业工资根据企业的效益进行套改，企业效益好，套改工资可以发，单位效益差，套改工资不发，只能作档案工资，待效益好再进行补发。1993年，在职管理干部317人，全部进行工资改革，其中国家干部122人，代职干部195人。1995—1998年，农场企业管理人员连续四年工资指导线提升，工资增长速度比较快。1995年，按年末在岗人数经审核符合要求的升一级，党员干部和先进工作者、技术骨干优先升二级。1996年，机关事业单位工资制度改革对全场所有在职、在岗工作人员进行工资转换，按照企业工资标准和人员身份转换成相应的机关事业单位工资标准。1999年，根据国家、省、市文件精神，经市财政局、劳动局批准，全场1999年工资升级进行新指导标准套改。1999年年底，在岗管理人员符合条件的都可升二级，技术员套改后未达到9级的加到9级，助理职称套改后未达到11级加到11级，中级职称套改后未达到16级的加到16级，副科级干部套改后未达到11级加到11级，正科级干部套改后未达到13级加到13级，副处级干部套改后未达到16级加到16级，正处级干部套改后未达到17级加到17级。1999年，转正时，技术工人无技术等级证书月工资324元，有技术等级证书月工资341元，普通工人月工资324元。技校、中专毕业生转正定级月工资358元，大专毕业生转正定级月工资375元，大学本科毕业生转正定级月工资394元，双学士学位的大学本科毕业生月工资413元，硕士学位研究生月工资432元，博士学位研究生月工资491元。2006年，全区在职管理人员统一实行工资套改，行政人员按国家公务员工资套改发放，事业人员按国家事业单位工资套改发放，企业人员工资参照事业编制工资套改发放。2002 年农场改为管理区，在职行政人员 62 人，机关事业人员 68 人，企业人员 94 人，调整后月工资增长额 214592 元，人均月增加工资 958 人。2014 年，全区机关事业单位上岗人员 219 人，调整后月增加工资额 202794 元，人均月增加工资 926 元。

其他时间工资调整属于工资小调，公务员每两年调整一次，事业单位编制人员每年调整一次。

永州市回龙圩管理区 2008 年劳动工资报表汇总表

表 7-3 **单位：人、万元**

序号	单位	2008 年在岗职工	增加	减少	2007 年	月资数（元）	年资数（元）	从业报酬	代码
1	党政办	69	42	6	33	1920	23040	158. 976	
2	财政局	23	8	—	15	1910	22920	52. 716	
3	政工部	10	2	—	8	1950	23400	23. 4	
4	农业局	18	6	—	12	1970	13640	42. 552	
5	政法委	17	—	—	17	2010	24120	41. 004	
6	法庭	3	—	—	3	1990	23880	7. 164	
7	计生委	11	6	—	5	1920	23040	25. 334	
8	畜牧局	12	—	—	12	1920	23040	27. 648	
9	会管中心	4	1	—	3	1920	23040	9. 216	
10	招待所	13	—	—	13	1920	23040	29. 952	
11	交管所	10	7	2	5	1920	23040	23. 04	
12	市管中心	16	10	—	6	1920	23040	36. 864	
13	社发局	16	—	—	16	1920	23040	36. 864	
14	中学	72	32	3	43	1980	23760	171. 072	
15	镇小	107	11	2	98	1990	23880	255. 516	
16	经发局	22	6	—	16	1960	23520	51. 744	
17	回龙镇	168	—	2	170	1910	22680	381. 024	
18	医院	36	—	—	36	1910	23520	84. 672	
19	八仙洞	23	5	2	20	1910	22920	52. 716	
20	神仙洞	27	6	—	21	1910	22920	61. 884	

续表7-3

序号	单位	2008 年在岗职工	增加	减少	2007 年	月资数（元）	年资数（元）	从业报酬	代码
21	永济亭	25	4	—	21	1910	22920	57.3	
22	马鹿头	24	—	—	24	1910	22920	55.008	
23	兴隆	24	6	—	18	1910	22920	55.008	
24	李家塘	25	2	—	23	1910	22920	57.3	
25	林场	39	15	2	26	1870	22440	87.516	
26	纪委	6	—	—	6	1910	22920	13.752	
27	粮食局	15	—	—	15	1910	22920	34.38	
28	自来水公司	10	—	—	10	1860	22320	22.32	
29	广播局	13	4	—	9	1860	22320	29.016	
30	经作办	8	—	—	8	1860	22320	17.856	
31	林业局	24	18	1	7	1910	22920	55.008	
32	农垦公司	14	4	—	10	1890	22680	31.752	
33	交通局	26	17	—	9	1910	22920	59.592	
34	计划发展局	9	8	—	1	1930	22920	20.844	
35	政府采购中心	17	17	—	—	1770	21240	36.108	
36	后管中心	28	28	—	—	1790	21480	60.144	
37	退休人员	303	177	2	128	1690	20280	614.484	增加改制企业职工退休人员
	合计	1287	442	22	867	—	847080	2880.756	

永州市回龙圩管理区 2008 年劳动工资报表汇总表

表 7-4　　　　单位：人、万元

序号	单位	2008 年在岗职工	增加	减少	2008 年	月资数（元）	年资数（元）	从业报酬	代码
1	党政办	67	1	3	69	1920	23040	154.368	75339766-3
2	财政局	24	2	1	23	1870	22440	53.856	74838607-0
3	政工部	12	2		10	1950	23400	28.08	75339764-7
4	农业局	20	2		18	1970	13640	47.28	75339769-8

续表7-4

序号	单位	2008年在岗职工	增加	减少	2008年	月资数（元）	年资数（元）	从业报酬	代码
5	政法委	17	—	—	17	2010	24120	41.004	75339773-5
6	法庭	4	1	—	3	1990	23880	9.552	75339757-7
7	计生委	11	—	—	11	1920	23040	25.344	75339772-7
8	畜牧局	13	1	—	12	1920	23040	29.952	75583647-1
9	会管中心	6	2	—	4	1920	23040	13.824	75583648-X
10	招待所	13	—	—	13	1920	23040	29.952	77901414-7
11	交管所	10	—	—	10	1920	23040	23.04	77446497-6
12	市管中心	21	5	—	16	1920	23040	48.384	75583640-4
13	社发局	16	—	—	16	1920	23040	36.864	75339763-X
14	中学	74	2	—	72	1980	23760	175.824	74593121-3
15	镇小	110	3	—	107	1990	23880	262.68	74593121-1
16	经发局	28	6	—	22	1960	23520	65.856	75339774-3
17	回龙镇	174	8	2	168	1890	22680	394.632	77445254-5
18	医院	36	—	—	36	1910	23520	84.672	75583639-1
19	八仙洞	18	—	5	23	1910	22920	41.256	75583642-0
20	神仙洞	25	—	2	27	1910	22920	57.3	75583643-9
21	永济亭	22	—	3	25	1910	22920	50.424	75583641-2
22	马鹿头	26	2	—	24	1910	22920	59.592	75583644-7
23	兴隆	24	—	—	24	1910	22920	55.008	75583646-3
24	李家塘	25	—	—	25	1910	22920	57.3	75583645-5
25	林场	40	1	—	39	1870	22440	89.76	74319145-0
26	纪委	9	3	—	6	1910	22920	20.628	75339765-5
27	粮食局	15	—	—	15	1910	22920	34.38	74615004-2
28	自来水公司	10	—	—	10	1860	22320	22.32	76803069
29	广播局	17	4	—	13	1860	22320	37.944	76562252-0
30	经作办	8	—	—	8	1860	22320	17.856	75804595-2
31	林业局	23	—	1	24	1910	22920	52.716	74064251-9

续表7-4

序号	单位	2008年在岗职工	增加	减少	2008年	月资数（元）	年资数（元）	从业报酬	代码
32	农垦公司	13	—	1	14	1890	22680	29.484	76326044-1
33	交通局	26	—	—	26	1910	22920	59.592	77447835-8
34	计划发展局	9	—	—	9	1930	22920	20.844	77445252-9
35	政府采购中心	7	—	3	10	1770	21240	14.868	68284766-2
36	后管中心	28	—	—	28	1790	21480	60.144	76325800-X
37	民政局	3	—	—	3	1890	22680	6.804	75339770-0
38	社保中心	4	—	—	4	1890	22680	9.072	76070764-X
	合计	1008	45	21	984	—	871680	2322.465	

（二）机关事业单位福利

1. 医疗救助。1992—2002年，农场职工看病实行公费医疗，农场干部职工凭公费医疗本看病、公费医疗按干部职工工作年限报销医药费，工龄长报销比例大，工龄短报销比例小。2003年，回龙圩开始启动城镇职工医疗保险和农村合作医疗，可享受住院费，按比例报销药费。医疗保险由单位和个人共同负担，个人缴费工资总额的2%。23种慢性病的特殊病种门诊补助，根据病情每月可报销300元、500元等次的门诊药费，恶性肿瘤等病种可报800元门诊药费，参加大病救助的职工每人每年缴纳大病救助保险金140元，可享受大病保险救助18万元。

2. 行业补贴。公安、检察、法庭、纪检监察、审计、安监局、信访局、卫计委等有关部门按国家规定享受相应的特殊工作经费、津贴。特殊岗位工作津贴高的每月1000多元，少的也有几百元。教师实行教龄津贴补助：教龄满5年不满10年的每月3元，满10年不满15年的每月5元，满15年不满20年每月7元，满20年以上的每月10元，教师担任班主任相应享受班主任津贴，班主任津贴根据学生人数的多少核定津贴，1992—2000年每月60元，2001—2015年每月140元。

党政办公室、财政局等特殊行业部门，晚上安排值班人员值班可享受国家规定的相应值班补贴。

3. 困难扶持。1992—2015年，回龙圩管理区财政局每年安排专项资金，对家庭生活困难和因遭受自然灾害而造成重大损失家庭实行福利补助，资金由财政局统一掌握，人社局、民政局负责安排拨付。2004年，把原国有改制企业的1186名下岗职工符合低保条件的贫困对象纳入保障范围，低保生活保障线由原来的110元提高到132元。2006年管理区遭受特大暴雨袭击，2500余人受灾，损失1030万元。为弥补灾情所受的损失，财政拨付灾情救助20.562万元。2008年遭受冰冻灾害，经济损失2085万元，财政下拨救灾资金40.78万元，帮助受灾家庭重建家园。

4. 其他福利。2002—2015年，回龙圩管理区共拔救灾资金381万元和价值千万元的物资救济困难户、灾民。1994年5月，根据国家复员退伍军人有关政策1954年前入伍的6位复员军人实行双定补助，每年每月享受15元补助。

2004年，根据湖南省劳动、人事厅文件精神，企业职工因病死亡，由死者所在单位发给当地上年度职工社会平均工资4个月的丧葬补助费。

2011年，回龙圩管理区根据湖南省人民政府办公厅《关于机关事业单位工作人员带薪休假》的文件精神，制定管理区年休假管理办法，凡工作人员累计工作已满1年不满10年的年休假5天，已满10年不满20年的年休假10天，已满20年以上的年休假15天的福利待遇。

2011年8月1日，按照民政部、人事部、财政部《关于国家机关工作人员及离退休人员死亡一次性抚恤金发放办法的通知》，国家公务人员及公务员离退休人员病故的为上年度全国城镇居民人均可支配收入的2倍，加本人生前40个月基本工资或基本退休金。

2013年7月1日起，机关事业单位工作人员死亡丧葬费，由原来的5000元调整为7000元。

2015年，管理区对全区90~99周岁30名老人发放高龄生活补贴，发放补贴2.93万元。

七、专业技术职称评聘

回龙圩管理区专业技术初级职称由管理区考核评定，中级以上职称由市职称评定部门申报。1992—2003年，回龙圩职称申报评定由科技局负责，2003年，归人事部门负责。1999年，农场根据社会经济发展的需要，聘请专业技术人员104人，聘期5年。其中经济师5人，高级农艺师1人，中高级技术人员2人，会计师3人，农艺师3人，主管护师2人，主治医师1人，医师2人，中教一级4人，小教高级6人，工程师2人，中教二级2人，助理农艺师5人，助理会计师9人，会计员8人，助理工程师4人，小教一级12人，临床检验技师1人，技术员4人，高级政工师2人，政工师26人。管理区为促进职称改革工作正常运行，根据湖南省、永州市文件精神，调整职称改革领导小组。2000—2002年，在管理区从事专业技术工作的专业技术人员和行政领导兼有专业技术职务的人员及政工系列人员均属职称考核对象，职称考核分别为称职、基本称职、不称职三类。在45岁以下需晋升中、高级专业技术职称，必须取得人事部门颁发的“计算机应用能力合格证”，需申报中、高级人员必须提前一年取得合格证才可申报，申报中、高级职称必须提前一年参加外语水平考试。2007 年，回龙圩管理区向社会公开招聘专业技术人员 9 名，凡是被聘用的专业技术人员，在工资福利享受同级别待遇，特殊人才享受特殊津贴。2015 年，全区聘用高级职称 5 人、中级职称 87 人、初级职称 92 人。

第二章　劳动

第一节　劳动就业与再就业

一、就业安置

1992—2015 年，回龙圩民营企业招收员工突破 500 人，个体工商户新增员工 200 人，公开向社会招聘事业人员及公务员 50 人。新增就业人员 200 人，失业人员再就业 100 人（其中困难就业人员就业 50 人），高校毕业生总体就业率稳定在 85%，城镇登记失业率控制在 4.6%。

二、再就业服务

2009 年，回龙圩管理区成立就业服务管理局，镇、办事处、居委会建立公共就业服务平台，就业服务率 100%达标，全区创建 10 个公共就业基层平台，20 多名就业服务工作者全部实行持证上岗，行政村、居委会和其他人口密集区建立永久性用工信息发布栏 12 个，随时更新内容，扩大就业信息覆盖面，畅通信息渠道，建立个人就业，失业情况和单位用工情况电子台账，实行“一人、一卡、一册”。2012 年，回峰社区、八字桥社区建立标准基层公共服务平台，公共服务软硬件设施有所提升，建立就业失业登记证信息系统。2013 年，回龙圩镇建立标准化基层公共就业服务平台，拓宽就业渠道。2014 年，回峰社区被永州市认定为星级充分就业社区。是年，回粤果品加工厂、化来果业加工厂公开向社会招聘再就业人员 400 人，打开一条就业门路。2015 年，管理区民政局对回龙圩镇，各办事处、回峰林场基层公共就业服务平台进行改造升级，打造职业培训、创业培训、职业介绍、就业、失业登记等功能为一体的公共就业服务体系，200 人再就业人员得到安置。

2009—2015 年，管理区组织开展职业能力培训 700 人，其中失业人员再就业培训100人，农村劳动力转移就业（农民工）培训200人，创业培训100人，企业职工提升培训300人，企业新进员工技能培训率100%，新进公务员和企业单位工作人员岗前培训率100%。

三、创业扶持

2002—2015年，回龙圩管理区实施“七补、两贷、三扶持”的管理体制，按照鼓励、提升、扶持、服务、托底的方针，帮助零就业家庭就业。困难人员再就业，鼓励企业吸纳“4050”（40~50岁）等就业困难人员就业，统筹做好农村劳动力转移，城乡困难人员，退役军人就业工作，公益性岗位优先安排“4555”（45~55岁）等就业特别困难人员上岗。2012年，孵化基地和化来果业为就业人员搭建平台。吸纳就业人员300人回峰植保有限公司法人易守满被永州市人民政府评为“永州市创业之星”。并且还选派2名工作人员参加永州市首期创业师资培训班。2012年，管理区首期创业培训班培训学员60余人次。2013年，全区开始启动小额担保贷款，为创业困难的家庭进行扶持。2013—2015年，发放小额担保贷款72笔，发放贷款额491万元，其中，2013年发放贷款17人，发放贷款85万元。2014年发放贷款10人，发放贷款50万元。2015年，发放贷款45人，发放贷款356万元，小额贷款实行乡镇初审，就业服务局和财政局复审的原则，确保小额贷款有序进行。

四、劳动合同

2002年，回龙圩管理区开始实行劳动合同制，最初在企业、事业单位劳动用工实行合同制，职务实行聘用制，企业签订合同85份，事业签订合同24份。2014年回龙圩建立劳动合同用工备案制度，各单位建立劳动合同制度，加大对劳动法、劳动合同法的宣传，督促用人单位根据《中华人民共和国劳动法》《中华人民共和国劳动合同法》的有关规定与劳动者签订劳动合同并按时按月发放工资。2014年签订劳动合同28份，2015年签订劳动合同30份。

第二节　劳动工资

一、企业职工工资形式

1992年，回龙圩农场企业职工工资形式是“基本工资+经济效益工资”，经济效益好，工资相继提高，经济效益差，工资相对下降。企业职工工资以货币形式发放，不低于当地最低工资标准，建立企业职工工资调整机制，实行工资条件集体协商制度。1993年，企业职工工资普调1次。1995—1998年，企业职工工资连续四年提高工资增长线。2000年，由于市场和政策等各方面因素，回龙圩农场9个工商企业相继破产、停产关闭。企业进行产权制度改革和职工身份两个置换。2002年，农场改制后，部分企业职工下岗种田、种果，部分职工自谋职业，部分职工转入机关事业单位，工资参照事业编制人员的工资调整。2004年，全区农垦企业职工养老保险开始启动，凡符合文件规定的农垦企业职工、干部都纳入全省统筹的企业职工养老保险范围。

二、企业职工工资调整

1993年，回龙圩农场职工工资统一普调一次。最高的晋升三级，最低一级。2002年，农场改为管理区，属于永州市政府的派出机构。原农场管理人员，凡年满52岁以上的一律离岗退养，剩下的一部分转为国家公务员，由市人事局工资科核定工龄预算公务员工资，一部分进入事业单位，享受事业工资，一部分仍属企业编，但工资参照事业编人员工资。2006年，根据永州市文件精神，回龙圩管理区企业职工工资指导线升级是以工资增长率12%为工资增长的基准线，以工资增长率20%为工资增长上线，以工资增长率3%为工资增长下线，作为保障企业最低生活底线。2006年，全区在册企业职工254人（22人参照事业人员增资），其中在职企业人员增资人数232人（包括自收自支，差额拨款单位人员26人），工资增长指导线约为18%，月人平均增资200元，人均增资9级，全区企业在职人员月增资15800元，年增资约18.96万元，增资后其本工资总额为78万元。

三、企业职工工资管理

1992年，回龙圩农场属于企业单位，企业管理人员、企业职工工资统一由农场人社局管理。1997年，因企业不景气导致企业管理人员、企业职工下岗的下岗，转制的转制，内退的内退，分流的分流。2002年，原农场企业管理人员未过渡到机关事业编制人员有78人，一直按照原农场企业工资标准管理，2014年10月1日，上岗的78名企业管理人员的工资参照事业人员编制工资标准管理。2015年全区在职人员的工资管理进入信息化管理。

第三节　劳动监察

1992—2014年，回龙圩劳动监察没有得到授权，业务一直没有开展。2015年，委托江永县劳动监察大队办理案件1起，回龙圩金属制品厂翕细尹老板欠发工人工资5480元案件已结案，回龙圩每年发生劳动纠纷案件少，出现劳动争议通过部门协调解决，把矛盾消灭在萌芽状态之中。

第三章 社会保障

第一节 社会养老保险

1992年，回龙圩农场没有进入国家社会养老保险统筹。1993年，永州市劳动保障局到回龙圩农场进行考察，提出如果要进入国家社会养老保险统筹就要补缴350万元养老保险费。当时农场经济困难，无法补缴。1994年，农场开始实行内部养老统筹，将机关事业单位以及各企业单位的在职管理人员实行养老统筹。养老保险经费来源于单位和个人两部分。单位缴纳工资总额的20%，个人缴纳工资标准的2%。1996年，个人缴纳部分从标准工资的2%提高到标准工资的3%。退休金发放由农场内部统筹统一解决。1998年，农场9个工商企业因流动资金紧张，产品市场销售不佳，经济效益下降，甚至出现亏损。农场又无中央、省市企业养老保险资金的转移支付，导致统筹收支不平衡，养老保险资金缺口大，养老保险无法统筹。

2003年7月1日，回龙圩管理区开始恢复社会养老保险，成立社会养老保险领导小组，管委会主任任组长，人社局局长兼任办公室主任，设立社保、医保管理中心，行政级别为事业单位正科级。负责回龙圩管理区机关行政事业、企业干部、职工的养老保险、城镇居民养老保险、干部职工医疗保险、城镇医疗保险、工伤保险、生育保险等工作。机构内设机关事业养老保险中心、劳动社会养老保险中心、医疗保险中心、城镇居民养老保险中心、工伤保险站。

一、企业（农垦）养老保险

2002年农场改制后，根据湖南省《关于国有农垦企业职工养老保险实施办法的通知》精神，2003年回龙圩管理区企业（农垦）养老保险开始启动，将回龙圩农场原农垦企业正式职工、退休人员纳入国家养老保险统筹范围。

（一）参保范围

包括工商企业、破产企业、农业企业所有的正式职工和退休人员。国有农垦企业正式职工必须有符合规定的审批手续、有健全的劳动和工资关系、有完整的职工档案，并在本区按规定履行职工义务的人员，都可参加企业（农垦）职工养老保险。撤场建区后，原农场直属工商企业、其有独立法人资格、生产正常、有缴费能力的可执行统一企业职工基本养老保险制度。对停产、破产多年，无缴费能力以及下岗分流人员重新就业的人员，在新的就业单位参加养老保险。2003年6月30日前达到退休条件的农垦企业职工核定基本养老金，保障基本生活。2003年6月30日前未达到退休条件的农垦企业职工依法参保履行缴费义务，退休后享受养老保险待遇。退休人员必须是国有农垦企业符合职工认定条件，年龄达到男满60岁，女满55周岁（以人事档案为准）。

1986年9月30日前参加工作的人员，其1995年12月31日前的连续工龄计算为视同缴费年限与参保后的缴费年限合并计算。1986年9月30日后参加工作人员按国务院和省人民政府文件规定，统一实行劳动合同制，只要按规定缴纳养老保险费，才可计算缴费年限。截至2004年12月31日应参保而未参保人员，1995年12月31日前的连续工龄不再计算为视同缴费年限，以后参保将按其实际参保并足额缴费的时间计算缴费年限。

（二）基本养老保险征收

1. 统一企业用人单位的缴费比例按职工工资总额的2%缴费，职工工资无法确定月平均收入的按全省上年度职工月平均工资基数8%缴费。

2. 灵活就业参保人员缴费基数为本人上年度本人月平均工资收入为基数，无法确定月平均工资的按全省上年度职工月平均工资的21%缴费。

3. 农业职工养老保险缴费基数统一为全省上年度职工月平均工资的40%，个人缴费比例8%，单位缴费实行土地耕作，生产经营面积挂钩的办法，将单位应缴纳的养老保险费摊到本企业土地耕作，生产经营面积上征收，一定5年不变，不论耕作者是否参保，每亩征缴50元。2003年7月1日至12月31日仍按367元/亩征收，由参保人承担。凡参加农工养老保险的原农场职工，现没有承包土地的个人缴费按农工平均工资的11%缴纳。

4. 退休人员从批准退休的下月起不再缴纳基本养老保险费的个人缴费部分。

（三）养老保险补缴

统一企业 1986年9月30日前参加工作的，1995年12月31日以前的工作年限视同缴费年限。1986年1月1日至1995年12月31日，由单位每人每年补缴40元。1996年1月1日至1997年3月31日单位补缴24%，个人补缴3%。1997年4月1日至1998年3月31日单位补缴23%，个人补缴4%。1998年4月1日至1999年3月31日单位补缴22.5%，个人补缴4%。1999年4月1日至2000年3月31日，单位补缴21.5%，个人补缴5%。2000年4月1日至2001年3月31日，单位补缴21.5%，个人补缴5%。2001年4月1日至2002年3月31日单位补缴21.5%，个人补缴6%。2002年4月1日后按缴费基数，单位补缴20%，个人补缴8%。

农业职工 1996年1月1日至2003年6月30日期间，可允许职工自行选择，职工自愿缴纳的只补缴个人账户部分（1996—1997年为个人缴费基数的16%，1998年后为个人缴费基数的11%）补缴记入个人账户，不缴的工作年限不计算缴费年限。

（四）养老保险建立

农垦企业基本养老保险基金由统筹基金和个人账户构成，统筹基金和个人账户实行分开运行，分别核算。

个人账户资金来源参保职工按本人上年度收入基数的8%缴纳部分，单位缴纳部分中按一定比例划入部分。

1. 统一企业：单位以上年度按职工工资总额的20%，职工以上年度个人工资总额的3%划入。

2. 灵活就业按上年度全省社会平均工资的21%中的11%划入。

3. 农业职工按上年度全省农工平均工资的3%从单位所缴部分划入。

（五）基本养老保险待遇

1. 统一企业符合退休条件办理退休时基本养老金由基础养老金、个人账户养老金、过渡性养老金和过渡性调节四部分组成。

基础养老金=全省上年度职工平均工资的20%

个人账户养老金=个人账户储存额÷120

过渡性养老金=职工建立个人账户前的视同缴费年限每满一年发给本人指数平均缴费工资1.4%

过渡性调节金=110元（从2003年1月开始每年递减11元，10年过渡完）

2. 农业职工基本养老金从2003年7月1日后由基础养老金、个人账户养老金、视同缴费年限养老金三部分组成。

基础养老金=全省上年度职工平均工资×20%

个人账户养老金=个人账户储存额÷120

视同缴费年限养老金=全省农工上年度月平均缴费工资×1.4%×视同缴费年限

2004—2015年全区应参保人数4203人，实际参保4170人，参保率99.21%。累计征收养老保险费6235万元，中央转移支付补助11612万元，区级财政补助821万元，三项合计18668万元。

回龙圩管理区 2004—2015 年企业（农垦）养老保险情况表

表 7-5　　单位：人、%、万元

年份	应参保人数	实际参保人数	参保率	当年征收保险费	中央转移支付补助	区级财政补助	收入合计	退休人数	支付养老金	支付丧葬费、抚恤金	备注
2004	3110	2408	77	74	192	45	311	1438	381		
2005	3110	2408	79	105	112	42	259	1421	494		
2006	3564	3005	84	191	256	40	587	1477	653		补发 2003 年 7—12 月养老金
2007	3561	3089	87	233	511	62	806	1428	549		
2008	3803	3591	94	390	616	70	1076	1433	783		
2009	3926	3825	97	452	785	81	1318	1471	1046		
2010	3980	3927	99	548	943	81	1572	1463	1287	13	
2011	4160	4095	98	819	1078	80	1977	1541	1545	14	
2012	4203	4128	98	682	1078	80	1840	1559	1972	18	
2013	4203	4036	96	688	1438	80	2206	1642	2230	208	
2014	4203	4056	97	1138	2267	80	3485	1662	2699	270	
2015	4203	4170	98	915	2236	80	3231	1707	3137	159	
合计	4203	4170	99. 21	6235	11612	821	18668	18125	16776	682	

二、职工基本养老保险

2004 年，回龙圩管理区企业养老保险根据《国务院关于建立统一的企业职工基本养老保险制度的决定》文件精神，启动统一企业职工养老保险，全区统一企业职工 305 人，其中财政发工资 77 人，各单位聘请人员 137 人，工商企业退休人员 91 人。

统一企业职工个人缴纳基本养老保险的基数为企业职工个人缴费工资基数之和，职工个人缴费工资基数之和小于统计年报企业工资总额的应以统计年报数为企业缴费基数。企业缴费比例由目前全省平均 24. 5%降到 20%。1998 年 1 月起降到 22. 5%，并在 2000 年年底以前降到 20%。个人缴费比例，1997 年，本人缴费工资的 4%，以后每 2 年提高一个百分点，直至 8%为止。统一企业基本养老保险个人账户记入比例，从 1998 年 1 月 1 日起，统一按本人缴费工资 11%的数额为职工建立基本养老保险个人账户，个人缴费全部记入个人账户，其余部分从企业缴费中划入，随着个人缴费比例的提高，企业划入部分逐步降到3%。退休时的基础养老金月标准为本省上年度职工月平均工资的20%。个人账户养老金月标准为本人账户储存额除以120；对缴费年限不满10年的，退休后不享受基础养老金待遇，其个人账户储存额一次支付给本人，有视同缴费年限的再按其视同缴费年限，每满一年发给两人月、全省上年度职工月平均工资，同时终止基本养老保险关系。全区统一企业职工305人，占企业（农垦）职工实际参保人数的7.3%。

三、城镇居民养老保险

2012年，回龙圩管理区城镇居民养老保险和新型农村社会养老保险为同一性质。新型农村社会养老保险简称“新农保”，城镇居民养老保险简称“城镇居民养老保险”。城镇居民基本养老保险的参保范围：年满16周岁（不含在校学生）具有本区户籍，非国家机关和事业单位工作人员及不属于职工基本养老保险制度覆盖范围的城镇居民，在户籍地参加城镇居民养老保险。城镇居民养老保险基金由个人缴费、集体补助和政府补贴构成。个人缴费：凡参加城乡居民养老保险的人员应当按规定逐年缴纳养老保险费、缴费标准每年100元、200元、300元、400元、500元、600元、700元、800元、900元、1000元、1500元、2000元、2500元、3000元14个档次，参保人自主选择缴费档次，多缴多保。集体补助：有条件的村集体经济组织应当对参保人缴费给予补助、补助标准由村民委员会召开村民会议确定，鼓励有条件的社区、集体补助纳入社区公益事业资金筹资范围，鼓励其他社会经济组织、公益慈善组织、个人为参保人缴费提供资助、补助，资助金额不超过全区最高缴费标准。政府补贴：建立多缴多保激励机制，管理区对参保人缴费给予补贴，参保人选择年缴纳100元、200元档次的补贴标准为每人每年30元，选择年缴纳300元、400元档次的补助标准为每人每年40元，选择年缴纳500元、600元、700元、800元、900元、1000元档次的补助标准为每人每年60元，选择年缴纳1500元档次的补助标准为每人每年70元，选择年缴纳2000元档次的补助标准为每人每年80元，选择年缴纳2500元档次的补助标准为每人每年90元，选择年缴纳3000元档次的补助标准为每人每年100元。对特别困难群体参保给予补助，对重度残疾人（一、二级）由区财政凭（残疾人证）代缴，每人每年100元养老保险费。城镇居民养老保险待遇由基础养老金和个人账户养老金构成，支付终身。

1. 基础养老金最低标准60元/月，管理区依照国家基础养老金正常调整机制，鼓励参保居民长期缴费，参保人员缴费累计15年的每增加1年缴费，基础养老金每月增加1元（不含补缴年限）。

2. 个人账户养老金，月计发标准为个人账户全部储存额除以139，参保人死亡后，其个人账户中的资金余额可以依法继承。

2015年，城镇居民养老保险应参保人数3256人，实际参保人数3147人，参保率97%。当年征收保险费47万元，各级财政补助17.24万元，经过4年的养老金调待，每人每月基础养老金从55元调到80元。

回龙区管理区2012—2015年城镇居民养老保险情况表

表7-6　　单位：人、%、万元

年份	应参保人数	实际参保人数	参保率	当年征收保险费	各级财政补助	收入合计	退休人员	支付养老金	备注
2012	3120	2929	94	59.9	11.58	71.48	82	5.52	
2013	3120	2779	89	46.4	27.95	74.35	94	6.8	
2014	3256	3256	100	47.1	11.04	58.14	109	7.3	
2015	3256	3147	97	47	17.24	62.24	121	1.76	

说明：从2012年启动城镇居民养老保险（新型农村养老保险）

四、机关事业单位工作人员养老保险

2004年，回龙圩管理区根据《湖南省机关事业单位养老保险制度改革办法》启动机关事业单位工作人员养老保险进入国家统筹。机关事业养老保险的范围：凡编制部门认定的执行机关事业单位工资制度的全民、集体所有制事业中的全部工作人员。

机关事业单位缴纳基本养老金的标准为本单位在职工作人员上年度月平均工资总额与离、退休人员月离、退休、退职费总额之和的24%，个人缴纳基本养老保险金的标准为本人上年度月平均工资总额的3%。1998年1月1日起每两年提高1个百分点（1998年1月1日至1999年12月31日3%，2000年1月1日至2001年12月31日4%，2002年1月1日至2003年12月31日5%，2004年1月1日至2005年12月31日6%）。

机关事业单位原未参加养老保险的工作人员补缴养老保险，第一阶段1993年9月3日至1995年2月，单位缴纳部分按1993年9月30日本人月工资总额的15%计算，第二阶段，1993年10月至1994年12月30日本人工资总额的20%计算，第三阶段，1995年3月以前单位缴纳部分按本人月工资总额的24%补缴，个人按本人月工资总额的3%补缴。机关事业养老保险由三部分构成：1. 单位和个人缴费年限均满20年（含20年）以上的按本人退休前工资总额60%计算，满15年不满20年的每少1年降低1个百分点，满10年不满15年的，每少1年降低1.5个百分点。

2. 单位和个人缴费年限均满15年，从第16年起每增加一年增加本人退休前工资总额1%的退休金，但增加部分最多不超过20%。

3. 以工作人员基本养老保险个人账户的储存额除以应缴费月数发给的部分，实际缴费数超过420个月的只除以420.

2015年，机关事业养老保险应参保人数362人，实际参保362人，参保率100%。

回龙圩管理区2004—2015年机关事业养老保险情况表

表7-7 单位：人、%、万元

年份	应参保人数	实际参保人数			参保率	当年征收保险费	支付养老金	丧葬费、抚恤金	备注
		合计	参保在职人员	退休人数					
2004	283	283	231	52	100	60	60	—	
2005	287	287	234	53	100	52	52	—	
2006	288	288	228	60	100	76	76	—	
2007	284	284	222	62	100	129	129	—	
2008	291	291	228	63	100	92	92	—	
2009	297	297	223	74	100	89	89	0	
2010	299	299	223	76	100	116	116	3	
2011	317	317	235	82	100	149	149	6	
2012	388	388	250	88	100	177	177	—	
2013	350	350	257	93	100	209	209	8	
2014	361	361	258	103	100	137	137	4	
2015	362	362	257	105	100	205	205	14	
合计	3757	3757	2846	911	100	1491	1449	35	

第二节 失业保险

2014年9月，回龙圩管理区开始启动失业保险，当年参保人数达301人，基金征缴32.5万元，失业保险参保对象主要是事业单位工作人员、机关事业单位上班的企业人员，临聘人员三大类，全区五大保险实行全覆盖。

第三节 医疗保险

一、城镇职工基本医疗保险

1992—2001年，回龙圩农场时期在岗职工和离退休人员实行公费医疗，根据工龄的长短按比例报销住院费，最多报80%，最低报50%。2002年，回龙圩管理区根据国家、省、市《关于建立城镇职工基本医疗保险制度》文件精神，全区建立城镇职工基本医疗保险制度，城镇职工包括（机关、事业、社会团体、企业单位的职工）。2004年，城镇职工基本医疗保险的缴费比率按上年度单位城镇职工工资总额的6%缴纳，企业职工按上年度全区职工平均工资的60%为基数缴纳，退休人员从批准退休的下月起不缴纳医疗保险的个人缴纳部分。医疗保险按比例分段负责，3000元以内由个人自付20%。3000~10000元个人自付15%，10000元以上个人自付6%，退休人员按上述自付65%，超过最高限额以上部分可以通过大病医疗救助费解决。参保职工住院治疗期间实施特殊检查和特殊治疗的，按《永州市城镇职工基本医疗保险诊疗项目管理暂行规定》凡患特殊病种的参保职工，经定点医院审定，医保中心批准，可在门诊治疗需转上级医院诊疗的按照逐级转诊转院办理手续，方可转到指定医院诊疗，但个人先自付15%，参保职工因出差或法定假日探亲期间，在异地患病，急诊住院的医疗费，凭异地医疗保险定点医疗机构的病历、处方、发票和用人单位的证明等，按规定予以报销。

二、农村合作医疗

2007年，管理区农村合作医疗开始启动，农村合作医疗所收的费用用于门诊报销和大病救助，省、市配套资金用于住院报销。2007—2012年，以户为单位参加农村合作医疗，一家人有几口就参加几人，2013—2015年以人为单位参加合作医疗，凡参加社会保障的职工就不能参加农村合作医疗。2007—2008年，农村合作医疗个人年缴费10元/人。门诊费不报账，住院费报30%。2009—2010年，个人年缴费20元/人，门诊费不报账，住院费报35%。2011年，个人年缴费40元/人，门诊费报10元1次，一年报两次，住院费报50%。2013年，个人年缴费80元/人，门诊费报20元1次，一年报两次，住院费报60%。2013—2014年，个人年缴费120元/人，门诊费报30元1次，一年报两次，住院费报65%。2015年，个人年缴费150元/人，门诊费报40元1次，一年报两次，住院费报80%。

农村合作医疗住院报账，凭病人和医院提供的资料报账，病人方提供的报账资料：合作医疗卡、病人的身份证明和户口本、代办人的身份证，五保、低保户要有五保户证或低保证、医院提供的资料；住院发票、出院证明、住院费用总清单。资料齐全后方可在定点医院报账。

回龙圩管理区 2007—2015 年新型农村合作医疗收支统计表

表 7-8　　　　单位：人、万元

年份	参合人数	收入合计	参合金额	政府配套资金					利息收入	提成表基金支出				本期统筹基金结余	累计结余
				小计	中央	省级	市级	区级		合计	住院支出	门诊支出	其他支出		
2007	10248	488055	102480	384913	180000	143472	30697	30744	662	345379	242307	27866	75205	142676.27	142676
2008	10998	906163	109980	794820	464880	230958	49491	49491	1363	915472	671876	144721	98875	-9308.85	133368
2009	10510	1051876	210200	840800	420400	294280	63060	63060	876	1086883	1009622	59625	17636	-35006.88	98361
2010	10900	1480718	218000	1261280	645000	446120	63060	98100	1438	1403049	1284857	92240	25951	77669.68	176030
2011	11363	2664045	340890	2321133	1227204	702300	63100	328529	2022	1969042	1673171	255823	40048	695003.37	871034
2012	11487	3336800	574350	2756880	1516284	827407	63060	350129	5570	3076608	2726659	235511	14439	260191.77	1131226
2013	10030	3414889	601800	2808380	1885560	768365	63060	91395	4709	3485898	2804961	448825	232112	-71009.64	1060216
2014	10119	3852564	607140	3237960	2226200	737800	63060	210900	7464	3336838	2613450	493749	229639	515725.91	1575942
2015	10288	4841733	925920	3909442	2757184	843190	63068	246000	6371	5220639	4161052	736216	323371	-378906.27	1197036

第四节　工伤保险

2007年，回龙圩管理区开始启动工伤保险。2007—2015年，没有发生工伤、死亡事故。工伤保险按单位在职人员，以工资总额为月缴费基数，2007—2011年按工资总额0.5%，2012—2015年按照工资总额1%，个人不缴费。工伤保险实行市级统筹，保险费收入每年统一上解到市工伤保险处。

回龙圩管理区2007—2015年工伤老保险情况表

表7-9　　单位：人、%、万元

年份	应参保人数	参保在职人员	参保率	当年征收保险费	上解市工伤保险处	备注
2007	366	366	100	1	1	
2008	363	363	100	5	5	
2009	395	395	100	4	4	
2010	389	389	100	5	5	
2011	389	389	100	4.5	4.5	
2012	394	394	100	13	13	
2013	359	359	100	12	12	
2014	432	432	100	13	13	
2015	464	464	100	14	14	
合计	3551	3551	100	71.5	71.5	

第五节　女职工生育保险

2004年，回龙圩管理区开始实施女工生育保险，生育保险按双方负担，统账结合的原则进行管理。女工生育保险费缴纳由单位和个人同时负担，社会统筹与个人账户相结合，单位缴费标准为上年度职工工资总额的6%，个人缴费标准为个人工资总额的2%。女工按政策生育后其费用按医保比例报账，不设门坎费。

回龙圩管理区2004—2015年职工医疗生育保险情况表

表7-10　　单位：人、%、万元

年份	应参保人数	实际参保人数	参保率	当年征收保险费	中央转移支付	收入合计	支付医药费	备注
2004	327	327	100	21	—	21	27	
2005	336	336	100	21.3	—	21.3	25	

续表7-10

年份	应参保人数	实际参保人数	参保率	当年征收保险费	中央转移支付	收入合计	支付医药费	备注
2006	385	385	100	23	—	23	25	
2007	366	366	100	28	—	28	32	
2008	1868	1868	100	29	117	146	63	
2009	1897	1897	100	52.8	267	319.8	116	
2010	1899	1899	100	46	81	127	80	
2011	1994	1994	100	52	104	156	100	
2012	1923	1923	100	74	—	74	127	
2013	1946	1946	100	77	—	77	114	
2014	1953	1953	100	137	12	149	97	
2015	1962	1962	100	129	—	129	87	
合计	16856	16856	100	690.1	581	1271.1	893	0

第六节 退休服务社会化

一、养老金发放

2003 年 7 月以来，管理区按照“三有一履行”的原则，对全区农垦企业职工参保资格进行样实的调查、了解，摸底排查，将符合条件的 4857 名农垦企业职工纳入国家社保。2004 年，争取国家社保资金补助 237 万元。2005 年，已到位 52 万元，1451 名退休职工按月领到养老金。自 2010 年，回龙圩管理区开始启动基本养老金社会化服务管理，社会劳动保险站承担社会化管理区服务职责，为退休人员建立基本信息库，掌握和提供领取基本养老金人员资格情况，采取社会化的发放方式，委托江永县回龙圩农商银行、江永县回龙圩邮政银行两家金融单位对养老金的发放。

二、参保对象

2015 年，回龙圩管理区社会养老保险覆盖面在 95%以上，改变原来覆盖面窄的状况，遏制参保人数和缴费人数下降趋势。2004 年参保人数 3756 人，2015 年参保人数 7307 人，截至 2015 年年底离退人员从 1348 人增加到 1707 人。

三、管理服务

随着社会保险制度改革的深化和社会化管理服务工作的不断完善，离退休人员由原单位管理走上社会化管理拓展服务范围，使社会力量为企业退休人员提供生活保障，开展医疗卫生保健、文化、健身等活动。管理区所有企事业退休人员，全部实现社会化管理，给离退休人员提供有利条件。

四、资金筹措

建立多元化筹资渠道，除企业和职工个人缴费外，积极争取加大政府部门的投入比例，使养老金足额按时发放。

第七节　信息化建设

一、机房建设与管理

2004 年，回龙圩管理区养老保险开始进入信息化服务管理，2011 年，进入全省统一的企业养老保险信息化服务管理。2012 年，兴建系统信息化标准房，机房铺设防静电地板，配置一个机柜、两台交换机、一台路由器、12 组供电电池、两条业务线路（电信、联通），一台空调。建立机房管理制度，指定专业人员负责信息化管理，定期对网络进行维护。

二、内网开通

2012 年，回龙圩管理区内网开通机房到局机关、经办机构的电脑内网专线，确保人社业务办理及参保信息安全。建立视频会议系统，配置一台 50 英寸液晶电视机、一个高清摄像头、一整套视频系统设备、联通市局信息中心，方便会议和信息传达，提高工作效率，方便群众办事，节省工作时间和经费。2015 年开通镇、办事处、林场、社区的业务内网。

三、建立社保卡

2014 年，回龙圩管理区社保卡建立，为全区 7286 名参保人员核对信息，办理社保业务提供方便。逐步实现社保卡在养老保险、医疗保险、就业等流域应用。

第八篇

民 政

1992—2002 年，回龙圩农场涉及的民政业务由江永县民政局管理。农场以回龙圩镇的名义设民政办，民政办设民政助理员 1 人，归口在农场政法大办。民政工作业务上受江永县民政局的指导，其业务范围是只限于优抚工作。2002 年，农场改制后，根据《中共永州市委员会 . 永州市人民政府关于回龙圩管理区机构改革方案的通知》文件精神，市编办下文在回龙圩管理区社发局加挂民政司法局牌子，后因工作需要民政独立出来，设立民政局，挂靠政工部。由政工部一名副局长兼任民政局长。民政局业务也逐渐脱离江永县民政局，由市民政局直接指导。业务工作主要有优抚、救济扶贫、社会福利等方面。

第一章　基层自治组织

第一节　村民委员会

1989 年，经省民政厅批复设立江永县回龙圩镇，回龙圩镇下辖 3 个行政村，即回龙、盐下、朱家观三个村民委员会。2002 年，农场改制后，市委、市政府批复的回龙圩管理区机构改革方案将原 7 个分场改为 7 个行政村，由回龙圩管理区直接管理。根据此方案，报江永县人民政府批复，设李家塘、平利、永济亭、兴隆、八仙洞、神仙洞、马鹿头 7 个行政村，加上以前回龙圩镇的 3 个行政村共 10 个行政村。为了工作的需要，在实际操作中，将原分场改为办事处，作为管理区的派出机构，行政级别正科级。这样回龙圩管理区下设 1 个建制镇，6 个办事处，1 个林场。回龙圩镇下辖 4 个行政村，6 个办事处，下辖 1 个行政村。由于办事处设 1 个行政村辖区区域过宽、过散，不便于工作，2007 年 5 月，经江永县人民政府批复增设岩口塘、大罗圩、仙人桥、何家、棠锦、新风村 6 个行政村。加上原来的 10 个行政村，回龙圩管理区共有行政村 16 个，村民小组 64 个。具体分布回龙圩镇辖回龙、盐下、朱家观、平利 4 个行政村，14 个村民小组；李家塘办事处有李家塘、何家 2 个行政村，11 个村民小组；永济亭办事处设永济亭、岩口塘 2 个行政村，6 个村民小组；兴隆办事处设有兴隆、仙人桥 2 个行政村，8 个村民小组；八仙洞办事处设有八仙洞、新风村 2 个行政村，7 个村民小组；神仙洞办事处设有神仙洞、大罗圩 2 个行政村，6 个村民小组；马鹿头办事处设有马鹿头、棠锦 2 个行政村，12 个村民小组。行政村设村民委员会，主要组成人员有村主任、副主任、村支书，村主任主管行政工作，文书负责村日常事务。村民委员会另外还设有妇联主任 1 人，负责村里的妇女工作、计划生育工作治保主任1人，负责治安、纠纷调解方面的工作。从2012财政每年安排村活动经费2万元，并逐年增加，到2015年财政安排每个村委会活动经费6万元。岩口塘、马鹿头、兴隆、回龙、盐下、八仙洞、神仙洞、李家塘等新建村民活动中心，确保村“两委”开展村务活动有场所、有经费。

村民委员会成员每届任期三年，到期经年满18周岁具有选举资格的全体村民投票选举，产生新一届村委会。

第二节　居民委员会

1992—2015年，回龙圩镇设有2个居民委员会。2006年，管理区财政投资70万元，建立了回峰、八字桥两个居委会活动中心。2015年，回峰居委会有常住人口405户，1087人，八字桥居委会有常住户人口328户，772人，合计1859人，是回龙圩管理区中心城区的核心区。居委会设主任1人，文书1人，计生专干1人。两个居委会共有居民小组14个。管理区成立前，上级民政部门每年安排每个居委会2000元活动经费。管理区成立后，两个居委会经费同村委会一样纳入财政预算。到2015年，财政安排每个居委会办公经费0.8万元，居委会干部的工资全由财政拨款。居委会的职责是：调解各类民间纠纷、就业失业登记服务、计划生育、社保征集登记，收缴保费；民政低保服务登记、扶贫户、特困户、低保户考察公示，以及其他便民服

八字桥居委会

八字桥居委会宣传栏

务等。

居委会干部每届任期三年，期满后由年满 18 周岁具有选举资格的居民投票选举下届居委会成员。

第三节 社区建设

1992—2001 年，农场时期因经济困难，社区建设无资金投入，社区街道狭窄，没专人管理，居民乱摆乱建、乱堆乱放、乱写乱画，小区脏、乱、差现象普遍。2002 年农场改制后，国家对小城镇建设项目在回龙圩管理区逐步得到落实，特别是 2006—2015 年，随着一批环保、新农村建设项目资金的到位，社区建设力度加大。街道变得宽敞通畅，路灯、彩灯从晚上 7 点到 11 点定时打开。社区的环境卫生大有改变，每条路、街早晚有洒水车、清扫车进行洒水清扫，每天清晨 5 点半至晚上 7 点都有环保 2 人清扫，每户门前配备分类垃圾箱，居民自觉实行垃圾分类。绿化以大规格的樟树、桂花树为主，树与树之间种花种草。社区建有居民休闲公共场所，安装公共健身器材，修建高标准的篮球场、羽毛球和气排球场，丰富居民文体生活。加强社区治安巡逻，每晚派出所民警在主要街道、重要公共场所巡逻，并安装监控。

第二章 优抚安置

1992—2001 年，农场时期优抚安置工作由江永县民政局负责，回龙圩镇民政办具体落实。2002 年，回龙圩管理区成立后，优扶安置工作从江永县民政局划出，由管理区民政局负责。

第一节 双拥

1992—2015 年，回龙圩管理区双拥工作落实领导责任制。管理区成立双拥工作领导小组，由管委会主任任领导小组组长，区武装部长、区民政局长任副组长。相关单位和部门负责人为成员。领导小组对全区双拥工作进行统一领导协调，定期召开会议研究双拥工作，部署工作任务。

双拥活动有驻军慰问活动，每年“八一”建军节和春节期间管理区主要领导带队专访江永县武装部、武警和消防官兵。

元旦春节期间对全区所有的烈军属、转业、复员、退伍、伤残军人每户（人）送上一份带日历的慰问信，由领导带队组织慰问组向烈军属、转业、复员、退伍、伤残军人、现役军人家属进行走访，发给100元至400元不等的慰问金。

在“八一”建军节举行复员退伍军人、伤残军人、现役军人家属座谈会，共商管理区发展大计，为管理区经济社会发展献言献策。

每年组织科技人员对优抚对象开展科技服务活动二次以上，解决他们在生产中遇到的技术难题，在银行贷款，技能培训、扶贫、就业、入学、入托、就医等方面实行优抚对象优先政策，使他们率先脱贫致富，成为奔小康的带头人和致富能手。

每年“八一”建军节期间给在部队服役的战士写慰问信，让他们了解党和政府对现役军人及家属的优抚政策和家乡发展变化的情况。

第二节　优待

优待分重点优抚对象和其他优抚对象，重要优抚对象有伤残军人、“三属”人员、参战人员，其他优待有义务兵、退伍军人、农村籍60岁以上的退伍兵。1992—2001年，优待工作由回龙圩镇民政办根据江永县人民政府确定的优抚对象进行慰问，慰问金上级民政部门拨一点，农场拿一点。2002年农场改制管理区后，优待对象由管理区根据国家有关政策确定优待对象，优抚对象的慰问金，按国家政策由区财政拨付，每年“八一”、春节两个节日，管理区领导带队开展给烈军属、转业、复员、退伍、伤残、现役军人家属送年画、送慰问金走访活动。优待金标准：2001—2010年两年义务兵优待金1500元/年人。2011年后农村义务兵优待金5000元/年人，城镇义务兵优待金13000元/年人。退役报到时按标准发放到位。2001—2015年累计发放义务兵优待金127.29万元，优待金国家安排50%，管理区财政拨50%。

回龙圩管理区2010—2015年对复退军人两节走访慰问金情况表

表8-1　　**单位：元**

年份	春节慰问金	八一慰问金	年份	春节慰问金	八一慰问金
2010	28550	30100	2013	32850	29400
2011	28752	30100	2014	33550	34300
2012	31850	29400	2015	33150	29300
合计	188702	182600			

第三节 抚恤

1991—2001 年，由江永县民政局拨付抚恤金，农场民政办办理。2002 年，管理区成立后，“三属”（烈属、因公牺牲家属、病故军人家属）、伤残军人、老复员军人、参战人员等抚恤对象由区民政局每年按政策拨付，并建立自然增长长效机制。

2009 年，管理区印发《回龙圩管理区优抚对象医疗保障实施细则》，六级伤残军人医药费全报，六级以下的伤残军人因伤口复发实行实报实销，老复员军人六级以下伤残非伤口引发的疾病，视家庭困难程度给予适当补贴。退伍军人患有大病的适当放宽病种和放宽救助底线，提高救助标准。对所有优惠对象全额资助参加农村合作医疗和医保，每月按规定发放门诊费。一至六级残疾军人在政策范围内发生的门诊费按规定报销。七至十级残疾军人“三属人员”在乡复员军人每人每年补助 150 元，参战退伍军人，每人每年补助 100 元医疗门诊费。开展为扶优对象发放医疗卡和上门就医送药活动，其标准是老复员退伍军人 1000 元，参战退伍军人 500 元。

2012—2015 年，凡符合抚恤的对象的人员及家属除享受定期抚恤外，在住房、救济、医疗等方面给予优惠和重点帮扶，按照“全员覆盖、优待优惠、简便快捷、规范安全”的要求。

2015 年，回龙圩管理区有“三属”人员 2 人，伤残军人 1 人（2013 年以前 3 人，病故 2 人），老复员军人 14 人，参加中越边境自卫反击战人员 23 人。60 周岁以上的农村籍退役军人 3 人，其他退役军人 143 人。

2012—2015 年，为 8 户重点优抚对象建房给予 8000~3 万元不等的补助，对建不了房，优先解决住管理区修建的廉租房和公租房。对生活有困难的抚恤对象每户给予 3000~1 万元的抚恤生活救助。2002—2015 年，共发放优抚对象抚恤金、生活补助、扶优奔康、“三难”补助等共计 610.6 万元。

回龙圩管理区 2007—2015 年重点优抚对象抚恤资金发放表

表 8-2

年度 类别	2007		2008		2009		2010		2011		2012		2013		2014		2015	
	人数	资金	人数	资金	人数	资金	人数	资金	人数	资金	人数	资金	人数	资金	人数	资金	人数	资金
三属	2	6036	2	8076	2	9636	2	10584	2	12048	2	12048	2	15348	2	21300	2	27552
伤残军人	4	20148	4	29352	5	38124	5	41856	4	37512	4	37512	3	34176	3	36948	3	42480

续表8-2

年度 类别	2007		2008		2009		2010		2011		2012		2013		2014		2015	
	人数	资金	人数	资金	人数	资金	人数	资金	人数	资金	人数	资金	人数	资金	人数	资金	人数	资金
在乡老复员军人	6	10680	6	18264	6	28152	6	34056	5	32040	5	32040	5	43320	5	49560	5	61560
参战军人	19	9500	20	36000	23	55200	23	60720	23	69000	23	69000	23	78660	23	99360	23	126960
60周岁以上农村籍退役军人	—	—	—	—	—	—	—	—	17	4400	26	16320	31	20140	32	26400	34	147600
合计	31	46364	32	91692	36	131112	36	147216	51	155000	60	166920	64	191644	65	233568	67	406152

第四节　安置

1991—2001 年安置工作由江永县安排。2002—2015 年安置政策实行“从哪里来，回哪里去”。回龙圩管理区是永州市政府的派出机构，没有编制人事权，要增加编和人事调动需经市有关部门审批办理。

2010 年 8 月，安置两名复员士官和两名在校入伍的大学生。其中 2 名在校入伍的大学生选择自主就业，每人发放自主就业一次性补助 4.64 万元。内部招聘工作人员，复员退伍军人优先，1992—2015 年，内部安排复员退伍军人 86 人，其中 5 人担任管理区中层领导干部，1 人进入区领导班子。

第三章　自然灾害救助与扶贫

第一节　自然灾害

1992—2015 年，发生较严重的自然灾害有：

1999 年 11 月回龙圩管理区遭受霜冻，受冻果树面积 1.5 万亩，受灾严重的 3000 亩，直接经济损失 2200 万元。

2002 年，管理区遭受三次大的暴风雨袭击，4 月 5 日，遭特大风暴袭击，风暴持续了近 1 个小时，使 20 余间房屋倾倒，雨量达 100 毫米，诱发山洪，冲毁农田 120 余亩；7 月 1 日，全区再一次遭受暴风雨袭击，暴雨持续 6 小时，降雨量达 160

毫米，冲毁庄稼200余亩。三次大的暴风雨造成管理区直接及间接损失2138.7万元。2003年6月28日至11月19日，管理区遭受三季连旱特大旱情袭击，连续干旱达130天之久，加之风大，天气炎热干燥，更增加旱情的严重性。造成全区5个办事处、32个自然村人畜饮水困难，秋冬油菜无法播种，农作物损失3000余万元。2008年1月16日，回龙圩遭受特大冰冻袭击，历时11天，气温一直在-2°至-3°间，冰层厚度在1~1.5厘米，全区0.7万人受灾，直接损失2.42亿元。其中4.5万亩柑橘严重受灾，将有30%以上的果园绝收。7.5万亩山林损失严重，推毁活立木23万立方米，一些挂牌保护的古树名木和名贵树种受损严重。3000亩蔬菜、6500亩油菜损毁严重。因冰冻死亡的大牲禽21头，8户养兔、养禽大户因受冰冻致使40%的兔禽死亡。损毁公路路基300米，损坏路面2600米，桥涵8处，水渠1500米。3.5万伏高压输电线路倒伏1000米，倒伏低压电杆320根，损毁变压器11个，80%有线电视杆及通信杆倒伏，电视通信设施基本损毁，冻裂水管2100米，水表816个。倒塌房屋34间，损坏253间。冰冻造成全区停电停水206小时，工厂停产，酒店停业，交通中断，60%以上的手机因无电而关机，80%以上的固定电话因倒杆、断杆而无法使用。

2008年6月11—13日，回龙圩管理区遭特大暴雨袭击，降雨量达到333毫米。这次暴雨，造成5711余人受灾，回龙圩镇办公楼进水，八仙洞办事处被洪水围困。施工中二级公路兴隆桥被洪水冲毁，损坏房屋156间，损失47万元；3500亩柑橘园严重积水，致使果树造成不正常的黄叶、烂根和大规模落果，减产150万公斤，损失400万元；1600亩烤烟遭淹，损失160万元；淹没稻田4000亩，损失100万元；400亩精养鱼池泛塘，走失菜鱼2万公斤，鱼苗2000余万尾，损失190万元；淹没西瓜、辣椒、花生等经济作物11000余亩，其中绝收面积3700亩，损失580万元，毁坏耕地面积495亩，损失198万元；狂风暴雨折断树木压坏广播电视通信线路600余米，损失10万元。回峰山脉塌方5处约30亩，损毁木材200立方米，水毁渠道54处23.9公里，供水管网2.6公里，损失195万元。冲毁通村公路涵洞10座，毁坏路基5500米，冲毁路面330米，塌方8处450米，损失150万元。

2009年5月18日和6月10日两次洪涝灾害，造成回龙圩多处山塘、水渠被毁，受灾人数2500多人，全区农作物受灾面积375公顷，成灾面积235公顷，绝收面积140公顷，毁坏耕地30公顷，倒塌房屋7间，损坏房屋58间，直接经济损失530万元。同年8月间又遭受严重的旱灾，由于持续高温干旱，造成2个行政村，7个村民小组饮水困难，农作物受害严重，受旱面积1110公顷，晚稻其他农作物严重减产或绝收，油菜无法播种，经济损失达500万元。

2010年3月9日晚，回龙圩遭受霜冻灾害的突发袭击，农作物受灾面积1000

公顷，成灾面积860公顷，直接损失3600万元，5月14日凌晨遭特大暴雨，造成3000余人受灾，直接经济损失2085万元，全区农作物受灾面积1075公顷，成灾面积743公顷，绝收面积196公顷。6月14—28日洪涝灾害，全区受灾人口675人，直接经济损失1275万元，农作物受灾面积563公顷，成灾面积363公顷，绝收面积200公顷，农作物损失1230万元，水利设施损失45万元。

2012年6月11日洪涝灾害，全区485人受灾，农作物受灾面积276公顷，成灾面积37公顷，直接经济损失502万元，洪水冲垮鱼池11处，损失菜鱼4300公斤，鱼苗10万尾，损失185万元。

2002—2015年，下拨救灾款350.842万元，棉被251床，大米14.7吨，食油100捅，其他物件333件。

第二节　扶贫

1992—2015年，回龙圩管理区建档立卡贫困户659户，2122人。

管理区通过农商银行发放小额信用贷款（每户3万元政府贴息），已有184贫困户拿到了贷款，贷款金额共686万元，为贫困户自贷自用，主要用于发展柑橘产业。组织扶贫工作组进村，工作组成员实行包村包户脱贫。请湖南农业大学教授到管理区讲柑橘黄龙病防治技术，免费发放农药，安装太阳能杀虫灯。扶贫搬迁投资总额1602万元，搬迁98户267人。其中集中安置三个点：工业园安置点18户46人，回龙新村安置点19户58人，上枧新村安置点11户34人；分散安置点50户129人，到2015年，完成投资1390万元。工业园集中安置点和回龙新村工程完成，上枧新村在建设中。分散安置李家塘办事处4户完工，回龙圩镇35户在装修中，分散安置完成投资180万元。2012年省民政厅下达回龙圩管理区农村危房改造任务1000户，经费750万元。在具体工作中坚持统筹规划、群众自愿、公开公正、优先改造最困难群众的危房的原则。与农垦危房改造打捆使用，整合资源。扶持600户农村五保、低保、残疾人等弱势群体的住房修缮和新建住房。

全区有8个贫困村，分别是回龙圩镇回龙村、朱家观村，兴隆办事处仙人桥村，永济亭办事处岩口塘村，马鹿头办事处棠锦村，神仙洞办事处大罗圩村，八仙洞办事处八仙洞村。2014年，脱贫301人；2015年，脱贫160人。到2015年，脱贫4个村，分别是回龙村、朱家观村、仙人桥村、岩口塘村。

第四章 社会福利

第一节 城乡低保

2002年，回龙圩管理区开展城镇低保工作，业务上隶属江永县低保中心管理，所有报表、档案都存放在江永，2004年1月，单列。主要对象有三类人员：无生活来源、无劳动力、无法定赡养人或抚养人的居民；领取失业救济金期间或失业救济期满仍未重新就业，家庭人均收入低于最低生活保障标准的居民；在职人员和下岗人员在领取工资、基本生活费后以及退休人员领取退休金后，其家庭人均收入仍低于最低生活保障标准的居民。

2004年，回龙圩管理区印发《回龙圩管理区实施城镇低保动态管理，进行2004年年检年审实施方案》。本着应保尽保、规范施保的原则，通过年检年审对明显不符合低保条件，家庭收入高于最低生活保障标准的对象停止保障。把原国有改制企业的“40、50”下岗职工符合低保条件的贫困对象纳入保障范围，调整低保对象的人均补差。

2005年，适当提高低保标准，继续深化分类施保。最低生活保障线由原来的110元提高到132元，并根据其经济状况按六个档次实施分类保障，拉开档次，确保城乡低保在最低生活保障线以上。

2006年，根据省民政厅、财政厅印发的《关于认真做好适当提高全省城市居民最低生活保障补助水平工作有关问题的通知》和永州市人民政府《关于提高城市居民最低生活保障标准的通知》文件精神，按照市民政局的安排部署，对低保户保障水平作如下调整：“三无”对象从原来的每月132元增加到160元；二类人员从110~132元/月增加到140~160元/月；三类人员从80~110元/月增加到110~140元/月；四类人员从60~80元/月增加到80~100元/月；五类人员从30~60元/月增加到60~80元/月；六类人员从10~30元/月增加到30~50元/月；低保边缘户按人平50元的标准发给一个季度的低保补助金。

2007年5月，为保障回龙圩管理区辖区内农村特困居民基本生活，根据《永州市人民政府关于建立农村居民最低生活保障制度的通知》和《永州市人民政府办公室关于印发（永州市农村居民最低生活保障制度实施办法）的通知》两个文件精神制定出台《永州市回龙圩管理区农村居民最低生活保障实施细则》，坚持低标准起步、窄范围施救、逐步拓展的原则，实施属地动态管理、分类施保、差额补助的办法，确保农村居民最低保障的实施。

2008年4月，管理区制定《回龙圩管理区城镇居民最低生活保障实施细则》，进一步明确申请城乡低保的必备条件，不列入保障范围的11类人群及家庭收入核对内容，再一次提高分类享受城镇低保的标准：1档：175元；2档：150~175元；3档：125~150元；4档：100~125元；5档：75~100元；6档：45~75元。

为了确保城乡低保工作公平、公正、公开，申报审批程序实行阳光操作。2009年7月，管理区管委会下发《回龙圩管理区关于严格规定程序办理城乡低保审批手续的通知》。

2014年，管理区根据省民政厅和市民政局精神，从4月起到6月止进行为期2个月村级摸底、入户调查、民主评议、张榜公示。对回龙圩的农村低保对象逐户进行重新认定，对家庭经济状况收入超过低保标准的对象全部取消，对六类符合农村低保条件的特困家庭严格审核把关做到应保尽保，对所有纳入应保尽保范围的对象做到入户调查100%、民主评议100%、阳光公示100%、审批准确率100%、信息录入率100%，确保对象摸底、核查、认定、审批、信息录入一步到位，农村低保应保尽保工作进一步完善。

回龙圩管理区2004—2015年城乡低保发放汇总表

表8-3

年份	城镇低保					农村低保				
	户数（户）	人数（人）	金额（元）	人均补助（元）	月保障标准（元）	户数（户）	人数（人）	金额（元）	人均补助（元）	年保障标准（元/年）
2004		4011	199155	49.65221	110	—	—	—	—	—
2005	3003	4315	247897	57.45006	132	—	—	—	—	—
2006	3954	6941	526326	75.82855	160	—	—	—	—	—
2007	4102	7468	654935	87.69885	160	171	467	14970	32.0556745	683
2008	4080	7227	772644	106.9108	175	1051	2753	153435	55.733745	683
2009	4313	8042	1074457	133.6057	175	2029	5090	279960	55.0019646	685
2010	4542	8946	1385649	154.8955	175	2287	5370	327520	60.990689	685
2011	4372	8608	1724075	200.2875	230	2481	5276	423130	80.1990144	1100
2012	4268	8361	1997394	238.8942	230	2645	5411	584845	108.084458	1500
2013	3935	7583	1972525	260.1246	320	2987	5965	704270	118.067058	1800

续表8-3

年份	城镇低保					农村低保				
	户数（户）	人数（人）	金额（元）	人均补助（元）	月保障标准（元）	户数（户）	人数（人）	金额（元）	人均补助（元）	年保障标准（元/年）
2014	3852	7371	1768850	239.9742	330	3227	6282	694900	110.617638	1980
2015	3649	7003	1726570	246.5472	330	3880	6603	752350	113.940633	1980
合计	44070	85876	14050523	—	—	20758	43217	3935380	—	—

第二节　城乡医疗救助

2005 年 5 月 20 日，根据中共中央、国务院《关于进一步加强农村卫生工作的决定》和中共湖南省委、湖南省人民政府《关于进一步加强农村卫生工作的决定》及民政部、卫生部、财政部《关于实施农村医疗救助的意见》文件精神，为保护城乡弱势群体身体健康，促进经济发展和社会进步，结合管理区实际，管理区印发《回龙圩管理区城乡医疗救助实施办法》。明确救助对象为五保户和贫困居民家庭。救助病种限于恶性肿瘤、白血病、尿毒症、肝硬化腹水及年医疗费用超过 1 万元以上的其他特殊病种（因权属纠纷、安全、交通等人为事故引发病症不纳入救助范围），每个人每年累计享受医疗救助金额最低不少于 500 元，最高限额 3000 元。

2010 年 2 月底，管理区印发《回龙圩管理区城乡医疗救助实施办法》，对辖区救助对象、救助内容作了规定，对社会救助定点医疗机构和定点药店的管理进一步规范，对基金筹集和管理进一步明确，规定具有当地常住户口的城乡低保对象、五保供养对象及其他特殊困难群众为重点救助对象。

2011 年 3 月 23 日，根据《回龙圩管理区城乡医疗救助实施办法》，为进一步做好城乡困难群众医疗救助工作，扩大覆盖面，提高救助水平，下发《回龙圩管理区民政局关于加强城乡医疗救助工作补充规定的通知》，从 2011 年 4 月起提高城乡低保对象住院医疗救助比例：农村低保对象在区人民医院和其他县级医疗机构住院的，新农合报账后其剩余自付的住院费用救助比例由 60%和 30%分别提高到 70%和 50%。转院到市以上或市外医院的由 20%提高到 30%，未参加新型农村合作医疗的低保对象患病住院，按住院费用的救助比例由 10%提高到 20%。城镇低保对象在区人民医院和其他县级医疗定点机构住院的，其剩余自付的住院费用的救助比例由 30%提高到 50%，“三无”人员和城市低保户中丧失劳动能力的重残、重病人员患病住院，其剩余自付的住院费用的救助比例由 50%提到 60%；转院到市以上的救助比例由20%提高到30%，未参加城镇居民基本医疗保险的医疗救助对象患病住院，按住院费用的救助比例由10%提高到20%。以上住院救助金额由原来一年内不超过3000元提高到6000元。城乡低保和农村五保对象因伤住院纳入救助范围（有第三责任人除外）。

2012年7月，进一步提高住院救助标准，提高住院救助封顶线，适当扩大救助范围、规范临时救助，推行医疗救助一站式服务平台建设，将区人民医院列为定点医疗救助服务机构，住院和日常门诊基本实行网上救助。农村五保户就诊零支付，县外住院实行民政局网上审批一次性办理结算手续，每月通过银行卡将救助金补助打到患者账上。2004—2015年，医疗救助支出164.74万元。

第三节　临时救助

2010年1月，管理区印发《回龙圩管理区城乡贫困家庭临时性生活困难救助暂行办法》，规定城乡贫困家庭临时救助坚持以“救急救难”为主的原则；政府救助、社会互助，家庭保障相结合的原则；公开、公平、公正的原则。凡户口在辖区内，因特殊原因造成的基本生活出现暂时困难的城乡贫困家庭均可申请临时救助，主要包括城乡低保对象家庭、农村五保户、城乡低保边缘家庭、当地政府认定的其他特殊困难人员，特殊困难主要包括以下情形：因家庭人员患有危重疾病，直接导致家庭基本生活难以维持；因遭遇车祸、弱水、火灾等突发性、不可抗拒的人身意外伤害，考虑各种赔偿、保险、救助等因素后，家庭基本生活仍然难以维持的；民政部门认定的其他特殊原因造成家庭基本生活困难的。

临时救助以解决临时性家庭基本生活困难为底线，视困难家庭的具体情况，一般给予1000~3000元的一次性救助。特殊情况下，经管理区管委批准可适当放宽。同一家庭每年度享受救助原则上不超过一次。2010—2015年，市民政部门拔入7万元临时救助金，救助38户，发救助金额6.16万元，户均救助1621元。

第四节　老年福利

农村五保供养是指将农村丧失劳动力，生活无依无靠的老人、残疾人、未成年人由国家或集体花钱供养，保证其“吃、穿、住、医、葬”五个方面的问题，供养方式分为集中供养和分散供养。

1992—2006年，回龙圩农场有五保供养人员25人，年发放供养资金19800元，月供养金66元/人。2007年4月起，月供养金提高到80元/人，年发放供养金6489元；2008年3月，投资26万元，在原农场水电站办公室基础上改建为回龙圩镇敬老院，设计床位36张，实际床位30张，从2009年6月1日起运行至2015年，入住供养老人10人。2008年7月起，月供养金提高到85元/人，全年发放供养金6930元；2009年6月起供养标准为125元/人，年发放供养金9120元；2010年月供养金125元/人，年发放供养金9000元；2011年5人月供养金130元/人，年发放供养金7800元；2012年5月起供养金173元/人，年发放供养金10338元；2013年4月起供养金200元/人，年发放供养金9600元；2014年月供养金220元/人，年发放供养金11860元；2015年五保供养人员9人，减少16人，其中享受农垦养老金13人；病故3人，月供养金242元/人，发放供养金14500元。

2014年，回龙圩管理区管委制定《回龙圩管理区关于全区90~99周岁老人发放高龄生活补贴的通知》，规定从2015年1月起，凡年满90至99周岁老人每人每月发放100元高龄生活补贴。回龙圩管理区有90~99周岁高龄老人30人，共发放补贴2930元。年满65周岁的老人可在民政局办理老年证，持老年证可免费乘坐公交车、进公园，每年进行一次免费体检。

2015年，为全面提升管理区养老服务能力，改善养老院环境，在马鹿头办事处大地铺村虎湾投资300万元，新建回龙圩管理区中心敬老院，该项目占地面积15亩，建筑面积1272平方米，设计床位52张。

第五节　孤儿保障

2011—2015年，凡有湖南省户籍的孤儿，经县级以上人民政府民政部门依据有关规定和条件认定后，领取孤儿基本生活费每人每月600元。

2011—2015年，市财政拨入回龙圩管理区民政局孤儿养育资金205.4万元。凡符合条件经本人或亲戚申请，民政局每人每月发放孤儿生活费600元，按季打卡发放。2011年，有孤儿13名，发放孤儿养育资金11.628万元。2012年，孤儿14名，发放孤儿养育资金10.08万元。2013年，孤儿13名，发放孤儿养育资金9.75万元。2014年，孤儿13名发放孤儿养育资金10.02万元（其中0.66万元助学款）。2015年，孤儿11人，发放生活费8.87万元（其中0.77万元助学款）。5年累计发放孤儿生活费50.35万元。

第六节　残疾人福利

1992—2001年，农场时期，回龙圩残疾人工作。由农场民政办管理。

2002年，农场改制为管理区后相应成立回龙圩管理区民政局，残联工作纳入民政工作范畴。2011年3月，经市残联批准成立残疾人联合理事会，民政局局长蒋德荃兼任残联理事长。民政局与残联合署办公。2015年，回龙圩持证残疾人177人，占总人口的1.12%。

2011 年，为 59 名肢残对象发放机动车轮椅燃油补贴 1.534 万元。2015 年，对 123 人各残疾人发放燃油补贴 3.20 元，人均 260 元。

2014 年 5 月，回龙圩管理区管委会制定《回龙圩管理区重度残疾人护理补贴制度实施方案》《回龙圩管理区重度残疾人护理补贴制度实施细则》，对 20 名重度残疾人一次性打卡发护理补贴费 5.6 万元。开展居家抚养服务，缓解贫困残疾人家庭生活压力。

2015 年，选送 1 名盲人按摩对象参加全市盲人按摩技术培训，10 人有一定劳动能力的参加种植业、养殖业培训。对 3 名自主创业的残疾人给予资金和政策扶持，每人一次性给扶持资金 3 万元。

2015 年，配发辅助器 26 件，送一名残疾儿童到市康复医院进行治疗。

第五章 婚丧管理

第一节 婚姻登记

1992—2008 年，回龙圩公民结婚、离婚登记受江永县民政局委托在管理区（农场）办理。结婚登记程序由男女双方单位出具结婚申请证明，符合《中华人民共和国婚姻法》有关结婚登记的规定，本人到登记机关登记即可。离婚主要双方协商离婚，家庭财产，小孩扶养双方达成协议，在调解无效的情况下，可办理离婚手续。如果有异议，需通过法院裁决离婚。1992—2003 年，回龙圩结婚登记由办公室一位秘书办理。2003 年，婚姻登记由计生委办理。2009 年，收归江永县民政局办理。

2013 年，结婚 107 对，离婚 15 对；2014 年，结婚 106 对，离婚 14 对；2015 年，结婚 79 对，离婚 18 对。

第二节 丧葬管理

至 2015 年，回龙圩管理区丧葬以土葬为主，农村一般葬在本村的坟山，外来人一般葬在早禾冲水库前左面的山坡和茶厂对面的狗伏岭，丧葬处于无统一管理状况。回龙圩丧葬风俗，人死后一般放 3~5 日，如做道场需 7 日，逢农历 24 节时不出葬，逢春、秋两“社”不出葬，出葬前一夜为守夜，死者的亲戚、朋友陪守到天亮，请吹鼓手奏乐唱歌，越热闹越好。

回龙圩管理区 2008—2015 年自然死亡人数统计表

表 8-4

年度	死亡		
	合计	男	女
2008	6	4	2
2009	52	30	22
2010	102	58	44
2011	53	32	21
2012	357	190	167
2013	324	152	168
2014	64	30	34
2015	49	29	20

第九篇

社会事业

第一章 卫生

第一节 医疗卫生单位

一、区人民医院

区人民医院

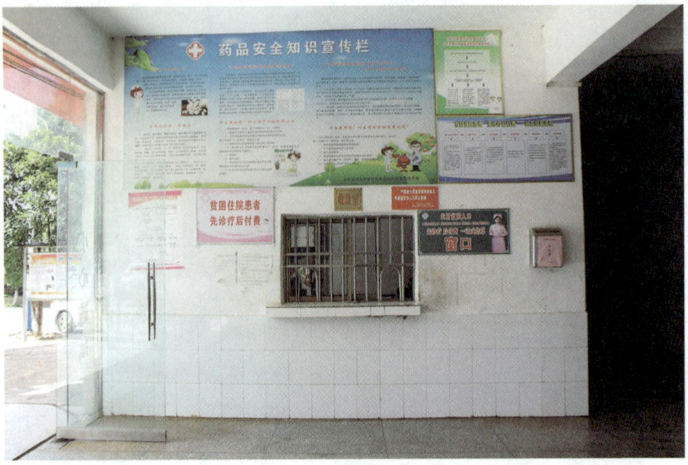

医院服务窗口

1992年，回龙圩农场职工医院有3栋砖瓦平房，面积约700平方米，其中住院部面积300平方米，门诊部面积250平方米，医院食堂和锅炉房面积150平方米。医院门诊部设中、西医诊断室，中西药房、化验室、透视室、心电图室、超声波诊断室。住院部设医护办公室、治疗室、妇产科室等10个病室。病床12张，医院下设4个医务室，全场有医务人员23人，各种医疗器械价值23万余元。2002年，农场改制后，根据永州市委批复的回龙圩管理区机构改革方案，回龙圩农场职工医院改为回龙圩管理区人民医院。2003年，区财政投资70万元对医院进行改造，新建一幢三层门诊大楼，面积1300平方米。区人民医院仍按乡镇卫生院配备药剂和医务人员。2015年，区人民医院在职人员25人，其中医生7人，护士10人，预防保健医生2人，药剂师2人，检验医生1人，B超医生1人，心电图医生1人，放射科医生1人，医院行政管理人员3人。医疗设备有心电图机2台，B超机1台，显微镜2台，简易手术床1张，救护车2台，妇产科简易检查器械等。医院设门诊部、住院部、西药房、检验室、收款室、注射室、公卫办公室。区人民医院加挂卫生防疫站、妇幼保健站、计划生育技术服务指导站牌子。行政级别为科级单位，隶属区卫生局管理。

二、村卫生室

2003年，按照方便职工就近求诊，儿童计划免疫和防治流行性疾病的原则，经农场党委研究在全场设6个合作医疗站，两个医务室，即马鹿头医疗站、李家塘医疗站、兴隆医疗站、八仙洞医疗站、永济亭医疗站、神仙洞医疗站和中学医务室、纸厂医务室。合作医疗站和医务室属公共事业单位，行政上属所在单位管理。业务上受医院指导，医务人员实行聘用制，医疗站经费收入每月上交财务室。医疗站业务管理实行“五统一”：统一防疫，统一培训，统一评职称和职称晋级，统一收费标准，统一药品购买。全场干部、职工每人每年集资5元办合作医疗站，医务人员的工资、补贴、奖金由总场从集资费中一次性拨给开办费1000元，另拨1500元作工资，不足部分从营业费中补足。

2005年，全区建立8个村卫生室，即马鹿头村卫生室、兴隆村卫生室、永济亭村卫生室、盐下村卫生室、李家塘村卫生室、八仙洞村卫生室、朱家观村卫生室、神仙洞村卫生室，每个村卫生室配备1名村卫生员。卫生行政主管部门加强对村卫生人员的业务指导和监督管理，采取讲座培训、函授教育、考试考核等办法，严把行医资格的审批，着力提高村卫生人员的业务素质，村卫生人员都具有中专或高中以上文化，并取得行医资格证书。各村卫生室配备听诊器、血压计、体温表、身高体重计、诊查床、诊查桌、出诊箱、药品柜、输液器材等设备。村卫生室职能是解决村民轻微病的防治，对疫情做到早发现、早诊断、早报告、早隔离、早治疗，把疫情控制在基层的萌芽阶段。建立健全村卫生室工作制度、管理制度、财务制度、消毒隔离制度、慢性病管理制度、传染病报告登记制度和村卫生员工作职责，方便农村村民就医。

三、私人诊所

1992年，农场私人诊所有2所，其中八字桥居委会1所，回峰居委会1所，从业人员4人。回龙圩农场申办私人诊所需经江永县卫生局审批，申办人员须具有医生资格证。私人诊所主要是诊断一些小伤、小病，方便群众就医。私人诊所不收挂号费、观察费、诊断费、门坎费，只收取一定的药费，看病既方便又便宜，服务态度好。私人诊所的药品只有到江永县药材公司购买，除国家规定私人诊所不能购买的药品外，其他的药品都可以购买。回龙圩管理区食药局对药品监督没有执法权，药品监督由江永县卫生局和江永县药监局进行监督检查。2000 年，私人诊所从 2 所增加到 6 所，主要是由于农场经济困难，医院自负盈亏，无钱购药，医务人员工资不能按时发放，导致医院停业。医院的医务人员自由组合办私人诊所。2001 年，回龙圩职工医院恢复运行，医务人员重新上岗，私人诊所从 6 所降至 3 所。2015 年，私人诊所有 3 所，即八字桥居委会 1 所、回峰居委会 1 所、农贸市场 1 所，从业人员 5 人。

第二节　卫生体制改革

1992—2001 年，回龙圩职工医院是“独立核算、自负盈亏、按劳分配、民主管理”差额拨款的医院。1994 年，回龙圩农场实行职工公费医疗，公费医疗经费由职工医院管理，农场职工看病的门诊费和住院费，职工医院根据本人报销比例进行核销。1997 年，因企业不景气，单位缴费困难，职工公费医疗停办。1999 年，农场卫生体制改革试行在医院进行改革，打破医院吃大锅饭体制，实行自负盈亏、医务人员自由组合，导致医院关门，群众意见大。2001 年，职工医院恢复。2002 年，农场改制后，回龙圩农场职工医院改为管理区人民医院，属全额拨款的事业单位，医疗器械、药品仍按乡镇卫生院配备。

第三节　医疗制度改革

1994 年，回龙圩农场医院实行职工公费医疗，公费医疗由财政、单位、个人三方分担的管理办法实施，财政负责 30%，单位负责 60%，个人负责 10%。公费医疗费统一由医院管理，门诊看病费用报销一律归医院结账报销。单位每人每年上交医院 60 元，职工凭公费医疗本看病，职工门诊费报销 70%，住院费报销 80%~85%，享受公费医疗人员必须在定点医院住院就诊。外地住院，必须先向医院申报，经领导批准方可住院，住院费按工龄计算报账，工龄 10 年以下住院费报 70%，个人自费 30%。工龄 11~20 年报销 75%，个人自费 25%。工龄 21~30 年报销 80%，自费 20%。工龄 30 年以上报销 90%，自费 10%。1999 年，回龙圩农场因企业破产单位缴费收不上来，医院运转比较困难，公费医疗停办。2002 年，回龙圩农场改制后，为保障城镇职工的基本医疗保险，合理利用医疗资源，促进经济发展。根据国务院《关于建立城镇职工基本医疗保险制度决定》，回龙圩管理区成立医疗保险站。2003

年 7 月 1 日，回龙圩管理区开始实施城镇职工医疗制度，设立医保基金管理中心，2004 年 3 月 1 日，被正式纳入市级统筹，参保人员参照市级模式享受参保待遇。2004 年，根据国务院有关文件精神，城镇职工缴费基本医疗保险按职工工资的 6%缴纳，个人缴纳按个人上年度工资收入的 2%缴纳。

回龙圩管理区 2004—2015 年城镇职工基本医疗保险情况表

表 9-1　　单位：万元

年度	实际参保人数	征缴个人账户资金	大病互助资金	单位划入个人账户	年筹集基金预算	财政拨付筹集资金	全区基本医疗总费用	统筹待遇支出（住院）	个人账户基金支出
2004	327	5.4	—	1.89	21.0	—	65.0	16.1	11.0
2005	336	6.5	—	2.28	21.3	—	65.0	12.1	12.7
2006	385	8.7	—	3.05	23.0	—	65.0	11.2	13.1
2007	366	10.6	—	3.71	28.0	—	65.0	15.1	17.0
2008	1868	17.1	—	5.99	29.0	—	65.0	34.8	23.3
2009	1897	17.8	—	6.23	52.8	117.0	65.0	84.6	30.5
2010	1899	20.3	—	7.11	46.0	267.0	65.0	199.0	35.0
2011	1994	21.7	—	7.60	52.0	81.0	65.0	97.9	39.3
2012	1923	23.5	6.3	8.23	74.0	104.0	65.0	106.0	21.2
2013	1946	19.7	6.4	6.90	77.0	—	65.0	87.3	27.0
2014	1953	29.7	6.6	10.40	137.0	—	65.0	57.9	38.9
2015	1962	30.1	6.7	10.54	129.0	—	65.0	45.0	42.2
合计	16856	179.9	26	261	690.1	569	780	661	311.2

2007 年，回龙圩管理区党委、管委根据中共中央国务院《关于进一步加强农村卫生工作的决定》，成立农村合作医疗管理委员会，由分管区领导为主任，区卫生局、民政局、农业局三部门具体负责。镇、各办事处，林场各单位主要领导负责具体抓。规定凡在管理区居住的所有农业人口和在管理区从事种植、养殖、经商的外来人口均可参加农村合作医疗。参合人员以户为单位参加农村合作医疗，履行缴费义务，农村合作医疗实行个人缴费、集体扶持和政府资助相结合的筹集机制。农村合作医疗基金统一由回龙圩管理区合作医疗管理委员会按照公开、公正和专款专用、专户储存的原则，以收定支、收支平衡进行管理。

回龙圩管理区 2007—2015 年参合人数资金筹集及基金使用情况表

表 9-2

年份	参合人数（人）	个人缴费（万元）	参合率（%）	筹集资金（万元）	使用资金（万元）
2007	10248	10	100	48.75	34.55
2008	10998	10	100	90.5	91.55
2009	10510	20	100	105.1	108.69
2010	10990	20	100	147.93	140.31
2011	11363	30	100	266.2	196.9
2012	11487	50	100	333.13	307.66
2013	10030	60	100	341.02	348.59
2014	10119	60	100	384.51	333.68
2015	10288	90	100	483.53	522.06
合计	95943	350	100	2200.61	2083.94

第四节　疾病控制

一、免疫接种

1992—2003 年，回龙圩没有疫苗接种室，疫苗接种要到江永防疫站接种。2004 年，江永防疫站到回龙圩预防接种，回龙圩管理区医院医务人员紧密配合，疫苗有卡介苗、乙肝疫苗、脊灰疫苗、无细胞百白破疫苗、麻风疫苗，每个儿童每打一针次疫苗，收费五元。2005 年，在规定范围内的儿童疫苗接种实行免费。2008 年，扩大儿童疫苗，主要有麻腮风疫苗、乙脑疫苗、A 群流脑疫苗、A+C 流脑疫苗、甲肝疫苗、百白破疫苗。2012 年，回龙圩管理区医院经上级领导批准设儿童疫苗预防定点接种室。是年，乙脑疫苗接种 1243 人，接种率 99.7%，骨髓灰质炎接种 247 人，接种率 99.5%，麻疹查漏补种 248 人，接种率 98.8%。2013 年，区卫生防控中心大力宣传手足口病防控知识，在车站、市场、学校，张贴大型宣传画 3 幅，发放手足口病宣传单 2000 余份，发放消毒药水 2 件，有力地控制手足口病的发生。2015 年，对入托入学儿童预防接种进行筛查，一年级、学前班筛查儿童 394 人，补种 142 人。5 所幼儿园筛查儿童 254 人，补种 4 人。是年 10 月，根据市疾控中心的要求，8 月龄至 4 岁进行麻疹疫苗查漏补种，应补种儿童 13 人，实种儿童 11 人，外出 2 人。补种率达 84.6%。

回龙圩管理区 2012—2014 年接种情况统计表

表 9-3 **单位：人/%**

年份		2012	2013	2014
糖丸	应种	763	703	760
	实种	758	703	760
	接种率	99	100	100
卡介苗	应种	188	168	164
	实种	188	168	164
	接种率	100	100	100
乙肝	应种	579	533	508
	实种	579	533	508
	接种率	100	100	100
无细胞百白破	应种	776	736	701
	实种	774	736	701
	接种率	99. 7	100	100
麻风	应种	196	194	178
	实种	196	194	178
	接种率	100	100	100
麻腮风	应种	191	197	177
	实种	191	197	177
	接种率	100	100	100
A 群流脑	应种	386	363	351
	实种	386	360	351
	接种率	100	99	100
A+C 流脑	应种	322	304	427
	实种	310	300	425
	接种率	62. 2	98	99. 5
乙脑减毒活	应种	393	373	388
	实种	389	373	388
	接种率	99. 9	100	100
甲肝减毒活	应种	190	190	202
	实种	188	189	201
	接种率	989	99	99. 5

续表9-3

年份		2012	2013	2014
白破	应种		59	206
	实种		88	94
	接种率		88	94

二、传染病防治

回龙圩管理区常见的传染病有麻疹、风疹、流行性腮腺炎、手足口病、流行性感冒、水痘、流脑、乙脑。特别少年儿童是传染病的好发人群，学校是传染病的集中场所，由于免疫功能尚不完善，抵御传染病的能力较弱，一旦传染病发生，易于传播和流行，并可能扩散到家庭和社会。回龙圩管理区医疗卫生部门对传染病采取的预防措施有：预防接种；注意室内通风换气，保持空气新鲜；养成良好的个人卫生习惯，勤洗手、勤晒衣被、多饮开水、多吃清淡食物；均衡饮食、加强营养、适量运动、充足休息、增强抵抗力；在传染病高发期，尽量避免到人多拥挤，空气浑浊的公共场所。不到病人家串门，可减少患病机率；药物预防，多喝板蓝根冲剂，玉叶冲剂等抗病毒中成药。

2003 年 4—6 月中，在中国两广地区发生较为严重的非典型肺炎传染疫情。区党委、管委高度重视，按照上级指示精神，多次组织召开防“非典”专题会议，进行具体安排部署。4 月 26 日，成立由区管委副主任成萍为组长的防“非典”工作指挥部，设立永济亭“非典”防疫服务站。组织四套班子在永济亭“非典”防疫服务站轮流值班。到 6 月 17 日，对 2317 台次车辆、13854 人次进行检查消毒。4 月底到 6 月初，放发“非典”宣传资料 3000 余份，开展防“非典”知识问卷调查，发放问卷 4000 余份。由于管理区防治“非典”工作宣传到位，措施得力，检查过硬，全区未发生一例“非典”病人或疑似病人。

2012—2015 年，传染病流行比较普遍，回龙圩管理区人民医院每年对传染病进行风险排查、收集和提供风险信息，做好传染病突发事件的发生。报告率 100%，处理率 100%。2012 年，报告丙类传染病 20 例，其中细菌性腹泻 2 例，水痘传染病 2 例。2013 年，报告丙类传染病 18 例，其中狂犬病 2 例。是年 8 月 13 日，报告八仙洞办事处廖源村 5 岁儿童 1 例。是年 10 月 28 日，报告八仙洞办事处下干村 56 岁成人 1 例。对 2 例病患者进行流行病调查，对周边的犬类进行捕杀。2014 年，报告丙类传染病 23 例，其中流行性感冒 21 例，水痘 2 例，其他甲类传染病、重大传染病得到控制没有发生和流行。

三、精神病防治

1992—2015 年，回龙圩管理区卫生院对全区重性精神病患者每年进行登记管理。送 4 名精神病患者到零陵精神病医院免费救治，其中男性患者 3 人，女性患者 1 人。免费救治费 5000 元/人。对在家居住的重性精神病患者 20 人进行治疗随访和康复指导，并做好相关记录，对精神病患者每年进行一次体检。重性精神病患者管理率 80%，居民心理健康知识和精神疾病预防知识知晓率 80%以上。

第五节　卫生保健

一、妇幼保健

2007 年，全区开展妇科常规检查 2 次，进行妇科病普查普治 700 人，为机关、企事业单位妇女制订一年一次的保健检查制度。2010 年，对全区 800 名妇女进行一次防癌普查。2013—2015 年，检查妇女 1500 人，检查的内容有白带常规检查（包括霉菌、滴虫、阴道清洁度及细菌性阴道病检查），阴道式 B 超检查，宫颈刮片检查，乳腺检查，血糖血脂检查，肝功能检查，心电图检查，宫颈癌检查等。做到早发现早治疗，提高妇女的保健意识。对孕产妇开展 5 次孕期保健服务和 2 次产后访视，对孕产妇进行全程追踪与管理，了解产后恢复情况及产后常见的问题进行指导，孕产妇进册 110 人，早孕产妇建卡率 75%，产后访视 91 次。

二、儿童保健

1992—2015 年，每年在全区范围内进行儿童健康检查一次，驱虫一次。为 7 岁以下儿童、独生子女和托儿所幼儿园儿童健康检查一次。2005 年，全区免费给儿童接种牛痘和麻疹疫苗 400 人次，儿童建档 152 人。2006 年，儿童疫苗 rutk384 人次，建档 158 人。2007 年，疫苗接种 305 人次，儿童建档 169 人。2008 年，疫苗接种 258 人次，儿童建档 163 人。2009 年疫苗接种 204 人次，儿童建档 185 人。2010 年，疫苗接种 198 人次，儿童建档 158 人。2011 年，疫苗接种 156 人次，儿童建档案 144 人。2012 年，为七岁以下儿童接种疫苗 730 人次，儿童建档 104 人。2013 年，疫苗接种 197 人次，儿童建档 197 人。2014 年，对入学、入托儿童预防接种 904 针次，儿童建档 180 人。并且还在全区范围内进行全面接种筛查，一年级、学前班筛查 394 人，补种疫苗 183 人，8 月龄至 4 岁麻疹疫苗补种 11 人。全区评选健康儿童 800 名，健康儿童占 95%。2015 年，管理区人民医院为全区 0~6 岁儿童提供免费免疫接种服务，接种卡介苗 3 针次，乙肝苗 121 针次，白百破 217 针次，百破苗30针次，脊灰苗211针次，麻风苗52针次，A+C流脑苗81针次，麻腮风苗53针次，甲肝苗55针次，乙脑苗108针次，A群脑苗91针次，儿童接种率95%。是年，开展儿童保健服务活动2次，儿童体验237人次，包括新生儿童健康检查，指导母乳喂养，新生儿护理等，儿童新建档217人次。每例新生儿访视率达100%，高危婴幼儿童档案管理率100%。儿童的“四苗”接种率90%。

2015年，开展一次健美儿童评选活动，推动儿童保健工作向保健与优生、优育、优教相结合的方向发展。

三、老年保健

2010年，第六次人口普查，回龙圩管理区65~69岁老人305人，占人口比例2.92%；70~74岁老人303人，占人口比例2.90%；75~79岁老人205人，占人口比例1.96%；80~84岁老人124人，占人口比例1.18%；85~89岁老人52人，占人口比例0.49%；90~94岁老人24人，占人口比例0.22%；95~99岁老人6人，占人口比例0.05%。65岁以上老人有1008人，占总人数的9.66%。

2012—2015年，回龙圩管理区人民医院组织医务人员每年分片对65岁以上老人进行免费健康检查1次，2012年检查老人381人，2013年检查老人390人，2014年检查老人412人，2015年检查老人468人，检查项目分别为：身高、体重、视力、听力、血压、心电图、B超、肝功能。2015年，永州市爱尔眼科医院医务人员到回龙圩管理区开展老年眼科检查两次，3月检查340人次，6月检查280人次。对检查出来有白内障胬肉的老年人，分期分批到永州市爱尔眼科医院进行手术治疗，其中白内障手术68人，胬肉手术57人，白内障手术个人交费200元，胬肉手术个人交费500元，其他的费用全免。老年协会还经常组织老年人开展创建“百岁健康”活动，为老年人开展文化、体育、健身活动。组织老年人参加门球赛和卫生知识讲座，每年组织老年门球运动员到江永、江华、冷水滩等地参加门球邀请赛。2014—2015年，开设老年人自我保健课280人/次。公费订阅《中老年自我保健》杂志20份，开展文体健身活动80余次。

四、基本公共卫生服务

1992年，回龙圩农场推进基本公共卫生服务向基层延伸，向城乡居民覆盖，全面提高全区基本公共卫生服务水平。管理区成立公共卫生服务领导小组，由分管卫生工作的区领导任组长，2014年10月起，每年每月开展卫生督查。制定村民、居民公共卫生公约及考核办法，对抓得好的单位进行奖励，差的单位进行通报批评。

2015年，全区开展对公民的卫生和疾病防控常识教育，提高公民文明健康素质，做到在公共场所不抽烟，不随地吐痰，不乱扔垃圾，养成良好的卫生生活习惯。并在公共场地设立警示牌10块，发放卫生教育宣传资料1000份，创办卫生教育宣传栏8个，提高广大公民的公共卫生意识。

加强公共卫生监督管理，区卫生局每年对酒店、小吃店、早餐店及机关食堂、学校、幼儿园的公共卫生进行监督检查4次，发现问题及时整改，消除不卫生隐患，严控疾病发生。

2015年，管理区累计建有居民健康档案8634份，建档81.74%，其中65岁以上老年人健康管理955人，育龄妇女健康管理2287人，孕产妇健康管理235人，0~6岁儿童健康管理706人。全区高血压患者1500人已管理289人，糖尿病患者500人已管理65人，精神病患者40人已管理20人，全部实现电子化系统管理。

第六节　公共卫生

一、食品卫生

1992—2001年，农场时期食品卫生检监由江永县食品药品监管局负责。2002年，管理区成立后，此项工作含在卫生局内，卫生局只能从事一般性检查，对食品卫生进行检测需由市里委托江永县直接来人检测，采取一检、二抽、三教育、四处罚的办法，确保群众身体健康。

2006年，管理区卫生局对全区食品从业人员进行培训，对20家食品商店的从业人员在江永疾控中心进行体检，获得健康证方可上岗。2014年，由区卫生局牵头，工商局、商务局、质监局、农业局等部门参与开展食品药品清查，查出不合格食品13.4公斤，收缴过期变质药品7种，价值1131.1元，中药饮片5.2公斤，查出不合格农产品5种价值2410元。下达整改通知单7份。是年6月13日，区卫生局、工商局、质监局、教育局、农业局共同举办食品安全宣传周活动，展出宣传画6幅，宣传资料2000份，宣传册300册，挂横幅12条，管理区电视台播放食品安全宣传专题节目。活动结束后，开展食品安全大检查，对餐饮店和小卖部进行检查，下达整改通知单3份，提出整改意见1条。2015年，区卫生局对全区5家酒店、9个早餐店、3所学校（中学、小学、兴隆村小）的学生食堂及11个机关食堂食用的米粉、食用油进行拉网式排查，对标识不清、来路不明的“三无”产品一律收缴，票证不全的补办票证手续，同时取缔中小学周边无证的两家餐饮店和一家小卖部，保障食品安全。

二、饮用水卫生

1992—1998年，回龙圩农场总场和工厂饮用水主要来自盐下水库。1999年，农场投资30万元，把野猪槽狗仔井泉水通过自压的形式引到总场机关和工商企业作为生产生活用水。2015年，自来水公司供应饮用水占全管理区人口70%，进入自来水公司的水经过净化、消毒后再供应。水质经专业部门检测达到一、二级标准，其中狗仔井水质为一级水，雷进井为二级水，回龙圩管理区水源主要是地下水，碳酸钙重（没有超标），水烧开沸后水垢较重，全区饮用清洁卫生水的人口达到100%。饮用自来水人口约7000人，占总人口的67.04%，卫生生活用水普及率100%。

三、学校卫生

1992—2015年，卫生监督部门每年至少开展二次以上卫生检查，重点是学校食堂、宿舍和周边环境卫生。检查食堂主要是检查食材是否新鲜，是否有变质、过期的食品，餐具是否消毒，从业人员是否有健康证。检查宿舍看寝室是否通气、明亮，是否定期消毒、清洁。学校周边的环境卫生以班级划定责任区，分片负责。实行一天两小扫，一周一大扫，星期五下午第三节课外活动课进行大扫除，学校组织各班级班主任检查各班卫生区，卫生区要求不留死角，完成好的班级进行表彰，完成差的班级提出整改措施，卫生与绩效工资挂钩。学校每半年对学生的宿舍、食堂、教室、公共卫生场所进行消毒一次，避免传染病感染。

第七节　爱国卫生

一、环境卫生

1992—2006年，回龙圩没有专门环卫队伍，垃圾处于乱倒状态，环境卫生较差。2007年，实施环卫有偿服务收费，由城管具体负责城镇居民和农村村民的卫生，按每户每月收取卫生费4元，每个季度收费一次。在居民区建设垃圾池，定期将垃圾池垃圾收走。2008年，管理区中心城区主要街道安排环卫工人清扫，划定卫生责任区，领导挂帅，部门负责，星期五下午为责任区清扫时间，然后组织检查。2014年，城管中心购买清扫车、洒水车、垃圾车，每条街道都摆放垃圾箱，进行垃圾分类，每条街、小区都安排环保工人清扫。镇、办事处及各自然村都安排保洁员，每天对公共场所进行清扫，每月组织有关人员进行督促检查，扫得好的奖励，差的通报批评。

二、改水改厕

1992—2007年，管理区按照国家有关农村初级卫生保健指标要求，全区各办事处全力开展改水改厕，全区清洁卫生水普及率为90%，卫生厕所普及率为80%。2008年，管理区与各单位（村）层层签订农村改水改厕责任状，投入改水资金380万元，改厕资金269万元。2009年，兴建自来水公司1个，将自来水延伸到管理区周边的彭家村、黄家村、底干村等母头村，改水142户。2010年，改厕800个，改水128户。2011年，改水223户，改厕500个。农村清洁卫生水普及率92%，卫生厕所的普及率90%。2009—2011年，投入改厕资金84.4万元，投入改水资金665万元。到2015年，回龙圩管理区基本消灭旱厕。

回龙圩管理区2009—2011年农村改厕资金投入情况表

表9-4　　**单位：万元**

年份	2009年	2010年	2011年
中央投资	32	8	26
省政府配套	—	—	—
市县级政府配套	1.6	0.8	1
群众自筹	8	2	5
合计	41.6	10.8	32

第八节　医药经营

1992—2004年，群众用药只有到农场职工医院或到江永药店购买。随着药品市场的放开，回龙圩流动人口的增加，2005年，江永县城的人到回龙圩开药店，2015年发展到两家。一家是回峰大药房，另一家是新华大药房。两家医药经营店都经过市药监局审批，具备执业药剂师注册证、药品经营许可证、药品经营质量管理规范认证证书、营业执照等证。药店经营的药品有非处方药、处方药、非药品三类，当时回峰大药房、新华大药房两家医药经营店都不是医疗定点单位，属于营业性质经营的药店。

2005年，回峰大药房开始营业，年营业额19万元。2008年，新华大药房开始启动，2014年3月停办。两家药店停办后又新开两家药店，一家是德裕大药房（连锁店），一家是益生大药房，两家药店都属于二级医疗定点单位。2015年，县药监局对药店进行药品检查，发现违反医药经营规定，经营一些不该经营的药品，药监局责令回峰大药房停业整顿，并给予2万元罚款。

第二章 教育

第一节 机构

1992 年，农场教育科设立，由陈英烈任科长。1998 年设农场教卫处，由何登静任主任。2002 年设立回龙圩管理区社会事业发展局（简称社发局），加挂教育局牌子合署办公，由刘香山、朱琨分别任局长。2010 年教育局从社发局分出，为独立法人单位，曾勇任局长，定编 5 人。主要负责全区教育教学管理工作。

第二节 学校简介

一、回龙圩农场职中

回龙圩农场职业中学设立于 1986 年，有 6 间教室和 20 亩面积的实训基地，教职工 13 人。1992 年李道德任党支部书记，蒋耿任校长，先后开设会计、经营管理、文秘等专业。1994 年并入农场中学，并停止招生。1992 年职中经管班对口招生考试 2 名学生考入湖南农大，1994 年经管班有 3 人考入湖南农大、2 人考入益阳农校大专班，1995 年有 2 人考入湖南农大、1 人考入益阳农校大专班，1996 年有 2 人考入益阳农校大专班。

二、回龙圩中学

回龙圩中学

回龙圩管理区中学是管理区唯一 1 所初级中学，黄家林级别正科级，位于回龙圩镇内永富二级公路旁。回龙圩中学始建于 1967 年，学校占地面积 10.40 公顷。2002 年（农场）改制后，回龙圩中学更名为“回龙圩管理区中学”。2012 年，管理区投入1300万元对中学学校进行改造，经上级有关部门验收为“合格”。2015年，中学全校有8个教学班，在校学生378人，教师24人。学校的办学理念是“自主学习、自主管理、全面发展、人人成才”，校训是“明理指责，乐学有为”。回龙圩管理区中学在江永地区排名前5名。

回龙圩中学操场

三、回龙圩小学

回龙圩小学创建于1958年，位于朱家观村，前身是回龙圩农场中心校，“文化”大革命时改为东方红小学，1989年改为回龙圩镇小。是年，有24个教学班，教师58人，在校学生859人。2002年农场改制后更名为回龙圩管理区完全小学。

回龙圩小学

2004年，管理区完全小学校址进行改造，新建教学楼、课间操场、道路硬化、排水设施、配电房、学校围墙、校区内排洪渠等13个项目，总投资400万元，改善学校办学环境。

2011年，启动区小学整体搬迁工作，在中学附近收回土地近50亩，2012年新校区建设正式启动。

2014年，小学搬迁到中学附近新校址，与中学合为新校区，实行分校管理、资源共享。2015年，全校1~6年级有27个教学班，6个学前班，教职员工67人，在校学生1268人。兴建教师办公楼1幢、学生食堂1幢、学生宿舍1幢，体育场2个，学校多媒体教室15间、实验室1间、电脑室1间，校藏图书室1间，图书

8900 册。学校的办学思想是“以质量求生存，以特色求发展”，育人的宗旨是“教会学生做人、教会学生学习、教会学生生活”，“特色教学”是学校的核心课题。历年来，学校的教学质量不论是年级统考、毕业会考或年级抽考都名列江永县前茅。2012 年，被评为永州市语言文字规范化示范学校，2015 年，被评为永州市依法治校示范学校。

四、村小

1992—2005 年，回龙圩有 6 所村小学，其中有 4 所村中心小学，即等母头小学、李家塘小学、兴隆小学、马鹿头小学。

等母头小学创办于 1958 年，校址设等母头本村的一间杂屋里，1968 年，从杂屋里搬到村会议室上课，1~3 年级复式班，1 名教师。1972 年，等母头村小学改为等母头片小，以片为单位方便学生就地入学。5 个教学班，1 个学前班，每期有 180 余名学生，从 1 个教师增加到 6 名教师。1974 年，大地铺工区在等母头小学兴建教室两幢，建筑面积 400 平方米，教学配套设施有篮球场 1 个、乒乓球台 2 副，沙坑 1 个，250 米的环形跑道 1 个。学生来源于棠锦、大地铺、黄家、等母头、底岗、创业队、媳妇娘山、平利等村。2005 年撤销。

1958 年，李家塘小学开始办学。1972 年，李家塘村小改为李家塘片小，设 1~5 年级，5 个教学班，1 个学前班、学生 200 多人。1976 年，为方便初中学生入学，李家塘小学附设初中班 1 个，学生 35 人，初中班办班两年。1978 年，合并于回龙圩中学。1992 年，李家塘片小兴建一栋两层楼的教学大楼，面积 600 平方米，当时是农场一流的校舍，教学设施配套齐全。学生来源于山岩塘、大兴塘、小溪、新村、红壤村、唐家、李家、何家、田家、马鞍山等村。

兴隆小学创办于 1958 年，校址在蒋家的祠堂里。1988 年，兴隆工区在岗头源村的树林里兴建 3 栋教室，面积 1500 平方米。1969 年，由村小改为片小，学生每期有 240 余人。10 名教师，1970 年，兴隆小学驸设初中班 1 个，学生 38 人，初中班办班 1 年就合并于回龙圩中学。学校配套设施有篮球场 1 个，乒乓球桌 4 副，学生来源于岩口塘、兴隆、农科所、交冲、岗头源、下干、蒋家、廖原、新风村、永济亭、八仙洞、卫东等村。2015 年，有 1~3 年级，学生 165 人，教师 7 人。

马鹿头村小原创办于 1958 年，校址设在马鹿头村的私人大厅里。1968 年，村小设有 1~3 年级复式班，4~5 年级一个班，教师 3 人。1972 年，由村小改为片小。1978 年，马鹿头工区在下岩村的麒麟山北麓山脚下兴建教室 2 幢，学校占地面积 1600 平方米，建筑面积 480 平方米，5 个教学班，一个学前班，学生 200 余人，教师 7 人，学校校舍配套有食堂 1 个，面积 20 平方米，教师宿舍 4 间，面积 40 平方米，学生来源于石头水、龙母塘、断石桥、红光、绿峰、凤塘村、下岩、马鹿头、田美、断岭源、葵阳、向阳、神仙洞等村。2015 年撤销。

1992 年，回龙圩农场 2 所乡村小学，平利小学和断石桥小学，每所村小有一名教师，复式班教学。2015 年，撤销。

第三节　教师

一、数量与分布

1992—1997 年，回龙圩农场教师队伍分为别公办教师、民办教师、农场临时安排的代课教师三类，公办教师又分为江永管理的教师和农场管理的教师。

1992 年，全场小学教职员工 78 人，中学教职员工 29 人，职业中学教职员工 12 人，共计 119 人。具有高级教师职称 2 人，中级职称 40 人，初级职称 29 人，未定级教师 42 人。属江永籍教师 42 人，农场籍教师 77 人。

1997 年，回龙圩农场成立一级财政，江永县管辖的 42 名教师移交给回龙圩农场管理，由回龙圩财政发工资。

2000 年，回龙圩农场根据上级有关文件精神，清理三代人员（代干、代医、代教），学校清理代教人员 21 人，被清退的大多是青年骨干教师，对学校教学造成一定的影响。教师队伍出现青黄不接。2007—2015 年，回龙圩管理区先后从社会公开招考教师 25 人，其中中学教师 7 人，小学教师 18 人。

2015 年，中小学教师在编在职教师 87 人，其中中学教师 24 人，小学教师 63 人，中学教师 24 人中具有高级职称教师 2 人、一级教师 14 人、二级教师 4 人、未定级教师 3 人、工人级 1 人，小学在编教师 63 人，具有小学高级职称教师 26 人，小教一级教师 22 人、未定级教师 15 人。全区中小学教师本科学历 25 人、专科学历 36 人、中专学历 26 人。

回龙圩管理区 2015 年教师文化程度、年龄结构表

表 9-6　　　　**单位：人**

类别	教师	文化程度					政治面貌		年龄结构							
		本科	大专	中专	高中	初中	党员	团员	25 岁以下	26~30	31~35	36~40	41~45	46~50	51~60	60 岁以上
小学	63	7	30	26	—	—	10	10	5	6	6	4	2	7	18	
中学	24	18	6	—	—	—	9	2	1	2	2	—	3	5	10	

二、教师资格与选聘

2015年，回龙圩管理区中小学教师98%都具备教师资格证，中学教师24人，均有教师资格证。小学教师63人中有教师资格证61人，没有教师资格证2人。

1992—2007年，回龙圩管理区教师选聘是根据专业的需要到师范学校招聘，为了照顾回龙圩职工子弟就业，从农村待业青年中招考，中学教师招聘5人，小学教师招聘15人。2008年，实行公费师范生定向培养计划，充实教师队伍。是年，选送2人，2008—2015年，选送28人。

2008—2015年，回龙圩管理区通过市人社局向社会公开招聘事业编中小学教师25人，其中小学招聘18人、中学招聘7人。

三、教师培训

1992—2015年，回龙圩教师培训纳入市教育局教师培训计划，每年寒、暑假期间市教育局均安排一些专任教师参加培训，提高教师的教学水平。教师培训的学校有零陵湖南科技学院、零陵师范、道县师范、宁远师范、祁阳师范，学习科目有语文、数学、物理、化学、英语、教育学、心理学。截至2015年年底，培训中小学教师183人，其中参加国培34人、省级培训11人、市级培训30人、管理区培训108人，通过培训，中学教师80%晋升为中教一级，4人由中教一级晋升为中教高级。小学教师90%晋升为小学高级教师。36人拿到信息技术能力提升结业证。

四、教师待遇

1992—2005年，回龙圩管理区房改只保留学校教师住房没有进行房改，其他的公共房都进行房改。2006—2015年，对无房教师优先安排廉租房、公租房居住，并享受国家的住房补助政策。教师担任班主任可享受班主任津贴，班主任津贴按学生人数，从原有的20元增加到40元、60元、100元。管理区每年在教师节、重阳节、春节安排慰问金慰问教师。按国家规定男教师60周岁，女教师55周岁实行退休，退休教师可以享受90%的退休金。1999年，农场欠发的教师工资比在职干部优先补发。2007年，中小学教师每月享受和机关工作人员300元的伙食补助费，统一在学校开餐。2015年，教师与机关单位人员一样，年终奖绩效考核奖按人均6000元发放。死亡后可享受安葬费7000元，另支付20个月的基本工资抚恤金。教师除享受经济待遇、福利待遇外还享受一定的政治待遇，每年教师节表彰一批优秀教师、优秀班主任、优秀少先队辅导员。管理区党委每年“七一”在教师中分配一定的优秀党员、优秀党务工作者名额。

2005年7月8日，何吉荣语文课《教育不等于学校唱独角戏》获国家级一等奖。艾德明《逆向应用题教学剖析》被中国教育论文评审会评为一等奖。

2009年9月9日，中共永州市委、永州市人民政府授予回龙圩管理区小学老师何兰凤“永州市优秀教师”。

2009年9月31日，湖南省人事厅、教育厅为张国生（优秀教师）记二等功。

2010年9月，小学教师何普清被中共永州市委、永州市人民政府评为“永州市优秀教学研究能手”。

2011年，中学教师房小虎被中共永州市委、永州市人民政府评为“首届慈善人物优秀志愿义工”。

2012年9月，中学校长柏德增被中共永州市委、永州市人民政府评为“永州市优秀教育工作者”。中学教师黄茂华被中共永州市委、永州市人民政府评为“永州市优秀教师”。

2013年，中学教师罗静忠被评为“永州市师德标兵”。欧满清、王安之分别获得永州市“我的中国梦”征文指导一、三等奖。

2013年，欧满清“我的快乐语文课堂”刊登于《永州日报》。

2013年，中学教师侯冬娇被评为“永州市优秀班主任”。

2014年9月9日，小学教师黄灿被中共永州市委、永州市人民政府评为“永州市最可爱乡村教师”。

2015年9月10日，小学教师胡之湘被中共永州市委、永州市人民政府评为“永州市优秀教师”。

第三节　基础教育

一、学前教育

1992年以来，管理区每年根据生源招收3~4个学前班，人数在200~300人之间。

1992—2010年，学前班办班处在冠山脚下一幢平房，有3个学前班，146名学生，5名教师。2011年，学前班搬入中心小学。2014年，在管理区完全小学兴建一幢三层楼房的学前班教学楼，6个教室，6个休息室，3个卫生间。教学设备有塑料滑梯一组、电子琴3台、塑料木马60个等各种器材。学前班每年“六一”儿童节登台表演文艺节目。学前班活动场所占地面积300平方米。2015年，学前班分大班、中班、小班，在校学生156人。学前班教师10人，其中幼师5人，小学教师5人，学前班由管理区完全小学管理，收费标准报物价局批准即可。学习内容有语言、拼音、识字、计算、音乐、体育、美术、手工制作及各种游戏，教材由学校统一订购，不举行测试。

二、小学义务教育

新建小学学生宿舍

1992—1996 年，回龙圩小学五年制义务教育共有 37 个教学班，学生 1780 人，教师 105 人。全场小学入学率 99%，普及率 98%，巩固率 100%，合格率 98%。回龙圩镇小被江永县教委确认为标准化中心小学、“两基”达标小学。

1997 年，回龙圩小学从五年制义务教育恢复到六年制义务教育，共有 26 个教学班，学生 1218 人，教师 64 人。1～2 年级开设语文、数学、音乐、体育，从三年级开始增开英语、自然科学、美术、思想品德等课程。1998 年，李家塘、马鹿头两所村小 3 年级撤销，集中到镇完全小学就读。2004 年，根据国家有关适当集中办学的要求，除保留兴隆小学外，其他村小和教学点均撤销，学生集中到回龙圩镇中心校就读。是年，全区小学入学率达 100%，巩固率达 99.8%，毕业合格率 97.8%。

2005 年，按照国家九年义务教育规定，学生实行“两免一补”，凡农村教育贫困家庭的学生免费提供教科书，小学学生每年每生补助 90 元。2006 年，农村义务教育小学生免收学杂费，贫困家庭寄宿生生活费补助每生每年补助 300 元。2007 年，扩大寄宿生生活费补助范围，一般小学寄宿生每生每年补助生活费 300 元，农村低保家庭小学寄宿生每生每年补助生活费 600 元，寄宿生生活费以饭菜票形式发给学生，不发放现金。2015 年，管理区完全小学入学率达 100%，巩固率达 100%，升学率达 100%，全区适龄儿童都实施九年义务教育。

回龙圩管理区 1992—2015 年小学教育情况统计表

表 9-7 单位：个、人、%

年度	学校数	班数	学生数	教职员工数	入学率	巩固率	合格率
1992	10	39	1492	78	100.0	99.6	90.5
1993	10	39	1496	77	99.8	99.7	94.6

续表9-7

年度	学校数	班数	学生数	教职员工数	入学率	巩固率	合格率
1994	10	39	1301	71	98.0	99.8	91.8
1995	10	39	1205	72	99.1	99.6	97.0
1996	8	24	1108	70	99.46	99.8	96.8
1997	8	24	1013	68	99.8	99.9	95.6
1998	8	24	1020	64	100.0	100.0	99.8
1999	8	24	1021	64	100.0	99.8	99.5
2000	7	21	1024	58	99.8	99.6	99.4
2001	6	22	937	56	99.9	99.7	98.4
2002	5	22	859	58	99.0	99.4	97.3
2003	5	22	849	57	100.0	99.6	97.8
2004	5	23	952	54	100.0	99.8	98.5
2005	5	23	843	56	100.0	99.9	100.0
2006	5	24	1062	54	100.0	99.84	100.0
2007	5	24	1005	54	100.0	99.5	100.0
2008	4	24	1012	58	100.0	99.8	98.0
2009	4	26	1013	60	100.0	100.0	99.0
2010	3	24	1054	63	100.0	100.0	98.2
2011	3	23	1117	61	99.9	99.84	98.6
2012	3	23	1127	60	99.8	99.8	99.8
2013	3	26	1177	61	100.0	99.6	95.8
2014	3	26	1193	62	100.0	99.8	97.4
2015	2	26	1218	63	100.0	100.0	100.0

二、初中义务教育

1992 年，回龙圩中学只设初中部，没有设立高中部，属于初级中学，初中部有 9 个教学班，在校学生 436 人，教职员工 29 人，开设政治、语文、数学、英语、物理、化学、历史、地理、生物、生理卫生、体育、音乐、美术 13 门学科。

1996 年，永州市教育局对第二批合格乡镇初级中学验收。确认回龙圩中学为合格初中，省政府颁发为“合格初级中学”证书。

2004 年，中学一直坚持把改善办学条件作为工作的基础，把提高入学率、巩固率作为工作的关键，把提高教育、教学质量作为工作的中心，是年，初中入学率 100%，巩固率 99.48%，毕业率 100%。

2014年，回龙圩中小学合格学校

2005年，按照国家九年义务教育规定，农村教育贫困家庭义务教育阶段免费提供教科书，享受国家对农村贫困家庭学生的扶持。农村享受最低生活保障待遇家庭的子女依法由社会福利机构监护的未成年人、革命烈士子女、中学每年每生补助160元，特教补助100元。2006年春季，农村义务教育阶段中学生免收学杂费，农村贫困家庭寄宿生每年每生补助300元。2007年秋季，农村义务教育阶段寄宿生补助生活费标准，学生每年每生补助300元，2009年提高到600元。农村低保家庭寄宿生每生每学年补助900元，寄宿生的生活补助费以饭菜票的形式补给学生，不发放现金。

2012年，管理区投资1300万元，对回龙圩中学进行改造，新建教学楼、食堂、学生宿舍、体育场馆，配齐配强教学器材。

2013年，学生蒋超、周淑婷获永州市“我的中国梦”征文一等奖。

2015年，中学在校学生378人，8个教学班，七年级~八年级各三个班，九年级两个班，入学率100%，巩固率100%，升学率100%。

2015年，学生黄雄志《梦想，在书香中绽放》发表在2016年《小溪流》刊物上被国家新闻出版广电总局办公厅评为优秀作品。

回龙圩管理区2005—2015年中学“两免一补”统计表

表9-8 **单位：人、元**

年份	人数	学杂费	书籍费	生活补助费
2005	432	全免	95073.48	32400
2006	390	全免	86583.90	36720
2007	335	全免	74269.50	35280
2008	323	全免	71198.89	38400
2009	312	全免	68303.04	39600
2010	282	全免	60156.24	41600
2011	253	全免	44000	59070.44
2012	262	全免	60000	56437.42

续表9-8

年份	人数	学杂费	书籍费	生活补助费
2013	295	全免	63000	92292.70
2014	301	全免	67800	73720.92
2015	378	全免	69000	10012.65

回龙圩管理区 1992—2015 年中学教育情况统计表

表 9-9 单位：人/%

年份	学校数	班数	学生数	教职员工数	入学率	巩固率	合格率
1992	1	9	436	29	98.8	99.6	90.4
1993	1	9	432	35	99.1	99.8	91.5
1994	1	9	438	41	96.0	99.7	96
1995	1	10	505	38	99.46	99.1	93.6
1996	1	10	500	36	99.8	99.48	100.0
1997	1	10	510	34	100.0	99.9	100.0
1998	1	9	448	32	100.0	99.6	99.51
1999	1	9	486	30	100.0	99.8	99.2
2000	1	9	492	25	100.0	99.7	98.15
2001	1	9	456	24	100.0	99.5	94.6
2002	1	8	503	21	99.9	99.6	98.1
2003	1	9	502	21	98.2	99.62	99.1
2004	1	9	520	21	99.6	99.18	97.
2005	1	10	432	21	94.8	99.76	96.18
2006	1	8	390	22	100.0	99.65	94.0
2007	1	7	335	22	100.0	99.18	95.0
2008	1	6	323	22	100.0	99.64	97.1
2009	1	6	312	22	100.0	99.71	92.3
2010	1	6	282	21	100.0	99.82	96.6
2011	1	6	253	21	99.9	99.6	90.0
2012	1	6	262	21	99.8	99.7	91.1

续表9-9

年份	学校数	班数	学生数	教职员工数	入学率	巩固率	合格率
2013	1	6	295	21	100. 0	99. 21	90. 2
2014	1	6	301	21	100. 0	99. 61	90. 0
2015	1	8	378	24	100. 0	100. 0	100. 0

三、幼儿园教育

回龙圩幼儿园

1992 年，回龙圩农场有民办幼儿园 2 所，学生 48 人，教职员工 3 人。1993 年，教育局为提高学校的教学质量，要求少年儿童在七岁入学前一定要进行幼儿教育。2000 年，回龙圩幼儿教育，迅速发展，由原来的 2 所上升到 4 所，幼儿教育主要以民办为主，公办为辅，公办以学前班教育为主。2002—2003 年，为加强幼儿园的管理，管理区社会发展局连续两年下发《关于规范民办幼儿园管理的通知》，对不规范的幼儿园进行取缔或整顿。2003 年，取缔不合格幼儿园 1 所。2004 年，对全区民办幼儿园进行检查整顿和综合评估，全面落实湖南省《幼儿教育指导纲要试行》实施意见，促进幼儿教育的健康发展。

2015 年，全区有幼儿园 5 所，其中公办幼儿园 1 所，民办幼儿园 4 所。公办幼儿园设在管理区完全小学校内，两个教学班学生 58 人。民办幼儿园，回峰居委会 1 所，八字桥居委会 2 所，黄家村 1 所。幼儿教育共 6 个教学班，学生 188 人，教职员工 13 人。

幼儿教育主要以识字、唱歌、娱乐为主，开展多种游戏，丰富幼儿园生活。八字桥居委会的 2 所民办幼儿园每年暑假开展季节性的短期培训班，分别有舞蹈班、武术班、英语班、书画班。

回龙圩管理区 1992—2015 年幼儿园教育情况表

表 9-10　　单位：人

年份	幼儿园班数	幼儿数	教职员工数
1992	2	48	3
1993	2	50	3
1994	2	47	3
1995	2	51	4
1996	3	70	5
1997	3	74	5
1998	3	72	5
1999	3	80	5
2000	4	121	5
2001	4	124	12
2002	4	128	12
2003	4	116	12
2004	4	128	12
2005	4	130	13
2006	4	131	13
2007	4	121	13
2008	4	122	13
2009	4	120	12
2010	4	124	12
2011	4	135	13
2012	4	138	13
2013	4	120	13
2014	5	148	13
2015	6	188	13

第四节　教育管理

一、教研

1992年，小学的教研活动坚持以教学为中心，以教研为龙头，以教促研、教研兴校，全面进行教学改革。围绕新课改“10+30”教学模式，举办各种教学教研活动，把教学改革作为教育工作的重点，把主要工作精力放在教学研究上。学校教研组针对学校的教学实际和不同层次的教师，因人制宜给予具体指导，有计划、有目的地组织专业教师上示范课，开展听课、议课、评课，及时总结推广先进的教学经验。

学校始终立足课堂，开展新课改教学比武，相互听课、评课、注重课堂教学。每年下期开展一次教学比武，每次教学比武评选1～3名优胜者，进行推广和奖励。并且还经常开展“优秀导学案”评比，提高教师备课水平和业务能力。举行网上“晒课”把优秀教师课件下载到中国基础资源网，供网友学习借鉴。利用暑假举办教职员工书法、美术作品展100余幅，评选出书法、绘画优胜奖各3名。充分发挥教职工的特长。学校还开展“红领巾相约中国梦——听党的话，做好少年”为主题的征文比赛，获得一等奖1名，二等奖2名。

学校坚持以教研活动推广创新教学经验，推广本地的优质教案、优秀论文、优秀教学。并根据教改动态及时交流教改信息。2012年，六年级语文毕业会考平均分在江永县排列第五名，及格率第一名，有效率第四名。思想品德学科平均分第二名，及格率第二名，有效率第一名。

2013年，六年级数学毕业会考平均分、优秀率、及格率排列江永县第五名。是年，四年级语文抽考平均分、优秀率、及格率排列江永县第三名。

2015年，六年级毕业检测语文平均分在江永县排列第三名，及格率第五名，优秀率第三名，数学平均分、及格率、优秀率，全县第六名，自然科学平均分排到全县第五名，及格率第四名，优秀率第四名。

学校经常开展教学交流活动，组织青年教师、毕业班教师到永州市零陵一小、宁远县岭头源小学、广西省富川县二小、富川县麦岭镇小学习，学习借鉴别人的教学经验，取长补短。道县师范、零陵区神仙岭小学、零陵区福田茶场子弟学校、江华县三小、江华县五小、富川县麦岭镇小传经送宝，在教学、教研方面互相学习、互相探讨、谋求发展。

中学一直把教学活动作为学习的契机，取别人的长处，补自己的短板。经常组织教师走出去、请进来，学习先进学校的教学先进经验和先进教学理念。1997—

2009 年，组织全体教师前往道县绍基中学、江永二中、广西壮族自治区八步二中听课，研究教学改革，考察学校管理。道县师范、富川县麦岭中学、富川县葛坡中学、黄甲岭乡中学也到回龙圩中学指导传经送宝，交流经验。

1992 年，组织教师举行公开课、示范课。2015 年，举行过两次规模较大的教学比武，评选出一等奖 1 名，二等奖 2 名，并且还经常开展“一师一优课，一课一名师”的评选活动。2015 年，回龙圩中学参加永州市举办的《学校安全隐患与管理》征文和永州市“中学生安全隐患知识竞赛”。当年初中毕业水平测试成绩在江永县 15 所初中学校中位列第二名，仅次于江永一中初中部。

二、经费来源

回龙圩管理区中小学是全日制公立学校，1992—2001 年，属企业办学，办学经费来自于企业。2002 年，农场改制后改为政府办学，教师工资纳入中央转移支付。2002—2015 年，回龙圩管理区教育投入累计本级财政投入 2309 万元，中央、省、市财政补助投入 5738 万元，总投入 8047 万元。

回龙圩管理区 2002—2015 年财政教育投入统计表

表 9-11　　　　　　　　　　　　　　　　**单位：万元**

年份	教育投入总计	其中：	
		本级财政投入	上级补助投入
2002	97	51	46
2003	86	27	59
2004	106	44	62
2005	136	40	96
2006	167	61	106
2007	359	113	246
2008	696	318	378
2009	683	120	563
2010	800	150	650
2011	1190	319	871
2012	914	363	551
2013	908	249	659
2014	861	130	731
2015	1044	324	720
合计	8047	2309	5738

三、教育设施

（一）校舍建设

回龙圩小学教学楼

回龙圩小学校园

回龙圩管理区中小学校舍建设经过多年的改造建设，学校面貌大有改观。2015年，拥有教学大楼5幢，其中中学2幢，多媒体教室9间。小学3幢，多媒体教室12间。教师办公楼中学1幢，小学1幢，学生宿舍2幢，其中中学1幢，小学1幢，中小学师生食堂1幢，第一层为小学师生食堂，第二层为中学师生食堂。校舍、配套建设，中、小学教师宿舍。廉租房3幢，5231.2平方米。公租房1幢，2827.92平方米，解决教师住房问题。2012年，兴建中小学环形跑道1000米，足球场2个，塑胶球场5个、乒乓球场2个，扩建学校围墙3500米，修建排洪渠道1000米，校园道路硬化2000平方米，投入资金497.43万元。2013年，新扩建小学教学大楼2幢，面积2533.93平方米，平均单价830.88元/平方米，造价210.54万元。宿舍楼1幢，面积2979.57平方米，单价818.91元/平方米，造价244万元。食堂1幢，面积1634.84平方米，单价862.65元/平方米，造价141.03万元。排洪渠道造价70万元，运动场造价100万元，5项工程投入资金765.57万元。回龙圩管理区小学、中学校门重建，传达室、保卫室，总投资100万元。其中校门投资80万元，传达室、保卫室投资20万元。2014年，兴建中、小学图书馆1间，体育馆1栋，新建兴隆小学教学楼600平方米，投入资金138万元。2012—2014年，中小学校舍建设总投资约1400万元。

（二）教学器材

1992年，“两基”达标，学校的教学器材设施配置不断得到完善。中、小学按国家标准配备学校实验室，音乐室和价值40万元教学仪器设备及两个电脑室的电脑配置。2015年，随着信息技术教育、远程教育兴起和课程改革对教学设备设施提出更高的要求，适应教育快速发展，回龙圩管理区加大教育器材更新投入。

中学教学配套有仪器室、实验室、计算机室、广播室、少年宫、刺绣室、书画室、棋艺室、舞蹈室、朗读室、音乐室、读书室、阅览室。体育设施有足球场1个、篮球场2个、乒乓球桌10台、羽毛球场1个、单杆4副、双杆4副、跳高架2副、跳远沙场1个等各种体育器材。

小学教学配套有计算机室，电脑室、音乐室、广播室、学生活动室。教学器材配备45台电子琴，光碟300盒，图书1890册，体育设施有足球场2个、篮球场4个、乒乓球桌10台、羽毛球场2个，中小学教育器材齐全。2002—2015年，中小学教学器材资金总投入8047万元。

2013年，回龙圩管理区中小学校车由江永县校车公司承包，学生每学期在2公里以内收费300元，2公里以外收费500元，江永校车公司负责接送学生上学、放学，确保学生安全。

第三章 科技

第一节 机构

1992年，农场科教中心设在农场职业中学内，由王医凤、李万年任科协主席。

1996年，回龙圩农场成立科委，由农场副场长王医凤兼科委主任，副主任1人，办事员2人。2002年，农场改制后回龙圩管理区设立科技局，加挂在社会事业发展局，与社发局合并办公，局长由社发局局长刘香山兼任。2011年，科技局从社发局分出，为独立法人单位，唐建国任局长。定编2人，主要职能负责全区科学普查，开展科技服务，推广引进适合当地的科学技术，促进社会经济发展。

第二节 科技队伍

回龙圩管理区以农业为主，科技队伍自然以农业科技队伍为主，1958建场以来，农业大、中专学校毕业生相继分配到农场，成为农场科技队伍的主力军，除此之外就是教师、医师、财会、统计等行业的专业技术人员。1992年，引进一批专业技术人员，达到一队一名技术人员跟队技术指导，指导种植、养殖、栽培等技术。2015年，全区在职的专业技术人员193人，其中高级职称4人，中级职称66人，初级职称123人。本科学历20人，专科学历128人，中专学历45人，专业技术人员中女性68人，占整个专业技术人员比例的35.23%。

第三节 科技投入

1992—2015年，省、市上级部门对回龙圩管理区科技投入74万元，其中省科协科普惠农项目投入20万元，省科技局投入8万元，市科技局科技创新项目投入46万元。地方科技投入4867万元，其中管理区投入17万元，农业部门测土配方项目和农民培训项目投入800万元，经作办每年印发《回峰柑橘》栽培技术单行本3000~8000册，投入50万元，科技示范户和果农科技投入用于技术引进及品种改良累计投入4000万元。

第四节 科技服务

回龙圩管理区始终把柑橘作为主导产业，科技服务以柑橘生产为主，1992—1994年，经常组织分场干部、技术员、生产队长、生产队骨干、果农，赴广西立新、源头、良丰农场参观、学习柑橘栽培技术和管理。1995年，开始引进网箱养鱼、鱼苗孵化等新技术，高薪聘请重庆长寿源渔场技术员到区指导。1996年5月，建立回龙圩可持续发展实验区，管理区坚持以经济建设为中心，以满足人的基本需求为前提，以提高人口综合素质为目标的原则，大胆改革，努力探索新的经济、社会发展模式，有效地促进全区经济、社会与人口、资源、环境协调持续发展。全区经济实力明显增强，人均GDP比建实验区前增长105%，水、电、路、通信、邮等基础设施建设加强，可持续发展能力提高，森林覆盖率达到58.6%，生态环境全面改善。到2003年，实施项目22项，完成20项，总投资7264.7万元，达到预期的规划目标。4月中旬，区科技局提交《验收申请书》，认真编写《自评估报告》，总结经验和特色，看到困难和问题，提出实验区今后的努力方向。6月10日，湖南省科技信息研究所咨询评估中心受省科技厅委托，对实验区进行综合评估。通过评估指标体系设计，由省政府、农办、建设厅、计委等单位专家会议评审，并结合现场考察，综合评为合格。2007—2011年，管理区经作办、农垦集团公司申报科技项目7项，获科技研发经费22万元，科协培育科普示范基地3个，其中有柑橘示范基地、茶叶示范基地、中草药示范基地；发展科技示范户135户，其中省级科技示范户6户，市级示范户19户，区级示范户110户。2012年，科学示范户还自发地组织柑橘修剪队、嫁接队等技术服务队38个，其中修剪服务队26个，嫁接服务队12个，每年修剪666.66公顷橘园，高接换种76.66公顷。2012年，八仙洞科普示范基地和柑橘协会获得湖南省科普惠农奖补资金20万元。2013年，农业局对全区耕地进行测土，配置化肥供农户使用。

2015年，为防控黄龙病扩散，请湖南农业大学教授讲解黄龙病防治知识，派科技人员到果园具体指导黄龙病的防治，经作办为果农免费发放农药、并对补偿病树进行清除。

第五节　科技普及

1992年，组织全区中、小学教师、学生参加全市青少年发明创造，撰写科学小论文、科幻、绘画、科技实践等活动，开发青少年的智力，激发爱科学、学科学、用科学的热情。1993年，在农村推广两季杂交玉米、碰柑、黑美人西瓜、台湾蜜本南瓜、烤烟、秸秆养牛等新技术、新产品。为职工提供致富门路，增加农民收入。1994年，推广水稻早育抛秧技术、水果高接换种和套袋技术等10余项科技项目。其中水稻早育抛秧565.46公顷、水果高接换种428.00公顷，水果套袋176公顷。2011年6月3日，永州市科技下乡服务活动在回龙圩举行，市科协主席王芳玉，市农学会、预防医学会等180名科技工作者参与自愿服务。发放科普资料1000册，宣传资料3.5万份，赠送价值3万元的药品、苗木，采访卢益高、郑宏建等科技示范户。2012年，全区累计发放科技宣传资料2.3万份，接受科技咨询400多人次。2015年，在中小学开展无烟日宣传、防地震宣传和消防宣传等活动。

第六节　科技成果

1991年，回龙圩的“罗汉果茶”获得科技甲等奖，高级农艺师王医凤所著的《分类混揉是提高红碎茶质量途征的探讨》《绿茶成分和药效》论文先后在《中国茶叶》《湖南茶叶通讯》杂志发表。

1992—1995年，回峰绿茶连续4年被评为湖南省名茶，在茶叶科技研制排名第一。1996年，“罗汉果茶”位居世界前列，清水玉笋罐头、回峰绿茶、回峰脐橙获农业部绿色证书并成为农业部免检产品，畅销国内外市场，远销东南亚、加拿大、美、日、韩等国家和中国港、澳、台地区。

1994年，高级农艺师李万年率领的柑橘研究团队撰写科技论文《回峰脐橙规范化栽培技术》获湖南省丰收计划二等奖，脐橙获省优质奖，椪柑获省金质奖。1995年，兴隆生产队职工程志生研制烟碱合剂生物农药获科技项目专利证书。2002

年，高尚队果农蒋水德引进金橘覆盖膜栽培技术，解决金橘成熟裂果的现象，提高果品质量。2004 年，何志强引进砂糖橘、沃柑，到 2015 年，柑橘新品种发展到 346.66 公顷，市场价每千克 20 元。2012 年，柑橘专业户易守满从外地引进 W-默科特杂柑，到 2015 年，发展到 160 公顷，产量高，市场价格好。

第四章　文化　体育

第一节　文化

一、组织机构

1992—2001 年，回龙圩农场设立文化局，文化局的职能放在农场宣传部内。2002 年，农场改制后文化局加挂在社发局内，由社发局局长兼任。2008 年，文化局加挂在宣传部内，2015 年，文化、体育合并，成立回龙圩管理区文体新局，是管理区社会事业发展局的一个内设局，为独立法人单位，属政府职能部门，柏德增任局长。定编 5 人，事业单位。

二、文物

2015 年，回龙圩管理区有三处保存较好的市级文物，即岩口塘文昌阁、大罗圩凉亭、十工湾辛桥。

岩口塘文昌镇水阁位于回龙圩管理区西南岩口塘村西 200 米，始建于明成祖永乐八年（1411 年），为防御匪设防而筑，永乐二十二年因战事楼阁破损严重，清顺治十年（1653 年）重修。文昌阁呈四方形，每面墙宽 8 米，阁中有四根柱头共五层，1~3 层用土红色烧砖砌成，4~5 层为全木结构。门口有一块石碑，宽 1.2 米，长 1.8 米。均有详细记载。2009 年，回龙圩管理区将其列为区级文物保护单位，2010 年，永州市人民政府将其列为市级文物保护单位，2014 年投资 20 余万元进行修缮。

文昌阁

文昌阁碑刻

大罗圩凉亭为清嘉庆年间所建，近代人重修，尚保存较好，位于回龙圩管理区西南光下村东北面100米，凉亭位于一条小溪上，凉亭有两块石碑分别记载修建年代和捐资修建者的姓名，东南西20米处有高约200米左右的禁山，山上古木林立，山脚下有棵680年的黄连木古树盘石而立，并从树根上的东面和西面长出两棵桂花树而称奇为子母树，整个禁山与镇水凉亭相互衬托。2010年，永州市人民政府将大罗圩凉亭列为市级文物保护单位。

潇贺古道旧址

十工湾辛桥位于回龙圩管理区兴隆办事处西南面5公里，兴隆村东面100米，十工湾村西面100米，桥长20米。

潇贺古道路基

桥面桥墩均由人工天然石材构成，石板结合处似箭头状的桥墩连接，石板宽约1.2米，由3块长约4米的长条形石块连接而成。十工湾辛桥建于清朝末年，一寡妇为纪念死去的丈夫而建（又称寡婆桥）。2009年，回龙圩管理区将其列为文物保护单位。2010年，永州市人民政府将其列为市级文物保护单位。

潇贺古道旧址

潇贺古道入口之一

三、民俗

（一）回龙圩瑶族文化

回龙圩管理区瑶族人口占全区总人口的52.6%，自古以来是瑶族居住地，瑶族人在此地创造了古朴的历史文化，全区除了当代的农垦文化、知青文化、群众文化、柑橘文化之外，还有浓浓的瑶族文化。具有独特的民族风情和地域特色。

瑶歌 每逢重大节日或男女结婚闹洞房都喜欢唱谣歌，甚至通宵达旦、难舍难分、相亲相爱。

瑶食 瑶族人早餐喜欢喝油茶，油茶均由茶叶、炒米、花生米、糍粑等原料制作，清香可口。逢年过节瑶族人喜欢吃血灌肠，血灌肠由猪大肠，糯米饭、猪血等其他配料制作而成，是餐桌上的一道丰盛菜。

瑶服 瑶服一般是以蓝黑色为主，男服对胸开口布扣，女服左侧开口布扣，瑶族人至今仍穿五色服、狗尾衫、戴狗头帽，以示不忘祖先。

（二）瑶族住房建筑

居住在回龙圩的瑶民长期依山而居，居住条件差，住房多为砖木结构，房屋建筑一般分住房、杂房，住房多是三间式的二层楼房，中间设厅堂，大部门房屋前面为开井，两则分前、中、后三节，后节设卧室，中节设饭堂，前节为炉灶或火塘，杂房和杂住分开，杂房用来堆放其他农具和杂物。

（三）瑶族婚姻

回龙圩瑶族人的婚姻主要分嫁娶婚和入赘婚两种。入赘婚俗称“招郎”，婚姻的习俗繁多，起初找媒人作介绍谈恋爱，谈好后就4个鸡蛋下定，瑶族人叫“包蛋”，包蛋男方要杀猪，将猪肉切成6~8斤一块，每一主尾巴就一块，女方有几主尾巴就有几块，块数越多说明亲戚越多，每主尾巴要送4个红蛋，现在不砍猪肉，把猪肉折成人民币，每主400~600元，送一包喜糖，男方还要送一些贵重手镯、耳环、戒指等送给女方，包蛋那天，男方用红纸与两本书，一本是“年庚书”，一本是“对亲书”，“年庚书”上方是男孩的出生年、月、日、时辰，下方是女孩的出生年、月、日、时辰，上方男方填写，下方由女方填写。“对亲书”上方是女方父亲姓名，下方是男方父亲的姓名，上方由女方填写，吃中午饭后，将两本书填好带回男方，说明同意结下了一门亲事，到了结婚，男方要写一本“求婚书”，将结婚时间定好送到女方，男女双方达成共识后就结婚。瑶族人结婚，有将人家出嫁从轿，请一党鼓手，出嫁前要请未婚相好的女友（俗称伴娘）坐歌堂，第一天是小歌堂，第二天是大歌堂，第三天出嫁，出嫁妇女要哭嫁，颂扬父母的养育之恩，兄弟姐妹手足之情，歌堂深夜不散甚至通宵达旦。接新娘还有对歌的习俗，歌到新娘出家为止，具有浓郁的民族风俗。

（四）回龙圩寿庆

瑶族寿庆礼议历年简单，年满60岁时由子女或亲友出面操办，俗称“大生日”。女这寿星操办一些寿鞋、寿帽、寿衣等，放鞭炮庆贺，中午聚餐向寿星表示“福如东海、寿比南山”之类的祝福，客人散时，回送粑粑、糖果、茶。

（五）回龙圩丧葬

回龙圩瑶族实行土葬，老人死后，不得当日安葬，须停柩在堂，有钱人家请师公做道场3~7天，唱丧歌、念经文、超度亡灵，亲朋好友则自觉来烧香叩头，帮忙料理后事，晚上赔丧守夜，出葬时，妇女只送到出村的三岔路口，男人送到坟山下葬。如死者在外亡故，尸体、棺材不得进家门，儿童死后用“楼板”埋葬，未婚青年死后，棺材油红漆。

四、文化设施

1992—1994年，回龙圩文化站设图书室一个，图书室配有一名图书管理员，有书桌12张，图书4000余册，随时都可借阅图书。

2007—2015年，回龙圩管理区先后修建回龙圩文化广场、时代广场、回龙圩沿河观光带、冠山公园、回龙湖供群众休闲。全区文化站新建农家书屋14家，每家农家书屋配套图书1665册，电子音像制品141张，配置书柜3个，书桌1张，每家书屋投入资金10万元。各农家书屋配备兼职文化管理员。

回龙圩管理区 2008—2012 年农家书屋情况统计表

表 9-12

建设年份	书屋地址	书屋面积（平方米）	人口（人）	管理员姓名	管理员职务
2008	回龙村居委会	35	1102	朱建安	村主任
2008	李家塘村居委会	38	725	黄江华	村主任
2009	永济亭村委会	30	560	张满德	村支书
2009	八仙洞村委会	28	526	唐祚军	村支书
2009	马鹿头村居委会	35	625	宋旗	村主任
2009	仙人桥居委会	32	702	朱国甫	村主任
2010	神仙洞村居委会	28	536	李精敏	村主任
2010	盐下村居委会	35	625	彭柱高	村主任
2011	棠锦村居委会	36	650	何小龙	村支书
2011	朱家观居委会	50	890	黄筑成	村支书
2011	新风村居委会	34	702	毛先进	村主任
2012	大罗新村委会	32	763	刘金晨	村主任
2012	岩口塘村委会	56	680	许伟胜	村主任
2012	永济亭村委会	34	560	刘谋深	村主任

五、文化活动

管理区的文化活动，形式多样、内容丰富，每年举办书法、绘画、春节写对联活动，元旦、“五一”、“六一”、“七一”、国庆等节日开展各种形式的文体活动。

2011 年，中国共产党建党 90 周年庆典，管理区举办红歌演唱会，丰富群众文化生活。

文体新局经常开展电影文化下乡活动，实行“一月一村一场电影”的目标，2015 年管理区两次参加永州市举办的广场舞大赛，并且还被邀请到广东珠海参加广场舞大赛，获得二等奖。

六、知青文化

长沙知青、江永知青到回龙圩农场插队落户，共下放4批、1067人。

1962年冬，长沙知识青年225人首批到回龙圩农场插队落户，揭开湖南省长沙市知青大规模上山下乡运动的序幕，1963—1965年，先后两批长沙知青562人到回龙圩农场，安置在新思、新风村、农科所、神仙洞等队。1975年，江永知青280人也到回龙圩农场仙人桥、神仙洞、李家塘、新风村等村。

新跃知青点办公楼

20世纪80年代，除极少数知青与当地人成家和就业的外，绝大部分知青陆续相继离场返城。

知青文化陈列室展品

七、广播电视

1992—2001年，回龙圩农场设立广电站，广播通到了自然村、生产队，每天一早一晚都要进行广播，电视以接收传送为主。2007年，管理区广播电视局从社发局分离，成为独立的事业单位，是年，广电局相继建成江永至回龙圩有线电视机房，完成回龙圩—兴隆、回龙圩—新风村、回龙圩—李家塘的光缆线路里程15公里，建成城乡光缆接收点11个。并对全区有线电视线路全面进行改造28000米，把原有老化的线路全部更换成达标的-9、-7支线和-5的入户线，增加放大器20个，全面完成数字电视平移，全区2864户全部装上高清数字机顶盒，总投入173万元。广播电视“村村通”建设，累计发放安装直播卫星设备2807套，总投入资金101万元。2009年，成立回龙圩管理区电视台，电视台加挂广电局内，与广电台同一班人合署办公。投入资金56万元，采购摄像机、节目制作的非偏系统、节目播出系统等设备，可以播出管理区新闻、电视剧节目。2015年，实施“户户通”建设，发放安装900套直播卫星设备，有线电视线路改造5000米，实行光纤到户，总投入67万元。

八、农垦文化

1958年，回龙圩农场建场，属于国有企业。其土地、生产工具都属国有，生产者属全民职工，与乡镇有着本质的区别。

2013年，回龙圩管理区广泛听取老、中、青农垦人的意见，把回龙圩农垦精神确定为16个大字“艰苦创业、奋发图强、开拓创新、乐于奉献”。

九、柑橘文化

高尚湖远眺

20世纪中期，回龙圩农场开始种植柑橘。20世纪80年代、90年代是柑橘盛产高峰期。2002年，回龙圩管理区成立后，柑橘规模继续扩大，以柑橘为主的水果业已成为管理区的支柱产业。管理区为打造回龙圩柑橘品牌，让荒山变成青山，让青山变成金山银山，推动当地社会经济发展和新农村建设，拉动生态观光的旅游业，2010年，聘请湖南农大专家、教授到区授课及技术指导，柑橘的果品质量得到提升。

2015年，全区拥有马鹿头、李家塘、神仙洞、永济亭、八仙洞办事处5个万亩以上的柑橘基地，荣获湖南“绿色食品示范基地”。全区有1个柑橘协会，9个专业合作社，30家柑橘销售加工厂，123名柑橘销售经纪人，为就业人员搭建平台，安置就业人员约900人。打造柑橘+旅游模式发展柑橘。从八字桥—神仙洞—八仙洞沿着果园修建一条长达6公里的观光旅游道，道路由水泥路改为柏油路，路两边进行绿化，安装太阳能路灯1200盏。

硕果累累的橘园

高尚湖、回龙湖、新铺村、卫东村新农村建设以及神仙洞、八仙洞柑橘示范园已成为回龙圩管理区的旅游景点，旅游业发展风生水起。柑橘开花季节和柑橘成熟期许多外地游客来回龙圩观光旅游，享受大自然风光，品尝柑橘的滋味。五月橘树开花时节，果园到处一片雪白，柑花喷发出一股浓郁的芳香，一些爱好摄像的游客拿起摄像机镜头对准橘花拍照、留念。果园四季葱郁、凝翠溢彩、花果飘香，被人们誉为“柑橘观光园”美称。金秋十月，柑橘成熟期，果园到处硕果累累，一片丰收景象，每年吸引外地旅客约2万人。

回龙圩柑橘皮脂层薄、外光泽色亮丽，果肉细嫩化渣，含糖量达12%~15%，口感俱佳，倍受人们青睐。

第二节 体育

一、传统体育

回龙圩传统体育有耍龙舞狮、武术、骑马、射箭、踩高跷等，近代传统体育有青少年传统体育、群众传统体育。少年传统体育主要流行自由体操、游戏，如：丢手绢、老鹰抓小鸡、母鸡生蛋、跳绳、踢毽子、滚铁环、打陀螺、翻四角纸板等项目。群众传统体育有篮球、乒乓球、单杆、双杆、跳高、跳远、拔河等项目。

二、竞技体育

回龙圩开展的竞技体育有篮球、乒乓球、羽毛球、汽排球、跳高、跳远、赛跑等项目。2014年，回龙圩镇的廖秋云在全国女子举重冠军赛成年组53公斤级中获得第一名；2016年，全国女子举重冠军赛53公斤级中获抓举、挺举，总成绩列三项第一名；回龙圩永济亭办事处湘桂队邱红艳在湖南省第八届运动会举重青少年组50公斤级中获第二名；回龙圩镇周成俊在湖南省第十二届运动会男子甲组蹦床获第二名。

三、学校体育

（一）体育课

1992—2005年，根据国家体育锻炼标准，全区中小学体育达标人数累计18600人，其中合格5800人，良好8000人，优秀4800人。2015年中小学专职体育教师2人，兼职体育教师4人，其中女兼职体育教师1人，占体育教师16.6%。截至2015年止，全区有8名小学生被江永体校选中录用，其中在全国、全省体育比赛取得名次的3人。

（二）课外体育活动

2000年，中、小学推行教育部第二套青少年韵律操，中学为《时代在召唤》，小学为《初升的太阳》。

四、全民健身

1992—2015年，回龙圩管理区全民健身项目主要有篮球、乒乓球、拔河、长跑、气排球、广场舞，每年节假日开展全民健身体育活动，群众自发开展的有篮球、乒乓球、汽排球、羽毛球、广场舞、早晚散步。

五、体育后备人才培养

1992—2015年，回龙圩管理区先后输送8名学生到江永体校学习，从江永体校又推送到5名永州市体校学习，其中廖秋云、邱红艳、周俊成3人成为省体育队成员。

回龙圩镇的廖秋云2006年被永州市体校录取。2008年，参加永州市青少年举重比赛获第三名；2009年，参加湖南省青少年举重比赛获第一名；2010年，获湖南省举重杯举重比赛第一名；2011年，荣获全国高水平后备人才基地锦标赛最佳运动员，获中西部举重锦标赛体育道德运动员，在全国少年女子举重分龄赛总成绩第一名；2012年，获全国青年举重锦标赛48公斤级第八名；2013年，获得中、日、韩友好邀请赛举重第一名；2014年，获全国举重冠军赛53公斤级第一名；2015年，获全国青年运动会举重53公斤级第一名。

永济亭办事处湘桂村的邱红艳于1993年被江永县体校举重队录取。1994年，获湖南省青少年举重第二名，随后被冷水滩体校选用；1995年，参加湖南省青少年举重第三名，后又被广州市伟伦体育运动会选中，改名为邱丽红；1996 年，返回冷水滩体校参加第八届省运会获抓举、挺举第一名，总成绩 155 公斤级第一名；1997 年，代表广州城区参加第十二届运动会，获抓举、挺举总成绩三项第一，并获省一级运动员证书。1998 年，参加广东省第十届省运会获得第二名，后来在北京体工队训练中腰部受伤，经过治疗无法复原，1999 年，退出北京体工运动队。

回龙圩镇回峰居委会的周成俊被湖南省体校录用，参加湖南省第十二届运动会男子蹦床获第二名。

六、体育场馆建设

1992—2001 年，体育场所只有一个灯光篮球场、一个老年门球场、两台乒乓球桌。2008 年，在综合办公楼 4 楼设乒乓球室，供机关工作人员乒乓球爱好者晚上活动。

2014 年，管理区改造灯光篮球场 2 个，新建羽毛球场 4 个，气排球场两个。2015 年，新建回龙湖城区市民体育广场和八字桥居委会体育广场，同时把原南方饲料厂改建一个羽毛球场，一个气排球场，两个门球场。全区大、小型运动场 15 个，400 平方米标准运动场 1 个。15 个行政村农民体育健身工程篮球架已完工。发放安装 19 套全民健身路天器材和 20 套乒乓球桌等设施，总投入 110 万元，回龙圩管理区 80%的行政村建有活动小广场和体育运动室。

第五章　旅游

第一节　旅游资源

一、自然旅游景观

山景观　回龙圩管理区位于湖南省永州市南部边陲，地处五岭山脉，山势连绵起伏，山岭东西对峙，共有大山岭 62 座。各具姿态，形态万千，形成天然界限，把回龙圩管理区中部地带割成若干平原和盆地，山岭大部分有厚薄不一的土层植被，少数则岩石裸露，较大的溶洞有 10 余处，其中尚傅岩和马鞍奇岩曲径通幽，深远莫测，洞奇石怪，均可容纳上千人，先民常避乱其中留有寨墙垛口遗迹。

神光遇廖山　据清光绪《永明县志》记载“神光遇廖山，在县南二十里（即现回龙圩管理区回龙镇神光村），相传卢姓居此，常夜见野外有光如炬火；因识其处，翌日迹之，遇一叟，自称廖山人，为指示葬地，转瞬即失其人”。

将军山 原名背篓山，坐落于回龙圩管理区马鹿头办事处下岩村北面3公里处的群山之中，山寨海拔547米，四面环山、高大挺拔、山势险要、四周悬崖陡峭、不可攀登，唯有一条隐蔽曲折的小道可上山顶，山顶约有22.5公顷宽的草坪。将军寨距江永县城5公里，永明（今江永）至麦岭、永明（今江永）至黄沙岭两条古道把山寨夹于其中，是古代兵家设防要塞。

传说唐宋时期，官府为防止匪患入侵，在此屯兵立寨，登山小路用石块切成曲折阶梯直通山顶，途中设有哨卡，山顶有一口小井水，有牲畜舍、饮马槽、练兵场，还种有桃李果木，至今尚存，进入山顶有石门，四周砌有围墙，留有箭眼、炮眼、瞭望孔。据传北宋皇祐元年（1049年）谥赐护国军吴舜举在此山寨阵亡，葬于山寨2公里处的圣人山山顶，后人为纪念吴舜举把背篓山改名为将军山。

水景观 回龙圩管理区主要河流是潇水支流，回龙河之发源地水域辽阔。由南向北纵贯管理区，流经兴隆办事处、李家塘办事处和回龙镇及江永县黄甲岭乡、城关镇部分地段，在白水村附近注入潇水。大小支流在管理区境内流程共50公里，流域面积共68.12平方公里。回龙圩河主要支流为东河和西河，东河源头有3条，一条发源于大申塘、山岩塘、流经李家塘、新村、李家、何家、唐家入神光水库；一条发源于三角塘、清水塘、小溪流入双龙水库，经田家、何家、唐家入神光水库；一条发源于高山经岩湾、岩口塘、农科所、岗头源、兴隆、八工湾、彭家、回龙、朱家观汇合西河。神光水库又分两条支流流出，一条流经神光、上枧、毛家、顾家、在黄家注入回龙河。一条流经神光、回龙、在朱家观汇合西河。西河发源于回峰大岭，经蒋家、廖源、下干、狗头井、彭家与高尚水库下的高尚、高圩、新铺、光下洞之水源汇合流入盐下水库，后在朱家观汇入东河。回龙河流经黄家、大地铺汇入马河流域。另有一条支流发源于断岭源，流经田美、马鹿头、下岩、向阳流程5公里，流域7平方公里，注入莲花水库，流入潇水。回龙圩管理区地下水源丰富，共有泉井52处，其中岩口塘的岩湾井，仙人桥的米筛井，八仙洞的狗崽井，李家塘的新思井，大罗圩的观花井等水流量大，常年不干。

岩景观 回龙圩管理区山多，岩洞多，山间还有奇特的岩洞。

尚傅岩 位于回龙圩管理区，马鹿头办事处下岩村西南200米处的麒麟山北麓。传说古代一姓尚名傅的人最先发现此岩洞，并在此定居成为此地祖先，后人为怀念他，便将岩洞命名为尚傅岩，其村亦名之为尚傅村（今为下岩村）。

尚傅岩洞外有一个方坪，洞前20米的山脚下，有一口水井，清泉从石洞中涌出，四季清澈，冬暖夏凉，终年如常。洞中有外洞、内洞、冷气洞、热气洞、外楼、内楼、水道、旱道之分。外洞石门坚固，石墙直砌12半高，把外洞、外楼围固，为防匪盗而设，墙上留有箭眼、炮眼，外洞空旷有光，可容数百人。外洞右侧是水道，左侧是旱道，水道从山中流入村旁水井。外洞有岩梯直上10余米高的内楼，内楼宽敞干燥，可储藏数10吨物资，数月不会霉坏。由旱道入内洞，洞内漆黑无光，需秉炬而入，约有5公里长，时宽时窄，时高时低，弯弯曲曲，时侧身而入，时匍匐而进，有面积50~150平方米的坪台20余处。由岩浆凝结而成的石笋、石钟乳遍布洞中，千姿百态，有“九龙盘柱”“观音坐莲”“八仙漂海”“双狮抱球”，还有石盆、石磐、石凳、石碓，石奇洞怪念人目不暇接。

麒麟山满山都是野生的紫荆花，每年3月至4月初是紫荆花盛开期，满山粉红色，景色迷人。

据清光绪三十三年（1907年）《永明县志》载，尚傅岩位于江永县城西南15里，属全县36岩之一。明代甘肃兵马副使，邑人潇秉权到此游览并结庐而居。尚傅岩上面的麒麟山林深叶茂、古木参天，西侧100米处有一座小水库，奇山秀水交相辉映、美不胜收，是回龙圩管理区游览胜地之一。

马鞍奇岩 坐落于李家塘办事处北面4公里处的马鞍山中。四周原野方圆约10余平方公里。马鞍山海拔422米，独立于原野之中，因其山形似马鞍而得名。

马鞍奇岩系天然大溶洞，南西山脚，东西山腰，北面山顶各有洞口一个，从南面山脚洞口进洞，倾斜东行约300米可通东面山腰洞口，从东面山腰洞口曲折北上400米，可通北面山顶洞口。岩洞很深，洞中有洞，狭窄处仅限一人匍匐前进，宽阔处可供上百人聚会，洞内结构可分为三层，从第一层内洞借助绳索下沉7~8米入第二层，再从第二层内洞下沉7~10米入第三层，第二层曲折倾斜而下约300~400米深内有石砌的台阶。第三层有阴河，蹚水过河后地势平坦，但幽深莫测。洞内漆黑无光，需擎炬而入，洞内石钟乳倒悬，石笋挺立，怪石或如人物，或似鸟兽，姿态各异，实为奇观。

马鞍山地处湘桂边陲，传说古时为御匪骚扰，曾在此屯兵立寨，并在山腰洞口左侧用方形巨石砌成宽1.5米、长20余米的寨墙，还有坚固石门和哨卡。北面山脚的饮马槽和练兵台至今遗迹尚存。回龙圩农场建场后，在此开发，曾经先后建过牛场、马场、林场、园艺场等。1989年秋，国务院副总理田纪云、湖南省省长陈邦柱曾到此踏荒，考察留影，并作了开发马鞍山指示。

森林景观 回龙圩管理区生长期长达数百年的古树为数众多，在廖源村、高圩村等自然村落周边均有古树多达数百棵的古树丛林。

有一颗古木在光下村后龙山直径1.8米，高30多米，生长周期长达680年历史的黄连古木，具有一树多奇的特点。此树生长在一块约2.5米高、10米围的巨石上，树干底部如同一个巨大的木盖紧紧地压在大石块的中央。根部周长8.5米，胸径1.6米，高43米，覆盖地石143平方米。在树干上长有两棵较大的桂花树，其中一棵桂花树的胸径在20厘米以上。树干上有一根直径在10厘米以上的古藤攀爬直达树梢，这种石上生古木，树上又长树的景观实为罕见，当地人称为“奇树”。

回龙圩镇朱家观村旁的回龙圩河一处两岸边同生一凉木树，树高20余米，相互倾斜，在树10米处交叉绞在一起，再向上生长，在小河上形成一座神奇的绿色拱桥，人们可以沿树拱桥从小河此岸走到彼岸，远远望去就像一对爱得如胶似漆的夫妻，所以当地人又叫“夫妻树”，每到夏天人们在这里洗衣、乘凉、聊天。

二、人文景观

回龙圩管理区人文旅游景观从明成祖永乐八年（1411年）至民国28年（1939年）建有三亭二阁。

仁寿亭 位于回龙圩管理区马鹿头办事处龙母塘村西北面一公里处的井面山脚下。民国5年（1916年）由永明县城关三元宫村周子常及龙母塘村李盛堂、李德芳等人首劝四都等地群众捐资兴建。1974年秋，为建石头水、龙母塘水库及建绿峰茶叶队而拆毁，亭基尚存。

仁寿亭呈长方形，长10米，宽4米，高5米，系青砖、青瓦、杉木结构，两头拱门用石条砌就。古时永明至富川的通道从亭内直穿而过，亭内砖铺地面，四周架设条石为凳，北侧有一间厢房，有石制长方形茶水缸两口，供过往行人休息饮茶，亭南有山塘一口，四周青山环绕，景色宜人。

永济亭 坐落于回龙圩管理区永济亭办事处北150米，永富公路东侧的山坡上。民国初年为方便湘桂两省客商及附近村民劳作停歇和乘凉，饮水方便，以湖南省永明县文盛乡岩口塘、八工湾、下干村知名人士唐子林、张学笈、张万熏、唐子富、杨光久、杨光厂等人为首，向原永明县四都及各乡村邻民众发乐捐，并拆除小溪村的“状元楼”砖瓦材料，雇请湖南省祁阳县木匠李松捐，嘉禾县砌匠周世雄建成。

永济亭呈长方形长10米，宽4米，系砖木青瓦结构，墙面用3层红砖砌就，南北拱门对开，拱门上嵌有用青石板雕刻的“永济亭”长方形亭碑，原永富交通古道从亭内通过，亭内地面用青石、红砖铺设，四周用条石架设石凳，有圆形水缸两口，供过往行人停歇饮水用，亭中两根原木台楼上雕刻有“狮子头像”“龙凤吉祥”“八仙过海”等浮雕，形态逼真、凉亭北面旁立有由张万熏书写的鼎建永济亭碑刻一块。因凉亭出现倾斜墙裂现象，民国28年（1939年）秋，又由岩口塘村张学笈等首劝发起乐捐重修，因永富公路1958年改道，加之“文化大革命”影响及多年失修，永济亭于20世纪90年代初塌毁，现亭迹尚存。

镇水亭 镇水亭在回龙圩管理区光下洞村东北50米处，系古代大罗圩村民为装点山庄景色，方便过往行人歇息所建。碑文留有清嘉庆二十三年（1818年）重修的记载。凉亭为阁式砖木结构，长10米，宽4米，高6.5米，横跨于光下溪上，两端为南北大门，凉亭青瓦覆盖，第一层为两倒水屋面，四个檐角高翘，第二层为四倒水屋面，六个檐角耳峙，屋脊有葫芦等造型装饰，亭内立柱4根支撑屋架，外柱4根支撑屋檐，跨溪原为木桥，两面为木制栏杆，因年久腐朽，再度重修时改为钢筋水泥桥面及围栏，屋架仍保留古代木质亭阁结构，栋梁古朴，工艺结实精致，附近东西两侧为一片农田，南北丛林古木参天，有深潭数口，潭水碧绿。

镇水亭

《重修镇水亭记》碑刻

《镇水亭记》残碑

镇水阁 又名真武阁。位于回龙圩管理区岩口塘村北500米处，明成祖永东八年（1411年）为御匪设防而筑，永乐二十二年（1424年）因战事影响，楼阁破损严重，清顺治十年（1653年）重修，镇水阁呈四方形，每面宽8米，中有4柱共5层，1~3层，用土红色烧砖砌成，4~5层为全木结构，墙无窗只有箭眼，楼板已毁，仅存墙柱，门口有碑刻，字迹模糊。

回龙阁 坐落于回龙圩管理区李家塘办事处田家村北侧250米处的田洞中，鼎建于清宣统二年（1910年），是年，田家村以田文生、田宗敬为首士，田宗文、田为文、田廷树起缘，阖族子孙乐捐集资、派凑砖瓦、木料、供匠饭请匠人刘景花、李先年等建成。

回龙阁

回龙阁呈宝塔形，系砖瓦杉木结构，每面宽8米，内立4根杉木大柱，分5层，用红色烧砖，4层墙砌就。

回龙阁碑刻

回龙阁西面附有长8米，宽5米的厢房1座，阁前有庭院，院中用长石条镶砌成的小池塘1口。四周有3米高的砖砌围墙，总占地面积180平方米，20世纪70年代初，为建仓库，回龙阁拆毁3层，保留2层，庭院中有碑刻3块尚存无损。

第二节 旅游开发管理

一、旅游规划

2009年，管理区领导班子调整发展思路，重新定位回龙圩，力争“把管理区建设成为新型工业园区、柑橘产业强区和旅游旺区”。管理区旅游总体规划通过专家评审；盐下水库现代农业生态旅游休闲园项目全面启动。该项目被永州市列入市级重点建设项目。是年，完成第一期工程：征收土地67公顷，修建旅游公路3公里，对水库大坝进行除险加固，对周边34公顷山岭进行绿化。11月，回龙圩管理区与湖南师范大学旅游研究所联合制定《永州市回龙圩管理区旅游业发展总体规划》，根据回龙圩管理区休闲旅游发展条件和国内外旅游市场需求发展趋势，编制回龙圩管理区休闲旅游近期、中期、远期发展方向、目标和整体布局。确定休闲旅游定位：1. 旅游网络定位，主要以生态农业休闲旅游为主的桂林旅游圈和大湘南旅游圈为旅游节点。2. 产业定位，以区旅游业发展为第三产业的龙头产业，带动农业、水果、林业发展产业。3. 社会功能定位，旅游业发展可促进劳动力就业的主要行业。4. 旅游功能定位，可成为自然生态休闲旅游与人文生态休闲旅游于一体的旅游功能。5. 旅游形象定位，紧紧围绕旅游主题形象，将各种景物、设施、活动组合成一个有机、有序的旅游活动体系。6. 星级定位，永州市回峰生态农业休闲旅游区在中期将发展成为国家AAA级旅游景区，在远期将发展成为国家AAAA级旅游景区。近期（2009—2010年）是招商引资、旅游开发时期，以旅游基础设施和旅游服务设施为重点，加快观光、交通、商贸、饮食、娱乐等综合服务型旅游产业发展，营造良好的休闲旅游环境，预计到2012年全区各单位接待游客约6万人次，旅游收入约240万元。中期（2011—2015年）大力发展休闲旅游景区，提升旅游质量，完善旅游市场，拓展旅游资源，预计到2015年全区景区接待游客约23万人次，旅游收入3280万元。

二、旅游管理

管理机构 2000年设立回龙圩管理区旅游外事侨务局，与区教育局合署办公，负责全区旅游开发、建设、执法等工作。2013年3月25日，根据形势发展需要，回龙圩管理区设立旅游外事侨务局，核定人员编制5名，其中局长1名。2015年5月，回龙圩管理区成立回峰旅游发展公司，负责指导全区旅游产业开发建设和旅游管理投资、融资等工作。

经营机构 回龙湖山庄大酒店是经营旅游饭店，位于永州市回龙圩管理区回龙湖畔，按四星级标准设计装修的星级酒店，2012 年开始建设，建设面积 8000 平方米，总投资 5000 万元。2013 年 5 月 9 日，开始对外营业，为旅客提供旅游住宿服务，内设 70 个房间，120 个床位，24 张餐桌。2014 年，接待旅游者 6 万人次，旅游收入 240 万元。2015 年，接待游客 23 万人次，旅游收入 3280 万元。

旅游培训 2013 年，回龙圩成立旅游局后，每年选派人员参加省、市的各种旅游培训。在内部管理和培训上按照国际旅游管理要求，采取会员岗位培训体系，坚持先培训、后上岗和持证上岗制度。2014 年，培训旅游服务人员、星级酒店从业人员 20 人。2015 年 5 月，举办旅游发展公司从业人员培训，受训 5 人，培训景点介绍人 4 人。

旅游招商 2010 年开始大规模对外招商引资开发旅游业。2011 年引进永州颐鸿农业生态休闲园有限公司开发建设回龙湖景区，准备用 4 年时间打造国家 AAA 级旅游景区，2011—2015 年累计投入 1.5 亿元。

三、旅游开发

1992 年，开发高尚湖山水风景旅游观光景点。1995 年，回龙圩为提高区内旅游风景区知名度，着力打造瑶族文化旅游品牌，从各方面加强旅游宣传。1996—2015 年，回龙圩管理区在旅游产业发展上实现“五大跨越”，旅游机构“从无到有”，旅游景区“由少到多”，旅游景点“由粗糙到精致”，旅游投资“从小到大”，旅游思路“由闭塞到开放”，全区旅游开发形成两湖两园四大景区，旅游开发总投入资金 3.8 亿元。

2002 年，高尚湖景区

高尚湖景区 位于回峰岭下山谷，湖畔古树参天，藤蔓盘错，流水淙淙，鸟语花香。东望八山，名“八仙洞”，南以回峰水库为伴，西靠回峰大岭，北与神仙洞倚山连水，高尚湖集雨面积 2.14 平方公里，总库容量 83 万立方米，总投资 297 万元。其中，湖南省水利局投资 165 万元，省农业厅投资 110 万元，原农场自筹资金 22 万元。1991 年竣工。

高尚湖是回龙圩管理区的一大景区，整个风景区规划面积 3.2 平方公里，景区建设有景区大门，回峰岭主峰三脚架、流溜索、峡谷探幽、帐篷野营、水上娱乐、观景亭、农家旅馆、山间游道，景区项目总投资3000万元。

高尚湖景区有“庐山之秀，西湖之幽”的美称。高尚湖森林公园被天然的次生阔叶林所覆盖，树形高大挺拔，叶形奇特，山水相依，水天一色，置身其中如入仙境，素有天然氧吧之称。

回龙湖景区　回龙湖现代农业生态旅游休闲园，由原盐下水库开发建设，由广东晟泽投资管理有限公司旗下的永州颐鸿农业生态休闲园有限公司投资建设，属市级重点项目。回龙湖现代农业生态旅游休闲园位于回龙圩管理区回龙圩镇盐下村，距永贺高速公路互通口5公里，占地总面积53.25公顷，总建筑面积63113平方米，总投资5亿元。回龙圩管理区回龙湖现代农业生态旅游休闲园项目为2011年开始建的重点项目。在项目建设过程中，回龙圩以“重特色、强推进；严规划、强投资；高标准、强创建”为指引，坚持“梦回橘乡、情浓（龙）水上瑶都”定位，立足瑶族风情、橘文化、茶文化、民俗文化、知青文化，做好特色文章，努力打造出富有民族特色和地域特色的生态休闲旅游区。2014年2月，回龙圩回龙湖现代农业生态旅游休闲园通过市、省旅游景区（点）星级评定委员会的层层检查、评定推荐和审核验收，获湖南省乡村旅游景区最高等级殊荣——“湖南省五星级乡村旅游区（点）”称号。9月，在2014年中国湖南第五届旅游产业博览会上，又被评选为湖南乡村休闲生态水果采摘园。截至2015年年底，投资1.5亿元，景区各项设施达到国家AAA级旅游景区标准，2015年开始申报国家AAA级旅游景区，开发项目按照“高标准、高起点”规划，分期实施，滚动发展的原则开发建设，打造国家AAAA级旅游景区，配套四星级宾馆，景区规划建设为“一心、一带、五区”：“一心”为占地近2万平方米的回龙广场，“一带”为农业观光带，“五区”为旅游接待区、休闲娱乐区、瑶族风情体验区、会议度假区和生态住宅区。景区各项设施逐步完善，建有占地面积50000平方米，集高空飞翔、过山车、海盗船等大型项目的游乐场。6000平方米露天游泳池、3000平方米生态停车场、瑶族风情美食城、回龙广场、游客接待中心、风雨桥、精品水果带、环湖环山道路以及四星级回龙山庄大酒店等。

2015年，回龙湖现代农业生态旅游休闲园景区被评为湖南省省级休闲渔业示范点和PPP项目示范点。

永济亭茶博园景区　2011年3月，永济亭茶博园旅游开发项目开始启动。位于回龙圩管理区永济亭办事处，以开发高端茶叶为主，名优水果为辅，分3期开发进行，建设成永州市最具特色的集茶叶种植加工、茶叶博览、果木培育和生态观光于一体的现代农业产业旅游基地。截至2015年年底项目累计投入资金5000余万元，完成办公楼主体建设，基地道路硬化，3公里高压电线架设，喷灌设施安装，1000亩高端茶叶和400亩特优杨梅基地建设。茶叶均从福建武夷山引进的名贵大红袍、铁观音、金观音和龙井品种，水果为无核丝梅品种。

八仙洞农业示范园景区 八仙洞农业示范园风景区是农业科技型人文、风景旅游区，示范园核心占地0.2平方公里，核心区共分为十大景区：组织培养区、有机蔬菜展示区、瓜菜长廊、果园观光区、大棚展示及自动采摘区、垂钓区、节水灌溉技术展示区、农业文化长廊展示区、果农农家乐、园林知青广场。示范园种植多种名、特、优、新等作物品种，在景观设计和建设上大胆创新，同时依靠最先进的无土栽培技术生产无公害蔬菜，开展中小学生以农业素质教育为主的观光体验活动。八仙洞现代农业旅游示范园是体会“住一天农家屋，干一天农家活，吃一天农家饭”乐趣的理想度假园区，也是进行青少年科普教育的理想之地，投入资金近1亿元。

回龙圩管理区成为融自然生态休闲旅游与人文生态休闲旅游为一体的观光休闲旅游和养生保健型休闲旅游于一体的生态型休闲旅游区，成为桂林旅游圈与大湘南旅游圈交汇处主要旅游节点。

四、旅游服务

回龙圩管理区为将旅游产业做大做强，根据市委市、政府《关于促进旅游产业赶超发展的意见》，给旅游提供优惠服务政策。

对旅游项目优先保证用地，优先办理建设用地手续，对大型旅游景区项目，以规划项目招、拍、挂出让土地使用权。景区内植物园、绿地、水体，按农（林）用的政策办理，土地使用权流转必须依法办理，景区内公共设施，纪念性建筑，按公益事业和基础设施用地政策办理。对采取招、拍、挂等出让方式，取得土地使用权的旅游项目在使用年限内可以依法转让、出租和抵押，使用期限届满后再依法自愿有偿和不改变所有性质和农用土地用途的前提下，用地者可通过土地承包经营权流转方式依法取得经营权。

税收优惠服务旅游企业在新增加的岗位中，当年新招用持有“就业失业登记证”人员，且与签订1年以上期限劳动合同并依法缴纳社会保险费的，在三年内按每人每年4000元的定额标准，依法扣减营业税、城市维护建设税、教育费附加和企事业所得税。旅游企业营业税计征基数应扣除代旅游者支付给其他单位和个人的住宿费、餐费、交通费、旅游景点门票等费用。旅游企业上缴的行政性收费，可在所得税前扣除，旅游企业用于宣传促销的费用依法纳入企业经营成本。对投资额在1000万美元和1亿元人民币以上旅游企业进行奖励。在税费征收方面，依照湖南省永州市以及回龙圩管理区等各级政府的招商引资优惠政策予以优惠，除房地产开发相关税收外，在投资开发前10年所缴的税费（扣除手续费和应上交中央、省、市部分）中的管理区本级财政收入，管理区按照先征后奖的方式全额奖励给企业，用于景区建设。第11年~第20年奖励50%，第21年起依法足额征缴税费。企业所交的建设用地土地出让金和用地上报审批办证费用，扣除手续费及交中央、省、市部分后，由管理区全额奖励企业用于基础设施建设和景点开发建设，所有建设用地均享受土地占补平衡指标优惠政策。中央、省、市返还均按有指标的返还，由管理区全额奖励给企业用于基础设施建设和景点开发建设。

第十篇

国土资源

第一章　土地资源

第一节　土地面积

为贯彻执行国务院《关于开展土地资源调查工作》的精神，1993年，回龙圩农场开展土地资源利用现状调查。回龙圩农场全场土地总面积1.04万公顷。其中耕地面积1181.75公顷，占全场土地面积的11.4%。水田面积712.73公顷，占耕地面积的60.3%，主要分布在回龙、兴隆、李家塘、马鹿头4个农业分场。望天田47.59公顷，占耕地面积的4.0%，主要分布在4个农业分场，马鹿头、兴隆两分场居多。旱地面积403.84公顷，占耕地面积的34.2%，主要分布在回龙分场、马鹿头分场、兴隆分场、李家塘茶场。菜地面积17.56公顷，占耕地面积的1.5%。园地面积1306.79公顷，占全场土地面积的12.6%，以橘园为主，其次是茶园和其他园地。橘园主要分布在八仙洞、仙人桥、永济亭、马鹿头、回龙、兴隆等分场。茶园面积254.23公顷，占园地面积的19.5%，主要集中分布在李家塘茶场，仙人桥、兴隆、李家塘、回龙、马鹿头5个分场有少量分布。林地面积5971.58公顷，占全场土地面积的57.5%，以用材林为主体，集中分布在回峰林场、回龙分场、马鹿头分场、李家塘分场、兴隆分场，其他分场分布极少。城镇、村及工矿用地138.84公顷，占全场土地面积的1.3%。其中职工居地94.80公顷，建制镇11.46公顷，工矿地32.58公顷。特用地7.77公顷。交通用地112.78公顷，占全场土地面积的1.1%。未利用地1282.48公顷，占全场土地面积的12.3%。可开发利用的荒草地356.74公顷，占未利用地27.8%，占全场土地面积的3.4%，主要分布在回龙、兴隆、李家塘、马鹿头4个农业分场。

1997年比1996年土地面积减少175.93公顷，其中建设用地19.34公顷，农垦建房用地10.13公顷，农业结构调整146.46公顷。19世纪90年代后期，农产品价格日渐走低，农民负担较重，加之进城务工、经商的人数增多，农场出现弃田抛荒的现象。2004年，由于农产品价格攀升，加之国家出台一系列促进农民减负增收的政策，尤其是对种粮农民实行直接补贴，良种补贴和综合补贴、农民种田的积极性空前高涨，抛荒土地被抢种一空。2004—2015年的耕地面积变化不大。

回龙圩管理区 1992—2015 年耕地面积分类统计表

表 10-1　　　单位：亩、%

年份	耕地面积	水田	占耕地面积	旱土	占耕地面积
1992	16365	8992	54. 94	7373	45. 05
1993	16365	8992	54. 94	7373	45. 05
1994	19829	8967	53. 28	7862	46. 71
1995	19829	8967	53. 28	7862	46. 71
1996	19829	8967	53. 28	7862	46. 71
1997	14160	9504	67. 11	4656	32. 88
1998	14100	9327	66. 14	4773	33. 85
1999	14492	9324	64. 33	5168	35. 66
2000	14660	9324	63. 60	5336	36. 39
2001	14760	9324	63. 17	5436	36. 82
2002	14760	9324	63. 17	5436	36. 82
2003	17377	9324	53. 62	8053	46. 34
2004	17005	9324	54. 83	7681	45. 16
2005	17005	9324	54. 83	7681	45. 16
2006	17005	9324	54. 83	7681	45. 16
2007	17005	9324	54. 83	7681	45. 16
2008	17005	9324	54. 83	7681	45. 16
2009	17005	9324	54. 83	7681	45. 16
2010	17005	9324	54. 83	7681	45. 16
2011	17005	9324	54. 83	7681	45. 16
2012	17005	9324	54. 67	7731	45. 32
2013	17005	9324	54. 67	7731	45. 32
2014	17005	9324	54. 67	7731	45. 32
2015	17583	10919	62. 09	6665	37. 90

2015 年，全区农村土地利用现状分类面积 9666. 36 公顷，其中回龙镇 2920. 81 公顷，马鹿头办事处 1905. 49 公顷，回峰林场 968. 68 公顷，兴隆办事处 2009. 93 公顷，李家塘办事处 1861. 45 公顷。回龙圩管理区人均土地面积 0. 995 公顷。各类土地的总格局是七分山地、一分田、一分地、半分水和半庄园及道路，全场以山地为主，并有田园地、道路、水面及其他各类土地。

第二节　土地类别

1993 年，回龙圩农场土地利用现状调查，全场总面积 10391. 92 公顷，其中，国有土地面积 8850. 55 公顷，占总面积的 85. 2%；外县区土地面积 3. 39 公顷，占总面积的 0. 03%。与江永县有争议的土地面积 1127. 54 公顷，占总面积的 10. 9%；与广西壮族自治区富川县有争议的土地面积 410. 43 公顷，占总面积 3. 9%。国有面积 8850. 55 公顷中按一级分类：耕地 1073. 7 公顷，占 12. 1%；园地 1197. 3 公顷，占 13. 6%；林地 4998. 93 公顷，占 56. 5%；城镇、村及工矿用地 135. 76 公顷，占 1. 5%；交通用地 108. 69 公顷，占 1. 2%；水域面积 352. 22 公顷，占 4. 0%。未利用地面积 984. 03 公顷，占 11. 1%。耕地面积 1073. 7 公顷中，按二级分类：灌溉水田 681. 27 公顷，占耕地面积 63. 5%；望天田 47. 27 公顷，占耕地面积的 4. 4%；旱地 327. 59 公顷，占耕地面积 30. 5%；菜地 17. 56 公顷，占耕地面积 1. 6%。园地面积 1197. 3 公顷中按二级分类：果园 953. 82 公顷，占园地面积 79. 6%；茶园 242. 72 公顷，占园地面积 20. 3%；其他园地 0. 74 公顷，占园地面积 0. 1%。林地面积 4998. 83 公顷中，按二级分类：林地 3621. 44 公顷，占 72. 5%；灌木林地 1050. 3 公顷，占 21. 0%；疏林地 1. 5 亩；未成林造林地 326. 56 公顷，占 6. 5%；苗圃 0. 43 公顷。城镇、村及工矿用地 135. 76 公顷中，按二级分类：建制镇 11. 46 公顷，占 8. 4%；农村居民用地 90. 94 公顷，占 67. 0%；独立工矿用地 32. 58 公顷，占 24%；特殊用地 0. 77 公顷，占 0. 6%。交通用地中，按二级分类：公路 14. 47 公顷，占 13. 3%；农村道路 94. 22 公顷，占 86. 7%。水域面积 352. 22 公顷中，按二级分类：河流水面 17. 87 公顷，占 5. 1%；水库水面 104. 38 公顷，占 29. 6%；坑塘水面 194. 6 公顷，占 49. 6%；沟渠 47. 47 公顷，占 13. 5%；水工建筑物 7. 89 公顷，占 2. 2%。未利用土地 984. 03 公顷中按二级分类：荒草地 281. 09 公顷，占地 28. 6%；裸土地 1. 18 公顷，占 0. 1%；裸岩石砾地 459. 22 公顷，占 46. 7%；田坎 211. 70 公顷，占 21. 5%；其他 30. 83 公顷，占 3. 1%。与广西壮族自治区富川县有争议土地 410. 43 公顷中，按一级分类：耕地 27. 66 公顷，占 6. 7%；园地 65. 85 公顷，占 16. 1%；林地 275. 96 公顷，占 67. 2%；城镇、村及工矿用地 3. 01 公顷，占 5. 0%；交通用地 1. 46 公顷，占 0. 4%；水域 14. 42 公顷，占 3. 5%；未利用地 22. 06 公顷，占 5. 4%。

2015 年，全区利用现状按级分类面积为 9666. 36 公顷，其中耕地面积 2158. 94 公顷，占土地总面积的 22. 33%；园地 1643. 32 公顷，占土地面积的 17. 00%；林地面积 4406. 438 公顷，占土地总面积的 45. 58%；草地面积 276. 87 公顷，占土地总面积的 2. 86%；城镇村及工矿用地 216. 99 公顷，占土地总面积的 1. 94%；交通运输用地面积127.67公顷，占土地总面积的2.24%；水域及水利设施用地面积406.75公顷，占土地总面积的4.2%；其他土地面积339.55公顷，占土地总面积的3.5%。

回龙圩管理区2015年农村土地利用现状一级分类面积汇总表

表10-2　　　　**单位：公顷**

名称	行政区域总面积	耕地	园地	林地	草地	城镇村及工矿用地	交通运输用地	水域及水利设施	其他土地
回龙圩管理区	9666.36	2158.94	1643.32	4406.438	276.87	216.99	217.67	406.75	339.55
回龙镇	2920.81	557.10	589.12	1295.29	97.72	114.96	53.50	126.93	85.72
马鹿头办事处	1905.49	468.03	263.56	894.29	23.83	28.22	24.72	70.93	131.91
回峰林场	968.68	6.77	6.17	944.28	0.15	0.08	2.63	7.74	0.86
兴隆办事处	2009.93	738.85	429.79	540.56	23.62	53.20	55.07	83.68	85.16
李家塘办事处	1861.45	388.19	354.68	731.54	131.55	20.53	81.59	117.47	35.90

回龙圩管理区2015年农村土地利用现状二级分类面积汇总表

表10-3　　　　**单位：公顷**

行政区域名称	耕地	其中			园地（02）	其中		
		水田（011）	水浇地（012）	旱地（013）		果园（021）	茶园（022）	其他园地（023）
回龙圩管理区	2158.94	724.95	0.00	1433.99	1643.22	1639.47	3.78	0.07
回龙圩镇	557.10	281.46	0.00	275.64	589.12	589.01	0.09	0.02
马鹿头办事处	468.03	155.70	0.00	312.33	263.56	263.56	0.00	0.00
回峰林场	6.77	0.00	0.00	6.77	6.17	6.17	0.00	0.00
兴隆办事处	735.85	180.26	0.00	558.59	429.79	427.66	2.08	0.05
李家塘办事处	388.19	107.53	0.00	280.66	354.68	353.07	1.61	0.00

2000年，管理区土地总面积17.5万亩，建设用地1.24万亩，占全区土地中面积的7.07%；农用地面积为15.29万亩，占全区土地总面积的87.38%；未利用面积为9714亩，占全区土地总面积的5.55%。

回龙圩管理区 2000 年土地利用现状表

表 10-4

地类			面积（亩）	占总面积的（%）
合计			175005	100
农用地	小计		152920	87.38
	耕地	小计	34570	19.75
		水田	15809	9.03
		旱土	18761	10.72
	耕地		41930	23.96
	林地		65965	37.69
	其他农用地		10455	5.97
建设用地	小计		12371	7.07
	居民点工矿		5997	3.43
	交通运输用地		1524	0.87
	水利设施用地		4850	2.77
未利用地			9714	5.55

2012 年，根据耕地资源管理信息系统分析，将回龙圩管理区耕地地图划分为七个等级，确定一级地、二级地为高产田，三级地、四级地、五级地为中产田，六级地、七级地为低产田。回龙圩管理区耕地面积一级地 8109 亩，占全区耕地面积的 23.46%；二级地 6099 亩，占 17.64%；三级地 5750 亩，占 16.63%；四级地 3082 亩，占 8.92%；五级地 4499 亩，占 13.01%；六级地 5536 亩，占 16.01%；七级地 1493 亩，占 4.32%。

回龙圩管理区 2012 年耕地地图等级的行政区域分布表

表 10-5　　单位：亩

名称	一级地	二级地	三级地	四级地	五级地	六级地	七级地	总计
回龙圩镇	4458	1836	2057	1236	1912	1258	258	13005
李家塘办事处	858	1119	487	539	321	1644	222	5190
马鹿头办事处	984	2036	1033	257	1356	1061	236	6963
兴隆办事处	1808	1119	2173	1051	910	1573	777	9411
合计	8108	6110	5750	3083	4499	5536	1493	34570

2013 年，为贯彻落实《中华人民共和国土地管理法》和珍惜土地、合理利用

土地和切实保护耕地的基本国策。回龙圩管理区（管委会）与下属各单位签订2013年土地面积管理和耕地面积保护目标责任书。

回龙圩镇（镇长）为第一责任人，全面负责辖区内耕地和基本农田保护，确保耕地面积不少于5541.9亩，基本农田保护面积保持4782.6亩不减少。

马鹿头办事处主任为第一责任人，全面负责辖区内耕地和基本农田保护，确保耕地不少于4553.9亩，基本农田保护面积保持3050.7亩不减少。

兴隆办事处主任为第一责任人，全面负责辖区内耕地和基本农田保护，确保耕地面积4106.9亩，基本农田保护面积2728亩不减少。

李家塘办事处主任为第一责任人，全面负责辖区内耕地和基本农田保护，确保耕地面积不少于2784.9亩，基本农田保护保持2195.8亩不减少。

2015年，回龙圩管理区根据所签订的责任状，按照依法、客观、公开、公正的原则对各单位进行考核，考核采取自查与核查相结合的方法进行，管理区分管领导任组长，国土资源局局长任副组长，考核的项目：1. 各项制度执行力情况45分；2. 建立各类台账15分；3. 信息网络建设10分；4. 图、表、册、卡建立15分；5. 文件档案管理10分；6. 永久性宣传标语5分，以100分计算。是年，考核回龙圩镇巡查台账不齐扣3分，基本农田保护不够健全扣4分，综合得分93分。马鹿头办事处巡查各项制度落实不够扣3分，台账建立不全扣2分，档案混乱扣4分，综合得分91分。李家塘办事处各项制度落实不到位扣5分，保护卡不全扣3分，档案未专人管理扣2分，标语被损坏扣3分，综合得分87分。神仙洞办事处未落实标志牌扣7分，保护卡不全扣5分，档案管理没有专人负责扣2分，综合得分86分。兴隆办事处各项制度落实不到位扣3分，综合得分97分。回峰林场各项制度落实不到位扣5分，各类台账不全扣5分，文件档案没有专人管理扣4分，综合得分86分。永济亭办事处各项制度执行情况不力扣3分，各类台账不全扣5分，建卡不全扣3分，文件档案管理扣2分，综合得分87分。八仙洞办事处各项制度执行不力扣2分，各类台账管理扣2分，建卡不全扣2分，文件档案管理扣4分，综合得分89分。

回龙圩管委会对回龙圩镇（各办事处、林场）土地管理和耕地保护目标考核结果进行通报，对考核中发现不合格行为的单位责令限期整改，整改期间暂停该单位农用土转用和土地征收审批，对考核结果确定不合格单位，由区监察局、区国土资源局对其审批用地、土地出让等情况进行全面检查，按程序依法依纪处理直接责任人并追究有关人员的责任。

2015年，调整永济亭办事处的土地归属李家塘办事处，神仙洞办事处的土地归属马鹿头办事处，八仙洞办事处的土地归属兴隆办事处，回峰林场土地归属回龙镇。

第二章　矿产资源

第一节　金属矿

1992—2015 年，回龙圩经过 4 次地质勘查，探明境内金属矿有铁矿、钴土、铅、锌、锰、金等矿产。铁矿零星分布在狗毛冲和葵阳，品位分别为 60%和 50%。1958 年，大炼钢铁，上游铁矿（今癸阳）开采一部分铁矿、钴土分布在断岭源山脉。结核含沙率为 25%~30%，储存量不详。铅、锌分布于石头水、绿峰，品位较高，分别为 60%~70%。1994 年，永州市地质勘察队在石头水与瓦屋下交界的雷公山山脉一带勘察出含有少量的金矿，储藏量比较少，又比较深，无开采价值。2005 年，市地质勘察队在李家塘办事处双龙水库的周边山脉勘察出锰矿，锰矿储藏不深，露出表层，至今未开采。

第二节　非金属矿

回龙圩非金属矿丰富，有石灰岩、石棉、云母、花岗岩、矿泉水等。云母、石棉分布于盐下水库一带，储藏量不大。断石桥红光有丰富的矿泉水。1995 年，市地质勘察队抽样检查，水质符合国家矿泉水要求。建筑所需石灰岩，回龙圩境内面积最广，储藏量最大。石头水、绿峰一带还发现高品位花岗岩，深度 6 米左右，矿层厚度 500~1000 米，分布面积约 5 平方公里，储藏量最大，是江永县主要的花岗岩区。

第三章　土地使用权制度改革

第一节　国有土地使用权出让

1995 年 2 月，回龙圩农场国有土地使用权，开始出让。8 月 10 日，出台回龙圩农场土地使用权出让办法：一、出让范围：南起永济亭分场场部，北到大地铺分场场部的公路两旁200米以内土地，各分场公路两旁100米以内土地和全场范围内的其他荒山、荒地。二、出让对象：场内外单位和个人均可。三、土地基本价：永济亭—大地铺公路两旁土地，距镇中心2公里以内范围，公路两旁100米以内每平方米30元，100~200米以内每平方米25元。距镇中心2公里以外范围公路两旁100米以内每平方米20元。四、具体办法：1. 在同等价格、同等地段、同等地理位置的条件下，场内单位和个人优先购买，但必须先交款，后购地，分三年交齐，办手续时一次性交清费用优惠20%。购地单位和个人与总场有往来账款的可以往来账相抵，场外单位和个人只能一次性交款。2. 国土科根据地段位置，土地经营状况，根据不同的标准地价和用途，以招标形式出让。3. 购地单位和个人必须按国土科统一规划和确定的土地使用范围使用土地。否则按地价两倍罚款。4. 建房用地面积不限，但必须要统一规划。5. 购地单位和个人在款额交齐后，可对土地和建筑物进行转让和出租，但必须办理转户手续，交纳转让过户费。6. 所购地块在满一年后闲置不用的从第二年起收取一年的土地闲置费，到第三年仍闲置未使用的，由国土科收回使用权。7. 土地及建筑物遭破坏，如两年内未恢复使用，其使用权由国土科重新安排，原主可优先照顾，但必须重新办理购地手续，缴纳地价费。

1995年，回龙圩农场国有土地协议出让14宗，面积2.06万平方米，收取规划费4.61万元，管理费2.8万元。其中镇内5宗，面积9800平方米，规划费2.45万元，管理费1万元。镇外公路边9宗地，面积1.08万平方米，规划费2.16万元，管理费1.8万元。1997—2004年，回龙圩镇内地价每平方米增加25%，镇外公路两边地价每平方米增加3.3倍。

2009年3月，确定回龙圩镇内范围经济带北到饲料厂，南到回峰林场。公路两侧100米内为一类地，回龙圩镇公路旁100~200米内为二类地，分场场部附近100米以内为三类地，分场场部100~200米以外为四类地，石头水、大岩口、绿峰、平利、山岩塘、小溪、向阳洞为五类地。一类基地，公路两旁100米土地价，每平方米30元，管理费每宗地收取200元。二类基地，距镇中心以内每平方米地价25元，管理费统一按每宗地200元收取。公路两旁200米以外，每平方米地价20元，管理费每宗地收200元。三类基地，分场公路地段100米附近的荒山、荒地地价为20元/平方米，管理费0.5元/平方米，分场公路200米以外地段的荒山、荒地地价为10元/平方米，管理费为0.5元/平方米。四类基地，荒山、荒地地价为8元/平方米，管理费为0.5元/平方米。对土地出让逐渐进行规范，土地使用权出让首先由区国土科经办，然后到市审核办审核，再交办到市国土局审批后，才可以发证。2005—2015年，发放国有土地使用权出让证1300本，土地出让面积42.49公顷，其中农村发证800本，土地出让面积30.21公顷，城镇发证500本，土地出让面积12.28

公顷。

第二节　房地产市场

1992 年，回龙圩的农村和城镇批地只收房地产土地使用费，农村为 2.3 元/平方米、城镇为 16 元/平方米。1993—2004 年，农村房地产土地使用费为 20 元/平方米，城镇土地使用费为 40 元/平方米。2005 年全区农村、城镇土地使用费按 70 元/平方米收费。2012 年为促进区房地产业平稳健康发展，加强和改善房地产市场调控，合理引导房地产开发与消费，规范房地产市场秩序，加大房价监控力度，力求稳定房价，壮大房地产市场，拉动社会经济发展。回龙圩管理区决定：自 2015 年 9 月 1 日起农村房地产土地按 140 元/平方米收费；二级公路沿线批地收费按 200 元/平方米，八字桥以下按 200 元/平方米，八字桥以上镇内房产批地按地段定价分别为 180 元/平方米、220 元/平方米、380 元/平方米批地收费。

2015 年 9 月 29 日，管理区根据国务院《不动产登记暂行条例》精神，在全区范围内开始实施不动产统一登记，土地和房产分离发证，分别为土地使用权和房屋所有权证。截至 2015 年 12 月 30 日，全区发不动产权证 79 本，不动产证明 19 本。

第三节　土地划拨制度改革

1993 年，回龙圩农场进行土地详查，对辖区范围所有房屋宅基地、建设用地、耕地等进行全覆盖式发证，全区土地都属于国有划拨土地。为促进国土资源管理制度化、规范化、精细化，提高节约集约用地水平，切实保护耕地，合理开发利用矿产资源，2014 年，回龙圩管理区实行土地划拨制度改革，以划拨方式取得国有建设用地使用权。如能源、交通、水利用地，城市基础设施用地，公共事业用地，党政机关和人民团体用地，军事用地，特殊用地以及法律法规规定的其他用地，可以采用划拨方式供应，以划拨方式取得国有建设用地使用权的使用者，应当缴纳划拨土地权益价款，划拨土地供应应当经所在地人民政府批准后实施。除以上建设用地外，其他用地从划拨地转为出让地。2015 年，全区耕地划拨地发证 2498.49 公顷，城镇建设划拨用地 836.41 公顷，房屋宅基划拨用地 216.99 公顷。

第四节　农村住宅用地改革

1992 年，回龙圩农场随着农村经济的社会发展，农村的住宅用地不断地扩大，住房建设逐年增多，农村的住宅用地进行改革。农村宅基地开始以划拨用地出让，划拨用地按 2.35 元/平方米核算地价。1994 年，农村住宅用地从划拨地转为出让地按40元/平方米收费。2000年，农村住宅用地由40元/平方米提高到100元/平方米。2012年，住宅用地办证需从划拨用地转为出让地，农村收费100元/平方米，城镇出让地根据地段分别收费为180元/平方米、200元/平方米、380元/平方米。2005年，农村住宅用地变更492户，面积23.40万平方米。2006年变更362户，面积16.06万平方米。2007年变更62户，面积1.44万平方米。2008年变更18户，面积2034.28平方米。2009年变更32户，面积4422.895平方米。2010年，变更22户，面积6436.34平方米。2011年变更22户，面积2119.71平方米。2012年变更93户，面积16.63万平方米，初更43户，面积7436.365平方米。2014年变更96户，面积1.68万平方米，初更47户，面积8144.21平方米。2015年初更56户，面积9821.595平方米，变更84户，面积1.27万平方米。

第五节 征地补偿和安置

2008年，道贺高速公路动工，途经回龙圩管理区路段8.1公里，涉及李家塘、永济亭两个办事处，5个自然村，农户221户，征收使用土地60.38公顷，补偿金1664.44万元；拆迁房屋50.8平方米，补偿1.81万元。根据《中华人民共和国土地管理法》和湖南省人民政府办公厅《关于全省高速公路征地拆迁补偿标准的通知》以及《永州市人民政府关于征地拆迁补偿安置办法》的通知，道贺高速回龙圩段水田土地补偿标准：原农业税计税承包面积的土地补偿费，按湖南省征地年产值标准的8倍计算，每亩补偿10370元；安置补助费8倍，每亩补助10370元，合计16倍，折合人民币20740元。不属农业税计税承包面积的水田按安置补助费的50%补助，每亩5185元。旱地补偿标准：属原农业税计税承包面积的土地补偿费按湖南省征地年产值标准的8倍计算，每亩补助7140元；安置补助费8倍，每亩补助7140元，合计16倍，折合人民币14280元。果园地补偿标准：属集约经营转让承包的果园地补偿，按邻近水田的60%，安置补助费按邻近水田的100%补助，两项合计补助折合人民币16592元。森林土地补偿标准：经济林地转让承包每亩补助15555元，其他林地转让承包每亩补助11407元。

道贺高速公路（回龙圩段）的土地补偿引发群众争山争水、土地纠纷。为扭转这种局面，依法保障各类项目建设顺利进行，促进经济社会持续健康发展，管理区党委、管委研究决定，凡在回龙圩管理区范围内的土地是国有土地不存在土地补偿，土地征收只补青苗补偿费，青苗补偿费根据永州市青苗补偿标准实施。水田按2000元/亩补偿，专业菜地按2800元/亩补偿，旱地按1200元/亩补偿。藕田（塘）荸荠田按3000元/亩补偿，鱼塘、水塘、山塘按2000元/亩补偿。果木按幼苗期、初产期、盛产期分别进行补偿，补偿标准：幼苗期每株10元，初产期每株80元，盛产期每株100元。经济林按幼苗期、初产期、盛产期分别进行补偿：补偿标准幼苗树每株5元，初产期每株40~50元，盛产期每株50~60元。药材补偿按普通药材和名贵药材进行补偿，普通药材按900~1600元/亩补偿，名贵药材按2000~3800元/亩补偿，茶叶按苗期1株补3元，定植期1株按3~5元进行补偿。

2009年，回龙湖旅游景点土地征收18.66公顷，青苗补偿43户，补偿金额110万元。回龙湖征收的土地都是盐下村的，土地征收后，盐下村人多，田土面积少，生活不能得到保障，为弥补盐下村的土地不足，管理区按照民政低保政策为盐下村解决最低生活保障119元/人。2011年，工业园区征收土地24公顷，青苗补偿68户，补偿金额142万元。回龙圩镇建设用地土地征收1.26公顷，青苗补偿5户，补偿金额13万元。2013年，回龙圩管理区二级客运站土地征收5.73公顷，青苗补偿27户，补偿金额53万元。回龙村新农村建设用地，土地征收2.66公顷，青苗补偿37户，补偿金额17万元。马河流域的扩建，青苗补偿46户，补偿金额30万元。2014年，修建二级公路（彭家山路段），土地征收9.33公顷，青苗补偿58户，补偿金额120万元。冠山小区公园建设，青苗补偿52户，补偿金额23.42万元。2015年，回龙湖二级公路以西扩宽100米，土地征收4.13公顷，青苗补偿22户，补偿金额60万元。上枧村新农村建设土地，征收2.53公顷，青苗补偿43户，补偿金额25万元。

第四章　土地利用

第一节　规划

回龙圩管理区土地辽阔，北靠江永县潇浦镇，南接广西壮族自治区，东连江永县松柏瑶族乡，西邻江永县夏层铺乡，规划总面积9666.36公顷，1994年，回龙圩农场实行“两规一划”（《回龙圩土地利用总体规划》《回龙圩农业综合开发总体规划》和《回龙圩基本农田保护区规划》）。回龙圩农场国土资源局对耕地、园地、草地、交通运输用地，水域及水利用地和其他用地进行全面规划。规划耕地2158.94公顷，园地1643.32公顷，草地276.87公顷。工矿用地216.99公顷，交通运输用地212.67公顷，水利用地406.75公顷，其他用地339.55公顷。

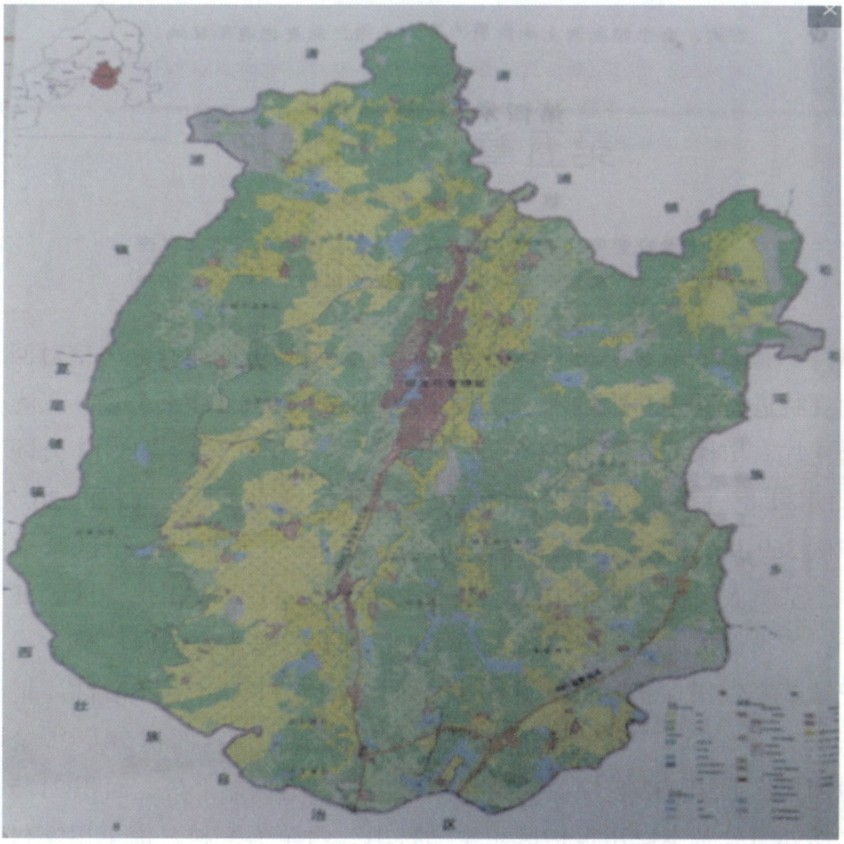

图 10-1 回龙圩管理区土地利用规划图

第二节 土地开发

1992—1999 年，农场开发土地 1.2 万亩。回龙圩农场的土地开发主要是荒山、荒地，开发的土地主要用于发展柑橘生产。

2002—2007 年，全区土地开发主要是茶树的开发和草地开发，茶林开发 808.4 公顷，草地开发 140.35 公顷。2008—2015 年，全区土地开发有 5 个项目区，开发土地 1016.98 公顷，投入资金 1547.2 万元。其中，2008 年李家塘办事处新村项目区开发耕地 95 公顷，投入资金 142.5 万元。2009 年，葵阳、马鹿头、农科所三处项目土地开发 786.77 公顷，投入资金 1180.1 万元。2010 年，马鞍山、平利、大罗圩、交冲四处项目区土地开发 46.98 公顷，投入资金 89.6 万元。2014 年年底，岗项目区开发耕地 20 公顷，投入资金 30 万元。2015 年，下岩土地开发 68.23 公顷，投入资金 105 万元。

第五章　土地保护

第一节　基本农田保护

1993 年，湖南省农、林勘察设计研究院、江永县土地详查办公室对回龙圩农场土地利用现状进行调查。1995 年，全场划定回龙圩镇、马鹿头分场、兴隆分场、李家塘分场 4 片农田保护区 513.26 公顷，其中一类农田保护区 106.13 公顷，占农田保护面积的 20.6%；二类农田保护区 137.2 公顷，占农田保护面积的 26.7%；三类农田保护区 269.93 公顷，占农田保护面积的 52.5%。2009 年，全区基本农田保护划为 6 片，基本农田保护面积 1621.426 公顷，分为 11 个农田保护区，其中二类保护区 4 个，三类保护区 7 个，每个农田保护区都建立基本农田保护牌。

回龙镇基本农田保护区东至平利村，西至回龙村，南至彭家村，北至大地铺村，面积 537.75 公顷。二类保护牌 2 块，一块在晨光村，面积 281.25 公顷；另一块在大地铺村，面积 235 公顷。三类保护牌 1 块，地点盐下村，面积 21.5 公顷。

李家塘办事处基本农田保护区东至马鞍山，西至彭家村，南至田家村，北至唐家村，面积 401.61 公顷。二类保护牌 1 块，地点山岩塘村，面积 227.45 公顷；三类保护牌 1 块，地点唐家村，面积 174.16 公顷。

兴隆办事处基本农田保护区东至十工湾村，西至农科所村，南至岩口塘村，北至兴隆村，面积 174.16 公顷，二类保护牌 1 块，地点兴隆村，面积 174.16 公顷。

马鹿头办事处基本农田保护区东至葵阳村，西至下岩村，南至断岭源村，北至断石桥村，面积 256.636 公顷，三类保护牌 2 块，一块在断岭源村，面积 176.976 公顷，另一块在棠锦村，面积 79.66 公顷。

永济亭办事处基本农田保护区东至湘桂村，西至农科所村，南至广西麦岭镇，北至兴隆村，三类保护牌 1 块，地点岩口塘村，面积 32.06 公顷。

八仙洞办事处基本农田保护区东至新风村，西至卫东村，南至燎源村，北至大湾村，三类保护牌 1 块，地点新风村，面积 101.226 公顷。

神仙洞办事处基本农田保护区东至盐下村，西至大罗圩村，南至高尚村，北至葵阳村，三类保护牌 1 块，地点大罗圩村，面积 117.984 公顷。全区确立基本农田保护界桩 100 个，制定农田保护措施“五个不准”，一、不准非农建设占用基本农田，法律规定的除外。二、不准以退耕还林为名违法占用土地，减少基本农田面积。三、不准占用基本农田进行植树造林发展林果业。四、不准在基本农田内挖塘养鱼和进行禽畜养殖，以及其他严重破坏耕作层的生产经营活动。五、不准占用基本农田进行绿色通道和绿化隔离带建设。各单位基本农田保护已落实到村、组、地块。农户、责任人登记造册建立台账。强化基本农田保护，确保行政区域内耕地数量不减少，质量有提高。2013年，管理区与下属各单位签订基本农田保护责任状，制定十二项问责制度。一、领导干部问责制度。二、基本农田保护动态巡查制度。国土资源局每月对基本农田动态巡查一次，镇、办事处每半年月巡查一次，并作好巡查登记，在巡查中发现有违法行为的，查清原因在24小时上报主管部门。三、基本农田目标管理责任制度。镇、办事处主要负责人对本行政区域内基本农田保护负总责，将基本农田保护责任层层分解到村民委员会、村小组和村民，加大基本农田保护的监督检查力度，管理区每年对基本农田目标管理检查一次，并将检查情况上报市政府。四、监测和定期通报制度。区国土资源局成立基本农田监测领导小组，各单位设专职基本农田监测巡查员，建立监测巡查网络，聘请村民小组长为信息员，每半个月向村级监察员通报一次基本监测信息，并作好监测记录，国土资源局每半年抽查一次，将抽查情况通报全区。实行“一票否决”制，凡境内发生一起重大违法占用基本农田行为的，年终取消评先资格。五、基本农田信访举报制度。区国土资源局设立信访接待办公室，明确一名局领导分管，信访接待人员接待群众来信来访要热情、耐心，认真听取人民群众的意见、建议和要求，不得推诿、敷衍、拖延，对群众来信要做好登记，填写好登记表，并报管理区分管领导阅批，对交办、转办的信访件从收到之日起90日办结。六、基本农田公示制度。基本农田保护区经依法划定后，必须设立永久性保护标志，每个村至少有一块，公示牌公示的内容要有基本农田保护面积、保护责任人、标牌管护人以及农田保护的规定和措施，各镇、办事处应将本村范围内的基本农田向村民公示，把基本农田保护卡发放到农户手中，并且将每年基本农田的变化情况向群众公布，并报区国土资源局。七、基本农田统计报表制度。为准确掌握基本农田保护及利用状况，区管委每年组织国土资源局等有关部门对全区基本农田保护进行1~2次监督检查，各镇、办事处要掌握半年度和一年度基本农田统计，区国土资源局要建立基本农田统计台账、动态台账、平衡台账，负责基本农田的数量管理，区农业局建立基本农田的地图监测和地图建设动态变化台账，负责基本农田质量管理，区国土资源局、农业局每年12月底以前将本年度基本农田保护向区管委汇报。八、基本农田保护标志牌管护制度。基本农田保护牌是促进农业生产和社会经济发展的重要保障作用。区国土局与镇、办事处签订标志牌管护责任书，标志牌管护达标单位给予一定的奖励，标志牌管护不到位的通报批评。九、基本农田保护考核奖惩制度。镇、办事处党支部书记、镇长、主任以及分管国土资源的领导属于考核对象，考核内容为100分，得90分以上发给奖金每人500元，每增加1分增奖50元，得80~90分不奖不罚，得70~79分，每人罚款200元，得60~69分每人罚款300元，得60分以下除对责任人每人罚款500元以外，实行“一票否决”，单位和个人年终不能评先评优，视情节轻重给予责任人行政处分。村、组两级监察、联络员在基本农田保护有突出贡献的每人奖励200元，对举报有功者给予100~200元奖励，费用从基本农田保护专项经费中列支。十、基本农田地图建设和监测制度。区农业行政主管部门要加强基本农田地力监测体系，并将地力监测结果定期公布。区农业局每年将地力建设情况和采集分析在12月底以前上报区管委。十一、基本农田补划备案制度。为确保基本农田数量、质量不变，严格依法审批制度，除国家能源、交通、水利和军事建设等重要项目外，其他非农建设一律不得占用基本农田，确要占用基本农田的，必须按法定程序报国务院批准，建立基本农田补划资源库。十二、基本农田联席会议制度。区国土资源局成立联席会议领导班子，内设办公室、规划股、建设用地股、地籍股、执法监察大队，各股室的负责人为基本农田保护联席会议联系员，每半年召开一次联席会议，通报当年耕地占补平衡情况，耕地保护情况与用耕地案件查处情况。

第二节 土地整理

1992—2010年，管理区的土地整理面积少，主要是以个体整理为主，种植柑橘和其他农作物。2011年，回龙圩管理区成立土地整理规划编制工作领导小组，李润志任组长，义洁任副组长，国土资源局、发改委、财政局等10个单位和部门主要负责人为成员，明确土地整理的目标任务，对土地整理进行重点布局和安排。2012—2015年，全区土地整理2039.8公顷，投入资金5480万元。其中马鹿头办事处龙母塘村土地整理11.12公顷，投入资金30万元。下岩村土地整理68.23公顷，投入资金150万元。回龙圩镇盐下村土地整理79.9公顷，投入资金200万元。回龙村土地整理555.9公顷，投入资金1500万元。朱家观村土地整理69.67公顷，投入资金200万元。李家塘办事处何家村土地整理96.15公顷，投入资金200万元。新思村土地整理444.7公顷，投入资金1200万元。全区基本烟田整理370.6公顷，投入资金1000万元。

第六章 土地管理

第一节 机构

1992 年，回龙圩农场设立国土科，主要负责国有土地管理、划拨土地、发证。1996 年，农场国土科更名为国土房产局，主要职能负责土地管理，办理土地出让手续。2002 年，回龙圩管理区机构改革，成立经济发展局，国土局、房产局属经济发展局管理的下属局，李宋成任局长。2009 年，国土局从经发局分列出来，定编 7 人。国土资源局主要负责划拨用地管理、地籍管理、地产地环管理、耕地保护、不动产管理、矿产安全管理、执法备案、测绘等职能。

第二节 地籍管理

1993 年，对回龙圩农场辖区的居民房屋用地、建设用地、耕地等进行全面详查。回龙圩农场成立土地详查领导小组，聘请 28 名临时工作人员配合分场、生产队领导逐村、逐块进行丈量、登记、绘制图形，并办理划拨土地证。1994 年，城镇建设用地，均由农场划地建设，民宅用地由农场国土科安排，统一到国土科办理征地手续，加强用地管理。农村建房开始建立申请审批制度，凡在荒山、坡地、空坪、余地、旧宅基地建房，由本人申请，分场审核，国土局批准。占用耕地、园地建房，必须经农场批准。1995 年，农场组织有关人员将各村各户的地籍面积进行核实、过户、发证，全年共发证 545 户，收费 5.24 万元。2005 年，规划区内建设用地，采取先办理征用土地协议书、建设设计、勘察图纸，建设用地许可证，再到现场打桩放线。土地资源、地籍管理统一归口到国土资源局集中统一管理。2005—2014 年，城镇国有土地使用权发证 130 本，变更 120 户，面积 57084 平方米。农村国有土地使用权证 800 本，变更 492 户，面积 23.4 万平方米。2015 年 9 月 29 日，根据国务院《不动产登记暂行条例》，停发区内国有土地使用权证和房屋使用权证，在全区范围内开始实施不动产统一登记。2015 年，全区共计发不动产证 79 本，不动产证明 19 本，对农场国有土地所有权开展登记、发证，城镇、农村的地籍管理开始规范化。

第三节 用地管理

1993 年，回龙圩农场开始实施土地使用制度改革，土地使用由过去的无偿、无期、无流动，改为有偿、有期、有流动，由过去的划拨地转为土地出让地。1994 年，国有土地实行“五统一”，即统一规划、统一征地、统一开发、统一出让、统一管理的原则实施，土地使用从此走上法制化、制度化、规范化轨道。

2012 年 6 月 1 日，回龙圩管理区首度成功挂牌拍卖国有土地使用权 1 宗，即管理区中心小学土地（含冠山部分土地）及建筑物，拍卖价为 518.98 万元。

2013 年，政府国有土地划拨地有 4 宗，其中道贺高速公路用地 45.95 公顷，江永—永济亭二级公路用地 27.59 公顷，管理区二级汽车站用地 3.33 公顷，中小学学校校舍用地 1.25 公顷。是年，土地出让地有 6 宗，其中农垦集团柑橘加工厂建设用地 3.33 公顷，回龙湖现代农业生态旅游休闲园一期项目用地 3.21 公顷，二期项目建设用地 10.14 公顷，回峰林场棚户区危房改造项目建设用地 0.90 公顷，回龙湖现代农业生态旅游休闲园景区建设用地 0.34 公顷，回龙圩管理区加油站建设用地 0.18 公顷。2014 年，管理区公租房建设用地 2.39 公顷。医疗卫生建设用地 2.98 公顷，占城镇总建设用地 1.15%，人均医疗卫生建设用地约 1 平方米/人。

第四节 土地经济管理

1992—2011 年，回龙圩管理区国土资源局根据《国务院办公厅关于规范国有土地使用权出让收支管理的通知》精神，土地出让收支全额纳入地方财政预算管理。2012 年，全区土地出让金 1328.67 万元，用地管理费 2.03 万元，交易费 2.76 万元，工本费 0.45 万元。2013 年，土地出让金 469.26 万元，用地管理费 1.74 万元，交易费 1.68 万元，工本费 0.32 万元，登记费 0.96 万元。2013 年累计 473.95 万元；2015 年土地出让金 316.52 万元，用地管理费 2.1380 万元，交易费 1.74 万元，工本费 580 元，登记费 2320 元，耕地开垦费 8349 元，2015 年累计 330.04 万元。每年的土地出让收入全额缴纳地方财政，然后通过财政预算支出，给予安排资金，实行“收支两条线”的经济管理。

第五节 执法监察

1992—2015 年，国土局依据有关法规和政策，会同法庭、公安派出所、城管、房产等部门先后对在耕地上挖沙取土破坏耕地、建房少批多占、先建后批等违法行为进行处理，共查处 10 户。

第十一篇

经济管理

第一章 经济综述

第一节 经济发展概况

1958 年，回龙圩农场成立，县管、市管、省管几上几下，是一个政企合一的农垦企业，是计划经济高度集中时期的产物。在计划经济的时代，农场严格按国家的计划经营，是国家商品粮生产基地。总场下设分场，分场下设生产队，层层下达生产任务和考核指标。根据生产和经营状况，不定期组织有关人员进行检查。农场以农为主，工商贸易协调发展。20 世纪 90 年代，回龙圩农场是按照“稳粮、增果、兴养”的部署来调整产业结构，积极推进农业产业化进程，走可持续发展的循环经济道路。1997 年，推行的粮—猪—沼—果，稳定粮食生产，大力发展养猪，利用猪粪推广农村沼气，沼渣作果树肥料。是年，稻谷种植面积 11082 亩，产量 4211 吨，与 1996 年持平，玉米种植 1191 亩，豆类 1733 亩，产量分别比 1996 年增长 15%和 11%。1997 年，全年出栏生猪 1. 8 万头，比 1996 年增长 8. 9%，存栏 1. 3 万头；鱼种生产 2000 万尾，水产品产量 200 吨；家禽 8 万羽，耕牛存栏 2683 头。全年养殖业产值 2800 万元，销售收入 1650 万元。养殖业的兴起促进水果产业的发展，柑橘面积达到 1. 58 万亩，产量 1500 万公斤，产值 1500 万元。

20 世纪 80—90 年代初，工业发展迅速，共有 11 家工商企业，主要依靠农场的资源深加工。在银行的扶持下，流动资金充足，市场看好，经济效益较好。茶厂的回峰绿茶、罗汉果茶被评为湖南省名优产品，罗汉果荣获国家专利，运销欧美、东南亚各国和中国港澳地区。1988 年，罐头厂的清水玉笋获农业部优质产品称号，1990 年，获农业部绿色食品称号，出口东南亚、日本。旺季时，生产实行“三班倒”，产品销路广，供不应求。每年向国家纳税近百万元。到 20 世纪 90 年代末期，由于受市场和亚洲金融风暴的影响，产品滞销，货款回收难，银行贷款收紧，流动资金短缺，企业起步艰难，亏损增大，经济运作总体质量不高，效益欠佳。1998 年，农场党委根据省市关于加强中小企业改革的部署，结合农场实际情况积极探索，对困难企业本着实事求是的原则，实行因厂制宜，一厂一策或一厂多策，分项搞活，分块核算，核定上交，租赁承包，国企民营，集资入股，风险共担等多种经营方法实行各个突围；对有效益有市场但缺流动资金的企业通过股份合作制和租赁等办法，进行社会融资启动生产。对下岗的职工，依靠农场土地资源和丘岗山地开发的政策，推行“退二进一”“退二进三”措施和建立解困资金、粮食储备资金和退休职工基本生活保障资金三项专项资金的办法，分流下岗人员，实现再就业工程，确保下岗人员基本生活费，维护农场稳定。

1991—1999年，在项目建设中，主要是两个开发，即湘南农业综合开发和红壤开发。红壤开发从1991年开始到1999年结束，历时9年。两个开发中主要实施丘岗山地开发、造林、改造中低产田、兴修水利、乡村道路建设、引进新品种、推广新技术，发展农村新能源等项目。

1999年，回龙圩农场经济面临着前所未有的困难，管理人员、教师工资不能按时发放，农场正常运转困难。农业的支柱产业柑橘因霜冻损失巨大，加上向社会高息融资还款的压力，集约型柑橘管理体制难以维持。为保住柑橘主产业，农场决定把橘园向外租赁承包。场办企业全面亏损，临近倒闭破产的边缘。为了加强内部管理，稳住阵脚，2000年农场制定《回龙圩农场劳动人事管理办法》，《回龙圩农场财务管理办法》，《回龙圩农场柑橘管理办法》等一系列管理办法以及《湖南省回龙圩农场工作规则》，但收效甚微。

2002年2月，回龙圩管理区挂牌运作。是年，回龙圩管理区完成国民生产总值4880万元，到2015年完成国民生产总值2.29亿元，增长近3.7倍。2002年，完成固定资产投入2800万元，2015年，完成固定资产投入7.5亿元，增长28.5倍；2002年，财政总收入862万元，到2015年，财政总收入1.96亿元，增长22.77倍。2002年，完成社会消费品，零售总额358万元，2015年完成7139万元，增长20倍；城镇居民人均可支配收入，2002年为5042元，2015年城镇居民人均可支配收入1.87亿元，增长2.7倍。三次产业比重由2002年的84∶7∶6调整为49∶20∶31，产业结构更为优化。

2003年，管理区围绕柑橘支柱产业办基地，改品种，强设施，引企业。根据市场需求，调整产业机构，大力发展农村生态旅游，建设美丽乡村。走一、二、三产业高度融合之路。集“电商+招商+生态环保+休闲观光+科学普及”等多功能于一体的“智慧回龙圩”平台。柑橘发展迅速，面积从原农场时期的1.5万亩，发展到5.9万亩；产量由原来2.3万吨，发展到12.5万吨；产值由原来2000万元，发展到5亿元。近年来根据市场的需求，引进了沙糖橘、W-默科特、沃柑、塔罗科血橙等新品种和技术。“回峰”牌柑橘为湖南省著名商标，畅销全国各地。柑橘是回龙圩老百姓的绿色银行、钱袋子。生猪，原农场以家庭饲养为主，发展为规模猪场为主。2015年，全区有存栏1000头以上的猪场11家，生猪存栏2.5万头，出栏4.15万头。烤烟生产是农场改管理区后发展的新产业。2015年，全区种植烤烟2500亩，产量5000担，税费300万元。回龙圩管理区被农业部评定为绿色食品生产基地、无公害农产品示范基地。

2011—2015 年，回龙圩管区投资 1 亿元建设美丽乡村。2015 年，建成的省级示范村有八仙洞村、岩口塘村，市级示范村有新风村、神仙洞村、高圩村、光下村、回龙圩村、田美村、何家村。交通实现村村通水泥路，从新风村至八仙洞至神仙洞至八字桥，以及新铺至林场新建住宿区道路为炒沙油路，两边安装太阳能路灯，每年游客 1 万人次。新农村建设与农业产业化相结合，与乡村旅游相结合，与整顿农村环境卫生相结合，与科学普及相结合，与增加农民收入相结合，与农耕文化、知青文化相结合，突出绿色发展。

2002 年 8 月，原场办 8 家工商企业成功破产，通过破产消除不良债务 861 万元。偿还职工债务（工资）227.06 万元。置换职工身份 689 人，减轻管理区历史包袱。抓好争项引资、招商引资工作。2002 年，回龙圩管理区成立招商引资、争项引资领导小组，主要领导任组长，制定奖罚政策。2002—2015 年，平均每年引进 100 万以上资金的项目 20 个以上，引进资金 1 亿元。2007—2015 年，招商引进企业 34 家，引进资金 8 亿元。

1991 年，农场中心城区面积不足 1 平方公里。2015 年，回龙圩管理区中心城区面积扩大到 3.6 平方公里，人口 6781 人，其中流动人口占 30%。城区基本设施逐渐完美，经贸活动日渐红火，周边县城有的行业，回龙圩管理区中心城区基本都有。2015 年，日销售上万元的超市 5 家，宾馆 3 家，其中准四星级宾馆 1 家。

第二节　经济总量

1991 年，国内生产总值 2235.07 万元，其中农业产值 1395.10 万元，工业 839.97 万元，固定资产投资 1413.79 万元，改制后的 2002 年国内生产总值 4882 万元，其中第一产业 4087 万元，第二产业 259 万元，第三产业 536 万元，固定资产投资 855 万元。2015 年，地区生产总值 2.29 亿元，其中第一产业 1.05 亿元，第二产业 7367 万元，第三产业 5094 万元，社会固定资产资产投资 7.5 亿元。2015 年，国民生产总产值比 1991 年增加 2.07 亿元，增长率 925.38%。比 2002 年增加 1.8 亿元，增长率 369.46%。

回龙圩管理区2009年主要经济指标完成情况表

表11-1

指标名称	单位	绝对数		同比增长	
		2009年	2008年	增长数	增长率（%）
一、国内生产总值	万元	11004	9670	1334	13.8
第一产业	万元	5860	5500	360	6.5
第二产业	万元	2917	2320	597	25.7
第三产业	万元	2227	1850	377	20.4
二、人民生活					
农民人均现金收入	元	2464.5	2308	156.5	6.8
三、农业					
1. 农林牧副渔总产值	万元	9586	9015	571	6.3
2. 生猪存栏	头	15957	15820	137	0.9
3. 生猪出栏	头	24302	21148	3154	14.9
4. 牛存栏	头	12168	11654	514	4.4
5. 牛出栏	头	3564	3448	116	3.4
6. 粮食产量	亩	32683	26786	5897	22.0
	吨	11481	9437	2044	21.7
7. 水产品产量	吨	570	660	-90	—
8. 蔬菜	亩	5154	10000	-4846	—
	吨	9800	9002	798	8.9
9. 水果	亩	30000	25000	5000	20.0
	吨	26429	24612	1817	7.4
10. 南瓜	亩	3500	3800	-300	—
	吨	3506	4002	-496	—
11. 烤烟	亩	5000	5000	0	0.0
	担	4601	3600	1001	27.8
四、工业总产值	万元	10419	9110	1309	14.4
1. 规模以下工业总产值	万元	4200	3459	741	21.4
2. 规模以上工业总产值	万元	6219	5651	568	10.1
3. 主要工业产品产量	万元	—	—	0	—

续表11-1

指标名称	单位	绝对数		同比增长	
		2009年	2008年	增长数	增长率（%）
①金属产品	吨	13228	12250	978	8
②松木胶合板	万块	13	9	4	44
③自来水	吨				
④松香	吨				
⑤罐头	吨				
⑥红砖	万块	700	600	100	17
⑦水果加工	吨	3500	3000	500	14.3
⑧花生	万元	200	104	60	
五、城镇居民可支配收入		11450	10214	1236	12.1
六、全社会固定资产投资	万元	13170	5760	7410	128
1. 农村固定资产投资	万元	1300	1260	40	3.1
2. 城乡50万元以上投资	万元	11870	4575	7295	159
其中：1. 工业投资	万元				
2. 城镇私人建房	万元				
七、社会消费品零售总额	万元	2987	2500	487	19.5
八、财政收入					
1. 地方财政收入	万元	1340	1100	240	21.8
2. 一般预算支出	万元	5618	5270	348	6.6
九、利用内外资	万元	12500	5000	7500	50
1. 实际利用外资额	万元				
2. 实际利用内资额	万元	12500	5000	7500	50

说明：工业产值情况：1. 海兴木材加工厂600万元；2. 林场木材加工420万元；3. 红砖厂202万元；4. 鞭炮厂182万元；5. 化来果品厂150万元；6. 花生厂200万元；7. 金农品锄头加工厂6219万元；8. 宇仙果品604万元，其他个体工业608万元。二、利用内资12500万元。1. 松华木业800万元；2. 铁厂1600万；3. 鞭炮厂500万元；4. 化来果业3000万元；5. 华通物流5000万元；6. 工业用材林1000万元；7. 永济亭养殖场600万元。三、固定资产投资：1. 道贺7400万元；2. 二级公路3200万元；3. 盐下水库及开发650万元；4 、廉租房400万元；5. 计生大楼50万元；6. 中小学大楼170万元

回龙圩管理区 2010 年主要经济指标完成情况表

表 11-2

指标名称	单位	绝对数		同比增长	
		2010 年	2009 年	增长数	增长率（%）
一、国内生产总值	万元	12567	11004	1563	14.2
第一产业	万元	6211	5860	351	6.0
第二产业	万元	3734	2917	817	28.0
第三产业	万元	2622	2227	395	17.7
二、人民生活					
农民人均现金收入	元	2734	2464.5	269.5	10.9
三、农业					
1. 农林牧副渔总产值	万元	10152	9586	565.74	5.9
2. 生猪存栏	头	18198	15957	2241	14.0
3. 生猪出栏	头	26148	24302	1846	7.6
4. 牛存栏	头	8764	12168	-3404	-28.0
5. 牛出栏	头	3860	3564	296	8.3
6、粮食产量	亩	30084	32683	-2599	-8.0
	吨	10487	11481	-994	-8.7
7. 水产品产量	吨	650	570	80	14.0
8. 蔬菜	亩	9000	5154	3846	74.6
	吨	8000	9800	-1800	-18.4
9. 水果	亩	25000	30000	-5000	-16.7
	吨	22647	26429	-3782	-14.3
10. 南瓜	亩	3000	3500	-500	-14.3
	吨	2890	3506	-616	-17.6
11. 烤烟	亩	5000	5000	0	0.0
	担	3200	4601	-1401	-30.4
四、工业总产值	万元	13334	9419	3915	41.6
1. 规模以下工业总产值	万元	4260	4200	60	1.4
2. 规模以上工业总产值	万元	9074	6219	2855	45.9
3. 主要工业产品产量	万元	—	—	0	—

续表11-2

指标名称	单位	绝对数		同比增长	
		2010 年	2009 年	增长数	增长率（%）
①金属产品	吨	24407	17268	7139	41.3
②松木胶合板	万块	15	13	2	15.4
③自来水	吨	—	—	—	—
④松香	吨	—	—	—	—
⑤罐头	吨	—	—	—	—
⑥红砖	万块	800	700	100	14.3
⑦水果加工	吨	3200	3500	-300	-8.6
⑧花生	万元	62	200	-138	-69.0
五、城镇居民可支配收入		12835	11450	1385	12.0
六、全社会固定资产投资	万元	18000	13170	4830	36.7
1. 农村固定资产投资	万元	1450	1300	150	11.5
2. 城乡 50 万元以上投资	万元	8500	11870	-3370	-28.4
其中：1. 工业投资	万元	—	—	—	—
2. 城镇私人建房	万元	—	—	—	—
七、社会消费品零售总额	万元	3435	2987	448	15.0
八、财政收入					
1. 地方财政收入	万元	1515	1295	220	17.0
2. 一般预算支出	万元	6980	6803	177	2.6
九、利用内外资	万元	3100	12500	-9400	-75.2
1. 实际利用外资额	万元	—	—	—	—
2. 实际利用内资额	万元	3100	12500	-9400	-75.2

说明：一、工业产值情况：1. 海兴木材加工厂 540 万元。2. 华松炭业 560 万元。3. 红砖厂 120 万元。4. 鞭炮厂 90 万元。5. 化来果品厂 170 万元。6. 花生厂 60 万元。7. 金农品锄头加工厂 4305 万元。8. 宇仙果品 2040 万元，其他个体工业 680 万元。二、利用内资 3500 万元。1.松华木业 378 万元。2 铁厂 540，3 鞭炮厂 180 万元，4 化来果业 500 万元，5 华通物流 1902 万元。三、固定资产投资：1. 办证大厅 196 万元 . 2。廉租房建设 240 万元、3. 盐下水库旅游开发 1600 万元，农村 1056 万

回龙圩管理区 2011 年主要经济指标完成情况表

表 11-3

指标名称	单位	绝对数		同比增长	
		2011 年	2010 年	增长数	增长率（%）
一、地区生产总值	万元	14217	12567	1650	13.13
第一产业	万元	6595	6211	384	6.18
第二产业	万元	4678	3734	944	25.28
第三产业	万元	2944	2622	322	12.28
二、人民生活				0	
农民人均现金收入	元	3062	2734	328	12.00
城镇居民可支配收入	元	14760	12835	1925	15.00
三、农业				0	
1. 农林牧副渔总产值	万元	11350	10152	1198.26	11.80
2. 生猪存栏	头	20000	18198	1802	9.90
3. 生猪出栏	头	30000	26148	3852	14.73
4. 牛存栏	头	9000	8764	236	2.69
5. 牛出栏	头	4000	3860	140	3.63
6、粮食产量	亩	31094	30084	1010	3.36
	吨	9163	10487	-1324	-12.63
7. 水产品产量	吨	860	650	210	32.31
8. 蔬菜	亩	4175	9000	-4825	-53.61
	吨	8006	8000	6	0.08
9. 水果	亩	31000	25000	6000	24.00
	吨	25000	22647	2353	10.39
10. 西瓜	亩	2741	3000	-259	-8.63
	吨	4100	2890	1210	41.87
11. 烤烟	亩	5090	5000	90	1.80
	担	3500	3200	300	9.38
四、工业总产值	万元	—	13379	-13379	-100.00
1. 规模以上工业总产值	万元	—	9074	-9074	-100.00
2. 规模以下工业总产值	万元	—	4305	-4305	-100.00

续表11-3

指标名称	单位	绝对数		同比增长	
		2011年	2010年	增长数	增长率（%）
3. 主要工业产品产量	万元	—	—	—	—
①金属产品	吨	—	24407	—	—
②松木胶合板	万块	—	15	—	—
③自来水	万吨	—	—	—	—
④罐头	吨	—	—	—	—
⑤红砖	万块	—	800	—	—
⑥水果加工	—	—	—	—	—
⑦花生	吨	—	3200	—	—
	万元	—	62	—	—
五、固定资产投资	万元				
1. 道贺高速	万元	17000	—	—	—
2. 廉租房	万元	500	—	—	—
3. 回龙湖现代农业生态休闲园建设	万元	4000	—	—	—
4. 马鞍山等土地开发整理	万元	1800	—	—	—
5. 街道改造	万元	1700	—	—	—
6. 区合格中学建设及小学搬迁	万元	1000	—	—	—
8. 小型水库除险加固	万元	600	—	—	—
六、社会消费品零售总额	万元	4120	3435	685	19.94
七、财政收入					
1. 地方财政收入	万元	—	1515	—	—
2. 一般预算支出	万元	—	6980	—	—
八、利用内外资	万元	—	3100	—	—
1. 实际利用外资额	万元	—	—	—	—
2. 实际利用内资额	万元	—	3100	—	—

说明：一、工业产值情况：1. 海兴木材加工厂 105 万元；2. 林场木材加工万元；3. 红砖厂 33 万元；4. 鞭炮厂 100 万元；5. 化来果品厂 132 万元；6. 花生厂 28 万元；7. 金农品锄头加工厂 3679 万元；8. 宇仙果品 1325 万元，其他个体工业 300 万元。二、利用内资 5000 万元。1. 万山娇植物花果有限公司 1000 万元；2. 回龙湖现代农业 4000 万元城镇居民人均可支配收入 7340 元，去年 6417 元，同比增长 14.3%

回龙圩管理区 2012 年主要经济指标完成情况表

表 11-4

指标名称	单位	绝对数		同比增长	
		2012 年	2011 年	增长数	增长率（%）
一、国内生产总值	万元	18254	16417	1837	11.2
第一产业	万元	9146	8795	351	4.0
第二产业	万元	5782	4678	1104	23.6
第三产业	万元	3326	2944	382	13.0
二、人民生活					
农民人均现金收入	元	3521	3062	459	15.0
城镇居民人均可支配收入		16974	14760	2214	15.0
三、农业					
1. 农林牧副渔总产值	万元	12019	11350	669	5.9
2. 生猪存栏	头	21000	20000	1000	5.0
3. 生猪出栏	头	35000	30000	5000	16.7
4. 牛存栏	头	12100	11900	200	1.7
5. 牛出栏	头	3800	3700	100	2.7
6. 粮食产量	亩	33755	31094	2661	8.6
	吨	9300	9163	137	1.5
7. 水产品产量	吨	880	860	20	2.3
8. 蔬菜	亩	5000	4175	825	19.8
	吨	9000	8006	994	12.4
9. 水果	亩	32000	31000	1000	3.2
	吨	30000	25000	5000	20.0
10. 南瓜	亩	10000	10000	0	0.0
	吨	18000	20000	-2000	-10.00
11. 烤烟	亩	5000	5090	-90	-1.8
	担	3300	3500	-200	-5.7
12. 油料总产	吨	2600	2513	87	3.5
四、工业总产值	万元	16988	14568	2420	16.6
1. 规模以下工业总产值	万元	10400	5678	4722	83.2
2. 规模以上工业总产值	万元	6588	5680	908	16.0

续表11-4

指标名称	单位	绝对数		同比增长	
		2012 年	2011 年	增长数	增长率（%）
3. 主要工业产品产量	万元	—	—	—	—
①金属产品	吨	29000	24870	4130	16.70
②水果加工	吨	8000	5000	3000	60
五、重点项目固定资产投资		39000	28000	11000	39.00
1. 农垦棚户区改造	万元	7200	—	—	—
2. 廉租房建设	万元	400	—	—	—
3. 回龙湖现代生态园建设	万元	4000	—	—	—
4. 万山娇茶叶基地	万元	2600	—	—	—
5. 城区街道建设	万元	1200	—	—	—
6. 区合格中小学建设及小学搬迁	万元	1500	—	—	—
7. 二级客运站	万元	700	—	—	—
8. 工业园建设	万元	3600	—	—	—
9. 柑橘示范园	万元	3200	—	—	—
10. 冠山小区开发	万元	1350	—	—	—
11. 垃圾填埋场	万元	120	—	—	—
12. 加油站建设	万元	120	—	—	—
六、社会消费品零售总额	万元	4820	4120	700	17.00
七、财政收入		1.2 亿			
1. 地方财政收入	万元	2750	2254	496	22.00
2. 一般预算支出	万元	—	—	—	—
八、利用内外资	万元	—	—	—	—
1. 实际利用外资额	万元	—	—	—	—
2. 实际利用内资额	万元	21000	10400	10600	101

说明：一、工业产值情况：1. 海兴木材加工厂 400 万元；2. 木炭厂 300 万元；3. 红砖厂 155 万元；4. 鞭炮厂 120 万元；5. 化来果品厂 830 万元；6. 花生厂 75 万元；7. 金农品锄头加工厂 3017 万元；8. 宇仙果品 2740 万元，其他个体工业 1597 万元。二、利用内资 21000 万元。1. 回龙湖生态休闲园 6300 万元；2. 万山娇茶博园 4850 万元；3. 广东温氏集团 1900 万元；4. 广东知本堂药材基地 900 万元；5. 创和塑料 500 万元；6. 工业园区基础设施建设 950 万元

回龙圩管理区2013年主要经济指标完成情况表

表11-5

指标名称	单位	绝对数		同比增长	
		2013年	2012年	增长数	增长率（%）
一、国内生产总值	万元	18174	16377	1797	11.0
第一产业	万元	7990	7269	721	9.9
第二产业	万元	6360	5782	578	10.0
第三产业	万元	3824	3326	498	15.0
二、人民生活					
农民人均现金收入	元	4049	3521	528	15.0
城镇居民人均可支配收入		19520	16974	2546	15.0
三1. 农林牧副渔总产值	万元	19220	12019	7201	59.9
2. 生猪存栏	头	21300	21000	300	1.4
3. 生猪出栏	头	48400	35000	13400	38.3
4. 牛存栏	头	12200	12100	100	0.8
5. 牛出栏	头	3800	3800	0	0.0
6. 粮食产量	亩	32082	31715	367	1.2
	吨	9023	9003	20	0.2
7. 水产品产量	吨	780	730	50	6.8
8. 蔬菜	亩	10000	5000	5000	100.0
	吨	10000	9000	1000	11.1
9. 水果	亩	40000	32000	8000	25.0
	吨	50000	30000	20000	66.7
10. 南瓜	亩	10000	10000	0	0.0
	吨	16000	18000	-2000	-11.1
11. 烤烟	亩	5000	5000	0	0.0
	担	3400	3300	100	3.0
12. 油料总产	吨	2280	2600	-320	-12.3
四、工业总产值	万元	15535	16988	-1453	-8.6
1. 规模以下工业总产值	万元	11078	10400	678	6.5
2. 规模以上工业总产值	万元	4457	6588	-2131	-32.3

续表11-5

指标名称	单位	绝对数		同比增长	
		2013 年	2012 年	增长数	增长率（%）
3. 主要工业产品产量	万元	—	—	—	—
①金属产品	吨	22000	19000	3000	15.80
②水果加工	吨	10000	8000	200	20
五、重点项目固定资产投资		51000	39000	12000	36.00
1. 农垦棚户区改造	万元	16200	7200	—	—
2. 廉租房建设	万元	503	400	—	—
3. 回龙湖现代生态园建设	万元	9600	4000	—	—
4. 万山娇茶叶基地	万元	1800	2600	—	—
5. 城区街道建设	万元	4800	1200	—	—
6. 区合格中小学建设及小学搬迁	万元	1500	1500	—	—
7. 二级客运站	万元	800	700	—	—
8. 工业园建设	万元	5000	3600	—	—
9. 柑橘示范园	万元	—	3200	—	—
10. 冠山小区开发	万元	—	1350	—	—
11. 垃圾填埋场	万元	—	120	—	—
12. 加油站建设	万元	—	120	—	—
六、社会消费品零售总额	万元	5543	4820	723	15.00
七、财政收入					
1. 地方财政收入	万元	3000	2750	250	8.30
2. 一般预算支出	万元	—	—	—	—
八、利用内外资	万元	—	—	—	—
1. 实际利用外资额	万元	—	—	—	—
2. 实际利用内资额	万元	14850	10400	4450	42.7

说明：一、工业产值情况：1. 海兴木材加工厂400万元；2. 木炭厂300万元；3. 红砖厂155万元；4. 鞭炮厂120万元；5. 化来果品厂830万元；6. 花生厂75万元；7. 金农品锄头加工厂3017万元；8. 宇仙果品2740万元，其他个体工业1597万元。二、利用内资14850万元。1. 回龙湖生态休闲园6850万元；2. 广东知本堂药材基地3200万元；3. 卢氏果业2100万元；4. 工业园区基础设施建设2700万元

回龙圩管理区 2014 年主要经济指标完成情况表

表 11-6

指标名称	单位	绝对数		同比增长	
		2014 年	2013 年	增长数	增长率（%）
一、国内生产总值	万元	20556	18174	2382	13.1
第一产业	万元	9546	8690	856	9.9
第二产业	万元	6580	5660	920	16.3
第三产业	万元	4430	3824	606	15.8
二、人民生活					
1. 农民人均现金收入	元	7007	6252	755	12.1
2. 城镇居民人均可支配收入	元	17435	15873	1562	9.8
三、农林牧副渔总产值	万元	21444	19220	2224	11.6
1. 生猪存栏	头	24900	21300	3600	16.9
2. 生猪出栏	头	41300	39200	2100	5.4
3. 牛存栏	头	12300	12200	100	0.8
4. 牛出栏	头	3900	3800	100	2.6
5. 粮食产量	亩	33367	32082	1285	4.0
	吨	9571	9023	548	6.1
6. 家禽	万只	18	16	2	12.5
7. 水产品产量	吨	873	780	93	11.9
8. 蔬菜	亩	13000	10000	3000	30.0
	吨	13000	10000	3000	30.0
9. 水果	亩	50000	40000	10000	25.0
	吨	60000	50000	10000	20.0
10. 南瓜	亩	5000	10000	-5000	-50.0
	吨	6000	16000	-10000	-62.5
11. 烤烟	亩	5000	5000	0	0.0
	担	3400	3400	0	0.0
12. 油料总产	吨	2300	2280	20	0.9
四、工业总产值	万元	14200	15535	-1335	-8.6
1. 规模以下工业总产值	万元	14200	11078	3122	28.2

续表11-6

指标名称	单位	绝对数		同比增长	
		2014年	2013年	增长数	增长率（%）
2. 规模以上工业总产值	万元	—	4457	-4457	-100.0
3. 主要工业产品产量	万元	—	—	—	—
①金属产品	吨	—	—	—	—
②水果加工	吨	12000	10000	200	20
五、全社会固定资产投资	万元	61000	48000	12000	27.08
其中：重点项目固定资产投资	万元	46700	40203	6497	16.10
1. 农垦棚户区改造	万元	16100	—	—	—
2. 公租房建设	万元	2500	—	—	—
3. 回龙湖现代生态园建设	万元	12000	—	—	—
4. 林场棚户区改造	万元	2000	—	—	—
5. 城区街道建设	万元	5000	—	—	—
6. 中心幼儿园建	万元	1500	—	—	—
7. 李家塘土地整理	万元	1200	—	—	—
8. 城中村改造	万元	1500	—	—	—
9. 基本烟田整理	万元	1000	—	—	—
10. 马河流域治理	万元	3200	—	—	—
11. 垃圾填埋场	万元	700	—	—	—
六、社会消费品零售总额	万元	6374	5543	831	15.00
七、财政收入					
1. 地方财政收入	万元	3520	3015	505	16.70
2. 一般预算支出	万元	14500	16000	-1500	-9.40
八、利用内外资	万元				
1. 实际利用外资额	万元	—	—	—	—
2. 实际利用内资额	万元	20000	14850	5150	34.6

说明：一、工业产值情况：1. 聚钱山打腊厂1500万元；2. 八仙洞柑橘合作社1600万元；3. 红砖厂155万元；4. 程五哥水果加工厂1800万元；5. 化来果品厂1830万元；6. 神仙洞水果加工厂1400万元；7. 宗旺果品加工厂500万元；8. 宇仙果品2740万元；9. 玉绿果业。二、500万元。10. 卢氏果业1300万元；11. 郑宏健果业480万元，共计13805万元，其他个体工业395万元。

回龙圩管理区 2015 年主要经济指标完成情况表

表 11-7

指标名称	单位	绝对数		同比增长	
		2015 年	2014 年	增长数	增长率（%）
一、国内生产总值	万元	22919	20556	2363	11.50
第一产业	万元	10458	9546	912	9.55
第二产业	万元	7367	6580	787	11.96
第三产业	万元	5094	4430	664	14.99
二、人民生活		11610		0	
农民人均现金收入	元	18723	7007	4603	65.69
城镇居民可支配收入	元	23588	17435	1288	7.39
三、农业总产值	万元	16004	21444	2144	10.00
四、工业总产值	万元	75000	14200	1084	12.70
五、全社会固定资产投资	万元	7500	61000	14000	22.95
1. 回龙湖现代农业休闲园					
2. 公租房建设	万元	3000	—	—	—
3. 城镇道路建设	万元	10000	—	—	—
4. 回龙村改造	万元	3000	—	—	—
5. 农垦危房改造	万元	22000	—	—	—
6. 二级客运站	万元	1500	—	—	—
7. 冠山小区开发		—	—	—	—
8. 回龙村土地整改	万元	—	—	—	—
9. 区人民医院敬老院建设	万元	—	—	—	—
10. 冷链物流园	万元	—	—	—	—
六、社会消费品零售总额	万元	7139	—	—	—
七、财政收入	万元				
1. 地方财政总收入	万元	4082	—	—	—
2. 地（国）税	万元	1247	—	—	—
八、利用内资	万元	15190	—	—	—
九、主要产品产量					
1. 粮食（水稻）产量	亩	14900	14898	11	0.07
	吨	4900	4800	100	2.08
2. 生猪存栏	头	25000	24900	100	0.40

续表11-7

指标名称	单位	绝对数		同比增长	
		2015 年	2014 年	增长数	增长率（%）
3. 生猪出栏	头	41500	39700	1800	4.53
4. 水果	亩	50000	40000	10000	25.00
	吨	100000	80000	20000	25.00
5. 水果加工	吨	50000	40000	10000	25.00
6. 烤烟	担	3646	3802	-156	-4.10

（一）劳动生产率

2015 年，回龙圩人均生产总值 2.20 万元，比 1991 年人均生产总值 2537.5 元，增加 1.94 万元。1991 年人均收入 840 元，2015 年人均收入 1.52 万元，比 1991 年人均增加 1.43 万元。

（二）财政收入

1997 年，回龙圩成立一级财政，当年财政收入 623 万元。2015 年，财政收入 1.96 亿元，增加 1.9 亿元，增加 34.5 倍。2002 年，管理区成立时财政收入 862 万元。到 2015 年，财政收入 1.96 亿元，增加 18763 万元，增长 22.76 倍。

回龙圩管理区 2002—2015 年财政总收入统计表

表 11-8

年份	财政收入总计	其中	
		本级财政收入	上级补助收入
2002	862	588	274
2003	1097	676	421
2004	1453	617	836
2005	1642	684	958
2006	2383	727	1656
2007	4132	957	3175
2008	5310	1152	4158
2009	6858	1340	5518
2010	7101	1702	5399
2011	9883	2242	7641
2012	11549	2762	8787

续表11-8

年份	财政收入总计	其中	
		本级财政收入	上级补助收入
2013	16645	3205	13440
2014	19864	3521	16343
2015	19625	4082	15543
合计	105404	24255	84149

第三节　经济结构

一、所有制经济

（一）国有经济

1992—2001 年，回龙圩管理区为国有回龙圩农场，国有经济占主导地位，其经济总量 90%以上是国有。农业除柑橘集约化经营外，水田、旱土都实行家庭联产承包制，但农场的家庭联产承包制与乡镇的家庭联产承包制有着本质的不同。农场农业职工所承包其责任田的所有权属国有，职工除缴纳农业税、农业特产税等税费外，还要上交农场管理费，其身份是农垦职工，同其他国有企业职工一样享受公费医疗，男满 60 周岁、女满 55 周岁享受退休，拿退休工资。所承包的田，分口粮田和经营田两种。口粮田不上缴费用，经营田要上交费用。旱地属于经营性质。而乡镇农民承包的责任田地除交纳农业税和农业特产税外，上交少量的村集体经费，其身份是农民，山林、田地都发产权证，而且一定 30 年不变，土地的性质是集体所有制。

工商企业全部属国有企业，主要是依靠农场资源来料加工。20 世纪 80 年代至 90 年代初期，来料加工是农场经济的大头。1998 年后，随着市场经济的深入和银行贷款的从紧政策，工业企业效益日益低下，亏损严重，资不抵债，到 2002 年相继破产倒闭。

（二）集体经济

2002 年前，回龙圩的山林和土地所有制成分都属国有。管理区成立后，先后设立 15 个行政村，这些行政村各项费用都是财政拨款，其土地、山林所有权仍属于国有。2010 年，因修道贺高速公路回龙圩段时，土地补偿款给承包户后，引发各村对山林土地所有权争执。2011—2015 年，争山、争水、争地时有发生，对管理区建设征地带来不利影响。

(三) 私有经济

2002年，成立管理区后，体制的变革使私有经济得到发展。首先是回龙圩集约化经营的近万亩高产柑橘园，被承包户买断20年的经营权；场办工商企业破产倒闭，被承包租赁，实行资产重组，变国有为民营。招商引进的企业都是民营企业。特别是第三产业的发展，到2015年，私有经济占管理区经济总量60%。

(四) 股份制经济

2007年，招商引进股份制企业，还有民间合伙经营的合作组织。规模较大的股份制企业有回粤水果加工有限公司、永州颐鸿农业生态休闲园有限公司、湖南省中尚环保高科有限公司等。股份制经济约占回龙圩管理区经济总量的20%。

二、产业结构

1992—2015年，随着经济体制的改革和市场经济的发展，回龙圩管理区根据市场的需求，大力调整产业机构，推进新型工业化和城镇化的进程，大力发展第三产业和个体私营经济。实施招商引资、招商引项、扩城增容，加强城镇基础建设，完善城区功能。这些措施使回龙圩产业结构朝着更合理、更优化方向发展。1991年，国内生产总值2235.07万元，其中农业产总值1395.1万元，占62.4%；二产业839.97万元，占37.6%；三产业没有统计。2002年，全区国内生产总值4882万元。其中一产业4087万元，占83.7%；二产业259万元，占5%；三产业536万元，占11%。2015年，地区生产总值2.29亿元，其中一产业1.05亿元，二产业7367万元，三产业5094万元，分别占生产总值的45.6%、32.1%和22.3%。柑橘是回龙圩支柱产业，有规范、有市场，老百姓有种植技术、管理经验，绝大部分农村劳力离不开农业，离不开土地，就连镇、办事处、机关科室60%工作人员均有橘园，少则几亩多则近百亩。

三、投资结构

1991—2002年，投资主要在农业生产方面。在项目上争取国家湘南农业开发和红壤开发项目，投资第一产业占总投资的60%以上，主要是农田水利，丘岗开发。场办工业占总投资40%，主要用于工厂扩建和技改。管理区建立后，向上争取的项目逐年增多，固定资产投资也逐年增多，投资主要在城镇、交通、建筑、新农村建设、乡村旅游等方面。2015年，固定资产投资7.5亿元，其中回龙湖现代农业休闲园7500万元，公租房建设3100万元，城区道路建设1亿元，回龙村改造3000万元，农垦危房改造2.2亿元，二级客运站1500万元，冠山小区开发1500万元，区人民医院、敬老院建设 600 万元；冷链物流园 2000 万元，回龙村土地整治 1500 万元。

四、消费结构

1991—2002 年，回龙圩管理区以农业为主，农业经济十分脆弱，自然灾害频繁，低投入低效益，居民收入低，消费水平低，生活处于温饱型。2002—2015 年，体制改革给经济发展注入新的活力。人们的收入逐渐增加，消费水平得到提高。农村收入主要来自柑橘，通过改良品种和栽培技术的提高，柑橘市场广，价格好，沃柑、默科特达 8 元/斤。平均一户种植柑橘 20 亩，收入 10 万元。个体经济和第三产业的发展，以及国家各项惠农政策的落实，取消农业税、农业特产税，农业补贴、退耕还林补贴，农垦危房改造、扶贫、廉租房、公租房的建设、公共设施的建设等，给老百姓带来实惠。2015 年，回龙圩管理区城镇居民人均可支配收入 2.36 万元，农民人均现金收入 1.87 万元。2015 年永州市全市城镇居民人均可支配收入 20175 元，农村居民人均可支配收入 9873 元。同比分别增加 3413 元、8850 元。管理区 30%的家庭购买小车，80%的家庭购买摩托车。2015 年，回龙圩管理区个人社会消费品零售金额 7139 万元。

第二章　工商管理

第一节　机构

1990 年 12 月 30 日，湖南省体改委印发《关于有关农场体制问题的答复》，同意回龙圩农场设立工商分局，其编制由农场内部调剂解决，业务归口地（市）工商部门直接领导。

1997 年 6 月 6 日，永州市机构编制委员会印发《关于设立永州市回龙圩财税局、工商局机构的批复》，同意设立永州市回龙圩工商行政管理局，为科级事业单位，业务接受市直有关局（办）的监督和指导，人员配备，由农场在场部机关现有人员中调整配备，经费开支由农场财政自行担负。1997 年 8 月 8 日，永州市回龙圩工商行政管理局挂牌成立，设立“两股一室”，即办公室、市场管理股、注册登记股。定编 7 人，局长王卫红。

1999 年 8 月，工商行政管理机关实行省以下垂直管理体制改革。人、财、物实行垂直管理，回龙圩工商局人员全部直管。第一批直管人员：王卫红、胡路旺、蒋斌；第二批直管人员：龙海涛、赵永平、张琳、何平。

2000 年 3 月，永州市回龙圩工商行政管理局更名为永州市工商行政管理局回龙圩分局，设三股一室，即办公室、市场规范管理股、公平交易股、注册登记股，局领导 3 人，即局长 1 人，副局长 2 人。回龙圩分局在负责调查辖区范围个体工商户违反工商行政管理法律法规规章的案件时，必须以市局名义进行办理。具体程序是，案件初审后送市局政策法规科签署核审意见，报市局分管政策法规的局领导审批。2015 年 9 月 23 日，市政府印发《关于印发永州市工商行政管理局主要职责内设机构和人员编制规定的通知》，确定“市工商行政管理局回龙圩分局为市工商局直属分局，属于科级机构”，受市工商行政管理局委托行使回龙圩管理区辖区的工商行政管理职责。2015 年 11 月 30 日，市编办印发《关于永州市工商行政管理局回龙圩分局有关职责和机构编制事项的通知》。内设机构为办公室、注册股、监督管理股、经济检查大队，下设回龙圩消费者委员办公室，全额拨款事业单位编制 8 名、机关后勤服务事业编制 1 名。回龙圩管理区消费者委员会挂靠回龙圩工商分局，核定全额拨款事业编制 1 名。局领导 3 人，其中局长 1 人，副局长 1 人，纪检负责人 1 人。

第二节　登记与管理

1991 年，农场仅有个体工商户 26 户。1997 年，回龙圩工商分局成立后增至 144 户，从事个体经营的从业人员 981 人，市场年交易额由 1991 年不足 500 万元增至 3000 万元。

1999 年，根据国家工商总局《关于启用〈个体工商户〉营业执照及做好换照工作的通知》要求，当年管理区办理个体工商户营业执照 121 户，办理企业注册登记 18 家。

2003 年 3 月 1 日，《无照经营查处取缔办法》实施后，回龙圩工商分局开展政策宣传、引导无照经营户申办营业执照，守法经营，为 42 户无照经营户办理营业执照，对 2 户拒不办照的“钉子户”给予扣留经营工具、罚款 1000 元的行政处罚。

2004 年 8 月 10 日，永州市个体劳动者私营企业协会对全市 100 户诚信守法个体工商进行表彰，回龙圩管理区阳光化肥购销中心个体户邹建平获得表彰。

2008 年 8 月 21 日，根据财政部、国家发改委、国家工商总局三部门联名下发《关于停止征收个体工商户管理费和集贸市场管理费有关问题的通知》，回龙圩工商分局从 2008 年 9 月 1 日开始停止征收“两费”。

2014 年 1 月 1 日，实行注册资本登记制度的改革。

2014年10月28日，区管委印发《回龙圩管理区工商营业执照、组织机构代码和税务登记证“三证合一”登记制度改革实施方案（试行）的通知》，并成立“三证合一”登记制度改革领导小组。12月31日，区党委副书记、管委会主任李社光向大丰农业发展有限公司颁发首张“三证合一”新版营业执照。

2015年，全区注册登记的市场主体总量276户，注册资本8053.29万元，其中企业37户，农民专业合作社10户，个体工商户229户。

第三节 商标广告管理

1992年4月，“回峰”系列产品参加上海农副产品展销会。1995年1月14日，回龙圩农垦集团公司成功注册“回峰”柑橘商标，该商标于1998年荣获湖南省著名商标。2000年11月7日，注册“回峰”茶叶商标。为了加强“回峰”牌注册商标的保护，扩大品牌效应，2006年9月8日，区管委会批复回龙圩工商分局印制《2006年保护“回峰”牌注册商标专用权行动方案》，要求辖区范围内产销本地水果，统一使用“回峰”牌注册商标，并于商标所有权人签订《使用许可协议》，报工商部门备案。

2007年8月22日，全市工商系统开展大力加强商标工作促进品牌兴市活动，“回峰”商标纳入市工商局指导企业争创中国驰名商标培育计划。回龙圩工商分局印制《加强商标工作促进品牌兴市工作方案》。

2009年4月28日，个体工商户何文化成功注册“绿色湘园”柑橘、蔬菜类商标。

2010年8月21日，玉绿果业有限公司注册“旺果农柑橘”蔬菜类商标。

2011年10月7日，自然人李勇注册“烽火狼”电子设备商标。

2014年12月29日，回龙圩管理区管委会批复工商局上报的《关于推进农产品商标和地理标志品牌战略实施意见》，印发《回峰品牌维护建议书》。

2015年，立案调查4起未经登记擅自发布户外广告案，报经市工商局批准对4起案件当事人作出3万元的行政处罚。

第四节 市场监督管理

1998年3月9日，省工商局印发《关于认真实施“打假保农工商局长工程”的通知》，重点对农药、化肥、种子、饲料、农机具开展大检查，回龙圩工商分局根据省工商局通知精神，结合回龙圩情况制定方案，向社会公开承诺“发现假农资、立即找工商”，开展农民满意的化肥、种子、农药评选活动。是年，查处一起伪劣辣椒种子案。1999年，查处一起假杂交稻种案，劣质化肥25吨、假谷种和玉米种150公斤、劣质农膜260多公斤、无许可证冒牌农药900瓶及5000盒，价值30多万元。依法对当事人均作出行政处罚，为群众挽回和减少经济损失260万元。同时，联合公安、卫生等部门开展医疗市场专项整治，取缔4家无“二证一照”诊所。

1997—2000年，先后查获假酒14件、劣质冒牌香烟1350条、劣质洗衣服1420包、假矿泉水5000多瓶。

2001年，按照市工商局《关于整顿和规范建筑市场的通知》要求，回龙圩分局查办2起案件，查处不合格电线500米，查扣总价值40多万元的不合格螺纹钢247吨。同时对回龙圩支柱产业水果市场加强管理，规定凡承包种植水果或从事农副产品（含经纪人代购代销、仓储加工等）购销的经营者，必须办理营业执照后方可从事经营活动，收费标准实行申报、代缴、巡查制，对在经营中欺行霸市、短斤少两、掺杂使假行为，严厉惩处。

2009年，回龙圩工商分局对3个不合格的化肥品种37吨，价值近8万元的化肥立案调查，没收违法所得1000元。捣毁假“金六福”名牌酒480箱的销售窝点；查扣假冒知名品牌“背靠背”服装120件；查处取缔一起以举办健康讲座为名推销保健品防治甲流感的虚假宣传行为，收缴宣传印刷品680份，销毁防治甲流感假产品221箱。

是年，回龙圩工商分局开展创建“无传销社区”活动，被评为全市工商系统创建无照经营、无假冒伪劣、无传销活动、无消费者投诉积案、无对工商人员举报投诉“五无监管区”达标单位。

2009年12月18日，市工商局授权回龙圩工商分局可以以市局名义办理辖区内的流通环节食品经营者的食品流通许可工作。

2010年，回龙圩经纪人发展到34人，工商分局向经纪人提供《柑橘经纪合同》《柑橘买卖合同》示范文本。

2013年，对流通领域食品抽检10个批次，立案查处2起；对296瓶过期农药全部下柜销毁；立案查处2户未按规定参加年检的企业，一起涉及“霸王条款”合同书。

2015年，立案查处一起假冒他人厂名、厂址违法经营农药案，对当事人处罚款1.42万元。

第五节　集贸市场管理

1997年10月10日，根据国务院《城乡集贸市场管理暂行规定》和湖南省《城乡集市贸易管理暂行办法》，回龙圩农场将农场农工商公司管理的集贸市场移交回龙圩工商局管理。接管后，加大对集贸市场的综合整治，收缴市场商贩失准衡器260杆，严查杜绝假货上市、强买强卖、欺行霸市、短斤少两等不良行为，统一市场服务收费标准。2007年，根据永州市工商行政管理局有关精神工商部门将集贸市场移交管理区市管所管理。

2015年“3·15”期间，在集贸市场配合农业部门检查外来果树苗经营者是否有检验合格证，加大对苗木市场的监管，严防带病苗木进入市场。

第六节　消费者权益保护

1999年，江永电力局把从江永输送至回龙圩的每月几千千瓦时电损分摊到用电户，导致回龙圩农场辖区电价居高不下，消费者向工商局投诉，通过调解，使沉积多年的高电价得到解决，每年为消费者电价减负10万元。当年回龙圩安装程控电话时，江永电信局每户收50元预交电话费，回龙圩工商局得知后进行查处，3万多元预交话费及时退还给安装用户。

2000年“3·15”期间，回龙圩工商局监督农场职工医院将价值8万余元的过期药品公开销毁。

2006年3月14日至2009年，管理区在回龙圩镇、马鹿头、八仙洞、神仙洞、兴隆、永济亭、李家塘办事处设立“12315”消费者投诉站，方便消费者及时投诉。

2006年9月4日，回龙圩管理区消费者委员会经民政部批复成立，有理事成员单位8个，理事9人。内设投诉部、质量检测仲裁部、物价监督检部、卫生监督检验部、宣传教育5个机构，制定《回龙圩管理区消费者委员会章程》。

2014年，成功调解一起肥料投诉案件，为果农挽回经济损失5000元。

2015年9月，工商分局、消委者委员会受理大兴塘、岩口塘村25户农民集体投诉购买使用不合格化肥导致柑橘、玉米等农作物减产案，在农业部门配合下，历经4个多月的调解处理，为两村的农民挽回价值10万元的经济损失。

第三章　物价管理

第一节　机构

1997年6月6日，永州市机构编制委员会印发《关于设立永州市回龙圩财税局、工商局机构的批复》，同时批复加挂永州市回龙圩物价局的牌子。物价局内定

3人，局长卢国甫。2002年管理区成立后，物价局与统计局合署办公，人员不变。

第二节　价格改革

1991年，国营商业零售企业实行经营、价格、分配、用工“四放开”改革，物价部门对商品价格和服务价格（非商品收费）管理办法实行重大改革，对工业消费品属国家定价的41种类，除食盐、民用及特供糖、省产卷烟、奶粉、化学药品等12品类继续实行管价外，其余29种类，批发环节实行差率控制。对工业生产资料，除计划内金属材料实行综合作价外，其他商品仍按省、市规定执行。对农业生产资料除省定销售价格的品种外，继续实行综合作价。回龙圩没有设立物价机构，随江永定价。

1992年，价格改革进一步深化，工业消费品属于国家管价（包括国家定价和国家指导价）的133品类，除食盐、民用棉、化学药品、中成药、医疗器械，城镇生活煤外，其余商品零售价格放开，由企业自主定价，农副产品属国家管价的26品类，除定购、定量供应的粮油、中药材、农作物种子、烟叶、国营林场上调木材外，其余品种定价权下放给生产经营者。工业生产资料商品计划外的定价权下放给经营企业。凡放价的商品，除国家和省另有规定外，其出厂价、批发价、零售价都由生产，经营企业自主定价，不受原规定的各种差率和作价办法限制。

1994年，恢复对农业生产资料和石油成品油实行国家定价，对部分重要化肥、农药品种制定具体价格，对部分品种实行差率控制，分别进行管理，对石油成品油实行计划内计划外价格并轨。

1995年，把控制物价涨幅，抑制通货膨胀作为工作重点，加强农资、邮电、教育等国家定价商品和服务价格管理，属省统一分配的化肥按省规定价格执行。同时加强对“米袋子、菜篮子、火炉子”等市场价监管。

1997年，对大电网农村价进行调整，改革医疗服务费办法。

1998年，对农资销售网点实行开放市场，价格由政府指导价转为市场调节价，粮食实行顺价销售。

2000年以后，凡是公益性的价格收费推行公示制。

2005，市物价局对回龙圩管理区用电价格有关问题进行调整，确定回龙圩镇范围生活用电按城区生活用电价执行，回龙圩镇以外按农村生活用电价执行。

2009年，《湖南省价格监督管理条例》实施。96.2%的商品和服务价格实行市场调节，由经营者根据市场自主定价，3.8%关系到国计民生的商品由政府定价。

2015年，加强对医疗药品方面的价格，医院药品和各项检查收费一律公示。

第三节　经营服务性收费管理

回龙圩的经营服务性收费，主要有水费和电视收视费、环境卫生费。收费标准一般由业主提出收费申请，经物价部门调查、鉴定、评估，召开有各阶层代表参加的听证会，最后综合认证。

1992—2008 年，自来水公司收费价格：居民生活用水 0.9 元/立方米，营业性用水 1.1 元/立方米，工业用水 1.3 元/立方米。2008—2015 年，居民生活用水 1.32 元/立方米。营业性用水 2.38 元/立方米，工业用水 1.45 元/立方米，特别行业用水 5.28 元/立方米。影视收费：1991—2010 年，每年 120 元收视费，2010 年后转递江永有线网络电视公司节目信号，每年收费 282 元。另外还有城区卫生费、市场服务费等。

第四节　行政事业收费管理

1997—2015 年，回龙圩管理区办理行政事业收费证 26 本，服务性收费 12 本。"行政事业性收费许可证"实行年检、年审。对中央省市及管理区管委会宣布取消的行政收费项目逐个进行落实，严格划分行政性收费和事业性收费范围、收费标准，分别纳入预算内资金和预算外资金管理。要求行政事业性收费单位按规定价格项目和标准进行公示，特别是加强对涉农收费管理和公示工作，制定统一涉农收费公示牌，有效地控制乱收费、乱摊派、乱罚款行为。从 2012 年起，九年义务教育实行免教科费，学杂费，教育收费从严管理，一律进行公示，教铺资料订阅必须要在学生、家长自愿的前提下方可订阅。回龙圩管理区有收费职能的部门主要有教育、国土、房产、建筑规划、公安派出所、城管、财政、审计、法庭、广电、工商、质监、林业、计生、卫生、环保、组织、工会、畜牧等部门，每年收费总额约 200 万元。

第五节　价格监督检查

1997—2005 年，针对不同时期市场价格特点，区物价局组织开展常规性与突击性相结合的监督检查办法，监督检查的重点是涉农收费、中小学教育收费。开展药品价格及医疗服务收费，查处违规金额 8 万元，其中责令清退 2 万元，上缴财政 6 万元。

第四章 质量技术监督

第一节 机构

2003年8月21日，永州市质量技术监督局回龙圩分局成立，加挂稽查队牌子，行政级别定为正科级，核定全额拨款事业编制5名。其中，机关4名，后勤服务编制1名。实际操作只有2人，即1名局长，1名办事人员，负责回龙圩管理区辖区内质量技术监督工作。

第二节 执法检查

2004年，对管理区内的10余家农资经销店与金属制品厂进行专项执法检查，抽查化肥37批次，对未达到质量要求的进行查处。对金属制品厂生产淘汰的地条钢，责令其立即停止生产，销毁淘汰产品，并对该厂进行相应的处罚。

2006年，联合卫生、工商、公安等职能部门，对辖区内鞭炮厂、养殖业、建筑工地、农资经销店等进行督检，对不合格产品进行查处，责令停产停销，并进行处罚。

2008年，开展以食品安全为重点专项整治工作，严厉打击食品非法添加行为，加强食品添加剂监管专项整治，对非法经营者罚款59600元。

2012—2015年，联合有关部门对管理区辖区农资销售店进行抽查，抽查40家农资销售店，抽查化肥110批次，对不合格产品进行查处。

第三节 许可证认证

回龙圩管理区计量方面主要对加油站加油机和自来水公司的水表这些事关民生的设备进行定期检查。

标准化主要对辖区内柑橘加工企业标准化加强监督。

质量监督对辖区内的企业，主要是对农副产品加工企业计量问题跟踪监督，确保食品质量的安全。

第五章 计划管理

第一节 机构

1992—2001 年，回龙圩农场没设专门计划发展机构，计划工作分散于有关部门中，财务计划由财务科制定，生产计划由生产科制定。2002—2015 年，计划发展委员会成立，与粮食局合署办公，定编 3 人，1 名主任，2 名工作人员。主要职责是牵头制定管理回龙圩管理区国民经济和社会发展规划，申报项目，项目的落实，安排制定管理区年度计划、投资，开展项目建设督查工作。

第二节 国民经济和社会发展规划

1992—2001 年，农场时经济结构单一，农场根据上级主管部门下达的各项计划指标，结合农场的实际情况，分解到各单位。生产计划逐步由指令性计划向指导性计划转变。计划分长期计划和短期计划。长期计划三年至五年期限，短期计划有年度计划和月计划，计划又分为生产计划和财务收支计划，财务收支计划根据生产计划来制造。月计划根据年度计划按月份分解。2002 年，管理区按照省、市有关部门的要求，编制回龙圩管理区国民经济和社会发展规划，2001—2015 年，编写国民经济和社会发展“十五”“十一五”“十二五”规划。

一、“十五”规划执行情况

全区国内生产总值由 2000 年的 4500 万元增加到 2005 年的 7189 万元，年均增长 11.95%。人均国内生产总值由 3450 元增加到 5530 元。工农业总产值由 6200 万元增加到 1.67 亿元，年均增长 33.87%。财政收入由 670 万元增加到 1642 元，年均增长 29%。

三次产业的比重由 61∶9∶31 调整为 30∶53∶17，实现一、二、三产业向二、一、三产业排序的转变。农村经济稳步发展，农业增加值由 3050 万元增加到 4200 万元，年均增长 7.5%，农业产业化进程加快，机构调整取得明显成效，以柑橘、密本南瓜等为主的绿色农业不断发展，面积分别达 2 万亩、1.2 万亩。工业化进程加快，工业增加值由 208 万增加到 3000 万元，增长 14.4 倍。规模以上工业实现零的突破，民营经济快速发展。第三产业领域不断拓宽，商品流通加快，交通、餐饮、旅游、房地产、中介服务等行业不断发展，第三产业增加值由850万元增加到1560万元。

体制改革顺利推进，管理职能日益健全，行政主体资格进一步显现。财政体制改革进一步深化，独立的一级财政体制形成。国有企业改革全面完成，化解历史债务1.2亿元，工业资产重组增效。科技、教育、住房、土地流转、农村税费、粮食流通等方面的改革不断深入。养老保险、医疗保险、城镇居民最低生活保障、残疾人生活保障等社会保障体系逐步建立。招商引资取得突破，外向型经济不断发展、"十五"期间累计招商引资4000万元。

"十五"期间，全区累计完成固定资产投资1亿元，为"九五"期间的2倍。日产5000吨自来水饮水工程、晨光水库大坝加固工程、人畜饮水解困工程等15个重点工程竣工并交付使用。永富二级公路回龙圩段、区办公大楼等项目规划实施。

5年来，投资基础设施建设资金8000万元，其中政府投资4000万元，社会投资4000万元，基本实行了水、电、路、通信、邮、有线电视"六通"的目标。城镇面貌有较大的改观，综合功能基本配套。城镇综合配套改革顺利推进。户籍管理制度、城镇保障体系、投入机制正在逐步完善，集聚效应进一步显现。城镇人口大幅度增长。

教育改革步伐加快，教师队伍和教师结构不断优化；改造学校危房2000平方米（其中新建620平方米）；小学和初中入学率99.8%，巩固率99.6%。科技推广体系进一步完善，科技成果广泛推广，以特优水果高产优质配套栽培技术为主的农业科技进步成效显著。科技进步对全区经济增长的贡献率逐步提高。计划生育实现保类进位，计划生育率由2000年的97.2%提高到97.6%，自然增长率保持在10%~11%。文明建设不断加强，法治观念不断提高，治安环境好转，生态环境进一步改善，群众文化生活日益丰富，城镇和农民收入较快增长。

二、"十一五"计划执行情况

"十一五"末，全区地区生产总值完成1.3亿元，年均增长14.5%；人均地区生产总值达1.4万元，年均增长13%；地方财政收入达0.71亿元，年均增长23%；城镇居民人均可支配收入达1.4万元，年均增长12%；农民人均收入达2900元，年均增长7%。

"十一五"期间，管理区坚持"工业强区"战略，以做大做强的工业经济为支撑，积极推进现代服务业，稳步发展特色农业。2010年年末，三次产业结构为53∶26∶21，基本形成以产业为支撑，二、三产业稳步增长的格局，产业结构不断调优，为"十二五"经济快速发展打下了坚实的基础。工业经济主导地位不断加强。

集中力量培育了回粤果品加工厂、化来果业等一批骨干企业。全区规模以上企业发展到8家；规模以上工业增加值为0.4亿元，年均增长11%；工业总产值达1.3亿元，年均增长14%。农村经济稳定发展。夯实农业发展基础，狠抓农业调整，提升传统农业优势，壮大特色农业规模，抓好优质水果、粮食、畜牧、烤烟、蔬菜等特色产业基地建设，优势特色农业加快形成。2010年年末，完成农业总产值1.08亿元，年均增长6.5%；农民人均纯收入2900元，比“十五”末增加770元。第三产业加快推进。改造和提升商贸流通、旅游等传统服务业；积极发展现代物流等现代服务业；全区第三产业增加值0.5亿元，年均增长15%。社会消费品零售总额实现0.34亿元，年均增20%。

5年间，全社会固定资产投资累计突破4.5亿元，是“十一五”时期的4.5倍。道贺高速公路回龙圩段、回龙圩3.5千伏输变电站、城乡保障性住房、永富公路回龙圩段、文教卫生设施，公路建设完成67.6公里，其中通乡公路建设完成近8公里，畅通公路建设完成59.6公里，基本实现村村通公路的目标。

按照回龙圩城镇发展总体战略，城镇基础设施不断完善，城区综合承载力和城区综合功能逐步增强，城镇聚集效应逐步凸显，品位提升显著，面貌日新月异。全区城区规划区面积达到2.5平方公里；城镇人口规模达0.6万人。

国有企业改革；林权制度改革顺利完成；农场体制改革、卫生体制改革、投资体制改革稳步推进；事业单位分类改革继续推进；社会保障制度改革继续深化。行政管理体制改革逐步深化，行政审批等改革全面推进。政府投融资体制改革实现突破，组建区城建投资公司等投融资平台。对外开放成效明显。坚持“走出去、引进来”，5年累计招商引资资金2.01亿元。

稳步推进节能减排和淘汰落后产能工作，万元GDP综合能耗下降10%的目标任务完成。环境监测管理得到加强、重点领域污染治理力度加大，实现工业污染和生活污水达标排放。生态公益林、森林管护、退耕还林、荒山造林等生态建设工程扎实推进，森林覆盖率达52%；水环境质量达到国际Ⅲ类标准，饮用水水质100%达标；空气质量达标率95%。

“十一五”期间，城乡社会保障体系进一步健全和完善，社会公共产品供给能力明显提高，人民生活水平再上新台阶。5年间，实施了9项惠民工程，4项安居工程，民生投入4343万元。加强就业指导和服务，开展下岗人员培训2100人次，实现再就业1800人，城镇登记失业率控制在4.5%内；转移农村富余劳动力3000人次；城镇职工基本医疗保险和基本养老保险覆盖率达98%以上。城乡保障性住房、中小学校舍改造、中心卫生院建设等任务圆满完成。另外，农村电网工程改造已经完成了17个村。农村生态沼气池已经完成1000多个，太阳能工程正在推进。

实施“科教兴区”战略，广泛开展科普活动，科技服务体系逐步完善，加快科技创新和创牌活动。教育体系进一步完善，教育质量不断提高，幼儿园、小学、初中正常适龄儿童入学率分别达100%、100%、99%。卫生服务功能明显增强，新型农村合作医疗工作扎实推进，参合率达87%，实现农村人口基本覆盖。人口计划生育工作常抓不懈，常住人口自然增长率控制在5.4‰内。农村文化体育设施实行全覆盖，农村广播电视数字微波覆盖工程和“村村通”工程建设稳步推进。

三、“十二五”执行情况

全区实现生产总值（GDP）从2010年的12567万元增加到2015年的22919万元，五年年均增长12.77%；财政总收入从2010年的1702万元增加到2015年的4082万元，年均增长19.1%；2015年完成固定资产投资总额7.5亿元；实现社会消费品零售总额从2010年的3435万元增加到2015年7139万元，年均增长15.8%。

产业结构调整日趋优化，三次产业结构从2010年的49.42∶29.71∶20.87调整为2015年的36.76∶34.69∶28.55. 相比2010年，第一产业下降12.66个百分点，二产业上升4.98个百分点，三产业上升7.68个百分点。全面推进湘南承接产业转移示范区建设，引进承接产业转移项目14个，实际到位资金8.63亿元，新建标准厂房12万平方米，现代农业稳步上升。2015年回龙圩管理区农林牧渔增加值8312万元，年均增长6%以上。农业产业结构调整成效显著，全区大力实施优势产品发展战略，基本形成了以5万亩集中连片柑橘、400亩高端茶叶为主，以烤烟、密本南瓜、西瓜等为辅的特优农业产业格局，以生产粮食、柑橘、茶叶为主的农业生产成为全区农业的支柱产业。新型工业化快速推进。工业企业规模不断扩大，2015年实现工业增加值1804万元，年均增长12%以上；规模工业企业增加1家，初步形成了以回粤果品加工厂、万三娇果茶加工基地、化来果业有限公司、回峰山野菜罐头厂为代表的独具特色农产品加工集群。八字桥工业园已基本完成“三通一平”和两栋标准产房及二栋工人宿舍的建设，并储备土地600亩。旅游业日益兴旺。以建设“现代休闲观光农业示范区”为目标，初步形成“两园两湖一河”（即市级农业旅游示范点八仙洞水果观光园、永济亭高端茶叶博园、回龙圩现代农业生态旅游休闲园、高尚湖森林公园和马河流域风光带）旅游景区联动发展新格局，促进第三产业快速发展。回龙湖现代农业生态休闲园荣获“湖南省五星级乡村旅游区（点）”称号，在2014年中国湖南第五届旅游产业博览会上，又被评为湖南乡村休闲生态水果采摘园。

城区骨架扩展至3.5平方公里，城镇率提高到55%。人均道路面积15平方米，人均公园绿地面积18.23平方米，绿化覆盖率51.4%。完成回龙湖现代农业生态旅游休闲园二期建设项目、城区道路提质扩容改造项目、工业园一期建设、合格学校建设项目、农垦危房改造等系列重点项目建设。全面实施城乡绿化、亮化、净化工程，立足特色，打造富有瑶族风情的盆景式、花园式城镇。投入交通建设资金4216.6万元，修建乡村公路18条，里程71.5公里。其中畅通工程资金3150万元，建设里程45公里；通达工程资金1066.6万元，修建里程26.5公里。新建桥梁（回龙湖大桥）1座，改扩建桥梁2座，实施道路安保工程22.6公里，在建二级客运站一座，新建客运招呼站6个。另国家投入资金4.6亿元，修建道贺高速公路（回龙圩段）8公里。

2014年，回龙圩镇被住房城乡建设部等六部委列为全国重点镇，2015年该镇又被列为省际边界口子镇和省级新型城镇化建制镇。坚持“城乡一盘棋”思想，争取上级政策支持，按“统一标准、统一风格、统一施工、整体推进”原则，推进新农村建设，改善农村生产、生活条件。涌现岩口塘村、八仙洞村、新跃村一批新农村建设示范村。2015年，管理区被市委、市政府评为全市农业农村工作先进单位。

实施市科技计划项目5项，引进、示范推广农业新技术品种110项，建立柑橘、蔬菜、药材、西瓜等特色农业科技示范基地12个，全区发展农村基层科技信息服务站点4个、农业科技示范户8户，举办农村实用技术技能培训17场次；教育方面，投入1500万元，高标准建设省级合格中小学，加强教师队伍建设，全区教学质量有新提高；社会保障及医疗卫生方面，全面有序启动城乡居民养老保险试点工作，提高城区医保、社保覆盖率，全区城镇职工医保、工保和社保的覆盖率分别达100%、100%和98%。城镇登记失业率控制在4%以内。

全面推进“绿色回龙圩”建设，大力实施“三边”绿化、大苗进城、“十万亩苗木进乡村”等绿色工程，继续全面封山育林，全区森林植被持续恢复，生态环境持续改善；全区空气质量优良率在90%以上，集中式饮用水水质达标率为100%，地表水环境功能水质达标率100%。推进农业面源污染综合治理，对柑橘病虫害实现绿色防控，安装太阳能杀虫灯、挂诱虫色板、挂诱虫瓶三挂技术。实行测土配方施肥、节水灌溉技术，减少化肥农药投入对环境的污染。2012年，回龙圩管理区经济作物办公室被省两型工委确认为“两型”示范单位，八仙洞办事处八仙洞柑橘专业合作社获湖南省两型示范创建先进单位。

第三节　项目计划与投资

1992—2001年，项目计划与投资主要来源于湘南农业综合开发和红壤开发，共投资1757.5万元。2002—2015年农场改管理区后，历届党委管委对项目计划与投资工作十分重视，把项目建设作为经济工作主抓手，每年将项目计划投资落实到责任领导、责任单位、责任人。

回龙圩管理区 2005 年项目落实责任表

表 11-9

序号	项目	级别	责任领导	责任单位	责任人
1	二期饮水工程项目	省项目	周礼才	农垦集团公司	朱石旺
2	市内引水工程项目	市项目	何斌	水利局	周官友、高焕成
3	二级公路项目	省项目	成萍	经发局、发展计划委员会	李宋成、张明
4	社保民政资金项目	省、市项目	成萍	民政局	杨华深、李冬华
5	管理区办公楼项目	市项目	周礼才	财政局	王湘文
6	科技教育、卫生项目	省、市项目	陈曦、刘香山	社发局、卫生局、发展与计划委员会	朱琨、周万录、张明
7	中心医院、卫生服务楼项目	省、市项目	陈曦、成萍、刘香山	社发局、卫生局、发展与计划委员会	朱琨、张明
8	旅游、矿产、工业招商引资项目	市项目	成萍	经发局、林场（旅游）	李宋成、张穆国
9	科贸公司投资办厂项目	市项目	周礼才	办公室、经济发展局	欧阳群松、李宋成
10	农业产业化招商引资项目	区项目	何斌	农经局林业局	李雪辉、卢武金
11	回粤果品加工厂项目	区项目	周礼才	经作办	何一涛
12	审计项目	省项目	黄和平	审计局	卢强仁、何强旺
13	乡村道路项目	省项目	成萍	经发局、发展计划委员会	李宋成、张明
14	阳关工程	省项目	何斌	农经局	李雪辉、蒋耿

回龙圩管理区 2009 年重点建设项目责任分解表

表 11-10 **单位:万元**

序号	项目名称	建设性质	建设规模及主要建设内容	建设起止年限	总投资	2009 年到位资金	责任单位	协调单位	联系区领导
	合计				11865	5120	社发局		
1	中小学危房改造	新建	改造面积 4000 平方米	2009	320	320	农经局	发改委	陈曦
2	新农村建设示范基地	新建	回龙圩镇盐下村	2009	500	300	商务局、党政办	发改委	何斌
3	金农产品锄头加工厂技术改造	改造	年产 20 万把出口锄头	2009	500	500	商务局	发改委	何斌
4	农产品深加工	招商	农副产品深加工 1 万吨	2009	1000	1000	交通局	发改委	王湘文
5	畅通工程	改造	铺宽 4. 5 米,混凝土工路 26. 1 公里	2009	738	420	回峰林场	发改委	王湘文
6	高尚湖森林公园建设	新建	规划及启动	2009	3000	500	旅游局回龙圩镇	发改委	成萍
7	养下水库生态休闲旅游开发	新建	规划及动工	2009	800	100	旅游局回龙圩镇	发改委	成萍
8	区办公危房及办证大厅改造	新建	建筑面积 5000 平方米	2009	500	500	国土资源局、规划建设局	发改委	周礼才
9	葵阳垃圾处理场	新建	填埋容量 90 万立方米,处理能力 50 吨/日	2009	1082	500	城管中心	发改委	周礼才
10	土地开发整治	新开工	2600 亩	2009	500	500	国土资源局	发改委	周礼才
11	城区建设	新开工	街道建 2000 米及美化亮化	2009	1000	500	规划建设局	发改委	周礼才
12	廉租房建设	新建	建筑面积 6000 平方米	2009	480	480	房产局	发改委	卢国焕
13	政法业务用房	新建	建筑面积 2000 平方米	2009	200	100	发改委	发改委	刘香山
14	区文体馆	新建	建筑面积 2000 平方米	2009	200	100	文体局	发改委	欧阳群松
15	工业园区	新建	0. 25 平方公里	2009	1000	300	商务局国土资源局	发改委	王湘文

永州市回龙圩管理区 2009—2013 年申请中央预算内投资项目分解表

表 11-11 **单位:万元**

序号	项目名称	建设性质	建设规模及主要建设内容	建设起止年限	总投资	资金来源				2009 年投资计划		协调单位责任部门	责任领导
						中央预算内投资	银行贷款	企业自筹	其他	投资计划	主要建设内容		
	合计												
	一、农、林、水												
1	农产品质量安全检验检测体系建设	新建	检测室建设、仪器购置、人员培训	2009—2011	450	300	—	—	150	450	检测室建设、仪器购置、人员培训	区农经局	何斌
2	农田机耕道建设	新建	修建机耕道 70 千米	2009—2011	490	300	—	—	190	490	修建机耕道 70 千米	区农经局	何斌
3	产业扶贫新建果品工厂	—	年加工水果 1 万吨	2009—2011	700	500	—	—	200	700	年加工水果 1 万吨	区农经局	何斌
4	太阳能、沼气池等	新建	新增太阳能 2500 台、新建沼气池 2800 个、村级活动中心 12 处	2009—2011	2400	1400	—	—	1040	1200	新增太阳能 2500 台、新建沼气池 2800 个、村级活动中心 12 处	区农经局、能源局	何斌
5	病险库除险加固	改建	除险加固 1 座小(2)和 10 座小(2)型	2009—2012	4050	2025	—	—	2025	1500	除险加固 1 座小(2)和 10 座小(2)型	区水利局	何斌
6	农村饮水安全工程	新建	4933 人饮水安全问题	2009— 2012	270	135	—	—	135	80	4933 人饮水安全问题	区水利局	何斌
7	农田水利综合计划	新建	新建灌排干支渠 13.2 千米,斗农渠 53.1 千米,衬砌灌排支干渠 26.6 千米,斗农渠 90 千米,新建建筑物 73 处,改造建筑物 75 处,新建山塘 13 口,改造山塘 2110 口	2009— 2012	2500	1250	—	—	1250	900	新建灌排干支渠 13.2 千米,斗农渠 53.1 千米,衬砌灌排支干渠 26.6 千米,斗农渠 90 千米,新建建筑物 73 处,改造建筑物 75 处,新建山塘 13 口,改造山塘 2110 口	区水利局	何斌
8	晨光水库扩容	改建	扩容改造	2009— 2012	6000	3000	—	—	3000	1000	扩容改造	区水利局	何斌

续表11-11

序号	项目名称	建设性质	建设规模及主要建设内容	建设起止年限	总投资	资金来源				2009年投资计划		协调单位责任部门	责任领导
						中央预算内投资	银行贷款	企业自筹	其他	投资计划	主要建设内容		
9	马河流域（回龙圩段）治理工程	改建	堤防1千米河道清淤整治3千米和护岸加固长5千米	2009—2012	2600	1300	—	—	1300	1800	堤防1千米河道清淤整治3千米和护岸加固长5千米	区水利局	何斌
10	岩溶地区石漠化综合治理水利专项规划	改建	治理石漠化面积16平方米	2009—2012	2000	600	—	—	1000	600	治理石漠化面积16平方米	区水利局	何斌
11	节水灌溉（喷灌）	恢复	节水灌溉维修改造（已有喷灌面积3000亩柑橘）	2009—2012	900	450	—	—	450	300	节水灌溉维修改造（已有喷灌面积3000亩柑橘）	区水利局	何斌
12	灾后恢复生态林	新建	恢复生态林100000亩	2009—2010	6200	3200	—	—	3000	3000	恢复生态林100000亩	区水利局	何斌
13	灾后恢复苗木基地	新建	建设基地300亩	2009—2010	300	200	—	—	100	300	建设基地300亩	区水利局	何斌
14	丰产油茶林建设	新建	建设油茶基地2000亩	2009—2010	2000	1500	—	—	500	1000	建设油茶基地2000亩	区水利局	何斌
15	动物防疫体系建设	新建	建设实验室200平方米，设备冷链体系	2009—2010	180	120	—	—	60	180	建设实验室200平方米，设备冷链体系	区水利局	何斌
16	乡镇动物防疫站	新建	建实验室500平方米，设备（兴隆、八仙洞、神仙洞、永济亭、马鹿头）	2009—2010	200	150	—	—	50	100	建实验室500平方米，设备（兴隆、八仙洞、神仙洞、永济亭、马鹿头）	—	
	二、工业												
1	金农品锄头加工厂技术改造	改造	年产20万把出口锄头	2009	500	300	100	100	—	500	年产20万把出口锄头	区商务局	王湘文
	三、交通能源												
1	畅通工程	新改建	铺4.5米混凝土路面公路26.1公里	2009	783	443.7	—	—	339.3	783	铺4.5米混凝土路面公路26.1公里	区交通局	王湘文

续表11-11

序号	项目名称	建设性质	建设规模及主要建设内容	建设起止年限	总投资	资金来源				2009年投资计划		协调单位责任部门	责任领导
						中央预算内投资	银行贷款	企业自筹	其他	投资计划	主要建设内容		
2	安保工程	中修	6.4公里安保	2009	100	80	—	—	20	100	6.4公里安保	区交通局	王湘文
3	桥梁重建	重建	长30米,宽15米	2009	400	300	—	—	100	400	长30米,宽15米	区交通局	王湘文
	四、社会事业												
1	区中学综合教学楼	新建	4000平方米	2009	360	320	—	—	40	260	4000平方米	区社发局	陈曦
2	区中学礼堂	新建	1000平方米	2009—2010	120	100	—	—	20	20	主体工程	区社发局	陈曦
3	回龙圩镇完小综合教学楼	新建	3000平方米	2009—2010	240	240	—	—	—	240	主体工程	区社发局	陈曦
4	回龙圩管理区疾病预防控制中心	新建	土建2000平方米及设备、培训	2009	306	346	—	—	60	306	土建2000平方米及设备、培训	区卫生局	成萍
5	区农广校教学楼	新建	建筑面积3000平方米	2009	240	240	—	—	—	240	建筑面积3000平方米	区农经局	何斌
6	区文化馆	新建	建筑面积5000平方米	2009	500	400	—	—	100	500	建筑面积5000平方米	区体育局	欧阳群松
7	回龙圩广播电视台	新建	建筑面积3000平方米	2009	400	320	—	—	80	400	建筑面积3000平方米	区广电局	欧阳群松
8	回龙圩管理区农村文化信息共享	新建	覆盖全区	2009	250	200	—	—	50	250	覆盖全区	区文化局	欧阳群松
	五、三产												
1	晨光粮食交易市场	新建	占地面积40亩,建筑面积5000平方米	2009—2011	800	300	—	—	500	400	占地面积40亩,建筑面积5000平方米	区粮食局	周礼才
2	晨光市场信息系统建设	新建	办公电子化	2009	40	20	—	—	20	40	办公电子化	区城管中心	周礼才

续表11-11

序号	项目名称	建设性质	建设规模及主要建设内容	建设起止年限	总投资	资金来源				2009年投资计划		协调单位责任部门	责任领导
						中央预算内投资	银行贷款	企业自筹	其他	投资计划	主要建设内容		
3	回龙圩粮食储备库改造	改建	维修2000mw，改造1000平方米	2009	200	160	—	—	40	200	维修2000mw，改造1000平方米	区粮食局	周礼才
	六、城建												
1	葵阳垃圾处理场	新建	填埋容量90万立方米处理能力每天50吨	2009—2011	300	300	—	—	782.09	450	征地拆迁及土地工程	区城管中心	周礼才
2	晨光廉租房小区	新建	建筑面积5000平方米	2009—2010	150	150	—	—	250	200	征地拆迁及土地工程	区房产局	周礼才
3	回龙圩农场棚房改造	改建	改造危房15500平方米，改造旧房100000平方米	2009	2822.4	1128.96	—	—	1693.44	2822.4	改造危房15500mw^2，改造旧房100000平方米	区房产局	周礼才
	七、政法												
1	回龙圩镇派出所业务用房	新建	建筑面积800平方米	2009	70	70	—	—	—	70	建筑面积800平方米	区派出所	何斌
2	回龙圩镇法庭业务用房	新建	建筑面积600平方米	2009	55	55	—	—	—	55	建筑面积600平方米	区法庭	何斌

2013年2月25日，永州市政府办印发《2013年固定资产投资计划的通知》，回龙圩管理区目标为4.8亿元，争取目标为5亿元，奋斗目标为5.2亿元。

2014年，回龙圩管理区建设项目：农垦危房改造第二期，公租房建设480套，林场危房改造第二期，马河流域治理，二级客运站的建设，回龙村新农村建设，垃圾焚烧场建设。总投资6.1亿元。

2015年，回龙圩管理区主要项目建设：中心城区道路扩容提质，回龙湖农业生态休闲园建设，八仙洞新农村建设，从新风村至马鹿头橘园公路提质建设，橘园太阳能杀虫灯建设，区人民医院门诊楼建设，管理区敬老院建设。总投资7.5亿元。

第六章　统计

第一节　机构

1992—2002年，回龙圩农场时期在内部定编中没设统计机构，只是在办公室中设统计员岗位，负责农场的统计工作，统计报表以农业报表为主。除报省、市农垦主管部门外，还要报当地政府统计部门。分场及场直属独立核算部门财务人员中的会计为本单位的兼职统计员，按照总场统计员的要求，按时上报各类数据，最后由总场统计员汇总报场长批准后上报。2002—2015年，农场改为管理区，根据中共永州市委对管理区内设机构的批复，管理区设统计局，根据“一室多章、一人多岗”机构改革原则，统计局、物价局合署办公，定编3人，设局长1人，副局长1人。镇、办事处、区直单位设兼职统计员，全区共有专兼职统计员48人，其中30人取得统计师职称。其职责是负责管理区农业、工业、商贸业、固定资产投资、劳动工资，国民经济综合平衡、物资交通邮电以及人口和社会等各类定期或不定期统计报表，向领导、部门提供有关数据。管理区统计局业务受市统计局的管理，各类月、季、年报表按《中华人民共和国统计法》规定报所属地政府统计部门汇总，江永统计局汇总时将回龙圩管理区统计数据单列。但属市里考核的指标同时报市统计局有关科室。

第二节　统计报表

1991—2006年，各种统计表以手工统计为主。2006—2015年，以电子软件报表为主。回龙圩管理区年统计报表主要六类。

一、农林牧渔业统计报表

及时准确反映农业生产经营活动情况，为管理区党委、管委制定政策和规划、进行经济管理与调控提供依据。

统计范围：种植业、畜牧业；

统计对象：区内农业生产经营户和经营单位；抽中的农业生产经营和经营单位；

统计内容：农业生产条件、农作物生产、畜牧业生产等情况；

统计方法：农作物生产中的粮食、棉花，畜牧业生产中的猪、牛、羊、家禽实行抽样调查；农业生产条件、其他农作物生产和其他畜牧业生产等实行全面统计；

分年度报表和定期报表，指标数据按年（季）度和农作物生产季节统计上报。

数据发布：根据数据调查频率，按年度、季度和农作物生产季节、通过统计公报在管理区公布。

二、农业产值和价格综合统计报表

为准确计算农林牧渔业产值、增加值，客观反映农村经济发展成果，准确计算农业发展速度，为管理区党委、管委制定政策、实施宏观管理与宏观调控提供决策依据，向社会各界提供优质的信息咨询服务。

统计范围：农作物种植业、林业、畜牧业、渔业和农林牧渔服务业。

统计对象：回龙圩管理区内农业生产经营户和经营单位。

核算内容：农林牧渔业产品的价值量及其对农林牧渔业生产活动进行的各种支持性服务活动的价值量。

核算方法：采用“产品法”进行计算，即用产品产量乘以价格求出各种产品的产值，然后把它们加总求得各业的产值，最后各业相加求出农林牧渔业总产值。

数据发布：统计数据按季度、年度通过统计公报、统计年鉴和其他统计资料等形式对公众发布。

三、农产品价格调查报表

为全面反映农产品价格水平，准确把握主要农产品生产者价格、集贸市场价格走势，用农产品价格信息引导农村产业结构调整和农民增收，研究农业市场竞争力与农产品供求状况，满足农业与国民经济核算需要，为管理区党委、管委制定农业保护政策与农产品流通政策提供决策依据，向社会各界提供优质的农产品价格信息服务。统计范围：农作物种植业、林业、畜牧业、渔业。统计对象：农产品生产者价格调查统计对象为抽中的农业生产经营户和经营单位，农产品集贸市场价格调查统计对象为抽中的农产品集贸市场。统计内容：农产品生产者价格与指数编报、农产品集贸市场价格。农产品生产者价格是指农产品生产者第一手（直接）出售其产品时实际获得的单位产品价格。农产品集贸市场价格是指农产品主产区集贸市场主要农产品的成交价格。统计原则：采用统一的统计分类标准和编码。数据采集：分为季度报表和月度报表，农产品生产者价格为季度调查，农产品集贸市场价格为月度调查。农产品生产者价格调查采取被抽中单位记账方式，农产品集贸市场价格调查采取现场访问的方法。数据发布：根据调查频率，按月度、季度、年度等频率通过国家统计局外网、统计年鉴、统计资料等形式对公众发布。

四、工业统计报表

为了解工业生产经营活动的基本情况，为管理区党委、管委制定政策和规划、进行经济管理与调控提供依据。

统计范围：规模以上工业法人单位，即年主营业务收入 2000 万元及以上的工业法人单位。

调查单位确定：按照“先进库，再有数”的原则，统一确定纳入一套表范围的调查单位。

统计内容：工业企业产销状况、财务状况、成本费用情况、主要工业产品销售、库存和生产能力以及企业生产经营景气状况等。

统计原则：辖区内规模以上工业法人单位按照在地原则进行统计。

数据采集：调查单位采取联网直报方式，严格按照各报表规定的调查内容、上报时间独立自行报送数据。

采用统一的统计分类标准和编码，统计机构和调查单位必须严格执行，不得自行更改。按照《中华人民共和国统计法》的要求，为保障源头数据质量，做到数出有据，调查单位应该设置原始记录、统计台账，建立健全统计资料的审核、签署、交接和归档等管理制度。

五、劳动工资统计报表制度

为及时、准确地搜集、整理法人单位从业人员及工资等方面的资料，为管理区党委、管委监测、调控工资分配格局、进行宏观决策提供数据，为国民经济核算和社会保障制度提供可靠依据。

调查对象：统计调查对象是法人单位，包括统计上认定的视同法人单位的产业活动单位。

统计范围：劳动工资年报统计范围为管理区的全部法人单位，包括非私营法人单位和私营法人单位。季报统计范围为规模以上法人单位。

调查内容：统计调查内容为法人单位中的从业人员及工资总额等情况。

统计原则：本报表以“谁发工资谁统计（劳动派遣人员除外）”为基本原则，劳务派遣人员按照“谁用工谁统计”的原则统计。法人单位在本地区以外的产业活动单位其人员和工资应包含在法人单位中。

数据收集：年报城镇非私营法人单位采用全面调查的方法，城镇私营法人单位采用抽样调查的方法；季报规模以上法人单位采用全面调查的方法，通过国家统计局一套表联网直报平台报送。

数据汇总：年报城镇非私营法人单位数据由基层统计局汇总，通过综合表的形式逐级报送。

六、固定资产投资统计报表

为了解固定资产投资和非金融资产投资情况，为管理区党委、管委制定政策和进行宏观管理提供依据。

固定资产投资项目情况统计范围：各种登记注册类型的法人单位以及个体经营进行的计划总投资500万元及以上的投资项目，不包括农户投资、不含军工、国防项目。

非金融资产投资情况统计范围：辖区内规模以上工业、有资质的建筑业、限额以上批发和零售业、限额以上住宿和餐饮业、房地产开发经营业、规模以上服务业和其他有5000万元以上在建项目的法人单位。

调查单位确定：计划总投资5000万元以上项目和非金融资产情况调查单位，按照“先入库，后有数”的原则，统一确定纳入一套表范围的调查单位。

统计内容：固定资产投资项目新增生产能力（或工程效益）、固定资产建设项目投资、非金融资产投资和国防、人防建设项目投资。

统计原则：固定资产投资项目情况，按照项目在地原则进行统计。非金融资产投资情况，按照法人单位在地原则进行统计。

数据发布：根据数据调查频率，按月度、年度等频率通过统计公报、统计年鉴或其他统计资料等形式对公众发布。

回龙圩管理区 2015 年主要农产品生产情况表

表 11-12

			代码	李家塘	回龙圩镇	马鹿头	兴隆	神仙洞	永济亭	八仙洞	林场	合计
农作物总播种面积		亩	1	10689	20826	10622	9736	3788	4892	3943	857	63561
粮食作物	播种面积	亩	2	2990	6411	3070	2531	752	987	903	60	17704
	单产	公斤	3	332	336	367	328	305	348	356	333	344
	总产量	吨	4	994	2155	1128	830	230	343	321	20	5933
(一)谷物	播种面积	亩	5	2563	5940	2799	2333	705	918	870	46	15850
	单产	公斤	6	351	341	374	334	317	356	365	370	350
	总产量	吨	7	900	2026	1047	780	224	327	317	17	5550
1. 稻谷	播种面积	亩	8	1944	4125	2381	1571	376	648	603	46	11694
	单产	公斤	9	394	379	391	393	370	387	411	370	388
	总产量	吨	10	766	1562	932	618	139	251	248	17	4533
(1)早稻	播种面积	亩	11	980	1701	1003	483	280	371	357	28	5203
	单产	公斤	12	361	374	361	348	339	337	387	357	363
	总产量	吨	13	354	637	362	168	95	125	138	10	1889
其中:杂交稻	播种面积	亩	14	980	1701	1003	483	280	371	357	28	5203
	单产	公斤	15	361	374	361	348	339	337	387	357	363
	总产量	吨	16	354	637	362	168	95	125	138	10	1889
(2)中稻与一季晚稻	播种面积	亩	20	584	1224	677	358	96	256	246	—	3441
	单产	公斤	21	471	409	443	503	458	461	447	—	444
	总产量	吨	22	275	501	300	180	44	118	110	—	1528

续表11-12

			代码	李家塘	回龙圩镇	马鹿头	兴隆	神仙洞	永济亭	八仙洞	林场	合计
其中:杂交稻	播种面积	亩	23	584	1224	677	358	96	256	246	—	3441
	单产	公斤	24	471	409	443	503	458	461	447	—	444
	总产量	吨	25	275	501	300	180	44	118	110	—	1528
(3)晚稻	播种面积	亩	29	380	1200	701	730	—	21	—	18	3050
	单产	公斤	30	361	353	385	370	—	381	—	389	366
	总产量	吨	31	137	424	270	270	—	8	—	7	1116
其中:1. 杂交稻	播种面积	亩	32	380	1200	701	730	—	21	—	18	3050
	单产	公斤	33	361	353	385	370	—	381	—	389	366
	总产量	吨	34	137	424	270	270	—	8	—	7	1116
2. 小麦	播种面积	亩	38	—	900	—	—	—	—	—	—	900
	单产	公斤	39	—	160	—	—	—	—	—	—	160
	总产量	吨	40	—	144	—	—	—	—	—	—	144
3. 玉米	播种面积	亩	41	619	915	418	762	329	270	267	—	3580
	单产	公斤	42	216	350	274	212	257	282	260	—	268
	总产量	吨	43	134	320	115	162	85	76	69	—	961
其中:杂交玉米	播种面积	亩	44	407	832	380	553	299	246	243	—	3256
	单产	公斤	45	258	350	274	228	258	280	259	—	268
	总产量	吨	46	105	291	104	126	77	69	63	—	835

续表11-12

			代码	李家塘	回龙圩镇	马鹿头	兴隆	神仙洞	永济亭	八仙洞	林场	合计
（二）豆类	播种面积	亩	71	96	142	121	128	47	41	33	—	404
	单产	公斤	72	125	120	174	133	128	146	121	—	131
	总产量	吨	73	12	17	21	17	6	6	4	—	53
1. 大豆	播种面积	亩	71	96	142	121	128	47	41	33	—	404
	单产	公斤	72	125	120	174	133	128	146	121	—	131
	总产量	吨	73	12	17	21	17	6	6	4	—	53
2. 绿豆	播种面积	亩	77	—	—	—	—	—	—	—	—	—
	单产	公斤	78	—	—	—	—	—	—	—	—	—
	总产量	吨	79	—	—	—	—	—	—	—	—	—
3. 蚕豌豆	播种面积	亩	80	—	—	—	—	—	—	—	—	—
	单产	公斤	81	—	—	—	—	—	—	—	—	—
	总产量	吨	82	—	—	—	—	—	—	—	—	—
4. 红小豆	播种面积	亩	83	—	—	—	—	—	—	—	—	—
	单产	公斤	84	—	—	—	—	—	—	—	—	—
	总产量	吨	85	—	—	—	—	—	—	—	—	—
5. 其他杂豆	播种面积	亩	86	—	—	—	—	—	—	—	—	—
	单产	公斤	87	—	—	—	—	—	—	—	—	—
	总产量	吨	88	—	—	—	—	—	—	—	—	—

续表11-12

			代码	李家塘	回龙圩镇	马鹿头	兴隆	神仙洞	永济亭	八仙洞	林场	合计
(三)薯类(折粮计算)	播种面积	亩	89	331	329	150	70	—	28	—	14	922
	单产	公斤	90	248	340	400	471	—	357	—	214	324
	总产量	吨	91	82	112	60	33	—	10	—	3	300
1. 红薯	播种面积	亩	92	331	329	150	70	—	28	—	14	922
	单产	公斤	93	248	340	400	471	—	357	—	214	324
	总产量	吨	94	82	112	60	33	—	10	—	3	300
2. 马铃薯	播种面积	亩	95	—	—	—	—	—	—	—	—	—
	单产	公斤	96	—	—	—	—	—	—	—	—	—
	总产量	吨	97	—	—	—	—	—	—	—	—	—
二、油料	播种面积	亩	101	3427	8503	4057	4071	2712	3614	2605	790	29779
	单产	公斤	102	84	142	78	93	76	67	57	55	106
	总产量	吨	103	354	908	388	467	329	356	257	72	3131
1. 花生果	播种面积	亩	104	312	829	410	361	346	153	148	133	2692
	单产	公斤	105	170	188	178	266	275	92	81	53	188
	总产量	吨	106	53	156	73	96	95	14	12	7	506
2. 油菜籽	播种面积	亩	107	3115	7674	3647	3710	2366	3461	2457	657	27087
	单产	公斤	108	97	98	86	100	99	99	100	99	97
	总产量	吨	109	301	752	315	371	234	342	245	65	2625

续表11-12

			代码	李家塘	回龙圩镇	马鹿头	兴隆	神仙洞	永济亭	八仙洞	林场	合计
其中:双低油菜籽	播种面积	亩	110	3115	7674	3647	3710	2366	3461	2457	657	27087
	单产	公斤	111	97	98	86	100	99	99	100	99	97
	总产量	吨	112	301	752	315	371	234	342	245	65	2625
3. 芝麻	播种面积	亩	110	—	—	—	—	—	—	—	—	—
	单产	公斤	111	—	—	—	—	—	—	—	—	—
	总产量	吨	112	—	—	—	—	—	—	—	—	—
五、甘蔗	播种面积	亩	143	—	—	—	—	—	—	—	—	—
	单产	公斤	144	—	—	—	—	—	—	—	—	—
	总产量	吨	145	—	—	—	—	—	—	—	—	—
六、烟叶	播种面积	亩	146	180	400	196	160	34	70	62	—	1102
	单产	公斤	147	144	100	122	150	176	157	145	—	127
	总产量	吨	148	26	40	24	24	6	11	9	—	140
1. 烤烟	播种面积	亩	149	180	400	196	160	34	70	62	—	1102
	单产	公斤	150	144	100	122	150	176	157	145	—	127
	总产量	吨	151	26	40	24	24	6	11	9	—	140
七、药材	播种面积	亩	155	—	—	—	—	—	—	—	—	—
	单产	公斤	156	—	—	—	—	—	—	—	—	—
	总产量	吨	157	—	—	—	—	—	—	—	—	—

续表11-12

			代码	李家塘	回龙圩镇	马鹿头	兴隆	神仙洞	永济亭	八仙洞	林场	合计
八、蔬菜	播种面积	亩	158	2447	4036	1971	2053	174	114	323	—	11118
	单产	公斤	159	1228	3649	1349	1274	1977	2632	350	—	2138
	总产量	吨	160	3004	14728	2659	2616	344	300	113	—	23764
九、瓜果类	播种面积	亩	161	1631	1466	1320	910	105	98	40	0	5570
	单产	公斤	162	2109	2070	2100	2080	2171	2143	2150	—	2094
	总产量	吨	163	3439	3035	2772	1893	228	210	86	0	11663
1. 西瓜	播种面积	亩	164	1556	1396	1240	840	100	98	40	—	5270
	单产	公斤	165	2146	2114	2147	2146	2150	2143	2150	—	2137
	总产量	吨	166	3339	2945	2662	1803	215	210	86	—	11260
2. 甜瓜	播种面积	亩	167	75	70	80	70	5	—	—	—	300
	单产	公斤	168	1333	1286	1375	1286	2600	—	—	—	1342
	总产量	吨	169	100	90	110	90	13	—	—	—	403
3. 草莓	播种面积	亩	170	—	—	—	—	—	—	—	—	—
	单产	公斤	171	—	—	—	—	—	—	—	—	—
	总产量	吨	172	—	—	—	—	—	—	—	—	—
十、其他农作物播种面积	面积	亩	173	10	10	8	7	7	6	6	7	61
2. 青饲料播种面积	面积	亩	176	4	—	—	4	4	3	4	—	19
3. 绿肥播种面积	面积	亩	177	20	30	24	25	15	15	1	—	130
5. 其他农作物产量(荸荠)	产量	吨	183	—	—	—	—	—	—	—	—	—

说明：综合机关名称：回龙圩管理区统计局

第三节 全国普查

一、经济普查

回龙圩管理区共开展三次全国经济普查：2004 年第一次全国经济普查，2008 年第二次全国经济普查，2013 年第三次全国经济普查。普查的主要内容有单位基本属性，从业人员、财务状况、生产经营情况、生产能力、能源消耗、科技活动情况。普查表分三类：普查通用表、专业普查表、部门普查表。

为了确保经济普查在管理区按时按质完成任务，成立领导小组，由分管领导任组长，统计局长任副组长，安排专项经费。2008 年第二次全国经济普查，全区设立 8 个普查区，22 个普查小区，普查员 19 人，历时两年。经普查全区法人单位 119 个，其中工业单位 4 个，规模以上 1 个，批发、住宿、餐饮业 4 个；社会团体、行政事业单位 110 个，个体户 668 户。2013 年第三次全国经济普查，全区共设 7 个普查区，18 个普查小区，安排专项经费 6 万元，普查结果，全区法人单位和产业活动单位 139 个。

二、农业普查

（一）第一次农业普查

1997 年 1 月 11 日，回龙圩开展第一次农业普查。

（二）第二次农业普查

2007 年，回龙圩管理区开展第二次农业普查，查清管理区农业的基本情况。2007 年 1 月 11 日，为确保第二次普查工作有效的开展成立领导小组，组长由分管统计工作的领导担任，下设农普办，农普办主任由统计局局长兼任，成员从相关部门抽调，财政安排专项经费。从基层单位选调工作负责，业务强的人员为普查员。普查开展前对普查员进行培训，熟练掌握普查方法，进户普查登记要佩戴普查员证。宣传部门加强对农业普查的宣传，使普查对象明白普查的意义与目的，为普查工作的顺利实施创造良好的社会环境。回龙圩管理区农林牧渔业总产值 7985 万元，其中农业产值 4616 万元，林业产值 394 万元，畜牧业产值 2081 万元，渔业产值 724 万元，农林牧渔服务业产值 170 万元。耕地面积 17005 亩，其中水田 9324 亩，旱地 7681 亩，茶园面积 3006 亩，果园面积 13954 亩。

农作物总播种面积 50987 亩，粮食作物 20613 亩，亩产 341 公斤，总产值 7031 吨。（一）谷物面积 16756 亩，亩产 372 公斤，总产量 6223 吨。1. 稻谷 14450 亩，

2001年，湘南名果——奈李

亩产393公斤，总产量5684吨，其中早稻4450亩，亩产411公斤，总产量1820吨。中稻及一季晚稻5600亩，亩产410公斤，总产量2280吨。晚稻4400亩，亩产358公斤，总产量1575吨。2. 玉米2306亩，亩产239公斤，总产量551吨。（二）豆类面积1939亩，亩产109公斤，总产量211吨。（三）薯类面积1918亩，亩产305公斤，总产量585吨。

经济作物播种面积11477亩。其中：油料面积6447亩，亩产116公斤，总产量799吨。其中花生2947亩，亩产170公斤，总产量501吨。油菜籽面积3500亩，亩产85公斤，总产量298吨；烤烟面积5000亩，亩产105公斤，总产量525吨。

其他农作物播种面积18927亩。其中，西瓜面积1665亩，蔬菜面积12500亩。

生猪出栏肉猪17952头，存栏11766头，其中母猪1666头。耕牛11705头，其中劳役牛3453头，能繁母牛6239头，当年牛仔4096头。耕牛中黄牛6566头，水牛5139头。是年出售和自宰的牛2322头、肉羊1052只、家禽97311羽。当年肉类总产量牛肉251吨，猪肉1222吨，羊肉22吨，禽肉146吨。年末存栏羊3121头，家禽40717羽，禽产蛋量91吨。

木材采伐5015立方米。主要林产品松脂723吨。

农业机械总动力52730千瓦，其中柴油机动力47589千瓦，汽油机动力4480千瓦，电动机动力605千瓦，其他机械动力56千瓦。

第四节　统计执法

1992—2001年，回龙圩属农垦企业，没有执法权。2002—2015年，成立管理区后，明确回龙圩管理区是市人民政府派出机构，市法制办给回龙圩管理区具有行政执法的部门执法人员办理行政执法证。由于回龙圩统计局人员少，难以独立执法。2015年，配合市统计局法规科执法人员对管理区自来水公司劳动工资报表与实际有出入一事进行执法检查，依法对自来水公司下达整改通知，限期改正。

第七章 审计

第一节 机构

1992年，回龙圩农场设立审计科，同财务科合署办公，审计科定编科长1人，级别正科级，审计员1人，性质属企业内部审计。1999年后，审计科同纪委合署办公，级别没变。2002年，回龙圩管理区成立后，改称审计局，仍与纪检监察合署办公。2005年10月，审计局毛国芳首次以管理区审计局局长身份参加全省审计工作会，此后审计工作逐渐步入正轨，审计业务纳入省市的管理。2012年，区审计局从纪检监察分离出来，成为独立法人单位，定编人员9人。

第二节 国家审计

1992—2001年，审计科属于内部审计。2002—2015年，依据《中华人民共和国审计法》每年对区财政预算执行情况实行年度审计。2015年，区财政预算执行情况涉及金额2.05亿元。

2010—2015年，对管理区党委、管委管理的领导干部离任进行经济责任审计，审计27人，涉及金额2.09亿元。

2011—2015年，对政府投资和以政府投资为主的建设项目进行审计，审计专项资金项目15个，涉及金额6778.21万元。审计项目54项，涉及金额5.87亿元，提出审计建议118条，收缴违规资金155.7万元，向纪委移送案件1起。

第十二篇

工业 交通 建筑

第一章　工业

造纸厂

1992—2001年，回龙圩的工业主要依靠农场的资源进行加工，或者围绕农场的生产、生活服务。有粮油厂、茶厂、罐头厂、林化厂、纸厂、农机厂（农机修配厂）、电站、饲料厂。随着市场经济发展和工业经济体制改革的深入以及国家经济政策和产业结构的调整，个体和民营企业、股份制的工业企业异军突起，对农场工业企业冲击大，场办企业经济效益逐年下滑，到2002年相继倒闭破产。2002年，管理区党委管委狠抓招商引项工作，加强工业园区建设，筑巢引凤。2002—2015年，累计引进企业119家，其中规模以上1家，产值达到7367万元，比1991年839.97万元增加6527万元。

第一节　工业经济体制改革

一、工业管理体制改革

1992—2011年，回龙圩农场工业主管部门是农场经济委员会，经济委员会除管理农场的工商企业外，还承担农场国土矿产资源、城镇建设、环保、房产等管理职能。回龙圩管理区成立后，撤销经委，设立经济发展局。按照中共永州市委批复的回龙圩管理区机构改革方案，回龙圩管理区经济发展局加挂国土资源局、房产局、城建规划局、乡镇企业局、环保局及住房公积金管理中心、交管所、城管中心、市管中心牌子，人员配置实行一人多岗，一岗多责。

2010年，国土资源、城建市管、房产、环保、城市规划等局先后从经济发展局分离出来，住房公积金管理中心并入财税局，交管所并入交通局。是年，经济发展局已名存实亡，没有实际性工作。2015 年设立经信委，与区交通局合署办公。

二、产权制度改革

20 世纪 90 年代，回龙圩农场有国有工业企业 7 家。20 世纪 90 年代前期，农场对工业企业实行目标管理制，推行厂长（经理）负责制，根据工厂的规模、流动资金、市场状况制定企业产量、产值、销售收入，利税上缴等计划任务，具体经营方式由企业根据市场需要自行决定。年终由主管部门组织考核，对目标任务完成好的给予表彰和奖励，对目标任务完成不好的取消年终奖，厂领导和单位当年不能评优评先；对工作失职造成严重亏损的主要责任人通报批评、降薪降职。20 世纪 90 年代末期，经济体制改革进一步深化，推进企业经营机制转换和产权制度的改革，推动个体企业、私营企业、股份制企业发展，场办企业银行贷款收紧，货款收回困难，企业发展面临严峻的考验，大多企业处于停产半停产状况，职工发不出工资，一些退休老工人，因长期领不到退休工资到总场及省、市、甚至北京上访。为了解决职工基本生活问题，总场对下岗职工每月发 15 公斤大米，对退休发不出退休工资的老职工另每月发 30 元，保障其基本的生活费。

根据中共永州市委《永州市市直国有企业置换职工身份试行办法》《永州市市直国有企业产权制度改革试行办法》精神，2000 年 5 月 9 日，回龙圩农场经委报党委批复《2000 年工商企业改革方案》。改革的目标和要求是：通过企业的产权制度改革，采取股份制、租赁、拍卖等形式，将国有企业改造成为产权清晰、责任明确、政企分开的民营企业。具体做法是将现有的固定资产、流动资产、土地折价按工龄量化到每位职工，让职工按市场规律的要求经营，管理好量化的资产。方案还对资产量化人员的范围、工龄的计算，资产的评估折价，资产量化人员分流与安置等做出明确的规定。

为加强对工商企业改革工作的领导，确保改革的顺利进行，2001 年 6 月，回龙圩管理区成立工商企业改革领导小组，由管委会主任范桑洪任组长，副主任何斌、成萍为副组长，成员有朱石旺、朱建旺以及经委、国土、房产、人事、劳动、派出所等部门的负责人，朱石旺兼任办公室主任。同时要求各改革企业相应成立领导小组。并规定领导小组成员中有两 2 名以上职工代表和 1 名退休人员代表。

工业企业改革的重点和目的是：推进企业产权制度和劳动用工制度改革，大力实施企业“两个置换”，用资产、土地等一次性补偿，从而置换国有职工的身份，使企业突出重围，摆脱困境，职工谋求新的出路。在具体改革中，企业与企业情况不一样，改革的模式和做法也不一样，因企制宜一企一策或一企多策。对资源枯竭，技术落后，产品没有市场，严重资不抵债，没有发展前途的企业关门走人，对负债重又不具备破产条件，虽有困难仍有发展潜力的企业，采取资产重组、股份制、招商引资、租赁承包等方式，对富余职工采用退二进一、退二进三的方法进行分流。

2002 年，7 家工业企业全部实现“两个置换”，689 名职工置换全民工的身份，协议签字率 98%，处置资产 986.73 万元，一次性补偿职工资产 289.96 万元。偿还职工债务（欠发工资）227.06 万元，清除不良债务 3861 万元，预留资产 321.7 万元。重新组建股份制企业 14 家。新组合企业有松香生产线 2 条，纸箱生产线 1 条，茶叶生产线 3 条，罐头厂生产线 2 条，红砖生产线 1 条，饲料生产线 1 条，制桶生产线 2 条。新增个体工商户 55 户。置换身份后职工大部分实现再就业，其中从事种养殖业的 153 人，建筑业 13 人，工业 34 人，服务业 51 人，运输业 23 人，劳动输出 145 人，其他行业 98 人。企业退休的老职工，转入农垦职工养老保险，退休金得以保障。整个改革工作积极稳妥，用最小的成本取得明显的效果，达到预期的目的。

2003 年，管理区按照上级国企改革精神，积极推进工业企业“两个置换”改革，林化厂、茶厂、罐头厂、纸厂等 9 家工商企业的 1500 余名职工全部完成“两个置换”改革。是年，管理区又对这 9 家工商企业和严重资不抵债的回峰水果有限责任公司，依法向法院申请破产保护。2004 年 4 月，先后宣告破产终结，依法核销不良债务约 1.3 亿元。在“两个置换”改革和依法破产过程中，管理区精心组织、运作规范，未向市里要一分钱，未给市里添一点麻烦。

2002—2015 年，管理区加强招商引资的力度，民营企业迅速发展，引进工业企业 17 家，主要类别有食品加工、冶炼、建筑材料等。2015 年，管理区地区生产总值 2.29 亿元，其中工业产值 7367 万元，占总产值的 32%。

三、回龙圩农场茶场产权制度改革

2001 年 8 月 15 日，回龙圩农场茶厂召开全体职工大会，传达省、市、管理区有关国有企业产权制度改革文件精神，经民主选举产生 8 名代表组成领导小组，具体负责茶厂产权制度改革和资产量化工作，吴国忠任组长，朱兴远、张佩娟任副组长。

（一）资产量化人员的范围

1. 该厂在册职工 97 人。

2. 退休人员 27 人。

3. 内退人员 9 人。（其中经总场劳动部门批准的 6 人，厂内决定的 3 人）

（二）工龄计算

经统计计算，全厂职工工龄总共为 2590 年后经总厂劳动部门核定、公示后最后确定为 1864 年。

（三）资产评估

经总场财政、物价、国土、房产、经委等部门对该厂固定资产、流动资金、所属土地进行折价评估价为 126 万元。

（四）负债

债权 42.38 万元。

债务 1105 万元，其中欠发工工资 58.04 万元，欠个人和外单位款 23.9 万元，银行贷款 639.8 万元。

（五）资产量化

1. 在评估的总资产中，先偿还债务，按税金、个人欠款、银行贷款顺序偿还。

2. 偿还必要的债务后的资产，按 5∶5 比例量化（即 50%资产按工龄工资量化，50%资产兑现欠发工资），经按总工龄和欠发工资总额精准计算，职工工龄补贴 170 元，欠发工资按 79%补发。

3. 在资产量化中，整体结构的建筑物和生产线的机械不分割到人，保持原实物形态，参与分配者可入股经营或整体出售后再量化到个人。

（六）人员安置

1. 全厂职工与厂部签订解除合同关系协议书，取消全民工身份，重新就业人员与用人单位和个人签订劳动合同。

2. 职工户籍划归本人常住地社区管理。

3. 退休人员转入全省农垦职工养老保险，由社保站按月发放养老金。

4. 临时工回原籍。

回龙圩管理区 2012 年工业企业改革主要指标统计表

表 12-1

单位	固定资产原值（万元）	资产评估总值（万元）	职工人数（人）			工龄总和	年工龄补贴（元）	工龄总值	偿还债务情况（元）			
			合计	在职	退休				职工	外单位及个人债务	银行	协议签字率
林化厂	83.42	73.09	67	49	18	1605	118	18390	206151	4500	—	100
纸箱厂	683	402	134	116	18	2623	400	1049200	321366	1428504	—	98

续表12-1

单位	固定资产原值（万元）	资产评估总值（万元）	职工人数（人）			工龄总和	年工龄补贴（元）	工龄总值	偿还债务情况（元）			
			合计	在职	退休				职工	外单位及个人债务	银行	协议签字率
农机厂	14.1	28.13	63	53	10	1053	96	100992	143456	36874	—	91
茶厂	133.5	126.3	135	107	28	2590	170	440300	580354	30912	—	99
罐头厂	36	162	106	101	5	1819	262	476578	389072	540000	—	100
建筑公司	8.5	12	78	54	24	1808	28	52790	34581	3000	—	96
饲料厂	99.3	67.9	24	22	2	326	460	149960	292415	12351	—	100

第二节　经济成分

一、国有企业

回龙圩农场粮油加工厂，创建于1959年，当初叫大米加工厂，主要是供应全场职工及家属口粮。1970年，新建厂房面积600平方米，购置组合碾米机1台，粉碎机1台，立卧式榨油机5台，大米加工厂改为粮油加工厂，当年加工大米336吨，食用油6.7吨。1984年，农村实行家庭经营承包责任制，同年8月停止供应农业职工及家属口粮。1991年，粮油加工厂分设粮油加工、食油加工、饲料加工、副食品加工等车间，当年创生产总值54万元，实现利税0.8万元。1996年粮食全面放开，粮油加工厂改为粮油站，主要负责农场境内的粮食收购工作。后组建回龙圩农场供销公司，当年销售收入61万元，在职职工44人。2002年4月11日，江永县人民法院宣布粮油站破产倒闭。

2008年，水果加工生产线

回龙圩农场罐头厂始建于1982年10月，生产设计能力为年生产果蔬罐头食品500吨。厂区面积8893平方米，职工29人。1987年，加工生产的清水玉笋罐头，被评为省优部优产品，在全国首届食品博览会上获铜奖。1990年，获绿色食品称号。1996年，职工达105人，年产值416万元，销售收入331万元，利润58万元，上缴税金2.5万元。后因市场原因开始亏损，到2002年负债240.2万元。2002年4月11日，法院宣布破产。

回龙圩农场纸厂建于1977年6月，是在原农场糖厂的基础上改建而成。当年有职工33人，有787型造纸机一台，当年生产机制纸46.2吨。1989年，增设纸箱车间一个，生产机制纸526吨，纸箱8万个。1991年造纸厂有干部职工135人，厂房面积1000余平方米，拥有一条1092四网六缸纸板机生产线，一条单面纸箱生产线。1994年，有一条1600纸板生产线，资产914万元。生产机制纸410.7吨，纸箱19.3万个，纸板23.7吨，产值111万元，上缴税金3.69万元。1996年，因环境污染问题，永州市环保局下文关闭，随后纸板纸箱车间向外租赁承包，纸厂负债1290万元，支不抵债。2002年4月11日，江永县人民法院宣布破产。

2001年，纸厂纸板生产线

回龙圩农场茶叶厂，建于1973年，建筑面积7444平方米，有车间7个，职工48人，当年购进杀青机2台，揉捻捻机8台，手拉百叶烘干机2台，复干机7台，加工生产绿茶16吨。1975—1980年，加工生产茶叶410吨，其中绿茶114.8吨，红碎茶295.6吨。1978年“回峰”红碎茶评为国家三套样第一名。该厂有高级农艺师1人、农艺师2人，均毕业于湖南农业大学茶叶系。先后推出产品有红碎茶、茉莉花茶、回峰云雾茶、罗汉果茶。1991年，生产的“回峰牌”绿茶被评为省优质名茶。“罗汉果茶”成功申报国家专利，专利号：91106893。1996年生产产值99万元，销售收入85万元，有职工205人。1998年，因茶叶市场疲软，逐年亏损，到2002年，负债110.4万元，资不抵债。2002年4月11日，法院宣布破产。

回龙圩农场林化厂，该厂前身为湘粉厂，始建于1965年，主产粉丝和酱油，年生产粉丝37.2吨，酱油34.4吨，产值9.18万元。1978年以后，因原料困难停

2001年，优质松脂生产厂家林化厂

产。1987年，根据农场有丰富的松脂原料，且松香市场看好，就将湘粉厂改为林化厂，冶炼松香、松节油，时有职工68人，厂区面积3607平方米，固定资产30万元，主要产品有松香、松节油，当年加工生产松香325吨，松香油41吨，总产值40.56万元，实现利润10万元。1988年，扩建制桶车间，生产松香、松节油专用包装铁桶和家用水桶、米桶。1990年，一条乙烯生产线加工生产松香油503吨，松节油60吨，产品运销山东曲县、四川成都、广东军区。1996年，松香松节油销售市场疲软，售价格由6000元/吨，跌到2700元/吨，生产资金紧缺，银行追贷，集资债主追还款，实行租赁承包，国有转民营。2002年，最终破产倒闭。

回龙圩农场农机修配厂是一家农机汽车保修和生产简易小农具综合型工厂。始建于1967年，有职工43人，设有汽车“三保”、农机修理、机车配件、钳工等车间，厂区占地面积2800平方米。先后购置连杆校正器、喷油咀试验器、氧焊设备、电焊机、5吨吊胡芦、牛头刨床、8尺车床、摇臂钻床、AB-54装拆工具、皮带锤，并设有机械零配件仓库，供应全场机械配件，承担全场农机、汽车修理、机械安装、机耕、农用排灌、农机运输、简易农具制造。1991年收入21.4万元。1997年后，由于市场原因，农机厂基本停产。2002年，资不抵债，江永县法院宣布破产。

回龙圩电站始建于1973年，隶属农机厂管理。1988年，从农机厂分出成为正科级工业企业。建筑面积750平方米，固定资产40.97万元，职工20人，1973年江永县从湘南电网接通35千伏线路至江永城关，回龙圩农场由省农垦局投资13万元架设自江永县供电局至回龙圩农场朱家观电站13.5公里长10千伏高压线路一条。解决农场用电问题，形成大电网供电为主，自发水电为辅的供电格局。1990年，架设10千伏至分场、村供电线路7条，解决农场范围内用电，消除无电村。1999年，回龙圩电站移交江永县电力局，并在回龙圩镇盐下村建设35千伏变电站，回龙圩农场电站更名为回龙圩供电所。

回龙圩南方饲料厂，始建于1991年，有职工26人，当年首次在农场内部发行股票，因经验不足失败。1997年，全场掀起了养猪高潮，南方饲料厂当年创产值98万元，销售收入85万元，过后养殖业向大户集中、产业化转移，饲料销售市场不畅，货款难以收回，亏损严重，1998年停产。2002年4月，因资不抵债，破产倒闭，职工置换身份，下岗分流。

2004年，建成使用的35KV变电站

二、私有企业

回龙圩管理区产值在1000万元、职工50人以上的私有工业有1998年建立的回粤果品加工厂、2002年始建的兴业金属冶炼厂（2006年因环保和质量问题关闭）、2003年始建的化来果业有限公司、2009年建立的回龙圩卢氏果业公司、2015年建立的玉绿果业加工厂。

年产值100万至1000万元之间，工人在10人至50人之间的私有企业有1998年建立的永州市回龙圩回峰山菜罐头食品有限公司、1998年始建的六旺茶叶加工厂、2004年始建的回龙圩榨油厂、2004年10月建立的永州市回龙圩管理区永福红砖厂、2005年建立的永州市回龙圩松香有限责任公司、2007年1月建立的永州市回龙圩回峰花生加工厂、2008年始建的永州市回龙圩管理区金农品锄头加工厂、2011年2月始建的永州市回龙圩管理区兴隆喜炮厂（2013年10月因安全问题停产）。

2004年，回龙电子厂灯饰车间

第二章　交通

第一节　公路

江永至永济亭二级公路　江永至永济亭二级公路是湖南省“十一五”出省跨境重点建设项目之一，始建于2007年11月20日，计划三年全部竣工，项目投资预算总额为9066万元。线路起于江永县城以西的虎山尾，与省道325相接，经县良种场、双井铺、大地铺、回龙圩、兴隆、岩口塘，终于湘桂两省交界处的永济亭，顺接广西富川至麦岭公路，全长23.727公里，其中回龙圩段12.07公里，设计车速为60公里/小时，采用二级公路技术标准，路基宽12米，水泥混凝土路面宽9米。该项目的建成，对于衔接湘桂公路网，带动沿线地区经济和交通的发展均具有重要意义，尤其将进一步凸显回龙圩管理区的纽带地位，使其成为客商投资兴业的“金三角”。2009年年底通车。

道贺高速公路回龙圩段　道贺高速公路是湖南省“十一五”道路交通重点建设项目，起点湖南省道县，终点广西贺州市，湖南段主线全长50.652公里。2008年9月27日动工，道贺高速回龙圩段8.1公里，经永济亭、李家塘两个办事处，5个自然村，共221户，征收使用土地面积905.76亩，发放征地补偿资金1664.44万元。为了做好征地拆迁工作，回龙圩管理区成立道贺高速公路回龙圩段建设协调指挥部，由分管领导区党委委员、纪委书记王湘文任指挥长，区交通局局长何强旺任副指挥长。经过三年建设，回龙圩段8.1公里建成，并设立回龙圩永济亭进出口省界收费站，配套建设回龙圩

2011年，道贺高速回龙圩互通

2011 年，道贺高速永济亭省际收费站

养护站和治超站及回龙圩互通口，总投资 4.6 亿元。道贺高速北与夏蓉高速联通，南与二广高速相接，直达珠海。2011 年 12 月 30 日，湖南道县至广西贺州高速公路湖南段建成通车。道贺高速公路湖南段是湖南高速公路网的重要组成部分，起于道县南，与在建的厦蓉高速公路湖南宁道相接，止于省界回龙圩管理区李家塘办事处，接拟建的道贺高速公路广西段，主线全长 50.652 公里。这段高速公路对改善湘南地区交通运输条件，承接产业转移，带动湘南民族地区、边远地区、贫困地区经济社会发展，加强湘、桂、粤三省区经贸往来，推动国家西部大开发，增进民族团结等具有重要的意义。同时，对回龙圩管理区经济社会发展，特别是承接产业转移工作将产生深远影响。

永富二级公路 1953 年，修建江永县城至回龙圩岩口塘村路基。1958 年，组织民工 700 余人，苦战 5 天扩宽路基，可通行人力车、畜力车和拖拉机。1960 年，国家拨款 10 万元，扩修江永县城至回龙圩农场公路，建成后可通行汽车。1962 年，江永县投资 12.5 万元组织民工和驻岩口塘村的部队，对江永县城至回龙圩农场永济亭路段再次进行全面改造，全程 21 公里，达到四级公路标准。1968 年，先后改造架设拱桥 5 座，1987 年 8 月，江永至广西富川全线贯通并互通客运班车。永富公路贯通回龙圩管理区南北，境内全长 12.074 公里。20 世纪 80—90 年代，永富公路属于县道，编号为

2007 年，出省跨境公路养护

X078 线，由江永公路局进行管理养护，是条普通的砂石路。2004 年 10 月 30 日，省长周伯华率省交通厅等部门负责人，在市委书记曾庆炎、市长刘爱才陪同下考察永富公路湖南段，现场确定永富公路湖南段按二级公路标准扩宽升级。2005 年 8 月 21 日，省发改委、交通厅、公路局联合发文永富二级公路项目可行论证报告。2006 年 7 月 25 日，永富二级公路回龙圩段动工，回龙圩成立指挥部，党委书记何绍云任顾问，管委会主任范桑洪任指挥长，主管领导黄和平任副指挥长。永富公路采用双向车道水泥硬化路面，设计时速 60 公里/小时，并成功地对回龙圩城区路段实行改线，扩大回龙圩管理区的中心城区。回龙圩段改造，投资 9000 万元，2008 年建成，并由县道升为省道 013 线。2014 年，永富二级公路被交通部升为国道，编号 538 线。2015 年，管理区投资 7000 万元将永富公路回龙圩中心城区段改为双向六车道沥青路面。计划回龙圩全境升为一级公路双向四车道，沥青路面。

乡村公路 20 世纪 70—80 年代，总场至分场、分场至自然村都通简易公路，共有 15 条，路基宽 6 米，路面宽 4 米，总里程 54 公里。1996 年 2 月，农场党委组织全场干部职工，举全场之力，奋斗一个月，修建棠锦—断石桥—石头水—马鹿头砂石简易公路，全长 11.8 公里。农场成立养路班，有青壮劳力 13 人，拖拉机 1 台，负责总场到分场主要乡村公路的养护。农场改制管理区后，2005 年 4 月，设立回龙圩管理区交通局。2006 年，在原简易砂石路的基础上硬化 4 条通村公路。即新风村—八仙洞，回龙圩—神仙洞，回龙圩—马鹿头，兴隆—十工湾，路面宽 4.5 米，混凝土厚度 20 厘米，总里程 10.34 公里。2007 年，完成全区所有乡村公路的硬化，新建马鹿头至向阳村、八仙洞至高尚湖两条水泥路，共硬化道路 24 条，其中乡村公路 18 条，总里程 71.5 公里；通达公路 6 条，总里程 51.7 公里，总投资 4616.6 万元，全区 95%的自然村通水泥路。

回龙圩管理区 2015 年通村公路基本情况表

表 12-2

路段编码	路线编码	路线名称	起点名称	讫点名称	路段技术等级	路段路面类型	里程	路面宽度	路基宽度	建成时间	最近改建时间	通车日期
S013430000013	S013430000	江永—钟山（江永—龙虎山）	大地铺	永济亭	二级公路	水泥混凝土	12. 126	9	12	1962	2010	1962
X188431125001	X188431125	八字桥—彭家山	八字桥	彭家山	四级公路	水泥混凝土	3. 054	5	6	1958	2007	1958
X190431125001	X190431125	永济亭—清水塘	S013	清水塘	四级公路	水泥混凝土	2. 573	9	12	2011	—	2012
Y085431125001	Y085431125	盐盐线	神仙洞	八仙洞	四级公路	水泥混凝土	3. 965	4. 5	5. 5	1958	2006	1958
Y196431125001	Y196431125	兴兴线	回龙圩	李家塘	四级公路	水泥混凝土	5. 908	4. 5	5. 5	1978	2007	1978
Y197431125001	Y197431125	马马线	回龙圩	马鹿头	四级公路	水泥混凝土	2. 798	4. 5	5. 5	1974	2007	1974
Y199431125001	Y199431125	神神线	回龙圩	神仙洞	四级公路	水泥混凝土	2. 859	4. 5	5. 5	1958	2007	1958
Y200431125001	Y200431125	神仙洞—八仙洞	神仙洞	八仙洞	四级公路	水泥混凝土	4. 306	4. 5	5. 5	2014	—	2014
Y201431125001	Y201431125	八八线	回峰	八仙洞村	四级公路	水泥混凝土	3. 76	4. 5	5. 5	1958	2006	1958
Y202431125001	Y202431125	仙仙线	仙人桥	兴隆工区	四级公路	砂石路面	1. 113	3	5	1978	—	1978
Y202431125001	Y202431125	仙仙线	兴隆	仙人桥	四级公路	水泥混凝土	1. 726	4. 5	5. 5	1971	2006	1971
Y203431125001	Y203431125	朱朱线	回龙圩	大地铺	四级公路	水泥混凝土	3. 13	4. 5	5. 5	1974	2007	1974
Y204431125001	Y204431125	李永线	广西新山贵	李家塘	四级公路	无路面	1. 87	0	4. 5	1956	—	1956
Y204431125002	Y204431125	李永线	李家塘	永济亭界	四级公路	水泥混凝土	5. 67	4. 5	6. 5	1958	2007	1958
Y205431125001	Y205431125	马马线	大地铺	马鹿头	四级公路	水泥混凝土	6. 961	4. 5	5. 5	1917	2006	1971
Y297431125001	Y297431125	李李线	李家塘界	李家塘	四级公路	水泥混凝土	3. 858	4. 5	5. 5	1971	2007	1971
Y298431125001	Y298431125	永永线	大岩口	永济亭	四级公路	水泥混凝土	3. 9	4. 5	6. 5	1963	2007	1693

续表12-2

路段编码	路线编码	路线名称	起点名称	讫点名称	路段技术等级	路段路面类型	里程	路面宽度	路基宽度	建成时间	最近改建时间	通车日期
Y299431125001	Y299431125	盐盐线	大罗圩	回龙圩	四级公路	水泥混凝土	1. 997	4. 5	5. 5	1971	2007	1971
Y300431125001	Y300431125	李富线	李家塘	富素界	四级公路	水泥混凝土	3. 171	4. 5	5. 5	2009	2011	2009
Y301431125001	Y301431125	棠上线	马鹿头	向阳洞	四级公路	水泥混凝土	0. 381	3	4. 5	1965	—	1965
Y301431125001	Y301431125	棠上线	向阳洞	雷家	四级公路	砂石路面	0. 491	5	5. 5	2005	2014	2005
Z311431125001	Z311431125	毛家—马鞍山工区	毛家	马鞍山工区	四级公路	砂石路面	2. 636	3. 5	4. 5	1978	2015	1978
ZZ10431125001	ZZ10431125	李 Y 线	李家塘	Y196	四级公路	水泥混凝土	2. 065	3	4. 5	2009	—	2009
C312431125001	C312431125	马神线	断岭源	神仙洞村	四级公路	水泥混凝土	2. 636	3. 5	4. 5	1978	2015	1978
C313431125001	C313431125	蒋大线	蒋家	大湾	四级公路	砂石路面	2. 065	3	4. 5	2009	—	2009
C314431125001	C314431125	兴十线	兴隆	十工湾	四级公路	无路面	0. 928	0	3	2009	—	2009
C315431125001	C315431125	仙人线	X078	仙人桥村	四级公路	水泥混凝土	1. 592	4. 5	5	2009	2014	2009
C316431125001	C316431125	岩交线	X078	仙人桥	四级公路	水泥混凝土	2. 954	4. 5	5	2009	2014	2009
C317431125001	C317431125	江回线	江永线 13. 5K	回龙村	四级公路	水泥混凝土	1. 244	3. 5	4. 5	1962	2006	1962
C318431125001	C318431125	回上线	马鞍山	上枧	四级公路	水泥混凝土	2. 898	3. 5	4. 5	1956	2012	1956
C319431125001	C319431125	马三线	马鞍山	黄甲岭界	四级公路	水泥混凝土	1. 669	3. 5	4. 5	2009	2012	2009
C320431125001	C320431125	C018	至平利	C018	四级公路	水泥混凝土	0. 607	3. 5	4. 5	2011	—	2011
C340431125001	C340431125	李家塘—何家村	李家塘	聚钱山	四级公路	水泥混凝土	7. 856	3. 5	4. 5	2015	—	2015
C341431125001	C341431125	新风村道	兴隆村	新风村	四级公路	水泥混凝土	5. 194	3. 5	4. 5	2015	—	2015
C342431125001	C342431125	回龙圩—新塘	回龙圩	新塘	四级公路	水泥混凝土	3. 345	3. 5	4. 5	2014	—	2014

回龙圩管理区 2015 年主要公路桥梁情况表

表 12-3

线路编码	线路名称	桥梁名称	建成时间	桥梁长度	跨径总长	单孔最大跨径（米）	跨径组合（孔*米）	设计荷载	按跨径分	桥梁全宽	桥面全宽	桥面净宽	主桥上部结构形式
G58380000	江永—钟山	兴隆桥	2009	22.4	10	10	1*10	2.公路Ⅱ级	4. 小桥	14	13	11.5	41. 板拱
G58380000	江永—钟山	回龙圩中桥	2009	22.4	10	10	1*10	1. 公路Ⅰ级	4. 小桥	12.6	11.5	11.5	12. 整体现浇板
C317431125	江回线	上枧桥	1975	6	5	5	1*5	5. 汽车-15 级	4. 小桥	5.5	4.5	4	12. 整体现浇板
Y196431125	兴兴线	晨光村	1978	14	14	5.5	2*5.5	5. 汽车-15 级	4. 小桥	6	5.5	5	48. 其他拱桥
Y223431125	朱朱线	顾家村	1975	8	8	8	1*8	5. 汽车-15 级	4. 小桥	5.5	5.5	5	48. 其他拱桥
C342431125	回龙圩—新塘	盐下桥	2014	85	70	35	2*35	1. 公路Ⅰ级	3. 中桥	12	11	11	42. 肋拱
X193431125	永济亭—清水塘	小溪桥	2012	80	75	15	5*15	1. 公路Ⅰ级	3. 中桥	13	12	11	41. 板拱
C316431125	岩交线	岩口塘桥	1997	9	5	5	1*5	2.公路Ⅱ级	4. 小桥	5.5	4.5	4	12. 整体现浇板
Y299431125	盐盐线	光下桥	1963	10.2	5.4	5.4	1*5.4	5. 汽车-15 级	4. 小桥	5.5	5	4.5	48. 其他拱桥
Y196431125	兴兴线	回龙圩桥	1978	10.7	6.4	6.4	1*6.4	5. 汽车-15 级	4. 小桥	6	5.5	4.5	48. 其他拱桥
X188431125	八字桥—彭家山	八字桥	2012	25	15	15	1*15	2.公路Ⅱ级	4. 小桥	19	7	6	48. 其他拱桥
X188431125	八字桥—彭家山	朱家观桥	1960	18	12	12	1*12	5. 汽车-15 级	4. 小桥	17	13	12	48. 其他拱桥
C314431125	兴十线	兴十桥	1975	9	9	8	1*8	5. 汽车-15 级	4. 小桥	8	8	7.5	13. T 梁
C317431125	江回线	上枧桥 1	1976	6	6	6	1*6	5. 汽车-15 级	4. 小桥	7	7	6.5	13. T 梁
C341431125	下干线	下干桥	1975	9	9	8	1*8	5. 汽车-15 级	4. 小桥	6	6	5.5	90. 其他桥

续表12-3

线路编码	线路名称	桥梁名称	建成时间	桥梁长度	跨径总长	单孔最大跨径（米）	跨径组合（孔＊米）	设计荷载	按跨径分	桥梁全宽	桥面全宽	桥面净宽	主桥上部结构形式
Y285431125	盐盐线	回峰桥	1975	7.5	5.6	5.6	1＊5＊6	5. 汽车-15 级	4. 小桥	5.5	5.5	5	48. 其他桥
Y225431125	大地铺—马鹿头	断石桥	1997	9	9	9	1＊10	2.公路Ⅱ级	4. 小桥	10	10	10	13. T 梁
Y234431125	李家塘—永济亭	大兴塘桥	1998	6	6	6	1＊6	2.公路Ⅱ级	4. 小桥	8.5	8.5	8	13. T 梁
Y285431125	盐盐线	高尚桥	1997	8	8	7	1＊7	5. 汽车-15 级	4. 小桥	7	7	6.5	90. 其他桥
Y299431125	盐盐线	新铺桥	1975	23	23	5	4＊5	2.公路Ⅱ级	4. 小桥	4.5	4.5	4	12. 整体现浇板
Y299431125	盐盐线	交流坝桥	2010	6	5	5	1＊5	4. 汽车-20 级	4. 小桥	6.5	6.5	6	90. 其他桥
Z311431125	盐盐线	新铺桥	1975	9	9	8	1＊8	5. 汽车-15 级	4. 小桥	6	5	5.5	13. T 梁
Y285431125	毛家—马鞍山	平利桥	2007	9	9	9	1＊9	5. 汽车-15 级	4. 小桥	6.5	6.5	6	48. 其他桥
Y321431125	棠上线	蒋家桥	1975	11	11	5.5	2＊5.5	5. 汽车-15 级	4. 小桥	5	5	5	48. 其他桥
Y321431125	棠上线	向阳洞桥 1	1996	6	6	6	1＊6	5. 汽车-15 级	4. 小桥	5	5	5	48. 其他桥
ZZ12431125	李家线	李家桥	1975	10	10	5	2＊5	5. 汽车-15 级	4. 小桥	4	4	4	48. 其他桥

第二节　公路运输

一、线路

高速公路：道贺高速，从回龙圩管理区永济亭办事处入境，李家塘办事处离境过境长8.1公里，在永济亭设立交通口一个，连接永富二级公路，回龙圩管理区客、货进出向北向南：上高速公路从永济停互通口出进。道贺高速公路北端与夏蓉高速相接。南端与两广高速连接。

国道538线，即永富公路，从回龙圩管理区南端长神尾村入境，从北端永济亭办事处离境，贯穿回龙圩南北，境内全长12.074公里。永富公路是回龙圩管理区一条十分重要的交通要道，它对回龙圩经济社会事业的发展，客流物流都起着关键性作用，沿路民宅别出一格："青瓷古砖花格窗，飞檐翘角马头墙"，道路两边绿树成荫，鲜花簇簇成为回龙圩一道亮丽的风景线。

新风村—八仙洞—神仙洞通村公路，2006年改建为水泥路面，路面宽4.5米，全长6公里，沿途有美丽乡村八仙洞、高圩、新铺、光下村，有万亩连篇的高产优质自压喷灌橘园，有回峰森林公园和高尚湖风景区。2015年，沿途安装太阳能杀虫灯，是回龙圩管理区农业休闲观光线路。

回龙圩至李家塘，起点回龙村沿途有神光、何家、李家、田家、畜牧队、李家塘等村，全长6公里，回龙圩至晨光村路面宽4.5米，其余路面宽为3.5米，路面为混凝土路面。是回龙圩管理区通往李家塘办事处的通道，也是回龙圩管理区东南方向的主要交通要道。

回龙圩至向阳通村公路，起点回龙圩管理区八字桥社区，沿途经葵阳村、马鹿头村、下岩村、田美村、断岭源村，向阳村，全长7公里，是回龙圩管理区西北区主要要道。

回龙圩至平利村，道经朱家观、顾家、毛家、平利等村，全长6公里，路面宽3.5米，为混凝土路面，是回龙圩东北区主要要道。

回龙圩至神仙洞，道经光下、新铺、新屋、神仙洞等村，沿途有光下、新铺、高圩等古村，风景优美，村前村后古树参天，溪水潺潺。神仙洞村是一个美丽的小山村，环境优美，是20世纪60年代长沙知青下乡点。知青文化浓厚，是回龙圩通往神仙洞办事处的主要通道，全长6.5公里，路面宽4米，混凝土路面。

二、客运

1986年秋，回龙圩农场为了方便群众出行，购置35座位客运车1辆，每天上下午各一个班次，往返回龙圩至江永县城，每日乘客170余人，票价开始0.5元，后上涨到1元。

1987年8月，江永至广西富川、八步（贺州）相互开通客运班车，每日各一个班次，上午开出、下午返回，这两个客运班车途径回龙圩，在回龙圩客运候车点停靠，直到2000年江永至回龙圩开通客运车后取消停靠。1991年，回龙圩到江永县城的车票涨到1.5元/人。1991年后，回龙圩购置的35座客运车停运，改为个体客运户，客运车辆用"罗马"农用车改造成运客，往返回龙圩至江永县城，没有确定运行时间，客满即开，车票2元至3元不等，一般春运时间为3元，平常2元。20世纪90年代末，整顿交通安全，"罗马"农用车载客被取消，改为客运中巴车载客，票价涨到每人5元。2013年，管理区为了解决群众候车难的问题，区交通局每年补给回龙圩至江永县城客运车队10万元，确定每天10趟班车定点定时对开。过境的长途客运班车有江永至深圳，江永至东莞，江永至广州，江永至中山往返客运班车，如需出行到这些地方只需在过境的公路旁招手即可补票上车。

为解决回龙圩管理区无客运站的问题，2009年，管理区从省交通厅争取建设二级客运站项目，新建中的二级客运站占地面积50亩，汽车站主体结构三层，建筑面积3045平方米，广场面积3635平方米，停车坪19501平方米，总投资1900万元。2014年，完成项目前期工作。2015年，破土动工，并新建客运招呼站6个。

三、货运

回龙圩管理区货运以公路运输为主。1991年以前，农场有汽车队、马车队，货运以国有为主。1991年后，农场汽车队解散，马车运输队淘汰，运输以个体运输为主。20世纪90年代中期，运力盲目增加，运力大于货物，货车实载率下降，车主找货难，运价低于国家指导价。为了减少亏损车主普遍采用超限超载来提高效率，增加利润。农场改制为管理区后，经济总量逐步增加，每年的货运总量在亿吨以上，为货运的发展打下雄厚的物质基础。回龙圩大宗货运物资运出的主要有柑橘、西瓜、南瓜，运进的主要有化肥农药、建筑材料。长途载货的汽车过去多为老式解放牌车，2015年多是加长的东风牌平式空调车。载重量从3吨至5吨增加到10吨至30吨甚至60吨。短途货运主要是管理区内生产、生活用车，以皮卡车和拖拉机为主，载重一般在2吨以内。

第三节　交通管理

1992—2001年，回龙圩没设交通管理部门。永富公路以江永管理为主，场内简易道路交通管理职能设在农场经委职能中。2002年，成立管理区后，起初设立交管所。2005年4月，经市编办批复才成立交通局。定编3人，局长1人，下设二股一室，即安全法制股、计划财务股、办公室，下设公路管理站。负责全区道路规划建设、管理及道路安全工作。

2012年，市交通局决定将永富公路回龙圩段道路管养权从2013年3月1日起由江永划归回龙圩管理。

第三章　建筑

1992—2015年，特别是2002—2015年成立管理区后，回龙圩城乡建设步伐加快，2010年起注重中心城区的建设规划，2011年8月，聘请广西桂林建筑研究设计院编制《回龙圩管理区城市总体规划（2010—2030年）》。回龙圩建筑业不断扩大，技术、设备不断增强，施工进度不断加快，工程质量不断提高，设计水平不断提升。涌现一批具有当地特色，又有现代化气势的典型建筑。

第一节　队伍

回龙圩农场建筑公司，始建于1958年，时称回龙圩农场基建队，有工人124人。1963年，基建队与打米厂、机务队3个单位合并为联合工厂，有职工160人。1973年，基建队从联合工厂分出，恢复农场基建队。1988年，改名建筑工程公司。1991年，建筑公司有职工103人，其中技术员4人，助理工程师1人，技术员3人。内设办公室、建材仓库、木工车间、机压砖厂、工程施工队，公司占地面积27150平方米，拥有固定资产原值22万元，年总产值116万元，实现利润2.7万元，上缴税金0.6万元。1997年以后，建筑市场逐渐规范，承包建筑工程施工单位必须要取得二级以上资质证书方可参与承包。回龙圩建筑公司因没有取得建筑资质证书，不能参与工程招标，公司中有技能的职工离岗外出打工或自由组合成民间建筑队，承包无需资质的民房建设工程。2002年4月，建筑公司因资不抵债，破产倒闭。2015年，回龙圩有民间建筑施工队25个。

第二节　建筑市场管理

回龙圩管理区建筑市场管理职能机构是区城镇规划建设局，依照《中华人民共和国建筑法》管理全区建筑市场。2007年7月，回龙圩管理区城镇规划建设局成立，定编5人，设局长1人，在此之前建筑市场管理职能属管理区经济发展局。为了加强对建筑项目方面管理，管理区规定投资在30万元以上的工程要实施招投标，并成立招投标领导小组，成员有发改委、城建规划局、审计、财政、纪委监察。一般委托取得招投标公司资质的公司主持招标。按照《湖南省建设工程招投标管理条例》操作。工程项目招投标主管部门是发改委。

除抓好招投标的日常工作外，对招投标双方严格执行资质审查，把好标底关、评标关、合同关。依法打击买章买证，资质挂靠、工程转包、违法分包行为。建筑市场管理规范化、法制化。

工程质量督查，聘请取得资质证的人为质监员，工程质量实行终身负责制。

第三节 典型建筑

1992—2015年，随着经济的快速发展，城乡建设力度加大，管理区屋房建筑式样日趋多样化，有新颖的现代建筑，也有古朴典雅的仿古、仿欧建筑，形式多样、娇姿多彩、彩色缤纷。

一、民宅

以马头墙为主要造型元素，体现当地瑶寨传统的居民特点，适应现代的审美要求，外墙采取统一灰色涂料，建筑勒脚镶条形小白砖，褐色仿古窗，褐色仿古门。灰砖青瓦与木门窗构件结合，马头墙及窗楣相呼应。使建筑风格清新、典雅、别致，焕发绿色、健康、生态的氛围，形式与功能有机结合。整体形态给人一种“青瓷古砖花格窗，飞檐翘角马头墙”感觉，形成一道既保留明清民宅造型，又体现当地瑶族地方民族特色和历史文化底蕴的靓丽风景。

新农村建设下的门楼

门楼下的石板路

二、行政办公大楼

建于 2011 年，共六层，占地面积 2800 平方米，坐北朝南，地处繁华地带，前临商业步行街，后处机关大院。整栋楼简洁、线条分明、讲究对称、运用色彩的敏感及颜色鲜淡来对视觉进行冲击，四根罗马柱立在大门前，气势雄伟。窗户采用的是罗马窗，上配浮雕，为整栋楼增添欧派气息。大楼前面是一个半圆形车道，中间为喷泉广场，喷泉周围种两圈花草树木，如众星捧月，环绕喷泉，此建筑由道县建筑设计院设计，江永第四建筑公司承建。

三、冠山别墅区

建于 1999 年，由湖南大学土木系设计，江永建筑二公司承建。共 10 幢，其中优雅型 6 幢，嘉富型 4 幢。每幢两层，建筑面积优雅型 256 平方米，嘉富型 237 平方米。一幢幢具有乡村风情的精致别墅散落在苍翠树木的掩映之中，体现出绿色理念，置身其中恍如远离都市尘嚣，显得格外宁静。建筑面平实而精致，白色瓷砖结合到枣红色屋瓦，呈现一种乡村优雅风情的格调，体现小而精致的优势，居住舒适而贴近自然。

第十三篇

农业经济

第一章　农业

回龙圩管理区地处湖南南部丘陵地区，土地资源丰富，气候温和、雨量充沛、昼夜温差大，适合发展农、林、果、牧、渔业。全区有耕地面积 1.58 万亩，其中水田面积 1.07 万亩，旱地 5108.7 亩，园地 6.57 万亩。其中果园 59520 亩，茶园 580.1 亩。农业以生产水稻、柑橘和茶叶为主。经济作物主要种植烤烟、密本南瓜、花生、大豆。2015 年，全区种植烤烟 2500 亩，产值 750 万元，税收 300 万元；柑橘系列品种有回龙圩无核蜜橘、脐橙、椪柑、金橘、南丰蜜橘、砂糖橘、杂柑，年产量 10 万吨。2015 年，产量 12.9 万吨，产值 3.5 亿元。回龙圩柑橘自 1992 年以来，在农业部和省级水果评比鉴定及农产品展销会上多次获奖。回峰脐橙 1992 年获农业部颁发的绿色食品证书，1997 年 12 月 20 日，湖南省公布首届优质水果评比结果，回龙圩农场推送的椪柑，得 94 分，获金质奖，脐橙得 92 分，获优质奖。“回峰柑橘”商标获湖南省著名商标，无核蜜橘先后出口到新加坡、加拿大、俄罗斯、中国澳门等国家和地区。茶叶系列产品有绿茶、花茶、红碎茶和罗汉果茶。回峰绿茶 1991 年被评为湖南省 13 个优质名茶之一，1992 年，获农业部颁发的绿色食品证书；瘦肉型生猪养殖场 12 个，年出栏生猪 3.04 万头，存栏 1.8 万头。库塘养鱼水面 1200 亩，精养鱼池 800 亩，年鲜鱼产量 800 多吨。2012 年 4 月，成立回龙圩管理区回龙圩镇晨光渔业养殖专业合作社 1 家，社员 6 人，养殖面积 210 亩。

2000—2014 年，管理区围绕龙头抓基地，大力发展“三品”规模农业。在充分利用原有的绿色食品证书品牌的同时，2004 年，15000 亩回峰柑橘、10000 亩蜜本南瓜获得农业部无公害食品基地认证，管理区柑橘面积 3.5 万亩，以蜜本南瓜为主的无公害蔬菜 25000 亩。2015 年，饲养肉役两用牛 15000 头，年出栏生猪 65000 头。

第一节　农业经济结构调整

一、农业经济产业结构调整

1958 年建场，回龙圩农场的农业产业主要以种植业、林业和畜牧业为主要产业，种植粮食主要以种植水稻为主，经济作物以柑橘为主，养殖业以生猪为主。农场的农业产业结构的合理调整一直以市场为导向。

1963年3月，农场派高义传带队到广东湛江学习香料作物的栽培方法。4月，引进香根、香茅、枫茅、丁香、罗勒等香料作物种植，在李家塘、农科所种植香根2000亩，薄荷200亩，留兰香100亩，香茅200亩，枫茅10亩，丁罗香20亩。1963—1964年，又从江苏等地引进薄荷、留兰香，种植300亩。1964年，在朱家观村兴建香料加工厂，购置一套土加工设备加工香料，加工厂提炼出香茅、薄荷、留兰香香料油3.64吨，香根因无加工提炼设备未炼出香油，香茅不能越冬，枫茅虽能越冬，但出油率太低，经济效益不好而停产。1966年，留兰香、薄荷销售价格低，经济效益低，农场决定在李家塘的香料作物基地试种茶叶，在其他香料作物基地试种柑橘。

为调整农场传统养殖业单一的养殖模式，发展养殖业，1960—1968年，农场先后从内蒙古引进三河牛38头、从上海引进荷兰种公牛4头、从山西晋中引进杂交公牛2头与本地黄牛进行人工授精繁育杂交牛，养牛业逐渐发展。至1973年，全场耕牛饲养达1399头，其中商品牛2000头。新建凤塘村、上枧、新村三个牛场。

1976—1979年，农场建立菜牛站，下辖断石桥、李家塘、上枧、凤塘村4个牛场。又从上海引进澳大利亚进口“抗旱王”种公牛2头、母牛1头，从西德进口“西门达尔”种公牛2头，与本地黄牛进行半人工繁育。1979年，耕牛存栏发展到1835头，其中繁育杂交菜牛250头，出口菜牛1118头。1987年，全场的荒坡草地逐渐被开发利用，加之冬天草料不足，精料来源有限，经济效益不好，牛场停办，耕牛全部折价销售给农户。

1958—1977年，农场饲养马，骡、驴、绵羊、山羊，但都因气候环境问题停养。

1968年，回龙圩农场开始种植茶叶，当年建园种植43亩。1969年，种植2443亩。1971年，种植926亩，全场有茶园4922亩。1972年，种植996亩。1973年，种植544亩，全场组建新思、新村、清水塘、小溪、知青点、下干、白谷冲、岩湾、廖源、回龙、葵阳、绿峰、新铺、红光、棠锦、平利等25个茶叶队。1972年，回龙圩建立茶叶厂，每年春夏季节采摘的鲜茶叶都送到茶厂加工后外销。1991年，全场鲜茶总产量504吨，平均亩产132.6公斤，茶叶总产值68.34万元。1992—1995年，李家塘、断石桥、下干的茶园因病虫害严重，防治不当，大部分茶园改种柑橘。

1963年，农场试种柑橘，到1991年，发展到1.06万亩，总产量3698吨，总产值为374万元，占农业生产总值的26.8%。

1992年，农场党委根据本地区的区域优势和多年种植柑橘经验，决定以柑橘生产为农场的主要产业，大力发展柑橘生产，农场成立水果办，制定合理的水果集约经营管理办法，全力以赴抓好柑橘生产的管理，从柑橘的栽培、病虫害防治、施肥都用科学的方法。在柑橘采摘时，严格按照规格采摘，在销售上采取请进来、走出去的办法，既请外面的商贩进场采购，农场也派人外出到北京、上海、东北开辟市场。由于回龙圩柑橘品质好，在市场上很受青睐，短短的几年时间，“回峰柑橘”成为省级名优品牌，成为回龙圩的一张名片。

1994年12月12日，农场由1名副场长带领渔场负责人到重庆市长寿湖实地考察高产网箱养殖技术，1995年2月14日，农场高薪引进重庆市长寿湖渔场技术人员陈种泸到农场指导网箱养殖，在盐下水库进行网箱养鱼。5月25日，从湖北龙感湖引进68万尾建鲤鱼苗投放网箱和晨光渔场饲养，建鲤生长较快，鱼肉鲜美，很受食客欢迎，后因网箱养鱼成本过高，盐下水库水面较窄，水质不适应高密集的网箱养鱼。1996年，停养。

2001年，万亩橘园一角

1999—2000年，农场集约经营的柑橘全部租赁承包转让给果农，回龙圩的柑橘生产进入一个新的发展阶段。2000年，全场柑橘面积1.38万亩，产量10550吨，总产值1485.6万元，占全场农业生产总值的41%。此时，回龙圩现代化柑橘生产产业已初具规模，管理区党委高度重视柑橘产业的发展，把水果产业作为富民强区的重点产业来抓，出台一系列扶持柑橘生产的政策和措施，加强柑橘园基础设施及配套措施建设，同时加强技术服务的推广和果农培训，加强果园标准化的建设，也加强对果园优良品种的更新，促进回龙圩柑橘产业的发展。2001年，回龙圩管理区把“订单农业”作为农业结构调整重头戏来抓，通过发展“订单农业”，努力实现农民增收、财政增长。落实农业订单3.2万亩，完成订单农业销售收入1820万元，农民增收415万元，其中订单果业收入1000万元，订单蔬菜业收入450万元，其他订单农业收入370万元。仅发展“订单农业”一项，农村人均收入就比2000年增加80元。2009年，管理区按照“基地做大、产业做强、产品做精”的思路，以工业理念经营农业，走特色农业产业化发展道路，强力推进农业结构调整和农业产业化进程，特色农业产业化发展态势良好。重点依托“11158”基地建设工程（即建好1万亩优质水稻基地，1万亩蜜本南瓜基地，1000亩茶叶基地，5万亩柑橘基地，8万亩工业用材林基地），着力发展优质稻米、柑橘、茶叶和南瓜这四大优势特色产业。全年粮食生产形势较好，粮食作物种植面积和产量均达到近5年来的最高水平，地方粮食储备达到25万公斤。以柑橘为主的水果产业克服2008年冰灾带来的种种困难，大获丰收，全年水果产量2.64万吨，产值超过5000万元，同比增长20%。南瓜产量3506吨。通过政策扶持、服务支持，发展壮大农产品加工企业。回粤果品加工厂于2009年上半年通过市级农副产品加工企业龙头企业认定，并完成二期扩建工程，新增一条生产线，年加工能力突破1万吨，年出口4000万吨，年产值达2000万元以上，企业利润100万元以上，同比增长33%。化来果业水果加工厂、山野菜食品罐头厂和回峰花生厂均发展平稳。2012年，全区的柑橘种植面积3.89万亩，产量7.08万吨，总产值7120万元，占全区农业生产总值的45%。2015年，回龙圩柑橘种植面积5.95万亩，总产量12.5万吨，总产值3.5亿元，占全区农业生产总值的51.75%。柑橘产业的发展，带动管理区其他产业的发展，在确保粮食总产量的稳定，提高单产和改善产品质量的同时，积极发展林业、畜牧业、渔业产业和烤烟种植业的发展。2015年，全区的森林面积9.7万亩，森林的覆盖率达72.38%；大型的规模化养殖场12个，年出栏生猪4.16万头，年存栏生猪2.26万头；库塘水面养鱼1200亩，精养鱼池800亩，年出产鲜鱼800吨；种植烤烟2400亩，出产烤烟200吨，实现利税300万元。

二、农村产业结构调整

回龙圩农场从建场以来农业生产以种植粮食为主，产业结构单一，农产品质量和品质不高。1992年，全区种植水稻10796亩，总产量5000吨，种植柑橘面积1.09万亩，总产量4252吨，柑橘生产已渐占主要地位。生猪出栏4500头，库塘养鱼1200亩，精养鱼池800亩，鲜鱼产量800吨，密本小南瓜种植3000亩，农场农村的产业结构由单一的结构向多元化结构迈进。

1997年，回峰柑橘获湖南省银质奖。2006年，回龙圩管理区发展成为以柑橘种植为主的“农垦现代化农业（种植业）示范区”，示范区以优势主导产业结构为重点，开发引进新技术、新品种，全面实施标准化生产。“回峰柑橘”商标2007—2009年为湖南省著名商标。

2011年年底，回龙圩建成标准化连片柑橘园3.5万亩，产量6万吨，产值1.2亿元。柑橘产业的发展，带动其他产业的发展，当年，建立柑橘加工厂2家，年加工柑橘2万吨，全区1个镇6个办事处14个行政村、居委会都形成规模化、商品化种植。水果产业的发展带来显著的经济社会效益，也带动相关的农资、农机、运输、餐饮、水果加工、劳务用工等产业的发展。当年种果户人均收入达到1.26万元，收入超10万元的种果大户400余户，百分之八十的种植户年收入4万~5万元。2015年，果农人均年收入达2万元，年收入60万元以上的农户达30户，收入10万元以上的500余户。柑橘产业在全区GIP总量占主要地位。

2002年，回龙圩农村产业结构调整，以市场为导向，充分发挥政府引导作用，依靠科技创新，促进产业升级，提高农产品的质量，实现龙头企业和小企业的共同发展。是年，新建3家柑橘加工厂，年加工柑橘3万吨，其中广东省中山市宇仙果品公司投资250万元购买原茶厂闲置车间厂房9200平方米，购置柑橘采摘后商品化处理加工线一条，组建回粤果品加工厂，年设计鲜果加工能力为1万吨。2006—2010年，该厂进一步追加投资，扩充厂房5000平方米，新增采摘后商品化处理加工一条线，年加工能力增至1.5万吨，有固定资产2500万元，占地面积50亩，厂房面积1.42万平方米。2015年，该厂建有两条果品加工生产线，一条为澳大利亚进口；另一条为国产生产线，每小时加工生产能力可达1万公斤。化来果业水果加工厂，投资1500万元，占地18亩，厂房面积8000平方米，建有1条果品加工生产线，年加工能力1万吨。

加工厂从果农手中收购鲜果，通过预储、催黄、清洗、烘干，并用电子感应对果品按大小分级，贴标包装后上市销售。主要加工蜜柑、甜橙等产品。加工后销往全国各地的超市，并出口俄罗斯、越南、毛里求斯等国家和中国香港、澳门等地区。经加工的蜜柑售价一般在2.5~3.0元/斤之间，甜橙售价在3.00~4.00元/斤之间，每斤增值1.5至2元。2009年，2个加工厂共销售柑橘3万吨，销售产值1.2亿元，年就业员工300余人，发放工资200余万元。此外，管理区还成立柑橘合作社，建立大大小小柑橘收购点33家，年收购加工柑橘8.5万吨，产品均经过清洗、分级、包装后商品化销往两广和华北东北地区。2001年，水果供不应求，蜜橘、脐橙、椪柑、奈李等果品尚在树上，客户便争相订购，实现“树上自购”，且订购价高出周边县市同类产品0.2~0.4元/斤。2001年，全区水果产值1800万元，水果种植步入品种优化、栽培规范化、管理科学化、果品有机化轨道。回龙圩管理区水果以其外观美、内质优、无公害、无污染深得国内外客户青睐。

管理区农村产业结构调整，除依靠柑橘产业加工提高产值外，还注重乡村休闲旅游。

2011年，民营企业家欧光利的永州颐鸿农业生态园有限公司，计划5年投资2亿元，建设回龙圩现代农业生态旅游休闲园。当年，投资1000万元，修建400平方米的露天游泳池及园区道路，还建设高效农业示范园。回龙湖农业生态休闲园分为六个功能区，分别是旅游接待区、休闲游乐区、瑶族风情体验区、农业观光园区、会议度假区。

2015年，回龙圩管理区依托高尚湖、回峰岭的山水资源和八仙洞以及光下、新铺新农村建设，抓乡村旅游，将沿途道路建成沥青路面，两旁装有太阳能杀虫灯。每年前来旅游观光的游客近2万人次，带动其他产业的发展。

第二节　农村经济组织与管理

一、农村经济组织

（一）经管局

1992—2001年，农场时期，农村经济管理工作主要由农场生产科和财务科负责。

2002年，农场改为管理区后，成立回龙圩管理区农村经济管理局，简称经管局。经管局是农经局下设单位，设局长1名，副局长2名，工作人员6人。主要负责管理区农村土地确权登记颁证及农村土地规范流转工作；家庭农场的发展工作；农村农民合作社的规范发展工作；农村集体“三资”的管理工作；行政村的村级集体经济发展工作；农村农业社会化服务体系建设工作和加强基层农经体系建设和农经统计监测工作；管理区的烤烟生产经营工作。

（二）经作办

回龙圩管理区经济作物办公室，是全额拨款事业单位。2002年设立，设主任1名，副主任2人，工作人员2人。主要负责协助管委领导组织起草以区管委名义发布的关于管理区经济作物发展的各类公文；负责制定管理区经济作物发展的中长期规划并组织落实；指导协调管理区经济作物的生产管理；搞好全区水果生产全程服务工作，确保水果支柱地位的巩固提高；负责全区经济作物生产制定技术措施和实施，病虫害预测预报及其防治指导、植物检疫、技术培训和先进实用技术及新品种的推广应用等；引导扶持烤烟生产、蔬菜生产，调整产业结构。

（三）农业专业合作社

2012—2014年，全区共发展成立各类农业合作社12家，其中柑橘专业合作社7家，中药专业合作社2家，蔬菜专业合作社1家，养殖专业合作社1家，农机专业合作社1家，涉及67个村，注册社员1190户、2608人，注册资金943.1万元，年销售柑橘8万吨，年创产值1.6亿元。2014年，合作社组织成员人均收入22000

元，比非社成员高出10%。回峰柑橘合作社除为社员提供柑橘产、供、销一条龙服务外，还提供水果采摘，乡村休闲观光等服务。为帮助当地果农切实掌握柑橘种植技术，回峰柑橘专业合作社积极组织，引导果农学习科技知识，开展以果树栽培、苗木繁育、品种改良、新技术实验示范为主要内容的实用技术培训和技术示范推广工作，合作社还通过整合各家的优势资源，集柑橘种植、技术推广、销售加工为一体，发展橘园养殖，形成果—鸡—肥—果生态循环经济，实行可持续发展，达到企业增益，农民增收目的。2013年，合作社积极发展电子商务，通过一米惠淘、淘宝、京东、微信等电子商务平台，将柑橘等产品销往全国各地，并远销到俄罗斯、欧洲、东盟等国家和地区，实现“农产品进城市，工业品下乡”的目标。2015年，合作社通过电商外销柑橘产品100余吨，产值比普通销售渠道提高2倍。

2015年4月13日，区党委在区办公大楼三楼会议室主持召开会议，专题研究全区农业专业合作社工作，会议强调各有关单位要立足管理区实际，履职尽责，主动作为，做好“五统一”工作，即统一挂牌。各有关部门和单位要统一规范制作好农业专业合作社牌子并在合作社工作场所悬挂，支持和督促农业合作社办好相关证件；统一品牌。要统一使用湖南省著名商标“回峰”品牌并做大做强。统一产品包装，统一品牌、标识，把“回峰”品牌做成全国乃至海外知名度大、辨别度高的名优品牌；统一资料。各有关部门和单位要整合资源和力量，多动脑筋，加大宣传、推介、策划、总结等工作力度，并明确专人负责做好日常文字和音像资料的收集、整理、归档等工作；统一管理。不断健全和完善全区农业专业合作社章程和考核办法各项规章制度，明确工作职责，强化内部管理和培训工作，不断提高管理水平和管理能力。合作社要从加强技术指导、统一病虫害防治、促进产品流通等方面入手，充分发挥合作社作用。将加强党建与合作社建设有机结合起来，充分发挥社内党员的先锋模范作用，建立健全党员责任制，划分责任区，示范带动全体社员增收致富；统一扶持。充分发挥好各职能部门作用，为农业专业合作社的发展做好综合服务工作。发改、农经等部门要积极包装项目并向上申报，争取更多扶持资金用于专业合作社的建设和发展；宣传、组织等部门要多深入基层，加强调研，要发现合作社建设中的亮点并加以提炼总结，并积极向上、向外推介，提升影响力。建立一批经营规模大、服务能力强、产品质量优、民主管理好的专业合作社，争创省级和国家级专业合作社、示范区。管理区还制定印发《回龙圩管理区专业合作社考核管理（试行）办法》。具体做法是：管理区成立由分管领导为组长，区农业、经管、经作、农垦集团公司、畜牧水产、农机、水利、林业、移民、扶贫、能源、科技、财政、工商、地税、镇（办事处、林场）等单位负责人为成员的农业专业合作社考核领导小组，下设办公室，办公室设在区经管局。考核领导小组每年11月30日前按照《回龙圩管理区农民专业合作社考核评分表》，对全区范围内符合已经在工商行政机关登记注册的农民专业合作社，成立时间在一年以上，有比较健全的房屋网络，能有效为合作社社员提供产前、产中、产后统一服务；有比较规范的财务管理制度，符合民主管理、决策的原则；社员规模在30户以上，同时具有一定的产业基础条件的农民专业合作社进行考评，并按照一定比例名额提出区级年度优秀合作社名单报区管委审核批准后公布。

区级优秀农业合作社实行动态管理，即每年进行一次考核，优胜劣汰，保持总量基本稳定。区财政给予适当的奖励和补助。

考评总分值100分，共10项，达不到单项要求额酌情扣分，加减（扣）分不超过单项总分值。

有国定的办公场所，并统一悬挂合作社牌子，得3分。

组织机构健全，并实行换届制度，得2分。

社员数10分 其中社员30个以上，得4分；入社社员取得社员证，得3分；社员入、退社按章程规定办理，得3分。

4 带动农户数（5分）

特色产业发展加快，带动农户30户以上的，得5分。

依法组建10分 其中经工商行政部门依法登记、变更、年检，得5分依法进行税务登记，并取得税务发票，得5分。

社员、股金构成5分 其中注册资金在30万元以上，每个社员认购股金，股金认购额度符合相关规定，得3分，农民社员占成员总数的80%以上，得2分。

运作、服务情况30分 其中合作社有自己的生产基地，得3分；合作社有自己的品牌，得3分；每年至少召开1次社员代表大会，得3分；以合作社为依托，做好农业投入品牌的统一采购、供应服务，统一供应比例在50%以上，得3分；统一制定产品生产标准或组织实施无公害生产技术编制，社员生产活动有记录，得3分；按标准化生产的产量（面积）占总产量（面积）的50%以上，得3分；为社员提供生产技术培训、发布农产品供求、价格等信息，每年每个社员接受培训一次以上，得3分；为社员生产提供资金，担保服务，得3分；获得无公害农产品基地认定认可，得3分；获得无公害农产品和绿色食品或有机食品认定认证，得3分。

制度建设25分 其中有规范的章程，得3分；建立成员账户，对股金、交易额（量）等及时记载的，得4分；严格执行合作社财务管理制度，有完善的开支审批、岗位职责、先进管理制度，得3分；会计核算正确，与社员、非社员分开核算，财务报表齐全，按规定及时上报，得3分；重大事项实行民主决策，实行“一人一票”表决制（或按章程规定执行），得3分；财务会计报告，盈余分配方案、亏损处理办法等财务情况向社员公开，得3分；有切实可行的发展规划及年度工作计划，年终有工作总结，得3分；合作社档案管理规范，会议培训等记录齐全，得3分。

销售情况10分 其中种植类年销售额达300万元以上，养殖类年销售额达500万元以上，得5分；与超市、物流配送中心、农产品加工企业通过订单形式建立销售网络的，得3分；合作社参加农产品展示、展销活动的，每参加一次，得2分。

加分5分 获得省级或国家级优秀农业专业合作社称号的，分别加3分、5分。

家庭农场根据《农业部关于促进家庭农场发展的指导意见》和《湖南省人民政府办公厅关于加快培育发展家庭农场的意见》，2015年，经回龙圩管理区农村经济管理局评审认定家庭农场202家，其中回龙圩镇79家，八仙洞办事处24家，李家塘办事处25家，马鹿头办事处26家，神仙洞办事处14家，兴隆办事处28家，永济亭办事处7家。家庭农场主要经营柑橘、水稻、烤烟、蔬菜、玉米、西瓜等农作物的种植和销售及水产养殖、生猪养殖销售。

二、村级财务管理

1992—2001年，原农场体制时，分场下设生产队，设队长1人、指导员1人、生产队会计1人、生产队保管员1人。生产队生产的产品全额上交，没有处置权。2002年，农场改制后管理区设1个镇，6个办事处，共有15个行政村，其中回龙圩镇有3个行政村；6个办事处有12个行政村。行政村设村支书1人，村主任1人，村文书1人，计生委员1人。行政村管辖内的自然村设组，每个组设组长1人。回龙圩管理区行政村集体经济少，村干部的工资，行政村运作经费财政全额拨款。2003年，村支书的月工资260元，村主任220元，村文书、计生委员200元，小组长100元，每个行政村的管理费用每年2000元。2012年，村支书的月工资360元，村主任310元，村文书、计生委员290元，小组长140元。2015年村支书每月的工资760元，村主任600元，村文书和计生委员500元，小组长200元；2014年，每个行政村的运转经费为3万元，2015年，为6.6万元。2016年，管理区制定印发《回龙圩管理区村级集体经济组织财物管理（试行）》办法。主要内容：

（一）行政村的财务统一实行“村账办事处代理”。坚持村账办事处管理行政村使用的原则。镇、办事处设立集体财务代理服务中心，代理村级财务会计核算和资金管理，各行政村设1名报账员，履行报账职能。报账员由各行政村推选，村支书、村主任、村务监督委员主任及其直系亲属不得担任本村的报账员。

（二）行政村的运作经费实行专户管理。由镇、办事处代理中心在银行开设村级资金代管专户，村级所有资金的收入和支出要全部纳入“代理中心”专户监管。

（三）村账由镇办事处代理中心统一管理。分村建账、按村核算，村级报账员只登记备查账。会计核算坚持月清月结，每个季度结束后 10 日内，由代理会计出具科目余额表，收支明细表、资金负债表（年度）等财务报表，经报账员、财务审批人、村务监督委员会审核无误后进行公示和备查。

（四）严格执行收支两条线。村级所有的收入先拨入（或缴存）代理中心专户后方可使用，收到的现金在 3 日内存入开户银行。管理区各部门支持村级组织的任何经费一律不得以现金方式或直接支付到村。

（五）严格票据管理。村级财务统一使用财政税务部门印制的专用票据，收入票据由镇办事处统一管理，严禁使用自制票据、白条或其他票据。

（六）村级财务支出实行限额审批制度。1000 元以内的支出由村级法定代表审批；2000 元以上的支出由村支两委集体研究决定，并有会议记录，由党支部书记和村级法定代表人会签。

（七）会务接待费村级实行"零招待"。会议费参照管理区管理办法执行。会议误工补助不超过 50 元/天，村干部因公务外出，一律不准租车，确需要租车须经村主要负责人同意，并报镇或办事处主要负责人批准。严禁用公款旅游，或者以学习、参观、考察、培训等名义变相旅游，村干部不得报销个人手机话费、汽油费。

（八）村级集体资产、资源实行镇、办事处村两级管理，代理中心负责资产、资金会计核算、登记资产、资源卡片，盘点清点及监督工作。村级各类承包经营、资产资源租赁、大额物资采购等须经本村村民会议或村民代表会议审议通过。

（九）村级的财务实行民主理财和财务公开。镇、办事处对村级财务进行监督和管理，定期和不定期地组织开展村级财务的清查和内部审计，并及时将各村的有关情况报送区监察、审计、财政部门。

（十）对违反村级财务管理规定的，由区、镇、办事处有关部门责令其限期改正并视情节轻重，参照《中华人民共和国会计法》等有关规定给予经济处罚；对涉及国家工作人员及村干部违纪违法的，提出处理意见，并移送纪检监察部门和司法机关处理。

三、社会化事务

回龙圩管理区经过农业产业结构的调整和农村产业结构的调整，农业生产力和农业商品化的程度不断提高，传统上由农民直接承担的农业生产环接越来越多地从农业生产过程中分化出来，发展成为独立新兴的涉农经济部门，这些部门同农业生产部门通过商品交换相联系，在市场机制作用下，同农业生产结成稳定的相互依赖关系，形成一个有机整体，而这些整体为管理区的农业生产经营主体提供各种社会化事务。2004—2015 年，管理区经作办每年印发《回龙圩柑橘》4~6 期，数量

3000~8000册，下发到果农的手中，区科技局及时指导柑橘生产和病虫防治。区经作办对科技示范户、农户进行技术培训。1996—2015年，每年进行5~10期，组织科技人员开展科技下乡活动。

2014—2015年，区农业局、经作办多次邀请国内柑橘专家到区授课，其中有湖南农大教授邓子中、戴良英、何可佳、易图永，他们分别到管理区举办柑橘黄龙病、树脂病防控专题讲座。

2012—2015年，管理区在神仙洞办事处、马鹿头办事处、八仙洞办事处安装太阳能引娥灯700盏。太阳能引娥灯具有诱杀木虱、白趐粉虱等100多种害虫的功能，对柑橘病虫害的防治、柑橘绿色食品的防控起到作用。

第三节 农村建设

一、农村基础设施建设

（一）通村公路建设

1992—2005年，回龙圩管理区的通村公路都以砂石或黄土路为主，天晴漫天洂、雨天成泥沼。2006年，国家实施通村公路项目建设，当年硬化四条通村公路：新风村—八仙洞、回龙圩—神仙洞、回龙圩—马鹿头、兴隆—十工湾，总里程10.3公里，路面宽度4.5米，厚度0.2米。2007年，硬化回龙圩—唐家、回龙圩—上枧、毛家—平利、回龙圩—大罗圩，4条通村公路，总里程8.8公里。2008年，硬化李家塘小学—永济亭长塘、兴隆—农科所、农机厂—毛家—底岗—大地铺、大地铺—石头水4条通村公路，总里程10.9公里。2012年，硬化神仙洞—新铺、山岩塘—长塘、兴隆—八工湾，岩口塘—交冲、林化厂内五条通村公路，总里程为6.3公。2014年，硬化马鞍山—李家塘小学、巨形山—大岩口、长塘—二级路、八仙洞—卫东、石头水—下岩五条通村公路，总里程为10.7公里。2015年，硬化八仙洞—大湾、黄家—等母头2条，总里程为3.4公里的通村公路。2006—2015年，修建16条通村公路，总里程为39.5公里，投资4616.6万元，实现所有行政村通水泥路，95%的自然村通水泥路的目标。

（二）农田水利建设

1992—2015年，回龙圩管理区新修水库3座、加固维修11座，新修硬化水渠54公里，改造低产田1500亩，总投资3400万元。其中李家塘办事处投资200万元修建14条水渠，总长度8.4公里；永济亭办事处投资220万元，修建8条排水灌溉水渠，总长度4.5公里；神仙洞办事处投资100万元，修建4条农田灌溉水渠总长度 3.2 公里；马鹿头办事处投资 250 万元修建 11 条农田灌溉水渠，总长度为 10.5 公里；回龙圩镇投资 250 万元，修建 12 条农田灌溉水渠总长度为 10.9 公里。

（三）农村文教卫建设

1992—2001 年，回龙圩农场有村小 5 所。2002 年，根据教育适当集中政策，撤销 4 所村小，只保留兴隆 1 所村小，3 年级以上学生集中到回龙圩中心小学读就。全区有村卫生室 5 个。2007—2015 年，全区 15 个行政村每村都建立 1 家农家书屋，配备图书 1665 册、电子音像制品 141 张。

2002—2015 年，全区实施广播电视村村通项目，完成回龙圩至兴隆、回龙圩至新风村、回龙圩至李家塘的光缆线路建设，建成城乡光缆接受点 19 个。累计发放安装直播卫星设备 2807 套，实现管理区农场广播村村通的目标。2009 年，成立区电视台，播出管理区新闻、电视剧等节目。每年放映广场电影 170 场，实现一月一村一场电影；以重大节日和重大活动为载体，先后举办歌咏比赛、征文比赛、演讲比赛等文娱活动；居民开展跳广场舞、跑步等文体活动。

（四）村镇办公场所建设

1992—2001 年，农场时期各分场都建有办公场所，但比较简陋。2006 年，各办事处对原分场办公场所进行改造维修。新建 3 处，改造维修 4 处，新建村活动中心 4 个，总投资 540 万元。2006 年，马鹿头办事处在葵阳新建占地 120 平方米的 2 层办公楼。2012 年，兴隆办事处在原老办公楼后面新建占地面积 308 平方米的 3 层办公大楼。2015 年，回龙圩镇投资 236.6 万元，在大地铺虎湾新址，新建占地面积 526 平方米的 3 层镇政府办公大楼。八仙洞、神仙洞、永济亭、李家塘 4 个办事处都把原来的老办公楼进行翻修。

（五）农村电力改造和农村能源建设

1992—2013 年，回龙圩管理区的农村用电低压网由于电线老化、变压器的配量不足，造成电压低，经常发生短路断电的情况、给群众的生产、生活带来不便，且用电户所用的电表都是电子表和机械表，电损大，抄表的工作量大，与用户的矛盾纠纷多，经常发生因电表用电量的问题发生误解。2014 年，回龙圩供电所对全区的农村用电进行集体抄电。2015 年 12 月，完成全区 30 个台区的改造，把全区 5128 个户头的老电表全部更换成智能电子表，区内所有的低压电线全部换新电线，还新增装 8 个变压器。

二、农村环境卫生建设

1992—2013 年，回龙圩农村环境卫生没有专人管理，没有配备保洁员，农村环境卫生较差，虽然凡逢节假日，村里都组织开展大扫除，平时以户为主，负责门前门后环境卫生。由于缺少制度检查，个别村庄，生活垃圾乱堆乱放、乱丢弃的农药瓶、烂柑橘到处都是，生活污水排放不畅，蚊蝇成群。

2014年，管理区制定印发《回龙圩管理区城乡卫生整治工作考核办法（试行）》，对辖区内的回龙圩镇、各办事处环境卫生工作进行有效的管理。每个自然村设一名保洁员，保洁员负责打扫本自然村的环境卫生，工资纳入区财政拨款。每户发放2个垃圾桶，实行垃圾分类，每个自然村的垃圾托运专用铁皮垃圾箱，每天定时由区城管拉到垃圾填埋场进行处理。每个自然村办1个环境卫生宣传栏，制订环境卫生公约。实行门前三包，每月进行检评。对评优的家庭进行奖励，卫生搞得最差的家庭进行通报批评。管理区每个月对镇、办事处进行卫生督察。实行考评打分制，对排名在前1~2名的分别奖励4000元、2000元。排在末名的单位罚款1000元。年终考核排在前1~2名的镇、办事处单位分别奖励20000元、10000元，排在末名的单位主要负责人在会上作表态发言。

三、农村改水、改厕、改圈、改厨

（一）农村饮水工程改造

1992年，回龙圩管理区农村饮用水主要以水井为主，几乎所有村庄都有泉井，用水较困难有永济亭办事处的湘桂队，李家塘办事处的马鞍山村。20世纪90年代，为解决缺水地区的生活生产用水，农场先后请专业打井队打机井2口。1999年，农场投资30万元把新风村狗仔井的井水用自压管道送到场部，解决场部机关、工厂及回龙分场、八仙洞分场部分村庄饮水问题。2002年，为解决农村自来水和水质问题，回龙圩管理区向湖南省农垦局申报开发雷进井人畜饮水工程项目。2004年，该工程列入国家财政专项扶贫资金，是年9月，雷进井人畜饮水工程项目开始施工，总投资237万元，2005年4月竣工，建成总容量1800立方米的蓄水池1个，日供水量5000吨。2007—2012年，回龙圩管理区为进一步解决农村自来水供应问题，对8.2公里的供水管道进行改造，回龙圩镇政府及大地铺、底岗、毛家、顾家、上枧、晨光、彭家、大罗圩等自然村都相继用上自来水。自来水用户由2006年600户，增加到2015年2165户。

2012年11月，为解决新风村自来水问题，建设狗仔井提水工程，总投资95.67万元。其中，中央投资60万元，地方配套资金29.27万元，群众自筹6.4万元，安装管道4043米。

2014年，回龙圩管理区投入475.23万元，建设岩口塘村机井提水集中供水工程。工程分两期进行，2014年进行第一工程建设，完成岩口塘村井泉水源电机水厂的建设工程，输水管网、消毒设备建设工程，解决永济亭办事处、永济亭村、岩口塘村的饮水问题。2015 年，完成输水管网续建工程后，兴隆办事处、兴隆村、八工湾村、仙人桥村都用上自来水。

（二）农村改厕

1992—2000 年，农村厕所以旱厕为主。旱厕十分简陋，一个茅房一个缸，两块木板四边少遮拦，旱厕内臭气难闻，蚊虫成堆，严重影响农村环境卫生和农民的身体健康。

20 世纪 70~80 年代，农场也曾提出改变农村厕所落后面貌，每一个自然村建 1~2 个公共厕所，但也是旱厕，因年久失修，无人管理，公厕相继倒塌。到 20 世纪 90 年代后，村民新建住宅都设卫生间，逐步由旱厕改为水冲厕。

2011 年，为了进一步加强农村的改厕工作，改善农村公共卫生环境，促进社会主义新农村建设，根据《2011 年国家最大公共卫生项目农村改厕项目实施办法》的精神，回龙圩管理区从 2012 年开始，在回龙圩镇、李家塘办事处、兴隆办事处、神仙洞办事处投资建设三格无公害化粪池，到 2014 年，分别在大兴塘、岩口塘、毛家、等母头、仙人桥在、大罗圩等村修建 1400 口三格无公害化粪池或卫生厕所。在农村全面推行水冲厕，旱厕逐渐减少。

2015 年，回龙圩管理区农村 95%的农户建有新房子，所建的房子设冲水厕所，在暂没有安装自来水的村庄，村民自挖水井，安装电机提水到楼顶蓄水池（桶）按水自冲。

（三）养猪改圈

1992—2012 年，回龙圩农村大部分家庭都养猪。农村的猪圈简陋，经常是在主人家的住宅后面搭建个简易栏圈，以猪跳不出为准。猪粪水自流，严重影响环境卫生。

2012 年，广东温氏集团进入回龙圩后，只有极少数人每年的 6、7 月才抓头小猪来养，养到春节杀猪自食。2015 年以后，回龙圩生猪养殖以温氏大户养殖为主。户养殖场的猪舍都是按规定建设的现代化标准养殖场。采用自动投料，自建沼气池、化粪池、堆粪池棚和发酵床等粪污处理设施，实现“两污分流、干湿分离、节水环保养殖”。

（四）示范村建设

回龙圩管理区历届党委都重视社会主义新农村建设。神仙洞办事处神仙洞村、大罗圩村，马鹿头办事处田美村，回龙圩镇回龙新村，李家塘办事处何家村，兴隆办事处兴隆村，永济亭办事处岩口塘村，八仙洞办事处新风村、八仙洞村，这些村庄，2015 年均成为回龙圩休闲观光的地方。

（五）农垦危房改造

2011—2014 年，回龙圩管理区向湖南省农垦局申报农垦住房危房改造项目，计划改造 9275 间，总投资 5.91 亿元，其中中央投资 8478.79 万元，省级配套 6926.19 万元，自筹 43722.07 万元。

回龙圩农垦危房改造工作包括房屋改造和配套基础设施建设两部分。房屋改造分为新建和翻新加固两种方式，新建房屋包括异地搬迁新建和原址重建；翻新加固是对原来危房在不改变主体结构的基础上进行改建、扩建、维修及加固；配套基础设施建设主要包括居民点供排水系统、供电设施和线路、管道、道路、绿化等。

2011 年，成立以管委会主任为组长，主管农村工作的副主任为副组长，区农业局、区党政办、区发改委、区规划局、区国土局等相关部门的负责人为成员的工作领导小组。领导小组下设办公室，办公室设在区农业局。农业局局长兼任办公室主任。领导小组负责协调各工作，指导和督促考核项目实施进展情况。回龙圩镇、各办事处也相应成立以行政主要领导为组长的农村危房改造工作领导小组，负责本辖区的政策宣传、危房摸底、核实、建档和组织实施等工作，明确各村委会的工作职责，实行一级抓一级，层层抓落实。

危房改造工程实行公开招标制度，根据每个工程施工范围，将全区农垦危房改造项目工程划分为不同的标段，实行公开招投标，施工方应有一定的资质方可投标。工程质量由监理公司全程监理，确保工程质量。

2015 年，回龙圩管理区完成危房改造 9275 间，竣工率 100%，入住率 100%。

2015 年，农垦危房改造工程 12 月底开工 918 间，开工率为 99.5%，2016 年完成。

附

美丽乡村——八仙洞

八仙洞村位于回龙圩管理区八仙洞办事处的西部，坐落于回峰岭下，总面积 8.3 平方公里，辖 4 个村民小组，343 户 1350 人。20 名党员，村支两委干部 4 人，大学生村官 1 人，村民小组干部 6 人。是湖南省美丽乡村建设示范村。

八仙洞村三面环山、山清水秀、地净天朗、鸟语花香，村里有休闲广场，休闲农庄，村级活动中心，村民住房都是青瓷花格装修，形成飞檐翘角的瑶寨风格。村里的道路边都装有太阳能路灯，街道旁边种有许多花草，生态停车场里车辆停放有序，还有大水车、休息亭。

八仙洞村的村民以种植柑橘为主要经济来源，户均种植柑橘 15 亩。

生产的柑橘品种多样，品质优良、口味鲜美，村民的人均年收入1.5万元以上。该村的村民个个都是“农艺师”，村民们自发地组织修剪队、嫁接队，每年都到周边县区指导帮助当地果农进行柑橘修剪、柑橘高接换种嫁接。村里还成立柑橘合作社、村集体收入10.8万元。

知青文化是八仙洞村的一大特色，1962—1975年，曾有1000多名长沙知青和江永知青下放到农场。八仙洞村是20世纪70年代的知青下放点，这里保留着原汁原味的当年知青的住房、生产农具，连当年知青们的一些生活用品都保存良好，还收集一些当年知青的生活照片。当年知青们抓革命、促生产、艰苦创业的生活形成“敬业创新、包容开放”的知青文化，深入人心。

这里的民风淳朴，村民们崇德向善、诚实守信、勤劳朴实、热情好客。自觉遵守村规民约，讲究公共卫生，村民们都自觉拆除破旧建筑，猪圈旱厕，自觉践行“门前三包”，自觉做到家禽圈养，整个村庄干净、清洁，无垃圾乱扔乱堆、车辆乱停乱放、鸡鸭乱跑现象。

八仙洞村的交通便利，生产发展、生活宽裕、乡风文明、村容整洁、管理民主、宜居宜业。2015年，八仙洞被评为“湖南省三星级乡村旅游示范村”。2016年12月，八仙洞休闲农庄被评为湖南省五星级休闲农庄，是生态休闲旅游的目的地。

第四节 种植业

一、粮食作物

(一) 水稻

1992年，回龙圩农场的水稻杂交稻播种面积10796亩。其中早稻面积436亩，中稻面积3282亩，晚稻面积3146亩。全场的水稻总产量4077吨，平均亩产378公斤。

1996年，农场推广种植优质水稻品种，全场种植优质水稻5990亩，占水稻种植面积的57.22%。同年农场的水稻种植重点推广软盘抛秧技术，优质稻栽培技术，平均亩产达414公斤。

1997—2003年，国内的粮食供过于求，粮食价格较低，农民增产不丰收，影响种植水稻的积极性，全场的水稻种植面积逐年减少。1999年，全场的水稻种植面积只有6382亩。

2004年，中央制定粮食直补，良种补贴及农业税减免等惠农政策。2005年起，全场的水稻种植面积逐年增加，到2008年，全场水稻种植面积14500亩，粮食总产量5939吨，晚稻种植面积4400亩。

2010—2015年，全区的水稻种植面积稳定，产量稳定。

回龙圩管理区1992—2015年水稻种植面积产量表

表13-1 单位：面积-亩、亩产-公斤、总产-吨

年份	水稻			早稻			中稻			晚稻		
	面积	亩产	总产	面积	亩产	总产	面积	亩产	总产	面积	亩产	总产
1992	10796	378	4077	4368	365	1593	3282	391	1284	3146	381	1200
1993	10676	372	3971	4318	368	1589	3245	389	1262	3113	378	1167
1994	10298	366	3764	4382	396	1734	3847	387	1487	2069	262	543
1995	10193	347	3536	4691	303	1421	2572	419	1077	2930	354	1038
1996	10473	414	4336	4337	390	1692	3052	449	1370	3084	413	1273
1997	11290	373	4215	4204	390	1640	3603	349	1250	3483	378	1316
1998	11082	362	4008	4326	401	1699	2935	467	1370	3911	246	939
1999	6382	411	2623	2933	405	1181	1711	412	705	1738	420	730
2000	9343	423	3952	1503	409	615	6630	427	283	1210	419	506
2001	9750	408	3981	9750	408	3981	6173	410	2531	1750	408	714
2002	9300	414	3853	1900	407	773	4900	419	2054	2500	410	1026
2003	7800	406	3169	2000	403	806	5000	412	2059	800	380	304
2004	8557	421	3606	1827	403	737	6240	430	2683	490	381	186
2005	10140	407	4122	1900	393	747	6240	420	2621	2000	377	754
2006	14100	399	5630	4200	395	1659	5550	420	2331	4350	377	1640
2007	14450	393	5683	4450	411	1829	5600	410	2280	4000	358	1575
2008	14500	410	5939	4500	410	1845	5600	420	2352	4400	396	1742
2009	13230	329	2186	4111	395	1623	5109	422	2155	4010	385	1543
2010	1309	397	5196	4068	393	1598	5055	428	2136	3966	382	1515
2011	1286	395	5079	3996	402	1606	1996	394	1956	3896	386	1503
2012	12875	392	5053	4860	365	1174	3915	449	1758	4100	371	1521
2013	12030	396	4763	5101	365	1816	3824	458	1751	3105	371	1151
2014	1216	393	4778	3735	371	1385	4696	403	1892	3685	384	1478
2015	12090	386	4666	5310	370	1965	3330	430	1432	3450	368	1269

（二）小麦

1992年，全场小麦种植面积1273亩，亩产50公斤，总产量64吨，1993年种植1217亩，亩产51公斤，总产量62吨。由于小麦的产量较低，效益不高，从

1993 年以后全场的种植面积逐年减少。1998 年，全场的小麦种植面积只有 412 亩，1999 年以后只有农户很少量的种植，供家庭换面条用。到 2015 年，全场没有小麦种植。

回龙圩管理区 1992—2015 年小麦播种面积和产量情况表

表 13-2　　**单位：面积-亩、亩产-公斤、总产-吨**

年份	面积	亩产	总产	年份	面积	亩产	总产
1992	1273	50	64	1996	592	71	42
1993	1217	51	62	1997	576	85	49
1994	1109	52	58	1998	412	97	42
1995	975	65	63				

（三）红薯

1992 年，回龙圩农场红薯种植面积 2475 亩，总产量 3712 吨。1999 年，从广东引进广东南瓜红薯和广西的紫心红薯，红薯生产进一步发展。2001 年，全场红薯种植面积 3202 亩。2002 年，广东市场大量收购红薯进行加工，红薯种植面积达 5000 亩，总产量 7750 吨。

2015 年，烤烟地复种秋红薯种植面积 2479 亩。

回龙圩管理区 1992—2015 年红薯播种面积和产量表

表 13-3　　**单位：面积-亩、亩产-公斤、总产-吨**

年份	面积	亩产	总产	年份	面积	亩产	总产
1992	2475	1500	3720	2004	2700	1620	4374
1993	1923	1521	2924	2005	2544	1553	3950
1994	1800	2002	3604	2006	2600	1515	3939
1995	1382	1800	2487	2007	2486	1490	3704
1996	2366	1600	3785	2008	2188	1524	3334
1997	2488	1524	3791	2009	2286	1487	3399
1998	2553	1634	4171	2010	2348	1503	3529
1999	2974	1679	4993	2011	2216	1495	3312
2000	3202	1565	5011	2012	2118	1473	3119
2001	5000	1550	7750	2013	1317	1506	1983
2002	3500	1540	5390	2014	1125	1632	1694
2003	3000	1585	4755	2015	950	1501	1425

(五) 玉米

1992年，全场玉米的种植面积有728亩，平均亩产250公斤，总产量364吨。是种植面积最少的一年。1996年，全场种植玉米1506亩，亩产320公斤，总产量481吨。1999年，场内种植玉米试用起垄成行种植技术，亩产500公斤。2000年，全场全面推广起垄成行种植玉米2430亩，平均亩产456公斤。2015年，全区种植玉米3460亩，平均亩产456公斤，总产量1577吨，创历史最高水平。

2003年，南瓜种植

(六) 南瓜

2001年，管理区科技部门狠抓名特优新品种引进推广，全区推广面积4950亩，总产量0.9万吨，实现产值800万元，亩均增加产值200元。区内蜜本南瓜以其质优，味美深受消费者青睐，产品远销成都、昆明、深圳、南宁、北海、上海等地，市场供不应求。

二、油料作物

(一) 油菜

油菜是回龙圩农民传统种植的油料作物，油菜可当绿肥用，油菜籽可榨油，油菜枯饼是上等的有机肥料。1992年，种植面积2005亩，亩产50公斤。总产100吨。1994年，开始推行油菜优质丰产栽培技术，当年种植面积2201亩。1995年，种植面积4539亩，平均亩产68公斤，总产量307吨，其中湘油13号良种种植面积2316亩，占总面积的51.4%。1997年，场内推广种植湘油15号新品种。2001年，推广湘油3号。2004年，区内油菜全面普及优质高产栽培技术，种植面积4000亩，亩产80公斤，总产量3210吨。2012年，全区种植面积2.46万亩。2015年，种植面积2.6万亩，亩产97公斤，总产量2565吨。

回龙圩管理区 1992—2015 年油菜播种面积和产量表

表 13-4　　单位：面积-亩亩产-公斤总产-吨

年份	面积	亩产	总产	年份	面积	亩产	总产
1992	2005	50	100	2004	4000	80	320
1993	2016	58	125	2005	3395	69	235
1994	2201	45	98	2006	4554	108	480
1995	3367	55	185	2007	3500	85	289
1996	4539	68	307	2008	3500	130	450
1997	4973	43	214	2009	3780	97	366
1998	2785	68	188	2010	3672	112	411
1999	2445	85	208	2011	3556	117	416
2000	2560	60	153	2012	24584	82	2016
2001	3650	75	273	2013	24805	82	2034
2002	3800	82	312	2014	25153	95	2389
2003	3500	82	287	2015	26440	97	2565

（二）花生

回龙圩农民有种植花生的传统习惯。1992 年，回龙圩花生种植面积 2384 亩，产量 111 吨。2000 年，花生种植面积 2943 亩，产量 309 吨。花生种植面积最多的是 2009 年，种植面积 3465 亩，总产量 578 吨，增产的原因主要是花生市场价格好，供不应求，生花生每公斤 4 元。

回龙圩管理区 1992—2015 年花生播种面积和产量情况表

表 13-5　　单位：面积-亩、亩产-公斤、总产-吨

年份	面积	亩产	总产	年份	面积	亩产	总产
1992	2384	47	111	2004	3400	162	554
1993	1586	72	114	2005	1500	163	245
1994	1440	69	99	2006	1550	165	256
1995	1995	75	145	2007	2947	170	501
1996	2310	94	217	2008	3377	176	594
1997	2359	114	268	2009	3465	167	278
1998	1858	115	214	2010	3365	172	578
1999	1132	200	226	2011	3257	157	511
2000	2943	105	309	2012	2680	186	498
2001	3000	100	300	2013	2681	186	499
2002	2900	103	300	2014	2585	179	462
2003	3000	101	350	2015	2610	188	506

三、烤烟

1997 年，回龙圩农场成立一级财政，农场开始种植烤烟。回龙圩管理区的大申塘、山岩塘村有种烟叶的传统，土壤适合种烟，种植出高质量烟叶。2015 年，回龙圩种植烤烟 2400 亩，实现税收 300 万元。

第五节　养殖业

一、家畜、家禽

（一）家畜

养猪场

1992 年，回龙圩农场的生猪养殖形式以办猪场和家庭散养相结合为主。规模最大的猪场是李家塘猪场，引进荷兰种猪 20 头，年末生猪存栏 2000 头，1995 年因故倒闭。1997 年，农场号召大力发展养猪事业，建立严厉考评制度，要求单位养猪、人人养猪，当年发展生猪 2.56 万头，出栏 1.75 万头，年末存栏 8010 头。2009 年，管理区引进广东温氏集团公司养猪技术，按温氏集团要求办起 12 家上规模的生猪养殖场，当年全区出栏 4.34 万头生猪，年末存栏生猪 2.7 万头。此后，养猪以大户养殖为主。2015 年，生猪出栏 4.17 万头，年末存栏生猪 2.26 万头。年末，存栏上千头的猪场有 12 个。

回龙圩管理区 1992—2015 年生猪养殖情况统计表

表 13-6　　　　　　　　　　　　　　　　　　　　　　　　**单位：头**

年份	出栏	存栏	母猪	年份	出栏	存栏	母猪
1992	5324	5310	268	1995	6300	5564	568
1993	6421	6310	425	1996	6807	20962	634
1994	7626	6046	695	1997	9500	7200	700

续表13-6

年份	出栏	存栏	母猪	年份	出栏	存栏	母猪
1998	11000	8400	1000	2007	17952	11766	1660
1999	19500	10213	988	2008	18742	9860	1510
2000	15450	9250	869	2009	19632	10652	1720
2001	15800	9400	977	2010	21543	11503	1835
2002	15860	7600	870	2011	22745	12860	2015
2003	16314	6765	875	2012	24100	14040	2310
2004	17073	9105	904	2013	23953	12476	—
2005	13592	14717	1079	2014	35873	19726	—
2006	17185	18614	1468	2015	41648	22640	—

1992—2008 年，每个农户家里都放养 1～2 头牛不等，牛分为黄牛和水牛。1992 年，全场牛存栏 1987 头，其中母牛 860 头，仔牛 305 头，劳役牛 1631 头。黄牛 931 头，水牛 1056 头。2006 年，国家实施购买农机补贴政策，回龙圩种植户多数购买微耕机、拖拉机。随着农业机械化的普及水平提高，农户养殖耕牛的数量逐年减少，2015 年年底，全区耕牛的养殖存栏 856 头，比 1992 年减少 1131 头。

回龙圩管理区 1992—2015 年耕牛养殖情况统计表

表 13-7　　　　单位：头

耕牛					1. 黄牛			2. 水牛		
年份	年末存栏	其中			年末存栏	其中		年末存栏	其中	
		劳役牛	能繁殖母牛	当年生仔牛		能繁殖母牛	当年生仔牛		能繁殖母牛	当年生仔牛
1992	1930	1520	850	284	692	254	103	1238	596	181
1993	2015	1668	920	346	807	296	187	1387	659	197
1994	2434	1879	1127	450	906	355	208	1528	772	242
1885	2078	1666	1184	355	757	343	156	1321	841	199
1996	2293	1724	906	445	984	460	196	1309	445	250
1997	2386	1907	848	561	765	235	145	1621	613	416
1998	2787	2227	990	529	1215	456	302	1572	534	227
1999	2564	1851	1108	789	816	358	253	1748	750	536
2000	2465	1527	1228	822	1027	359	270	1438	869	552

续表 13-7

年份	耕牛				1. 黄牛			2. 水牛		
	年末存栏	其中			年末存栏	其中		年末存栏	其中	
		劳役牛	能繁殖母牛	当年生仔牛		能繁殖母牛	当年生仔牛		能繁殖母牛	当年生仔牛
2001	2450	1598	1780	852	1050	740	315	1400	1040	537
2002	2470	1384	1550	917	1080	807	480	1390	743	437
2003	2494	1509	1692	1043	1179	809	428	1515	883	614
2004	3712	1182	1701	1043	1388	829	440	2324	872	603
2005	3202	1188	1531	1028	1225	747	484	1977	784	544
2006	3125	1067	1390	903	1154	673	436	1971	717	467
2007	2812	965	1251	813	1039	606	393	1773	645	420
2008	2529	868	1126	732	935	545	354	1594	581	369
2009	2276	781	1014	659	841	491	319	1435	523	340
2010	2048	703	913	593	757	442	288	1291	471	305
2011	1741	630	822	534	644	390	259	1097	432	275
2012	1480	567	740	481	548	351	233	932	389	248
2013	1258	511	666	433	465	316	210	793	350	223
2014	1070	460	600	390	396	284	189	674	316	201
2015	856	414	540	351	337	256	170	519	284	181

（二）家禽

回龙圩家禽养殖以鸡鸭为主，饲养的方式以家庭散养为主。1993 年，全场养鸡 4.58 万只，养鸭 2.60 万只。家庭的养鸡以往都是自己用母鸡孵化，一窝鸡孵 18～20 个鸡蛋，孵化后小鸡追随母鸡用米谷养大。后来发展电孵化，一个孵化箱一次性孵化 1000 多只小鸡，小鸡出壳后，用饲料饲养，小鸡生长迅速，3 个月就可以出售。

2010 年起，回龙圩管理区有些果农从农贸市场上买些仔鸡放在橘园里散养，称果园鸡，在农贸市场上可卖到 25 元一斤。2015 年，全区的存笼家鸡 6 万只。

鸭的品种有婴桃鸭、龟桃鸭、麻鸭、北京鸭、洋鸭等，家庭一般饲养麻鸭、樱桃鸭、洋鸭。2015 年年底，全区鸭子出笼 6 万只。

回龙圩管理区 1992—2015 年家禽养殖情况统计表

表 13-8　　单位：羽

年份	出笼数	年末存笼	年份	出笼数	年末存笼
1992	32010	44780	2004	55000	12000
1993	33230	26073	2005	68959	64936
1994	35188	25896	2006	89346	39587
1995	110000	72000	2007	97311	40717
1996	27753	21984	2008	137190	49000
1997	27200	20000	2009	143521	78625
1998	29600	23900	2010	154230	100725
1999	29200	31388	2011	163750	110067
2000	32000	35000	2012	179460	120700
2001	40000	17000	2013	185226	133487
2002	45000	14000	2014	123217	87508
2003	46620	14266	2015	107400	75275

二、水产养殖

（一）水产资源

回龙圩管理区有水面积 6460 亩，其中河沟渠 1575 亩，具备养鱼条件的可养殖面积 4585 亩。主要经济鱼类有青鱼、草鱼、鲢鱼、鳙鱼、鲤鱼、鲫鱼、鳊鱼等 36 种；比较名贵的鱼类有斑鱼、黄鳝、泥鳅、鲶鱼、鳅鱼。爬行类鱼种有团鱼（鳖）、乌龟，由于过量捕捞，时有电鱼、毒鱼事件发生，沟河里野生的斑鱼、鲶鱼、鳅鱼、团鱼的数量逐年减少。2014 年，引进南方大口鲶、选子、黄沙角鱼、鳜鱼、键鲤。

（二）渔业生产

鱼苗繁殖　1992—2005 年，回龙圩管理区的鱼苗自给有余，有晨光渔场和兴隆渔场 2 个鱼苗孵化点，能孵化草、鲤、鳙、鲢等多种鱼苗。鱼苗自给有余，附近江永、道县，广西麦岭等地的养鱼户每年春季放鱼时到回龙圩购鱼苗。

池塘养鱼　回龙圩管理区池塘养殖水面 870 亩，其中精养池塘 225 亩。由于鲜活鱼的价格稳定，群众养鱼的积极性不断提高，池塘养鱼有长足的发展，有的农户将稻田改为鱼池。2006 年，池塘养殖水面积达 1095 亩，产量 140 吨。晨光渔场、兴隆渔场的池塘养鱼产量较高，亩产达500公斤。

水库养鱼 回龙圩管理区山塘水库79座，养殖水面积3715亩。1995年，引进重庆长春湖渔场高产网箱养鱼项目，高薪聘请该场技术员陈种泸作技术指导，是年5月25日，从湖北龙感湖购进68万尾建鲤鱼苗投放盐下水库网箱及晨光渔场养殖，后因饲养成本高而停养。回龙圩养鱼除一些养鱼专业户以投肥、投料外，绝大多数是自然放养，以草料投喂为主。每亩产鱼在500公斤左右，回龙圩鱼市场价稳定在7~9元之间。1992—2015年，鱼的价格无变化，回龙圩能养鱼的池塘、水库都放养鱼。

第六节 农业综合开发

一、综合开发

1988年，中共中央政治局委员、国务院副总理田纪云到回龙圩农场马鞍山进行考察为契机，拉开回龙圩丘岗开发的序幕。1989年，成立农业综合开发领导小组，副场长宋罗春任组长、卢国焕、何本荣任副组长。农业开发主要任务是开垦宜农荒地种粮、种果，改造中低产田、造林、发展畜牧、兴修水利等项目。农业开发用时9年，分三期进行开发，开荒种粮计划1.4万亩，实际完成1.4万亩，完成计划的100%，修建配套机耕道59.06公里，开挖渠道19.66公里，建涵闸75处，开荒种果计划0.2万亩，实际完成0.27万亩，完成计划的135.75%；造林计划0.5万亩，实际完成0.64万亩，完成计划的127.07%；畜牧计划发展瘦肉型猪1.4万头，全部完成。同时新建年产5000吨的饲料厂1座，修建猪舍1784平方米。水利建设计划新建小（2）型水库7座，实际完成7座，完成计划的100%，新建整修山塘7口，实际完成14口，完成计划的200%。农业机械新购40台，总动力544.6千瓦，其中机动喷雾机10台，采茶修剪机10台，拖拉机及配套农具17台，装载机1台，自卸汽车2台。

1989—1992年，第一期农业综合开发总投资675.27万元，其中改造低产田264.86万元，开垦荒地投资201.01万元，造林（含种果）投资114.62万元，畜牧投资85.19万元，其他投入9.59万元。资金来源，中央、省投资284.5万元，地区配套资金26.6万元，农场配套159.27万元，农行专项贷款204.9万元。

1993—1995年，第二期农业综合开发有8个项目，涉及大地铺、永济亭、八仙洞、马鞍山、兴隆、回龙、马路头、神仙洞8个分场，59个生产队，农业综合开发总面积3.76万亩，其中低产田改造3700亩，宜农荒地4100亩，宜果荒地2800亩，宜鱼水池200亩，宜牧面积5200亩，造林1.16万亩。其中防护林5700亩，经济林

1.04 万亩，新建和改建山塘、鱼池 237 亩。计划投资总额为 780.7 万元，实际投资 565.1 万元，占计划 73%。其中中央、省级到位资金 229.4 万元，占实际计划投入 100%；地市配套资金 31.7 万元，占实际计划投入 100%；农场配套资金 120 万元，占实际计划投入 100%；农业银行专项资金贷款 184 万元，占实际计划投入 46%。

1995—1998 年，第三期农业综合开发，计划在仙人桥分场百谷冲茶叶地，建设 300 亩高标准的特早蜜橘基地，永济亭分场的长塘至大兴塘黑麦地一带柑橘面积 11000 亩，与红吐村茶园连成片，全部实现灌溉；大地铺果场断石桥 1300 亩，媳妇娘山 1100 亩的脐橙基地，改造后亩产增产 1000 公斤，新增产值 0.20 万元，增加总产量 2400 吨，产值 480 万元，新增利税 120 万元，其中纯利润 48 万元，投资利用率 46%，投入产出比为 1∶4∶5。扁山、黄竹山 2 个项目区，土地面积 30450 亩，宜草荒地 13896 亩，林地 108 亩，水沼 542 亩，疏菜地 1135 亩，其他用地面积 1400 亩。实际完成低改果园 5605 亩，低改茶园 770 亩，草地改良 13896 亩，开荒种补 5787 亩，造林 760 亩，改造垦荒残林 1135 亩，发展养殖水面 594 亩，建苗圃 10 亩，增加有效水量 270 立方米，增加灌溉面积 10050 亩，增加农机动力 128.8 千瓦，增加机耕面积 4300 亩。新增田间灌渠 53.54 公里，新建栏舍 3206 平方米，发展菜牛 1152 头，发展瘦肉型生猪 300 头，培训技术人员 318 人次，引进良种公牛 3 头，推广良种种植面积 19683 亩。第三期综合农业开发总投资 673.3 万元，其中财政投资 373.3 万元，农行贷款 300 万元，土地治理部分投资 417 万元，占总投资 62.4%。其中财政资金 287 万元，占 68.8%；贷款 130 万元，占 31.2%；多种经营投资 251.1 万元，占总投资 37.6%。

1998 年，回龙圩农场被评为永州市第三期农业综合开发二等奖，高亮晶获永州市农业综合开发先进个人奖。

2010 年 12 月 14~16 日，全省南亚热带作物工作座谈会在回龙圩区召开。出席会议的有省农垦局党组书记郭诚，省农垦局党组成员、总经济师徐芳钧，全省南亚热带作物主产区市（州）的农业局长，国丰农业食品公司负责人以及主产区相关县（区）负责人、国有农场负责人。会议旨在贯彻落实全国南亚热带作物工作会议精神，总结交流当前热作产业发展情况，讨论审议湖南省“十二五”热作发展规划，部署今后发展热作产业的重点工作，确保湖南省热作产业又好又快发展。会上，省农垦局党组书记郭诚作主题发言。他指出，今后湖南省热作工作的重点主要是加强南亚热作现代农业示范基地，加强热作病虫害疫情监测与防治，做好种子资源保护，加强技术集成、监控认证、推广体系建设以及加强热作项目资金管理和监督等。同时，与会 6 个单位就本地区如何充分发挥区域优势，大力发展南亚热作特色产业作典型发言。另外，与会代表还实地参观回龙圩区万亩蜜橘基地，万亩脐橙基地和八仙洞休闲观光果园。

二、红壤开发

1993年3月，回龙圩农场利用世界银行贷款在双龙流域实施红壤开发改良项目，项目总面积10465亩，其中红壤面积10151.05亩，占总面积的97%。该区域土壤成土母质主要为砂岩和石灰岩，土层深厚，土质黏重，有机含量低，潜水，保肥能力差，水土流失严重，土地利用率低，利用世界银行贷款进行该流域开发改良，全面治理水土流失，发展优质茶叶、水果、畜牧生产、农村能源及水电路基础设施建设和专业技术培训等。红壤开发项目总投资1083.2万元，其中世界银行贷款80万美元，折合人民币541.6万元，占总投资的50%；国内配套资金541.6万元，其中省财政配套资金108.28万元，地方财政配套资金54.12万元，农场配套资金54.12万元，自筹资金（包括劳务）325.08万元。

回龙圩农场1994—1997年红壤开发项目实施安排表

表13-9

	总投资（万元）	1994年	1995年	1996年	1997年
合计	1083.2	216.64	324.96	324.96	216.64
占总投资比例（%）	100	20	30	30	20
外资	541.6	116.32	154.48	154.48	116.32
内资	541.6	116.32	154.48	154.48	116.32

1993年3月至1999年12月，红壤开发项目完成投资项目资金1083.2万元，其中流域开发投资96.66万元，基础设施投资88.745万元，建筑住房投资71.6万元，机械车辆购置124.34万元，作物种植257.075万元，畜牧水产155.35万元，农村能源9.6万元，培训和技术服务15.7万元，其他不可预见的基础设施建设资金246.126万元。完成低改茶园1680亩，低改果园2500亩，开发优质茶园300亩，开展优质果园180亩，开荒造林2145亩，发展瘦肉型生猪6500头，新建李家塘到永济亭的道路5.6公里，新建水渠6公里，新建大岩口新村2座提灌站，架设高压输电线路10公里，新建红壤村村民住宅2000平方米，农村能源沼气池5座，培训1750人次。

第七节　农具农机

一、农具

1992—2015年，回龙圩管理区内使用过的农具分五类。一是耕作农具，有单面犁、新式步犁、耙蒲滚、锄头、月刮、二齿耙、铲锹；二是提水农具，有手摇式龙骨水车，脚踏式龙骨水车；三是收割农具，有扮谷桶、镰刀、谷筛，晒垫、风车、脚踏人力打谷机；四是加工工具，有碓、磨子、碾槽、簸箕、刨丝板、米筛、木质油榨、糖榨、木制红薯刨丝机等；五是运输浓具：有箩筐、油箩、木船、独轮车、板车、牛车、马车。

二、农机

1992—2015年，回龙圩管理区使用过的农机分为5类：一是耕作机械：拖拉机，可分为连体式拖拉机和轮式拖拉机。链式的有推土机、铲土机和抠机。轮式的有推土、铲土、耕地等大中型拖拉机，还有小型的手扶式起垄机、微耕机；二是提水机械：柴油机动力带动水泵抽水，汽油机作动力带动水泵抽水、电动带动水泵抽水；三是植保机械：柴油机带动的喷雾器杀虫机，电力带动的喷雾器杀虫机；四是收割机械：柴油机作动力的打谷机、电动打谷机、联合收割机；五是农副加工机械：榨油机、碾米机、粉碎机、水果打蜡机、水果分级机。

1992年，农场内有农业机械661台，总动力3241千瓦；共有农用汽车9台，农用小型运输车16台，手扶拖拉机185台，柴油机78台，电动机456台。1999—2000年，农场的柑橘园转让给农户，果园的杀虫、排灌机械、运输工具的数量迅速增加。2005年，全区拥有各种农业机械3755台，总动力24129千瓦，共有农用小型运输车120台，手扶拖拉机（含微耕机）1742台，机动脱粒机565台，柴油机865台，汽油机138台，电动机325台。2006年，国家实行购买农机补贴政策，回龙圩农机发展迅速。2015年，全区拥有各种农业机械6133台，总动力38125千瓦。有农用车45辆、农用小型运输车238台、拖拉机2019台、大型耕地拖拉机11台、微耕机1365台、机动脱力机1038台、柴油机968台、汽油机351台、电动机512台、水果打蜡机9台、分级机6台、联合收割机1台。

（一）农机作业

1992年，场内有拖拉机185台，机械化耕作的程度不高，耕田耕地基本上是用牛做役力拉铁步犁犁田犁地，机械化耕地是用拖拉机耕地，全年的耕地面积0.33千公顷。2005年，有大型耕作拖拉机5台、烤烟起垄机20台。2007年，购进微耕机5台，微耕机可耕地也可耕田，操作简单方便，非常适用于家庭耕作，发展很快。2015年，有微耕机1365台、拖拉机2019台、多功能耕地机11台，全年耕地面积3.66千公顷。

（二）机电排灌

1992年，场内有排灌动力机械230台，1380千瓦，机电排灌面积1.36千公顷。2005年，区内排灌动力机械2565台，其中柴油机865台，汽油机138台，电动机70台，农用水泵1861台，全年机电排灌面积1564千公顷。2015年，有排灌动力机械3749台，其中柴油机968台，电动机516台，农用水泵2565台，全年排灌面积3270公顷。

（三）机械收割

1992年，全场有动力脱粒机30台，收割水稻脱粒普遍使用人力脚踏大谷机。2001年，开始使用柴油机带动的"边打、边筛、边吹"多功能的脱粒机。因其高效省力，深受农户喜爱，发展迅速。2005年，全区机动脱粒机1587台。2012年，河南省以家庭组合的联合收割机合作社，跨省到回龙圩管理区收割水稻，每亩收费100~120元/亩。2015年，全区80%以上的水稻都请联合收割机合作社收割。

（四）动力植保

1992—2000年，回龙圩农场的农作物植保基本上使用背负式手压喷雾器和落地手摇式杀虫机杀虫。2000年，为提高劳动效益，种果大户购进柴油机作动力的杀虫机，这种杀虫机喷雾均匀、压力大、便操作、效益高，在回龙圩普及很快。2005年，全区的果农购买柴油机动力杀虫机1867台，植保面积1.33千公顷。2014年，购进汽油机作动力的杀虫机，此机轻便，易操作，携带移动方便，深受果农喜爱，2015年全区有汽油动力杀虫机1567台。

（五）农副产品机械加工

1992年，回龙圩农场有农副产品加工机械213台，563千瓦。1993年，农场柑橘外贸出口，从澳大利亚引进大型打蜡分级机1台。2005年，全区有农副产品加工机械386台，其中碾米机150台、饲料粉碎机120台、榨油机98台、其他机械172台。2012年，有水果打蜡分级机17台。2015年，全区的农副产品加工机械567台。

（六）机械运输

1992年，回龙圩农场有农用汽车9辆、农用运输车10辆。2004年，农用汽车划归交警管理。2006年，全区拥有农用运输车19辆，随着管理区道路交通的改善，货物运输量的增加，到2015年，回龙圩有农用运输车138辆、拖拉机2019台，全年农机运输作业量1000万吨/公里，农村货物运输实现机械化。

（七）农机培训

1992年，成立回龙圩农机校，负责农机驾驶员的专业培训。1992—2008年，农机校只负责农机驾驶员的驾照考试培训，驾照考试由永州市农机监理所来人考试监考，每年每个季度考一次，考试合格的由市农机监理所发证。16年共培训学员3267人，发农机车辆驾驶证1963本。2009年，受省、市农机部门委权，回龙圩的农机驾驶员的专业培训、考试、发证工作全部由回龙圩农机局负责。2009—2015年，培训学员543人次，发各种农机驾驶证379本。

（八）农机补置

2006年，国家实行农机购置补贴政策，补贴的范围；农户购买微耕机、手扶拖拉机、盘拖、烤烟起垄机，水果规格分级机。补贴资金来源；中央财政补贴30%。2006—2010年农机购置补贴补给农机经销商。2011年以后，直接补给购买农机的农户。2006—2015年，回龙圩管理区购买各种农机2170台；其中2006—2010年购买1267台。2011—2015年，购买1010台。直接补给农户的农机购置补贴162.34万元。

（九）农机监管

1992年，回龙圩农场已设立农机监理站，行政级别副科级，设站长1人，副站长1人，监理员5人。2002年，成立回龙圩农机局，农机监理与农机局两块牌子一班人马，承担回龙圩农用运输车、拖拉机、多功能耕整机的安全监管任务；对农用车、拖拉机、联合收割机，多功能耕整机办理登记，发放牌照，建立档案管理工作，对车辆和驾驶员定期开展年检年审和查处农机事故。2015年，检测拖拉机1514台，年检机手617人，查处无牌机车316台，无证机手228人，纠正违章作业325人次，依法受理农机安全事故2起。

第八节　农业行政管理

一、动植物检验检疫

（一）动物检疫

1993年，回龙圩农场设立畜牧水产科，全场7个农业分场都设畜牧防疫员，动物检疫是畜牧水产科一项主要工作。全场7个农业分场都设畜牧防疫员，防疫员负责分场的畜牧防治防疫，每年春秋两季都要给牲畜、鸡鸭进行防疫注射。2003年，成立回龙圩管理区畜牧水产局，内设动物卫生监督所，负责全区的动物检疫，检疫重点是生猪检疫，生猪检疫一般采取产地检疫和屠宰检疫。

产地检疫 采取检疫申报制度，规模养殖场、个体养殖户在生猪出栏出售时，养殖业主到管理区动物卫生监督所申报检疫，填写生猪检疫申报单，区动物卫生监督所受理后，派检疫员到场到户检疫，严禁为应免而未免疫的动物，未佩戴耳标和染疫动物出证，同时按3%的比例进行“瘦肉精”同步检测，抽检猪尿样用“瘦肉精快速检测试剂”检测，检测合格后，按照《湖南省电子出具动物检疫合格证明管理办法》出具检疫合格证明。2015年6月30日后，暂停免征一切检疫收费项目，只检疫不收费。

屠宰检疫 2004年5月，回龙圩管理区建立定点屠宰场，实行检疫申报制度，准宰制度和同步检疫制度。全区的生猪统一到屠宰场屠宰，把好入场验证查标、瘦肉精检测、宰前检疫、同步检疫、检疫出证宰后处理关，杜绝无检疫证明，无耳标的动物进行屠宰。检疫员严格按照屠宰检疫规程实施检疫，做到剖检部位准确、加盖验讫印章清晰，处理结果恰当。建立屠宰场的检疫有台账和记录制度，做到进场有记录、屠宰检疫有记录、无害化处理有记录，记录登记率达到100%。按照“四不准一处理”的要求，对病死畜禽做到不准宰杀不准食用，不准出售、不准转运，进行无害化处理。依照《中华人民共和国动物检疫法》《畜禽规模养殖污染防治条例》等法律法规，加强对染疫畜禽和病害畜禽养殖废弃物进行无害化处理的监督执法，不强化企业主体责任，督促养殖场配套生产规模相适应的无害化处理设施设备，严格做好病死动物及病害动物产品的无害化工作。2012—2015年，按照国家规模化养猪场病死生猪无害化处理补偿政策，每头病死生猪无害化处理按照80元/头进行补助，4年间补偿8万元。

（二）植物检疫

柑橘是回龙圩管理区植物检疫重点。1992—2001年，回龙圩农场农业部门没有行政执法权，以及有关检疫设备，植物检疫处于失控状态。植物出口检疫由出口公司委托有关部门办理。2002年，农场改制后，有行政执法权，外运的柑橘产品都要通过回龙圩农业局质保站检查合格，开具植物检疫证书，方可外运上市。

2010年，为防止柑橘黄龙病流入，根据农业部《植物检疫条例实施细则》和《湖南省植物检疫办法》，对苗木商从外地调柑橘苗到回龙圩管理区销售检查必须到区农业行政主管部门备案，检查是否有“植物检疫证书”。严禁从柑橘黄龙病疫情发生区调柑橘苗木，及嫁接枝条到回龙圩管理区。凡是从事柑橘苗木生产的单位，或个人，应报区农业行政主管部门审查、批准，并获得“苗木生产许可证”方可生产。根据《中华人民共和国农业法》等相关条例，柑橘种苗销售商必须建立销售台账，与果农签订销售合同（或相关票据）相关苗木必须符合国家或省级种苗质量标准，并按照规定履行检疫手续，取得“柑橘苗木质量合格证”或“柑橘种苗检疫合格证”否则一律不准经营销售。凡是违规生产、调入、经营柑橘苗木的单位或个人，区农业行政管理部门可根据情节轻重分别给予警告、罚款、吊销生产经营许可证等行政处罚，造成损失由违规单位和个人赔偿；违法犯罪的，提请司法部门依法追究刑事责任。

二、农资管理

1992—1999 年，回龙圩的农业生产资料只有供销社和供销公司经营。

2000 年后，农资经营全面放开，个体经营户迅速发展起来，2015 年，回龙圩个体农资经营店发展到 22 家。农资由回龙圩管理区农业局、工商局、质监局等部门管理。为了加强农资市场的管理，确保农资质量及农民的利益不受侵害，管理区农业局、工商局、质监局、公安等部门通力合作，开展联合执法，定期不定期对农资市场进行检查整治。

2003—2011 年，查处劣质化肥 25 吨，劣质谷种 152. 5 公斤，玉米种 54 公斤，农膜 130 公斤，无生产许可证的冒牌农药 900 瓶、5000 盒，价值 30 多万元，为群众挽回经济损失 10 多万元。

2013—2015 年，农业综合执法大队、回龙圩工商局，每年组织专业人员对辖区内的农资进行不定期抽检，抽检 160 个农资品种，农资产品合格率达到 92%以上。农业联合执法人员进村入户深入田间地头了解农户购买和使用农资情况，摸清底子，跟踪服务，及时受理农民投诉，快速处理消费纠纷，仔细排查案源线索，严厉打击坑农害农行为。3 年间，受理农资投诉案件 16 起，并依法依规进行处理，为农民挽回经济损失 25 万元。

三、渔政管理

1992—1999 年，回龙圩农场规定严禁在沟渠、河流、山塘、水库里炸鱼、电鱼、毒鱼。但在农场水域内非法炸鱼、电鱼、毒鱼的现象时有发生。1995 年，回龙圩农场印发《关于保护水资源和严禁毒、炸、电、滥捕鱼的通告》，按照通告要求，回龙圩派出所对一些非法炸鱼、电鱼、毒鱼的行为进行严厉打击，收缴一批电鱼机，对违法者进行经济处罚和治安拘留，起到有力震慑作用。

1999—2010 年，渔政管理有所放松。2002 年，成立畜牧水产局，但非法电鱼、毒鱼现象仍有发生。有关部门只注重宣传，但无具体执法行动。2012—2015 年，非法电鱼、炸鱼、毒鱼现象有所遏治，非法炸鱼现象由于炸药管得紧，基本消除。2015 年，回龙圩管理区管委办下发《关于回龙圩管理区投肥养鱼专项整治工作实施方案》的通知，对回龙圩投肥进养鱼开展专项整治，全区的山塘水库的水资源和生态环境得到保护。

第二章 柑橘

第一节 柑橘生产

柑橘种植园

1963年，回龙圩农场开始在农科所试种植柑橘，当年种植207.7亩。后因管理不善橘园荒芜，柑橘苗木因病虫危害枯死。1968年，农场重新在农科所种植柑橘，种植温州蜜柑280亩，经过4年精心栽培，1972年成功挂果，且品质优良、口味鲜美。1973—1990年，农场组织全场劳动力，大面积种植柑橘。1991年，种植面积发展到10625亩，其中无核蜜橘6450.86亩、椪柑408.58亩、脐橙1672.76亩、哈姆林934.81亩、冰糖橙191.75亩、夏橙44.75亩、金柑橘102.63亩。主要分布于西南边5个柑橘分场和马鞍山一个园艺场。具体面积分布：永济亭柑橘场2043.22亩，仙人桥柑橘分场1597.55亩，八仙洞柑橘分场2363.9亩，神仙洞柑橘分场1325.44亩，大地铺分场866.9亩，马鞍山园艺场76.2亩，马鹿头农业分场518亩。回峰林场12亩，场部机关32亩，中小学35亩，农场职工家庭种植258亩。

1992—1998年，农场的柑橘生产采取集约化经营管理体制，实行“六个统一”，即统一技术指导、统一配药杀虫治病、统一施肥、统一修剪、统一定价、统一销售。并经职代会通过制定《回龙圩农场柑橘管理办法》。该办法规定：一个劳力管理6亩（盛产期）果园，按树龄和品种确定产量，柑橘产品全部上交，超产受奖、减产受罚。超产的奖励办法是：根据果农所承包的柑橘品种面积、所产产量，达到规定的等级质量的，按销售平均价（减除销售费用），超产100%以上的奖励26%；超产50%以上的奖励23%；超产49%以下的奖励20%，一个岗超产2万公斤的果农，奖永久牌自行车一辆（600 元），一个岗超产 2.5 万公斤以上的果农，奖 18 英寸彩电一部（或 2400 元）。1997 年超产 2.5 万公斤的有一个岗，奖励一台彩电，超产 4 万斤的有 7 个岗，奖励自行车 7 辆。

2001 年，管理区优良柑橘品种

1992 年，全场柑橘总产量 7560 吨。1995 年，全场的柑橘总产量 10110 吨。其中蜜柑 857.6 吨，亩产 1356.7 公斤，哈姆林 72.5 吨，亩产 2095 公斤，脐橙 53 吨，亩产 1325 公斤，总产值 1325 万元，生产利润 552 万元。回峰蜜柑出口 77 吨，均价 2.2 元/公斤，创汇 170 万元。1998 年，柑橘总产量 13281.25 吨。

1997 年，受亚洲经济危机影响，回龙圩的柑橘的销售不畅，收入减少、亏损严重，农场集约化水果生产面临重重困难，主要是资金投入短缺。为确保柑橘生产投入，农场决定按月息 2 分的利息集社会闲散资金，从 1995—1997 年高息集资 800 万元。1999 年 2 月，农场决定把部分柑橘园转让承包给果农，当年转让承包 3000 亩。1999 年 12 月，回龙圩遭受百年未遇的霜冻，柑橘受损严重，受灾面积 100%，严重的 30%，加上高息集资的压力，2000 年，农场又转让承包 4000 亩果园。受灾严重的 1000 多亩因转让不出，农场决定按一人 3 亩的数量分配给干部职工种植管理。2000 年，回龙圩农场柑橘集约化经营体制结束，转入个人承包经营形式。

2005 年，由于外地来收购柑橘商贩少，大多数的脐橙都被回粤水果公司、化来水果公司收购，价格每公斤 1.5~2.0 元。温州蜜柑都是果农自运到广东各市水果批发市场销售，6 厘米以上的的价格每公斤 1.0~1.2 元，6 厘米以下的小果广东市场不好销售，本地市场销售价格每公斤 0.5~0.8 元。是年，由于柑橘销售不畅，果农种果的积极性受到影响，出现果园抛荒现象。2006 年，管理区加强对回龙圩柑橘品牌的宣传，提高果农对果品质量意识，鼓励区内水果商贩引领外地水果商贩到区收购柑橘。教育果农柑橘采摘必须按质量要求，保证外来商贩满意。2006 年，外地来回龙圩收购柑橘的商贩逐渐增多，柑橘价格也逐年提高。2008 年，满洲里、北京的商贩到回龙圩收购柑橘，普早密橘规格 5~7 厘米的每公斤 2.0 元人民币，特早蜜橘

2003 年的橘园

5~7 厘米，每公斤 2.4 元。倒框收购，直到把全区的柑橘收购完毕才离开。2010 年，回龙圩管理区的柑橘种植面积 3.46 万亩，总产量 8.02 万吨。

2011 年，回龙圩从广东引进沙糖橘种植，到 2015 年全区种植面积达 2000 亩，挂果面积 1000 亩，年产量 100 万公斤，每斤均价 4.5 元，年总值 900 万元。此品种果肉爽脆、汁多、味清甜，成熟时恰逢春节。

2013 年，回龙圩果农易守满从四川引进 W-默科特品种在神仙洞进行高接换种，嫁接 6 亩，2014 年挂果，2015 年 3 月成熟。果实的含糖量高，风味佳，果皮易剥，果实多味，市场均价每斤 5 元以上，每亩产量 3000 公斤左右，亩产值 3 万元。

2014 年，引进沃柑苗试种，买来枝条进行高接换种，到 2015 年，全区高接换种的面积、幼苗种植面积达 1500 亩，沃柑挂果期长要到第二年 3 月成熟。沃柑的果肉橙红色，细嫩化渣，多汁味甜，市场每斤均价 5~6 元。

2015 年，回龙圩管理区柑橘种植面积 5.94 万亩，总产量 12.5 万吨，总产值 3.5 亿元。

第二节　柑橘品种简介

一、温州蜜柑

温州蜜柑属宽皮柑橘类水果，原产于浙江省温州市，又称无核蜜橘，据史书记载，温州栽培柑橘已有2400多年历史。唐代温州柑橘被列为贡品，南宋孝宗淳熙五年（1178），记嘉太守韩彦直著（橘录）系统记述温州一带柑橘的品种栽培技术，病虫害防治，储藏和加工等情况的经验。

温州蜜柑抗逆性强、适应性广、早产、高产、稳产、品质好、易栽培。温州蜜柑的特早熟品种8月下旬成熟，早熟品种9月中下旬成熟，中迟熟品种11月上旬成熟，较耐储藏，适于加工，又可鲜食。回龙圩地处亚热带，气候温暖，雨量充沛，土地肥沃，温州蜜橘生长条件优越，1963年引进种植，到2015年全区种植4万多亩，是湘南的温州蜜橘的主产区。回龙圩生产的温州蜜柑皮色橙红鲜艳，肉汁丰富而味甜蜜，果肉及果汁具有解热、生津、开胃、利尿、去痰止渴之功效，品质极佳，市场价格好。2015年，批发价每公斤2.4元，成为具有回龙圩特色的回峰蜜橘优良品种。

二、华盛顿脐橙

2006年，万亩高产果园一角

华盛顿脐橙又名美国脐橙，抱子橘，无核橙，花旗蜜柑，有的地方也叫无核橙，无核广柑，简称华脐。华脐原产南美巴西，主产美国、澳大利亚等国。1975年，引进回龙圩农场栽培种植。2015年，种植5672亩。华脐的主要特点：树冠半圆形或圆头形，树势较强，开张，大枝粗长、披垂，小枝无刺或少刺，叶片稍厚，椭圆形。花大，水平花径4厘米，花器发育不全，花药中几乎无花粉，一般为乳白色。萌芽、开花较普通甜橙早，果实椭圆形或球形，基部较窄，先端膨大，脐较小，开张或团合，果实大，单果重200克以上；果色橙红，果面光滑，油胞平生或微突；

果顶部薄，近果蒂部厚，囊瓣紧形 10~12 瓣，中心柱大而不规则，半充实或充实。肉质脆嫩、多汁、化渣，酸甜适口，富芳香，可食率百分之八十左右，果汁率 45%~49%，可溶性固形物含量 10.5%~14%，糖含量 9~11 克/100 毫升，维生素 C 含量 50~56 毫克/100 毫升，含有丰富的胡萝卜素及黄铜甙、柠檬酸、苹果酸等，还含有钙、磷、铁、钾等多种矿物质，品质上乘，果实耐储存性好，果实 11 月下旬至 12 月成熟。华脐果大美观，品质优良，耐寒。但因雄蕊不育，花粉少，注重保花保果产量稳定。1997 年 12 月，在首届湖南省优质水果评比会上，回龙圩生产的华盛顿脐橙被评为优质。2015 年，市场价每公斤 4~5 元。

三、椪柑

椪柑，又名芦干，树形较开张，树势中强，10 年生树东西冠经 3.5 米，南北冠经 3.8 米，树高 3.3 米。叶片长椭圆形，叶纯尖，有凹口。萌芽率中。枝梢顶端芽易成丛状抽发，成枝力弱，每年 3 月上旬萌芽，四月中旬现蕾，一般为单花，以顶花、有叶花为主，着果率超过 13%，结果母枝以长 7~15 厘米为主。树体内，外果枝在树体通风透光条件下坐果情况良好。主要结果母枝为春梢和早秋梢，春梢结果较好。果扁圆形有短颈和平蒂两种类型，以平蒂为主，果皮橙黄有光泽，油泡细密有凹点。平均果纵径 6.13 厘米，果横经 7.24 厘米，皮厚 0.30 厘米，单果重 149.6 克，大小均匀，可食率超过 70%，中心柱充实集中，成熟后可溶性固物高于 13%，含酸量为 0.7%，风味浓郁、爽口化渣，维生素 C 含量 33.2 毫克/100 克果汁，果实种子 6 粒左右，成熟期为 11 月下旬至 12 月上旬。1987 年，从广西引进该品种在回龙圩种植 200 亩，1990 年挂果，1997 年 12 月 20 日，湖南省公布首届优质水果评选结果，回龙圩农场推送的椪柑得 94 分，获金奖。1999 年 12 月，回龙圩遇到大霜冻，大部分椪柑被冻死砍掉重种。2015 年，全区椪柑种植面积 500 亩左右，市场价每公斤 2.2~2.4 元。

四、哈姆林甜橙

哈姆林甜橙是美国 19 世纪后半期从佛罗里达州的实生甜橙中选育而成。1879 年在哈姆林氏的柑橘园栽培，后发展成为佛州早熟甜橙的代表种，并引进巴西、摩洛哥和西班牙等国栽培。

1965 年引进中国，1976—1979 年回龙圩农场开始试种，在高尚、神仙洞等地种植 934 亩。

哈姆林甜橙具有树势强、耐寒的特点，树形呈松散圆头形，八年生树高 2.29 米、冠经 2.58 米，树冠半圆形，开张，树叶茂密，小枝粗壮，叶片长椭圆形，大小中等。单果重120~140克，果皮深橙色，较薄且光滑，果肉细嫩、汁多味甜，具香味，可溶性固形物11%~20%，糖含量8~9克/100毫升、酸含量0.8~0.9克/100毫升，无核或少核，品质上等，11月上旬成熟，果实耐储存保鲜性好，可鲜食，更适加工果汁，果汁色泽橙黄至橙红，组织均匀、原果香气浓。

哈姆林成熟早产量高，且具有早期丰产性。该品种的缺点是果实均匀度差，刚采摘时味较酸，定要储藏到第二年2~3月味才甜。2005—2007年，农场的柑橘市场价较低，每公斤哈姆林0.6~1.1元。经济效益不高，果农采取高接换种的办法逐渐改良新品种，到2015年，全区没有哈姆林品种。

五、冰糖橙

冰糖橙又名冰糖柑，为芸香料柑橘常绿乔木，原产湖南黔阳县（今洪江市）。1980年，引进回龙圩农场种植。1991年，全场种植191.75亩。

冰糖橙树势健壮，树姿开张，枝梢较粗壮。叶片呈椭圆形，较宽大，每年三月抽梢，四月开花，到十月寒露后成熟。果实近圆形，橙红色，果皮光滑；单果重150~170克，可溶性固形物14.5%，糖含量12克/100毫升以上，酸含量0.6克/100毫升，味浓甜带清香，少核，3~4粒，果实较耐贮藏。冰糖橙品质好，市场价每公斤4.6~5.2元。2015年，全区冰糖橙种植面积500亩，总产量1000吨。

六、妞荷尔脐橙

纽荷尔脐橙原产美国，系由美国加利福尼亚州的华盛顿脐橙芽变而得。1978年，引进中国，在重庆、江西、四川、湖北、湖南、广西等省、直辖市、自治区广为栽培。2003年，引进回龙圩管理区种植，由于纽荷尔脐橙外观美、成熟期早、品质优良逐渐成为回龙圩主栽品种之一。

纽荷尔脐橙生长较旺，树势开张，树冠呈扁圆形或圆头形。树梢短密，叶色深，每年3月发梢现蕾，4月现花结果，第一次生理落果，5月上、中旬；第二次生理落果，5月下旬至6月中旬。果实长椭圆形或短椭圆形，橙红色、美观、单果重250~350克，重者达750克。果顶微凸、具脐，多为闭脐，11月成熟，果皮光滑，皮厚0.42~0.55厘米，稍难分离；汁多橙黄色，排列整齐，含有大量维生素C和胡萝卜素，可食率73%~75%，可溶性固形物≥12%，固酸比≥12.5，维生素C46.5~64.0/毫克。果汁甜酸适口，富有香气，品质上等。市场价好，2015年每公斤4.8~5.2元。

七、砂糖橘

砂糖橘，又名叫四会柑、十月橘。原产郁南县、怀集、广宁、四会、信宜市一带。最初产自四会市黄田镇砂糖村，因而得名砂糖橘。2011 年，引进回龙圩种植，砂糖橘含有丰富的维生素 C、钙、纤维质，少量的蛋白质、脂肪，含有丰富的葡萄糖、果糖、蔗糖、烟酸、抗坏血酸，以及钙、磷、镁、钠等人体必需元素，砂糖橘味甘酸、性温，具有理气化痰、润肺清肠、补血健脾等功效。树冠中等，圆头形，根系发达、枝细密、梢直力、发梢强，叶片椭圆形，呈深绿色，叶缘锯齿梢深，翼叶较小。花较小，完全花。是稳产丰产的柑橘品种之一。一般种植 3 年可结果，5 年以后盛产期，单株产量有 100~150 斤，高产达 350~400 斤，果实耐贮藏。砂糖橘果实扁圆形，顶部有瘤状突起，带脐端凹陷，色泽橙黄，裹壁薄，易剥离。果形指数 0.78，单果重量 62~86 克，可食率 71%，含可容性固形物 11%，每 100 毫升含糖 10.55 克，果酸 0.35 克。果肉爽脆、汁多、味清甜，吃后沁心润肺，耐人寻味。2015 年，回龙圩种植面积 2600 亩，砂糖橘成熟期恰逢春节期间，因品质好，市场价格高，每公斤 7~9 元。

八、W-默科特（少核默科特）

W-默科特，商品名为摩洛哥蜜橘，为挂果时间长的晚熟杂柑品种。果实体积中大，果实底部较平，果形扁圆，果皮红色艳丽且质地较细腻，果实外观非常吸引人。

树势较强，有相对较强的自立生产习性。树体结果量倾向于过大，需要修剪来平衡营养生长和生殖生长。丰产、越冬性强，可挂果至次年 2~4 月，采果必须用果剪操作。

少核默科特是 W 默科特中选育品种，美国育成，为橘和甜橙的杂种。树势强健，果形扁圆，单果重 120 克左右，果皮薄而光滑，红色，鲜艳，易剥皮，肉质细嫩化渣，风味浓甜，可溶性固形物 12.5%，塘含量 12.1%，酸含量 0.76 克/100 毫升。果实翌年 2 月初成熟，挂果期可留至 4 月采摘。具有生理落果少，日灼果少，产量高等优点。2014 年，引进入回龙圩种植。2015 年，全区种植面积 2100 亩，亩产 2.5 吨，市场价每公斤 9~12 元。

九、美国糖橘

美国糖橘，树形直立有刺，果皮呈鲜红色，原产于美国，甜度高、适应能力极强，又叫东方红橘、世纪红。

美国糖橘系美国杂交柑橘，重庆引种于中科院柑橘研究所，在润果苗场种植成功。该品种叶似结橘，有刺、长势中庸，幼树直立，极丰产，抗病力特强，尤其抗溃疡病、炭疽病。

美国糖橘平均果重 85 克，最大 120 克。果实紧密，皮薄而脆，易剥皮。果面鲜红，油泡小而平，果面极光滑，外观漂亮，10 月下旬开始着色，11 月上旬成熟，种子 2~5 粒，含糖 12.3%，浓甜无酸味，肉质脆嫩化渣，品质极佳。耐贮性好，可留树至 12 月上旬采摘，糖可达 12.5%，采收后可贮至春节上市，亦无浮皮和橘水出现，且品质仍佳。由于橘类基因较多，抗寒性强。年均温 15.5°C 以上地区可成功种植。回龙圩管理区 2013 年引进种植，2015 年，种植面积 200 亩，市场价格每公斤 6 元。

十、沃柑

沃柑是“坦普尔”橘橙与“丹西”红橘的杂交种，属于晚熟杂交柑橘品种，生长势强。树冠初期呈自然圆头形、结果后逐步开涨，枝梢上具短刺，叶片浓密，浓绿色，阔披针形，叶尖渐尖，叶基楔形，叶缘全缘，翼叶线形，叶片长约 8.4 厘米，宽约 3.5 厘米，叶形指数 2.4。花小，花瓣白色，花瓣长 1.02 厘米，宽 0.45 厘米，花柱高而直立，雄蕊 17~20 枚。分离着生，花药淡黄色，花粉活力较高。

2002 年，镶嵌回峰大岭半山腰的高尚明坎

沃柑的果实中等大小，果重 130 克左右，果实扁圆形，横径 6.7 厘米，纵径 5.7 厘米，果形指数 0.85，果皮光滑，橙色或橙红色，油泡细密，微凸或与果面平，凸点少。果顶端平，有不明显的印圈，柱区放射沟纹不明显。果皮包着紧，果皮厚 0.36 厘米，容易剥离，海绵层黄白色，囊瓣 9~11 瓣，中心柱大小 1.25 厘米×1.05 厘米，果肉橙红色，汁胞小而短，囊壁薄，果肉细嫩化渣，多汁味甜，种子 9~20 粒，种子棒状、单胚。4 月中旬开花，11 月中旬转色，1 月中旬成熟，采收期 1 月中旬至 3 月上旬，果实耐贮性好，自然留果时间可从成熟的 1—2 月到 7—8 月。

沃柑的可溶性性固形物 13.3%，可滴定酸 0.58%，转化糖 12.76 克/100 毫升，还原糖 6.84 克/100 毫升，维生素 C 含量 23.69 毫克/100 毫升，固酸比 22.9，可食率 74.62%，出汁率 59.56%。

沃柑主要以早秋梢为结果母枝，结果枝梢多为有叶花枝，一般树冠中下部坐果率高。枳砧的沃柑嫁接苗，定植3年后即开始试花，第四年株产可达5.1公斤。第五年株产可达19.7公斤。高换在日南一号中间砧上的“沃柑”第二年即可少量试花，单株产量在3.4~10.4公斤之间。第3年株产17.2公斤，亩产1400公斤左右。

沃柑的耐寒性中等，适宜年均温17.5℃以上的柑橘产种植，要求冬季最低气温不低于-1℃。

2013年，回龙圩引进种植，2015年种植面积1500亩。市场价格每公斤9~12元。

第三节　栽培技术

一、建园种植

初春是柑橘树种植最佳时期。春季定植移栽幼苗树在萌芽前进行，若植株较大则最好在刚刚萌芽时进行。春季移栽柑橘树，无论大苗和小苗都应进行短截或回缩修剪，仅留少量叶片。较大株苗的移栽宜全部剪至光杆处，不留叶片，栽植时，根系亦应适当修剪，为保证成活率和减轻当年生长的影响，最好带土移栽，柑橘苗栽植时要求栽植墩高出地面20~30厘米，使其定植穴下陷沉实后保证颈部露出地面。由于春天气温回升快，土壤蒸发量大，栽植后需进行灌水和树盘覆盖。

（一）选地开坎

种植柑橘要选择土层深厚，土壤肥沃、疏松、排水良好、坡度25°以下，有水源的地方建园。要求定植前3~4个月挖好边长为100厘米，深为80厘米的正方形大坑，定植前1个月回填土坑，每个坑施猪牛栏粪50~100斤，杂草100斤，钙、镁、磷肥1~2斤，整成高出地平面20~30厘米的土墩等待开穴种植。

春植工作在1月至2月春芽萌动前进行；种植密度，特早蜜柑84~111株/亩，其他柑橘55~89株/亩。方法，种植时开一个小穴，放上苗木，舒展根系，回填细土并压实土壤，注意种植时根系不能接触肥料，嫁接口要露出地面，种后淋足定植水。

（二）品种改良

对缺株树要选择市场前景好，适合当地气候，丰产优质，内质优良的品种，对果园逐步改良。老果园品种杂劣，需要换良种，也可在萌芽前后进行多头高接，此时益用切接方式，并应注意树干涂白保护。高接换种的技术更新后，应尽量保留抽发的新梢，只进行适当的摘新即可。

二、土肥水管理

柑橘树萌芽后，生理负荷较大，是需求营养较多的生长发育过程。抽梢，开花着果和根系发育，都需消耗大量有机，无机养分，在此期间，随着地温上升，根系也逐渐恢复吸收养分的能力，为了保证树体对养分的需要，其用量可根据树龄、长势、产量等因素考虑。在此同时若能配合施以一定量的复合肥更为理想。谢花时，应酌情追施一次速效氮肥，作为稳果肥，但用量不可太大。由于春季气温尚低，根系活动较弱，吸肥能力有限，只靠土壤施肥，难以满足地上树体部分的大量需求。开花着果期又是柑橘植株需氮的临界期，需结合喷用农药或专门多次喷用 0.5%尿素和含其他元素的肥料作为根外追肥。如植株表现有缺铁、缺锌等症，还可以在春叶展开 2/3 至转绿前，喷用“叶面宝”“绿旺”系列叶面肥或喷用 0.2%硫酸锌，0.3%的硫酸亚铁，加 0.1%的柠檬酸和 0.3%的（螯合铁）。在叶面用微量元素肥料时需加 0.5%尿素，既可补给植株氮素营养，又作为助剂利于微量元素吸收。在萌芽前后根系开始活动之前，进行一次全园中耕，既可消除地表杂草，减轻病虫害滋生，又可改善土壤结构合理化状况，促进根系活动。中耕时，难免弄断少量小根，可促发更多根须，但不能伤根太多，应掌握好中耕深度，最好是在中耕时作好抗旱准备。在雨季到来前，还应平整园地，清理排水系统，对低洼地和水田改建的柑橘园开好 40 厘米深以上的排水沟，防止因雨季果园积水内涝，而引起果树烂根和根部病害发生。有条件的果园，最好抓住春季有利时机，种植夏季绿肥，增加有机肥源，减少水土流失。初定植园，应在松地灌水后进行树盘覆盖。

（一）柑橘幼苗树的管理

刚定植的柑橘幼树（春植）每星期浇水一次，至成活。对幼龄树，3 月上旬将柑橘园土深翻，断掉一些根系，在春梢萌芽前，重施氮肥（以速效氮肥为主），促进春梢萌发，根系生长。施氮肥应注意用量并配合施磷钾肥和其他肥料平衡施肥，由于幼树根系生长范围小，吸肥力弱，宜少量多施，勤施薄施，促梢肥应占全年施肥量的 20%，采用环状沟的施肥方法。对定植 1~3 年的幼树，每株施用尿素 0.1~0.3 两，或人粪尿 3~5 公斤。3 月上旬至 4 月下旬每 10~15 天叶面施肥一次 0.3%的尿素，0.2%的磷酸二氢钾连喷 2~3 次。

（二）成年树的肥水管理

成年树开花前需大量的氮、磷、钾及各种微量元素，才能保证生长成型花和幼果，特别是大量氮素，因此在 2 月下旬，每株成年柑橘树施入农家肥 5~10 公斤或商品有机肥 2~5 斤、0.2 公斤尿素、0.51~1 公斤复合肥。盛花期（4 月 5~13 日）喷硼肥的同时，每桶水加入一把尿素进行叶面喷施。为能让柑橘在盛花期能够吸收到足够的养分，提高坐果率，花前肥应在花期到来的20天前进行，即3月中旬必须将肥料施入土中，采用条沟的施肥方法，施肥量占全年的15%。

三、柑橘修剪

（一）自然圆头形

主枝矮，主枝4~6枝均匀分布，无明显中心干，形成下大上小的自然圆头形，树冠层次比较紧凑，整形容易、早期结果好。缺点是树冠虽大，但产量不高且树势弱、易形成大小年结果，树冠下部多小果，顶部果大皮粗、优果率不高。

（二）自然开张形

修剪时把自然圆头形的顶部主枝去掉，留下三大主枝，即自然开张形。这种树形，骨干枝较少，从属分明、树干表面多凹凸，内膛果外观内质均显著提高且立体结果、产量高、大小年结果不明显。

（三）变则主干形

主枝、副主枝较自然圆头形少，较自然开张形多，有一不规则的领导干。主枝在领导枝上稀疏排列，树冠上有效枝叶多，且通风透光、果实发育良好，大小一致。

四、修剪示例

（一）温州蜜柑

幼树不进行大的修剪，任其生长，加速树冠成形，尽早投入生长期。挂果五六年后，根据不同树形修剪定形。结果期的成年树，修剪量应轻，以短截为主，促发春梢。

（二）脐橙

脐橙树冠内膛结果性高，且果实品质好。而树冠外围直立枝一般不挂果，即便结果，果皮粗、果汁少、品质差，在进行树冠改造修剪时，不必像温州蜜柑那样修剪成明显的凹凸形，只要树冠内有部分光透入即可。

（三）椪柑

培养矮干多主枝、绿叶层厚的开张性树形。幼树要注意曲枝，加大分枝角度和矮干修剪，尽早形成丰产树形。成年树应以疏删为主，少行短截，使其少发徒长枝。

（四）大年树

2月中旬清明前完成。对部分枝梢进行短截，以便抽发一定数量的营养枝。不强调抹梢保果，只对丛生、密集的枝梢适当疏匀。7 月初，结合疏果进行短截、以果换梢。总之，大年树应为来年开花结果准备一定数量的健壮枝梢。

（五）小年树

小年树修剪以保果为中心。可在花蕾期看花修剪，减轻修剪反应，修剪量应小。以疏剪为主，小行或不行短截，抹除部分春梢及全部夏梢，必要时应用生长调节剂保果，总之，小年树应力求控梢保果、以果压梢。

（六）衰老树

树冠可行回缩修剪，可对大枝、主枝组进行缩剪更新，结合中耕松土和灌水施费，完成根系更新。

（七）幼年树

定植后，注意对树冠中上部外围枝条特别是各主枝延长枝条进行短截，短截时以留 5~6 片叶片为宜。注意保留树冠中下部树梢，因为那是嫁接苗最先挂果的枝条。修剪量宜轻不宜重，否则，虽然局部有较强的修剪反应，但整个植株的长势会严重弱化。幼年树修剪的重点是以短截为手段，以扩冠为目的，轻修细剪，以尽可能多的叶片和枝梢为早结果早丰产打下良好的基础。

（八）砂糖橘

砂糖橘进入盛果期后，营养生长与生殖生长达到相对平衡，此时应根据这个时期的特点进行疏删或短截，达到增强树冠的通风透光，更新衰老枝序，增加内膛枝，实现立体结果，促使萌发新条，延长结果年限的目的，一般进行夏剪和冬剪。

（九）夏剪

主要是剪去落花落果梢和其他无用枝，促吐迟夏梢和秋梢，夏剪一般在放秋梢前 15~20 天进行，以疏删为主并结合短截，疏删树冠上部外围粗度在 0.5~1 厘米的枝桩促吐秋梢，疏剪株间无果的交叉郁闭枝。

（十）冬剪

在采果后至春梢抽吐 15~20 天进行，剪除密生交叉枝、枯枝、病虫枝和扫把枝以及树冠中上部外围的果球枝和衰退枝，留 6~10 厘米枝桩促吐新梢，剪口粗度为 0.8~1.2 厘米。对一些衰弱的结果枝、结果母枝，在采果时实行“一果两剪”，把衰弱的枝条从基部剪去，减少无效枝条的数量，总之，砂糖橘修剪技术极为复杂，下剪时应看得准、剪得恰当，并配合肥水管理和病虫防治，才能收道良好的效果。

第三章　林业

2003 年，高尚湖原始次森林

回龙圩管理区系南岭山脉之脊背，境内四面群山，多属山丘之地，有大小山岭 62 座，林地面积 12 万亩，占总面积 57.49%。回龙圩属于亚热带常绿阔叶林区，植被类型复杂、种类繁多，常见的乔木有栲类、樟类、马尾松、杉木、南酸枣等。灌木有紫花杜鹃，檵木，牡荆、白栎等；地被植物有羽毛草、五节芒，铁芒等。区内的珍稀树种有榉木、闽楠、黄枝油杉。全区森林的分布情况：西部以常绿落叶阔叶林为主。中、东、北部以柑橘类果树林木为主，南部以常绿针叶马尾松，国外松纯林木为主。

1992 年，农场设林业科。2002 年，农场改管理区后设林业局，是管委会的组成部门，专门负责回龙圩林业的行政管理。另有全额拨款的事业单位回峰林场 1 个，有职工 271 人，管理人员 6 人，技术人员 16 人。

2008 年特大冰灾后，通过实施退耕还林、公益林保护等林业工程建设，采取人工造林、封山育林、森林抚育等多种方式恢复植被，2015 年，全区森林覆盖率达 72.38%，林木绿化率 81.46%。

第一节　森林资源

一、林地分布

1992—2004 年，回龙圩的经济用材林和水源林根据《湖南省国家公益林区别界定》和《湖南省省级公益林区划界定》规定，回龙圩管理区将林地划分为公益林地和商品林地两大类。公益林地面积3830.6公顷，商品林地面积4447.4公顷，公益林划分为国家级公益林、省级公益林和一般公益林地三级。一级保护林地是区域内重要生态功能区予以特别保护和严格控制生产活动区域，以保护生物多样性，特有的自然景观，防止水土流失为主要目的。2015年，回龙圩管理区有一级保护林地1333公顷，占林地面积的16.10%，主要分布在高尚湖县级保护区内；二级保护林地是区域重要的生态调解功能区内予以保护和限制经营利用的区域，以生态修复、生态治理、改建生态屏障为主要目的。管理区有二级保护林地227公顷，占地面积的2.74%，主要分布在规划区域除一级保护林地外的林地；三级保护林地是维护区域生态平衡和保障主要林产品生态建设基地建设的重要区域，2015年有三级保护林地4120.8公顷，占地面积的49.7%，主要分布在规划区省级公益林地、地方公益林和重点商品林地。

二、森林结构

2004—2007年，回龙圩区分划界国家公益林和省级公益林。公益林主要由防护林和特种用途林组成，包括水源涵养林、水土保持林、短轮划期用材林等。有杉、松、竹、灌、果木、油茶、阔叶林等树种，公益林作为生态效益林严格保护，严格采伐。2009年，湖南省林地划界测得回龙圩全区公益林面积为3510公顷，占林地面积的41.46%。

（一）公益林

回龙圩的公益林按工程类别分，长江中下游防护林工程556.0公顷，占公益林（地）面积的15.84%；石漠化治理工程381.2公顷，占公益林（地）面积的10.86%；省级自然保护区1078.2公顷，占公益林（地）面积的30.72%；重点公益林1494.9公顷，占公益林（地）面积的42.58%。按事权等级分：国家公益林1560公顷，占公益林（地）面积44.44%地方公益林1950.3公顷，占林地面积的58.37%。按权属（林地使用权）

2001年，万亩生态林——隅树林

分：国有3510.3公顷，占公益林（地）面积的100%。按生态区位分，荒漠化水土流失严重地区1560.0公顷，占公益林（地）面积44.44%；生态型国有林场1662.0公顷，占公益林（地）面积的7.55%；高速公路265.1公顷，占公益林（地）面积的7.55%。按保护等级分：二级保护1560.0公顷，占国家公益林（地）面积的100%。按地类分类：有林地168.6公顷，占国家公益林（地）面积10.81%；灌木林地1391.4公顷，占国家公益林（地）面积的79.19%。

（二）商品林

回龙圩管理区共划定商品林7.29万亩，包括用材林、炭薪林和经济林，占林地总面积47.2%。在商品林中，用材林1.67万亩，薪炭林0.635万亩，经济林5万亩。

全区经济林面积51894.5亩，占全场林地面积39.75%。主要分布在海拔低、坡度缓，交通方便的地方。按林种分，果木林3255.2公顷，占经济林面积的97.75%；食用原料林71.9公顷，占经济林面积的2.16%；林化工业原料林2.9公顷，占经济林面积的0.09%。按树种分，柑橘3420.4公顷，占经济林面积的96.70%；梨178.5亩，占经济林面积0.36%；桃45亩，占经济林面积的0.09%；李子214亩，占经济林面积的1.43%；板栗84亩，占经济林面积的1.17%；油茶46.2公顷，占经济林面积1.39%；茶叶37.33公顷，占经济林面积的0.77%；其他2.9公顷，占经济林面积的0.09%。

全区用材林面积1.67万亩，占有林面积的23.28%，蓄积量47919立方米，占总蓄积的35%，主要分布在回峰林场，回龙圩镇、李家塘、兴隆、马路头3个办事处，海拔800米以下，立地类型为Ⅰ、Ⅱ、Ⅲ和Ⅳ地段。亚林种主要有速生丰产林、工业原料林、一般用材林、大经材和珍贵用材培育；其中国有用材林面积1112.4公顷，蓄积量94804立方米，占活立木总蓄积的69.39%；其他用材林面积87.15公顷，蓄积量41831立方米，占活立木总蓄积的30.61%；按树种分，马尾松693.5公顷，杉木321.0公顷，桉树169.8公顷，湿地松430.9公顷。按树龄组分，幼龄林918.4公顷、中龄林781.5公顷、近熟林268.6公顷、成熟林268.6公顷、过熟林119.5公顷。

三、树种资源

回龙圩管理区内以天然阔树林和马尾松为主，杉木和国外松，桉树次之。有乔木116科，353属，945种，其中比较大的树种有松科6属14种，杉科6属10种，壳斗科5属51种，桑料5属23种，木兰科5属17种，樟科10属43种，金缕梅科8属11种，蔷薇科16属61种，蝶花科11属34种，五加科8属19种，杜鹃花科5

属22种。原生植被以常绿槠栲类、樟科、山茶科常绿阔叶为主。区内森林分布情况：西部以常绿落叶阔叶林为主，北部中部以柑橘类果林为主，南部以常绿针叶马尾松、国外松、纯林为主。

西部（回峰岭）一带的针阔混交林主要有马尾松，樟树、槠树、香椿、枫树、勾栎、桂花树、青冈栎、黄连木、石槠、水青冈、黄檀、橄榄、光皮树、山茶、黄枝、酸枣树、油杉、檵木、杜鹃等20余种。东部（马鞍山）以马尾松为主的针阔混交林，树种主要有马尾松、甜槠、苦槠、白檀、毛栗、黄莉、白栎、油茶、柑橘、桉树、五节芒共等10余种。

中部、南部以柑橘、常绿针叶马尾松、国外松纯林为主。

四、古树名木

（一）古树

2015年，回龙圩管理区内有一级保护古树4株：神仙洞办事处光下村边的黄连古木1株，回龙圩镇平利村边的南酸枣树2株、苦槠树1株；二级保护古树10株：八仙洞办事处高圩村的苦槠树1株，蒋家村边的南酸枣树1株，新铺村边的黄连木1株、檵木1株，光下村边的苦槠树1株，回龙圩镇黄家村边上的马尾松1株，平利村边的苦槠树1株，八仙洞办事处燎原村边的黄连木1株、檵木1株，下干村边的黄连木1株。三级保护古树有229株，这些古树分别生长在村庄边、涧边、道路旁边、山上。

黄连古树

2002年，湖区古木群

表 13-10

回龙圩管理区 2015 年三级保护古树登记表

单位：

	树种名称	科	属	树龄	树高	胸径	东西冠幅	南北冠幅	乡镇	坐落位置	小地名	海拔	生长特点	长势
43119200006	白继木	金缕梅科	檵木属	100	4	150	3	3	回龙圩	平立村	平立村边	340	群状	好
43119200010	枫香	金缕梅科	枫香树属	100	35	192	15	20	回龙圩镇	平立村	平立村边	340	群状	好
43119200011	枫香	金缕梅科	枫香树属	100	38	238	16	22	回龙圩镇	平立村	平立村边	340	群状	好
43119200016	木荷	山茶科	木荷属	100	30	280	15	13	回龙圩镇	平立村	平立村边	342	群状	好
43119200017	木荷	山茶科	木荷属	100	30	248	16	14	回龙圩镇	平立村	平立村边	342	群状	好
43119200018	木荷	山茶科	木荷属	100	28	230	10	12	回龙圩镇	平立村	平立村边	342	群状	好
43119200019	木荷	山茶科	木荷属	100	28	264	10	12	回龙圩镇	平立村	平立村边	342	群状	好
43119200020	木荷	山茶科	木荷属	100	28	265	12	10	回龙圩镇	平立村	平立村边	342	群状	好
43119200021	木荷	山茶科	木荷属	100	30	266	13	18	回龙圩镇	平立村	平立村边	342	群状	好
43119200022	枫香	金缕梅科	枫香树属	100	30	268	13	13	回龙圩镇	平立村	平立村边	342	群状	好
43119200023	苦槠	壳斗科	锥属	100	13	160	11	10	回龙圩镇	平立村	平立村边	341	群状	好
43119200025	檵木	金缕梅科	檵木属	100	6	102	6	4	回龙圩镇	底岗村	底岗村边	312	群状	差
43119200026	黄连木	漆树科	黄连木属	100	22	210	5	6	回龙圩镇	底岗村	底岗村边	312	群状	好
43119200027	槲栎	壳斗科	栎属	100	18	263	9	10	回龙圩镇	底岗村	底岗村边	311	散生	好
43119200028	飞蛾槭	槭树科	槭树属	100	24	280	12	14	回龙圩镇	底岗村	底岗村边	310	群状	好
43119200030	麻栎	壳斗科	栎属	100	20	143	14	16	回龙圩镇	等母头村	等母头村	313	群状	好
43119200031	光皮树	山茱萸科	梾木属	100	18	126	13	14	回龙圩镇	等母头村	等母头村	313	群状	好
43119200032	枫香	金缕梅科	枫香树属	100	23	278	12	14	回龙圩镇	等母头村	等母头村	313	群状	好

续表13-10

	树种名称	科	属	树龄	树高	胸径	东西冠幅	南北冠幅	乡镇	坐落位置	小地名	海拔	生长特点	长势
43119200033	光皮树	山茱萸科	梾木属	100	16	120	12	11	回龙圩镇	等母头村	等母头村	313	群状	好
43119200035	榔榆	榆科	榆属	100	26	128	20	16	回龙圩镇	等母头村	等母头村	313	群状	好
43119200039	光皮树	山茱萸科	梾木属	100	15	118	11	10	回龙圩镇	毛家村	毛家村边	326	群状	好
43119200040	女贞	木犀科	女贞属	100	19	190	13	10	回龙圩镇	毛家村	毛家村边	326	群状	好
43119200041	女贞	木犀科	女贞属	100	17	150	11	10	回龙圩镇	毛家村	毛家村边	326	群状	好
43119200042	皂荚	豆科	皂荚属	100	23	180	16	15	回龙圩镇	毛家村	毛家村边	326	群状	好
43119200043	光皮树	山茱萸科	梾木属	100	20	148	12	14	回龙圩镇	毛家村	毛家村边	326	群状	好
43119200048	皂荚	豆科	皂荚属	100	17	152	18	17	八仙洞办事处	蒋家村	蒋家村边	410	群状	好
43119200050	榉树	榆科	榉属	100	17	152	12	12	八仙洞办事处	蒋家村	蒋家村边	411	群状	好
43119200051	朴树	榆科	朴属	100	17	152	12	12	八仙洞办事处	蒋家村	蒋家村边	411	群状	好
43119200052	榉树	榆科	榉属	100	19	164	16	14	八仙洞办事处	蒋家村	蒋家村边	412	群状	好
43119200053	朴树	榆科	朴属	100	19	158	16	14	八仙洞办事处	蒋家村	蒋家村边	411	群状	好
43119200054	光皮树	山茱萸科	梾木属	100	18	106	10	11	八仙洞办事处	蒋家村	蒋家村边	413	群状	好
43119200055	榉树	榆科	榉属	100	18	136	15	15	八仙洞办事处	蒋家村	蒋家村边	412	群状	好
43119200056	皂荚	豆科	皂荚属	100	14	138	9	10	八仙洞办事处	蒋家村	蒋家村边	412	群状	好
43119200057	皂荚	豆科	皂荚属	100	19	160	12	12	八仙洞办事处	蒋家村	蒋家村边	412	群状	好
43119200058	榉树	榆科	榉属	100	16	105	13	13	八仙洞办事处	蒋家村	蒋家村边	413	群状	好
43119200059	榉树	榆科	榉属	100	15	126	12	13	八仙洞办事处	蒋家村	蒋家村边	413	群状	好
43119200060	榉树	榆科	榉属	100	17	150	12	12	八仙洞办事处	蒋家村	蒋家村边	412	群状	好

续表13-10

	树种名称	科	属	树龄	树高	胸径	东西冠幅	南北冠幅	乡镇	坐落位置	小地名	海拔	生长特点	长势
43119200061	榉树	榆科	榉属	100	19	162	15	10	八仙洞办事处	蒋家村	蒋家村边	413	群状	好
43119200062	榉树	榆科	榉属	100	18	136	14	12	八仙洞办事处	蒋家村	蒋家村边	413	群状	好
43119200065	桂花	木犀科	木犀属	100	8	136	4	4	八仙洞办事处	燎原村	燎原村边	392	群状	好
43119200066	南酸枣	漆树科	南酸枣属	100	35	213	18	20	八仙洞办事处	燎原村	燎原村边	392	群状	好
43119200067	南酸枣	漆树科	南酸枣属	100	35	213	18	20	八仙洞办事处	燎原村	燎原村边	392	群状	好
43119200068	南酸枣	漆树科	南酸枣属	100	37	198	16	20	八仙洞办事处	燎原村	燎原村边	392	群状	好
43119200070	青岗栎	壳斗科	栎属	100	28	136	14	14	八仙洞办事处	燎原村	燎原村边	392	群状	好
43119200072	枫香	金缕梅科	枫香树属	100	34	168	14	13	八仙洞办事处	燎原村	燎原村边	393	群状	好
43119200087	乌桕	大戟科	乌桕属	100	14	167	10	11	回龙圩镇	朱家观村	朱家观村边	323	群状	好
43119200088	重阳木	大戟科	秋枫属	100	16	220	9	10	回龙圩镇	朱家观村	朱家观村边	323	群状	好
43119200089	乌桕	大戟科	乌桕属	100	16	220	9	10	回龙圩镇	朱家观村	朱家观村边	321	群状	好
43119200090	银杏	银杏科	银杏属	100	15	294	18	18	马鹿头办事处	塘井村	塘井村边	343	群状	好
43119200091	飞蛾槭	槭树科	槭树属	100	19	261	14	15	马鹿头办事处	塘井村	塘井村边	340	群状	好
43119200092	皂荚	豆科	皂荚属	100	17	220	7	7	马鹿头办事处	塘井村	塘井村边	340	群状	好
43119200093	榉树	榆科	榉属	100	12	170	7	8	马鹿头办事处	塘井村	塘井村边	339	群状	倒伏
43119200098	青檀	榆科	青檀属	100	23	306	14	13	马鹿头办事处	塘井村	塘井村边	344	群状	好
43119200099	木荷	山茶科	木荷属	100	26	220	9	10	马鹿头办事处	塘井村	塘井村边	352	群状	好
43119200100	木荷	山茶科	木荷属	100	23	272	15	16	马鹿头办事处	塘井村	塘井村边	352	群状	好
43119200101	木荷	山茶科	木荷属	100	22	230	13	12	马鹿头办事处	塘井村	塘井村边	352	群状	好

续表13-10

	树种名称	科	属	树龄	树高	胸径	东西冠幅	南北冠幅	乡镇	坐落位置	小地名	海拔	生长特点	长势
43119200102	飞蛾槭	槭树科	槭树属	100	18	270	13	12	马鹿头办事处	塘井村	塘井村边	352	群状	好
43119200103	光皮树	山茱萸科	梾木属	100	12	280	7	8	马鹿头办事处	石头水村	石头水村边	334	群状	好
43119200104	朴树	榆科	朴属	100	14	306	13	14	马鹿头办事处	石头水	石头水村边	334	群状	好
43119200105	樟树	樟科	樟属	100	15	268	13	14	马鹿头办事处	石头水	石头水村边	334	群状	好
43119200106	枫香	金缕梅科	枫香树属	100	17	234	9	10	马鹿头办事处	石头水	石头水村边	334	群状	好
43119200107	女贞	木犀科	女贞属	100	13	223	10	12	马鹿头办事处	石头水	石头水村边	334	群状	好
43119200113	苦槠	壳斗科	锥属	100	14	274	8	9	马鹿头办事处	石头水	石头水村边	334	群状	差
43119200115	飞蛾槭	槭树科	槭树属	100	15	232	15	10	马鹿头办事处	石头水	石头水村边	334	群状	好
43119200116	飞蛾槭	槭树科	槭树属	100	17	232	11	10	马鹿头办事处	石头水	石头水村边	334	群状	好
43119200117	女贞	木犀科	女贞属	100	11	196	9	7	马鹿头办事处	石头水	石头水村边	334	群状	好
43119200118	女贞	木犀科	女贞属	100	17	230	11	12	马鹿头办事处	石头水	石头水村边	334	群状	好
43119200119	飞蛾槭	槭树科	槭树属	100	17	236	11	12	马鹿头办事处	石头水	石头水村边	334	群状	好
43119200120	苦槠	壳斗科	锥属	100	12	186	11	12	马鹿头办事处	石头水	石头水村边	334	群状	差
43119200121	苦槠	壳斗科	锥属	100	15	230	11	12	马鹿头办事处	石头水	石头水村边	334	群状	差
43119200123	苦槠	壳斗科	锥属	100	12	163	6	7	马鹿头办事处	石头水	石头水村边	334	群状	好
43119200131	枫香	金缕梅科	枫香树属	100	16	268	11	12	马鹿头办事处	龙母塘村	龙母塘村边	372	群状	好
43119200133	枫香	金缕梅科	枫香树属	100	30	320	14	13	马鹿头办事处	田美村	田美村边	377	群状	好
43119200134	南酸枣	漆树科	南酸枣属	100	13	297	12	12	马鹿头办事处	田美村	田美村边	377	群状	好
43119200135	枫香	金缕梅科	枫香树属	100	17	242	9	9	马鹿头办事处	断岭源村	断岭源村边	386	群状	好

续表13-10

	树种名称	科	属	树龄	树高	胸径	东西冠幅	南北冠幅	乡镇	坐落位置	小地名	海拔	生长特点	长势
43119200136	枫香	金缕梅科	枫香树属	100	30	278	13	9	马鹿头办事处	断岭源村	断岭源村边	386	群状	好
43119200137	樟树	樟科	樟属	100	13	304	11	11	马鹿头办事处	断岭源村	断岭源村边	386	群状	好
43119200138	香樟	樟科	樟属	100	17	285	15	8	马鹿头办事处	断岭源村	断岭源村边	386	群状	好
43119200141	朴树	榆科	朴属	100	15	176	12	12	神仙洞办事处	光下村	光下村边	341	散生	好
43119200144	檵木	金缕梅科	檵木属	100	6	70	3	5	神仙洞办事处	光下村	光下村边	342	群状	好
43119200145	木荷	山茶科	木荷属	100	23	224	11	9	神仙洞办事处	光下村	光下村边	351	群状	好
43119200146	木荷	山茶科	木荷属	100	22	230	10	11	神仙洞办事处	光下村	光下村边	353	群状	好
43119200148	皂荚	豆科	皂荚属	100	14	186	15	13	神仙洞办事处	光下村	光下村边	354	群状	好
43119200149	木荷	山茶科	木荷属	100	23	226	11	12	神仙洞办事处	光下村	光下村边	354	群状	好
43119200155	乌桕	大戟科	乌桕属	100	20	242	7	8	神仙洞办事处	新铺村	新铺村边	346	群状	好
43119200166	香叶树	樟科	山胡椒属	100	19	190	16	14	神仙洞办事处	高圩村	高圩村边	354	群状	好
43119200167	香叶树	樟科	山胡椒属	100	20	203	16	16	神仙洞办事处	高圩村	高圩村边	354	群状	好
43119200172	毛豹皮樟	樟科	木姜子属	100	17	122	11	12	神仙洞办事处	高圩村	高圩村边	353	群状	好
43119200195	枫香	金缕梅科	枫香树属	100	20	238	11	10	神仙洞办事处	高圩村	高圩村仙井	358	群状	好
43119200198	黄枝油杉	松科	油杉属	100	13	257	14	14	八仙洞办事处	下干村	下干村边	360	散生	好
43119200199	黄连木	漆树科	黄连木属	100	17	254	11	11	八仙洞办事处	下干村	下干村边	353	群状	好
43119200200	黄连木	漆树科	黄连木属	100	16	223	13	13	八仙洞办事处	下干村	下干村边	352	群状	好
43119200210	糙叶树	榆科	糙叶树属	100	20	185	11	10	永济亭办事处	岩口塘村	岩口塘村边	393	群状	好
43119200211	朴树	榆科	朴属	100	11	175	10	10	永济亭办事处	岩口塘村	岩口塘村边	393	群状	好

续表13-10

	树种名称	科	属	树龄	树高	胸径	东西冠幅	南北冠幅	乡镇	坐落位置	小地名	海拔	生长特点	长势
43119200212	光皮树	山茱萸科	梾木属	100	16	220	9	9	永济亭办事处	岩口塘村	岩口塘村边	393	群状	好
43119200215	糙叶树	榆科	糙叶树属	100	19	285	14	14	兴隆办事处	柑头源村	柑头源村边	392	群状	好
43119200218	香叶树	樟科	山胡椒属	100	19	198	14	15	兴隆办事处	柑头源村	柑头源村边	391	群状	好
43119200221	南酸枣	漆树科	南酸枣属	100	22	230	16	15	兴隆办事处	柑头源村	柑头源村边	391	群状	好
43119200222	糙叶树	榆科	糙叶树属	100	22	223	15	12	兴隆办事处	柑头源村	柑头源村边	391	群状	好
43119200223	糙叶树	榆科	糙叶树属	100	23	246	14	16	兴隆办事处	柑头源村	柑头源村边	391	群状	好
43119200224	冬青	冬青科	冬青属	100	12	226	5	5	兴隆办事处	柑头源村	柑头源村边	391	群状	好
43119200228	糙叶树	榆科	糙叶树属	100	20	268	10	10	李家塘办事处	唐家村	唐家村边	355	群状	好
43119200231	南酸枣	漆树科	南酸枣属	100	20	220	14	14	李家塘办事处	何家村	何家村边	377	群状	好
43119200236	木荷	山茶科	木荷属	100	14	220	8	8	李家塘办事处	田家村	田家村边	385	群状	好
43119200002	枫香	金缕梅科	枫香树属	110	28	260	10	13	回龙圩镇	平立村	平立村边	340	群状	好
43119200003	朴树	榆科	朴属	110	29m	263	20	18	回龙圩镇	平立村	平立村边	340	群状	好
43119200007	枫香	金缕梅科	枫香树属	110	30	253	18	20	回龙圩镇	平立村	平立村边	340	群状	好
43119200008	枫香	金缕梅科	枫香树属	110	28	260	14	16	回龙圩镇	平立村	平立村边	340	群状	好
43119200077	黄连木	漆树科	黄连木属	110	21	152	14	16	八仙洞办事处	燎原村	燎原村边	393	群状	好
43119200096	皂荚	豆科	皂荚属	110	20	196	11	12	马鹿头办事处	塘井村	塘井村边	341	群状	好
43119200001	枫香	金缕梅科	枫香树属	120	30	266	12	15	回龙圩镇	平立村	平立村边	340	群状	好
43119200044	榔榆	榆科	榆属	120	22	145	16	13	回龙圩镇	毛家村	毛家村边	326	群状	好
43119200049	国槐	蝶形花科	槐属	120	22	275	12	13	八仙洞办事处	蒋家村	蒋家村边	410	群状	好

续表13-10

	树种名称	科	属	树龄	树高	胸径	东西冠幅	南北冠幅	乡镇	坐落位置	小地名	海拔	生长特点	长势
43119200075	黄连木	漆树科	黄连木属	120	23	162	10	10	八仙洞办事处	燎原村	燎原村边	392	群状	好
43119200080	飞蛾槭	槭树科	槭树属	120	26	186	8	8	八仙洞办事处	燎原村	燎原村边	392	群状	好
43119200081	飞蛾槭	槭树科	槭树属	120	25	170	8	7	八仙洞办事处	燎原村	燎原村边	392	群状	好
43119200095	黄连木	漆树科	黄连木属	120	22	236	8	7	马鹿头办事处	塘井村	塘井村边	341	群状	好
43119200110	苦槠	壳斗科	锥属	120	14	180	12	11	马鹿头办事处	石头水	石头水村边	334	群状	差
43119200111	苦槠	壳斗科	锥属	120	14	179	14	13	马鹿头办事处	石头水	石头水村边	334	群状	差
43119200112	苦槠	壳斗科	锥属	120	15	280	12	11	马鹿头办事处	石头水	石头水村边	334	群状	差
43119200114	苦槠	壳斗科	锥属	120	15	170	13	11	马鹿头办事处	石头水	石头水村边	334	群状	差
43119200143	桂花	木犀科	木犀属	120	8	190	9	9	神仙洞办事处	光下村	光下村边	341	群状	好
43119200147	枫香	金缕梅科	枫香树属	120	18	268	12	12	神仙洞办事处	光下村	光下村边	353	群状	好
43119200209	光皮树	山茱萸科	梾木属	120	22	236	12	12	永济亭办事处	岩口塘村	岩口塘村边	394	群状	好
43119200214	糙叶树	榆科	糙叶树属	120	20	280	14	14	兴隆办事处	柑头源村	柑头源村边	392	群状	好
43119200216	朴树	榆科	朴属	120	21	269	16	16	兴隆办事处	柑头源村	柑头源村边	391	群状	好
43119200227	光皮树	山茱萸科	梾木属	120	17	246	13	13	兴隆办事处	柑头源村	柑头源村边	390	群状	好
43119200009	枫香	金缕梅科	枫香树属	130	35	310	20	26	回龙圩镇	平立村	平立村边	340	群状	好
43119200034	黄连木	漆树科	黄连木属	130	27	282	13	12	回龙圩镇	等母头村	等母头村	313	群状	好
43119200046	光皮树	山茱萸科	梾木属	130	17	162	10	8	回龙圩镇	毛家村	毛家村边	324	群状	好
43119200085	皂荚	豆科	皂荚属	130	42	236	20	25	回龙圩镇	黄家村	黄家村边	310	群状	好
43119200124	檵木	金缕梅科	檵木属	130	5	123	5	6	马鹿头办事处	石头水	石头水村边	334	群状	断梢

续表13-10

	树种名称	科	属	树龄	树高	胸径	东西冠幅	南北冠幅	乡镇	坐落位置	小地名	海拔	生长特点	长势
43119200203	乌桕	大戟科	乌桕属	130	17	282	15	10	八仙洞办事处	下干村	下干村边	353	群状	好
43119200208	朴树	榆科	朴属	130	23	268	16	16	永济亭办事处	岩口塘村	岩口塘村边	394	群状	好
43119200047	光皮树	山茱萸科	梾木属	140	18	170	8	7	回龙圩镇	毛家村	毛家村边	324	群状	好
43119200071	枫香	金缕梅科	枫香树属	140	38	268	16	20	八仙洞办事处	燎原村	燎原村边	393	群状	好
43119200083	南酸枣	漆树科	南酸枣属	140	19	302	13	14	回龙圩镇	黄家村	黄家村边	310	群状	好
43119200045	光皮树	山茱萸科	梾木属	150	17	243	12	14	回龙圩镇	毛家村	毛家村边	324	群状	好
43119200063	枫香	金缕梅科	枫香树属	150	32	318	22	22	八仙洞办事处	燎原村	燎原村边	391	群状	好
43119200073	光皮树	山茱萸科	梾木属	150	30	168	14	12	八仙洞办事处	燎原村	燎原村边	393	群状	好
43119200097	枫香	金缕梅科	枫香树属	150	20	306	10	11	马鹿头办事处	塘井村	塘井村边	343	群状	好
43119200122	香樟	樟科	樟属	150	17	302	15	13	马鹿头办事处	石头水	石头水村边	334	群状	好
43119200125	乌桕	大戟科	乌桕属	150	17	248	13	12	马鹿头办事处	石头水	石头水村边	334	群状	好
43119200127	桂花	木犀科	木犀属	150	5	230	4	6	马鹿头办事处	石头水	石头水村边	335	群状	好
43119200128	光皮树	山茱萸科	梾木属	150	20	196	11	12	马鹿头办事处	石头水	石头水村边	334	群状	好
43119200129	飞蛾槭	槭树科	槭树属	150	30	295	20	18	马鹿头办事处	石头水	石头水村边	334	群状	好
43119200130	枫香	金缕梅科	枫香树属	150	19	290	12	11	马鹿头办事处	龙母塘村	龙母塘村边	361	群状	好
43119200132	枫香	金缕梅科	枫香树属	150	26	275	14	16	马鹿头办事处	龙母塘村	龙母塘村边	375	群状	好
43119200139	枫香	金缕梅科	枫香树属	150	26	300	10	10	马鹿头办事处	断岭源村	断岭源村边	385	群状	好
43119200161	糙叶树	榆科	糙叶树属	150	13	233	10	10	神仙洞办事处	新铺村	新铺村边	347	散生	好
43119200165	苦槠	壳斗科	锥属	150	20	250	14	14	神仙洞办事处	高圩村	高圩村边	354	群状	好

续表13-10

	树种名称	科	属	树龄	树高	胸径	东西冠幅	南北冠幅	乡镇	坐落位置	小地名	海拔	生长特点	长势
43119200173	苦槠	壳斗科	锥属	150	18	165	8	8	神仙洞办事处	高圩村	高圩村边	353	群状	好
43119200174	飞蛾槭	槭树科	槭树属	150	21	207	10	10	神仙洞办事处	高圩村	高圩村边	353	群状	好
43119200177	女贞	木犀科	女贞属	150	20	220	8	9	神仙洞办事处	高圩村	高圩村边	353	群状	好
43119200179	飞蛾槭	槭树科	槭树属	150	18	206	12	9	神仙洞办事处	高圩村	高圩村边	3554	群状	好
43119200182	飞蛾槭	槭树科	槭树属	150	17	187	12	11	神仙洞办事处	高圩村	高圩村边	353	群状	好
43119200189	光皮树	山茱萸科	梾木属	150	17	220	12	12	神仙洞办事处	高圩村	高圩村仙井	355	群状	好
43119200190	飞蛾槭	槭树科	槭树属	150	22	227	11	11	神仙洞办事处	高圩村	高圩村仙井	356	群状	好
43119200191	毛豹皮樟	樟科	木姜子属	150	15	100	10	12	神仙洞办事处	高圩村	高圩村仙井	357	群状	好
43119200193	枫香	金缕梅科	枫香树属	150	26	318	12	10	神仙洞办事处	高圩村	高圩村仙井	358	群状	好
43119200194	枫香	金缕梅科	枫香树属	150	23	298	10	9	神仙洞办事处	高圩村	高圩村仙井	358	群状	好
43119200196	枫香	金缕梅科	枫香树属	150	24	322	12	12	神仙洞办事处	高圩村	高圩村仙井	358	群状	好
43119200201	柘木	桑科	柘属	150	9	157	6	6	八仙洞办事处	下干村	下干村边	352	散生	好
43119200204	黄连木	漆树科	黄连木属	150	19	290	15	13	八仙洞办事处	下干村	下干村边	354	群状	好
43119200205	乌桕	大戟科	乌桕属	150	17	270	13	13	八仙洞办事处	下干村	下干村边	354	群状	好
43119200217	香叶树	樟科	山胡椒属	150	15	328	14	13	兴隆办事处	柑头源村	柑头源村边	391	群状	好
43119200225	南酸枣	漆树科	南酸枣属	150	22	362	16	16	兴隆办事处	柑头源村	柑头源村边	391	群状	好
43119200229	朴树	榆科	朴属	150	25	290	16	16	李家塘办事处	唐家村	唐家村边	357	群状	好
43119200230	朴树	榆科	朴属	150	26	360	17	17	李家塘办事处	唐家村	唐家村边	357	群状	好
43119200235	木荷	山茶科	木荷属	150	15	264	7	7	李家塘办事处	田家村	田家村边	383	群状	好

续表13-10

	树种名称	科	属	树龄	树高	胸径	东西冠幅	南北冠幅	乡镇	坐落位置	小地名	海拔	生长特点	长势
43119200164	飞蛾槭	槭树科	槭树属	180	15	202	14	14	神仙洞办事处	高圩村	高圩村边	356	群状	好
43119200184	香槐	蝶形花科	香槐属	180	24	192	11	12	神仙洞办事处	高圩村	高圩村边	353	群状	好
43119200004	朴树	榆科	朴属	200	30	366	15	18	回龙圩镇	平立村	平立村边	340	群状	好
43119200014	苦槠	壳斗科	锥属	200	15	230	15	13	回龙圩镇	平立村	平立村边	342	群状	好
43119200024	飞蛾槭	槭树科	槭树属	200	26	246	14	20	回龙圩镇	底岗村	底岗村边	312	群状	好
43119200029	榔榆	榆科	榆属	200	18	230	10	10	回龙圩镇	等母头村	等母头村	312	群状	好
43119200036	光皮树	山茱萸科	梾木属	200	22	187	14	13	回龙圩镇	毛家村	毛家村边	326	群状	好
43119200037	光皮树	山茱萸科	梾木属	200	22	187	14	15	回龙圩镇	毛家村	毛家村边	326	群状	好
43119200038	皂荚	豆科	皂荚属	200	28	306	22	23	回龙圩镇	毛家村	毛家村边	326	群状	好
43119200064	皂荚	豆科	皂荚属	200	40	243	20	23	八仙洞办事处	燎原村	燎原村边	391	群状	好
43119200069	麻栎	壳斗科	栎属	200	30	270	15	15	八仙洞办事处	燎原村	燎原村边	392	群状	好
43119200078	光皮树	山茱萸科	梾木属	200	28	201	14	14	八仙洞办事处	燎原村	燎原村边	393	群状	好
43119200108	苦槠	壳斗科	锥属	200	15	228	9	8	马鹿头办事处	石头水	石头水村边	334	群状	差
43119200109	苦槠	壳斗科	锥属	200	14	228	12	11	马鹿头办事处	石头水	石头水村边	334	群状	差
43119200126	香樟	樟科	樟属	200	22	490	22	23	马鹿头办事处	石头水	石头水村边	335	群状	好
43119200151	香叶树	樟科	山胡椒属	200	15	223	14	14	神仙洞办事处	新屋村	新屋村边	351	群状	好
43119200152	朴树	榆科	朴属	200	16	275	17	16	神仙洞办事处	新屋村	新屋村边	351	群状	好
43119200153	朴树	榆科	朴属	200	15	254	14	14	神仙洞办事处	新屋村	新屋村边	350	群状	好
43119200154	苦槠	山茶科	木荷属	200	16	192	8	9	神仙洞办事处	新屋村	新屋村边	350	群状	好

续表13-10

	树种名称	科	属	树龄	树高	胸径	东西冠幅	南北冠幅	乡镇	坐落位置	小地名	海拔	生长特点	长势
43119200156	苦槠	壳斗科	锥属	200	19	340	7	8	神仙洞办事处	新铺村	新铺村边	346	群状	好
43119200159	黄连木	漆树科	黄连木属	200	26	240	10	10	神仙洞办事处	新铺村	新铺村边	347	群状	好
43119200160	苦槠	壳斗科	锥属	200	19	190	7	9	神仙洞办事处	新铺村	新铺村边	347	群状	好
43119200162	冬青	冬青科	冬青属	200	11	203	11	8	神仙洞办事处	新铺村	新铺村边	347	散生	好
43119200163	飞蛾槭	槭树科	槭树属	200	16	266	14	15	神仙洞办事处	高圩村	高圩村边	355	群状	好
43119200169	飞蛾槭	槭树科	槭树属	200	14	222	9	9	神仙洞办事处	高圩村	高圩村边	353	群状	好
43119200170	飞蛾槭	槭树科	槭树属	200	18	187	15	14	神仙洞办事处	高圩村	高圩村边	353	群状	好
43119200171	檵木	金缕梅科	檵木属	200	8	64	5	4	神仙洞办事处	高圩村	高圩村边	353	群状	好
43119200175	枫香	金缕梅科	枫香树属	200	24	260	13	15	神仙洞办事处	高圩村	高圩村边	353	群状	好
43119200176	黄檀	豆科	黄檀属	200	20	148	10	10	神仙洞办事处	高圩村	高圩村边	354	群状	好
43119200178	檵木	金缕梅科	檵木属	200	7	94	6	6	神仙洞办事处	高圩村	高圩村边	354	群状	好
43119200180	香槐	豆科	香槐属	200	20	217	13	13	神仙洞办事处	高圩村	高圩村边	354	群状	好
43119200181	香槐	豆科	香槐属	200	23	283	14	13	神仙洞办事处	高圩村	高圩村边	354	群状	好
43119200185	香叶树	樟科	山胡椒属	200	16	220	12	13	神仙洞办事处	高圩村	高圩村仙井	357	群状	好
43119200186	飞蛾槭	槭树科	槭树属	200	22	274	16	13	神仙洞办事处	高圩村	高圩村仙井	357	群状	好
43119200187	飞蛾槭	槭树科	槭树属	200	19	276	12	12	神仙洞办事处	高圩村	高圩村仙井	356	群状	好
43119200192	香叶树	樟科	山胡椒属	200	8	240	8	9	神仙洞办事处	高圩村	高圩村仙井	357	群状	好
43119200206	重阳木	大戟科	秋枫属	200	16	270	15	15	八仙洞办事处	下干村	下干村边	354	群状	好
43119200207	枫香	金缕梅科	枫香树属	200	20	320	15	15	八仙洞办事处	下干村	下干村边	354	群状	好

续表13-10

	树种名称	科	属	树龄	树高	胸径	东西冠幅	南北冠幅	乡镇	坐落位置	小地名	海拔	生长特点	长势
43119200219	香叶树	樟科	山胡椒属	200	20	272	16	16	兴隆办事处	柑头源村	柑头源村边	392	群状	好
43119200220	糙叶树	榆科	糙叶树属	200	23	366	16	16	兴隆办事处	柑头源村	柑头源村边	392	群状	好
43119200226	糙叶树	榆科	糙叶树属	200	23	426	16	15	兴隆办事处	柑头源村	柑头源村边	391	群状	好
43119200232	枫香	金缕梅科	枫香树属	200	20	368	15	15	李家塘办事处	田家村	田家村边	382	群状	好
43119200233	苦槠	壳斗科	锥属	200	18	226	6	6	李家塘办事处	田家村	田家村边	373	群状	好
43119200234	苦槠	壳斗科	锥属	200	13	236	8	8	李家塘办事处	田家村	田家村边	373	群状	好
43119200237	南酸枣	漆树科	南酸枣属	200	28	330	20	20	李家塘办事处	大兴塘村	大兴塘村边	397	群状	好
43119200238	朴树	榆科	朴属	200	28	255	16	15	李家塘办事处	大兴塘村	大兴塘村边	396	群状	好
43119200239	朴树	榆科	朴属	200	22	250	10	10	李家塘办事处	大兴塘村	大兴塘村边	396	群状	好
43119200240	榉树	榆科	榉属	200	28	320	10	10	李家塘办事处	小溪村	小溪村边	396	群状	好
43119200183	香槐	蝶形花科	香槐属	240	24	257	14	15	神仙洞办事处	高圩村	高圩村边	353	群状	好
43119200079	檵木	金缕梅科	檵木属	260	10	110	6	6	八仙洞办事处	燎原村	燎原村边	393	群状	好
43119200076	檵木	金缕梅科	檵木属	280	5	148	4	4	八仙洞办事处	燎原村	燎原村边	392	群状	差
43119200140	枫杨	胡桃科	枫杨属	100	16	348	21	18	神仙洞办事处	光下村	光下村边	341	散生	好
43119200241	青檀	榆科	青檀属	100	14	246	9	9	李家塘办事处	小溪村	小溪村边	396	群状	好
43119200084	香叶树	樟科	山胡椒属	130	18	222	11	12	回龙圩镇	黄家村	黄家村边	310	群状	好
43119200188	飞蛾槭	槭树科	槭树属	150	22	248	10	10	神仙洞办事处	高圩村	高圩村仙井	355	群状	好
43119200094	樟树	樟科	樟属	200	19	347	16	16	马鹿头办事处	塘井村	塘井村边	341	群状	好
43119200213	糙叶树	榆科	糙叶树属	200	23	473	15	15	兴隆办事处	柑头源村	柑头源村边	392	群状	好

回龙圩管理区 2015 年二级树木登记表

表 13-11 **单位：**

	树种名称	科	属	树龄	树高	胸径	东西冠幅	南北冠幅	乡镇	坐落位置	小地名	海拔	生长特点	生长势
43119200012	苦槠	壳斗科	锥属	300	17	320	4	8	回龙圩镇	平立村	平立村边	342	群状	好
43119200074	檵木	金缕梅科	檵木属	300	10	148	6	6	八仙洞办事处	燎原村	燎原村边	392	群状	好
43119200082	黄连木	漆树科	黄连木属	300	28	268	23	22	八仙洞办事处	燎原村	燎原村边	391	群状	好
43119200086	马尾松	松科	松属	300	19	367	11	12	回龙圩镇	黄家村	黄家村面前山	366	散生	好
43119200150	苦槠	壳斗科	锥属	300	16	308	15	14	神仙洞办事处	光下村	光下村边	346	群状	好
43119200157	檵木	金缕梅科	檵木属	300	9	110	7	5	神仙洞办事处	新铺村	新铺村边	346	群状	好
43119200158	黄连木	漆树科	黄连木属	300	23	297	16	16	神仙洞办事处	新铺村	新铺村边	347	群状	好
43119200168	苦槠	壳斗科	锥属	300	18	271	15	15	神仙洞办事处	高圩村	高圩村边	353	群状	好
43119200197	南酸枣	漆树科	南酸枣属	300	18	380	16	16	八仙洞办事处	蒋家村	蒋家村边	396	散生	好
43119200202	黄连木	漆树科	黄连木属	300	20	460	15	15	八仙洞办事处	下干村	下干村边	353	群状	好

回龙圩管理区 2015 年一级树木登记表

表 13-12　　单位：

	树种名称	科	属	树龄	树高	胸径	东西冠幅	南北冠幅	乡镇	坐落位置	小地名	海拔	生长特点	生长势
43119200005	南酸枣	漆树科	南酸枣属	500	25	438	12	30	回龙圩镇	平立村	平立村边	340	群状	好
43119200013	苦槠	壳斗科	锥属	500	18	450	10	13	回龙圩镇	平立村	平立村边	342	群状	好
43119200015	南酸枣	漆树科	南酸枣属	500	25	438	12	30	回龙圩镇	平立村	平立村边	342	群状	好
43119200142	黄连木	漆树科	黄连木属	680	30	540	12	12	神仙洞办事处	光下村	光下村边	342	群状	好

（二）珍贵林木

回龙圩管理区内的珍稀树种：有一级树种水杉、野生银杏，二级保护树种榉木、闽楠、黄枝油杉、香樟，三级树种有半枫荷、马尾松、青檀、香椿。

五、主要林间动物（野生动物）

兽类：野猪、刺猬、野猫、黄鼬（又称黄鼠狼）、獐、麂、穿山甲、野兔、水獭、松鼠、竹根鼠、果子狸、豺狼、蝙蝠，其中獐、穿山甲、刺猬、水獭到2015年很少见。

鸟类：野鸡、竹鸡、绵鸡、斑鸠、八哥、麻雀、喜鹊、乌鸦、黄雀、猫头鹰、猴面鹰、啄木鸟、杜鹃、翠鸟、白鹭、野鸭、岩鹰、游隼。

爬行类：乌龟、甲鱼、蜥蜴、壁虎、蛇（竹叶青、眼镜王蛇、菜花蛇、金环蛇、银环蛇、蝮蛇）。

两栖类：青蛙、蟾蜍、山蛙、牛蛙等。

贝类：蚌、螺、蜗牛。

第二节　造林育林

一、林木种苗

1992—2001年，回龙圩农场的林木种苗生产以回峰林场为主，种苗圃育苗采取国有、个体共存的办法。回峰林场的苗圃以培育马尾松、国外松为主，兼育青杉树苗和少量的香椿树苗。每年育苗5~10亩，出圃苗木25万~50万株。2000—2015年，林木种苗以个体经营为主，除开设苗圃育苗经营外，也有从外地运来经营。除风景林、用材林苗木外，更多的是柑橘等经济苗木。

2011年，出苗150万株，其中，杉木苗90万株，国外松出苗60万株。2012年，育苗50亩，出苗200万株。其中：杉苗12亩；出苗60万株；马尾松18亩，出苗72万株；国外松13亩，出苗42万株；其他苗木7亩，出苗28万株。柑橘上规模的个体苗圃场5个，苗圃面积80亩，主要是培育纽荷尔、卡拉卡拉红肉血橙、沃柑、W-默科特等柑橘优良品种。2015年，纽荷尔出苗20万株、红肉血橙出苗15万株、沃柑出苗25万株、W-默科特出苗18万株。

二、造林抚苗

（一）造林

1992—2013年，每年3月12日植树节前后，机关全体工作人员和学校教师，到指定地点造林一天，一般以单位在职人数规定任务，主要造林地有马鞍山国外松林地、葵阳松树林地、平利松树林地及公路旁、屋前屋后的风景林。2014—2015年，造林主要任务是风景区大树移植的樟树及花卉草地，以美化环境为主。包括老百姓每年种植的经济林，总面积5万亩，占回龙圩管理区林地面积43%。

2002年3月12日，回龙圩管理区委员会办公室印发《关于切实做好荒山造林和退耕还林（种果）工作的通知》，明确当年完成第一批荒山造林1500亩，退耕还林2000亩任务。4月，回龙圩管理区委员会又印发《关于进一步加快退耕还林的有关规定》，对全区的退耕还林工作作出具体的安排部署。5月6日，管理区委员会办公室印发《关于切实做好退耕还林工作的通知》，回龙圩管理区第二批退耕还林的任务是500亩，其中坡地造林3500亩，荒山造林4000亩。

根据国家退耕还林的有关政策，回龙圩管理区按照“因地制宜、统一规划、突出重点、分布落实、注重实效”的要求，对水土流失严重，生态环境脆弱，粮食产量低而不稳的坡地实行退耕还林，国家无偿向退耕还林农户提供粮食和补助，经验收当年造林成活率达85%以上，并进行抚育的每亩补助粮食150公斤，现金20元，生态连续补助8年，经济林连续补助5年。

2002年，管理区认真贯彻执行市委、市政府关于退耕还林的指示，成立退耕还林工作领导小组，全年落实退耕还林面积3000亩，荒山造林4500亩。7月28日，市林业局在管理区建立退耕还林开发示范点，开发地点为李家塘办事处新思一带宜林耕地，面积10000亩，总投资580万元。该基地建设成功，成为管理区退耕还林的样板工程。

2003—2009年，完成退耕还林6500亩，其中坡耕地造林3600亩、荒山造林3500亩，2008年完成荒山造林1000亩。2010年，全区完成造林面积2873亩，其中用材林1416亩、防护林1357亩。2011年，完成造林面积2965亩，其中用材林1721亩、防护林1244亩。2012年，完成荒山造林1000亩。2013年，完成造林面积1698亩，其中用材林1893亩、防护林805亩。2014年，完成造林面积3015亩，其中用材林1889亩、防护林1126亩。

（二）抚苗

抚苗通常是在栽苗后前三年，每年进行除草、松土、培兜、除萌、除杂，按树种和林地情况进行2~3次抚育。造林后4~5年杉木进行一次锄、刀抚。松类林进行两次刀抚。1992—2000年，回龙区管理区每年的幼林抚育面积5000亩，2001—2010年，每年的幼林抚育面积6500亩。2012—2015年，每年的幼林抚育面积6800亩。

中林间伐抚育一般进行两次。松林种后7年，修枝去极，杉林种植9年后进行首次间伐，间伐的原则是“以抚为主，抚育与利用相结合”“砍劣留优、砍小留大、砍密留疏、保留均匀”。第二次间伐采用下层疏伐式，保留一、二级木及三级木。保留郁闭度 0.6 以上。1992—2000 年，回龙圩每年的中林间伐面积 2000~3500 亩；2001—2010 年，每年中林间伐面积 3000~3500 亩；2011—2015 年，每年的中林间伐面积 3600 亩。

三、封山育林

1992—2015 年，为了禁止乱砍滥伐的现象，回龙圩范围内有林山实行封山育林。回峰林场、回龙圩镇、各办事处都制定一套管山防火，禁止乱砍滥伐制度，组织巡山员、护林员巡逻看护。1997 年，回龙圩封山育林的面积 7001 亩。1999 年，封山育林面积达 3.09 万亩。2002 年以后，随着全区人民生活水平的不断提高，人们的生活观念发生变化，老百姓日常生活中的煮饭、炒菜不再用柴火做燃料，都改用煤气和电器。建房做家具也很少用木材。这样，除极少数毁林开荒外，盗木、乱砍滥伐事件很少发生，自然生态得到恢复，森林资源得到保护。2010 年，全区的封山育林面积 5.1 万亩。2011 年，回龙圩管理区不再下达木材砍伐指标，全区的森林都处于封山育林自然生长状态。

第三节 森林保护

一、森林防火

1992—2015 年，回龙圩森林防火指挥长由管理区（农场）主任（场长）担任，常务副指挥长由分管副主任（副场长）担任。有关部门的负责人为成员。回龙圩镇、回峰林场、各办事处成立森林防火领导小组。每年自 9 月 1 日起至次年的 4 月 30 日为森林防火期，区防火指挥部实行 24 小时值班制度，镇、林场、各办事处负责人带班值班，建立起森林防火机制。2003 年 8 月，回龙圩成立森林防火应急分队，有防火队员 50 人，每人配备砍刀、水壶、安全帽、胶鞋和电筒等基本扑火装备。购置防火运兵车 1 台，风力灭火机 5 台，油锯 3 台，扑火 2 号工具 380 把。对话机 5 台。镇、林场、各办事处组建 7 支义务扑火队，共有队员 126 人，扑火队员每年要接受 2 次以上扑火训练。一旦发生森林火灾，扑火队在最短的时间内赶到火灾现场。

开展森林防火的宣传教育，在林区的主要路口设立森林防火指示牌。书写永久性的森林防火标语。学校开展对学生安全用火、防火教育。组织林场的职工和村民学习森林防火法规和林区防火的基本知识，发放护林防火手册，使森林防火政策法规和扑火、救火相关知识深入到群当中。

2015 年 10 月，田美村后山发生火灾，区森林防火紧急应急分队及回龙圩镇、林场和各办事处的扑火队员及时赶到现场，经 1 天的扑救，才把山火扑灭。这次山火共烧毁山林 567 亩。

二、森林病虫害防治

（一）病虫种类

杉木虫害有杉天牛、黄翅大蚂蚁、杉梢小卷蛾等；病害有叶枯病、落叶病、炭疽病、细菌叶枯病等。马尾松虫害有松毛虫、黑翅大蚂蚁、黄翅大白蚁、小卷蛾等，病害有赤枯病、落叶病等；楠竹害虫有竹蝗、长白蚧、竹小蜂、竹蛾等，病害有枯梢病、黑痣病、煤烟病等。油茶虫害有刺锦蚧、大蟋蟀、蜯、蛾、金龟子、尺蠖等，病害有炭疽病、煤烟病、茶苞病等。樟树有樟蚕、蜡蚧、煤污病等。杨树有刺蛾、天牛等。

（二）病虫害防治

1993 年 5 月，回龙圩农场大罗圩高圩村的 1200 多亩马尾松发生严重的松毛虫害，回龙圩农场林业科会同回峰林场配置氧化乐果等农药进行防治，由于树干高，采用消防车高压喷枪喷射，虫害得到有效控制。2003 年，全区开展树林线虫、松毛虫的防治工作。2008 年，回龙圩中心城区街道绿化带的田中桂、樟树受腊蚧危害严重，区有关部门根据腊蚧的发生规律在 5—7 月各杀一次药，虫情得到有效控制。

三、高尚湖自然保护区

高尚湖自然保护区位于回龙圩管理区的西面和西南面，南面与广西富川县相邻，西面与江永县夏层铺镇接壤，总面积 3. 2 平方公里。

高尚湖自然保护区属亚热带季风气候，常绿阔叶林带，最高气温 32. 6℃，最低气温 17. 6℃，年降雨量 136 毫米。保护区内森林资源丰富，森林覆盖率 92%，植被种类繁多，保存完整的 2000 余公顷的原始次生林中，有榉木、闽楠、黄枝油杉、香樟、福建柏等珍稀树种 279 科，500 余种；有野猪、穿山甲、果子狸、鹇鸡、眼镜蛇、五步蛇、竹叶青蛇、獐子、麂子、山蛙、锦鸡等珍稀野生动物数十种。2014 年，回龙圩管理区将该园纳入“十三五”规划进行重点开发建设，并申报审批为省级森林公园。保护区内修筑高尚湖、回峰、神仙洞小（2）型水库 3 座。

2012 年，高尚湖自然保护区建立以来，管理区把生态资源保护作为第一要务来抓，加强宣传教育、提高林场职工及周边村民环境保护意识，自觉遵守保护区内的各项保护规定；严格控制伐区面积，优化伐区配置，严格控制对公益林的采伐；加强保护区内野生动物资源的保护；严禁非法使用猎杀工具，包括火铳，气枪到林区打猎；查处乱捕滥猎，非法收购、倒买倒卖非法经营及非法运输野生动物的各类案件；查处损毁盗挖和非法移植珍贵野生植物和古树名木的各类案件；查处乱捕滥杀野生鱼类的各类案件，高尚湖自然保护区严禁炸鱼、电鱼、毒鱼，破坏水资源。查处乱捕滥杀鸟类、蛇类、蛙类等各类案件；查处偷砍滥伐，非法收购偷运木材的各类案件。通过这些行动，保护区内各种野生动物，特别是濒危、珍稀野生动物。

第四节　木材采伐、运输、购销与加工

一、采伐

回龙圩的用材林实行有计划限额采伐，每年省、市林业管理部门给回龙圩下达年度木材采伐生产计划，根据省、市下达的计划回龙圩管理区（农场）管委经讨论后行文下达给各采伐单位采伐指标。回龙圩镇、回峰林场、各办事处（分场）按指标进行采伐规划设计，报区林业局审批后，发给“木材采伐许可证”。采伐单位根据《采伐区域调查设计表》和“木材采伐许可证”。在规定伐区内规划设计采伐方式（择伐或全伐）做好采伐的准备工作。

采伐时通常采用“顺山倒”即木材尾部朝向山脚的方向，伐倒的木材剔除枝节树皮，再利用伐区剩余物打好桩子，形成“排山”，依次将木材向“排山”集中，然后陆续运出山。若是松林、杂木，一般按木材实需要求断筒后在往下运。

回龙圩管理区 1992—2015 年部分年份木材采伐数登记表

表 13-13　　　　单位：立方米

年份	采伐木材	年份	采伐木材	年份	采伐木材
1992	690	2001	1800	2008	4400
1995	2230	2002	2000	2009	8600
1996	3400	2003	1500	2010	6400
1997	900	2004	3600	2012	580
1998	1000	2005	3450	2015	280
1999	1000	2006	2810		
2000	1773	2007	5015		

二、运输

回龙圩木材运输有 4 种方式：

滑道运材　可利用滑道运材下山的采伐场，采用滑道运材。滑道运木材比较方便快捷。滑道运木材常用于杉木运材。

索道运材　2010 年高尚湖采伐场进行索道运材，索道运材对木材采伐规格和工人技术素质要求高。

盘拖运材　盘拖运木材下山是回龙圩木材采伐场最常用的运木材方法。采伐单位在取得区林业局的采伐区域调查设计表和木材采伐许可证后，用挖机挖一条从采伐场通往最近公路旁木材临时堆集场的手拖便车道，木材采伐后用盘拖将木材运下山来，盘拖从山上运木材下山由于道路坡陡湾直，危险性很大。

汽车运材　从采伐场临时集材点运出回龙圩外销一般采用汽车运输。

三、购销

1992—1997 年，回龙圩农场木材由回峰林场一家统购统销。1998 年后，木材市场开放，按质论价，议价购销，回峰林场的木材自产自销，回龙圩镇、各办事处（分场）管理的木材经木材经销商销售。1992—1997 年，回龙圩木材销量每年约 3500~4000 立方米。2008—2001 年，因受雨雪冰冻危害，木材销量约 15000 立方米。2011 年以后，因上级停下木材采伐指标，回龙圩木材经销结束。

四、木材加工

1992—1994 年，回峰林场在回峰水库脚下开办一家木材加工厂，将原木加工成半成品产品，每年的木材加工量 1000~2500 立方米。

1995 年，回峰木材加工厂停工，木材加工由公营改为私营，1998 年经回龙圩林业科批准，开办 2 家个体的木材加工厂。但规模不大，以简易加工为主。

2008 年，经批准开设 3 家木材加工厂，每年的木材加工量约 2000~2500 立方米。2010 年以后，回龙圩采伐木材数量少，区内的木材加工厂停止加工生产。

第五节　林政管理与林业科技

一、森林资源管理

2005—2015 年，管理区全面落实岗位责任制，提高护林人员的整体素质，强化护林人员的责任感；发挥林业执法人员的职能作用，稳定和维护回龙圩国有林场的材政秩序；打击毁林犯罪行为，提高林业案件查处力度；实行群防、群治，融洽边界地区护林关系，形成多方护林网络，搞好综合治理。

二、林政法制管理

（一）山林权属

回龙圩管理区是从国有农场改制而成，仍保留着农场体制，土地均属国有，因此回龙圩的所有山林所有权归管理区（农场）所有，镇、办事处、村只有管理权。

（二）森林防火

依照林政法规政策，每年从9月防火戒严期开始，张贴回龙圩管理区管理委员会《森林防火戒严令》及防火宣传标语，让老百姓了解森林防火的重要性和森林对生态环境的保护作用，形成护林防火人人有责的共识。

（三）毁林开荒

2003年，出现少数农户毁林开荒种植柑橘树现象，有的在坡度超过25°的荒坡，有的在水源地、公益林地开荒。回龙圩的森林资源遭受到破坏，为制止这种现象，2006年，管理区办公室印发《严格禁止毁林开荒的通知》，明确指出，在管理区范围内严禁在山坡上毁林开荒。区林业局把毁林开荒作为工作重点来抓，接到举报，立即到实地调查取证，对情节轻微，没有造成大的损失，责令责任者恢复原貌，在恢复原貌前责任者与所在的镇、办事处签订造林合同，并交纳一定数量的保证金；对情节严重不听劝阻的，林业局依照《中华人民共和国森林法》《中华人民共和国森林法实施条例》从重从快处罚。2003—2015年，管理区林业局接到各类毁林开荒举报案件16起，查处16起。2015年5月，李家塘办事处新思队一村民在未办理任何手续的情况下，擅自在李家塘冬古塘边毁林开荒8.55亩，区林业局接到报告，进行实地调查核实后，依法对该村民进行处理，罚款17100元，责其在一个月内把被毁的林地上全部补种上松树苗。2014年，管理区毁林开荒的不良行为得到有效遏制。

（四）木材运输

1992—2015年，回龙圩的木材运输，货主必须持有“木材运输证”方可外运。购木材单位或个人必须凭“木材经营许可证”、“木材采伐许可证”、“林木伐区检查验收证”、木材销售检尺码单、木材税费票据等凭证方可办理“木材运输证”，并要说明木材运输方式和车牌照，做到一车一材种和一车一运输证。

五、林业科技

（一）队伍

1992—2005 年，湖南省林业学校统招统分的中专毕业生分配到回龙圩工作的 2 人，2 人都具有中级技术职称，长期在林业系统工作经过业务培训达到初级职称的 5 人，林业技术工人 16 人。2015 年 12 月，回龙圩林业系统的林业科技人员有 28 人，他们在林业一线从事林业科技工作。

（二）活动

2002 年 7 月，回龙圩管理区开展林木测土配方信息系统推广运用工作，设立回龙圩管理区林木测土配方信息推广应用工作领导小组，由林业局局长任组长，林科站站长为副组长，下设办公室，林业科技站长兼办公室主任，同时成立回龙圩管理区林土测土配方信息系统推广应用中心，负责资料发放，土壤采集、数据统计、科技咨询、技术服务等工作。制定《回龙圩 2012 年林地测土配方工作方案》，举办回龙圩林木测土配方信息系统推广应用工作培训班二期，培训人员 46 人次。9 月底，在全区 6 个林地采集小班土壤样品，统一送样到湖南省林业科学院分析测定土壤肥力因子。根据湖南省林业科学院的检测结果，管理区林业科技站将样品的地点、肥力、状况如何，适宜栽种树种，整理汇编成册印制 300 份发给林农参考。

（三）成果

2003 年，引进名贵树种闽楠木，在高尚湖森林地试种成功，面积 20 亩。

2004 年，引进桉树在回龙圩马鞍山试种成功面积 1500 亩；晨光水库、平利村 1000 亩。桉树有易种活、抗干旱、幼苗生长快的特点，很适宜在回龙圩栽种。是造纸主要材料之一。

2007 年，引进湘油系列油茶树种，种植 400 亩，湘油系列油茶的果实大，生长快，含油量高，榨出的茶油品质好，市场价格 110 元/公斤。其发展种植潜力大。

第六节　回峰林场

回峰林场始建于 1987 年 8 月，为了便于林业部门统一管理，1991 年 6 月，湖南省林业厅湘发文件，定名为“江永县回峰林场”，属零陵地区 26 个国营林场之一，行政上由回龙圩农场管理。回峰林场林地总面积 12. 7 万亩，森林覆盖率为 72. 28%，林木绿化率为 81. 46%，森林总蓄积量 98. 73%；共有公益林 5. 27 万亩，占国有林场林地面积的 41. 46%。回峰林场职工 271 人，其中在职职工 234 人，占 86%；退休职工 37 人，占 14%。

2015年2月，中共中央、国务院印发《国有林场的改革方案》和《国有林区改革指导意见》的通知。是年5月5日，回龙圩管理区成立管理区国有林场改革领导小组，区管委主任任组长，区党委副书记任副组长，区有关部门负责人任成员，领导小组下设办公室，主任由林业局局长担任，副主任由回峰林场场长担任。2015年5月13日，中共湖南省委、湖南省人民政府下发《湖南省国有林场改革实施方案》的通知。2015年5月15日，回龙圩管理区管理委员会向永州市人民政府递交关于《永州市回龙圩回峰林场改革实施方案》的请示，恳请市政府审核批复。2015年6月16日，湖南省国有林场改革领导小组办公室对回龙圩管理区国有林场改革实施方案作如下批复：原则同意所报方案，切实加强国有林场管理机构建设，按照所核定的公益性一类事业单位和编制制度“三定”方案，及时办理事业单位法人和组织机构变更登记手续，完善劳动人事管理制度，落实财政预算。完善国有林场职工社会保障。解决好职工参保和续保问题，将符合低保条件的国有林场职工及其家庭成员纳入当地居民最低生活保障范围，做到应保尽保。妥善安置富余职工，充分尊重职工意愿，通过购买服务提供就业岗位，提前退休，转岗就业等多种途径妥善安置林场富余职工，确保职工生活有保障。做好剥离社会职能。按照国有林场政、事、企分开的原则，做好国有林场场办社会职能的剥离和移交工作。制定落实扶持国有林场发展政策。将国有林场基础设施建设纳入同级人民政府相关建设计划，其中国有林场道路按属性纳入当地相关公路网规划建设，自供电网交大电网并改造升级。维护林场和社会稳定，加强国有林场改革的组织、领导，坚决防止和纠正借改革之机或调处山林纠纷为名违法、违规侵占、吞食、变卖国有林场山林的行为，防止森林资源破坏和国有资产流失，切实保持国有林场山林经营权属稳定。做好改革政策宣传解读工作，落实职工知情权，及时研究解决改革过程中出现的新情况、新问题，确保社会和谐稳定。如遇重大问题，要及时上报。认真做好改革总结和验收，改革结束后，要及时改革实施方案执行情况进行一次全面检查总结，确保落实到位。

2015年6月29日，回峰国有林场向回龙圩管理区管理委员会呈交关于审核《永州市回龙圩管理区回峰国有林场改革实施方案》的请示。2015年6月30日，回龙圩管理区管委对林场改革方案进行批复。

2015年5月15日，永州市回龙圩管理区委员会批复回峰林场呈报的《回龙圩管理区回峰国有林场主要职责内设机构和人员编制》，明确改革后回峰林场人员编制为全额拨款事业编制143人（管理人员23人，专业技术人员30人，骨干林业技能人员90人），其中林场场部核定编制数10人，下设的6个生产分场各核定编制数20人，高尚湖森林公园核定编制数13人。

回峰国有林场配各科级领导职数12名，其中场长兼书记1名，副场长3名，副科纪检组长1名，分场场长（主任）兼书记7名，均为副科级。

2015年7月8日，回龙圩管理区财政局印发关于恢复国有林场事业编制人员纳入财政拨款的批复："同意回峰国有林场事业编制人员143人（管理人员23人，专业技术人员63人，骨干林业技能人员52人和工勤技能人员5人）"，纳入财政全额拨款。

回峰林场在改革中，全面落实"三定"原则，即定性、定编、定经费。明确林场为全额拨款公益一类事业单位。林场原有职工271人，其中在职职工234人，退休职工37人，改革后核定事业编制143人，占原有职工总数的52.7%。坚持以人为本，完善社会保障，按照"内部消化为主"多渠道解决就业和以人为本，确保稳定的原则，妥善安置富职工，不采取强制买断方式，不搞下岗分流，人员妥善安置"五险一金"到位。全面落实岗位责任制，分山头地块责任到人，实行以岗位绩效工资制度为主的收入支配制度，落实全面禁伐，保护森林资源，完善财政投入机制，加强基础设施建设，加大饮水安全、森林防火、管护站用房、有害生物防治等投入力度，夯实林场改革发展基础，确保各项工作持续发展。坚持程序到位，维护林场稳定，坚持依法依规，结果公开，通过召开职工动员大会和职代会，保障职工的知情权，参与权和监督权。

第四章 水利

回龙圩管理区海拔高度在250~945米之间，相对高度200~500米，在江永地区属地势高地区，地下水蓄量3000万立方米，泉井201口，河流4条，其中三级河一条、四级河3条，分别是栎溪河、回龙圩河、晨光河、廖原河，总长48公里，年降水量1460毫米，多年平均水资源总量1.029亿立方米，人均水资源量2941.7立方米。水资源分布特点是时空分布不均，降雨集中在每年的4~6月，7月以后降雨少，干旱经常发生，属缺水地区。

2015年，回龙圩共有小型水库29座，其中小（1）型水库2座，小（2）型水库27座，总库量971万立方米。灌区29个，灌溉面积6.8万亩，占全区总面积的43%，山塘49口，总容量27.34万立方米。建成各类农村供水工程11处，解决4000名农村人口的饮水安全问题。

湖南省永州市回龙圩管理区 2015 年水库一览表

表 13-14

序号	水库名称	所在乡镇	工程规模	正常蓄水万/米	总库容万/立方米	死库容/万立方米
1	双龙水库	李家塘办事处	小（1）型	378.4	130	1
2	盐下水库	回龙圩镇	小（1）型	332.0	104.4	0.78
3	晨光水库	回龙圩镇	小（2）型	351.18	62.9	1.2
4	茅塘水库	永济亭办事处	小（2）型	402.7	32.7	0.3
5	毛家水库	回龙圩镇	小（2）型	351.18	43.6	0.3
6	三角塘水库	回龙圩镇	小（2）型	376.56	10.2	0.7
7	高尚水库	八仙洞办事处	小（2）型	509.68	82.5	0.4
8	上塘水库	李家塘办事处	小（2）型	391.58	24.7	0.5
9	神仙洞水库	神仙洞办事处	小（2）型	428	32.6	—
10	名古塘水库	李家塘办事处	小（2）型	382.45	14.6	0.4
11	清水塘水库	李家塘办事处	小（2）型	394.94	17.2	—
12	聚钱水库	兴隆办事处	小（2）型	378.23	14.2	—
13	白露塘水库	永济亭办事处	小（2）型	407.71	14.6	0.3
14	棠锦水库	马鹿头办事处	小（2）型	351.51	32.7	—
15	回峰水库	八仙洞办事处	小（2）型	434	54.1	0.7
16	道山湾水库	永济亭办事处	小（2）型	392.79	64.5	0.8
17	大申塘水库	李家塘办事处	小（2）型	384.1	14.1	0.06
18	平利新塘水库	回龙圩镇	小（2）型	354.9	16.5	0.08
19	山岩塘水库	李家塘办事处	小（2）型	394.5	21.6	0.21
20	黄鼠塘水库	马鹿头办事处	小（2）型	315	23.5	0.11
21	寺木冲水库	马鹿头办事处	小（2）型	325.4	25.9	—
22	大莲塘水库	马鹿头办事处	小（2）型	170.1	37.2	6.35
23	葵阳水库	马鹿头办事处	小（2）型	154.8	35	0.42
24	上枧水库	回龙圩镇	小（2）型	325.7	27.8	0.08
25	早禾冲水库	回龙圩镇	小（2）型	385.5	27.7	0.15
26	龙母塘水库	马鹿头办事处	小（2）型	301.9	18.4	0.12
27	白谷冲水库	兴隆办事处	小（2）型	664.8	10.46	0.04
28	燎原水库	八仙洞办事处	小（2）型	344.2	30.2	—
29	马鞍山水库	李家塘办事处	小（2）型	386.1	22.1	0.16

说明：表中前 16 座水库为国家注册名录的注册水库

回龙圩管理区 2015 年山塘现状一览表

表 13-15

序号	山塘名称	所在村	塘容（万立方米）	水面积（亩）	灌溉面积（亩）	序号	山塘名称	所在村	塘容（万立方米）	水面积（亩）	灌溉面积（亩）
1	旱禾冲	渔场	0. 58	10. 8	23	26	水冲塘	田美村	0. 26	5. 4	14
2	上枧大塘	上枧村	0. 82	9. 7	22	27	大塘	断岭源	0. 82	11. 7	13
3	上枧大塘	上枧村	0. 33	7. 8	14	28	谷塘	棠锦村	0. 67	12. 8	24
4	平利塘	平利村	0. 47	9. 1	18	29	许塘	棠锦村	0. 79	13	28
5	平利新塘	平利村	0. 71	11	13	30	新库塘	棠锦村	0. 44	8. 5	20
6	黄家塘	黄家村	0. 43	8. 4	20	31	高山塘	岩口塘	0. 32	5. 8	18
7	彭家塘	彭家村	0. 85	7. 9	34	32	毛塘	毛塘村	0. 28	7. 7	14
8	等母头塘	等母头村	0. 51	9. 6	19	33	大岩口塘	湘桂竹	0. 45	7. 4	18
9	底岗塘	底岗村	0. 77	12. 8	23	34	白露塘	岩口塘	0. 82	12. 9	27
10	门前塘	底岗村	0. 84	12. 9	14	35	更牛塘	三角塘	0. 35	9. 1	17
11	狗仔塘	盐下村	0. 35	6. 4	18	36	牛眼塘	三角塘	0. 24	8	13
12	百谷冲	农科所	0. 15	6. 1	13	37	山岩塘	大兴塘村	0. 38	6. 2	12
13	雷公井	农科所	0. 32	6. 4	18	38	松木塘	永济亭村	0. 36	6. 8	16
14	扁山冲	扁山村	0. 86	11. 6	30	39	马鞍山塘	马鞍山村	0. 69	10. 6	22
15	大湾塘	兴隆村	0. 27	6. 7	14	40	大兴塘	大兴塘村	0. 53	5. 7	18
16	百亩田塘	八工湾	0. 29	7. 6	17	41	田家坝	田家村	0. 85	13	28
17	断石桥塘	断石桥	0. 64	8. 8	18	42	清水塘	李家村	1	13	34
18	黄鼠塘	石头水	0. 72	11. 7	32	43	新村塘	新村	0. 52	11. 5	21
19	下井塘	石头水	0. 55	9. 4	23	44	斜壁塘	茶叶队	0. 74	9. 5	28
20	井尾塘	龙母塘	0. 65	11	24	45	燎原塘	燎原村	0. 57	10. 9	23
21	虾米塘	龙母塘	0. 62	12. 4	20	46	旱塘	下干村	0. 57	9. 7	18
22	大山塘	龙母塘	0. 44	7. 5	18	47	高圩塘	高圩村	0. 93	9. 7	34
23	大莲塘	下岩村	0. 64	10. 2	23	48	光下塘	光下村	0. 51	10. 5	23
24	新塘	下岩村	0. 95	12. 9	28	49	新铺塘	新铺村	0. 36	7. 2	18
25	凤家塘	马鹿头村	0. 43	7. 4	13	50	长塘	小溪	13. 45	210	501
合计			14. 19	236. 1	509						

第一节　蓄水工程

一、山塘

2015年，管理区内有主要山塘50口，其中回龙圩镇10口，兴隆办事处6口，马鹿头办事处14口，永济亭办事处7口，李家塘办事处7口，八仙洞办事处3口，神仙洞办事处3口，总蓄水量27.34万立方米，总水面积446亩，灌溉面积0.44万亩，占全区面积的42%。

二、水库

2015年，全区有小型水库29座，其中列入国家水库注册名录的水库有16座。双龙水库、盐下水库为小（1）型水库，晨光水库、毛家水库、聚钱水库、回峰水库、高尚水库、神仙洞水库、道山湾水库、白露塘水库、茅塘水库、三角塘水库、棠锦水库、上塘水库、清水塘水库、冬古塘水库为小（2）型水库，16座水库的总容量971立方米，设计灌溉面积1.8万亩，实际灌溉面积1.2万亩。

第二节　引水工程

一、河坝

2015年，回龙圩管理区境内有24座大小河坝。其中栎溪河上有狗仔井河坝、彭家河坝、西河坝、工业园河坝、八字桥河坝、中学河坝、黄家河坝、大地铺饮水河坝8座。回龙圩河道上有岩口塘河坝、岗头源河坝、兴隆河坝、新风村河坝、彭家河坝、盐下洞河坝、回龙村河坝、朱家观村的高坝8座。晨光河河道上有李家塘村河坝、何家村河坝、晨光庙河坝、鸟离坝、争水坝、矮坝、石鼻井河坝、石牛桥河坝8座。24座河坝灌溉水田面积6500亩，占水田总面积的60.7%。

二、泉井

1993年，湖南省水文勘测队探明，境内有3条地下河，东边有一条地下河从李家塘往马鞍山、平利方向向北流去，南边一条从永济亭向南往广西方向流去，西边有一条从农科所往八仙洞、大罗圩、神仙洞、马鹿头、下岩、龙母塘、石头水方向向北流去。地下河水源丰富，经测算地下水约为3000万立方米。全区地面上的泉井众多，有大小泉井201口，较大的泉井有132口，其中农科所的米筛井，新风村的狗仔井、大罗圩的仙井、雷进井、小罗山上井、李家塘村的井，平利村的女鬼庙井，毛家水库的白竹井，上枧村的源头井，下岩村的新塘井，石头水的下井、大地铺的洞中井，棠锦村的谷塘山井，底岗村的井头湾井，岩口塘村的塘湾井，龙母塘村前的井，绿峰的井，田美村的盘家井等，是回龙圩所在村庄村民主要饮水源，泉井的流水量随着季节的降水量而变化，一般是春、夏两季的流水量大，秋、冬两季的流水量小。较大的泉井常年流水，且流量较大，雷进井、狗仔井是回龙圩管理区驻地居民自来水的主要源泉。

三、灌区

2015年，回龙圩管理区的自流灌区分为晨光洞、光下洞，马棠洞、岩李田洞四大片，灌溉面积达1.14万亩，晨光洞灌区包括回龙村、盐下村、上枧、毛家、顾家、等母头、底岗、黄家等自然村的水田，经晨光水库左、右渠和晨光河道自流灌溉，面积0.37万亩。兴下洞灌区。用道山湾水库、聚钱水库、回峰水库高尚水库的水自流灌溉，受益的有岩口塘、兴隆、新风村、八工湾、十工湾、农科所、岗头源、蒋家、廖原、下干、彭家等自然村，灌溉面积0.51万亩。马棠洞灌区用棠锦水库、莲花水库、新塘、黄鼠塘、下井塘等山塘水库的水自流灌溉，受益的有马鹿头，断岭源、田美、向阳洞、下岩、石头水、龙母塘、断石桥、棠锦、大地铺等自然村，灌溉面积0.25万亩。岩李田洞灌区是用双龙水库、清水塘水库、冬古塘水库、上塘水库的水自流灌溉，受益地有小溪、山岩塘、大兴塘、李家塘、李家、新思、何家、唐家、马鞍山，灌溉面积0.28万亩。

第三节　橘园节水自压喷灌工程

回龙圩管理区果园自压喷灌柑橘工程由回峰、高尚湖和神仙洞三个小（2）型水库通过管道流水自压对山下橘园进行喷灌。该工程1988年5月动工，1992年8月完工，喷灌主管管经4200毫米，支管管经110毫米、75毫米、50毫米，单根喷枪喷灌半径15米，总投资规模7320万元，解决高尚、神仙洞、八仙洞一带3000亩果园的灌溉问题。工程得到国家喷灌公司的大力支持，1992年8月2日，国家喷灌总公司副总经理陈雷到场验收。

果园自压节水灌溉与普通漫灌比较，一是用水量大幅度减少。果园未铺设喷灌前，高尚水库只能灌溉果园三次，铺设喷灌头，采用喷灌方法，同等容量的水可喷灌果园五至七次，节约用水达50%。二是调节果园环境气候，达到节水和提高果品产量的多重效果。喷灌形成降雨效应，有效调节树体温度和果园土壤环境的温湿度，减少蒸发、降低温度，从而有效改善果园环境气候，达到节水和提高果品产量和质量多重效果。自压喷灌工程建成后，高尚、神仙洞、八仙洞一带成为回龙圩管理区优质柑橘主产区和湖南省科技示范基地。

1998 年，因管理不善和管道多年失修，自压喷灌逐渐废弃。

第四节　排水防洪工程

一、水库的除险加固工程

回龙圩管理区的水库均在 20 世纪 70—80 年代修建，大部分水库都是土堤坝，运行 40 年后经鉴定都是病险水库，需进行除险加固。2008 年，回龙圩管理区争取到盐下水库除险加固工程的中央投资项目，该项目经过鉴定、评审，于 2008 年 11 月 14 日顺利开工。中央投资 225 万元，省配套资金 40 万元。2009 年 5 月底，盐下水库的除险加固工程全部完成，总投资 266.7 万元，共计完成帷幕灌浆 731 立方米，土石 4.32 万立方米，混凝土 0.32 万立方米。2009 年经省、市水利部门验收合格。

2010 年，“双龙水库除险加固项目”列入国家 2010 年重点小（1）型除险加固新增计划。2011 年 11 月 24 日，正式开工。2012 年，完成双龙水库除险加固工程，总投资 390 万元，共完成冲抓回填 1433.1 立方米、帷幕灌浆 360.6 立方米、土石方 1.947 万立方米、干砌石 917.1 立方米，浆砌石 2597 立方米、混凝土 1129 立方米。2012 年还完成回峰水库、高尚水库、白露塘 3 个病险水库的除险加固工程，总投资 640 万元。2013 年完成了道山湾、神仙洞、清水塘、棠锦 4 座水库的除险加固工程，总投资 670 万元。2013 年 9 月 23 日，毛家水库的除险加固工程项目正式开工建设。2014 年 4 月 30 日，工程设计全部完成建设任务，总投资 190.54 万元，其中建安工程投资 163.61 万元。2015 年 6 月，聚钱水库、晨光水库的除险加固建设工程全部开工。12 月，完成 16 座险病水库的除险加固工程。

二、栎溪河治理工程

栎溪河发源于回龙圩管理区回峰大岭东南侧山冲，经栎溪村处汇入马河，在江永县白水村汇入永明河。栎溪河回龙圩段全长 16 千米，流域面积 98.6 平方千米。该工程保护耕地 1.92 万亩，人口 1.29 万人，解决栎溪河河段的防洪问题。

栎溪河回龙圩段治理工程的防洪标准按 20 年一遇洪水标准设计，其他非城区河段按 10 年一遇洪水标准设计。工程于 2013 年 10 月 30 日正式开工建设，总投资 1600 万元，2015 年 10 月竣工，完成新建土堤 2.532 千米，新建土堤格宾+雷诺护垫坡和浆砌石矮脚+护坡 4.714 千米、浆砌石档墙 0.557 千米、河道清障疏浚（挖深疏通）5.481 千米、改 2 处河坝为闸坝、新建人行桥 4 座。

三、排水工程

2010年，投资11.68万元，完成断岭源大塘、白露塘坝体和卧管维修，道山湾水库涵洞卧管维修，回峰水库、双龙水库、晨光水库溢洪道的维修及卧管维修，唐家与何家村边的公路涵洞修复。

2011年，完成何家坝等6处水毁工程的维修和14千米沟渠清淤及棠锦、岩口塘、小溪、下干、十工湾等5条沟渠4450米的防渗加固。

2015年，完成大塘、虾公塘、寺木冲塘、下岩新塘、斜壁塘泄洪道、卧管的维护、维修，中小学排洪渠、上枧灌溉渠的维修，道山湾水库水渠、八仙洞回峰水闸和回峰水库溢洪道尾渠、光下村水渠、岩口塘排水灌渠、回龙圩镇朱家观村水渠等工程建设。

第五节　其他水利项目

一、雷进井人畜饮水提水工程

2002年，回龙圩管理区向湖南省农垦局申报雷进井人畜饮水工程项目，以解决回龙圩管理区人畜饮水困难问题，得到省农垦局的支持，该项目列入国家财政专项扶贫资金建设工程范畴。2004年该工程批准立项，分两期投资237万元，当年9月施工。2005年4月竣工。该工程从大罗圩雷进井用管道引水到交流坝过滤净水池消毒净化后，抽水提到对面山顶容量为1800立方米水池里。引水管道里程800米，其中主管道500米，支管道300米，日供水量5000吨以上的供水能力，解决回龙圩管理区中心城区、回龙圩镇及周边村的自来水供应不足问题。

新风村狗仔井提水工程。2003年2月开工，当年8月完工，总投资95.67万元。其中中央投资60万元，地方配套资金29.27万元；群众自筹6.4万元。管道铺设4043米，解决新风村500人口的安全饮水问题。

二、岩口塘联饮用水提水工程

第一期工程建设投入资金204.13万元，其中中央资金122万元，省配套资金42万元，市县配套资金26.99万元，村民自筹资金13.14万元。2014年，完成第二期项目工程建设任务，总投资475.23万元，解决兴隆、岩口塘、八工湾、十工湾、永济亭5村4280人的饮水问题。2015年完成。

第六节 水土保持

一、水土流失

1992—2015 年，全区水土流失面积 19.26 平方千米，占总面积的 18.1%，年平均土壤侵蚀模数为 2430.5 吨/平方千米。全区有山塘 50 口、水库 29 座存在不同程度的泥沙淤泥，较为严重的有盐下水库、双龙水库、晨光水库、道山湾水库、毛家水库、回峰水库、神仙洞水库、栎溪河流域河道等工程，淤积泥沙约 0.5 万立方米。

二、水土流失治理

回龙圩管理区在兴修水利工程时均采取坡改梯、挡河坝等方式治理水土流失。根据《中华人民共和国水土保持法》第 4 条“国家对水土保持工作实行预防为主，全面规划、综合防治、因地制宜、加强管理，注重效益方针”的规定，着力制定回龙圩管理区水土流失防治措施。规定从 2009 年起，对高尚湖区、双龙水库区、回峰水库区、晨光水库区、神仙洞水库区的森林采取封山育林，全面实行禁伐，保护植被，防止水土流失。2014 年，完成栎溪河流域回龙圩段河道的治理工程，回龙圩的水土流失得到有效遏制。

第七节 晨光水库扩容升级工程项目

一、建设地点及灌区范围设计

晨光水库是 20 世纪 70 年代修建的一座小（2）型水库。为彻底解决回龙圩缺水问题，1992 年经水利专家勘查，可将该水库升级为中型水库。水库枢纽工程位于回龙圩管理区晨光村，处于潇水流域永明河支流上，地理坐标为北纬 25°11′，东经 111°22′。晨光水库控灌面积 4.34 万亩，灌区分五大片，其中自流灌区两大片，既左、右干渠，灌溉面积分别为 1.65 万亩和 1 万亩。提灌区三大片，即李家坝电灌站、大岩口电灌站、马鹿头电灌站，灌溉面积分别为 1.07 万亩，0.35 万亩和 0.27 万亩。坝后设电站，装机 110 千瓦。

二、扩容升级原因

回龙圩管理区是缺水地区，境内无大中型内流河，水资源短缺一直是管理区经济社会发展的主要瓶颈之一。同时，管理区境内的晨光水库水源充足，该水库集雨

2015年，建设中的马河流域

面积29平方千米，干流长度9.2千米，年平均降雨量1456毫米，年均流量2284.3万立方米。地形地质条件良好，是管理区唯一可建的中型骨干水库工程。因此，扩建晨光水库对于破解管理区水资源瓶颈具有举足轻重的作用。扩建后的晨光水库，将是一座以灌溉，城镇供水为主，兼顾发电、养鱼、防洪等综合利用的中型水利工程，主要灌溉回龙圩镇、李家塘办事处、马鹿头办事处的1.14万亩农田和3.2万亩柑橘、茶叶等经济作物，年发电量达20.2万千万时。拥有良好的经济效益、社会效益和环境效益。

三、工程前期规划

1992—1993年，回龙圩农场委托零陵地区水利水电勘察设计院编制晨光水库可行性研究报告和初步设计书。省水利厅以湘水电计字〔1992〕23号和湘水电农水字〔1993〕2号文件，对晨光水库扩建工程的可行性研究报告和初步设计分别作批复。永州市回龙圩农场晨光水库扩建（中型）工程项目，纳入水利部“十二五”重点建设项目规划中湖南省92座中型水库建设项之中。2015年，重新编制项目建议和可行性研究报告。

工程主要包括水源工程、灌区工程和坝后电站工程。

水源工程：主要建设大坝（心墙土坝）、溢洪道、副坝、坝后式电站、灌溉、涵洞、放空底孔等。主要建筑物为亚Ⅲ级。设计洪水标准为50年一遇，校核洪水标准为1000年一遇。正常蓄水位375.05米，总库容1789.1万立方米，主坝最高坝高39.3米，装机110千瓦。

灌区工程：灌区设计总灌溉面积为4.34万亩，自流灌溉区分左、右干渠，其中左干渠1.65万亩，右干渠1万亩；提灌区三大片，即三个泵站的灌区，其中李家坝电灌站灌溉1.07万亩，大岩口电灌站灌溉0.35万亩，马鹿头电灌站灌溉0.27万亩，干渠5条，总长34.36千米，支渠22条，总长58.93千米，渡槽39处，总长7021.5米。倒虹吸管6处，总长1300.7米，暗涵1处，总长725米，灌区工程为Ⅲ等工程，主要建筑物级别为四级。

晨光水库扩容兴级工程施工总工期为5年，按2015年价格计算，工程总投资为2亿元，其中申请中央投资1.6亿元，省配套3000万元，市、区各配套1000万元。

四、工程占地及移民安置

晨光水库扩容升级后，水库淹没人口352人，水田361亩，旱地255亩，房屋76栋、319间。1992年7月，回龙圩农场对该问题进行专题研究，制定《关于晨光地区移民安置方案》。拟分四片，统一安置水库移民。杨梅山片，可安置21户105人；毛家片，可安置18户86人；乌塘片，可安置19户92人；兴隆片，可安置15户69人。

第八节 水利管理

一、机构

1992—2001年农场时期，设立水利水电科，正科级单位，业务上接受市水电局指导，设科长1人，副科长2人，共有工作人员7人。2002年农场改制后，水电科改为水利局，属农经局的内设机构，2007年，水利局从农经局独立出来，为独立法人的行政单位。设局长1人，副局长1人，定编5人。

二、工程管理

1992—2001年，回龙圩农场的水利工程管理主要是山塘水库、沟渠堤坝的维修管理。2002年改制后，回龙圩管理区水利建设工程项目逐年增多，水利工程管理的主要内容是16座水库除险加固工程、马河流域回龙圩段的河道治理工程的招投标管理、工程施工后的质量管理和工程竣工后的后续管理。

三、用水管理

（一）农田灌溉用水管理

1992年，回龙圩农场制定农田灌溉用水的制度，各分场的管理人员中设立管水员1人，负责本辖区内水务管理工作。给管水人员定职责、定山塘水库、定灌溉面积、定报酬等管理制度。从根本上扭转原来乱放水，争水的局面。2009年以后，管理区水利局有计划地修整河道、修建河坝，将灌溉渠道都用水泥浆或水泥砖砌好后用水泥粉刷，保证各个灌区的渠道不渗水，不堵水，使灌溉抗旱延伸到每个死角。

（二）城镇饮用水管理

回龙圩城镇用水主要用于雷进井和狗仔井的水源，回龙圩管理区将两处取水点周边砌围墙进行保护，严禁污染水源。区自来水公司将水进行过滤净化、消毒等程序后，再进入饮用水管道，加强对主、分水管的巡察、维护与规划改造。每季度请永州市疾病防控中心的专家对饮用水进行检测，看是否达标合格，保证全区饮用水的安全。

第十四篇

商务

第一章 商业经济体制改革

第一节 商业管理体制改革

1992—2002年，回龙圩农场商业企业有农工商公司、供销公司。农工商公司由经委管理，供销公司由财委管理，其经营都按计划进行。回龙圩供销社是江永县供销社驻农场的商业企业，财务、人事由江永县供销社管理，党团组织关系在农场。

1992年，随着市场经济体制健全，国家在商业流通领域提出“四放开”政策，即“放开经济、放开物价、放开用工、放开分配”。在工商管理体制中推行“三制”，即“企业经理（厂长）负责制、管理人员聘用制、职工合同制”。这些政策在农场全面铺开，调动管理人员和企业职工的积极性，同时民营企业、个体户也加快发展，增强企业的竞争意识，打破农场传统的计划经济体系。

1992年，回龙圩农场由原来只有农工商公司、江永县回龙圩供销社两家商贸企业发展到35家。1993年为了进一步拓展营业，在商贸领域推行“三自一包”，即人员自由组合、自主经营、自负盈亏、自负工资，包干上缴的国有民营的经营机制，企业根据门面地段和经营的商业类别及承包人的情况，制定标底和承包期限，在全体职工中进行投标，中标者交一定押金与单位签订经营合同，未中标者待业或自谋职业，单位在前三年每月发生活费，三年后停发生活费，与单位脱钩。回龙圩农工商和供销社都将门面柜台向职工进行承包。

第二节 供销社管理体制改革

1960年，回龙圩贸易商店被江永县商业局接管，更名为江永县回龙圩供销社，业务人事归江永县商业局管理，行政由农场管理，有干部职工8人。1962年，供销社划归省工矿贸易公司领导，更名为湖南省工矿贸易公司回龙圩贸易商店，下设李家塘、兴隆、马鹿头3个分店，有职员12人，年销售总额12万元。1964年，省工矿贸易公司将其下放江永商业局管理。1978年1月，江永商业局与江永供销社分开，回龙圩贸易商店划归江永县供销社管理。1989年，恢复江永县回龙圩供销社，在职人员22人，下设李家塘、兴隆两个分店。总店有7个门市11个营业柜组，一个收购门市，总面积2970平方米，其中门面、仓库1990平方米，职工宿舍980平方米。主要经营针棉纺织品、日用百货、五金交电、南货食品、废旧品收购、农业生产资料、日用杂品、农副产品收购等。年销售额236万元，实现利润27万元，上缴税金4.5万元。1992年以后，国家对工商企业“四放开”的政策以及个体经商户的快速发展，供销社的集体经营受到很大的冲击，营业额下降，流动资金短缺，银行贷款困难，进货无现金，资不抵债。

2000年3月至2001年8月，江永县供销社体改工作队进入回龙圩供销社清理评估资产，召开职工大会，走访谈心，争取80%的职工对政策的支持。2001年8月8日，江永县人民政府县长办公会议，同意供销系统企业依法进行破产。2002年8月江永县回龙圩供销社因资不抵债，依法破产。22名在职职工领取一次性安置金与企业签订身份置换合同，退休人员交劳动社保站管理，由社保站发放退休金。22名置换身份的职工大多数成为个体经商户，部分退二进一，在农场种柑橘，有些外出打工，基本上都实现再就业，回龙圩供销社产权制度的改革顺利稳妥达到预期的目的。

2003年3月，江永县供销社根据基层供销社资不抵债的实际情况，报县政府批复，印发《江永县供销社所属企业产权制度改革方案》。

第三节 商品流通体制改革

1992年中共十四届一中全会，明确提出建立社会主义市场体制的目标。商品流通改革进入一个新的发展阶段，商品流通体制提出“四放开”政策，在商品领域推行“三自一包”。回龙圩供销社和农工商公司实行人员自由组合、自主经营，自负盈亏、自负工资，门市柜台承包。

随着民营商业所占市场份额越来越大，成为商品流通领域的一支生力军。为保障商品流通领域的健康发展，国家颁布实施《中华人民共和国经济合同法》《中华人民共和国产品质量法》《中华人民共和国反不正当竞争法》《中华人民共和国消费者权益保护法》《中华人民共和国批发市场管理法》。同时国家除极少数商品外，包括粮食在内都放开购销、放开价格。

2002年，农场改为管理区后，商品流通市场逐渐健全完善。回龙圩的农贸市场、柑橘批发市场、商品零售市场、网络市场蓬勃发展，年营销额上亿元。2015年，注册登记市场主体总量276户，注册资本8053.29万元，其中企业37家，专业合作社10户，个体工商户229户，从业人员3000人，社会消费品零售总额达7139万元。

第四节 企业经营体制转换

1992年，周边县区民营经济和个体经营快速发展对回龙圩农场农工商联合公司冲击大、影响大。1992—2015年，回龙圩农工商公司和供销社打破“大锅饭”式经营体制，实行自主经营、自发工资、自定批、零售价格、自找进货渠道。将所有经营项目和门面向员工发包，人员自由组合，落选未能承包人员，头三年发生活费，三年后取消生活费，自谋职业。实现“两个置换”、“两个买断”（职工买断身份、买断工龄）。企业资产置换后，除偿还必要的债务，缴纳税费外全部用于解除职工身份时一次性的补偿金。职工置换身份后成为自谋职业的居民。

第五节　企业产权制度改革

2001年6月，根据国家“抓大放小”及永州市委市人民政府《关于进一步深化国有企业改革的若干规定试行》文件精神，回龙圩农场对10家工商企业实行产权制度改革，其中商业企业2家，改革的具体做法是：根据上级有关文件精神结合本单位实际情况制定公司产权制度改革具体方案，报总场审批后，在清产核资的基础上召开职工大会，职工代表会，退休人员座谈会，广泛听取职工意见，根据大多数人的意见确定资产分配方案。

2015年，回龙圩农场农工商联合公司在册职工21人，退休5人。通过计算该公司资产评估总值为57.3万元，偿还个人债务17.5万元，职工工龄总和为647年，工龄补偿400元。其余资产按债务大小比例进行偿还，计算出每个职工应量化的资产价值后张榜公布。

根据财务计算结果对公司的财产进行分配，资产分配原则是：

将临街商业门面做到每人分一间，具体位置采取抽签确定，使职工身份置换后有生活来源。

适当照顾退休工人，内退人员和工龄较长应付资金较多的职工利益。在初次分配余额资金在1万元以上的职工参加营业大楼3个中心门市的分配，每个中心门市的分配人员自由组合。

兼顾全面，不留尾欠。凡是有结余资金人员都参加二楼办公室和三楼舞厅再分配，仍采取人员自由组合的方法进行。拟定每份额500元，低于500元份额的以现金结算。

资产分配后由公司统一为职工办理土地使用证和房屋产权证。退休工人进入国家社保系统。公司与职工签订解除劳动关系协议书，户口迁入所在地居委会或村委会。

2015年，回龙圩农场供销公司（粮油站）有在册职工38人，退休职工18人。资产评估折价46.29万元。负债情况，债权5.15万元，债务私人部分所欠发职工工资21.02万元，风险金1.8万元，其他应付款1.09万元，独生子女费2679.96元，抚养费1990元。红壤开发资金11.39万元，银行贷款44万元，共计84.91万元，已资不抵债。参加“两个置换”职工工龄总共1397年，工龄置换款130元/

年，资产量化的办法先偿还债务，按欠发职工工资、税金、个人欠款、银行贷款的顺序进行。

农工商联合公司和供销公司由于资不抵债，于2002年10月依法破产。

第二章　商业网点

第一节　建设规划

1992年，回龙圩领导考虑商业网点的建设规划工作1998年，回峰路商业街，由原来的宽20米扩宽到30米，全部水泥硬化，沿途安装路灯，两边人行道宽3米。路两旁建房三层以上，一层为门面，街道全长2公里。同时建商业步行街一条，全长0.7公里，街面宽7米，两边全部是商业门面，是回龙圩最繁华的商贸街。

2008年，修建永富二级公路回龙圩段时，开辟新商业街一条，从八字桥到彭家山，全长1.5公里，路宽30米。两边建设的以马头墙为特征的民宅，一层为商业门面，商贸气氛浓厚。2012—2015年，对商业街进行美化、亮化、绿化。2014年，投资7000万元对中心城区道路提质改造，全程改造成6车道的沥青路面，两边种花种草和大规格樟树。投资4000万元建设市民广场、八字桥广场和马河风光带。管理区出资对沿街两边的房屋统一进行外装修，统一安装彩灯。回龙圩中心城区现有商业街4条，总里程4.9公里。

第二节　网点建设

1992—2001年，回龙圩农场时期商业网点主要有：江永县回龙圩供销社、回龙圩农场农工商联合公司、回龙圩农场供销公司（粮油站）三家国有集体企业。个体工商商户49家，规模不大，以经营小商品和服务业为主，年销售额不足100万元。

2002年以后，随着国家对商业体制的改革和市场逐渐健全，个体商业户迅速发展，国有和集体商业经营不善，债务高筑，都相继破产倒闭。

2015年，回龙圩管理区个体商业共有1100家，从业人员2100人，年销售收入8500万元。

第三节　经营业态

1992年，回龙圩商业经营以江永县回龙圩供销社、回龙圩农场农工商联合公司、回龙圩农场供销公司（粮油站）为主体，占商品零售额的80%，个体商业占20%。

1992—2001年，市场经济快速发展，商务体制改革不断深化，回龙圩国有集体商业经营业态逐渐弱化，个体民营商业蓬勃发展，经营业态兴旺。

2002年，供销社、农工商、供销公司3家国有集体商业相继破产倒闭。商业经济实行民营化，商品经营业态逐步壮大。2015年，社会消费品零售总额7139万元。

第三章　经济成分

第一节　国有商业

一、农工商联合公司

1980年12月，农工商联合公司建立，三层商业楼一幢，建筑面积2580平方米，地处农场商贸中心，是当时回龙圩农场最高的建筑物。经营商品有针棉织品、南货食品、肉食水产、冷饮制品，二楼、三楼为旅馆和会议室，有客房22间，床位53个。注册资金30.1万元，职工20人。由农场供销科管理。

1980—1984年，商品销售总额为201.7万元，实现利润29.83万元。农工联合公司的创办打破回龙圩农场建场以来只有供销社一家经商局面。1991年，商品销售12.48万元，亏损3.68万元。1993年开始，公司实行承包制，职工自由组合承包门市柜台，自主经营，实行国有民营。2001年6月，回龙圩农场对农工商联合公司进行产权制度改革，资产评估为57.3万元，负债79.28万元。因资不抵债，2002年依法破产。破产时企业有在册职工21人，退休工人5人，实施“两个置换”，买断身份、工龄。企业资产置换后一次性补偿安置解除身份的职工。退休职工进入农垦职工养老保险，领取农垦职工退休工资。如果个人愿意补足统一企业保险费，也可参加统一企业保险，退休后拿统一企业退休养老金。

二、供销公司

1959年，回龙圩农场供销公司创建，当时叫粮油加工厂，主要任务是加工大米、食油，供应全场职工及其家属的口粮油。1991—1996年，粮食市场实行指令性计划管理。粮油加工厂职能改为以粮食统购任务为主，加工厂改名为回龙圩农场粮油站。1997—

2001年，粮油市场实行指导性计划管理，粮食市场逐步开放，收购市场竞争激烈，粮油站除收购粮食外，还经营农资和农副产品收购。粮油站又改名为供销公司。2001年，农资市场全面放开，农资市场竞争日渐激烈，农资生意难以为继。2001年6月，根据国家“抓大放小”和中小企业产权制度改革有关精神，供销公司因资不抵债，依法破产，职工置换身份，或调入其他单位，退休工人转入企业养老保险。

第二节 供销合作商业

江永县回龙圩供销合作社前身是回龙圩贸易商店，是回龙圩农场兴办最早的商业企业，也是在1980年以前回龙圩唯一的一家商业企业。1958年，建场时在场部李家塘设供销服务点，只有1名员工。1959年，扩场后总场设供销服务总部，下设李家塘、回龙圩两个服务点。1960年，被江永县接管改名为江永县回龙圩供销社，业务、人事归江永县商业局管理。1962年，划归省工矿贸易公司管理，更名为湖南省工矿贸易公司回龙圩贸易商店。下设李家塘、兴隆、马鹿头3个分店，在册职工12人，年销售12万元。1964年，回龙圩贸易商店下放江永县商业局管理。

1989年，江永县商业局与供销社分家，回龙圩贸易商店归江永县供销社管理恢复江永县回龙圩供销社，在职职工22人，下设李家塘、兴隆2个分店，7个门市，11个营业柜组，1个收购点。商铺建筑面积2970平方米，职工宿舍3幢980平方米，仓库5栋1990平方米，固定资产56万元。主要经营针棉织品、日用百货、五金交电、南货食品、日用杂品、农业生产资料、费旧品收购、农副产品收购。年销售总额236万元，实现利润27万元，上缴税收4.5万元。

1992年，回龙圩农场按照国家提出的“四放开”（放开经营、放开物价、放开用工、放开分配）政策。随后推行“三岗三制”及企业经理（厂长）负责制、管理人员聘用制和职工合同制；企业员工有正式岗、临时岗、预备岗。这些改革政策给企业注入活力，增强竞争意识，拉开分配档次。

1994年，回龙圩供销系统推行“四自一包”，即人员自由组合、自主经营、自负盈亏、自负工资，包干上缴，实行国有民营机制。回龙圩供销社根据经营的商品、门面地段、柜台和承包人的情况，制定标底、承包期限，由全体职工进行投标，中标者交足押金与单位签订经营合同，未中标者待业或自谋职业，单位给一定的生活费。

2000年3月，江永县供销社根据基层供销社资不抵债的实际情况，制定《江永县供销社所属企业产权制度改革方案》并报县政府批准予以实施。

2002年8月，回龙圩供销社依法破产，22名在职人员领取一次性安置金，与企业签订身份置换合同。

第三节　个体私营商业

1992年，随着社会主义市场经济的确立，商业流通体质的“四放开”政策，个体私营商业迅速发展，对公有制为主体的回龙圩农场影响极大，个体私营商业冲破体制的束缚发展起来。回龙圩管理区第一个个体经营商户杨兰珠，于1982年在回龙圩客运班车停靠点旁，建一简易棚，经营南货食品兼做缝纫。1986年，她开办回龙圩第一家个体酒店兼旅馆。2004年，她又开办回龙圩第一家大型超市。2015年，她拥有资产近千万元，成为回龙圩首富。

1992年，回龙圩农场个体商业户49户，其中回龙圩镇41户，基层分场8户，从业人员59人，年商品销售总额44.1万元。另有饮食等服务行业17户，从业人员22人，年经营收入总额23.14万元。

2015年，回龙圩管理区注册登记的市场主体总量276户。注册资本8053.29万元，其中企业37家，专业合作社10户，个体工商户229户，从业人员1028人，年社会消费品零售总额7139万元。

第四章　商品市场

第一节　农贸市场

农贸市场

回龙圩农贸市场创建于1981年，地址在原江永农业银行回龙圩营业所前空坪上，有简易交易棚300平方米，每月公历3、6、9日为赶集日。当地老百姓称“赶闹子”，一般上午7点开始，9点结束，市场交易主要是当地的农副产品，前来集市交易量也不到500人，年市场交易额80万元。

1985年，农贸市场进行扩大。从江永县农业银行回龙圩营业所为起点延伸到回龙圩供销社，形成一条长500米、宽15米的狭小街道，两旁为摊位，按肉食、家禽、南货日杂、蔬菜水果、简易农具分类设摊位。为加强对市场的管理，农场成立市管所，市管所的职责是经营管理市场物业，维护市场秩序，规划开发维修市场，搞好市场环境卫生，收取市场设施租赁费和政策规定的有偿服务费用。

1991年，年市场交易达408万元，比1981年创办市场时的80万元，增加5倍。赶集的时间从早上7点到上午11点，比初建农贸市场延长2个小时。

2000年，回龙圩工商分局投资30万元，在商业步行街旁边新建一个900平方米农贸市场，四周是商铺，中间搭了7个大铁棚，将市场物质按区分类。如猪、牛、羊肉类交易区，水产交易区，家禽交易区，粮油交易区，自产自销农副产品交易区，日用百货交易区，蔬菜水果交易区。每月逢3、6、9日在新建的农贸市场内交易，平常在原农贸市场现在的商业步行街交易。

2012年，回龙圩管理区再投资78万元，按照省农贸市场标准进行全面改造，商品分类更细更全，功能更完备，并建立市场服务中心，配备管理人员30人，赶集日经商和赶集人在2000~3000人之间，时间从清晨6点到午时12点。2015年，市场交易额达2300万元。

第二节 柑橘市场

1997年，首届湖南省优质水果评选，回龙圩碰柑获金奖，脐橙获优质奖。经农业部食品质量监督检验测试中心检验为绿色食品，是农业部绿色食品生产基地、无公害农产品示范基地。“回峰”牌柑橘系列商标被评为湖南省名牌商标。1992—1999年，柑橘销售实行统一销售，由农场水果办根据果质定等级、定价格，主要销往北方市场和广西荔浦罐头厂及出口，价格在每0.5元~1.3元/斤。2000—2015年，由于柑橘由集体经营转为个体经营，销售转为民营销售，订单销售主要销往东北、华北地区及广东深圳等地。价格在同类产品中处于高价。蜜橘：特早熟价一般在每斤1.3~1.6元之间，早熟价每斤在1.2~1.5元之间，中迟熟每斤在1~1.3元之间。脐橙价一般每斤在2~2.5元之间。沙糖柑每斤在5~6元之间，沃柑和W-默哥特每斤价在7~8元之间。

2015年，柑橘种植面积达5.9万亩，盛产面积4.5万亩，产量达12.5万吨。回龙圩的柑橘皮薄光滑，表皮金黄色，果心大，无渣，无核，味浓，酸甜适度，耐贮藏。

2015年，回龙圩柑橘市场有固定收购点38个，分布在永富公路回龙圩段两旁和各柑橘场。有柑橘经纪人 123 人。移动收购点按要求临时确定，购销时间从每年 8 月开始到来年的 4 月结束，全年 9 个月时间，年销售总额 5 亿元。

第五章　商品经营

第一节　农副产品、副食品

回龙圩农副产品主要有柑橘、茶叶、烤烟、蔬菜、生猪、家禽、水产品。副食品有食盐、糖、酒，副食品以外地采购为主。

一、柑橘

水果加工园区

1992 年，回龙圩柑橘产量 3698 吨，农场罐头厂销 731.7 吨，其他销往北京、上海、广东、广西荔浦罐头厂，共计 2516 吨。出口到新加坡、加拿大 450 吨。销罐头厂的一般是次果，价格在 0.3～0.4 元/斤，销往北京、上海、广东等地一般是正果，价格 0.5～0.6 元/斤，出口的是特级果，价格 1.2～1.3 元/斤。

1992—1999 年，回龙圩农场的柑橘以集体经营为主。每年 8 月，农场成立柑橘销售指挥部，由一名场领导任指挥长，组织专项销售队伍，北到北京、哈尔滨等地，南至两广开展营销工作，销路打开后外地柑橘批发商直接回龙圩订货。

1999 年，农场的橘园承包给果农，由于回龙圩柑橘质量好，市场潜力大，价格逐年升高，销路好，老百姓开荒种柑橘的积极性空前高涨，并以市场需求不断引进新品种。

2000—2015 年，主要销售区域为两广、东北三省以及北京、山东、陕西、山西、河北、河南等地，一般是收购商与当地中介商联系，商定价格、数量、质量和送货时间，最后签订合同。中介商根据收购商的要求再与果农签订收购合同，也有到柑橘成熟时看货定价。2015 年，柑橘平均 2.4 元/公斤，一般采摘前签订销售合同。是年，柑橘生产合作社发展到 13 家，其中 2 家被评为省级先进合作社。

罐头厂

二、茶叶

罐头厂厂房

1992 年，农场茶叶种植面积发展到 3800 亩，其中新思茶叶队有 700 亩高标准机采茶园。为确保加工厂鲜茶叶供应，采取“工厂 + 基地”的管理模式，将各茶叶生产队划归茶厂管理，以便按加工厂的要求统一栽培、统一收购、统一定价、统一质量。1992 年收购鲜叶 504 吨，加工干茶 112.4 吨，销售绿茶 95.2 吨，红茶 17 吨，“回峰”牌绿茶、毛尖茶被评为湖南省优质茶叶，新研制的“罗汉果保健茶”获国家专利。茶叶销路主要在中国西南地区，并占领永州大小商场。

1996 年，茶叶市场不畅，李家塘分场新思茶叶队高标准茶园出现黑刺粉虱，因资金困难，没及时采取措施防治，造成鲜叶减产，最后近 3000 亩茶园毁灭，改种柑橘。2002 年，茶厂倒闭破产。茶厂倒闭后，以周冠英为代表的个体茶叶加工经营户迅速发展起来。2010 年，回龙圩管理区在与广西交界的永济亭办事处的万山娇山开垦种植茶叶 400 亩，引进福建武夷山的大红袍、铁观音、金观音等名贵品种和制

茶厂厂房

作机械及加工技术。2013年，加工干茶12吨，尖端礼品茶市场价1万元/公斤，一般的铁观音茶市场价1000元/公斤。2015年，回龙圩管理区茶叶种植面积2195亩，产干茶65吨，以办公用茶叶为主，少量礼品茶，主要销往永州市内。

三、烤烟

茶厂

回龙圩管理区的农民有种烤烟的习惯。这里的土壤、气候也适合种植烤烟，是江永地区烤烟生产主产区。

1992—1997年，农场没设一级财政，不提倡老百姓种烤烟，因为烤烟税农场得不到，种烤烟还要占有农场的土地资源。1992年，回龙圩农场烤烟种植面积只有131亩，总产量13吨。烤烟从栽培到收购业务由江永县烟草公司负责，江永县烟草公司在回龙圩设烤烟收购站。

1997—2015年，回龙圩管理区建立一级财政，回龙圩管理区辖区内产生的税归回龙圩财政。为培植税源，成立烤烟办。特别是国家取消农业税和其他农业特产税后，烤烟成为财政增强、农民增收、企业增效主要产业。2002年，全区烤烟种植面积3500亩，亩产100公斤，总产量350吨，是1992年种植面积的26.7倍，总产量是1992年的26.9倍。2015年，种植面积2500亩，总产量325吨，产值750万元，为财政增税300万元。

四、蔬菜

蔬菜种植在回龙圩成规模、有特色的是蜜本南瓜。这种南瓜一头大，一头小，长圆形，口感好、有营养、耐贮藏。1999—2000 年，回龙圩种植面积 8500 亩，产量 2.98 万吨。每斤收购价 0.2~0.3 元/斤。亩产值 1500~2160 元之间。2015 年，蜜本南瓜种植面积 3600 亩，亩产 7000~8000 斤，收购价每斤在 0.5~0.7 元/斤，主要销往广东、广西等地。

1992—2015 年，四季蔬菜种植面积年均 1.08 万亩，主要自食或本地农贸市场销售。

五、生猪、家禽

1992—2002 年回龙圩养猪模式为“猪场+农户”。1997 年，为落实永州市委 18 号文件，大力推进养殖业产业化，农场党委号召各单位办猪场，发展养猪事业。并建立严格的考核制度，在回龙圩掀起养猪的高潮。该年出栏肉猪 1.1 万头，存栏 8400 头，其中母猪 1000 头。出栏的肉猪除满足本地市场外，主要销往广东。当时农场农工商公司除了开门面经商外还做生猪的贩运生意。

2012—2015 年，广东温氏集团在永州发展生猪基地。集团提供猪仔、饲料和技术，肉猪由温氏集团按略高于市场价收购，加上国家对生猪养殖的补助政策，生猪养殖业发展较快。回龙圩存栏 500 头规模以上的猪场有 28 家。2015 年，出栏肉猪 4.16 万头，出售和自宰的家禽 10.74 万羽。肉类总产量 3635 吨，其中猪肉 2998 吨、牛肉 431 吨、羊肉 40 吨、禽肉 158 吨。

六、水产品

1992—2015 年，回龙圩管理区水产品购销以鱼为主，虾、贝的销量很少。2015 年，回龙圩水产品总产量 641 吨，以本地销售为主。1992—2015 年，价格稳定在 16~18 元/公斤之间。

七、副食品

盐业 1991 年，盐业实行专卖专营，回龙圩盐业购销归湖南省盐业集团有限公司江永分公司管理。批零兼营，计划调拨，保障供应。1991 年，开始供应加碘盐。回龙圩每年销售食盐 6 万公斤，人均 6 公斤，大小超市都有食盐供应。

2001 年 12 月 1 日，全省统一调整 500 克复合膜袋食盐，价格批发价由 0.65 元/袋调整到 0.88 元/贷，零售价由 0.8 元/袋调整到 1 元/袋。2015 年，回龙圩超市500克复合膜袋食盐每袋零售价2.5元。

糖酒 1991年，国家取消食糖计划供应，实行敞开供应，价格放开。糖酒、糕点等副食品除供销社、农工商公司的南货门市经营外，个体经商点也经销。

1999年前回龙圩的白糖主要从江永、桃川两个糖厂购进，江永两个糖厂停产后，主要从广东、广西两地采购。酒类销售以农家酿的米酒为主。1992—2012年，每公斤4~6元，2012—2015年每公斤8~10元。

第二节　生产资料

1992—1998年，回龙圩供销社是农药、化肥、农膜购销的专营单位。1992年，回龙圩供销社化肥购销2274吨、农药38吨、农膜9.2吨，销售总值113万元。

1999—2015年，供销社农资专营店经营模式打破。农药、化肥、农膜等农业生产资料在农业、烟草部门及个体私户也可经营。在回龙圩销售的化肥品种主要有复合肥、尿素、硫酸钾、氯化钾、碳酸氢铵、过磷酸钙、叶面肥。2000—2015年，销售复合肥1.5万吨，尿素4500吨，碳酸氢铵2000吨，硫酸钾400吨，氯化钾400吨，过磷酸钙500吨，猪牛栏粪、菜籽枯等农家肥5000吨。农药以防治柑橘病虫害的农药为主，其次，蔬菜、水稻、烤烟等病虫害防治方面的农药，每年销售量68吨，销售农膜20吨。回龙圩供销社和农工商公司破产倒闭后，农药、化肥、农膜等农业生产资料销售全部由个体经商户经营，全区有8家农业生产资料经营店，其中2家以经营农药为主。柑橘种植户使用化肥、农药可以赊用，待柑橘采摘销售后再偿还。

农机、农具 1992年，回龙圩农场有中小农机具4723件。2015年，回龙圩管理区拥有大中型农具6174台（件）。其中大中型拖拉机（犁地）12台，微耕机983台，杀虫机1261台，水泵792台，打蜡机24台，农用运输机械（手拖、盘拖、小四轮）1378台，碾米机85台，榨油机12台，打稻机1627台。这些农业机械大多从江永农机销售店购买。国家从2008年起对购买大中型农机给一定的政策补贴，回龙圩管理区农机局平均年补贴45万元，最多为2015年补贴105万元。

第三节　生活资料

一、纺织百货

1992—2015年，随着人们的生活水平的提高和社会物质的丰富，回龙圩管理区城乡居民生活观念发生根本的转变，穿戴讲究名牌、时尚、高雅、舒适。1992年，买布制衣的减少，买成衣者增多；穿胶鞋的减少，穿皮鞋、运动休闲鞋增多；出门不讲究穿着礼仪的人减少，出门穿着打扮的人增多。回龙圩管理区城区虽然有服装专卖店，但大部分人都喜欢到江永县城专卖店购买，因为县城品牌多，选择性大。2015年，全区纺织百货销售总额1500万元。

二、五金交电

1992年，回龙圩农场五金交电只有供销社和农工商联合公司两家经营。2002—2015年，农场改制管理区后，大力发展第三产业，供销社和农工商公司相继破产倒闭。个体五金交电零售商店逐渐发展起来，到2015年，有5家个体五金交电商店。现代家庭家用电器比1992年翻倍增长。空调、电脑、热水器、饮水机、空气能、电风扇、洗衣机、电冰箱、大屏幕高清数字彩电、摄像数码相机等家电设备，在回龙圩管理区3701户中有1/3的家庭齐全，2/3的家庭选择性购买，年均销售总额500万元。

第四节　电子商务

2015年3月，本着“政府主导、企业主体、市场运作”的原则，实施“互联网”行动计划。是年，管理区投资125万元，在区政务中心建成电商区级运营中心和电商展示厅一个，开设网店56家，建设农村电商服务网站20个，为村民代购（网购）、代缴（水电费）、代订（火车票、飞机票、酒店住宿）及小额存取款等业务基本功能。电商从业人员102人。是年9—11月，利用电商售出“回峰”蜜橘1.8万公斤，销售收入8万元。

第六章　粮油经营

第一节　粮食流通体制改革

1992—1998年，回龙圩农场粮油加工厂除加工粮油外，还兼粮食收购工作。该厂有干部职工20人，每年8月至9月间，全力以赴抓粮食收购工作。粮油加工厂有粮食仓库3座，3个农业分场即马鹿头分场、兴隆分场、李家塘分场都建有粮食仓库，每年收购粮食800吨。

1998年，粮食实行“敞开收购、封闭运输、顺价销售、加快改革”。粮食市场开始放开，超市和农贸市场都有粮油出售。回龙圩农场粮油加工量逐渐减少，粮油加工厂转为以收购、储运粮食为主。2002年，粮食市场进一步放开，粮油站每年只收购国家储备粮200吨，除季节性收购粮食外，还经营化肥、农药、农膜等农业生产资料。回龙圩农场粮油站又名回龙圩农场供销公司，2002年，因资不抵债，依法破产。职工按工龄给予一次性补偿，与单位解除劳动关系，置换职工身份，成为自谋职业的社会人。

第二节　粮油购销

一、粮油收购

1992—2001年，回龙圩农场种粮户上交的粮食任务除农业税按价折成稻谷外，还有每个职工的上交农场管理费（每个劳动力每年600元也折成稻谷）来确定每个种粮户上交农场的粮食任务，这个数属于订购任务，超过任务以外的粮食属议价收购，随行就市。

1992年，收购粮食（稻谷）800吨，食油9.3吨。1993年，取消粮食定购任务，改为合同收购。1994年，国家恢复粮食定购政策，并规定在当年新粮定购入库任务完成之前，任何单位或个人不得进入农村收购粮食，不得长途贩运和转手倒卖粮食。根据上级有关文件精神，农场加大粮食收购力度，从机关抽调干部到农业分场协助收购，并将完成任务情况与工资挂钩。是年粮食收购完成1000吨，创历史纪录。2001年，国家粮食定购任务由指令性任务改为指导性任务，议购粮实行保护价敞开收购。2002年，粮油收购市场全面放开，收购价格随行就市，为了适应粮食购销市场化的需要，维护地方粮食安全，根据国家和省、市有关粮食政策，2004年7月10日，经管理区管委会批复组建“永州市回龙圩管理区粮食购销责任公司”国有控股，公司董事长由区粮食局委派专人兼任，公司自主经营，自负盈亏，经营范围为粮油及其他农副产品收购、储藏、销售以及生产加工。受委托承担区内政策性退耕还林、军供粮、水淹粮、救灾粮等粮食供应，享受相应政策性补贴，受委托管理好代管的地方储备粮，受委托承担国家粮食宏观调有关业务，享受相应政策性补贴。2008年8月7日，受管委会委托公司收购早稻25万公斤作为本级储备粮，其差价、亏损、利息和费用由财政承担。

2010—2015年，公司停止粮食收购工作，种粮户生产的粮食由个体贩粮商收购，价格随行就市，但最低价不低于国家粮食保底价收购。

二、粮油销售

1992—2000年，回龙圩实行职工和家属粮油计划供应，也称口粮油，按工种定口粮标准，有每月22.5公斤、18公斤、15公斤、13.5公斤4种标准。家属每人供应口粮13.5公斤，儿童则按年龄确定供应指标。食油标准每人每月0.25公斤。粮油都实行平价供应。

1992年，回龙圩农场粮油加工厂加工口粮大米391吨，食油9.3吨。是年11月全面放开粮油价格，非农业人口的粮油定量平价供应被取消，国有粮食企业收购的粮食除按规定储藏或计划调拨外，都推向市场销售。但回龙圩农场情况特殊，对干、教、医、企业员工、果农及其家属仍平价供应口粮，直到2000年才停止供应。粮油购买随行就市，农贸市场设粮油交易区，商场超市也有粮油供应，且品种多样丰富，按质标价，供消费者选择。2015年，全区销售粮食240吨，销售食用植物油10吨。

第七章　住宿、饮食业

第一节　住宿业

1992—2000年，回龙圩农场境内只有场部招待所和一家个体伙铺。2005—2010年，发展有旅馆4家，其中兴发旅馆有房间6间，床位12张。管理区内部宾馆有房间12个，床位20个，客房设备有空调、电视、沙发、席梦思床、地毯、卫生间等。2010年，兴发旅馆住宿停止营业，改为超市。2014年，内部宾馆停办，改为司法局办公楼。2014年，全区宾馆3家，即永回宾馆、粤湘宾馆、回龙湖宾馆。共有床位149个，从业人员29人。回龙湖山庄大酒店其软硬件及服务水平相当于三星级宾馆，总面积4900平方米，高七层。1~2层餐饮业，3~6层客房，有68间房间，其中单人房12间，双人房41间，3人房11间，套房4间。客房配有电视、电视柜、空调、衣柜、行李柜、书桌、卫生间和洗浴间等。从业人员23人，年营业额500万元。宾馆内设足浴、按摩、推拿、火罐、刮痧等，有洗脚床10张，按摩床4张，年营业额10万元。回龙湖宾馆总投资5000万元。

第二节　餐饮业

1992年，餐饮业只有一家。随着流动人口增多，经济持续发展，人们生活水平不断提高，餐饮业、服务业得到迅速发展。2015年，餐饮业、服务业总量89家，从业人员438人，年营业额890万元。

一、酒店

1992—2005 年，全区饮食业有兴发酒店、回龙渔馆、新风村高啤餐馆、中学饮食店。从业人员 12 人，年营业额 50 万元左右。兴发酒店规模较大，在区内有点名气，菜肴以传统菜为主，增添花色品种，主要特色菜有“有头有面”，即半边猪头肉。服务项目承办宴席、招待、点菜小炒等，客容量 200 余人，从业人员 5 人，年营业额 30 万元，酒店总投入 200 万元。2015 年，随着社会经济的发展，饮食业、服务业不断增加，比 2005 年增长一倍。回峰路香满楼酒店、八字桥路旺酒家、八仙洞农家山庄、回龙湖山庄大酒店相继崛起。回龙湖山庄大酒店是全区规模最大、档次较高的酒店。客容量 300 余人，从业人员 23 人，年营业额 700 万元。农家山庄具有古典式的装饰，菜肴具有瑶族风情美味。

二、早点、小吃

1992—2000 年，回龙圩早点店 2 家，品种单一，主要经营米粉和面条。2001—2015 年，回龙圩管理区经营早点、小吃的店铺摊点逐步发展到 12 家，从业人员 48 人，年营业额 96 万元。早点主要以米粉为主，米粉中有三鲜粉、肠粉、炒粉、卤粉、牛腩粉，另外还有面条、包子、馒头、云吞、小笼包、油条、油茶、汤圆、油炸糍粑、羊角粽子等 30 多种，其中艾叶糍粑、油炸糍粑、羊角粽子是回龙圩的特色小吃。每年农历四月初八，村子里的女孩子汇集在一起斗牛，炸油炸糍粑。五月初五端午节农村喜欢制作艾叶糍粑去痱保健。农历 7 月 15 日，为了祭祀祖宗包羊角棕供祖宗。2014 年，区内有 4 家办起地方特色早吃小点，即宁远米粉、四川酸辣粉、福建千里香店、品味居餐馆。

第三节　宾馆简介

回龙湖山庄大酒店　位于永州市回龙圩管理区回龙湖畔，是按四星级标准设计装修的星级酒店。总投资 5000 万元，分两期开发建设，一期建设面积 6000 平方米，共 7 层，是回龙圩第一幢设有电梯的楼房，有客房 68 间，一层为酒店大堂、餐厅，二层为 KTV、足浴城，三至六层为客房，七层为会议中心。二期建筑面积 5000 平方米，共计客房 30 套。酒店配套设施齐全，是集大型生态停车场、KTV、足浴城、游泳池、游乐场、钓鱼台、生态果园、会议度假培训中心、水上娱乐为一体的生态星级酒店。2015 年被湖南省农业委确定为五星级乡村旅游休闲点。

第四节 美食简介

一、血灌肠

回龙圩本地人口大部分是瑶族，瑶族人有其独特的美食。春节来临，各家各户杀猪过年，请亲朋好友团聚。杀猪制作血灌肠是必不可少的一道菜。制作血灌肠必须是现杀的猪，材料为新鲜猪大肠和猪血，具体制作是：先将大肠翻过来冲洗干净，用食盐柔2~3次，使大肠没有气味，然后将糯米饭、猪血、少量猪花油混合在一起，再加上茶油、姜、辣椒粉、蒜配料做成。再将配料灌进大肠内，灌满后用棕叶捆成小节放进锅里和猪脑壳、猪骨头、新鲜萝卜一起煮。在煮的过程中用竹签把血灌肠里面的气放出来，以便煮熟和避免胀气破肠。等煮熟后捞上来切成小片，吃起来柔软清香。

二、鸟梨子糍粑

鸟梨子树叶制作的糍粑也是瑶族人的美食，每年农历二月初一赶鸟节，瑶族人喜欢制作鸟梨子树叶糍粑。首先将鲜嫩的树叶摘下来洗净、捣烂，然后将捣烂的叶子与糯米粉用水揉成一大团糍粑，再将糍粑分成6小个，中间加酿一些馅（黄沙糖、黄豆沙等）。制作好以后，再放到蒸笼里蒸熟，吃起来清香甘甜。

三、瑶家腊肉

瑶家腊肉的制作，猪杀后将肋骨肉割下，切成1.5~2.5公斤一条，在肉还有余温时用盐将肉皮揉搓，然后放入缸钵腌至7天后，取出用竹条或棕叶将腌制好的肋条肉挂在火堂上，用柴火慢熏至肉干，表面起满炉墨，吃时将炉墨洗尽与嫩竹笋或炒香黄豆炒或切片清蒸。腊肉晶黄透亮，味道特香，肥瘦层叠，肥而不腻。如将腊肉放入茶油浸泡可存放一年，味道更香。

四、黄豆贴蛋

黄豆贴蛋又叫“青蛙背蓑衣”，首先将黄豆用清水洗净，晾干，然后再放到锅里炒，炒到黄豆呈现出深黄色，方可出锅，出锅后用清水浸泡，然后再将黄豆轻炒一下，再把土鸡蛋打烂、用碗装好，用筷子搅糊，倒进锅里与黄豆搅在一起，用小火慢慢地贴，使两面金黄后才加水、蒜、辣椒等配料，在锅里稍炒片刻，再出锅，刚出锅就闻到一股香甜味，吃起来又香、又脆、又爽口，是一道饮酒的可口的下菜。

五、橘子拔丝

橘子拔丝以柑橘、粮、鸡蛋为主要食材，菜品外面松松脆脆，里面酸酸甜甜、色泽浅黄、微亮，质地柔软鲜嫩，吃时蘸水拔丝，香甜可口沁心。

六、柑橘糖水

柑橘糖水，选择上好的柑橘，经清洗、剥皮、分瓣、酸碱处理、硬化、配液等工序，加上枸杞、百含、桂圆等配料，一碗糖水就制作完成了。饭前来一小碗，酸在嘴里，甜在心尖，同时胃口大开。

七、橘香醉鹅

橘香醉鹅是回龙圩的一道药膳类菜品，将已经在煮的鹅肉倒入酱料和米酒，盖上锅加酒，盖上后点火，在锅盖与锅之间的空隙起火焰，随着温度的上升，食物本身的鲜、香、甜被逼出，出锅时肉质鲜嫩松软，味醇爽滑。由于加入橘皮，可去腥、健脾、化痰、解腻，吃时满口留香，吃后还有助于消化。

第八章　服务业

第一节　中介服务

1997 年，农场推出“全民搞销售，人人下海经商，个个当推销员”的口号。从此，回龙圩的销售经纪人一年比一年多。1999—2015 年，回龙圩管理区成立的柑橘协会 1 家，柑橘合作社 13 家，柑橘经济人 123 人，柑橘年销售量 12. 5 万吨。

中介服务主要是根据柑橘收购商收购的质量、时间、数量、价格与柑橘种植签订收购合同，组织货源，收取中介费。

第二节　其他服务业

一、理发　美容

1992—2000 年，全区定点理发店只有 2 家，其他的都是摆摊设位理发。每逢集市设摊理发有 3 家，价钱 2 元。

2000—2015年，固定理发店发展到6家，服务业不单是男性理发，更多的是女性美容美发服务，如姐妹理发店、千丝丽理发店、前卫理发店、挂子理发店等。从业人员16人，年收入200万元，价格从8元到120元不等。摆摊设位理发的自然淘汰。姐妹理发店在区内历史悠久，年营业额80万元。

二、照相

1992—2015年，管理区只有中学1家私营照相馆，为中学教师兼职，主要是拍摄证件照，艺术像、专业照相没有。每年只有1~2次外地照相人员赶集到市场上用数码快速照相机拍摄一些生活照片。其余的照片都是各自用自己的手机拍摄。

三、维修

1992—2000年农场时期，有农机修配厂1家，除维修农业机械外，还可做汽车三保。2002年，修理厂破产倒闭，个体修理只限于钟表、电筒、锁、伞、鞋等小件日用生活品的维修和自行车维修以及小型机械维修。2001—2015年，管理区的维修店逐年增多，个体服务行业也随之发展，维修项目不断增加。服务业维修店有12家，其中农机维修1家，摩托车、自行车维修2家，汽车维修1家，电视、电冰箱、空调、洗衣机、收音机家用电器维修5家，小五金维修3家。12家修理店均办理营业执照，从业人员38人，年营业额1200万元。

2002年后，回龙圩服务行业兴起。到2015年，快递5家，超市5家，五金店6家，农药化肥店8家，铝材店10家，装潢材料店6家，按摩理疗2家。

第九章　对外贸易

第一节　出口贸易

一、鼓励政策

1992—1998年，柑橘外贸加工出口是农场柑橘销售重要渠道之一。20世纪70年代，农场开始柑橘外贸出口。1992年开始，柑橘外贸出口逐渐形成一整套规范化管理模式。柑橘的外贸质量连续两年获优胜奖。

1992年，农场组建一支柑橘外贸出口队伍，用“铁的时间、铁的手腕、铁的心肠、铁的质量”来抓外贸果，树立品牌意识、时间观念，制定奖励政策。从外贸水果加工增值部分中提取 0.1 元/斤作为水果办的费用开支，其余超均价部分的 50%用于奖励水果系统管理员，50%作水果办经费使用。职工每天要求采内销水果 300 公斤，外贸水果 150 公斤，才能发足单日工资，超过任务 0.5 公斤内销水果上浮采果费 0.01 元，外贸水果上浮 0.02 元。

二、出口交易

20 世纪 90 年代，回龙圩出口贸易主要是柑橘，另外还有小量“玉笋罐头”、柑橘外贸水果出口。每年农场根据柑橘的产量和加工能力，向零陵地区外贸粮贸食品出口公司申请商议柑橘出口任务。外贸出口果从采摘、运输、贮藏、包装到销售一条龙服务，从严把关。采摘前果农将果篓垫好纸，以免碰伤果子，采摘时先外后内，先下后上，先熟先采，合格果先采，结果多的树先采，不能一株一次性采完，依次进行；二剪下果，不扯果，捡果，剪平果梗，不留短柄，不伤果蒂及果面；轻拿、轻放、轻倒，采果袋大小适中，不宜过大过深，以免压伤果；好次果分袋装，不准以次充好。采果后初选，过好标准件，放置质检标签。运输要轻装轻卸，篓车的装载容量不超过 4 层，车速不宜太快，以免造成机械伤。码堆要整齐，高度 4~5 层为宜，贮藏头 3 天发货，再由外贸组按外贸出口果的质量规格抽签，质量合格率要求达到 95%以上才能出口。外贸组专门设一名质检员对原料进库进行抽签，要求合格率达 90%以上，低于 90%不付采果费，采摘规格 6.0~7.5 厘米，着色度 80%，100%散色，果形指数<0.9，果型扁圆形，端正，果面不得有斑痕、裂口、锈壁虱危害斑、疮痂斑、油斑病、疤痕面积不超过 1 平方厘米，且不集中于果蒂和果尖部位，不能有机械伤。1992 年全场年产蜜橘 578.89 吨，外贸出口 165.55 吨。1993 年，第一期、第二期农业综合开发水果面积发展到 1.4 万亩，年产柑橘 5259.54 吨，外贸出口 394.58 吨。1994 年，开辟广东、上海、北京、天津市场，外贸出口回峰蜜橘 2.7 万件、452.81 吨，外贸出口率 22.2%，价格 3.6 元/公斤，销售收入 124.74 万元。1992—1994 年，回龙圩柑橘出口 1012.94 吨，占零陵地区外贸柑橘出口的 72.73%，创外汇 74 万美元。

1995 年 3 月，农场从澳大利亚引进柑橘打蜡机 1 台，功率 2.5 吨/小时。8 月，从上海购买打蜡机 2 台，每台功率 2 吨/小时，具有打蜡加工 1000~1500 吨的能力。将外贸出口水果打蜡分级，回峰蜜橘外贸出口在零陵地区占垄断地位。1995 年，出口蜜橘 77.1 万公斤，均价 2.2 元/公斤，外汇 170 万元，占全场蜜橘总产的 9.6%，占全地区出口的 82%，占全省出口的 17%，比 1994 年净增出口 317.8 吨。1997 年，外贸出口 470 吨，均价 2.43 元/公斤，创外汇 181 万元，出口量占全省 25%。1998 年，停止外贸出口。

回龙圩农场 1992—1994 年柑橘外贸统计表

表 14-1

项目 / 年份	年产蜜橘总产量（吨）	出口数量							计划数（吨）	完成率（%）	出口率（%）	比上年增减		奖罚情况	出口代理商
		件数（件）	（吨）	批数								数量（吨）	%		
				1	2	3	4	5							
1992	578.89	—	165.55	—	—	—	—	—	132	125.4	28.6	—	—	—	省进出口公司
1993	5259.54	—	394.58	—	—	—	—	—	320	123.3	7.5	229.03	138.3	优质优胜奖	省进出口公司
1994	2038.337	26953	452.81	2363	4718	4904	11524	3714	425.88	106.3	22.2	58.23	14.7	优质优胜奖	省进出口公司
合计	7876.767	—	1012.94	—	—	—	—	—	877.88	115.38	12.86	—	—	—	—

第二节 外资和港澳台资利用

一、招商引资

2002年，招商引资成果——年产值过亿元的兴业金属制品厂

1998年，回龙圩首次引进台商陈台笙在白谷冲开发土地1000亩，种植茶叶、梨树、葡萄等，总投入800万元。2002—2015年改制后，管理区把招商引资作为强区、兴区的重要举措，制定招商引资责任制，定任务、定领导、定奖惩。

2000—2003年，管理区充分发挥体质优势，大张旗鼓地进行招商引资，有力地推动工业化进程。2004年，管理区引进外资15万美元，在回龙圩历史上实现外资“零”的突破，引进内资5000余万元，兴业金属制品厂、回粤果品厂、精细粉体厂、生铁铸造厂等相继竣工投产，初步形成以冶炼、农产品加工、建材和制造业为主的民营工业体系。至2015年，管理区同外商或外地老板签订的意向合同书达8个，意向资金超过5000万元。2005年，引进招商项目8个，投资总额2800万元，到位资金800万元。其中外资企业1家，引进外资70万美元。

2009年，全区新增招商引资项目5个，到位资金5200万元。同时，抢抓中央增加投资的机遇，积极跑项目、争项目、上项目，努力扩大投资规模。全年实际利用内资1.25亿元，同比增长50%，其中近10000亩桉树基地造林投资1000万元，华通物流5000万元，金农品锄头加工厂1600万元，化来果业3000万元，松华碳业800万元，兴隆喜炮厂500万元，永济亭养殖场600万元。

2010年，回龙湖现代生态休闲园按照国家AAAA旅游级景区、四星级宾馆的标准建设，打造景区建设“一心、一带、五区”，“一心”为占地面积2万平方米回龙广场；“一带”为农业观光带；“五区”为旅游接待区、休闲游乐区、瑶族风情体验区、会议度假区、生态住宅区，项目计划总投资2亿元。2015年，投资1700万元，在游乐区安装过山车、旋转木马、高空飞翔、旋转摩迪等游乐设施和大型露天游泳场。

二、直接投资

2002年，招商引资成果——回龙电子厂灯饰车间

1992—2007年，管理区全年签订协议项目6个，协议金额8000万元，合同引资项目4个，新开工项目3个，投入内资3000万元。2008年回龙湖开发引进资金1.07亿元。2009年，投入内资1.25亿元，其中松华木业800万元，铁厂1600万元，鞭炮厂500万元，化来果业3000万元，华通物流5000万元，工业用材林1000万元，永济亭养殖场600万元。2010年内资投入3500万元，其中松华木业378万元，铁厂540万元，鞭炮厂180万元，化来果业500万元，华通物流1902万元。2011年，内资投入1.73亿元，其中万山娇植物花果园有限公司1.18亿元，回龙湖现代农业生态旅游休闲园5500万元。2012年，内资投入2.82亿元，其中回龙湖生态休闲园1.97亿元，广东温氏集团2600万元，广东知本堂药材基地1000万元。种植3万亩桂皮，150亩罗汉果，250亩川麦冬，产值达600万元。宇仙果品2740万元，其他个体工业1597万元。2013年，内资投入3.68亿元，其中回龙湖生态休闲园二期项目2亿元，广东知本堂药材基地1.2亿元，卢氏果业2100万元，工业园区基础设施建设2700万元。2015年，引进项目2个，双龙湖生态农业种植项目、玉绿果业加工项目，到位资金1.51亿元。双龙湖生态农业种植项目，首期规划开发种植园1500余亩，投入资金3000万元。

第三节　优惠政策

1992—2006年，回龙圩招商引资主要政策主要在土地审批税费优惠和优化环境加强服务方面。

2007—2015年，凡在回龙圩管理区境内兴办产业的投资者，除享受国家、省、市的优惠政策，均可享受管理区的优惠政策。

一、土地政策

按固定资产投资和用地面积多与少，进行财政补贴。最低补贴20%，最高补贴70%。土地使用期限，工业园用地50年，商业及其他用地40年，住宅用地70年，期满后可依法申请延期。购买工业园毛地进行投资办厂，按每亩1.3万元出让给投资者兴办工业项目。

二、财政政策

管理区境内投资办企业，从投产之日起，五年内由管理区给予企业上缴本级财政所得税收部分（建安税除外），不同比例奖励，第一年奖80%，第二年奖60%，第三年奖50%，第四年奖40%，第五年奖20%。

三、收费政策

新投资企业的行政、事业性收费除上交中央、省、市部分，其余一律免收。水价按成本价收取，电价执行管理区国有企业的用电价格。

四、奖励标准厂房政策

自带项目、资金来管理区投资，固定资产额在1亿元人民币或1000万美元以上投资者奖励100万元。国内外知名企业，国家级高新技术产业。投资固定资产在5000万元人民币和500万美元以上投资者奖励50万元。凡引进外资200万元的单位和个人，按固定资产投资额分别奖励0.8%、0.6%。投资商在园区内建设面积2000平方米以上标准厂房（不低于二层）。2012年年底竣工，财政按100元/平方米补贴。企业租赁管理区标准厂房，第一年按每月每平方米3元收取，第二年按4元，第三年以上（含第三年）按5元收取。

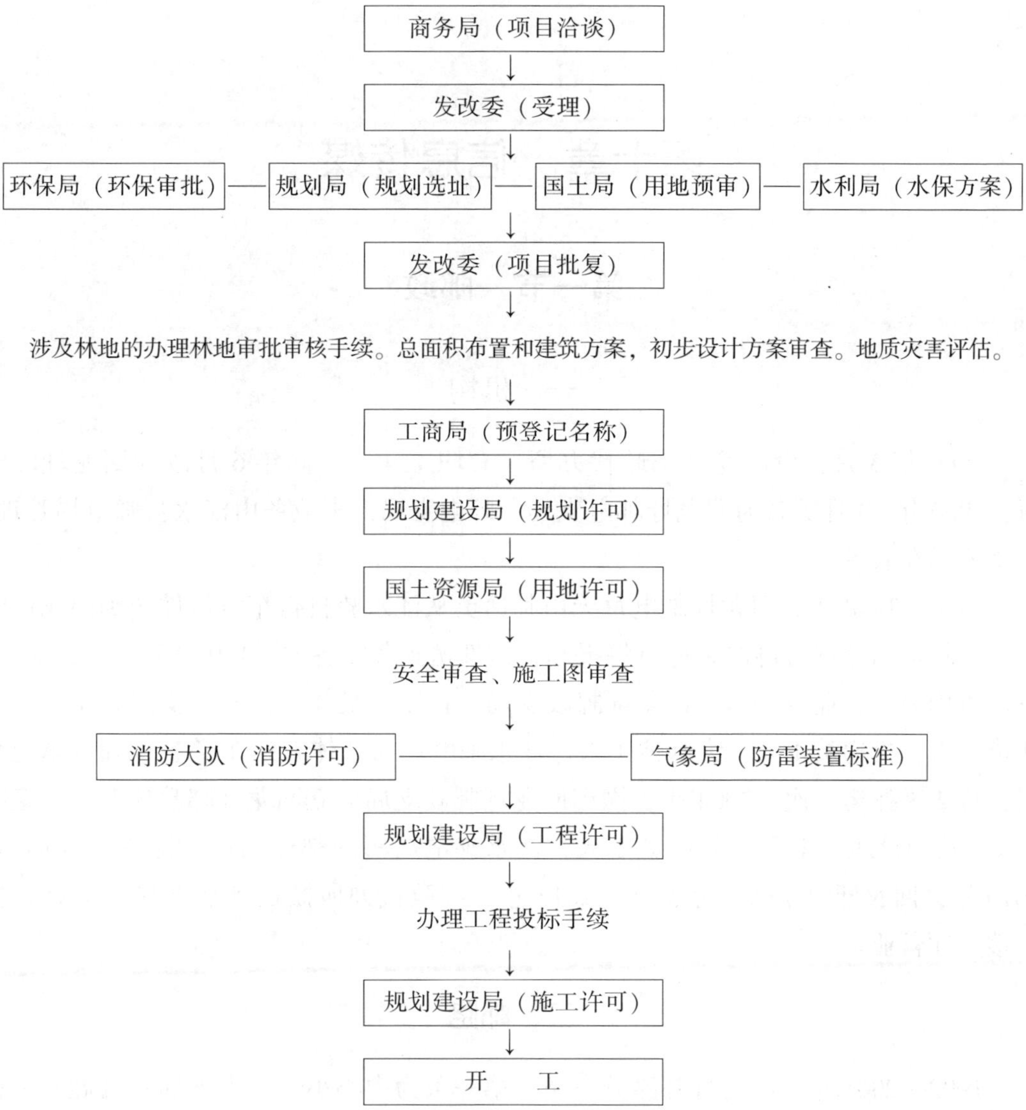

图 14-1 回龙圩管理区招商引资审批流程图

第十章 信息传媒

第一节 邮政

一、机构

1960年3月，设回龙圩邮政代办所，有职工4人，同年6月改为回龙圩邮电所，1960年10月更名为回龙圩邮电支局。邮电支局人事业务由江永县邮电局管理，党团关系在农场。

1970—1998年，回龙圩邮电每天由邮递员从江永骑自行车将信件送到回龙圩邮电局，邮电局分拣后再派邮递员将报刊、信件送到各家各户。1998年10月，邮政、电信机构分立，业务分营。回龙圩邮政支局，在职人员4人，其中支局长1人，营业员1人，投递员1人，大师傅1人。江永邮电局与个体客运车主签订邮件承包合同，每2天托运一次。2004年，撤销回龙圩邮政支局成立回龙圩邮政代办所，定编2人，其中投递员1人，营业员1人，江永邮电局每周邮递两次，即周三和周六。2010年，回农圩建立邮电储蓄所。2015年，邮政代办所搬迁到盐下村委会办公楼一楼大厅营业。

二、邮路

1992—2001年，回龙圩邮路分三条，第一条为中心小学—大地埔—马鹿头—神仙洞—大罗圩，第二条为彭家—农科所—兴隆—岩口塘—李家塘—神光，第三条为粮油站—总场各科室—盐下—回龙分场。2002—2015年调整为四条。第一条从神光至马鞍山，唐、何、李家，李家塘；第二条为彭家、新风村、林场、兴隆、永济亭；第三条马鹿头至神仙洞、八仙洞；第四条机关至回龙圩镇、回峰居委会、八字桥居委会、盐下村。四条邮路全程往返160里。

三、投递业务

回龙圩邮政代办所主要业务开办汇兑、代理保险、报刊发行、包裹、特快专递等业务，邮政服务到镇、办事处，还兼配农资肥料下乡。2015年，配送农资肥料18吨，投递特快专递3600件，投递挂号信件720件，投递快递包裹1.56万个，投递报纸284份，杂志298份，年投送流转额19.08万元。

第二节　电信

一、机构

1992年，回龙圩农场管理的电话通信（总机），有职工7人，其中机线员3人，话务员4人，总机建成中继杆路13.5杆程公里，中继线13.5公里，总机1台磁式交换机，总容量为100门，实际使用85门。全场架设电线杆线37.8公里，用户装机85部，总场各科室及各分场、工厂、学校、医院等单位均装上电话机。农场总机年营业额为14872元。1995年，回龙圩开通程控电话，农场电话总机室撤销，电信业务移交江永县邮电局。1998年10月，回龙圩的邮政、电信机构分立，业务分管，设立回龙圩电信支局，分管回龙圩、上江圩、黄甲岭、松柏、大远（千家峒）5个点的电信业务，电信支局设支局长1人，分管点各设外线员1人，代办点收银员1人。

二、电报

1992年，回龙圩邮政局内设总机，总机负责办理农场内电话的接转，并代办国内电报收发。国内公众电报资费每次0.13元。1992年，累计全年发电报583份。1995年，回龙圩总机拆除，电报业务终止。

三、固定电话

1992年至1995年2月，回龙圩农场的通信工具主要是用“摇把式”电话机，回龙圩邮电局设总机，全场所有电话都通过总机转接进行通话。当年全场的电话用户85户，以单位公用电话为主。

1995年3月1日，成立回龙圩农场程控电话建设指挥部。5月15日，成控电话安装工作全面铺开，到8月8日全场安装175门程控电话全部开通。1998—2000年，湖南省开展“百万电话村村通”的行动，全场安装程控电话680门。2000年以后，由于移动电话广泛使用固定电话相对减少。到2015年，全区的固定电话剩下209门，比2000年的680门减少471门。

四、移动电话

1996年，回龙圩的移动电话开通。由于当时的入网费和购机费高，一般的人消费不起，回龙圩农场只开通4台，供场领导公务使用。

2000年，中国移动通信基站在回龙圩建站，同年在原回龙圩邮政局营业大厅内设立回龙圩移动电话营业部。2000年回龙圩拥有手机用户159户。2006年，回龙圩的移动电话（手机）开通全球通、永州通、基站通等低资费业务，月租费从最初的40元下降到5~15元不等，通话费也大幅下降，手机用户大幅上升，达到1674户，平均每两户家庭拥有一台手机，2011年7月，相继在马鹿头、永济亭、棠锦、平利等地建立移动通信铁塔，全区的移动信号覆盖率97%。2011年末，移动电话发展到4126户。到2015年，移动用户发展到5233户。

五、小灵通

2004年年底，回龙圩建有小灵通机站，小灵通在回龙圩推出使用。2007年，小灵通被淘汰。

第三节　网络

1995年9月，回龙圩从微波通信中开通程控电话。

1998—2000年，回龙圩开展“百万电话村村通”工程建设，回龙圩安装程控电话680台。

2000年，中国移动通信基站在回龙圩开通，第一个基站建在林化厂岗坡上，随后在马鹿头、兴隆、李家塘、棠锦、平利建立移动通信基站。2015年，全区的移动通信信号覆盖率在97%以上。

2002年5月，回龙圩开通电信宽带业务，管理区办公实行电子化。2008年，回龙圩镇各办事处也相继装上宽带。2015年10月，回龙圩的程控退网，进入光网时代。全区有光缆长度215皮长公里，2846纤芯公里，中心模块局1个，CDMA基站4个，LTE800M基站5个，移动用户850户，有线电话290户，宽带用户983户，ITV用户741户。

第十五篇

财税 金融

第一章　财税

第一节　机构与体制

一、机构

1992年至1997年6月，回龙圩农场设财务科，职责主要有：负责全场财务会计管理工作，根据国家省、市有关财务政策法规制定农场财务管理办法，依据“自主经营、单独核算、超额上交、超利分成、亏损自负、分级管理、分级核算”经营原则，做出年度各独立核算单位财务收支计划及税费上交任务，制定税费任务完成情况考评考核奖罚办法，负责全场各单位财务人员的调配、业务指导培训和财会人员职称业绩考核，负责全场流动资金管理调配，负责全场国有资产的基本建设管理，负责全场独立核算单位成本费用的管理，税费的征管，编制全场生产、销售、劳动工资、物质供应、基本建设、技术改造计划。独立核算单位的财会人员由总场直接委派，总场机关实行统一拨款，分开核算，经费包干，超支自费的管理体制。财务科在职人员最多时有11人，最少时8人。1997年6月，永州市委、市政府根据回龙圩农场政企合一的特殊体制，批复在回龙圩农场设立财税局，人员由农场配置，撤销农场财务科，组建永州市回龙圩财税局。财税局内设“二室三股”，即办公室、地税征收室、综合股、预算股、农业股，在职人员17人，局长王湘文。1997年，财税局性质是“核定收支、递增上解、短收自负、自求平衡”的财政体制，与县（区）分税制财政体制有着本质的区别。2001年11月22日，经中国人民银行长沙中心支行批复设立国家金库永州市回龙圩行政管理区支库，支库设在道县人民银行。

2002年3月6日，中共永州市回龙圩管理区委员会、永州市回龙圩管理区管理委员会挂牌运作。回龙圩管理区作为永州市政府的派出机构，比照行使县级政府职能职权，同时明确回龙圩管理区分税制财政体制。回龙圩管理区辖区内产生的税费归回龙圩管理区财税局征管。财税局领导设一正两副，定编17人，其中会管中心4人。财税局内设机构有办公室、国库股、预算股、农业股、国有资产管理股、社会保障股、政策法规股、财政监督股，非财税收入征收管理局、乡财局。两个中心，即政府采购中心、会管中心。随着事业的发展和工作的需要，财政局内设机构基本与市财政对口，到2015年，共内设股、室、中心27个，人员29人。其中下属中心3个，即国库支付中心、财政资金评审中心、会计核算中心，在职人员13人。本局股室24个，在编职工16人。根据“一室多章、一人多岗”机构设置原则，常设股室9个，即办公室（纪检监察室）、预算股（国库股、预算绩效评估股、综合股）、社保股（教科文股）、专项资金管理中心（住房公积金股、行政政法股）、会计股（人教股）、金融债务股（经济股）、农业股（企业股、资产管理股、税改办、乡财局、政府采购中心）、税收法规股（财政监督股）、非税收入管理局。

二、财政管理体制

1992—2002年农场时期，对生产单位实行“自主经营、单独核算、定额上交、超利分成、亏损自负、分级管理、分级核算”。对机关科室实行“统一拨款、分开预算、经费包干、超支自付”。财务由总场统一领导，各单位的财会人员由总场直接委派，县体业务由场财务科管理指导，财会人员职称考核、奖罚、工资升级、工作调动由总场和所在单位共同管理。

1995年，根据《财务管理办法》，其主要内容：财务机构及财务人员管理、流动资金管理、国有资产及基本建设管理、成本管理、税费管理、计划管理。1997年6月6日，回龙圩农场设立财税局。2002年，永州市回龙圩管理区正式运作，原农场包干制的财政转为分税制财政，同周边县（区）财政一样履行一级财政的职责，承担管理区机关工作运转所需支出以及本地区经济、事务发展所需支出，具体包括：地方行政管理费，政法系统支出，民兵事业支出，地方统筹的基本建设投资，企业的技术改造和新产品试验经费，支农支出，城市维护和建设费，地方文化、教育、卫生、科技、体育等多项事业费，价格补贴支出及其他支出。收入主要有：营业税、企业上缴管理费、利润、企业所得税、个人所得税、城市土地使用税、固定资产投资方向调节税、印花税、耕地占用税、契税、遗产和赠予税、烟叶税、土地增值税、国有土地有偿使用收入，上级补助收入。中央与地方共享的有增值税、资源税、证券交易税，增值税中央分享75%，地方分享25%。资源税按不同的资源品种划分，大部分资源税作为地方收入，证券交易税中央与地方分享50%。但回龙圩管理区没有证券交易行业。

对回龙圩镇、各办事处、林场及区直单位实行收支两条线，核定上缴财政任务，一年一定，按季度分解考核，制定严厉的考评机制，考核分生产单位和机关科室两大类，季评与年度考核相结合，对完成任务好，排名在前一二名的单位，给予奖励，生产单位第一名奖3000元，第二名奖2000元，机关科室第一名奖2000元，第二名奖1000元。对完成财税收入任务的单位按完成数的1%奖励，超额完成任务的单位，超出数的40%返回单位，返回数额其中50%作为奖金奖励有功人员，50%作为工作经费。检查考评中财税任务完成不好的单位，季评估排末名的给予黄牌警告。在农场时期，财税任务完成好坏与本单位全体工作人员工资挂钩。建立管理区后，对财税任务完不成的单位取消第13个月的工资奖金。年度排队倒数第一名的单位全体工作人员不参与评先、评优，取消年度奖金，主要负责人就地免职。该种考评制度，一直延续到2013年。2014年，随着财政的好转，和上级的有关政策，区直机关的财税任务被取消。镇、各办事处、林场也只保留农垦职工养老保险费的征收任务，其余都已取消。

为了鼓励发展烤烟生产，从2011年起，烟叶税财政只收20万元，超出的全部返回给镇、办事处、林场及有关部门，其中镇、办事处、林场占返回款的65%，烤烟办、地税分局占35%。

三、税收管理体制

1992年到1997年6月，其间除农业税、农业特产税由市财政局委托农场收取外，其他产生的税费由当地政府即江永县税务部门收取。江永税务局派一名工作人员住回龙圩农场，开展辖区税收的申报征管工作。1997年6月农场设立财税局后，凡在回龙圩辖区内产生的国税、地税归回龙圩财政收入。国税部分与中央共享，增值税回龙圩财政占25%，中央占75%，回龙圩管理区是在江永县行政区域内，税源小，根据有关政策不能独立设立国税局、地税局，税收征管以江永国税局、江永地税局征管，回龙圩财政局派人协助，收入归回龙圩管理区财政。1997年，财税局成立之初，管理区财政局安排2人专职人员协助江永国税、地税开展税收征管工作，后来增加到4人。

（一）国税

1997年，经省、市批准，江永国税局在回龙圩管理区设立分局，在朱家观安排20亩地作建国税分局用地，并新建一幢240平方米的二层楼房，作为国税分局的办公用房。2002—2015年，随着场办企业相继破产倒闭，国税局税源逐渐萎缩，为了节约税收征收成本，江永县国税局暂时关停回龙圩国税分局，回龙圩辖区内国税直接到江永城关国税服务厅办理。为了确保回龙圩税收不走失和方便纳税人，管理区领导与江永国税局领导协商，在回龙圩管理区财税局开设国税申报窗口，人员由财税局配备，人员工资由回龙圩负责，窗口业务由江永国税局管理指导。

（二）地税

2011年10月，江永县地税局设立第四分局，第四分局负责回龙圩管理区辖区内的地税征管申报工作，共有人员3人，其中江永地税局2人，回龙圩财税局1

人，负责人莫小军。当年地税收入 529. 58 万元。2015 年，江永地税局第四分局共有人员 4 人，其中江永地税 3 人，管理区财税局 1 人，局长何涛平。地税收入 1189 万元，比成立分局的 2011 年的 529. 58 万元，增加 659. 42 万元，增长 2. 2 倍。

1994—1997 年，实行税收“征管、核检”分离，其主要内容就是对纳税人的日常检查权从税务所分离出来成立税务稽查队。1998—2000 年，实行“征收、管理、检查”三分离，建立以申报纳税和优化服务为基础，以计算机网络为依托，集中征收重点稽查的新型模式，建立以纳税人自行申报的纳税制度，实现集约征收降低税收征收成本。2003 年，主要是推行以信息化和专业化为主要特征的新一轮税收征收改革，形成以管理为前提，多元申报和服务为基础，以计算机为依托，集中征收，重点管查的新型征管格局。具体做法是建立以税收管理员为主的管理模式，主要负责对纳税人的税源管理，对个体户做好开户、变更、停歇业、注销、定期年检及税收核定、催缴工作；对企业做好年度税收管理和汇算清缴工作，税务管理实现由“管事”向“管户”的转变。税收减免，依照国家有关政策执行。2002 年前，主要减免校办企业、福利企业的企业所得税、土地使用税、房产税等。2003—2010 年，主要落实下岗、失业人员和“非典”时期的税收优惠政策。2011—2015 年，管理区为招商引资、发展经济给予投资企业一些税收优惠政策，在执行中先收后返，即税务部门按政策足额征收，财政部门依照当地政策返回给投资者。

第二节　财政收支

一、预算内收支

1997—2001 年，回龙圩农场财税是建立在农垦企业基础上的包干制财政。

2002 年，回龙圩管理区财政总收入 862 万元，其中本级财政收入 588 万元，上级补助收入 274 万元。本级财政收入 588 万元，来自增值税 4 万元，营业税 35 万元，个人所得税 2 万元，城市维护建设税 2 万元，车辆使用和牌照税 1 万元，屠宰税 1 万元，农业税 78 万元，农业特产税 121 万元，契税 3 万元，国有资产经营收益 75 万元，行政性收费 12 万元，罚没收入 10 万元，专项收入 1 万元，其他收入 238 万元。上级补助收入来自原农场体制补助 50 万元，中央专项补助 59 万元，一般性转移支付补助 33 万元，农村税费改革转移支付补助 43 万元，其中中小学教师工资转移支付补助 18 万元。年度增加工资中央补助 78 万元，各项结算补助 2 万元，调整收入任务增加或减少补助 5 万元，其他补助 4 万元。

2002 年，总支出 862 万元。其中一般预算支出 813 万元，上解支出 40 万元，年终节余 9 万元。一般预算支出 813 万元，其中基本建设支出 19 万元，支援农林生产支出90万元，农、林、水事业费支出172万元，工交事业费2万元，文体事业费6万元，教育事业费97万元，科技费1万元，卫生费11万元，其他部门事业费64万元，抚恤和社会福利救济费21万元，行政事业单位离退休经费84万元，社会保障补助支出6万元，行政管理费支出221万元，政法支出12万元，其他支出7万元。

2003年财政总收入1134万元，比2002年862万元增加272万元，增长率31.5%。本级财政收入676万元，占总收入的59.6%，其中增值税7万元，营业税32万元，个人所得税2万元，城市维护建设税3万元，房产税2万元，农业税76万元，农业特产税203万元，耕地占用税1万元，契税5万元，国有资产经营收益81万元，行政性收费37万元，罚没收入19万元，专项收入2万元，其他收入（主要来自镇、办事处、林场、区直机关分配的财税上缴任务完成数）206万元。上级补助收入421万元，主要来自消费税和增值税税收返还2万元，所得税基数返还5万元，原体制补助50万元，专项补助103万元，一般性转移支付补助110万元，农村税费改革转移支付补助43万元。中小学教师工资转移支付补助267万元，调整工资转移支付补助90万元，结算补助3万元，农业税灾后减免及企业单位预算化转补助5万元，其他补助10万元。另外上年结余收入9万元，基金调入28万元。

2003年，财政支出1122万元，比2002年增加支出260万元。本年度基本建设支出49万元，农业支出209万元，林业支出31万元，水利和气象支出77万元，流通部门事业费支出4万元，文体广播事业费支出6万元，教育支出86万元，科技支出1万元，医疗卫生支出21万元，其他部门事业费支出61万元，抚恤和社会福利救济支出43万元，行政事业单位离退休支出80万元，社会保障补助支出51万元，行政管理费348万元，政法支出17万元，城市维护费10万元，支援不发达地区支出5万元，其他支出23万元。

2004年，财政总收入1423万元，其中本级财政收入617万元，上级补助收入836万元。财政总收入比2003年增加289万元，增长25%，首次上级补助收入超过本级财政收入，超出219万元。本级收入来自增值税11万元，营业税39万元，个人所得税4万元，城市维护建设税2万元，农业税73万元，农业特产税141万元，耕地占用税5万元，契税21万元，国有资产经营收益98万元，行政性收费收入29万元，罚没收入7万元，专项收入1万元，其他收入180万元。上级补助收入来自消费税增值税返回2万元，所得税基数返还5万元，原体制补助50万元，专项补助330万元，一般性转移支付补助153万元，农村税费改革转移支付补助43万元，其中中小学教师工资转移支付补助26万元。取消农业特产税降低农业税转移支付补助136万元，调整工资转移支付补助102万元，结算补助5万元，农业税灾后减免及企业单位预算划转补助5万元，其他补助5万元，另外上年结余收入-72万元，基金调入42万元。

2004年，总支出1423万元，比2003年增长加301万元。其中管理区开支1290万元，上解支出116万元，年终节余17万元。管理区具体开支是：基本建设支出30万元，农业支出249万元，林业支出16万元，水利和气象支出33万元，流通部门事业费4万元，文体广播事业费12万元，教育支出106万元，医疗卫生支出21万元，其他部门事业费42万元，抚恤和社会福利经济65万元，社会保障补助支出320万元，行政管理费348万元，政法支出24万元，城市维护费1万元，专项支出1万元，其他支出11万元。

2005年，财政总收入1659万元，其中本级财政收入684万元，中央补助收入958万元，比2004年增加236万元，增长24.6%。本级财政收入来自增值税7万元，营业税35万元，个人所得税6万元，城市维护建设费14万元，房产税3万元，印花税4万元，农业特产税税86万元（烟叶税），耕地占用税5万元，契税15万元，国有资产经营收益123万元，行政性收费108万元，罚没收入18万元，专项收入8万元，其他收入252万元。中央补助收入来自：消费税和增值税返还2万元，所得税基数返还5万元，原体制补助50万元，专项补助250万元，一般性转移支付补助280万元，调整工资转移支付补助102万元，农村税费改革转移支付补助43万元，取消农业特产税降低农业税率转移支付补助199万元，结算补助6万元，其他补助5万元，另外上年度结余收入17万元。

2005年，财政总支出1659万元，比2004年增加236万元。其中管理区年度支出1580万元，上解中央71万元，调出资金8万元。管理区年度支出分布于基本建设支出9万元，科技三项费用支出3万元，农业支出286万元，林业支出47万元，水利和气象支出10万元，流通部门事业费5万元，文体广播事业费23万元，教育支出136万元，科技支出1万元，医疗卫生支出21万元，其他部门事业费78万元，抚恤和社会福利救济64万元，行政事业单位离退休支出111万元，社会保障补助支出181万元，行政管理费509万元，政法支出49万元，支援不发达地区支出1万元，专项支出12万元，其他支出34万元。

2006年，财政总收入2383万元，其中本级财政收入，727万元，中央补助收入1648万元，上年结余收入8万元。本级财政收入来自：增值税5万元，营业税26万元，个人所得税4万元，城市维护建设税3万元，房产税1万元，耕地占用税3万元，契税7万元，烟叶税36万元，国有资产经营收益233万元，行政性收费119万元，罚没收入29万元，专项收入2万元，其他收入250万元。中央补助收入来自：消费税和增值税返还2万元，所得税基数返还5万元，原体制补助50万元，专项补助747万元，一般性转移支付补助343万元，调整工资转移支付补助236万元，农村税费改革转移支付补助43万元，取消农业特产税降低农业税税率转移支付补助199万元，增发国债补助1万元，结算补助6万元，其他补助16万元。

2006年，财政总支出2383万元，比2005年增加724万元。其中管理区支出2298万元，上解中央支出67万元，调出资金18万元。管理区支出分布于：基本建设支出37万元，科技三项费用8万元，农业支出334万元，林业支出47万元，水利和气象支出6万元，工业交通等部门事业费110万元，流通部门事业费26万元，文体广播事业费23万元，教育支出167万元，医疗卫生支出42万元，其他事业费支出90万元，抚恤和社会福利救济97万元，行政事业单位离退休支出80万元，社会保障补助支出397万元，行政管理费642万元，政法支出50万元，城市维护费10万元，支援不发达地区支出1万元，车辆税费支出108万元，专项支出5万元，其他支出17万元。

2007年，财政总收入4128万元，比2006年增加1745万元，增长73.2%。本级财政收入930万元，比2006年增加203万元，增长27.9%。中央财政补助收入3180万元，增加1532万元，增长93%，上年结余18万元。

本级财政收入来自税收收入133万元，非税收收入797万元。中央财政补助收入来自国税返还性收入7万元，财力性转移支付收入2028万元，专项转移支付收入1145万元。

2007年，财政总开支4128万元，比2006年总支出2383万元增加1745万元。其中，管理区年度支出4114万元，专项上解支出9万元，年终节余5万元。管理区年度支出4114万元中，支出用于一般公共服务支出979万元，公共安全支出52万元，教育支出359万元，文化体育传媒支出47万元，社会保障就业支出933万元，医疗卫生支出142万元，环境保护支出13万元，城乡社区事务支出72万元，农、林、水支出1181万元，交通运输支出179万元，工业、商业、金融事业支出86万元，其他支出71万元。

2008年，财政总收入5286万元，比2006年增加1158万元，增长28%。其中本级财政收入1123万元，比2007年增加193万元，增长21%。上级补助收入4158万元，比2007年增加978万元，增长31%。上年结余5万元。

本级财政收入来自税收收入150万元，非税收收入973万元。上级补助收入来自返还性收入7万元，财力性转移支付收入2075万元，其中原体制补助收入50万元，一般性转移支付收入929万元，调整工资转移支付补助收入370万元，农村税费改革补助收入664万元，结算补助收入31万元，农村义务教育化债收入21万元，其他财力性转移支付收入10万元。专项转移支付收入2076万元，其中专项补助收入 1982 万元，增收国债补助收入 94 万元。

2008 年，财政开支 5261 万元，其中一般公共服务开支 962 万元，公共安全开支 64 万元（公安 55 万元、法庭 13 万元），教育开支 696 万元，科技开支 1 万元，文化体育与传媒开支 35 万元，社会保障与就业开支 1389 万元，医疗卫生开支 119 万元，环境保护开支 90 万元，城乡社区事务开支 120 万元，农、林、水事务开支 1433 万元，交通运输开支 187 万元，工业、商业、金融等事务开支 77 万元，其他支出 74 万元

2009 年，财政总收入 6813 万元，比 2008 年增加 1527 万元，增长 28.9%。总收入中本级财政收入 1340 万元，比 2008 年增加 217 万元，增长 19%，上级财政补助收入 5118 万元，比 2008 年增加 960 万元，增长 23%，债券转贷收入 400 万元。本级财政收入中税收收入 278 万元，占收入的 20.7%，非税收收入 1170 万元，占收入的 79.3%。上级补助收入中返还性收入 7 万元，一般性转移支付收入 3046 万元，专项指标支付收入 2065 万元。

2009 年，财政总支出 6827 万元。一般预算支出 6803 万元，其中：公共服务支出 1143 万元，公共安全支出 125 万元，教育支出 683 万元，科技支出 8 万元，文化体育传媒开支 56 万元，社会保障与就业支出 1875 万元，节能环保支出 102 万元，城乡社区事务支出 126 万元，农、林、水事务支出 1602 万元，交通运输支出 81 万元，粮油物资储备事务支出 203 万元，其他支出 84 万元，专项上解支出 24 万元。

2010 年，财政总收入 6983 万元，比 2009 年增加 170 万元，增长 2.5%，其中本级财政收入 1702 万元，比 2009 年增加 362 万元，增长 27%。上级补助收入 5199 万元，增加 81 万元，增长 1.58%。债券转贷收入 200 万元。本级财政收入中税收收入 310 万元，占本级财政收入 18%。其中增值税 5 万元，营业税 175 万元，企业所得税 5 万元，个人所得税 13 万元，资源税 2 万元，城市维护建设税 17 万元，土地增值税 1 万元，车船税 2 万元，耕地占用税 4 万元，契税 24 万元，烟叶税 64 万元。非税收入 1274 万元，占本级财政收入的 72%。其中：教育附加费 13 万元，计生行政收费 25 万元，国土资源行政收费 224 万元，农业行政性收费 149 万元，水利行政性收费 18 万元，其他行政性收费 422 万元，罚没收入 30 万元，国有资产有偿收入 285 万元，其他收入 141 万元。上划省、中央税收入 84 万元。上级补助收入 5199 万元，其中：返还性收入 65 万元，一般性转移支付收入 3464 万元，专项指标支付收入 1670 万元。

2010 年，财政总支出 6971 万元。一般性预算支出 6942 万元，其中：公共服务支出 1363 万元，公共安全支出 164 万元，教育支出 800 万元，科技支出 9 万元，文体与传媒支出 75 万元，社会保险与就业支出 1887 万元，医疗卫生支出 375 万元，

节能环保支出161万元，城乡社区事务支出95万元，农、林、水事务支出1571万元。交通运输支出66万元，商业服务事务支出47万元，国土资源、气象支出181万元，住房保障支出64万元，粮油物资储备事务支出27万元。国债还本付息支出7万元，其他支出50万元，专项上解支出29万元。

2011年，财政总收入9735万元，比2010年增加2752万元，增长39.4%。其中本级财政收入2242万元，比2010年增加540万元增长31.7%。税收363万元，占16.2%。非税收收入1731万元，占77.2%。上划省、中央税收收入84万元，占6.6%。上级补助收入7741万元，其中返还性收入65万元，一般性转移支付收入3953万元，专项指标支付收入3423万元，债券转贷收入200万元。

2011年，财政总支出9741万元。一般预算支出9715万元，其中：公共服务支出1479万元，公共安全支出228万元，教育支出1190万元，科技支出3万元，文体传媒支出167万元，社会保险与就业支出2247万元，医疗卫生支出401万元，节能环保支出212万元，城乡社区事务支出393万元，农、林、水事务支出1678万元，交通运输支出99万元，商务支出64万元，国土资源、气象支出46万元，住房保障支出1413万元，粮油物资储备事务支出9万元，国债还本付息支出12万元，其他支出70万元，成品油价格和税费改革专项上解支出26万元。

2012年，实现财政总收入为11548元，地方政府债券收入400万元，财政总收入中：本级财政收入2761万元（其中一般预算收入2579万元），上级补助收入8387万元。

实现一般预算收入2579万元，占年初预算（1849万元）的149%，与上年同期（2094万元）相比增长23%。其中：税收收入564万元，完成年初预算360万元的157%，比上年同期（363万元）相比增长55%，非税收2015万元，完成年初预算1489万元的135%，比上年同期（1731万元）相比增长16%。

上级补助收入：2012年上级补助收入8387万元，其中：一般性转移支付收入4450万元（可平衡财政预算资金2403万元），与上年同期数4018万元相比增加432万元，增减变动因素主要是：成品油价格和税费改革税收返还收入增加20万元；基本财力保障机制奖补资金收入减少9万元，公共安全转移支付收入增加2万元，教育转移支付收入减少67万元，社会保障与就业支付收入增加206万元，医疗卫生转移支付收入增加3万元，农林水事务支付收入增加203万元。均衡性转移支付收入增加74万元。专项指标支付收入3937万元，与上年同期数3423万元相比增加514万元，增减变动的主要因素为：一般公共服务支付收入减少21万元，公共安全专项支付收入增加5万元，教育专项支付收入减少180万元，科学技术专项支付收入增加13万元，社会保障与就业减少179万元，医疗卫生支付收入增加65

万元，节能环保支付收入增加 24 万元，城乡社区事务支付收入增加 435 万元，农林水事务增加 497 万元，住房保障收入减少 105 万元，其他支出支付收入减少 49 万元。2012 年，实现财政总支出为 11452 万元，地方债券还本支出 400 万元。财政总支出中本级预算支出 10770 万元，上解上级支出 100 万元，“两税”上划中央省级支出 182 万元。

2012 年，本级一般预算支出 10770 万元，其中一般公共支出 1733 万元，占年初预算（1438 万元）的 121%，与上年同期（1479 万元）相比增长 17%；公共安全支出 236 万元，占年初预算（154 万元）的 153%，与上年同期（228 万元）相比增长 4%；教育支出 914 万元，占年初预算（1010 万元）的 90%，与上年同期（1190 万元）相比减少 23%；科学技术支出 15 万元，与上年同期（3 万元）相比增长 400%，文化体育与传媒支出 100 万元，占年初预算（172 万元）的 58%，与上年同期（167 万元）相比减少 40%，社会保障与就业支出 2371 万元，占年初预算（2195 万元）的 108%，与上年同期（2247 万元）相比增长 6%；医疗卫生支出 374 万元，占年初预算（400 万元）的 94%，与上年同期（401 万元）相比减少 7%；节能环保支出 254 万元，占年初预算（213 万元）的 119%，与上年同期（212 万元）相比增长 20%；城乡社会事务支出 804 万元，占年初预算（224 万元）的 359%，与上年同期（393 万元）相比增长 105%；农林水事务支出 2471 万元，占年初预算（1625 万元）的 152%，与上年同期（1678 万元）相比增长 47%；交通运输支出 61 万元，占年初预算（99 万元）的 62%，与上年同期（99 万元）相比增长 38%；商业服务业事务支出 100 万元，占年初预算（65 万元）的 154%，与上年同期（64 万元）相比增长 56%；国土资源气象事务支出 104 万元，占年初预算（46 万元）的 226%，与上年同期（46 万元）相比增长 126%；住房保障支出 1157 万元，占年初预算（1413 万元）的 82%，与上年同期（1413 万元）相比减少 18%。粮油物资管理事务支出 34 万元，占年初预算（13 万元）的 262%，与上年同期（9 万元）相比增加 278%。

2013 年，实现公共财政总收入为 1.68 亿元（含地方政府债券收入 500 万元，上年结余 110 万元），同比增加 5215 万元，增长 45%。财政总收入中：本级财政收入 3204 万元（其中一般预算收入 2980 万元），同比增长 16%，上级补助收入 12940 万元，同比增长 54%。

实现一般预算收入 2980 万元，占年初预算（2387 万元）的 125%，与上年同期（2094 万元）相比增长 16%。其中：税收收入 711 万元，完成年初预算 505 万元的 141%，比上年同期（564 万元）相比增长 26%；非税收入 2269 万元，完成年初预算 1882 万元的 121%。比上年同期（2015 万元）相比增长 13%。2013 年上级补助收入12940万元，其中：一般性转移支付收入4804万元（可平衡预算资金2456万元），与上年同期数4450万元相比增加354万元，增减变动因素主要是：均衡性转移支付收入增加180万元，县级基本财力保障机制奖补资金收入增加11万元；教育转移支付收入减少37万元；社会保障与就业支付收入增加428万元；农林水事务支付收入减少131万元。专项指标支付收入8050万元，与上年同期数3937万元相比增加4113万元，增加的主要因素为：一般公共服务支付收入增加27万元；社会保障与就业增加547万元，节能环保支付收入增加304万元，农林水事务增加1431万元，住房保障支付收入增加2354万元。

2013年，实现财政总支出为1.68亿元（含债券还本支出140万元），同比增长46%，财政总支出中本级预算支出1.64亿元，同比增长52%，上解上级支出32万元，“两税”上划中央省级支出224万元。主要支出项目如下：

一般公共支出1824万元，占年初预算（1679万元）的109%，与上年同期（1733万元）相比增长5%，主要用于机关事业单位人员工资发放及正常运转，经费保障等；

公共安全支出229万元，占年初预算（225万元）的102%，与上年同期（236万元）相比下降3%，主要用于政法机关人员经费和公共经费保障、办案业务补助；

教育支出908万元，占年初预算（889万元）的102%，与上年同期（914万元）相比下降1%，主要用于教育人员经费保障、中小学公用经费、中小学合格学校建设、贫困学生补助和学前教育校舍改造中央资金补助；

科学技术支出26万元，占年初预算（12万元）的217%，与上年同期（15万元）相比增长73%，“科普惠农兴村”奖补资金，省级基层科普专项资金；

文化体育与传媒支出86万元，占年初预算（43万元）的200%，与上年同期（100万元）相比下降14%，主要用于广电局经费支出、“广播电视村村通”省级补助资金，农村电影放映补助等；

社会保障与就业支出2899万元，占年初预算（2340万元）的124%，与上年同期（2371万元）相比增长22%，主要用于人社局、民政局、社保站经费支出、企业养老保险一般性转移支付资金、新型农村养老保险、城乡低保、五保供养、城镇退役士兵补助、机关事业单位保险、促进再就业补贴等；

医疗卫生支出291万元，占年初预算（375万元）的78%，与上年同期（374万元）相比下降22%；主要用于卫生局、农合办经费支出、基层医疗机构经费保障、新型农村合作医疗、基本药物制度改革、农村基本公共卫生等；

节能环保支出558万元，占年初预算（254万元）的220%，与上年同期（254万元）相比增长120%；主要用于环保局、能源局经费支出、规模养猪场粪，污水治理项目、退耕还林资金、城市污水垃圾及污水网管工程等；

城乡社区事务支出404万元，占年初预算（803万元）的50%，与上年同期（804万元）相比下降50%。主要用于规划局、城管市管中心经费支出、城乡社区规划、城镇基础设施建设、城乡环境卫生管理等；

农林水事务支出4415万元，占年初预算（2240万元）的197%，与上年同期（2471万元）相比增长79%；主要用于农业局、回龙圩镇、办事处、林业局、林场、水利局、移民局等单位经费支出、回龙圩镇办公楼建设、村级公益事业一事一议奖补、中小河流治理项目资金、新农村建设等；

交通运输支出280万元，占年初预算（61万元）的459%，与上年同期（61万元）相比增长359%；主要用于交通局经费支出、成品油价格及税费改革补助支出；

资源勘控电力信息等事务支出25万元，这项支出为本年度上级追加安监局的安全生产监管支出25万元；

商业服务业事务支出286万元，占年初预算（109万元）的262%，与上年同期（100万元）相比增长186%；主要用于商务局经费支出、生猪屠宰环节病害猪无害化处理中央财政补贴资金、农贸市场标准化改造项目资金、回龙湖旅游休闲园开发项目上缴税收先征后奖等；

国土资源气象事务支出261万元，占年初预算（104万元）的251%，与上年同期（104万元）相比增长151%；主要用于经发局、国土资源局经费支出、合格学校和林场棚户区改造农转用报批经费、项目耕地开垦费等；

住房保障支出3790万元，占年初预算（1358万元）的279%，与上年同期（1157万元）相比增长228%；主要用于房产局经费支出、廉租房、农垦危房改造建设、棚户区危房改造建设等；

粮油物资管理事务支出54万元，占年初预算（34万元）的159%，与上年同期（34万元）相比增加59%；主要用于粮食局人员支出和粮食仓储维修等；

其他支出22万元，占年初预算（14万元）的157%，与上年同期（21万元）相比增加5%；主要用于目标考核、财政收入考核、争取资金考核、信息化建设等。

2014年，实现公共财政总收入为1.99亿元（含地方政府债券收入800万元，上划中央、省级税收入366万元），同比增加3100万元，增长18%。财政总收入中：本级财政收入3520万元（其中一般预算收入2153万元），同比增长9.8%，上级补助收入1.55亿元，同比增长20%。

实现一般预算收入3154万元，与上年同期（2980万元）相比增长6%。其中税收收入735万元，与上年同期（711万元）相比增加3%，非税收入2419万元，与上年同期（2269万元）相比增长7%。

2014年，上级补助收入15543万元，其中：一般性转移支付收入6245万元（可平衡预算资金3002万元），与去年同期（4890万元）相比增加1355万元，增长27.7%；专项指标支付收入9298万元，比上年同期（8050万元）增加1248万元，增长15.5%，增加的主要因素为：公共安全专项收入增加172万元，社会保障与就业专项收入增加737万元，住房保障专项收入增加3275万元。

2014年，实现财政总支出为1.94亿元（含债券还本支付100万元，决算专项上解支出17万元），同比增支2917万元，增长17.6%，支出明细项目分别如下：

一般公共支出1727万元，与上年同期（1824万元）相比下降5%。主要用于机关单位人员工资发放及正常运转经费保障等支出；减支的主要原因是2014年实行厉行节约，压缩一般性支出。

公共安全支出402万元，与上年同期（236万元）相比增支76%。主要用于公检法司人员经费和公共经费保障、办案业务补助等支出；增支的主要因素是司法局争取的专项上级补助收入154万元。

教育支出861万元，与上年同期，（908万元）相比下降5%。主要用于教育人员经费保障、中小学公用经费、中小学合格学校建设、贫困学生补助和学前教育校舍改造中央资金补助等支出；减支的主要因素上级补助收入同比减少了326万元。

科学技术支出11万元，与上年同期（26万元）相比下降58%。减支的主要因素是上级对基层科普专项资金同比减少12万元。

文化体育与传媒支出94万元，与上年同期（86万元）相比增长9%。主要用于广电局经费支出、农村电影放映补助等支出。

社会保障与就业支出3640万元，与上年同期（2899万元）相比增长26%。主要用于人社局、民政局、社保站经费支出、企业养老保险一般性转移支付资金、新型农村养老保险、城乡低保、五保供养、城镇退役士兵补助、机关事业单位保险、再就业补贴等支出。

医疗卫生支出354万元，与上年同期（291万元）相比增长22%。主要用于卫生局、农合办经费支出、基层医疗机构经费保障、新型农村合作医疗、基本药物制度改革、农村基本公共卫生等支出。

节能环保支出248万元，与上年同期（558万元）相比下降56%。主要用于环保局、能源局经费支出、规模养猪场粪污治理项目、退耕还林资金。减支的主要因素是上级对城市污水垃圾及污水网管工程专项资金减少。

城乡社区事务支出1374万元，与上年同期（404万元）相比增长240%。主要用于规划局城市、市管城管中心经费支出、城乡社区规划、城投公司城市提质扩容建设等支出。增支的主要因素是财政预，城市提质扩容前期工程资金，1150万元。

农林水事务支出3301万元，与上年同期（4415万元）相比下降25%。主要用于农业局、回龙镇、办事处单位、林业局、林场、水利局、移民局等的经费支出、村级公益事业一事一议奖补、中小河流治理项目资金、新农村建设等支出。减支的主要因素是中小河流治理专项中央资金同比减少908万元。

交通运输支出128万元，与上年同期（280万元）相比下降54%。主要用于交通局经费支出、成品油价格及税费改革补助支出。减支的主要因素是上级专项补助收入减少190万元。

资源勘控电力信息等事务支出15万元，与上年同期（25万元）相比下降40%。减支的主要因素是上级专项补助收入减少。

商业服务业事务支出118万元，与上年同期（286万元）相比下降59%。主要用于商务局经费支出、回龙湖旅游休闲园开发项目上缴税收先征后奖等支出。减支的主要因素是对华通物流新增后奖支出。

国土资源气象事务支出98万元，与上年同期（261万元）相比下降59%。主要用于经发局、国土资源局经费支出、项目耕地开垦费等支出。

住房保障支出6849万元，与上年同期（3790万元）相比增长81%。主要用于房产局经费支出、公租房、农垦危房改造建设、棚户区危房改造建设等支出。增支的主要因素是480套公租房上级补助和垦区危房改造补助，今年全部纳入预算核算。

粮油物资管理事务支出62万元，与上年同期（54万元）相比增长15%。主要用于粮食局人员支出和粮食仓储维修等支出。

其他支出6万元，与上年同期（21万元）相比下降73%。减支的主要是上级补助收入减少。当年公共财政收支弱有结余，年终滚存结存50万元。

2014年，三公经费支出300万元，同比下降35%，减少161万元。其中：出国经费为零；公务接待费161万元，减少30万元，同比下降16%；车辆购置和运行费140万元，减少了134万元，同比下降49%。

2015年，实现公共财政总收入为1.91亿元（含地方政府债券收入859万元），上划中央、省级税收入408万元，同比减少314万元，减少1.6%。财政总收入中：本级财政收入3674万元，同比增长16%，上级补助收入14800万元，上年为15543万元，减少5%。

实现一般预算收入3674万元，与上年同期（3154万元）相比增长16%。其中：税收收入上839万元，与上年同期（735万元）相比增长14%；非税收入2835万元，与上年同期（2419万元）相比增长17%。

2015年，上级补助收入14800万元，其中：一般性转移支付收入6861万元

（可平衡预算资金3898万元），与去年同期（6245万元）相比增加616万元，增长10%；专项转移支付收入7939万元，比上年同期（9298万元）减少1459万元，减少16%，减少的主要因素为：住房保障专项收入减少3286万元，城乡社区专项减少808万元，农林水专项收入增加865万元，节能环保专项收入增加689万元，医疗卫生增加99万元，商业服务增加50万元。

2015年，实现财政总支出为1.98亿元：其中一般预算支出18176万元，债券还本支出260万元，决算专项上解支出18万元，基金预算支出657万元，置换债券，支出639万元。总支出同比减支421万元，减少2%，完成预算18567万元的106%，支出明细项目分别如下：

一般公共支出1757万元，与上年同期（1727万元）相比增长1.7%。主要用于机关单位人员工资发放及正常运转经费保障等支出。

公共安全支出293万元，与上年同期（402万元）相比减支7%。主要用于公检法司人员经费和公共经费保障、办案业务补助等支出；减支的主要因素是，司法局上年争取的专项上级补助收入154万元，本年无此项支出。

教育支出，1044万元，与上年同期（861万元）相比增长21%。主要用于教育人员经费保障、中小学公用经费、中小学合格学校建设、贫困学生补助和学前教育校舍改造中央资金补助等支出；增支的主要因素上级补助专项收入增加100万元。

科学技术支出25万元，与上年同期（11万元）相比增长127%。增支的主要因素是上级对基层科普专项资金同比增加9万元。

文化体育与传媒支出136万元，与上年同期（94万元）相比增长45%。主要用于广电局经费支出、农村电影放映补助等支出。

社会保障与就业支出3799万元，与上年同期（3640万元）相比增长4%。主要用于人社局、民政局、社保站经费支出、企业养老保险一般性转移支付资金、新型农村养老保险、城乡低保、五保供养、城镇退役士兵补助、机关事业单位保险、再就业补贴等支出。

医疗卫生支出471万元，与上年同期（354万元）相比增长33%。主要用于卫生局、农合办经费支出、基层医疗机构经费保障、新型农村合作医疗、基本药物制度改革、农村基本公共卫生等支出。

节能环保支出942万元，与上年同期（248万元）相比增长279%。主要用于环保局、能源局经费支出、规模养猪场粪污治理项目、退耕还林资金、增支的主要因素是上级对城市污水垃圾及污水网管工程专项资金增加。

城乡社区事务支出357万元，与上年同期（1374万元）相比减少74%。主要用于规划局、城管是管中心经费支出、城乡社区规划等支出。减支的主要因素是上年地方债券 800 万无，预算结余 350 万元用于城市提质建设，本年无此项支出。

农林水事务支出 4755 万元，与上年同期（3301 万元）相比增长 44%。主要用于农业局、回龙镇、办事处单位、林业局、林场、水利局、移民局等经费支出、村级公益事业一事一议奖补、中小河流治理项目资金、新农村建设等支出。增支的主要因素是本年增加林场改革专项补助 585 万元。

交通运输支出 135 万元，与上年同期（128 万元）相比增长 5.4%。主要用于交通局经费支出、成品油价格及税费改革补助支出。

资源勘控电力信息等事务支出 55 万元，与上年同期（15 万元）相比增长 267%。增支的主要因素是本级支出增加了安监方面的培训及人员支出。

商业服务业事务支出 154 万元，与上年同期（118 万元）相比增长 31%。主要用于商务局经费支出，主要是增加了电商平台专项补助支出 50 万元。

国土资源气象事务支出 172 万元，与上年同期（98 万元）相比增长 76%。主要用于经发局、国土资源局经费支出、项目耕地开垦费等支出。主要是增加了上级补助支出 40 万元及上交了市里办证支出 32 万元。

住房保障支出 3942 万元，与上年同期（6849 万元）相比减少 42%。主要用于房产局经费支出、租住房、农垦危房改造建设、棚户区危房改造建设等支出。减支的主要因素减少了上级安居工程专项补助支出 3286 万元。

粮油物资管理事务支出 57 万元，与上年同期（62 万元）相比减少 8%。主要用于粮食局人员支出和粮食仓储维修等支出。

其他支出 10 万元，与上年同期（6 万元）相比增长 66%。增长的主要上级补助支出增加。

二、财政收支平衡

1992—2001 年，农场按企业运行。2002—2015 年，管理区财税工作逐步走上正轨，每年进行财政预、决算制度。

回龙圩农场 1992—2001 年经营情况统计表

表 15-1　　单位：万元

项目＼年份	经营收入	其中：		上交税金	其中：		利润	包干亏损	总资产	其中：		总负债	其中：
		工业	农业		销售税	农业税				固定资产	流动资产		流动负债
1992	2184	1483. 8	273. 2	52. 8	29. 7	23. 1	-420. 6	-892. 5	6215. 1	1612. 8	1991. 2	4426	2337
1993	2152	1252. 4	296	68	47	21	-357	—	5694	3490	1278	5458	2579
1994	1155	544	374	73	15	58	-406	-1651	5391	4464	890	6645	4064
1995	3415	1123	1846	93	32	60	-221	-1872	6350	4989	1327	7822	4887
1996	3280	1238	1458	139	53	77	-309	-2181	6720	5414	1285	8501	5494
1997	3583	708	1642	235	39	196	-271	-2452	6355	5509	833	8407	5398
1998	2510	267	1590	135	18	115	-226	-2718	5859	5177	670	8177	5130
1999	743	42	609	92	2	90	-2638	-5356	6253	5146	1096	11208	8264
2000	219	—	—	68	—	68	-339	-5695	4999	4658	329	10437	7526
2001 农垦	108	—	12	—	—	—	-228	-5924	4764	4353	400	10446	7667

回龙圩管理区 2001—2015 年财政收支平衡表

表 15-2　　单位：万元

年度	财政总收入	财政总支出	收支平衡	年度	财政总收入	财政总支出	收支平衡
2001	488	485	3	2009	6813	6827	-14
2002	862	862	0	2010	6983	6971	12
2003	1134	1122	12	2011	9735	9741	-6
2004	1423	1423	0	2012	11548	11452	96
2005	1659	1659	0	2013	16763	16754	9
2006	2383	2383	0	2014	19863	19447	416
2007	4128	4128	0	2015	19133	19750	-617
2008	5286	5261	25	合计	108201	108265	-64

第三节　地方税务

一、地方税收入

1992 年至 1997 年 6 月，回龙圩农场地方税收归江永县地税局征收，是江永县财政收入。1997 年 6 月至 2001 年，回龙圩财政局由于农场体制没理顺，回龙圩地税机构没明确。2002 年，全区农村税费改革从 6 月初开始，历时 4 个月，抽调干部组建 5 个工作队进村入户，统一思想、统一政策、统一部署、统一纪律。这次税费改革，切实按照“三个取消，两个调整，一项改革”的方针，取得预期的效果。全区农业税税率统一为 7%，农业税附加为农业税的 20%，比税改前的 14%减少 5.6%；水果特产税税率为 8%，附加为特产税的 20%，比税改前的 12%减少 2.4%。税费改革后，农民人均减负 153 元，减幅达 37.5%。地方税费收入 41 万元，其中营业税 35 万元，个人所得税 2 万元，城市维护建设税 2 万元，车船税 1 万元，屠宰税 1 万元（2002 年后农村税费改革取消屠宰税）。2015 年，地方税收收入 1189 万元，比 2002 年增加 1148 万元，增长 29 倍。地税总收入中，营业税 508 万元，占总收入的 42.7%；企业所得税 212.4 万元，占 17.9%；个人所得税 44.9 万元，占 3.8%；资源说 37.78 万元，占 3.2%；烟叶税 156.1 万元，占 13.1%；土地增值税 80.78 万元，占 6.8%；城市维护建设税 26.4 万元，占 2.2%；教育附加费 14.4 万元，占 1.2%；房产税 0.37 万元；印花税 5.1 万元；车船税 1.5 万元；耕地占用税 29.48 万元，占 2.5%；契税 37.78 万元，占 3.2%（耕地占用税、契税 2010 年前归财政增收，2010 年后归地税征收）；地方教育附加费 9.6 万元；水利建设专项收入 9.2 万元；工会经费 14.96 万元；其他政府性基金收入 0.13 万元。

2002—2015 年，地税收入 5704.99 万元。

回龙圩管理区 2002—2015 年地税收入统计表

表 15-3　　单位：万元

序号	项目	2002	2003	2004	2005	2006	2007	2008	2009	2010	2011	2012	2013	2014	2015
1	营业税	39.00	32.00	39.00	35.17	26.47	53.47	27.12	98.00	235.33	287.84	355.95	300.54	417.42	508.01
2	企业所得税	—	—	—	—	—	—	—	—	18.57	14.47	16.51	7.99	223.68	212.38
3	个人所得税	2.00	2.00	4.00	19.88	14.51	21.93	22.53	36.56	46.71	60.66	69.53	111.23	41.61	44.88
4	资源税	—	—	—	—	0.128	—	1.32	2.96	2.28	9.07	7.34	16.31	36.86	37.78
5	城市维护建设税	2.00	3.00	2.00	13.52	3.11	5.98	4.54	7.19	17.53	19.20	23.64	18.89	21.61	26.42
6	房产税	—	2.00	—	2.40	0.63	4.16	2.65	0.09	0.37	1.18	0.71	0.14	1.05	0.367
7	印花税	—	—	—	4.08	0.12	0.17	0.14	0.48	0.45	3.66	1.30	1.44	3.57	5.12
8	土地增值税	—	—	—	—	—	—	—	—	0.79	0.46	0.026	0.78	30.49	80.78
9	车船税	1.00	—	—	0.10	0.29	0.17	2.50	1.87	1.70	2.54	2.73	2.22	1.53	1.55
10	耕地占用税	—	—	—	—	—	—	—	—	0.83	2.58	127.16	289.40	94.47	29.48
11	契税	—	—	—	—	—	—	—	—	1.64	4.46	29.11	72.22	47.33	37.78
12	烟叶税	—	—	—	—	35.50	42.15	60.40	63.70	63.55	105.17	50.00	41.42	104.18	156.12
13	其他政府性基金收入	—	—	—	—	—	—	—	—	—	—	—	—	—	0.133
14	教育附加费	—	—	—	8.11	1.76	3.55	2.74	5.30	13.05	15.83	11.27	9.80	11.46	14.41
15	地方教育附加费	—	—	—	—	—	—	—	—	—	0.02	7.70	6.55	7.60	9.60
16	水利建设专项收入	—	—	—	—	—	—	—	—	—	1.84	1.56	2.86	7.82	9.23
17	工会经费	—	—	—	—	—	—	—	—	—	—	3.12	6.48	15.09	14.96
18	城镇土地使用税	—	—	—	0.80	0.048	0.12	0.10	—	—	0.61	—	—	—	—
19	文化事业建设税	—	—	—	—	0.024	0.05	—	0.05	—	—	—	—	—	—
20	屠宰税	1.00	—	—	—	—	—	—	—	—	—	—	—	—	—
	合计	41.00	39.00	45.00	84.06	82.59	131.75	124.04	216.20	402.80	529.59	707.656	888.27	1065.77	1189.00

二、地税管理

1997—2011年，回龙圩管理区财税局税收征收组，由于没有税收征收权，江永地税局派员参加，回龙圩财税局工作人员以协税员的身份参与。

2011年10月，江永县地方税务局成立第四分局，专门负责回龙圩管理区辖区内地税的征收，回龙圩财税局派一名工作人员作为协税员参加第四分局工作。

三、地方税务稽查

到2015年，回龙圩管理区地税第四分局，没有设税务稽查队。稽查工作由江永县地方税务局稽查大队执行，检查的主要职能是对群众举报的偷、骗、抗、欠税案件及税务部门移交的案件进行查处，为税收征管提供强有力的保证。回龙圩管理区辖区内税务稽查一年进行2次，一般情况上半年一次，下半年一次。

第四节 国家税务

一、国税收入

回龙圩管理区国税收入主要来自增值税，而且数量很少。2002年，增值税4万元，到2015年107万元，增加103万元。2002—2015年，国税收入394万元。

回龙圩管理区2002—2015年国税收入表

表15-4 **单位：万元**

年份	国税收入	年份	国税收入
2002	4	2010	15
2003	7	2011	27
2004	11	2012	32
2005	7	2013	73
2006	5	2014	75
2007	4	2015	107
2008	4	合计	394
2009	22		

从2013年起国税增幅大，其主要原因是2013年以后，烤烟增值税纳入回龙圩管理区税源。

二、国家税收管理

到2015年，回龙圩管理区国家税收，业务上受江永县国税局统一管理。江永县国税局在回龙圩管理区政务中心开设申报征收窗口，业务归江永国税局管理，人员由回龙圩财税局聘请，聘请人员的工资由回龙圩负责。

三、国家税务稽查

到2015年，稽查工作由江永国税局稽查大队执行，回龙圩管理区财税局派员配合。

第五节 财政四税

一、农业税

2002年，农村税费改革在回龙圩管理区全面进行。为加强领导，成立以党委副书记、管委会主任范桑洪为组长，分管农村和财政的领导为副组长，有关部门领导为成员的领导小组。领导小组下设办公室，财税局局长兼办公室主任。改革的主要内容概括为“三个取消、两个调整、一项改革”。“三个取消”即取消乡统筹费、农村教育集资等专门向农民征收的行政事业性收费集资，取消屠宰税，逐步取消统一规定的劳动积累工和义务工。“两个调整”即调整农业税政策和农村特产税政策。“一项改革”即改革村提留的征收和使用办法。规定农业税率不超过7%，农业税附加的比例不超过农业税正税的20%。改革涉及全区农业人口7820人，计税面积9324亩。改革后的农业税税率为6.8%。2004年，党中央、国务院对农业采取“多予、少取、放活”政策，逐步降低农业税税率，农业税税率总体上降低一个百分点，五年内取消农业税。同时取消除烟叶外的农业特产税，降低税率后减少的地方税收收入由中央财政通过转移支付解决。为了落实中央“三农”政策，回龙圩管理区对农业税税率进行调整，当年减少农业税收入3万元（2003年农业税收入76万元，2004年农业税收入73万元）。2005年，停止征收农业税。中央财政转移支付补助199万元。

农业税征入：1991年，回龙圩农场农业税收入25.6万元，农场改管理区后，2002年为83万元，2003年为76万元，2004年为73万元，2005年取消征收。管理区三年共收取农业税232万元，占三年财政总收入（3419万元）的6.7%。对农业税的征收坚决执行“七不准”的规定。即不准随意增加农业税负担；不准按人头或田亩平均摊派农业税；不准截留挪用农业税减免指标；不准将农业税征收与其他突击任务挂钩；不准非法扣押农民财务和关押纳税人；不准动用警力强制征收；不准违规堵关卡征收。2002 年 9 月，农村税收改革后，农业税的征收提出严格的政策要求：向纳税人征收农业税，要切实依照已层层验收上报的农户签字认可的农业税计税依据，不准层层加码；对没有签字认可的农业税的农户要先做好工作，待签字认可后再征收；对无正当理由拒绝签字的个别农户，由区财政局下达农业税确认通知书，再征收。对享受“灾减、社减”的农户，改“先征后减”为“先减后征”。

根据《中华人民共和国农业税条例》的规定，农业税的优待、减免有以下方面：纳税人依法开垦荒地或用其他方法扩大耕地面积所得到的农业收入，从有收入的第一年起，免征农业税 1~3 年。管理区移民开垦荒地所得的农业收入，从有收入的第一年起，免征收农业税 3~5 年，纳税人在山地上新垦植或者新垦复的桑园、茶园、果园和其他经济林，从有收入的第一年起，免征农业税 3~7 年。农业科学研究机关和农业学校进行农业试验的土地，零星种植农作物的室旁空地上所得到的农业收入免征农业税。纳税人的农作物，因遭水、旱、风、雹或者其他自然灾害而歉收的，按照歉收的程度减征收农业税。农民的生产和生活还有困难的革命老区，生产落后，生活困难的少数民族地区，交通不便，生活落后和农民生活困难的，贫瘠山区。革命烈士家属、在乡的革命残废军人及其他纳税人。因缺乏劳动力或者其他原因而纳税有困难的，经县人民政府批准可减征或免征农业税。

回龙圩管理区在具体执行中有灾欠减免、救济减免、残废减免等情况。

二、农业特产税

1994 年 1 月 3 日，国务院发布《关于对农业特产收入征收农业税的规定》。规定农业特产税的纳税人为生产和收购应税农业特产品的单位和个人征税的农产品由国务院和省级人民政府确定。全国统一征税产品有烟叶产品、园艺产品、水产品、林木产品、畜牧产品、食用菌、贵重食品 7 个，税率 8%至 31%不等，其他农业特产税的税率从 5%至 20%不等，计税依据为应该纳税的农业特产品的收入。回龙圩农业特产税跟随江永县从 1986 年开始启动，1989 年全面征收。征收的农业特产品主要有柑橘税率 15%，其他水果税率 10%，木材税率 8%，松脂税率 5%，茶叶税率 5%，鲜鱼税率 10%，烤烟随着收购价格调整而调整，最高 1995 年按 30%征收特产税，1999 年调整到 20%，征收对象，有向生产者或收购者征收两种。烤烟特产税向收购者征收。1999 年，回龙圩征收农业特产税 140. 45 万元，其中柑橘特产税 123. 93 万元，占特产税总收入的 88%。为了做好柑橘特产税的征管工作，采取“普查定产计征、源头申报纳税、实地查验计征”的征管办法。

回龙圩圩管理区，按照中央、省、市有关农村税费改革的精神，除烟叶外其他农业特产税从2004年起停征，每年减少农业特产税收入150万~200万元。

三、契税

契税税率根据《中华人民共和国契税暂行条例》第三条规定为3%~5%，湖南省规定为4%，回龙圩管理区执行的契税税率为4%。

1998年，回龙圩管理区开始征收契税，当年契税收入2956元，到2015年契税收入38万元，增加37.7万元，18年共收入309.66万元。2013年，管理区引进房地产开发，契税收入72.2万元。根据《财政部国家税务总局关于加快落实地方财政耕地占用税与契税征管职能划转工作的通知》和《湖南省财政厅湖南地方税务局、湖南省人力资源和社会保障厅、湖南省机构编制委员会办公室关于做好全省耕地占用税和契税征管职能划转工作的通知》文件精神，2010年9月1日，契税由地税部门征收。

回龙圩管理区1998—2015年契税收入统计表

表15-5　　单位：万元

年份	契税收入	年份	契税收入	年份	契税收入
1998	0.30	2004	21	2010	24
1999	0.46	2005	15	2011	4.46
2000	1.9	2006	7	2012	29.1
2001	2.24	2007	18	2013	72.2
2002	3	2008	8	2014	47
2003	5	2009	13	2015	38

四、耕地占用税

1998年，根据永州市本级及各县（区）耕地占用税征收标准，回龙圩管理区按江永县标准执行，平均税额标准为每平方米20元，经济开发区每平方米24元，基本农田每平方米30元，经济开发区内的基本农田每平方米36元，园地、旱地每平方米20元，林地、牧草地、农田、水利用地、养殖水面及渔业水域滩涂每平方米16元。

2010年以前，耕地占用税额计增标准是：水田每平方米6元，旱地每平方米4元，其他经济林土地每平方米3元。1998年，耕地占用税征收3166.45元；2015年，耕地占用税征收29.48万元；18年共征收652.66万元，增收最多的是2013年

289.9 万元。

2010 年 9 月 1 日起，回龙圩管理区由地税部门负责征收耕地占用税。

回龙圩管理区 1998—2015 年耕地占用税征收情况表

表 15-6　　单位：万元

年份	耕地占用税年收入	年份	耕地占用税年收入	年份	耕地占用税年收入
1998	0.32	2004	5	2011	2.6
1999	0	2005	3	2012	127.16
2000	-0.04	2006	4	2013	289.4
2001	0	2007	29	2014	94.74
2002	1	2008	78	2015	29.48
2003	5	2009	4		

第六节　财政管理

一、会计管理

1992—2001 年，回龙圩农场的会计管理工作围绕会计基础、会计制度、会计人员素质提高三个基本环节开展日常工作，采取多渠道、多层次的办法进行培训，鼓励会计人员参加电大、函大和自学考试，举办会计业务培训班，选派会计人员到省市进修学习，提高会计人员的业务素质。到 2001 年，全场的财会人员 51 人，都具有中专以上的学历，其中会计师 3 人，占会计人员的 6%。

各单位的会计人员由总场统一任聘，单位无权自行安排和交换会计人员。财会人员的职称评定、业绩考核、奖罚、工作调动由总场负责，要求财会人员认真执行各项规章制度，遵纪守法，忠于职守，廉洁奉公，实事求是，对各种违反财务纪律的行为予以抵制。所有会计资料，包括有关文件，会计账簿，会计凭证，原始凭证，会计报表按年度按顺序分类整理成卷集中由单位会计保管，做到未经总场财务主管领导批准不得外借，不得泄密，不私自带走和个人保管。

2002—2015 年，回龙圩管理区，共有会计人员 43 人，其中具有中级职称的 3 人，占会计人数的 6%。财会人员坚持持证上岗制度，严格遵守《中华人民共和国会计法》《会计职业道德》，严格按照财务制度，财经法规办理财务核算，按受财务汇审领导小组审计，对违反财经规定，违反会计核算，擅自调整核算内容，挤占、截留、挪用专项资金，一经查处，撤销会计职务，调离工作岗位；对造成重大经济损失的，构成犯罪移交司法机关处理。会计人员工作调动或离职，必须与接替人员办理交接手续，没有办理交接手续的，不得调动离职。一般会计人员交接，由会计主管人员监交；会计主管人员交接，由行政领导人，财政部门监交；会计人员在移交过程中，需主管单位派人监交的，由上级主管单位派人会同监交。

二、财务管理

（一）资金管理

单位出纳人员，财务报账人员严格执行《现金管理条例》，加强现金管理，确保现金安全，坚持收支两条线，不坐支，不白条抵库。库存现金，不超限额，不用不符合财务制度规定的凭证顶替库存现金，及时登记现金账，银行存款日记账，报账员不能按期支出的资金，及时交回财务部门，不得存入个人账户和长期保管大额现金。每月 2 号向区财政部门上报上月资金结存管况统计表。各单位财务专用章，主要负责人章，会计章，单位支票，实行分开管理，各负其责，严禁一人统管。因公外出，需要他人临时保管，都履行代管手续，代管人按交办人要求办理有关业务，交办人回单位后应及时将印章交还原保管人，同时移交办理业务凭证。违反印章管理制度造成经济损失的，按各自责任承担全部经济损失，并追究相关人员责任。

各单位加强对本单位银行账户的管理，取消单位收入过渡户，所有上缴收入都上缴非税收结算户和财政专户。需要开设银行账户的，按国家有关规定，经财政国库部门批准，人民银行核准，凭人民银行领发的“开户许可证”在规定的银行开设账户。同时，严格按照规定的内容进行核算和管理，不擅自开立变更银行账户，严禁多头开户，按照规定开设的银行账户，不出借转让。单位与单位之间，单位与个人之间的结算，不能大额提现，大额现金实行转账。

各单位依法取得的非税收入，要严格执行“收支两条线”和“收缴分离”制度，及时缴入区非税收入汇缴结算账户，不开设非税收入过渡性账户。严禁坐收坐支，以收抵支；严禁将收入存私款，严禁截留、挪用上缴财政的各项资金。

（二）支出管理

公务用车支出管理 1992—1995 年，总场的公务用车实行统一管理，外出人员凭派车单出车，农场设立南北大门检查站，任何人不得公车私用，实行谁用车，谁签字，出差回来凭派车单（经检查站签字）报账。

1996—2011 年，建立内部车辆使用管理制度，设立公务用车费用专账，核算油耗、维修、保险等费用，定期在单位内部公示接受监督，严禁公车私用、公车私驾。

2012—2015 年，为提高管理区公务用车的利用率，节约财政经费开支，降低公务交通成本，确保车辆运转有序和行车安全，保证公务活动正常开展，全区所有的公务车辆实行统一管理，区后管中心负责公务车辆的调度、大修和更新手续，审核驾驶员车辆维修的单据报销、行车补助、安全奖励发放。车辆按使用类型分为相对专用车和机动车。相对专用车为区领导工作用车，机动车为各部门单位日常工作用车。相对专用车有急事后管中心也可临时调动。机动车的调动由后管中心具体负责。各单位之间原则上不允自换或出借（租）车辆，无公车的单位确因工作需要，可向后管中心申请，后管中心统一调度安排。严格执行车辆维修申报制度，驾驶员对车辆维修应事先提出申请，并填写《车辆维修申请单》，经后管中心同意后到指定厂家修理。更换配件价值在 150 元以上的，经后管中心审查同意，并将原件带回后管中心统一处理，更换价值在 100 元以上车辆配件和车辆大修需报专车领导或单位领导批准，费用由单位财务直接结算。车辆一律实行打卡加油。长途车因自带油料不足，急需加油时又无法用油卡，用车人在发票上签字证明，政府采购中心审核后予以报销，后管中心每季度统计并公布车辆油料消耗情况。

业务招待费支出管理 1992—2001 年，总场的业务招待费实行确定基数，总量控制，来人来客原则上在招待所食堂就餐。各单位的业务招待费也实行确定基数、控制总量、包干使用、节约留用，超额扣减单位工资总额，实行谁招待谁负责的原则。独立核算单位的业务招待费，按完成年初营业收入 5%的标准进行核算。

2002—2015 年，回龙圩管理区行政事业单位和群团组织，严格按照管理区的党政机关国内公务接待管理制度的标准安排食宿，实行预算管理和总额核定，超过核定的总额，且未经有关部门批准的，财务部门拒绝办理报账手续，因特殊情况（如争取预算外项目资金开展专项工作，发生突发事件等情况）需要增加招待费的，报请分管领导和主要领导核实批准后方可办理报销手续。招待费总的原则实行预算管理只减不增，严格控制接待范围、陪客人数。不提供高档菜肴和用野生保护动物制作的菜肴，不提供香烟和高档酒水。具体标准为：接待在 10 人以内的陪餐人数不得超过 3 人；超过 10 人的不超过接待对象人数的三分之一。工作餐人数采用圆桌餐或者自助餐形式，以本地家常菜为主，不使用私人会所、高消费餐饮场所，工作餐的标准为（一年一调整）：省部级领导 140 元/天，市级领导 120 元/天，县级以下 100 元/天。公务接待住宿标准：省部级每人每天不超过 800 元，厅局级每人每天不超过 450 元，处级以下每人每天不超过 330 元。管理区本级会议标准，每人每天住宿费 200 元，伙食费 140 元，合计 340 元。项目申报列支的招待费，50 万元以下的项目不突破直接成本的 4%，50 万元以上 100 万元以下采取累进超额计算，不突破直接成本的3%，100万元以上200万元以下，采取累进超额计算，不突破直接成本的2%，200万元以上采取累进超额计算，不破直接成本的1%。

差旅费管理 1992年至1995年5月，出差人员的住宿费、伙食补助费、市内交通费，实行“总额包干”和“限额报销”的办法，各单位出差人员定人数、定任务、定地点、定时间控制费用，实行发“出差通知单”制度。出差回来后凭出差通知单到财务室报账，无通知单的一律不允许报账。出差人员伙食补助，每人每天补助标准为，特区14元，外地8元，本地区4元，江永县3元。

1995年6月至2010年，根据新的财务制度和企业财务会计制度改革的精神，农场对原出差补助标准作出统一的调整。工作人员的出差伙食补助，每人每天补助标准为：江永县内和富川县内4元，本地区10元，外地区13元，特区20元，市内交通费实行包干制，出差时间不分职务高低，省内、省外，每人每天3元，特区每人每天4元，不凭市内车票报销，自带交通工具出差和场内本县办事的不发交通费，因特殊情况批准核报出租车票的不发交通费。

2010年5月4日，回龙圩管理区对差旅费作出新的调整。调整的差旅费标准执行到2014年12月。

出差人员无单位接待的，伙食费补助和公杂费以城市间交通费票据或住宿费票据为凭，按出差自然（日历）天数实行定额包干。无凭据报销，不分途中和住勤，伙食补助费，每人每天的补助标准为：省外40元，省会长沙30元，省内其他市州25元，市内15元，江永、江华、道县、富川3元。公杂费用于补助出差人员市内交通通信等支出。参加会议、培训和外旅的差旅费，凡经组织批准带薪参加党校、行政学院和社会主义学院、脱产培训学习、并在校食宿的，在校学习期间每人每天伙食补助费标准为：省外10元，省会长沙8元，市内3元。

2014年12月17日，回财办印发《回龙圩管理区区直单位差旅费管理办法》，对差旅费标准进行调整：住宿费，到省内其他州市出差每人每天处级及相当职务人员330元，其他人员165元，市内出差每人每天处级及相当职务人员300元，其余人员150元。伙食补助，到省外和省内其他市州补助标准为每人每天100元，市内县区补助标准为每人每天60元。江永、江华、道县、富川补助标准为每人每天30元。

考察学习经费管理 2002—2015年，回龙圩管理区规定外出学习或考察，要有上级部门的书面通知和文件，并报分管区领导同意。单位主要负责人外出，需报党委管委主要领导批准方可外出，财务报账要凭组织通知单和领导批示方可报账。

会议经费管理 1992—2001年，农场时期，大小会议较多，除一年一次的职工代表大会外其他会议不安排会议餐，除职工代表会外，会议资料不印发，经费开支不大。2002—2012 年，以开短会为主，不安排会议餐，会议资料印发与会人员。2013—2015 年，贯彻中央八项规定，从严控制各类会议，可开可不开的会议一律不开。确需召开的会议一律从简，提倡少开会，开短会，不安排食宿，确需要安排中餐也只安排镇、办事处、林场等基层参会人员就餐，标准每人每餐不超过 30 元。会议费报账付会议通知单。

基本建设项目管理　1992—2001 年，基本建设项目管理按《回龙圩农场财务管理办法》执行。2002—2015 年，基本项目建设管理：施工前建设单位请有资质单位根据项目要求进行规划设计，编制预算，工程总造价在不低于 5 万元且不超过 200 万元的项目，报区财政局进行评审。超过 200 万元的项目送市财政部门评审。经财政部门评审后签出评审意见，报区党委、管委批准。按照招投标文件规定的程序进行招投标（30 万元以上的工程项目按规定的程序实行投标，30 万元以下工程项目根据实际情况招投标或议标）。中标单位必须按照要求，履行好农民工工资保障工作，并与建设单位签订施工合同，取得施工许可证后方能施工。

项目实施过程中，业主单位要全面跟踪施工每个过程，主管部门、财政部门、审计部门积极参与项目建设管理，强化质量监督和财政资金的使用效果。工程款的支付，根据工程进度，由施工方申请，经业主单位经理部门及主管部门签署意见，方可预付工程款。预付工程款支付不超过已完工程量的 70%，施工单位凭签署完备的预付工程申请和税务发票，进行预付工程款结算，不得以借款形式预付。凡是在回龙圩管理区的基本建设项目，一律在回龙圩管理区税务部门交税，外地区交税开出的税务发票一律不得报账。工程款支出 10 万以下的由项目指挥部指挥长签批，10 万元以上（含 10 万元）经管理区主要领导签批后方能支付。

项目完成后，建设单位牵头，设计、监理、财政、审计等部门对项目现场及施工单位编制的结算资料进行验收和审核。财政部门出具评审意见，报审计部门审查，审计部门对项目实际执行情况检查、测评和评价，对预算的执行和结算进行验证，审查资料的可靠性和完整性，核实资产、债权债务的真实性，审查施工单位有可能有重要影响的政策法规的执行情况。项目建设单位凭经管委批准的项目完成结算资料，人力资源和社会保障部门的未拖欠农民工工资证明，项目单位负责人签字的税务发票进行结算工作。并按《湖南省工程建设管理办法》预留工程质量保证金。

项目竣工财务决算管理　建设单位及其主管部门加强对基本建设项目竣工财务决算的组织领导，组织专门人员及时编制竣工财政决算。设计、施工、监理等单位积极配合建设单位做好竣工财务决算编制工作。建设单位在项目竣工后三个月内完成竣工财务决算编制工作。竣工财务决算未经批复之前，原机构不得撤销，项目负责人及财务主管人员不得调离。在平日基本建设项目竣工财务结算前，建设单位要认真做好各项清理工作，清理工作主要包括基本建设项目档案资料的归集，整理，财务处理，财产物资的盘点核实及债权债务的清偿，做到账账、账实、账表相符。各种材料、设备、工具、器具等都逐项盘点核实，填列清单，妥善保管，并按照规定进行处理，不准任意侵占、挪用。

专向资金管理 回龙圩管理区专项资金主要包括专项补贴资金、专项奖励资金、专项建设资金、专项购置资金、专项修缮资金和社会保障资金等。专项资金使用单位要严格执行国家法律、法规规定；严格执行国家统一的财政会计制度，按照专项资金规定的用途使用资金，完善单位内部财务管理制度。

区直各单位、回龙圩镇、各办事处、林场在资金使用前，向区财政部门申请专项资金绩效目标报告或项目绩效目标报告，填好专项资金绩效目标申请表或项目绩效目标申报表，报告的内容包括专项基本信息、专项效益目标、专项年度设计指标和专项实施保障措施。区财政部门相关业务股室核实报分管副局长审核后经管理区管委会分管项目和资金的副主任签署意见，10 万元以上报管理区主任批准，财政部门根据批准的拨款程序及时拨付专项资金。

单次直接管理使用资金 30 万元以上的单位在资金使用完成之日起 15 个工作日内，直接向审计、监察部门（简称备案机关）提交书面报告和备案表。报告内容包括专项资金的名称、性质、来源、主管单位、数额、用途、使用方式及资金结算财务报表等。备案审查机关接到备案后，立即进行登记和审查，建立健全专项资金登记台账使用情况档案。

2002—2015 年，建立财政结余结转资金定期清理机制。区财政部门每年定期组织清理当级财政结余结转资金。摸清底数，分类处理，切实压缩结余结转资金规模。公共财政预算结转资金占用公共财政出的比重均不得超过 9%，比重低于 9%的应只减不增。

财政结余资金的管理 2002—2015 年，区财政局加大对财政结余结转资金的统筹使用力度，对本级财政预算安排形成的结转项目，结转年度超过一年的，一律收回同级财政总预算统筹安排。对上级专项转移支付安排形成的结转项目，其资金管理办法有具体规定的按规定执行，未作具体规定的，连续结转两年级以上的，一律收回本级财政总预算统筹安排。

三、财政监管

1992—2002 年农场时期的财务监管，主要由总场财务科对全场各单位进行的财务检查。1995 年 8 月 2 日，根据回场发《关于清理小金库是加强资金监察管理》

的文件精神，场财务科组织有关财会人员对全场各单位进行一次小金库清理，收缴小金库资金 17621 元。1997 年 7 月，成立回龙圩农场财税局，全场的财务监管工作由财税局负责。2002—2015 年，农场改制后区财政局设立监察股，建立内部监督机制，定期或不定期开展内部审核和财务检查工作，纠正整改财务管理存在的财务会计报销原始凭证内容和手续不完备，不符合法规制度，发票无明细清单，报账票据不合理，付款发票与付款清单不相符，“三公”经费未按列行节约的要求，财务不规范，专项资金未分户的单位就直接占用专项资金用作经费支出，各单位的往来款清理不及时等问题，认真执行国家规定的会计制度，依法设置账簿，编制财务报表，严格执行收支两条线的财务规定，坚持财务“一支笔”审批制度。

四、财政信用

1992—2001 年，回龙圩农场农业开发、红壤开发贷款均由财政担保。

2015 年 11 月，回龙圩管理区通过财政信用担保向国家开发银行湖南省分行贷款 2000 万元，投资建设回龙湖养老中心建设。2015 年 12 月，该项目开工建设。

五、国有资产管理

1992—2001 年，回龙圩农场的固定资产所有权和处理权属总场，各单位只有管理权和使用权，农场的土地、草地、水面、水库、渠道、道路、茶园、果园、水利设施、公共房产建筑均属国有资产。职工承包的土地、水田、山林、油茶林、荒山、水面、茶园、果园只有经营权，所有权归农场，职工不许自行出包或转让、转包。1997 年 6 月，回龙圩农场成立财税局，同时设立回龙圩农场国有资产管理委员会，财税局长兼任国资委主任，根据国有资产谁使用谁管理的原则，建立固定资产专用账卡，按季、年度进行核对，保证账实相符，如出现盘亏、盘盈都要及时查清原因，按规定写出报告。因工作不负责任或保管不善或违反操作规程造成损失、丢失的，要追究有关人员的责任，除负责清理和修理费外，按资产原值的 25%予以罚款。单位的车辆、设备、场地进行承包、出租、联营、股份合作等经济活动都按本人申请，单位书面请示，主管办审核，财务科评估、审查，报场长办公会进行审批，签订的合同上报主管办和财务科各一份存档。按月交费，确保国有资产保值增值。否则，农场有权中止合同。变卖的固定资产按销售价分成比例收回，交总场 80%，单位留 20%。销售价超过净值的部分（包括无账的五保户房屋）单位留 80%，上交总场 20%。1992 年回龙圩农场的固定资产生产原值 1113. 79 万元，净值 1117. 69 万元。到 2001 年农场的固定生产原值 5618. 92 万元，净值 5726. 32 万元。

2002 年，管理区对国有资产管理进行改革，单位占用使用国有资产要到国有资产管理部门办理产权登记，明确专人管理。每年必须进行一次清查盘点工作，保证账账，账实相符。对行政事业单位空闲的办公用房，富余职工住房、招待所、闲置土地、门面等，实行规范管理，严格按照财务收支制度执行。管理区内的基本建设项目竣工验收在3个月之内，必须与施工单位办理竣工决算。报请有关部门完成评审与审计后，进行工程项目的决算工作，并及时做好使用资产的结转工作，区内各单位固定资产的划转、报废、损失、核销等资产处置行为按《湖南省行政事业单位国有资产管理办法》规定办理，并及时进行账务处理，未经国有资产管理部门批准，任何单位和个人无权擅自处置国有资产。2003年，管理区对区内的林化厂、农工商、饲料厂、纸箱厂、茶厂、罐头厂、基建公司、农机厂、供销公司9家工商企业进行“两个置换”，处置资产986.73万元。一次性补偿给职工的资产289.96万元，偿还职工债务227.06万元，剩下的321.77万元，全部上交给区财政局。2002年的国有资产收入为75万元；2006年的国有资产收入为233万元，比2002年增长216%；2011年的国有资产收入290万元，比2006年增长24.5%；2015年的国有资产收入为2038万元，比2006年增长774.6%。

回龙圩管理区2002—2015年国有资产收入情况表

表15-7 单位：万元

年份	收入	年份	收入	年份	收入	年份	收入
2002	75	2006	233	2010	290	2014	1786
2003	81	2007	286	2011	830	2015	2038
2004	98	2008	285.5	2012	1057		
2005	123	2009	285	2013	1238		

2015年全区的固定资产总值为1358.79万元。

六、政府采购

1992—2006年，回龙圩没有实行政府采购，对购买专控商品收取调节资金。征收标准为商品价值10%~20%。进口小汽车、摩托车的标准为车价的20%，国产小轿车，二轮摩托车征收款标准为车价的15%。其他专项商品征收价款的10%。省产吉普车、旅行车、二轮摩托车减半征收，调节基金交财政局专户储存。

2007年，成立回龙圩管理区政府采购中心，定编5人，行政级别正科级。主任由财政局一名副局长兼任，属独立核算、全额拨款、非营利性事业单位。区政府采购中心按照《中华人民共和国政府采购法》和国家有关政策要求，对管理区行政事业单位和群团组织使用财政资金进行工程建设，购买货物、服务等活动实行政府采购。2009 年 3 月 5 日，回龙圩管理区管理委员会印发《回龙圩管理区政府采购目录》《回龙圩管理区政府采购程序》，政府采购的范围，货物类：电视机、电冰箱、摄影摄像、空气调节、计算机、打印机、传真机、复印机、速印机、碎纸机、投影仪、扫描仪、不断电源（UPS）、大屏幕显示屏、办公用纸、办公设备耗材；专用设备、照排设备、网络设备、发电设备、医疗设备及器械、档案保密设备、教学仪器设备、科研仪器设备、广播电视影像设备、灯光音响设备、电梯、炊事设备、锅炉、中央空调、环境检测设备、质量检测设备。交通设备：汽车、摩托车、其他交通工具。工程类：各类建筑物和构筑物的新建、改建、扩建、装修、拆除、修缮等工程，系统集成、网络工程，城镇道路建设工程，环保、园林绿化工程，农田水利及农业开发工程，专项工程。服务类：机动车辆加油、修理、保险，会议费，公务印刷品等。政府采购项目实行集中采购（采购金额 3000 元以上）。采购单位填报《回龙圩管理区管理委员会采购申请表》，经财政局审核，落实资金来源，报分管领导批准，政府采购中心核实采购计划，采购资金到账后，统一集中采购。因特殊情况，急需采购的项目，区政府采购中心将委托单位采购。

采购的货物、服务类项目、单项或批量预算金额一次性达 10 万元以上的，非建设类工程项目预算金额（或投资总额）达 20 万元以上的，除法律、法规另有规定外，采用公开招标、邀请招标、竞争性谈判、询价等方式进行，最终以公平竞争确定中标人。2008 年，管理区实现采购合同价 178.56 万元，与采购预算相比节约资金 38.22 万元。2010 年，全区实际采购规模达 570 万元，节约资金 87 万元，资金节约率为 15%，其中：货物采购金额为 247 万元，节约资金 10 万元，资金节约率为 16%；工程类采购金额为 245 万元，节约资金 41 万元，资金节约率为 17%；服务类采购金额为 78 万元，节约资金 6 万元资金，节约率为 7%。到 2015 年，全区实际采购规模达 3512.6 万元，按商家报价共节约资金 287 万元。

第二章 金融

第一节 机构

一、江永县农业银行回龙圩营业所

回龙圩农业银行营业所是江永县农业银行驻场单位，始设于1966年，除党团关系在回龙圩外，工资人事归江永农业银行管理。20世纪80年代，回龙圩营业所有职员7人，其中领导2人，会计1人，出纳1人，信贷员1人，柜员2人，营业所有办公楼一幢，一楼为营业厅，二楼、三楼为职工宿舍，当时是回龙圩农场主要金融机构。1998年，按照国有独资商业银行改革方案，江永县农业银行开始对基层营业所进行整合。2002年，回龙圩营业所撤销。

二、回龙圩信用社

1985年，回龙圩农村信用社成立。1996年12月9日，江永县农村信用社与农业银行脱离行政隶属关系。2014年11月，回龙圩信用社改名为回龙圩农商银行，娄普任行长，行政隶属江永县农村商业银行领导，在职员工8人。回龙圩农商银行内设行长、会计、客户经理、综合柜员、业务柜台。分设爱心窗口、公共服务窗口、综合业务窗口，主要职能为吸收公众存款、发放短期、中期和长期贷款、办理国内结算业务、办理票据承兑与贴现、代理发行，代理兑付、承销政府债券、金融债券，从事同业资金拆借、从事借记卡业务、代理收付款项及代理保险业务和提供保管箱业务、中国银行监督管理委员会批准的其他业务。

2015年，江永县农商银行回龙圩支行被评为回龙圩管理区服务地方经济发展工作先进单位，何江芸被评为总行先进个人，蒋瑶被省联社评为“服务明星”。

三、邮政储蓄银行

2013年2月8日，中国邮政储蓄银行股份有限公司江永县支行回龙圩网点挂牌营业。2013—2014年，刘鹏任中国邮政储蓄银行江永县支行回龙圩网点行长。2015年，廖江玲任回龙圩网点行长，网点内设行长1人，柜员3人，保安1人，大堂业务员1人，主要职能以存款、贷款“服务三农，服务小微”为经营理念，以涉农个人贷款为主。

第二节　银行业

一、存款

1992—2007年，江永县农村信用合作联社回龙圩信用社因工作人员调动频繁，信用社存款业务不正常。2008年年末存款余额8465万元，其中单位存款5225万元，个人存款3240万元。2009年年末存款余额1.24亿元，首次突破一个亿，其中单位存款7697万元，个人存款4679万元，比2008年净增3911万元递增46.2%。2010年年末存款1.65亿元，其中单位存款11280万元，个人存款5170万元，比2009年净增4074万元，递增32.9%。2011年年末存款余额2.29亿元，首次突破2个亿，比2010年净增6411万元，递增38.9%。2012年年末存款余额2.25亿元，比2011年减少359万元，减少1.5%，其中单位存款11562万元，个人存款10940万元。2013年年末存款余额2.29亿元，比2012年净增317万元，递增1.4%，其中单位存款11879万元，个人存款10940万元。存款余额上升幅度不大。2014年年末存款余额2.26亿元，比2013年存款余额下降257万元，净减1.1%。其中单位存款，11862万元，个人存款10700万元。2015年年末存款余额2.53亿元，比2014年净增2390万元，递增11.9%，其中单位存款15241万元，个人存款10011万元。2015年，全区个人存款人均达958.9元。

2013年，回龙圩邮政储蓄坚持“存款自愿，取款有息，为储户保密，有借有还，到期归还”的原则。回龙圩邮政储蓄网点年末储蓄余额3079万元。2014年年末储蓄余额4806万元，比2013年净增1727万元，递增56%。2015年加大对农业结构调整的支持，农民增产增收，城乡储蓄迅猛增长。2015年年末，储蓄余额8437万元，比2014年增加3631万元，递增75%。

回龙圩管理区2008—2015年金融机构存款余额统计表

表15-8　　**单位：万元**

年份＼单位	农商银行	邮政储蓄银行	年份＼单位	农商银行	邮政储蓄银行
2008	8465		2013	22819	2079
2009	12376		2014	22562	4806
2010	16450		2015	25252	8437
2011	22861		合计	153287	16322
2012	22502				

回龙圩农商支行 2015 年存款利率表

表 15-9 单位:%

项目	基准利率	江永县农商银行	
		利率	上浮比率%
一、城乡居民及单位存款			
(一)活期存款	0.35	0.385	1.1000
(二)定期存款			
1、整存整取			
三个月	1.60	1.485	1.3500
半年	1.80	1.755	1.3500
一年	2.00	2.025	1.3500
二年	2.60	2.73	1.3000
三年	3.25	3.575	1.3000
五年	3.25	3.9	1.3000
2、零存整取、整存零取、存本取息			
一年	1.60	1.485	1.3500
三年	1.60	1.755	1.3500
五年	1.80	2.025	1.3500
3、定活两便	按一年以内定期整存整取同档次利率打六折执行	按一年以内定期整存整取同档次利率打六折执行	按一年以内定期整存整取同档次利率打六折执行
一、协定存款	1.15	1.15	1.15
二、通知存款			
一天	0.8	0.8	0.8
七天	1.35	1.35	1.35

回龙圩邮政储蓄银行 2015 年存款利率表

表 15-10 单位：万元

人民币存款利率							
项目	调整后央行基准利率 2013 年	调整后央行基准利率 2014 年	调整前央行基准利率 2015 年 5 月 11 日	调整前银行挂牌利率 2015 年 5 月 11 日	调整后央行基准利率 2015 年 6 月 28 日执行	调整后银行挂牌利率 2015 年 6 月 28 日执行	调整后央行基准利率 2015 年 8 月
一、活期存款	0. 35	0. 35	0. 35	0. 35	0. 35	0. 35	0. 35
二、定期存款							
（二）整存整取							
三个月	1. 6	2. 35	1. 85	2. 10	1. 60	1. 85	1. 60
半年	1. 81	2. 55	2. 05	2. 31	1. 80	2. 06	1. 81
一年	2. 03	2. 75	2. 25	2. 53	20. .	2. 28	2. 03
二年	2. 5	3. 35	2. 85	3. 00	2. 60	2. 75	2. 50
三年	3. 00	4. 00	3. 50	3. 50	3. 25	3. 25	3. 00
五年	3. 00	—	—	3. 56	—	3. 25	3. 00
（二）零存整取、整存零取、存本取息							
一年	1. 60	2. 35	1. 85	2. 10	1. 60	1. 85	—
三年	1. 81	2. 55	2. 05	2. 31	1. 80	2. 06	—
五年	1. 81	2. 75	—	2. 31	—	2. 06	—
（三）定活两便：按一年以内定期整存整取同档次利率打六折执行							
三、协定存款	1. 15	1. 15	1. 15	1. 15	1. 15	1. 15	—
四、通知存款							
一天	0. 80	0. 8	0. 8	0. 8	0. 8	0. 8	—
七天	1. 35	1. 35	1. 35	1. 35	1. 35	1. 35	—

二、贷款

1992—2005 年，回龙圩信用社的贷款和江永县信用联社的贷款拧在一起，具体贷款数不祥。

2006—2015 年，金融机构加大对农业贷款的投入，回龙圩主要是柑橘、烤烟生产投入，累计农业贷款 9037 万元，占贷款比例 38.5%。2006 年，回龙圩农商支行贷款 1300 万元，其中农业贷款 521 万元，固定资产贷款 486 万元，其他贷款 293 万元。2015 年，贷款 4664 万元，比 2006 年净增 3364 万元，递增 3.4 倍，其中农业贷款 2895 万元，扶贫贷款 1269 万元，创业贷款 500 万元。另外还有支持管理区项目贷款 5700 万元。

2013 年，江永县邮政储蓄银行回龙圩网点贷款 300 万元，其中烟草种植贷款 110 万元，小额贷款 56 万元，抵押贷款 134 万元。2014 年，贷款 530 万元，比 2013 年净增 230 万元，递增 76.6%，其中烟草贷款 126 万元，小额贷款 102 万元，抵押贷款 302 万元。2015 年，贷款 1300 万元，比 2014 年净增 770 万元，递增 145.2%，其中小额贷款 436 万元，烟草种植贷款 126 万元，抵押贷款 738 万元。

回龙圩金融机构 2006—2015 年各项贷款统计表

表 15-11 单位：万元

款项 / 项目 / 年度		贷款余额	其中							
			农业	固定资产	创业	扶贫	抵押	小额	项目	其他
农商银行	2006	1300	521	486	—	—	—	—	—	293
	2007	1800	646	346	—	—	—	—	—	808
	2008	1360	761	424	—	—	—	—	—	175
	2009	1373	782	423	—	—	—	—	—	168
	2010	1384	794	410	—	—	—	—	—	180
	2011	1280	760	426	—	—	—	—	—	94
	2012	1890	806	684	—	—	—	—	—	400
	2013	1920	610	465	—	—	—	—	—	845
	2014	4360	784	1676	880	—	—	—	—	1020
	2015	4664	2895	—	500	1269	—	—	5700	—
邮政储蓄银行	2013	300	110	—	—	—	134	56	—	—
	2014	530	126	—	—	—	302	102	—	—
	2015	1300	126	—	—	—	738	436	—	—
合计	—	23461	9037	5340	1380	1269	1174	594	5700	3983

三、汇兑

2007—2015年，江永农村信用社回龙圩支行累计汇兑26323万元。其中2007年汇兑1540万元。2008年，汇兑1610万元，比2007年净增70万元，递增4.5%。2009年，汇兑1721万元，比2008年净增111万元，递增6.8%。2010年，汇兑2346万元，比2009年净增2346万元，递增36.3%。2011年，汇兑2842万元，比2010年净增496万元，递增21.1%。2012年，汇兑2764万元，比2011年下降78万元，退减2.8%。2013年，汇兑3512万元，比2012年净增748万元，递增27%。2014年，汇兑4620万元，比2013年净增1108万元，递增31.5%。2015年，汇兑5368万元，比2014年净增748万元，递增16.1%。

2013—2015年，江永县邮政储蓄银行回龙圩网点累计汇兑3700万元，其中2013年汇兑1100万元，2014年汇兑1300万元，比2013年净增200万元，递增18.1%。2015年汇兑1300万元，与2014年汇兑同比持平。

四、结算

1994年，全国结算工作会议后，回龙圩金融机构把整顿结算秩序作为整顿金融秩序、严肃金融纪律的一项重要内容，不准以任何理由压票，任意退票和无理拒付，不准再结算制度之外规定附加条件，影响汇路畅通，不允许违反规定开重账户。1997年中国人民银行规定结算业务应遵循的原则为“谁的钱进谁的账，由谁支配”。随着网上银行、电话银行、银汇转换、即时通等新业务的开展，结算工作逐步走向规范化、制度化轨道。金融单位每年12月30日到总行实行收付扎差，当时结平，差额清算，即时到账。

五、银行卡发行使用

2015年，回龙圩农商银行相继推出福祥便民卡、福祥惠民卡、福祥贷记卡（公务卡）、福祥福民卡和网上银行、手机银行、电话银行、微信银行、ETC、福祥缴费通等业务品种，并且为广西客户开通ETC金融服务。方便客户存款、取款，截至2015年年底，存折开户11444户，银行卡开户6825户，手机银行开户1827户，银行卡发放5000张。江永县邮政储蓄银行回龙圩网点2013年银行发卡1500张。2014年银行发卡1000张。2015年银行发卡960张。3年共发卡3500张。

六、管理

现金管理　1997年，国家颁布《大额现金支付备案规定》，要求开户单位提取大额现金时，事先要填写大额现金支取表，开户银行要建立档案台账，实行逐笔登记，并报上级行备查。1998 年，按照中国人民银行总行《关于严禁利用信用卡、银行卡、支付卡违规套取现金的通知》精神，金融机构对单位的信用卡、银行卡、支付卡一律不支付现金。个人信用卡、支付卡持卡人提取现金时，取现金额必须符合发卡银行规定的限额，不准透支支付现金。

反假币 2013—2015 年，江永县农商银行回龙圩支行和江永县邮政储蓄银行回龙圩网点每年选派员工参加反假币培训班，增强识别假币能力，开展反假币咨询宣传活动。金融单位在办理业务过程中发现有假币立即收缴，定期上交当地人民银行，截至 2015 年年底，农商银行回龙圩支行收缴假币 7000 元，邮政储蓄银行回龙圩网点收缴假币 3000 元。

信贷资金管理 1992 年，营业所实行“统一计划、区分资金、实贷实存、相互融通”的信贷管理体制。银行吸收的存款除财政存款及其他存款按比例缴存银行外，其余的为银行信贷资金，由上级行分配给下级使用，银行的贷款必须在上级行核定的贷款内发放。

1995 年，信用社实施“以存贷比例为核心”的资产负债比例管理，各项贷款之和控制在存款总额的 75%以内，其中信用社新增贷款控制在存款股金和其他存款资金的 70%以内。

1997—2015 年，实行资产负债比例管理为基础的贷款规模管理，实行“一级法人、统一计划、按季考核”管理模式，由规模管理转为授信管理，新增贷款的调查、申报，信贷由上级行审批，信贷资金管理逐步得到完善。

九、电子化建设

2015 年，回龙圩农商支行在电子化建设中配置叫号机 1 台，补登机 1 台，自助取款机 2 台，验钞机 6 台，其中验钞机柜台 4 台，vip1 台。电脑 10 台，其中营业柜台 4 台，vip1 台，对外服务 1 台，客户经理 3 台，行长办公室 1 台。大屏幕密码输入器 1 台，电视滚动播放 1 台。

邮政储蓄银行回龙圩网点电子设备配置 ATM 存取款一体机 1 台，CPS 存折存取款一体机 1 台，自助填单叫号一体机 1 台，电脑 4 台，清分机 1 台，验钞机 2 台，电子显示屏 2 台。

第十六篇

房地产与城镇建设

第一章 房地产

第一节 机构

1992—2001 年，回龙圩农场时期没有设房产局，房产业务归属于在农场国土科，由于农场是企业，不能办理房产证业务。如需办理房产证，由农场国土房产科向市房产局提供所需材料，由市房产局办理。2002 年，农场改制后，房产局职能归属于管理区经济发展局内。2003 年，根据永编办《关于回龙圩管理区机关的行政机构加挂牌子的批复》文件，回龙圩管理区经济发展局加挂交通局、环保局、房产局牌子，至此回龙圩管理区房产局可办理辖区内房产证。2008 年 3 月 7 日，回龙圩管理区房产局从经济发展局分离，成立独立法人事业单位，李磊任回龙圩管理区房产局局长。编制 4 人，其中局长 1 人，副局长 1 人，其他业务办事人员 2 人。房产局主要职能：负责回龙圩管理区房地产管理，贯彻执行国家房地产法律、法规和政策。拟定全区房地产管理规范性文件和发展规划并组织实施，组织房地产行政执法，查处房地产违法违规行为，负责全区房屋产权、产籍管理和城镇房屋权登记，并核发权属证书、管理房产档案，组织和推动城镇住房建设，指导全区住宅建房的实施。并组织、指导全区经济适用房建设和廉租房、公租房住房建设及管理，推动城镇居民住房解危解困，管理和培养房产市场，负责房产转让、抵押、租赁、咨询、评估、监督、管理，协同有关部门做好房地产开发的新竣工房屋的预售、销售和产权登记管理工作，负责危旧房屋的安全鉴定与安全管理，以及白蚁防治和房屋建筑纠纷调解，负责国家直管公房的管理、经营、修缮及国家直管公房保值、增值。

2011 年、2012 年，回龙圩管理区房产局被评为永州市保障性安居工程先进单位；2014 年，被评为永州市住房保障工作先进集体。

第二节 房证管理

一、产权户籍

1996 年，回龙圩房产局业务发证所用空白证件均由市房产局提供，包括房屋所有权证、房屋其项权证、房屋共有权证和商品房预售许可证等，市房产局对回龙圩管理区房产局发证进行业务指导和检查，规范产权户籍管理。

2009—2015 年管理区房产局办理城乡居民房屋产权证 369 宗，面积 9.6 万平方米，其中 2009 年办理房屋产权证 41 宗，面积 3280 平方米；2010 年办理房屋产权证 28 宗，面积 1.09 万平方米；2011 年办理房屋产权证 42 宗，面积 6624.1 平方米；2012 年办理房屋产权证 37 宗，面积 7564 平方米；2013 年办理房屋产权证 42 宗，面积 1.57 万平方米；2014 年办理房屋产权证 54 宗，面积 1.66 万平方米；2015 年办理房屋产权证 125 宗，面积 35400 平方米。

二、房屋安全鉴定

1992—2015 年，回龙圩管理区没有房屋安全鉴定机构。对房屋安全鉴定需到市有关部门聘请具有房屋安全鉴定资质的人进行鉴定。根据回龙圩实际情况，房屋建设工程竣工后由区房产局牵头，会同物价局、安监局、规划局、财政局等有关部门进行房屋验收，房屋安全鉴定只有请有资质的人进行鉴定。

三、白蚁防治

1992—2015 年，请江永县白蚁防治所的人到回龙圩防治两次，没有对白蚁进行统一专业防治，发现后只有请房产局的人员用药喷洒防治。

四、房屋拆迁

1992—2008 年，回龙圩的房屋基本建设少，建房基本上利用空地、荒地、废地，不存在房屋拆迁。2009 年，回龙圩管理区第一期廉租房、彭家山廉租房用地是原农场农机厂职工宿舍区，属棚户区危房改造，拆迁房是按拆迁户国有土地使用权面积 1∶1 的比例为拆迁户置换廉租房，被拆迁房屋的地均未予以补偿。原国有土地使用权证属国有划拨性质的 19 户拆迁户，拆迁面积 5976 平方米。拆迁购房户原划拨土地使用权证的土地面积超过所分摊的土地面积的土地部分，按管理区现行基准地价的 30%予以补偿。所购房屋分摊的土地面积由管理区国土资源局逐户核发国有划拨土地使用权证。愿意将分摊的划拨土地转作出让土地的购房户，按现行基准地价 70%补交土地出让金及相关税费后，由国土资源局逐户核发国有出让土地使用权证。原国有土地使用权证属国有出让性质的 4 户拆迁户，拆迁面积 360 平方米，按所购房屋分摊的土地面积由管理区国土资源局核发新的国有出让土地使用权证，超过所分摊的土地面积的土地部分由房产局按照现行基准地价 100%补偿收回。拆迁安置户购买超置换面积比一般购房户优惠 15%的价款，办理保障性住房产权证（房屋所有权，土地使用权证等）的费用应由购房户承担。

2012 年，管理区制定《回龙圩农场职工医院宿舍房屋拆迁及土地收回安置补偿办法》，回龙圩农场职工医院宿舍拆迁7户，房屋9套，房屋土地建设面积641.48平方米，补偿金额138.39万元。房屋土地补偿：以房屋土地使用权证的面积为准，按1000元/平方米的标准补偿房屋补偿费，以房屋产权登记证面积为准，搬迁费按800元/户补偿，拆迁户临时安置回峰廉租房居住。

2013年，中学教师宿舍拆迁11户，中学教师宿舍属国有资产，没有进行房改。因此不存在房屋拆迁补偿费，11户教师，安排在中学廉租房居住。

五、危房督修

1992—2010年，回龙圩的危房督修，主要对影剧院、学校等人员密集的公共场所的房屋进行督修，其他公用住房和私用住房主要以单位和个人名义进行危房维修改造。2002年，回龙圩农场改为管理区后，学校危房改造维修由市教育行政部门每年拨款进行维修。2011年，回龙圩管理区农垦集团公司每年向省农垦局申报农垦危房改造项目和危房改造资金。2012年，管理区根据中央对农垦棚户区危房改造有关精神进行危房改造，回峰林场改造棚户区建设房126户，面积20550平方米，投入资金2268万元。2015年，全区农垦危房改造3682户，争取中央、省、市农垦危房改造资金1.2亿元。

第三节　房地产开发

一、开发队伍

回龙圩管理区房地产开发于2009年启动，管理区成立廉租房建设协调领导小组，卢国焕任组长，李宋成、李磊任副组长，负责协调处理廉租房建设项目中出现的矛盾、问题，组织实施房地产的开发和利用。廉租房开发项目由市里统一向外招标，然后再与中标单位签订合同，按合同进行开发管理。2012年，引进永州市颐鸿有限开发公司对回龙湖—龙湖小镇商品房开发。

二、开发建设

商品房建设　2012年，回龙圩管理区取得“建设用地规划许可证”“建设工程规划许可证”“建设工程施工许可证”“国有土地使使用证”和部分“商品房预售许可证”，回龙湖开发建设用地总面积为13.35万平方米，规划总建筑面积8.24万平方米。其中，临街商业用房建筑面积9742平方米，酒店及公寓面积1.42万平方米，配套建设的小型游乐场建筑面积2374平方米，住宅建筑面积2.98万平方米，高档住宅建筑面积2.59万平方米，其他用房321平方米。规划容积率1.0~3.0，建筑密度为40%，绿化率25%，整个工程总投资额约1.97亿元。回龙湖—龙湖假日小镇商住小区位于回龙湖东岸的观湖公寓，占地面积4.21万平方米，规划总建筑面积3.96万平方米。其中，住宅2.15万平方米，商铺9742平方米，水岸景观房4082平方米。配套用房（车库）4298平方米，整个假日小镇、观湖公寓布局为3~6层的多层建筑群。

回龙湖2015年商品房开发情况表

表16-1　　**单位：幢、平方米**

第一期总建幢数	2	建设套数	102	建筑面积	9530.78	已售数量	98	已售面积8290
第二期总建幢数	2	建设套数	74	建筑面积	10943.35	已售数量	70	已售面积9972.72
第三期总建幢数	2	建设套数	50	建筑面积	10943.35	建设中	—	—

1. 回龙湖总共建商品房226套，面积20474.13平方米，截至2015年年底出售143套17238.8平方米。
2. 截至2015年年底总投入3331万元（含酒店、服务中心、商品房开发投入）

公房建设　1992—2015年的公房建设主要是单位的办公用房建设。1993年，建李家塘办事处办公楼，面积860平方米，投资50万元。1994年建回龙圩工商局行政管理办公楼，面积389.36平方米，投资31万元。1995年，建管理区质量监督管理局办公楼，面积324.12平方米，投资34万元。2009年，建回龙圩管理区综合办公大楼，面积8480平方米，投资1000余万元；回龙圩镇政府办公楼面积2142平方米，投资378万元。2010年，建马鹿头办事处办公楼，面积846.4平方米，投资43万元。2010年，建兴隆办事处办公楼，面积328.42平方米，投资24万元。2011年，建卫计委办公楼，面积438.4平方米，投资70万元；区人民职工医院面积1200平方米，投资160万元；敬老院原电站房改造面积48平方米，投资14万元。2012年，新建中小学教学大楼2栋、中小学生宿舍1幢、中小学生食堂1幢，总造价595.57万元，总面积4168.77平方米；工业园区标准厂房两栋7927平方米，投资496万元。截至2015年全区廉租房504套，面积25317.1平方米，投资2136.06万元；公租房480套，面积28279.2平方米，投资3185万元。

私房建设　1992—2005年，私人建房陆陆续续比较缓慢，主要以砖混结构为主，基础多采用毛石混凝土，承重普遍采用钢筋混凝土圈梁结构，承重房屋多以1~3层房为主。2006—2015年，私人住宅、公建住宅、集资住宅、商品住宅、住宅小区、别墅群的建设齐头并进，全面铺开，壮大城镇规模，美化城镇面貌，拉动经济增长，解决民众的住房困难，私人建房多采用毛石混凝土、钢筋混凝土圈梁，钢筋混凝土梁柱及钢筋混泥土框架结构承重。房屋层数多以2~4层楼房为主，房屋设计有住房、客厅、厨房、卫生间、阳台使用方便且采光通风性能良好。2015年，全区私人建房3145户，总面积155.03亿平方米，占全区总户数的85.41%。

第四节　房产市场

一、产权转让

2012—2015年，回龙圩管理区房产局办理房地产产权转让33宗。办理“商品房预售许可证”4本，办理预购商品房抵押权预告登记30宗，发放“房屋预告登记证明”40本。其中，2012年办理产权转让6宗，总额46.6万元，面积742.76平方米，发放“房屋预告登记证明”11本，办理“商品房预告许可证”2本。2013年办理产权转让11宗，总额41.5万元，面积986平方米，办理“商品房预售许可证”1本，办理预售商品房抵押权预告登记11宗，发放“房屋预告登记证明”10本。2014年，办理产权转让手续13宗，总额42.6万元，面积996平方米。办理“商品房预售许可证”1本，办理预售“商品房抵押权预告登记”10宗，发放“房屋预告登记证明”10本。2015年，办理产权转让手续3宗，总额33.4万元，面积287.29平方米。办理预售“商品房抵押权预告登记”9宗，发放“房屋预告登记证明”9本。

二、房屋租赁

2009年，管理区对建房困难户发放租赁补贴。2009—2015年，管理区执行的房屋租赁原则是优先安排回龙圩管理区招录的无房无车职工；有房有车等不符合条件的家庭不能审批入住；优先安排在中小学工作的无房无车教职员工；安排城乡低保家庭，区内独生子女家庭和计划生育两女家庭、烈士家属、伤残病退军人、见义勇为人员，省部级以上劳（英）模，荣获二等功以上的复转军人，三级以上（含三级）残疾人家庭和危房改造对象以及区内年满70岁的老人等无房无车申请户。考虑中等偏下收入住房困难家庭及符合规定条件的新就业无房职工，稳定就业的外来务工人员。其间累计向全区1258户居民发放房屋租赁补贴资金106.85万元。其中2009年发放住房租赁补贴80户，住房补贴资金5万元；2010年发放住房租赁补贴130户，补贴资金8万元；2011年发放住房租赁补贴158户，住房补贴资金14.4万元；2012年发放住房租赁补贴205户，住房补贴资金18万元；2013年发放住房租赁补贴219户，发放住房补贴资金20.56万元；2014年发放住房租赁补贴223户，补贴资金20.45万元；2015年发放租赁补贴243户，租赁补贴资金20.28万元。

三、房产抵押

2009—2015年，回龙圩管理区房产局办理房地产抵押登记250宗，评估房屋抵押价值1.4余亿元，银行办理抵押登记183宗，抵押贷款5482余万元。其中2009年，办理房地产抵押10宗，银行办理抵押贷款36余万元；2010年，办理房地产抵押17宗，银行办理抵押贷款487万元；2011年，办理房地产抵押12宗，银行办理抵押贷款304余万元；2012年，办理房地产抵押16宗，评估房屋抵押价值408万元，银行办理抵押贷款250余万元。2013年，办理房地产抵押46宗，评估房屋抵押价值3614.43万元，为群众在银行办理抵押贷款1221余万元。2014年，办理房地产抵押35宗，评估房屋抵押价值3904.15万元，银行办理抵押贷款1853余万元；2015年，办理房地产抵押登记47宗，评估房屋抵押价值2198.05万元，银行办理抵押贷款1331万元。

四、物业管理

2009—2015年，回龙圩管理区兴建保障性住房984套，其中廉租房504套，公租房480套，保障性住房统一由管理区房产局维护管理。管理区保障性住房管理办法规定，对保障性住房采取向入住户收取租金和收取“以息抵租”本金的管理模式实施，廉租房每月每平方米2元，另交住房押金2000元，公租房每月每平方米3元的租金标准另交住房押金2000元。区房产局依据《永州市保障性住房分配和运营管理暂行办法》规定，经区物价局审定保障性住房的建造成本，并报区领导同意，对保障性住房同时进行收取“以息抵租”本金管理，彭家山廉租房“以息抵租”本金3.1万元一套，其他廉租房“以息抵租”本金3.5万元一套，公租房“以息抵租”本金6万元一套。回龙湖—假日小镇商品房没有收取物业管理费，没有开展物业服务管理。

第五节　房产经营

一、公房经营

1992—1998年，回龙圩农场的公房经营主要是以收租金为主。1999年，实行房改，公房一律评估折价出售，由公房转私房。2009—2013年，回龙圩管理区推行住房商品化的房改政策对新建保障性廉租房504套、公租房480套，采用收租金的经营办法，廉租房租金标准每平方米2元，公租房租金标准每平方米3元，在具体操作中，以息抵租，每套收取3.5万元。

公房价格标准：廉租房“以息抵租”按廉租房实际建造成本优惠后，按622.5元/平方米收取“以息抵租”本金，按月缴纳租金，价格2元/平方米，1~4层同价。公租房按月缴纳租金，每平方米3元，每月180元，1—4层同价。

二、私房经营

回龙圩管理区的私房经营方式有两种，一种是房屋转让，另一种是出租。出租房一般私下协商交易不经过房产部门，房产局不收任何费用，也不办理任何手续，转让房需到房产局办理过户手续，只收房屋转让过户费。2009 年，区房产局根据湖南省物价厅《关于房屋过户费的收取》文件精神，新建商品住房过户费按 2 元/平方米收取，经济适用房过户费按 1.5 元/平方米收取，存量住房过户费按 4 元/平方米收取。2009—2015 年，商品房过户 7472 平方米，收费 14944 元，经济适用房过户 670 平方米，收费 10056 元，存量住房过户 5271.25 平方米，收费 21085 元。共收取房屋过户费 46085 元。

三、商品房经营

2012 年，永州市颐鸿股份有限公司开发回龙湖假日小镇时，回龙圩管理区启动商品房市场。回龙湖东岸观湖公寓占地面积 32102 平方米。回龙湖假日小镇规划总建筑面积 39582 平方米，其中，住宅 21460 平方米，商铺 9742 平方米，水岸景观房 4082 平方米，配套用房 4298 平方米。整个假日小镇观湖公寓布局为 3~6 层的多层建筑群。一期开发商住楼房两幢，住宅 64 套，商铺 24 个，建筑面积 8702 平方米，2015 年完成销售。二期开发商住楼房 2 幢，建筑面积 10943.35 平方米，住宅 52 套，商铺 20 个，还有地下商场。到 2015 年一楼商铺没有销售的面积约 1500 平方米。住宅 2 套，面积 260 平方米未销售，住宅平均销售价 1500 元/平方米，商铺平均销售价 3000 元/平方米。

第六节　住房制度改革

一、住房保障体系建设

2014 年，回龙圩管理区成立保障性住房共有产权（出售）协调领导小组。为保障管理区保障性住房共有产权（出售）工作顺利进行，区财政局安排一定的周转资金给房产局作工作经费。对完成保障住房共有产权（出售）任务，予以奖励，每完成一户共有产权任务，区管委在财政预算中提取 200 元奖励给区保障性住房协调领导小组。保障性住房共有产权形式筹集（收回）资金，按照《廉租房保障资金管理办法》规定，实行专项管理，专项用于保障性住房建设维修和改造，任何单位和个人不得截留挪用。对弄虚作假，隐瞒家庭收入和住房条件参加出资购买保障性住房的要依法依纪追究当事人责任。

二、公房出售

1992年，回龙圩公房出售除原农场马栏、老车库、小车车库、学校、农工商楼上宿舍、办公房、各单位值班用房和单身集体宿舍外，其余的公房均按省、市住房制度改革文件精神出售。原回龙圩农场机关科长楼宿舍，农场所属的企业纸厂、罐头厂、农机厂、农工商、粮油厂、茶厂和林化厂职工宿舍房折价进行出售。造纸厂出售20套，罐头厂出售28套，农机厂出售30套，茶厂出售34套，原粮油加工厂出售10套，林化厂出售18套，科长楼宿舍出售16套，原场领导住宿出售10套。房屋的出售按原房屋的造价折旧出售价格不等，出售的房屋一般优先原住的干部职工，然后再对外出售。

1994年，农场根据国务院、省、市房改政策，结合农场的实际，职工出资购买公房的面积按级分档，副处级以上（含副处级）为85平方米，副科级以上（含副科级）为75平方米，一般干部职工为65平方米，购房面积超过户控面积标准，其超过15平方米之内部分按成本价计价，超过15平方米以上的按市场价计价，除享受一次性交款优惠15%外，其他优惠不享受。

三、住房公积金缴存使用与按揭贷款

1996—1998年，回龙圩农场住房公积金实行内部征收，每月按照个人工资总额的5%扣除，单位没有配套资金。1999年，停止征收，原来征收的住房公积金个人部分退还本人。2009年，回龙圩管理区实施国家住房公积金制度，住房公积金资金归集到永州市江永住房公积金管理部统一管理，每月从职工工资总额扣缴一定比例，单位相应配套一定比例，按1：1纳入个人公积金账户。2009年，回龙圩管理区住房公积金个人扣缴比例按每月个人工资总额的5%缴存，2010年，按每月个人工资总额的8%缴存，2011后按个人工资总额的12%缴存。

回龙圩管理区2009—2016年住房公积金缴费情况表

表16-2 **单位：万元**

年份	交费人数	交费基金（元）	交费率	累计缴费（元）		
				个人部分	单位部分	合计
2009	316	6694940	5%	334747	334747	669494
2010	308	71164025	8%	5693122	5693122	11386244
2011	308	4147908	12%	497749	497749	995498
2012	322	15937050	12%	1912446	1912446	3824892

续表16-2

年份	交费人数	交费基金（元）	交费率	累计缴费（元）		
				个人部分	单位部分	合计
2013	307	10215258	12%	1225831	1225831	2451662
2014	294	11056858	12%	1326823	1326823	2653646
2015	303	11379358	12%	1365580	1365580	2731160
2016	320	22769358	12%	2732323	2732323	5464646
累计	2478	153365230	12%	15088621	15088621	30177242

2015 年，回龙圩管理区启动按揭贷款，办理按揭贷款房 9 套，评估金额 184.13 万元，贷款金额 107.3 万元。

四、住房解困

2009—2015 年，回龙圩管理区新建保障性廉租房 504 套，公租房 480 套，解决住房困难户 984 户，总投资 2000 多万元，实现居者有其屋的目标。

崭新的居民楼

居民区

第二章　城镇建设

回龙圩管理区城镇建设重点以发展农业生态观光旅游为主导产业，着力发展以特色柑橘种植和绿色农副产品加工产业为重点的生态型、旅游型山水宜居城镇，重点突出其农业生态型和山水园林型及瑶族风俗的城镇。

回龙圩区域中心城镇位于回龙圩镇境内，城镇人口 2840 人。1992—2001 年，回龙圩农场因企业经济效益差、对城镇建设投入少，城镇建设发展比较缓慢。

2002年，回龙圩管理区成立，中心城区发展速度较快，发展的形态主要依托永富二级公路南北轴向发展模式，围绕管理区管委会所在地为中心向周边发展，整个城镇南北向长约1.8千米，东西向宽约0.5千米，城镇发展纵向太长，横向太短的形态明显，对城镇公共服务设施及基础设施等配套建设造成建设难度，整个城镇建筑整体杂乱无章，城镇建设以农民建房为主，建筑层数在3~6层不等，建筑风格随意，整个城镇无一条风格相对完整的镇街道，无大型商业、文化、娱乐等公共服务设施。2011年，管理区对城镇建设进行规划，中心城镇的区域体系结构初步形成，东至朱家观村，南至高碑，西至回龙湖，北至黄家村，城镇总面积约2平方千米，居住人口2840人。中心城区街道“两纵三横”布局合理，纵向街道：一条是回龙湖商业街长达4.5公里、4~6车道，另一条是回峰路居民街长达1.5千米、2车道。横向街道：步行街，兴发超市—回峰林场宿舍，全长1千米；迎宾路，邮政储蓄银行—区人民医院，全长0.54千米；知青路，宏达酒家—回龙湖大酒店，全长0.9千米。街道两旁安装路灯，进行绿化，房屋建筑3~5层，统一建筑风格，以马头墙式瑶寨风格的模式为主体。

2010年，建设中的城镇街道

2014年8月，住房和城乡建设部、国家发展和改革委员会、财政部、国土资源部、农业部、民政部、科技部联合公布全国重点镇名单，回龙圩管理区回龙圩镇位列其中。2014—2015年，回龙圩管理区确定回龙圩镇为示范镇，从强化产业发展、建设规划、四化建设、基础设施、加强城镇管理五方面着手，统筹抓好经济、社会建设，回龙圩镇城区聚集区域人

回龙湖

口规模不断增强，成为全区经济、政治、文化中心。

2011—2015 年，回龙湖商业街修建文化广场、时代广场、回龙湖休闲农业观光园及冠山公园，形成一座功能齐全、生态环保、瑶寨风情浓郁的民族小镇。

第一节 城市规划

2010 年，回龙露天游泳池规划设计图

1992—2009 年回龙圩管理区城区主要街道形成两纵三横格局，但整个管理区城区建设没有正规的、长远的规划，城区功能配备不全，下水道、人行道、路灯、绿化不完善。2010 年，管理区根据《中华人民共和国城乡规划法》《永州市城市总体规划》的要求，聘请桂林市建筑设计研究院，历时一年编制《永州市回龙圩管理区城市总体规划（2010—2030 年）》，规划分近期和远期两个阶段，近期阶段 2010—2015 年，远期阶段 2015—2030 年。2011 年 9 月 27 日上午，由市住房和城乡规划建设局牵头组织的永州市回龙圩管理区城市总体规划（2010—2030 年）专家评审会在永州华丰华天大酒店三楼贵宾厅召开。市政府副秘书长王衡平，市住房和城乡规划建设局、市发改委、市国土资源局、市交通局、市农业局等部门的有关领导和专家，回龙圩管理区的领导及相关部门的负责人参加会议。与会专家听取回龙圩管理区管委会关于回龙圩管理区城市总体规划（2010—2030 年）修编情况的汇报以及总体规划编制单位桂林市规划设计院关于规划纲要的介绍，审阅有关文件资料和图纸，对规划纲要进行认真审议和论证。与会专家一致认为，规划纲要内容较为全面，具有一定的前瞻性，基本符合回龙圩的发展实际，规划纲要予以原则通过。与会专家还就城市性质、人口规模、城市功能分区、城市道路交通系统等方面提出具体的修改意见和建议。

回龙圩管理区城市规划分区域总体规划，集镇建设规划两个层次。第一个层次规划的范围：回龙圩管理区行政区划全境和管理区管委会所在集镇即中心城区。第二个层次规划的原则：统筹协调可持续发展，强调城镇发展、社区发展、经济发展、旅游发展与生态环境保护统筹协调，实行可持续发展，以人为本的科学发展观念。一方面是以游客为本，突出生态和柑橘产业。另一方面是以居民为本，突出经济效益，突出瑶族特色，展现回龙圩民族风情和自然景色、尊重自然，建立人与自然的和谐关系。

回龙圩管理区 2011 年规划用地测绘平衡表

表 16-3

序号	用地代号	用地名称			面积（平方米）	占城市建设用地（%）
		居住用地			89.36	34.46
1	R	其中	R2	二类居住用地	89.36	34.46
		公共实施用地			61.75	23.81
2	C	其中	C1	行政办公用地	5.02	1.94
			C2	商业金融用地	8.96	3.46
			C3	文体娱乐用地	0.93	0.36
			C4	体育用地	0.69	0.27
			C5	医疗卫生用地	2.98	1.15
			C6	教育科研设计用地	17.38	6.70
			C7	集贸设施用地	1.29	0.50
			C8	旅游实施用地	24.50	9.45
		工业用地			14.14	5.45
3	M	其中	W2	二类工业用地	14.14	5.54
				仓储用地	1.79	0.69
4	W	其中	W1	普通仓储有地	1.79	0.69
				对外交通用地	1.75	0.67
5	T	其中	T2	公路用地	1.75	0.67
6		道路广场用地			48.87	18.85
	S	其中	S1	道路用地	47.62	18.36
			S2	广场用地	0.13	0.05
			S3	车库用地	1.13	0.44
7				市政公用设施用地	1.32	0.51
	V	其中	V1	供应设施用地	0.25	0.10
			V2	交通设施用地	0.28	0.11
			V3	邮电设施用地	0.25	0.10
			V4	环境卫生用地	0.54	0.21
8				绿地	40.35	15.56
	G	其中	G1	公共绿地	31.60	12.19
			G2	防护绿地	8.75	3.37

续表16-3

序号	用地代号	用地名称			面积（平方米）	占城市建设用地（%）
9				城市建设用地	259. 33	100
				水域和其他用地	22. 55	—
10	E	其中	E1	水域	22. 55	—
				规划总用地面积	281. 88	—

第二节　新区建设

一、工业园城区

2009 年 3 月，回龙圩管理区根据湖南省委总体要求“搞好二次创业实现富民强省”的战略任务以及永州市委“一改两开”“富民兴市”的总体思路，加强社会工业化、城镇化、信息化，促进经济社会、人口与环境协调发展。党委、管委决定兴建工业园区，发展当地社会经济。工业园区位于永富公路回龙圩段八字桥处，公路以西、回龙湖以北区域。园区总面积 144501 平方米，工业园分为 3 个园区，分别为 A-01、A-02、A-03，园区内部周边道路宽度为 18 米、21 米、30 米，占城镇总建设用地的 5. 45%，人均工业用地 6. 64 平方米/人，园区工业企业以一类工业为主，以承接珠江三角洲经济区产业转移的电子加工等产业；二类工业为辅，以农副产品加工企业为主。

2012 年，回龙圩管理区农业局、经济发展局两部门筹集资金，在工业园区兴建二栋标准厂房，面积约 1200 平方米，房产局在园区生活区建公租房 480 套，面积 28279 平方米，投入资金 2073 万元。对园区道路进行硬化，安装路灯，并对园区周边环境进行绿化。2015 年，管理区引进中尚高科有限公司进驻工业园，该企业主要生产 PVC 发泡板、汽车内饰板、家庭集成板等产品。

二、回龙湖新区建设

2010 年，回龙湖新区开始筹划。2011 年，破土动工。回龙湖新区位于盐下水库周边，是管理区的核心区，以娱乐、休闲、商业为主。经过 5 年的开发建设，到 2015 年，回龙湖新区是管理区集商铺、住宅、游乐为一体的新区。回龙湖新区街道两旁新建马头墙居民房 168 套，房高 3~5 层，第一层是商铺，二、三、四、五层为住宿层。

回龙湖新区东面是时代广场，供市民休闲娱乐，广场中间雕塑一头奋斗的公牛，

2011 年 5 月 9 日，回龙湖现代农业生态休闲旅游开发项目签约仪式在区招待所三楼会议室隆重举行

象征着回龙圩管理区人们奋力拼搏、开拓创新、奋发进取的精神。广场上方一座用石块重叠的假山，鲜花簇簇、瀑布飞流直下。假山脚下有一口 180 平方米清澈见底的池塘。整个广场分上、中、下三层，彩灯环绕着整个娱乐广场，两岸花木葱茏，是百姓休闲娱乐之地。

2015 年，回龙湖新区的西南面是游乐园，2012 年，兴建露天游泳池一座，面积 6000 平方米，游泳池分深水区、浅水区、儿童区，每年 7—9 月对外营业，门票 10 元/人次，游泳时间不限。

文化广场

2015 年，在游乐园内建设安装大型游乐设施，有高空飞翔、豪华旋转木马、飞旋转盘、过山车、碰碰车，总投资 1463 万元，填补永州市南 6 县无游乐场空白。

回龙湖新区的道路由原来的水泥路改为柏油路，由原来的二车道改为六车道，新区道路两旁和隔离带都进行绿化、美化、亮化、净化、硬化，两旁人行道都种以樟树为主的绿化树，每隔 50 米安装一盏路灯，整个街道安装路灯 90 盏。西街两边的房屋外墙都装上彩灯，回龙湖新区成为管理区的购物中心、娱乐中心、美食中心，最繁华的新区。

第三节　城中村改造

一、盐下村改造

盐下村是回龙圩镇管辖的一个自然村，位于管理区中心城区的核心区，村落年久失修，房屋破碎，与周边繁华的街道不协调。2008 年，管理区党委、管委研究，将盐下村进行整体搬迁改造。

2012 年，回龙圩管理区开展美丽乡村建设，盐下村是管理区美丽乡村建设的重点，全村 43 户，119 人。是年，管理区聘请广西桂林市建设设计院对盐下村进行规划，规划地块在村旧址周边，面积约 6.16 公顷。

2015 年，盐下村房屋大部分搬迁到回龙湖街道东边，房屋建筑以马头墙瑶民居住风格为主，外墙统一规划、统一层次、统一色彩，是典型的瑶族特征。盐下村经过两年的改造，村庄的水、电、路、电视、电话、宽带实现“六通”，饮水安全问题得到解决。文化、医疗、体育、卫生等公共服务设施健全。全村初中适龄儿童入学率 100%，高中入学率 90%，社会保障救助体系覆盖率 100%，新建村民服务中心 3 处，安装全民健身器材 3 套，村庄道路主道 1 条宽 7 米，次道 3 条宽 5 米，入户道宽 2 米。2015 年，除少数老年人留守旧房没有搬走外，大部分住户都搬进新居。路灯采用太阳能路灯，光源以 LED 光源为主，灯杆高度 7 米，布设间距 50 米，全村安装路灯 75 盏，道路配置绿化带 1500 米，总投入 644.18 万元。2015 年，全村农民人均纯收入 14610 元。

二、回龙村改造

2001 年，建设中的回峰中路

回龙村坐落于在回龙圩管理区城区中心，2012 年，回龙村开始新农村建设改造，回龙村一部分新居建在旧村前回峰路两旁，另一部分搬迁到林化厂与彭家村中间的原茶林地段，兴建农户住房 48 栋。2015 年竣工。回龙村改造是按国家新农村建设要求进行改造的，按居住在回龙村的户数，每户一栋3层楼的楼房进行施工。除个别老人还居住在回龙老村，90%的村民都搬进新居。对回龙村的改造建设，回龙圩管理区制定一些优惠政策，建房批地、用地，水、电、路、村庄的绿化、美化、亮化，房屋外墙装修都由管理区负责，个人只负责房屋主体工程和内部装修。平均每户建房用地约300平方米，管理区财政在回龙村改造方面总投资1000万元。

三、朱家观村改造

朱家观村位于回龙圩管理区中部，坐落在缓坡—平地的过渡地带，自然风光秀丽，村落被果园、树林、竹林包围。2014年，朱家观村71户224人。村民大多为平地瑶，村庄是瑶族聚居村落，建筑均为平地瑶民居住风格，“青瓷古砖、花格窗、飞檐翘角马头墙”是典型少数民族特征建筑，但房屋建筑质量参差不齐，房屋土木结构、土坯建筑以及砖泥混结构，建筑多破败，墙体与屋顶都存在较大的问题，建筑几乎为一层，个别房屋为两层。2015年，管理区把朱家观村纳入中心城区城镇化发展规划，对朱家观村进行全面改造，主要以路面、房屋、网络、绿化、路灯、卫生“六大改造”为主。村庄的房屋道路进行全面规划设计，朱家观村通村公路从原来的土路和青石板路改为水泥路，全长2千米，通村公路两条，主道路为7米，次道路为5米，道路配置绿化带1000米，路灯21盏，住宅村道宽1~2米，总投入12.4万元。村庄通有线电视、电话与互联网，村内设村委会1个、图书馆1处、文化活动中心1处、篮球场一个、乒乓球台2副，每个村组有垃圾桶15个，垃圾定时运输，附属建设总投入824万元，通过改造村庄有新的变化，90%的村民都建有新房。村民以柑橘种植为主导产业，并逐步发展生猪、土鸡、山羊等养殖业。适龄儿童入学率100%，初中入学率100%，高中教育入学达90%，社会保障救助体系覆盖率达100%，全村种植果树面积3000亩。2015年，农民人均纯收入12610元。

第四节　回龙湖大道建设

一、规划设计

回龙湖大道位于原江永—富川二级公路中的一段，从八字桥—彭家村路段均为回龙湖大道，地势山前坡地，起伏频繁，相对高差较大，高压电力线交叉相伴而行。两侧居民较多，严重影响整体线型指标及线型美观。为满足城市道路设计要求，对超高路段进行提级改造，使安全设施和周边环境相协调，成为美化公路路容的重要因素，回龙湖大道采用“灵活、宽容、创作”的手段进行设计。

2014年4月，株洲市规划设计院对回龙圩的道路进行规划设计，回龙湖道路设

2003 年，正在建设中街道

计建设采用 40km/n。路基宽度 45 米和 30 米，路面改造为沥青混凝土路面，设计荷载公路Ⅱ级，人群荷载 5.0kn/平方米，验算荷载城市 A 级，最大设计纵坡小于等于 6.0%，最小设计纵坡投大于等于 0.3%，路面结构达到临界状态，设计年限为 15 年。

二、施工建设

2015 年，回龙湖大道开始施工建设，道路施工建设是以人为本、以车为本，全区至上为原则。回龙湖大道路基本着因地制宜、就地取材的原则，采用经济合理的排水、防护措施、确保路基足够的强度、稳定性和耐久性。路基宽度为 45 米，人行道 6.5 米，非机动车道 3 米，绿化隔离带 2 米，中间快车道宽 22 米，路面车道划分为路缘带 2×0.25 米，非机动车道 2×0.25 米，机动车道 2×（3.5 米+3.5 米），双黄线 0.5 米，扩建车行道为 6 车道，路面沥青混凝结构，路面总厚度干燥路段 74 厘米，中湿潮湿路段 104 厘米．非机动车道也是沥青混凝路面，总厚度 50 厘米，人行道大理石火烧板行道板层面厚度 4 厘米，人行道结构总厚度 22 厘米。回龙湖大道路段新建拱桥 1 座，桥长 60 米，桥宽 45 米，是二级公路的主干桥，涵洞 1 道，涵洞直径为 2 米，排水量大，路面排水设纵向排水管和横向排水管，纵向排水管 2.5 千米，横向排水管 54 米，绿化分车带两侧设雨水蓖收集路面，非机动车道和人行道雨水通过横向排水管与雨水井相接，雨水井收集的雨水通过纵向雨水管排出路基外面。回龙湖大道建设总投资 1 亿元。

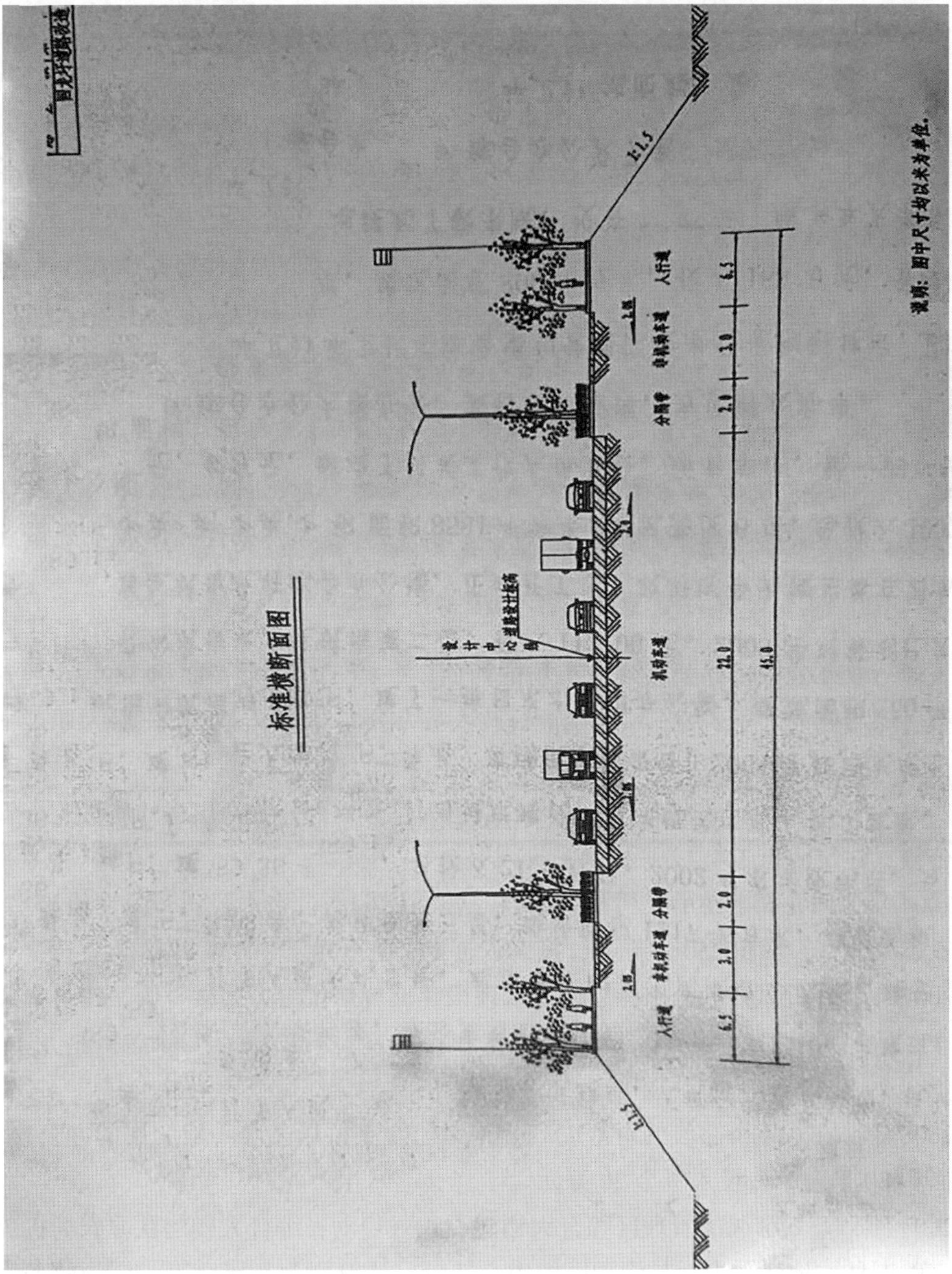

图16-1 回龙圩管理区回龙湖大道横断面图

第五节 城市建设

一、公共建筑

2002 年，区工商局大楼

1992—1997 年，回龙圩（原农场）的公共建筑几乎是一层的砖瓦平房，唯一只有党政办公室是两层楼的砖瓦房建筑，时间已久，建筑陈旧。1998—2012 年，旧公共建筑陆续被拆除，只保留人民大礼堂。回龙圩管理区为改善办公条件，加强基础设施公共建筑。

1998 年，开始兴建回龙圩工商行政办公楼，办公楼建在市场的西面，一幢三层大楼，面积 389.36 平方米，第一层为业务大厅，第二层为工商行政人员办公室和会议室，第三层为职工宿舍，投入资金 31 万元。

2003 年，朱家观村的对面，旧城区的街道大桥旁兴建一幢两层楼的质量监督管理办公楼，建筑面积 324.12 平方米，投入资金 34 万元。

2004 年，回龙湖上游的松树林正面建一幢两层楼的自来水公司，内设值班室、财务室、办公室，面积 250 平方米，投入资金 11.37 万元。

2007 年，在旧城区的公路旁、回龙村地段建回峰居委会办公楼一幢，建筑框架两层楼，面积 86 平方米，第一层为会议室和宣传室，第二层为接待室和业务室，投入资金 29 万元。

2008 年，在八字桥路段的永富二级公路旁建八字桥居委会一幢两层的办公楼，建筑面积 80 平方米，投入资金 20 万元。

2009 年，筹划已久的管理区综合大楼建设正式启动，综合大楼建在原农场机关办公室的旧址，地势平坦，是管理区的中心地带，建筑层为 6 层，第一层为政务大厅，内设党政办公室，第二层至第五层为各科局办公室，第六层为管理区会议室、档案室，建筑面积 8480 平方米，投入资金 1000 万元。

2010 年，区人民医院在原医院的旧址进行改造，兴建一幢三层楼的医疗大楼，建筑面积 1200 平方米，投入资金 160 万元。是年，卫计委大楼也相继完成，建筑面积 438.45 平方米，投入资金 70 万元。

2011 年，对管理区敬老院在农场原电站的厂房基础进行改造，建筑面积 48 平方米，投入资金 14 万元。

2012 年，回龙圩镇综合办公大楼开工建设，镇政府大楼建在黄家地段永富二级公路旁，建筑面积 2142 平方米，投入资金 378 万元。

2013 年，中尚高科工业园建设厂房两栋，建筑面积 7927 平方米，投入资金 299 万元。

二、住宅建筑

1992—2001 年，回龙圩农场的住宅建筑以私人建筑为主，全场私人住宅建筑 468 户，住宅建筑比较缓慢。2002 年农场改制后，回龙圩管理区加快城镇农村住宅建筑，不断改善职工、居民的住房条件，为中低家庭收入的住房困难户兴建 5 期廉租房、2 期公租房，开展一期棚户区改造。

（一）廉租房

2009 年，兴建彭家山一期廉租房 120 套，建筑面积 5976 平方米，投入资金 429.5 万元。2010 年，回峰二期廉租房 96 套，建筑面积 4698.7 平方米，投入资金 366.5 万元。2011 年，盐下水库三期廉租房、中小学廉租房、工业园区廉租房共 96 套，建筑面积 4728.2 平方米，投入资金 381.57 万元。2012 年回峰四期廉租房 84 套建筑面积 4783.2 平方米，投入资金 455.8 万元。2013 年，回峰五期廉租房 108 套，建筑面积 5131.2 平方米，投入资金 502.69 万元。全区保障性廉租房 504 套，总投入资金 2136.06 万元。

2010 年，廉租房

（二）公租房

2012—2015 年，完全小学、回龙湖、回龙圩镇、工业园区共建公租房 480 套，建筑面积 28279.2 平方米，全区公租房共投入资金 3185 万元。

（三）棚户区改造

林场大部分职工的住房都成为危房并且东住一家，西住一家人，很零散，2011年国家启动危房和棚户区改造项目，2013—2015年回龙圩林场棚户区改造126户，建筑面积2.55万平方米，总投入资金2368万元。

（四）农村住宅建筑

2008年，新农村一角

农村村民新建房屋住宅面积大、档次高、质量好。有一部分农民建房逐步离开旧村庄向城镇、公路两旁集中，有一部分农民建在原有的宅基地，全区农村村民大部分都建有新房，城镇、农村不断扩大，环境逐步美化。2012年，农村城镇居民新建房外墙装修统一由管理区农垦集团公司负责装修。1992—2015年，农村城镇居民住宅建房3206户，占全区总户数的88.29%。农村建房2211户，占建房户数的68.96%。全区外墙装3106户，占全区住宅建房的96.89%，外墙装修投入资金1.23亿元。

回龙圩管理区1992—2015年居民、村民新建、改建住房建设情况统计表

表16-4

单位	办事处（个）	居委会（个）	村民小组（个）	总户数（户）	总人数（个）	新建、改建住房			
						户数（户）	建筑面积（平方米）	按总人数人均（平方米）	建房户占总户数（%）
回龙圩镇	—	2	14	1779	4836	1586	203008	41.9	89.1
李家塘	1	—	11	343	1423	265	35510	24.9	77.2
兴隆	1	—	8	301	1086	273	38220	35.1	90.6
马鹿头	1	—	12	406	1527	361	50901	33.3	88.9
神仙洞	1	—	6	208	670	184	25024	37.3	88.4

续表16-4

单位	办事处（个）	居委会（个）	村民小组（个）	总户数（户）	总人数（个）	新建、改建住房			
						户数（户）	建筑面积（平方米）	按总人数人均（平方米）	建房户占总户数（%）
八仙洞	1	—	7	343	1350	308	39732	29.4	89.7
永济亭	1	—	6	197	795	178	24564	30.8	90.3
回峰林场	1	—	1	54	119	51	7395	62.1	94.4

第六节 公共事业

一、排水排污

20世纪90年代，回龙圩的环境污染严重，造纸厂、罐头厂建在沿河两岸，两家厂的污水没有通过污水处理直接往河里排放，严重地影响农作物生长和水生动物的生存，铁厂的空气污染严重，造成周边的果树、农作物失收，群众意见大。城镇的排水排污存在较大问题，没有专用排水、排污管道，1992年，城镇内污水大多通过明渠外排，有一部分街道利用街道路面的自然坡度排水。为解决排水、排污，1998年，回龙圩城区从回峰居委会—八字桥居委会下水道进行整修和改造。全区共埋设地下排水管道4.5千米，排水管道直径1.2米。下水道全部盖上盖板，基本上达到雨停路干，解决城区的内涝。2015年，埋设地下排污管道4.6千米，主污管直径为1米，其他污水管道分别为200毫米、400毫米、600毫米、800毫米，排水排污有所改变，年排污量达50万吨。

二、供水

1992—1999年，自来水公司、电站统称为回龙圩水电站，负责供应整个城区和一部分农村的生产生活用水用电。2000年2月自来水厂公司单列，是年8月，回龙圩成立自来水公司，在编人数8人，负责整个城区的饮用水和自来水设备安装维修。管理区饮用水来自于自然矿泉水，水碱性矿物质多，从地下水抽上来通过沉淀、过滤、消毒进行水质处理然后自压输送到各家各户。2002年，自来水从城镇延伸到周边的等母头村、底岗村、黄家村、彭家村、顾家村、毛家村，埋设直径100厘米以上的主管道纵横12千米，自来水用户1324户，供水人口3868人，年供水量48万吨，自来水厂总投入960万元。2012年自来水厂进行改造，建成日产5000吨饮水工程，投资1000万元，扩大饮用自来水面。2015年兴建的引水解困工程投入资金1220万元。

三、供电

（一）电力建设

回龙圩电站

20世纪70年代，回龙圩农场的电站，属于原农机厂管辖的一个下属部门，位于造纸厂的上方，电站利用盐下水库的水发电照明，盐下水库坐落在盐下村和光下村交界之处，管理区的西方向，水库大坝高15.6米，长91米，水库面积210亩，水库总容量103万立方米。盐下水库具有发电、防洪、灌溉、旅游等综合效益的水库工程。1978年，从盐下水库到水电站修建一条长达3000米的水渠供水力发电，1—9月用水力发电，发电机组125千瓦，后来改为160千瓦，冬季水源不足，利用柴油发电机发电照明，供机关和供销公司及工厂用电。当时，电站电力设备陈旧，发电量不足，农村供电困难。20世纪80年代末，回龙圩的电力建设并入湘南电网，由湘南电网的电输送到回龙圩供生产、生活用电。

2000年2月，回龙圩成立江永县回龙圩供电所，属于国家电网。2012年10月，回龙圩第一座35万伏变电站建成并投入运行。全区3682户、10440人用上高压电。

（二）农网改造

20世纪70—80年代，农场供电由农场水电站发电供照明和生产用电，每个村派专人负责管理，那时电网未形成网络，用电很乱，农村乱接线的现象层出不穷，安全隐患多。当时是一村一个电表，每月用电度数按户和电灯泡度数分摊电费，结算到户。20世纪90年代，回龙圩的电力并入湘南电网，解决整个农场的生产、生活用电。2002年10月，回龙圩供电所第一次农网改造开始启动，100%的行政村架设高压电，完成行政村改造65个，新建35千伏线路48公里，改造低压线路62公里。各家各户都安装电表，全区安装电表4012个，以电表的度数核算电费。2012年，回龙圩供电所进行第二次农网改造，兴建一座3.5万伏的变电站，改造10千伏线路24公里，改造400伏低压线路13.84公里，220伏低压线路24.1公里，农网改造率100%，投入资金1876万元。2015年，全区进行一次大集体抄表改造，惠及回龙圩管理区6个办事处、1个镇、1个林场、65个自然村，供电10440人。行政村实行“四到户”“五统一”的管理体制，“四到户”：销售到户、抄表到户、收费到户、服务到户；“五统一”：统一电价、统一发票、统一抄表、统一核算、统一考核，实现城乡同网电价，收取的电费全部上交，全区属于农用电，农村居民生活用电统一为每千瓦时0.586元。2015年，回龙圩管理区农网升级改造，改造线路40千米，100%的用户都利用智能电表进入费控系统。

回龙圩供电所2014—2015年电量发行明细表

表16-5　　**单位：千瓦时、度**

序号	发行日期	发行电量	发行电费	发行户数	序号	发行日期	发行电量	发行电费	发行户数
1	2014. 5	426319	319760. 06	1905	11	2015. 3	529350	398608. 11	2138
2	2014. 6	381737	278025. 94	2366	12	2015. 4	519542	370659. 46	2286
3	2014. 7	384327	298525. 91	1935	13	2015. 5	468119	355646. 32	2151
4	2014. 8	493615	366989. 29	2254	14	2015. 6	404548	293256. 91	2385
5	2014. 9	530935	421713. 58	1958	15	2015. 7	415761	312581. 44	2162
6	2014. 10	548129	432422. 40	2266	16	2015. 8	499325	368330. 83	2327
7	2014. 11	542750	435860. 96	1967	17	2015. 9	624493	501892. 51	2149
8	2014. 12	583120	469187. 63	2283	18	2015. 10	710068	578753. 20	2286
9	2015. 1	559723	454222. 23	2129	19	2015. 11	723581	602974. 06	2160
10	2015. 2	561668	415965. 33	2278	20	2015. 12	617475	481038. 98	2325

第七节　园林绿化

一、公园

2002年，高尚湖

1992年，回龙圩农场城区园林绿化有一定的基础，机关办公室周边都进行绿化。街道两旁和公园都种植桂花树、广玉兰等树林。2002—2014年，回龙圩管理区园林绿化意识进一步增强，区党委管委对城区绿化、美化更为重视，公园的园林绿化重新进行规划。城区公园有冠山公园、集资房公园、综合办公楼公园（一景观园、二景观园）。一景观园（综合办公楼前侧、后侧）占地面积5686.1平方米，二景观园（综合办公楼左侧、右侧）占地面积4912.8平方米，集资房公园占地面积66127平方米，冠山公园占地面积81125平方米，公园总绿化覆盖面积9.83万平方米，公园种植树种23种，种植树苗31881株、其中桂花树461株、樟树190株、广玉兰15株、老人葵26株、万年青12株、红桎木球2780株、红牡丹20株、鹅掌材5200株、黄竹368株、毛杜鹃3500株、四季桂小苗11300株、红叶石楠3300株、红桎木苗1500株、金叶媜1504株、红叶石楠球9株、金边黄杨1500株、杉木6株、棕树5株、四季球4株、果树86株、银杏9株、铁树30株、茶花56株、公园绿化带1640米。公园小道铺设鹅卵石休闲道8条、约2千米，园林内休闲亭8座、休闲石桌26张、石凳104张、彩灯360盏、全民健身运动器材8组。公园的绿化有所提升，园林安装小型微喷灌128处，埋设地下管道3400米，公园总投入资金1800万元。

2015年，园林管护支出30.46万元，其中园林护理12.59万元，铲车用工劳务费9420元，施肥劳务费6136元，打药劳务费9850元，肥料75004元，园林绘图8391元，农药16230元，园林修剪2.14万元，喷灌维修4350元，树木刷白27900元。

园林绿化在劳动者的精心呵护下，公园的花草树木均枝繁叶茂，是城镇居民休闲娱乐的场所。

二、行道树

2002年，国家级试点镇回龙圩镇回峰中路

2002年3月，回龙圩城管成立园林绿化领导小组，每年对整个园林街道进行绿化养护。管理区园林面积少，养护采用半承包责任制，绿化树一年两次大修剪、3次病虫害防治。小灌木全年修剪7次，施肥7次，杂草清除4次。草皮切边全年4次，每年冬季对绿化树进行防寒、防冻、刷白、包护，旱季每年劳动用车40余次洒水，投工200人次，全年投入护林资金48万元。

2010年7月，回龙圩区拉开“兴林强林，绿化家园”战略序幕，经过半年多的努力，回龙圩区全面完成方案制定、宣传发动、林权流转及承包合同清理和管理区林地规划设计等基础性工作，并加大绿化投入力度，抢抓冬春植树造林黄金时段，深入推进绿化工作取得实效。2010年，管理区新增造林面积1.5万亩，补植补造1万亩、超出市政府下达的植树造林目标任务。

2015年，回龙圩管理区从八字桥居委会分为两条道，一条二级公路回龙湖大道长达3千米，另一条旧城区回峰街道长达1.5千米，共分8个路段，每个路段都进行绿化，种植树种以桂花树、樟树为主，种植面积3.62万平方米，种植树木4167株。二级公路回龙湖大道种植樟树2589株，种植绿化带3千米，旧城区回峰街道种植桂花树58株、樟树1520株，种植绿化带1.5千米。全区街道两旁进行绿化，绿化率100%，总投入资金1600万元。

第八节　城镇管理

一、环卫管理

（一）机构

1992—2004年，回龙圩农场没有设立环卫机构，市场管理由工商局负责管理，每次集市派1~2名环卫工人，清扫一下市场场地，市场收费由工商局负责收取。2005年，回龙圩管理区将市场管理从工商局接管过来，回龙圩管理区根据省委、省政府和永州市人民政府文件精神，成立城管、市管。2006年，城管、市管合并为城管大队，为自收自支、自负盈亏的事业单位，行政级别为正科级。2007年新招聘综合执法协管人员15人，特种车辆驾驶员5人，聘请环卫保洁员80人（包括镇、办事处），负责回龙圩城区、农村的卫生清理、垃圾分类和垃圾处理，使生活垃圾收集逐步实行容器化、密闭化，减少对环境的污染。环卫工人负责路段、村庄垃圾清扫。2012年，从自收自支自负盈亏的事业单位转为全额拨

2007年，机关绿化

款的事业单位，定编6人。城管主要职能是负责全区的城市管理，行使行政区域内的执法权和行政执法监督权。是年，为创建文明卫生旅游城镇，提高群众的环卫意识，管理区开始对城乡环境卫生开展专项治理专项督查，管理区不仅从财力上对环卫进行倾斜，而且在人力上也给予大力支持。

（二）设施

1992—2005年，回龙圩环卫设施少，只有一辆洒水车，城镇街道只有几个简易的垃圾桶，农村的卫生出现脏、乱、差局面。2006年成立城管后，为改变回龙圩的卫生状况，管理区添置环卫清理洗车1辆、洗扫车1辆、垃圾车3辆、皮卡车1辆、高空作业车1辆、五菱（执法）车1辆、环卫箱170个，分类垃圾箱191个、垃圾斗21个、环卫垃圾车90辆、移动塑料垃圾桶368个、水桶5150个、垃圾斗盖板37个、中转垃圾大桶106个，总投入237.52万元。

2015年，管理区在李家塘办事处征用30亩荒地用作垃圾处理场，并且添置一台垃圾铲车和一些环卫的配套设备，投入资金48万元。

（三）作业制度

2008年，区城管大队为保洁员制定环卫安全作业规定和考核细则。1. 作业时间第一班岗上午5：30~12：30，第二班岗下午12：30~19：30，作业时间必须穿戴环卫标志服。2. 环卫工人作业时要保持良好的身体素质和精神状态，不允许带病作业，疲劳作业。3. 不准喝酒上岗，严禁脱岗、坐岗、私自换岗。4. 劳动工具不准随意损坏，垃圾车应停放在安全地点，人和推车不得超过50米。5. 保洁员必须将垃圾收集倒入指定垃圾中转箱内，不准乱倒垃圾，不得随意点火焚烧垃圾，严禁将垃圾扫入绿化带、草坪、下水道内，严禁将垃圾倒入河内。6. 工作要协调，严禁出现扯皮、打架现象，路段交接处应相互越点2米清扫。7. 保洁员上岗作业要随时注意车辆行驶状况，确保人身安全。城管每天根据考核的内容进行核查评比，凡没有完成任务或完成任务差的个人，最少罚款5元，最多罚款200元。每月奖罚兑现。年终检查考核评比，一等奖2万元，二等奖1万元，末名罚款1万元。

二、市容、市貌

1992—2001年，回龙圩城区旧街道总长1500米都进行绿化、亮化、美化、净化，城区环境达到春有花、夏有荫、秋有果、冬有香。每50米安装一盏路灯，街道路面进行改造，由过去的卵石路改为水泥路，全长1500米由二车道改为四车道，街道两旁安装下水道3800米，整个城区的市容市貌有所改变。2002—2015年，城区市容市貌提级，整个城区扩大街道2500米，街道由水泥路改为柏油路，由二车道改为6车道，街道安装太阳能路灯688盏，高臂灯距地面8米，低臂灯距地面7

2008 年，修缮一新的城镇一角

米。安装景观射灯 335 盏，彩灯 2000 盏，大型豪华灯 10 盏，灯柱高 8 米，街道安装井水盖 237 个，铁雨水盖 212 个，投资 160 万元。街道种植绿化带 3.5 千米，种植绿化树 4.48 万株，绿化面积 13.61 万平方米，种植草皮面积 9.86 万平方米，绿化率 100%，投入资金 180 万元，整个城区卫生整洁、环境优美、市容市貌大有改观。城管综合执法人员每逢集市到市场严格执法，对车辆乱停乱放的处罚 5 人，对乱摆摊位的严格制止，对 16 处乱建乱搭、乱贴乱画的情况提出整改措施。

第九节　城镇建设

一、文明街道建设

2012 年，回龙圩管理区开始筹划文明街道建设，聘请桂林设计院对街道进行规划设计，文明街建设结合当地汉族、瑶族、回族等少数民族混居的特色，传承当地建筑，形成地方性较强的整体街区风貌，完善商业服务设施，提高商业服务水平，尊重地方传统商业形式，调整商业业态以打造传统与现代结合，多民族商业形态相结合的本地商业。文明街有饮食店 2 家、南杂百货店 3 家、美容美发店 1 家、汽修店 2 家、装潢店 5 家、五金店 3 家、药店 1 家等 187 个各类商业门面，街道居民居住 68 户，从事各种商品经营。文明街长达 3500 米，从八字桥—彭家山，是二级公路必经之地，兼有交通运输和商住经营两种功用。分为综合商业区、商业步行街区、景观大道区、特色居住区。房屋建筑以瑶族风貌为主，有“飞檐翘角马头墙”的典型特征建筑 27 栋，街道路面铺装材料选用本地材料的地板砖，具有一定的实用性以及步行休闲乐趣。文明街的景观建筑包括休闲座椅、小品建筑、服务设施建筑以及公共艺术品（如雕塑等）均具有鲜明的主题和观赏性。文明街道的绿化主要以土壤、气候等自然因素为主体，种植一些具有一定特色的植被（乔木、灌木）共 2771 株，草地面积 500 平方米。

二、路灯改造

2012 年，回龙圩管理区城区所有路灯改造为 LED 节能灯，并在标志性建筑物上安装轮廓灯，在道路两旁的树上安装射灯、彩灯、霓虹灯。并且水、电、视、通信等基础设施配套齐全，整个城区安装高低杆双臂道路照明灯 668 盏，高臂灯距地面 8 米，低臂灯距地面 7 米，灯泡为 250 瓦的高压钠。大型豪华灯 10 盏，安装在管理区综合大楼前面。景观射灯 335 盏，彩灯每 5 米一盏，全城安装彩灯 2000 盏，铺设路灯电缆线路 3400 米，投入资金 1600 万元。

第十七篇

环境保护 安全生产

第一章 环境保护

第一节 环境状况

一、环境质量

（一）水环境质量

回龙圩管理区境内河流有三级河1条、四级河3条，汇入马河后由南向北进入消水（永明河）。永明河属于湘江水系，水质好。2005年，检测永明河的水质符合《地表水环境质量标准》（GB 3838—2002）的II类水质标准。回龙圩的饮用水源主要是大罗圩雷进井和新风村狗仔井两口井的井水。2015年，市水质检测单位对色（度）、浑浊度、pH等30多项指标进行检测，狗仔井的井水达一级标准，雷进井的井水达二级标准。

（二）大气环境质量

2010年，回龙圩管理区开始整治大气环境。2014年，关闭回龙圩永富粘土红砖厂及中学的燃煤锅炉，区内的餐饮服务经营场所都安装高效净化型吸油烟机，对建筑施工工地加强环保管理，控制施工工地扬尘排放，对渣土车的运输进行严格管理，渣土车不能装得太满，严禁渣土撒在街道上。每天对城区街道洒水清扫2次，有效地控制城市扬尘排放。管理区域内森林覆盖率72.38%，空气环境质量良好。2013年，经市环境监测站监测，回龙圩管理区中心城区OS2、空气中悬浮物达到《环境空气质量标准》一级标准。

（三）声环境质量

回龙圩管理区以农业为主，辖区内无大型工厂，区内噪音小，主要噪音为车辆和施工场所噪声，但不大且范围窄。针对车辆噪声，在学校、居民区等敏感地带设置禁止鸣笛标识；针对施工噪声，严格规定施工场所的作业时间及要求采取降噪措施。2014年经监测，管理区的交通主干线永富公路的噪声平均值为67.6分贝，比国家标准低2.4分贝。中心城区环境噪音白天的平均值为47.5分贝，低于《城市区域环境噪声标准》（GB 3096—2008）1类标准值。

第二节　环境治理

一、水污染治理

1991 年，回龙圩造纸厂因污水不经处理直接排入栎溪河，造成栎溪河的河水严重污染，人民群众的生产、生活用水受到严重污染，栎溪河流域的黄家村、等母头村、底干村、大地铺村，黄甲岭乡的初田村、瓦屋下村、栎溪村的村民多次集体到回龙圩造纸厂申诉要求赔偿因水污染造成的损失。1996 年，根据有关政策环保部门要求关闭回龙圩造纸厂，改为回龙圩纸箱厂。

2012 年，回龙圩管理区大力开展污水治理，根据人口居住分布实际情况，采用“集中与分散相结合”的办法，在居民较为集中的村庄修建集中式污染水处理净化系统，在居民较为分散的区域建分散式污水处理净化系统。2015 年，建设集中式污水处理净化系统 3 座，散户式污水净化系统 600 户，同时全部配套污水集网管。全区生活污水处理设施正常运行率为 95%，农村的污水处理率为 90%。

二、固气废弃物污染治理

2005 年，回龙圩管理区招商引进浙江一位投资商在大地铺与黄家村交界地虎湾开办一家冶炼厂，因废气未经处理排放，使周边的大地铺村、棠锦村、黄家村的群众生产生活带来影响，2009 年，村民聚集到厂里要求赔偿，后经环保部门鉴定责令关停。

2014 年，回龙圩管理区开展农村卫生环境整治活动，村村设有保洁员，街道设有清洁工，并购买洒水车、清扫车各 1 台，垃圾运输车 5 辆。转运手推保洁车 90 辆，不锈钢分类垃圾桶 260 个，移动封闭式垃圾斗 97 个，户用垃圾桶 6203 个，总投资 350 万元。村（居）负责集中收集，镇（办事处）负责转运，管理区在李家塘村一山坳建设垃圾焚烧填埋场 1 座，村里的保洁员负责垃圾分类收集和公共场所清扫。垃圾首先由村（居）民，放入自家门前的分类垃圾桶内，保洁员按类收集，废弃物运送到村封闭式垃圾桶内，然后由垃圾转运车统一运至区无害化垃圾处理场处理。

2015 年，管理区建立严格的考核考评制度，进行月月考核、月月奖评。垃圾清运率 100%，无害化处理率 86%。

第三节 生态保护

一、水资源生态保护

（一）饮用水资源保护

回龙圩管理区辖区的饮用水以地下水为主，自来水厂的水源有大罗圩的雷进井，新风村的狗仔井，乡村各自然村都有本村的饮用水井。为保护好水资源，主要采取的措施有制定饮水资源保护的规章制度，设置警示宣传牌，砌围墙对水源实行封闭式管理。2015 年，经有关部门检测，回龙圩集中式饮用水源地的水质合格率为 98%。其中狗仔井的井水达国家一级饮用水标准，雷进井的井水达国家二级饮用水标准。

（二）湘江污染防治

2013 年，回龙圩管理区全面实施湘江污染防治“三年行动计划”，主要采取的措施有：严禁山塘水库投肥养鱼；整治生猪养殖场，凡没有达到排污标准的猪场一律取缔；科学使用农药化肥，发展绿色生产；保护森林，严禁乱砍滥伐，植树造林，保护生态环境。回龙圩的森林覆盖率达到 72.38%；加强农村环境卫生的整治，垃圾集中焚烧填埋。

二、土地生态保护

管理区内的岩层变化复杂，土壤明显成垂直分布，红壤分布在海拔 300 米以下的低山，海拔 300~800 米为山地红黄壤和黄壤，占总面积 89%；海拔 800 米以上为山地黄棕壤，占总面积 5%。土层厚度在 100 厘米以上，pH 值 4.5~6.0 之间，呈酸性反应。全区的地貌类型组合；水面积占 6.3%，平原占 1.7%，岗地占 0.28%，丘陵占 0.67%，山地占 90.88%。为加强土地生态保护，控制土壤污染，根据国家环保总局组织制定的《土壤环境质量标准》《城镇垃圾农用控制标准》《农产品环境污染控制与安全标准》《农用灌溉水质标准》《土壤环境技术规范》等多项控制标准和技术规范，2001 年起，回龙圩管理区先后组织完成两次土壤普查、两次污水灌区污染状态调查工作，区国土资源局组织开展多项地质环境调查。2006 年 7 月，区环保局、国土资源局启动了全区土壤现状调查及污染防治专项工作。

2005 年，根据国家环保总局颁布的《畜禽养殖污染防治管理办法》、《畜禽养殖业污染物排放标准》和《畜禽养殖业污染防治规范》等规章和标准，加强回龙圩域内畜禽养殖业的环境管理，每年定期对全区 12 个生猪养殖场污染物的排放标准进行检查，畜禽养殖环境日趋规范。

2002 年，管理区建立自然保护区，制止乱开荒、保护水土流失；植树造林，提高森林覆盖率；加大生态环境保护宣传力度，弘扬环境文化、倡导生态文明，努力营造节约自然资源和保护生态环境的舆论氛围，加强对管理区各级领导决策的培训，开展全民生态科普活动，提高了全民保护生态环境的自觉性。

2012 年，管理区积极配合湖南师范大学完成主体功能区规划编制工作，并把主体功能区规划作为土地开发利用的重要依据。

三、生物生态保护

2010 年，管理区严格采取封山育林措施。2015 年，回龙圩管理区境内林木以原始天然阔叶林和马尾松为主，杉木林次之，林地面积 8300.47 公顷，占土地面积 80%，其中：果林地 3976.17 公顷，占林地的 47.9%，灌木林 3017.3 公顷，占 36.3%，疏林地 1306.7 公顷，占林地的 15.8%；林木蓄积量 338.69 万立方米，森林覆盖率 72.38%，地带性植物以松科杉科、芸香科、五加科、杜鹃花科、忍东科、禾本科等种属比较丰富。境内已查明，灌木 106 科，335 属、997 种，其中优良果类 36 种，木类 39 种，竹类 14 种，药类 51 种。动物主要为蛇、鼠蛙、鸟等。

2002 年，溪水长流

四、矿山生态保护

2015 年，回龙圩管理区没有矿山开发。城区及回龙湖风景旅游区划定为禁止开采区，面积 1.66 平方千米，回峰大岭自然保护区划定为限制开采区，面积为 6.50 平方千米。其他没有规定的区域，均限制开采。允许开采矿种限于建筑用石灰岩、砖瓦用黏土。

五、生态农业建设

2002—2015 年，回龙圩管理区规定果园里限制化肥农药的使用量，用肥以油菜枯、猪牛栏粪等有机肥为主，杀虫以太阳能杀虫灯和挂黄贴为主，并实行测土配方施肥，注重土地的保护，严禁使用毒性强、残留大的农药，把生态农业建设纳入各级管理人员的绩效考核，实行生态农业建设与生态旅游相结合。2009 年 3 月 30 日，回龙镇回龙村被省环境保护局授予第一批“省级生态村”称号。管理区以“坚持科学发展，大力招商引资，建设绿色生态回龙圩”为工作思路，着力构建“两型社会”，发展环境型新农村。是年，广泛开展植树护林，打造绿水青山环境。2009 年，动员全区人民广泛开展植树造林活动，新增造林面积 9400 亩；加强林区监管，严防火灾发生，严禁乱砍滥伐；依托反战“三品”农业，打造绿色生态农业。充分利用农业部无公害农产品生产基地优势，积极推行标准化生产，大力发展“三品农业”，积极培育“猪—沼—果（菜）”模式，大力实施农田生态工程、林果业生态工程，建立健全农产品质量安全监管网络，努力把柑橘、南瓜、茶叶、山野菜等无公害农产品产业做强做大，实现生态与农业经济增长的“双赢”。管理区回峰蜜橘获绿色食品认证，回峰商标被认定为湖南省著名商标；发展清洁能源，打造环保家园。继续实施农村沼气池建设工程，加快新型能源建设。2009 年，全区新建沼气池 400 口。2012 年起，相继建设回龙圩农业生态观光园、八仙洞现代生态农业休闲园等景点。2013 年，回龙湖现代农业生态旅游休闲园被评为湖南省休闲渔业基地和 PPP 模式试点单位。八仙洞现代农业示范园被评为三星级乡村旅游（区）点。八仙洞休闲农庄被评为湖南省五星级休闲农庄，每年接待游客万余人。

六、生态文明示范城镇建设

2015 年，美丽乡村示范点——八仙洞卫东村

2012 年，回龙圩管理区以生态文明示范城镇建设为抓手，依托“两园两湖一河”（即市级农业旅游示范点八仙洞水果风光园，永济亭高端茶园，高尚湖森林公园和回龙湖现代农业生态旅游休闲园，马河风光带）的开发，把全区建设成为集旅游、观光、采摘、食宿、休闲于一体的新城镇。根据这个总定位，按照“有环境，有文化，有产业”的发展要求，

2015年，邀请专家团队编制回龙圩管理区城镇建设规划，绘制城镇发展蓝图，形成以城镇建设规划为龙头，以村庄布局规划土地利用规划产业发展规划土地综合整治规划特色文化村落保护与发展规划和旅游发展规划为基础“1+6”区域城乡建设规划体系。在规划实施过程中，一律实行统一规划、统一办理有关手续、统一提供图纸、统一平整宅基地、统一施工管理，做到建房政策公开，宅基地规划公开，操作程序公开，接受群众监督。坚持先设计，后施工的原则，坚持没有详规不实施，图纸未经审批不放线，各类建筑物在施工前必须将建筑效果图送请技术专家评审通过后，方可施工。任何单位和个人都必须按规划要求进行建设，强化规划的严肃性。坚决杜绝不按规划盲目建设的现象发生，严把工程质量关。2015年，回龙圩镇被列为湖南省新型城市化试点建制镇，被永州市规划建设局列为标准化示范镇，也是2016—2018年全省重点推进建设的77个省际边界口子镇之一。

第四节　环境管理

一、规划管理

1992—2010年，回龙圩没有环境保护完整的规划，随着国家越来越注重环境保护工作，人民群众对环境质量的要求越来越高，2011年，回龙圩管理区环保局分别编制回龙圩管理区环境保护“十二五”规划和回龙圩管理区环境保护“十三五”规划。

“十二五”期间，全区环保工作按照科学发展观和“五个统筹”的要求，运用新思路、新方法，坚持污染防治、生态环境保护并举，加强执法，强化环境管理。在全区经济快速发展，城市化进程加快，环境保护面临巨大压力情况下完成“十二五”计划确定的工作任务，总体环境质量位居全市前列。

二、建设项目环保管理

2002—2015年，回龙圩共建设彭家山廉租房4幢，120套，建设面积5976平方米；回峰二期廉租房2幢，共96套，建设面积4783.2平方米；回峰三期廉租房96套，建设面积共5131.2平方米。回峰廉租房（原科长楼房现冠山小区）2幢，96套住房，建设面积4698.7平方米。小学、回龙圩镇和工业园区公租房480套，建筑面积28279.2平方米。回峰林场棚户区改造房8幢，还有街道建设、新农村建设、中心城区提质改造建设、回龙湖休闲游乐园的项目建设等。为严格建设项目环保管理，管理区环保局执行环境保护法律法规，贯彻《中华人民共和国环境影响评价法》，结合回龙圩区域总体规划和产业布局，实行“事前介入、事中指导、事后监督”的环评工作机制，从源头上把好关，防止新的污染源产生。做好4个方面建设项目管理工作：严格把好审批权限及环境准入关，不属于本级审批的项目，绝不越权审批，对符合国家产业政策，污染防治措施到位的项目，“惠民、利民、便民”工程和基础设施建设项目主动跟踪服务；对不符合国家产业政策、产业指导意见和工业项目环境准入规定的项目，一律不予审批；严格把好环保措施关，积极引导企业采用清洁生产新工艺，对污染治理措施不具体、不匹配的项目一律不予审批；严格把好项目建成后污染防治措施运行关，积极引导企业采用清洁生产工艺，对污染治理设施不按环保要求运行的，一律按环保法进行处理。

三、排污收费管理

2002年回龙圩原国有企业破产倒闭后，民办企业刚刚起步，工业企业少，特别是制造业为零，工业的废气、废水、废渣排量少，污染源少。2004年引进温氏集团生猪养殖场，养殖场按照温氏集团公司统一的标准化建设，采用自动投料，自动环控，水暖地热系统等国内最先进养殖设施设备，配套建设沼气池、化粪池和发酵床等粪污处理设施，实行“两污分离、固液分离、干湿分离”节水环保养殖，同时要求每个养猪场至少配备五十亩果园（或茶园），采用“猪沼果（茶）”综合生态养殖模式，通过种养结合就地清纳养殖粪污，确保养殖粪污零排放。2002—2015年，回龙圩管理区环保局对全区的排污费征收2万元，全部上交区财政。

四、监督管理

2010年，回龙圩管理区制定印发《永州市回龙圩管理区农村环境综合整治目标责任制试点工作方案》，通过目标责任制考核，突出对农村饮用水源保护，生活污水和垃圾整治，畜禽养殖污染治理，加强全区环境保护的监督管理。

2013年6月25日，永州市人民政府办公室印发《关于开展全市城乡环境卫生及秩序整治工作监督的通知》。市委市政府督查室对全市城乡环境卫生及秩序整治工作进行督查。在这次督查活动中，回龙圩的环境卫生受到表扬。8月9日管理区党政办牵头组织环保局、宣传部、卫生局、城管市管中心等相关负责人对镇、各办事处、林场、区直单位的卫生责任区卫生情况进行督查，并将督查情况进行通报。

2014年，回龙圩管理区办公室先后印发《永州市回龙圩管理区饮食业油烟污染专项整治工作方案》《关于印发〈关于坚决纠正环境保护中损害群众利益行为专项工作实施方案的通知〉的通知》《回龙圩管理区大气污染防治行动计划实施细则》《永州市回龙圩管理区农村环境污染治理暨美丽乡村建设工作实施方案》《永州市回龙圩管理区2014年整治违法排污企业保障群众健康环保专项行动工作方案》

5个环境保护方面的文件，加强环境保护的监督管理，主要内容：对管理区的城区内饮食业单位（含单位职工食堂）产生的污染进行油烟净化处理，实现油气分离，达标排放，着力解决损害群众健康和影响可持续发展的突出环境问题，大力推荐生态文明建设；在全区农村集中开展环境卫生整治活动，改善农村生产、生活环境。因环保未达标，依法关闭永州市回龙圩管理区兴业金属制品厂的粗钢生产线所有生产设备设施和回龙圩华松碳业有限责任公司的所有机制木炭生产线，开展永富红砖厂废气排放企业的大气排放污染整治工作，要求其排放的污染物必须达标排放；区内建设工地现场禁止敞开式作业，按规定设置围挡墙，施工现场道路按规定进行地面硬化，建设洗车平台，确保净车出场，建设工地原材料堆设实现封闭存储或建设防风抑尘设施，渣土运输车辆采取封闭措施，推行街道机械化清扫等低尘作业式，增加道路洒水降尘频次，管理区内永富公路北面与江永初田村交界处到南与广西麦岭交界处，全长11.847千米的路面，回龙圩镇内从八字桥到彭家山的回峰路以及区内的步行街、迎宾路、知青路春、冬两季每天坚持早、晚各洒一次水，夏、秋两季早、中、晚各洒一次水，保持街道的清洁。

2015年，定期对全区所有废水、废气、废渣及核辐射等污染物排放行为进行整治，对突出环境问题查处到位，整改到位，全面深入排查整治环境风险隐患，依法严厉打击环境违法行为，完成全区68个自然村的综合治理，农村卫生厕所普及率提高到70%，生活垃圾进行处理的行政村提高到80%，农村人口自来水普及率80%以上。

五、环保网络管理

2015年，成立回龙圩管理区环境监管网络化管理工作领导小组，全区的环境实行网络化管理；建立二级环境监管网格，其中回龙圩镇、马鹿头办事处、神仙洞办事处、八仙洞办事处、兴隆办事处、永济亭办事处、李家塘办事处、回峰林场8个单位建立一级网络，以村（居）委会为区域建立若干个二级网络，做到网格边界清晰，责任主体明确，目标任务具体，并督促具有环境监管职能的相关部门落实网格内环境监管职责。通过划分网格，整合回龙圩镇、各办事处、各相关职能执法队伍，将环境监管工作的触角延伸到镇、办事处和村级。在查处环境违法行为过程中，依托各方力量，对各类环境违法行为、环境信访投诉、环境污染纠纷案件、以及企业的环境安全隐患及时发现，并组织力量依法查处，妥善处理，基本上实现环境监管区域和内容的全方位、全覆盖、无缝隙管理，有效缓解环境问题引起社会矛盾和纠纷。通过推行网格化监管，逐步形成各级网格组织实施，环保部门统一协调，相关部门各负其责，社会各界广泛参与的工作格局。

第二章 安全生产

第一节 机构

1999年5月，回龙圩农场成立安全生产安全委员会，农场场长担任安全委员会主任，2名副场长担任副主任，机关各科室负责人为成员，安委会下设办公室，办公室设在场经济管理委员会。2002年5月28日，回龙圩管理区调整安全委员会班子成员，管委会主任担任安全委员会主任，两名管委会副主任担任安全委员会副主任，安全委员会下设办公室，办公室设在管理区经济发展局，办公室主任由经发局局长担任。2004年5月，回龙圩管理区设立安全生产监督管理局，下设8个安监站，共21名安检人员。安监局的主要职责是贯彻落实安全生产的法律、法规、规章和方针、政策，制定安全生产发展规划，年度工作目标任务，协调解决有关安全生产事项，组织实施安全生产目标考核，提出奖罚意见，组织实施安全生产综合性检查督察，指导协调，监督检查区级有关部门和镇、各办事处、回峰林场安全生产工作。强化安全生产信用体系建设，定期发布安全生产信用联合警戒机制，失信生产经营单位名单。建立信用联合惩戒机制，依法组织开展安全生产事故处理和办理结案工作。监督事故查处和责任追究落实情况。

第二节 政策法规

一、安全生产政策

2014年5月11日，中共永州市委办公室下发关于印发《永州市安全生产“一票否决”实施办法》的通知。2015年，被评为永州市安全生产先进单位。

2013年3月4日，中共永州市回龙圩管理区委员会办公室、永州市回龙圩管理区管理委员会办公室，印发关于贯彻落实《湖南省党政领导干部安全生产“一岗双责”暂行规定》实施意见。规定管理区党委主要负责人每年主持召开党委常委会议专题研究安全生产工作不少于2次，研究解决安全生产体制机制，安监机构班子队伍建设、宣传教育、目标管理考核等重大问题。区管委主要负责人每年主持召开管委办公会议研究安全生产工作，不少于4次。研究部署安全生产规划的组织实施，专项整治、安全投入、隐患治理、打非治违、装备建设等重点工作。建立党政领导干部联系企业安全生产制度，区两委、回龙圩镇、各办事处党政领导干部每年要对口联系辖区内一个重点企业的安全生产工作，每年深入所联系企业调查不少于2次，帮助解决实际问题。区党政主要负责人每年开展不少于3次安全生产调研检查，研究解决工作中的实际困难和问题。区负有安全监管职责的部门主要负责人，每年带队开展安全生产大检查不少于6次。管理区对回龙圩镇、各办事处、林场，区直部门领导班子和领导干部安全生产“一岗双责”履职情况进行考核，区直各部门、回龙圩镇、各办事处、林场负责人在下一年度1月底前，将上年度本单位及本人安全生工作履职情况向区党委作出书面报告，同时将上年度本系统安全生产目标实施情况及本人安全生产工作履职情况向区管委会和区安全生产委员会作出书面报告。

2014年6月14日，根据中共湖南省委办公厅、湖南省人民政府办公厅下发的《关于建立领导干部带队检查安全生产工作制度的通知》的精神，2014年6月30日，中共永州市回龙圩管理区管理委员会办公室印发《关于建立领导干部带队检查安全生产工作制度的通知》，规定区党委、管委和区安委会分行业领域成立长年督查检查组，由分管安全生产的区领导任组长，区安委会办公室负责组织，会同纪委监察有关人员，每季度至少开展一次安全生产检查。区党委、管委主要负责人每年至少两次带队深入基层开展安全生产检查；其他区党委委员对分管部门、行业和系统安全生产工作，每季度带队检查一次以上。

回龙圩镇、各办事处、林场党政主要负责人，每季度开展本单位安全生产检查一次以上；回龙圩镇、各办事处、林场党政班子副职每月带队检查至少一次。

各级有关职能部门主要负责人加强对本部门监管范围内安全生产工作的组织领导和业务协调，带队检查安全生产工作，每季度至少一次，副职每2个月带队检查安全生产工作至少一次。其中，区直负有安全生产监督管理职责和安全生产任务较重的部门主要负责人，带队检查安全生产工作每月至少一次，副职每月带队检查安全生产工作至少两次。

第三节　宣传教育

1999—2015年12月，回龙圩安委办每年至少组织开展一次安全生产法律法规宣传教育活动。2002年9月18日，全区召开学习宣传《中华人民共和国安全生产法》座谈会，印发《中华人民共和国安全生产法》手册360份，在全区开展学安全法、守安全法、用安全法活动。2003年6月组织开展“安全生产日”宣传活动。区农办、公安派出所、交通局、农机局等10个安全监管单位开展“‘6·8’安全咨询日”活动。接受咨询1200多人次，发放各种宣传资料2300余份。8月5日，举办安全生产知识培训班，对全区企业单位的安全管理人员进行培训。

2006年，根据省、市有关部门的安排，回龙圩管理区加强对“安全第一，预防为主，综合治理”方针的宣传和教育，树立以人为本、安全发展的理念，加大安全生产工作力度，狠抓各项安全措施的落实。

2011年，开展“安全生产日”“119宣传日”“和平使命”行动，“消防安全”四个能力建设等活动，全区制作安全宣传知识栏28个，举办安全知识咨询活动3次，开办安全知识培训班5次，在回龙圩中小学开展安全知识讲座，对全区1300多名中小学生进行安全教育，增强学生的安全意识

2014年6月16日，区安委会组织宣传局、广电局、安监局、环保局、交通局、城建局、国土局、农机局、科技局等单位和部门，在回龙圩大礼堂利用集日大礼堂广场开展安全生产咨询活动，用发放宣传资料、悬挂宣传标语、设立咨询台等方式，宣传安全生产政策法规和职业卫生，应急避险及救援知识为重点的安全生产知识，发放安全生产宣传单1967份、宣传手册2000册、宣传挂图1000副、接受群众咨询1015人次。

2015年，在管理区宣传网站设立安全生产宣传专栏，用发送安全生产短信、微信等方式宣传安全生产法规政策、业务流程、工作动态；制作安全生产工作专题视频，把全区2015年工作相关内容，集中到视频中，并在管理区有线电视台播出；在管理区醒目位置设置大型广告宣传牌4块，在施工工地悬挂安全生产横幅标语，在回龙圩镇、各办事处、林场、村、居委会设立安全生产宣传工作栏，在全区各地的电子显示屏上滚动播放安全生产知识。6月16日，区安委办牵头组织区安监局、国土局、食药局、派出所、交通局、电站、工商局、司法局、回龙圩镇、6个办事处和林场等20多个单位开展“安全生产咨询日”活动。以“加强安全法制保障安全生产”为主题，以落实安全责任、传播安全文化、普及安全知识、曝光非法违法行为为重点，活动现场采用接受现场咨询、图版展示、发放宣传手册、宣传物品等形式，向群众宣传安全生产相关政策以及职业政策、应急救援、道路交通、消防安全、食品安全、用电安全等方面知识。现场摆放宣传板10块，发放各类安全宣传资料2027份，接受咨询1923人次。

第四节　安全生产监管

1992—2015年，回龙圩管理区（农场），安全生产工作始终坚持“安全生产无小事”、居安思危、防微杜渐的理念，时刻绷紧安全生产这根弦，把安全工作摆在日常工作首位，建立“党政同责、一岗双责、齐抓共管”责任体系，实行领导干部带头检查安全生产工作制度，按照“谁主管谁负责”的原则，狠抓部门监管责任落

实，安全生产形势持续稳定向好。全区安全生产事故发生少，死亡人数少，是全市没有发生较大以上生产经营安全事故的单位。实现较大以上生产经营安全事故“零”发生和消防火灾行业实现生产经营性安全事故“零”死亡。工矿、采石厂、烟花爆竹、危险化学品、校车4个管理区重点行业安全生产经营事故实现“零”发生“零”死亡，在综合监管、示范创建、企业主体责任落实等多项工作得到市里的肯定。2015年，回龙圩管理区被评为永州市安全生产先进单位。

2002年，回龙圩管理区把安全生产责任制，纳入党委和管委的政绩考核，对安全生产监管落实、专项整治、打非治违工作常抓不懈。区管委与区直各部门、回龙圩镇、各办事处、林场、中小学都签订安全生产责任状，明确责任、齐抓共管、赏罚分明。2004年，区党委、管委召开4次安全生产工作专题会议，对安全生产工作作出部署，全年进行8次专项集中整治活动，其中3次烟花爆竹、危险爆炸物清理，1次毒鼠强专项整治，2次消防安全专项检查，2次工矿安全专项检查，检查出安全隐患33处，发出整改通知书10份，整改隐患27处，发出隐患整改情况通报4期。2012年，为迎接中共十八大胜利召开营造安全稳定的环境，管理区集中开展安全隐患排查治理工作，重点对道路交通安全，非煤矿山、采石场、危险化学品、烟花爆竹、建筑施工、消防等行业领域的安全生产工作，深入排查治理事故隐患。是年2月5日，区交通局牵头，区教育局、区派出所、区安监局联合对区内的校车、客运车辆进行督查，对中心城区公路交通的进行检查，对进入管理区的外籍车辆，特别是长期在区内从事各类运营工作的外籍车辆进行登记、检查、监管。4月5日，区安监局牵头，区派出所、区商务局、区工商局、区质监局配合，对区内危险化学品和烟花爆竹的生产和经营情况进行整改，重点是对烟花爆竹生产企业兴隆烟花爆竹厂进行检查，提出5条整改意见，责令其期限整改到位。6月7日，区规划建设局牵头，区质监局、区水利局、区城管中心、供电所配合，对区内重大建设项目，城市基础设施建设，廉租房建设，农垦危房改造等项目进行检查监督，整治高空作业、深坑作业、高大支撑模板作业、临时用电作业、高处吊装作业等事故发生部位存在的事故隐患开展检查，查处违法违规组织施工、违法转包、无证施工、违章指挥、违规操作、非法制造安装使用和无证操作特种设备的违法违章行为。严格对特种设备检测检验，落实安全防范措施。9月7日，区教育局牵头，区卫生局、区食品药品监督管理局、区派出所配合，对全区内各类学校教室、幼儿园的教室、学校实验室、礼堂、食堂、体育场馆、学生宿舍等进行隐患排查整治，及时消除各类不安全因素；对学校的食堂管理工作，食品安全和饮用水安全提出整改措施；加强校车的管理和行车秩序整治，对没有运营资格和车况较差的车辆，绝不允许充当校车；加强对集体活动的组织管理，认真做好每一个环节的安全防范，2000—2015

年，回龙圩管理区没有发生一起拥、堵、踩重大伤害事故。

2015年，制定《回龙圩管理区领导干部带队检查安全生产工作信息档案》，印发至区级领导，各安委会成员单位，镇、办事处、林场主要领导及副职做到人手一册。按照“一个重大安全隐患，一名牵头领导，一套整改工作方案，一个牵头责任部门，一个整改期限”的“五个一”的工作要求，对各行业领域排查出来有重大安全隐患的，明确一名区领导挂牌监办整改，并要求在12月31日前整改到位。同时将整改工作纳入领导干部政绩业绩考核内容，对整改无故拖延，不按时完成整改任务的责任领导和单位，取消年度评先评优资格，实行“一票否决”并从严从重追究相应责任。

第五节　应急救援

2004年9月25日下午4点50分，回龙圩管理区办公室接到回龙圩镇顾家村村民的紧急求援电话；顾家村有20名村民，发生集体食物中毒事件。接到电话后，区办公室负责人立即向区党委、管委作出汇报，区党委、管委高度重视，立即派分管卫生工作的区领导派车辆将顾家村中毒村民送到江永县人民医院进行抢救。江永县人民政府分管应急工作的副县长到医院看望中毒的村民，并嘱咐江永县人民医院一定要尽全力抢救。经抢救，中毒的人除中毒较重的5人留院观察外，其余的17人当晚返回顾家村，3天后，住院的5人出院回家。

这次食物中毒事件的缘由是2004年9月25日下午点4时许，回龙圩镇顾家村村民顾增道建房，村里的亲朋好友前去帮忙。热心的建房主拿出自己做的糯米糍粑招待帮忙的村民，吃“牙心”。吃了糯米粑粑的22名村民大约20分钟后就出现头晕、眼花、呕吐、腹泻现象。后经调查查清，这次集体中毒是因为回龙村的一名村民，于9月24日下午拿有毒性的野八角到回峰中路一家个体户粉碎加工厂粉碎，完后加工厂的女店主没有及时清理粉碎机里的残余的野八角粉末。9月25日上午顾增道老婆拿些糯米，到这户粉碎机店里用这台粉碎机粉碎糯米，由于糯米粉里掺杂残余的野八角粉末，导致这次集体中毒事件的发生。

人 物

一、人物传略

何寿巍

何寿巍，男，回龙圩何家村人，据何家门楼石碑刻记载，明崇祯年间（1626）官至府官。

李石保

李石保，男，1926年11月27日出生，回龙圩管理区（农场）李家塘办事处李家村人。1947年1月，被国民党抓去当兵，1948年在东北锦州战役中参加中国人民解放军，是中国人民解放军第四野战军三十九军一一九师三四四侦察团战士。1950年，参加中国人民志愿军赴朝鲜作战。1952年，在一次战斗中光荣牺牲，终年26岁。被中国人民解放军总政治部授予烈士称号。

欧阳运敏

欧阳运敏，男，1928年出生，回龙圩农场回龙圩镇平利村人。1951年参加中国人民解放军，后为中国人民志愿军十一军三十三师工兵营战士。1953年4月，在一次战斗中牺牲，终年25岁，被中国人民解放军总政治部授予烈士称号。

田士云

田士云，男，1953年出生，回龙圩农场李家塘分场田家村人。1980年起任田家队队长。1983年7月，双龙水库卧管漏水，为抗旱保丰收，亟须堵漏保水，先下去的几位同志都未能将漏水堵住。情况紧急，田士云主动下水，用尽全身的力气堵住洞，因卧管水压过大，将他的脚吸入卧管内无法拔出而献出宝贵的生命，牺牲时年仅 30 岁。

卢德旺

卢德旺，男，汉族，生于 1961 年 1 月，永州市回龙圩管理区上枧村人。1980 年 11 月参军。1983 年 11 月在中越边境自卫反击战中，因为作战英勇，荣获个人二等功。在部队服役期间历任排长，副连长，连长，营长，副团长。2003 年 3 月，任广西预备役师三团团长。2006 年 12 月转业，任广西壮族自治区钦州市林业局党组成员、副局长，主管系统党务工作，分管工青妇、办公室、市林业汽车运输公司工作。2015 年 8 月因病去世，终年 54 岁。

朱晋武

朱晋武，男，1932 年 8 月出生，湖南省长沙市永安镇人。1950 年参加中国人民解放军，在部队服役五年，1954 年复员。复员后在长沙市纸盒工厂当工人。1958—1961 年在长沙市东风钢厂当工人。1962 年，响应“上山下乡”号召，来到回龙圩农场李家塘分场新思队参加劳动。1968 年，全家调到李家塘分场猪场养猪。其间，他认真钻研科学饲养生猪技术，改常规熟食喂猪法为生饲料喂猪法，自己配制混合饲料，生猪可以提早 4~5 个月出栏。它的成功经验，促进回龙圩农场养猪事业的发展。1982 年，被评为湖南省劳动模范。1982 年 9 月 12 日因车祸殉职，终年 50 岁。

二、人物简介

李万年

李万年，男，回族，1938 年 4 月 29 日生，湖南省常德市鼎城区长茅岭乡大洋湖村人，中共党员。原湖南省国营回龙圩农场副场长，高级农艺师。

1963 年 12 月 19 日于湖南省农学院园艺系果疏专业本科毕业，1964 年 2 月 4 日，分配到回龙圩农场工作。工作期间，先后担任过生产队技术员、农科所所长、党支部书记、果林工区支书。1978 年被评为农艺师。1981 年 6 月至 1983 年 7 月被国家外事局作为中国农业技术专家派往非洲赞比亚进行技术援助两年。援赞期间，撰写的《高地甜橙栽培技术总结》论文，受到赞比亚农业部好评。1984 年 6 月担任回龙圩农场副场长。1988 年 6 月被评为高级农艺师。在农场工作期间，主要从事果树生产技术指导。

参加撰写《哈姆林甜橙引种及推广》的论文，获农业部科技进步二等奖；所著的《哈姆林甜橙推广》论文获省科技推广三等奖。主持“回龙圩农场特优水果高产栽培配套技术”农业丰收计划项目，获湖南省农业科技项目三等奖。

主编《回峰密橘规范栽培》的在零陵地区园艺学会年会上被评为优秀作品；发表的《加大外贸出口回峰蜜橘，促进柑橘高产稳产，优质高效》一文，在零陵地区园艺学会上被评为优秀论文。《加大投入，增强树势，夺取小洞片脐橙丰收》《回峰脐橙的状况与发展》选登在湖南省第六届省园艺学会论文中。

“李万年”词条被选入《中国专家各人词典》。1993 年 6 月，“李万年”词条被选入《湖南省回族人物录》。

王医凤

王医凤，男，汉族，中共党员，1943 年 11 月出生，江苏省徐州市人。湖南省国营回龙圩农场副场长，高级农艺师，湖南省茶叶学会理事。

1967 年 9 月毕业于湖南省农学院园艺系茶叶专业本科，1968 年 1 月至 1970 年 3 月在中国人民解放军 0634 部队当学员兵，被评为优秀学员。1970 年 4 月 30 日到回龙圩农场参加工作，担任茶叶种植技术员。1971—1972 年在全场 7 个工区、19 个茶叶队指导种植茶叶 5300 亩。1973 年到回龙圩茶厂当茶叶生产技术员。1979 至 1985 年 3 月担任茶厂厂长。1981 年评为农艺师。1985 年 4 月 30 日任回龙圩农场副场长。1988 年 10 月评为高级农艺师。1996 年 11 月受农业部派遣到以色列学习节水农业技术。1975 年国务院专门制作一批特级回峰茶（韶峰茶）供招待外宾用。1986 年“回峰茶”获湖南省优杯奖，1991 年回龙圩的“罗汉果茶”获省科技甲等奖。1995 年 4 月 14 日，罗汉果茶获得中华人民共和国专利局发明专利证书，专利号 ZT9110689307。所著的《分萎混揉是提高红碎茶质量途径的探讨》《绿茶成分和药效》论文先后在《云南茶叶》《湖南茶业通讯》《中国茶叶》等权威的学术刊物上发表。

“王医凤”词条入选《中国专家人名辞典》。1995 年 9 月，“王医凤”词条入选《当代发明家成果辞典》。1999 年被评为红壤开发先进工作者。

何裕建

何裕建，男，瑶族，1963年4月16日生，回龙圩管理区马鹿头办事处马鹿头村人。中国科学院研究生院化学与化学工程学院副院长、教授、博士生导师、中国化学学会理事、中国空间科学学会生命起源与化学进化专业委员会副主任委员、中国科学院研究生院评定委员会委员、《中国科学院研究生院学报》编委。

1979年6月回龙圩中学高中毕业；1979年9月至1983年6月湖南省师范大学化学系本科毕业获学士学位，1983年7月至1989年8月在江永县职业技术学校任教；1989年9月至1992年6月北京大学攻读化学硕士研究生，获硕士学位；1992年7月至1994年11月，中国科学院生物物理研究所助理研究员；1994年12月至1997年8月，美国加州大学旧金山分校（UCSF）访问学者；2001年5月至2004年12月，美国国之（NIH）博士后，访问研究员；2004年12月回中国科学院任职，创建化学生物学实验室；2006年被批准成为中国科学院内的第一个化学生物学专业硕士和博士学位培养点。

2000年获美国科学促进会（AAAS）年会会议出席奖（Travei wand）；2005—2006年获美国李氏基金会杰出成就奖。

主持研究：生物分析化学，分子手性力学与组装，生命起源与化学进化。

提出和建立“地球轨道手性”力学理念，可解释地球生命的分子手性起源与生命节律起源的难题。在生理条件下用实验确证明可能与人类密切相关的染色体端粒DNA四螺旋结构的天然构象选择方式，共发表论文百余篇。

刘永乐

刘永乐，男，瑶族，1962年12月生，永州市回龙圩管理区李家塘办事处田家村人。教授，硕士生导师。长沙市理工大学科学研究部部长、湖南省水生资源食品加工工程技术研究中心主任、中国食品科学技术学会理事、湖南省食品科学技术学会理事长、《食品与机械》《湖南农业科学》杂志社编委。

1979年6月，回龙圩中学高中毕业；1979年9月至1983年6月就读于湖南省师范大学生物专业本科，获学士学位；1983年7月至1985年8月，江永县一中任教；1985年9月至1988年6月在河南省师范大学攻读食品生物学硕士研究生，获硕士学位；1998年7月起，在长沙理工大学工作；2004年9月，在中南林业科技大学攻读博士研究生课程，2008年6月，获得博士学位。

他主持完成“十一五”国家863计划重点项目课题和科技部星火计划项目，国家“十二五”科技支撑计划课题，科技部成果转化项目，湖南省重大专项研究，获得国家发明专利22项，发表专著两部，论文60多篇，获得湖南省科技进步奖一等奖1项（排名第一），三等奖2项，参与制定加入WTO“湖南省食品工业应对措施”，“十五”至“十三五”“湖南省食品工业发展计划”。

卢卯旺

卢卯旺，男，瑶族，1965年6月出生，回龙圩管理区底岗村人。现任桂林理工大学理学院教授，研究生导师，广西首届自然科学基金委员会专家委员，国家自然科学基金委项目评审专家，美国AIP、英国IOP、荷兰EISEVIE等出版社专业学术期刊审稿人。2015年，主持国家自然科学基金1项，主持完成国家自然科学基金1项，中国博士后基金1项，自然科学基金2项，教育部优秀青年研究基金1项。在Physical Revi WBApplied Physics Letters等国际著名学术期刊发表SCT收录研究论文40余篇。

1983年6月，回龙圩中学高中毕业；1983年9月至1987年6月湖南省师范大学物理系本科毕业获学士学位；1987年7月至1994年8月湖南省科学院物理与电子工程系任教；1994年9月至1997年6月湖南师范大学攻读天体物理研究生专业获硕士学位；1997年7月至2000年8月湖南科技学院物理与电子工程系任教；2000年9月至2003年6月中国科学院攻读凝聚物理专业博士研究生课程获博士学位；2003年7月至2006年3月湘潭大学材料与光电物理学院任教；2006年4月至2009年12月南京航空航天大学理学院读博士后；2010年1月起桂林理工大学理学院任教。

近年主持的科研项目：磁调制半导体纳米结构及基体系电子自旋极化效应2012—2015（已结题），磁受半导体并质结构掺杂与量子调控研究2015—2018（在研）。

廖秋云

廖秋云，女，汉族，1995年8月8日生于回龙圩管理区林化厂。现为湖南省女子举重队队员。

2004年7月，在回龙圩完小读三年级，被江永县业余体校选拔录用练习举重、2006年被永州市体校选拔录用练习举重、2008年参加永州市青少年举重比赛获第三名；2009年参加湖南省青少年举重比赛，获得第一名；2010年获湖南省举重比赛第一名；2011年获全国高水平后备人才基地举重锦标赛最佳运动员和中西部举重锦标赛体育道德运动员称号，全国少年女子举重分龄赛以160公斤总成绩获第一名；2012年获全国青少年举重锦标赛48公斤级第八名；2013年获得中、日、韩友好邀请赛第一名；2014 年在全国女子举重比赛中以 213 公斤总成绩获女子 53 公斤级金牌；2015 年在全国第一届青年运动会举重比赛中，获女子 53 公斤级抓举、挺举总成绩三项第一，摘得女子 53 公斤级冠军。

张祺

张祺，男，瑶族，中专文化，1976 年 11 月 21 日生，回龙圩管理区永济亭办事处岩口塘村人。1995 年 9 月加入中国人民解放军，1997 年 7 月 1 日香港回归祖国前，经所在部队层层严格挑选，为中国人民解放军第一批驻港部队战士进驻香港。驻港服役期间努力学习，遵守纪律，刻苦训练，积极工作，政治思想，军事素质较高。1997 年 11 月在无线电服务专业训练中被评为一级技术能手。1998 年被评为优秀士兵。1998 年 11 月 20 日服役期满退伍。

三、人物名录

回龙圩管理区 2015 年具有高业技术人员一览表

表 18-1

	姓名	出生地	工作单位	职称
1	李万年	常德市	回龙圩管理区	高级农艺师
2	王医凤	江苏徐州	回龙圩管理区	高级农艺师
3	陈英烈	东安县	回龙圩中学	中教高级
4	柏德增	宁远	回龙圩中学	中教高级
5	王安之	宁远	回龙圩中学	中教高级
6	何德平	道县	回龙圩中学	中教高级
7	胡洪全	江永	回龙圩中学	中教高级

回龙圩管理区 1992—2015 年获市级以上先进劳模人物一览表

表 18-2

	姓名	民族	政治面貌	籍贯	获奖时所在单位	荣誉名称	获奖时间（年）	授奖单位
1	刘香山	汉	中共党员	祁阳	派出所	社会治安综合治理先进个人	1993	永州市政府
2	朱　勇	瑶	中共党员	江永	派出所	全市维稳工作三等功	2000	永州市政府
3	毛国光	瑶	中共党员	江永	毛家村	劳动模范	2000	永州市政府
4	卢强清	瑶	中共党员	江永	农经局	劳动模范	2005	永州市政府
5	卢强清	瑶	中共党员	江永	农经局	烤烟工作先进个人	2002、2003、2004、2009、2010（5 年）	永州市政府
6	刘跃进	汉	中共党员	江永	岩口塘村	劳动模范	2000	永州市政府
7	曾　勇	汉	中共党员	宁远	办公室	民族团结进步模范	2006	永州市政府
8	何兰凤（女）	瑶	中共党员	江永	回龙圩完小	永州市优秀教师	2009	永州市政府
9	张国生	瑶	中共党员	江永	兴隆小学	优秀教师二等功	2009	永州市政府
10	何强旺	瑶	中共党员	江永	交通局	为民办 8 件实事先进个人、记二等功	2008	永州市政府
11	邹文琴（女）	汉	中共党员	衡阳县	人社局	为民办 8 件实事先进个人	2008	永州市政府
12	卢登福	瑶	中共党员	江永	社保站	劳动模范	2010	永州市政府
13	卢益高	瑶	中共党员	江永	神仙洞村	劳动模范	2010	永州市政府
14	何永祥	瑶	中共党员	江永	回龙圩派出所	全市维护稳定先进个人	2010	永州市政府
15	候冬娇（女）	汉	中共党员	安仁	回龙圩中学	优秀班主任	2013	永州市政府
16	欧阳松林	汉	中共党员	宁远	回龙圩镇	全市烤烟生产先进个人	2011	永州市政府
17	张满德	瑶	中共党员	江永	永济亭办事处	优秀共产党员	2012	永州市政府
18	蒋德荃	汉	中共党员	道县	民政局	依法行政先进个人	2013	永州市政府
19	吕明伟	汉	中共党员	冷水滩	派出所	消防工作先进个人	2013	永州市政府

续表18-2

	姓名	民族	政治面貌	籍贯	获奖时所在单位	荣誉名称	获奖时间（年）	授奖单位
20	朱　勇	瑶	中共党员	江永	派出所	消防工作先进个人	2014	永州市政府
21	蒋年旺	瑶	中共党员	道县	八字桥居委会	劳动模范	2015	永州市政府
22	何永珠（女）	瑶		江永	回峰中路	劳动模范	2015	永州市政府
23	张满德	瑶	中共党员	江永	永济亭办事处	全国计划生育协会先进个人	2010	全国计划生育协会

2015 年回龙圩籍在外地具有高级职称和副处以上职务一览表

表 18-3

姓名	出生地	工作单位	职务	职称
何裕建	马鹿头村	中国科学院化学与化学工程学院	副院长	教授
刘永乐	田家村	长沙理工大学科学研究部	部长	教授
朱岳龙	回龙村	中国人民解放军空军南部战区招收飞行员体检队	室主任	—
唐树忠	唐家村	江永县人民政府党组成员	副处	—
卢兆盛	上枧村	永州市移民局	副调研员	—
卢卯旺	底岗村	桂林科技学院	—	教授
卢　璐	晨光村	梧州市发展改革委员会	副主任	—
田维养	田家村	江永县人民医院	—	副主任医生
朱建忠	回龙圩村	江永县人民医院	副院长	副主任医生
唐俊英（女）	岩口塘阳家村	江永县人民医院	—	副主任护师
张玉华（女）	岩口塘唐湾村	江永县人民医院	—	副主任技师
田　园（女）	田家村	江永县人民医院	—	副主任医师
欧日锋	回龙圩冠山小区	中国人民解放军 31650 部队	副司令员（正团级）	—

四、知青简介

20 世纪 60—70 年代，一批批青年学生响应毛主席“知识青年到农村去，接受贫下中农再教育”“农村是一个广阔的天地，在那里是可以大有作为的”的号召，告别父母亲人，从喧嚣的城市来到偏僻乡村插队落户。回龙圩农场是湖南省十三大农场之一，是城市知识青年上山下乡，接受再教育之地。1962 年 12 月，第一批长沙知青 225 人到农场插队落户，参加农场生产建设；1963 年 9 月，第二批长沙知青 344 人到农场插队落户，1964 年 1 月，从国营千山红农场转到长沙知青 38 人；1965 年 9 月 10 日，第三批长沙知青 175 人到农场插队落户。长沙知青刚到场时都集中居住在李家塘新思队、新风村、断岭源村、农科所、神仙洞村过集体生产劳动生活。1975 年 4 月，江永县党群、财贸、文教、工矿系统的知识青年 246 人到农场插队罗，分别安排在李家塘新思、新风村、农科所、平利茶叶队、高尚队，参加生产劳动。

1977 年，绝大多长沙知青返城，江永知青返回江永，还有 34 名长沙知青留守回龙圩，知青们开始他们人生的新征程。经过多年的努力，有的成为教师、教授；有的成为作家、画家、企业家，虽然身份不同、社会地位不同，只要提到回龙圩，提到知青，他们就有共同的语言，共同的感受，引起共鸣，因为他们都经历过知青岁月的磨炼。他们中大多数人把回龙圩当作自己的第二故乡，那些对自己有过滴水之恩的淳朴职工，他们终生难忘。多年后他们依然对回龙圩的父老乡亲满怀思念和感激之情。

2005 年，原下放到平利村的长沙女知青曹玉辞得知平利村小学的 20 名小学生要配校服，主动与回龙圩小学领导联系，捐赠给每个小学生 1 套校服。

2012 年，当年下放到农场的长沙知青汪淮海、谢周迪、谢东祁、陈复元、钱大衡、陈迎楷 5 位知青共作一幅《情结远山》山水画，纪念长沙知青下放到回龙圩五十周年，赠送给管理区，现存挂在管理区办公大楼 6 楼大厅里。

原住毛家村的长沙知青朱慰民于 2012 年秋天，带着女婿到毛家村当年居住的房前拍照留影，对那些曾抱过、亲过、喂过儿子、女儿的大爷爷、老奶奶们表示感谢。

2014 年，1 月，原长沙知青唐志龙任主编，由中国华侨出版社的《回峰岭下》

《长沙知青在回龙圩》《上山下乡知青纪念文集》发行。

下放回龙圩农场长沙知青名录

表 18-4

姓名	性别	出生年月	籍贯	政治面貌	文化程度	家庭详细地址	插队名称
吴月华	女	1945	长沙市	中共党员	高中	—	场部机关
姜　平	女	1944	长沙市	团员	高中	—	场部机关
唐伟斌	—	1944	长沙市	中共党员	高中	—	场部机关
钟冬秀	女	1943	长沙市	中共党员	初中	—	场部机关
欧阳萍	女	1936	湘潭	—	—	—	—
胡浩洪	—	1948	长沙市	—	高小	—	—
朱美珍	女	1946	长沙市	团员	初中	—	农机厂
张本弘	—	1942	长沙市	—	初中	吉祥巷	农机厂
赵洪昇	—	1947	长沙市	团员	高中	—	农机厂
刘旭东	—	1943	湘潭	—	初中	—	农机厂
陈六三	—	1947	长沙市	团员	初中	西区上太平街付里 48 号	湘粉厂
陈振帮	—	1948	长沙市	—	高中	长沙东牌楼 34 号	湘粉厂
张乃勋	女	1947	长沙市	—	初中	长沙新生村 176 号	回龙粮店
郭小玲	女	1947	长沙市	—	初小	长沙新生村 255 号	回龙粮店
沈南华	—	1948	长沙市	—	高小	长沙市白沙街 72 号	农机厂
邹　杰	—	1947	长沙市	—	初中	—	农机厂
胡培德	—	1947	长沙市	—	高小	长沙市辅政街府正里 3 号	农机厂
李啟富	—	1948	衡山	—	高小	长沙市书院路 608 号	农机厂
宋厚培	—	1946	长沙市	—	初中	长沙市清水塘	基建队
陈继承	—	1948	长沙市	—	高小	—	基建队
朱林武	—	1947	长沙市	—	高中	—	基建队
李迟武	—	1947	长沙市	—	初中	—	养路队
任其力	—	1947	长沙市	—	高小	—	养路队
莫启贵	—	1945	长沙市	—	初中	长沙县洞井公社奎塘大队斗笠村	—
吴利华	女	1939	长沙市	—	初小	长沙市左家塘长岑 94 号	回龙工付组

续表18-4

姓名	性别	出生年月	籍贯	政治面貌	文化程度	家庭详细地址	插队名称
李大鹏	—	1946	长沙市	—	初中	—	—
李湘德	—	1946	长沙市	—	初中	长沙市衡湘路3号	农机厂
周文鑫	—	1945	长沙市	—	高小	长沙市中山西路90号	红旗工区新思队
樊读李	—	1931	重庆	—	中专	长沙市东瓜山四村46号	红旗工区新思队
王小琼	女	1946	长沙市	—	初中	长沙市劳动广场旭鸣里26号	红旗工区新思队
孔祥云	女	1947	长沙市	—	高小	长沙市解放四村620号	红旗工区新思队
舒德华	—	1936	长沙市	—	—	长沙市北站路北宋台41号	红旗工区新思队
李太芬	女	1945	四川	—	高中	长沙市上仁盘街25号	红旗工区新思队
段良工	—	1945	常德	—	高中	长沙市新兵路117号	红旗工区新思队
李家锦	女	1947	江西	—	初中	长沙是武汉桥蒋氏张公提116号	红旗工区新思队
陈萌文	女	1943	长沙市	—	高中	长沙市惜字公莊40号	红旗工区新思队
李序素	—	1945	长沙市	—	高小	长沙市南区沙河子街7号	红旗工区新思队
黄四明	—	1929	长沙市	—	—	长沙市狮子屋40号	红旗工区新思队
何德纯	女	1949	长沙市	—	高小	长沙市南区饮食店	红旗工区新思队
周铜钧	—	1944	涟源	—	高中	长沙市南区劳动路劳动里19号	红旗工区新思队
曹凤元	女	1948	长沙市	—	初中	长沙市南区裕南后街49号	红旗工区新思队
邹业谦	—	1935	长沙市	—	高中	长沙市南区左道巷31号	红旗工区新思队
刘长珍	女	1945	长沙市	—	高小	长沙市南区燕子崖	红旗工区新思队
文桂清	女	1945	长沙市	—	高中	长沙市南洋街32号	红旗工区新思队
张政林	—	1944	湘潭	—	高小	长沙市西区豆鼓园茶陵坪17号	红旗工区新思队
童继辉	—	1943	长沙市	—	高小	长沙市南大十字路口义茶坪95号	—
潘志美	女	—	长沙市	—	高中	—	红旗工区李家塘队
邹细云	女	1946	长沙市	—	高小	长沙市南门口社塘街24号	红旗工区李家塘队
王良一	—	1946	长沙市	—	初中	长沙市三中	红旗工区李家塘队
邓光复	—	1945	长沙市	—	初小	长沙市太平街争家巷15号	红旗工区李家塘队
蒋昌满	—	1945	长沙市	—	初中	长沙市迴龙山迴龙市3号	红旗工区李家塘队
王忠华	女	1940	长沙市	—	初小	长沙市解放四村733号	红旗工区李家塘队

续表18-4

姓名	性别	出生年月	籍贯	政治面貌	文化程度	家庭详细地址	插队名称
李　娟	女	1947	长沙市	—	初中	长沙市东区息湘街 22 号	红旗工区李家塘队
孙庚媛	女	1945	浏阳	—	高小	长沙市浏阳北圣公社	红旗工区李家塘队
黄云辉	—	1942	长沙市	—	高小	长沙市浏正街 110 号	红旗工区李家塘队
易敏慧	女	—	长沙市	—	—	—	—
刘俊篪	女	1945	湘潭	—	高小	长沙市韶山路曙光村 47 号	红旗工区李家塘队
潘玉芝	女	1945	长沙市	—	高小	长沙市西区橘子洲头 59 号	红旗工区李家塘队
彭巧云	女	1943	长沙市	—	高小	长沙市南区解放四村	红旗工区李家塘队
曾甲仁	—	1947	长沙市	—	初中	长沙市东区东庆街 67 号	红旗工区李家塘队
朱晋武	—	1938	长沙市	—	高中	长沙市西区古菊巷 35 号	红旗工区李家塘队
郭益如	女	1949	长沙市	—	高小	长沙市南区樟树园附 9 号	红旗工区新村队
袁德华	女	1948	长沙市	—	高小	长沙市东区韶山路 55 号	红旗工区新村队
颜大清	—	1948	长沙市	—	初中	长沙市南区天心路 67 号	红旗工区新村队
魏良祐	女	—	长沙市	—	—	—	红旗工区新村队
王静魁	—	1948	长沙市	—	高小	长沙市东区凤凰台 63 号	红旗工区新村队
王显后	女	1950	长沙市	—	初小	长沙市南区裕街 49 号	红旗工区新村队
邓细华	—	1943	长沙市	—	初小	长沙市北区坝茅洲 33 号	红旗工区新村队
张曙民	女	1950	长沙市	—	初中	长沙市南区大兰园 13 号	红旗工区新村队
吴国珍	女	1949	长沙市	—	初中	长沙市熙台岑四里 2 号	红旗工区新村队
金建国	—	1948	—	—	初中	—	红旗工区新村队
周罗珍	女	1948	长沙市	—	高小	长沙市浏城桥 16 号	红旗工区大兴塘队
熊建辉	—	1938	长沙市	—	初中	长沙市古稻田附 80 号	红旗工区大兴塘队
石罗文	—	1949	长沙市	—	初中	长沙市大宴家塘茶馆巷 34 号	红旗工区大兴塘队
汤乐其	女	1947	长沙市	—	高小	长沙市德雅村	红旗工区大兴塘队
吴筑君	—	1938	长沙市	—	中师	长沙市南区书院路工农村 33 号	红旗工区大兴塘队
周　兰	女	1950	长沙市	—	高小	长沙是第一师范三宿舍	红旗工区大兴塘队
王德安	—	1945	长沙市	—	—	—	红旗工区大兴塘队
梅炳生	—	1946	长沙市	—	高小	长沙市天心阁忠义里 44 号	红旗工区大兴塘队

续表18-4

姓名	性别	出生年月	籍贯	政治面貌	文化程度	家庭详细地址	插队名称
曹定安	女	1947	长沙市	—	初中	南区新兴路麓云里 3 号	红旗工区大兴塘队
方明帆	—	1946	长沙市	—	初中	新兴路就危巷郭仁里 12 号	红旗工区大兴塘队
吴艳香	女	1948	长沙市	—	初中	南郊水泵厂 15 栋 2 号	红旗工区大兴塘队
李怀安	—	1944	长沙市	—	高小	南区学医街皖西巷 89 号	红旗工区大兴塘队
谢时旺	女	1944	长沙市	—	高中	德雅村原湖南厂史哲学研究院	红旗工区大兴塘队
李　萍	女	1949	长沙市	—	高小	新兴路上毕湘街里仁园 54 号	红旗工区大兴塘队
曾静夫	女	1946	长沙市	—	初中	石头口 5 号树尖子派出所	红旗工区大兴塘队
曹沅陵	女	1946	长沙市	—	初中	大古道巷 14 号	红旗工区大兴塘队
周金定	女	1949	长沙市	—	初中	北门处唐家巷 17 号	红旗工区大兴塘队
张春林	—	1946	长沙市	—	高小	南社坛街 28 号	红旗工区大兴塘队
李竹均	—	1949	长沙市	—	初中	长沙市解放二村 52 号	红旗工区小溪队
谢东祺	—	1945	长沙市	—	高小	长沙市堂皇巷 2 号	红旗工区小溪队
陈贵玉	女	1946	长沙市	—	初中	长沙市皇仁坡 37 号	红旗工区小溪队
唐燕双	女	1945	长沙市	—	高小	—	红旗工区小溪队
李利文	女	1949	长沙市	—	初中	长沙市浏阳县北城区	红旗工区小溪队
邬明强	女	1949	长沙市	—	初中	长沙市税务局巷 3 号	红旗工区小溪队
罗湘衡	女	1949	长沙市	—	高小	长沙市小古道苍民建新村 17 号	田家队
许振国	—	1945	长沙市	—	高中	湖南省电力厅宿舍	田家队
夏惠珍	女	1949	长沙市	—	初中	长沙市劳动路 102 号	田家队
王定国	—	1950	长沙市	—	初中	长沙市南区机电宿舍裕南街 29 号	田家队
游步科	—	1943	长沙市	—	高小	长沙市福胜街 18 号	田家队
陸福生	—	1947	长沙市	—	高小	长沙市书院路宝塔山 64 号	田家队
刘建福	—	1945	长沙市	—	初中	长沙市西区妙坪 136 号	田家队
刘素纯	女	1948	长沙市	—	初小	—	田家队
郑洪吉	—	1928	长沙市	—	高中	长沙市源泉别经 4 号	田家队
陈守愚	—	1933	长沙市	—	高中	—	田家队
王珍秀	女	1949	长沙市	—	高小	—	田家队

续表18-4

姓名	性别	出生年月	籍贯	政治面貌	文化程度	家庭详细地址	插队名称
钱　放	女	1948	长沙市	—	初中	—	田家队
周汉忠	女	1943	宁乡	—	高中	长沙市五一路21号	何家队
徐芳芳	女	1950	浙江余姚	—	初中	长沙市南书院路何家湾24号	何家队
胡桂芝	女	1946	长沙	—	高小	长沙市马王堆省老疗养院	何家队
盛庆生	—	1940	长沙	—	初中	长沙市上学大街五号	何家队
谭冬梅	女	1946	长沙	—	高小	—	何家队
赵和秋	—	1948	长沙	—	高小	—	何家队
武小惠	—	1947	湘乡	—	初中	长沙市南门处妙高峰7号	何家队
武良元	—	1949	湘乡	—	高小	长沙市南门口沙家巷20号	何家队
王翠英	女	1949	长沙	—	高小	长沙市五家井天观巷10号	何家队
袁瑞华	女	1947	长沙	—	高小	长沙市南区由义巷131号	何家队
何巨涛	—	1935	长沙	—	高中	—	何家队
李建堃	—	1912	长沙	—	—	—	何家队
贺小茜	女	1946	长沙	—	高小	—	何家队
周金建	—	1944	长沙	—	高中	长沙市南区迎龙桥25号	红卫工区兴隆队
龚玉印	—	1946	长沙	—	初中	长沙市朗犁市残老院	红卫工区兴隆队
叶若雷	—	1950	长沙	—	初中	长沙市黄兴路35号	红卫工区兴隆队
郭正春	—	1949	长沙	—	高小	长沙市南区晏家塘30号	红卫工区兴隆队
刘春华	女	1950	长沙	—	初中	长沙市南区天心阁11号	红卫工区兴隆队
何小玲	女	1949	长沙	—	初中	长沙市南区天心三施路82号	红卫工区兴隆队
祝　旦	—	1949	长沙	—	初中	长沙市东隆街七号	红卫工区兴隆队
欧甫生	—	1947	江苏	—	高小	长沙市南区总铺巷32号	红卫工区兴隆队
易振武	—	1947	长沙	—	初中	长沙市南区南站人民供水公司	红卫工区兴隆队
肖振和	—	1941	长沙	—	初中	城西区福沅范倒脱靴4号	八工湾队
曹惠人	女	1945	长沙	—	高中	城西区五一路集体商场65号	八工湾队
帅友仁	—	1947	株洲	—	高小	长沙市白沙井苓4号	八工湾队

续表18-4

姓名	性别	出生年月	籍贯	政治面貌	文化程度	家庭详细地址	插队名称
王尽员	女	1949	长沙	—	高小	长沙市当铺巷19号	八工湾队
严 涛	—	1945	江苏镇江	—	高中	长沙市城南路蔺草田120号	八工湾队
张玉衡	—	1949	河北保定	—	高小	长沙市车站路290号	八工湾队
吴伏林	—	1948	南昌	—	初中	长沙市车站路290号	八工湾队
叶佐鑫	—	1946	长沙	—	初中	长沙市南区	八工湾队
刘志江	—	1947	长沙	—	初中	长沙市冻肉场厂	新风村队
易干清	女	1947	长沙	—	初中	长沙市大庆路106号	新风村队
谭四维	—	1944	长沙	—	初中	长沙市白州里5号	新风村队
陈蒿年	—	1947	长沙	—	初中	长沙市岳麓区卫生防疫站	新风村队
周禅如	女	1946	长沙	—	初中	长沙市仰天湖后街103号	新风村队
王致远	女	1949	长沙	—	初中	长沙市照包岑完小	新风村队
肖利君	女	1948	长沙	—	初中	长沙市晏家圩29号	新风村队
钟以政	—	1946	长沙	—	高小	长沙市	新风村队
周凯湘	—	1942	长沙	—	—	长沙市黄泥坑235号	新风村队
蒋明贵	—	1945	长沙	团员	初中	长沙市书院路472号	新风村队
邓玉华	女	1947	浏阳	团员	初中	浏阳北乡坪公社龙洞大队	新风村队
唐建国	女	1948	长沙	—	初中	长沙市礼贤街25号	新风村队
田贝珊	女	1946	长沙	—	高中	—	新风村队
易见珊	女	1949	长沙	—	高小	长沙市南区兴隆巷23号	十工湾队
段湘生	—	1941	江西	—	高中	长沙市西区钱巷10号	十工湾队
高秋林	女	1946	长沙	—	初中	长沙市西区太平里2号	十工湾队
黄又元	—	1946	长沙	—	高小	新田县马仁冲公社下义大队	十工湾队
肖友鑫	—	1947	广西	—	高小	长沙市黑石头前街6号	十工湾队
尹铁牛	—	1946	长沙	—	高小	长沙市西太平街1号	十工湾队
黄鹊光	—	1946	长沙	—	初中	长沙市东区新军路103号	十工湾队
杨培正	—	1945	长沙	团员	高中	长沙市东区新军路2号	十工湾队

续表18-4

姓名	性别	出生年月	籍贯	政治面貌	文化程度	家庭详细地址	插队名称
陈志秋	—	1947	长沙	—	初中	长沙市西区红石岭5号	十工湾队
蔡爱媛	女	1949	长沙	—	初中	—	十工湾队
刘家全	—	1951	湘潭	—	初中	长沙市磨盘湾24号	岗头源队
李家中	—	1932	湘乡	—	初中	长沙市江西巷91号	岗头源队
宁以鲁	—	1947	长沙	—	初中	长沙市社坛岭14号	岗头源队
腾校红	—	1948	长沙	—	初小	长沙市三兴街5号	岗头源队
言　湘	—	1946	四川	—	初中	长沙市新塘街47号	岗头源队
李茂初	—	1946	长沙	—	高小	长沙市	岗头源队
齐双喜	—	1946	河北	团员	初小	长沙市上六铺街24号	岗头源队
周志兰	女	1949	湘阴	—	高小	长沙市书院路490号	岗头源队
陈腾云	女	1947	长沙	团员	初中	长沙市如意街3号	岗头源队
凌招珍	女	1942	长沙	团员	初中	长沙市南区	岗头源队
艾政华	—	1943	江西	—	高中	江西东乡红星农场邓家分场	阳家
黄兆衡	女	1944	长沙	—	初中	长沙市南阳街兴文里3号	阳家
张振平	—	1946	醴陵	—	初中	长沙市大庆路75号	阳家
佘星亮	—	1949	长沙	—	高小	长沙市南区燕子窝119号	阳家
李　丹	女	1949	桂阳	—	初中	长沙市天里游路20号	阳家
魏自立	—	1945	长沙	—	初中	长沙市扫把塘轻化工学校	阳家
陈星明	—	1947	长沙	—	初中	长沙市工农桥15号	阳家
曾静宜	女	1945	长沙	—	初中	—	阳家
钱大衡	—	1947	长沙	—	初中	长沙市十一中	张家队
胡云喜	女	1947	长沙	—	高小	长沙市西湖路66号	张家队
王健萍	女	1946	长沙	—	初中	长沙市黄兴北路新一村10号	张家队
黄海斌	—	1942	长沙	—	高中	长沙市司马里43号	张家队
赵曼如	女	1948	长沙	—	初中	长沙市玉泉街19号	张家队
易南杰	—	1941	长沙	—	高中	长沙市三王街47号	张家队
钟流云	女	1948	长沙	—	初中	长沙市浏城桥粮店	张家队

续表18-4

姓名	性别	出生年月	籍贯	政治面貌	文化程度	家庭详细地址	插队名称
李伟雄	—	1948	长沙	—	初中	长沙市机床厂 8 宿舍 16 号	张家队
郭云贵	—	1946	长沙	—	初中	长沙市南区燕子窝茶园 119 号	张家队
张达中	—	1948	长沙	—	初中	长沙市西湖路 115 号	塘湾
何长学	女	1948	湘乡	—	初中	长沙市妙高峰南村五号	塘湾
张意才	—	1945	长沙	—	高小	西文庙坪 42 号	塘湾
叶兴华	女	1949	长沙	—	初中	长沙市南门外马厂巷 25 号	塘湾
谭祖花	女	1948	常宁	—	高小	攸县 214 勘察队	塘湾
彭淑君	女	1937	益阳	—	初中	长沙市仰天湖先锋新村 8 栋 46 号	塘湾
王云成	—	1940	辰溪	—	高小	长沙市拖拉机配件厂	塘湾
欧阳宽	—	1947	长沙市	—	高中	—	塘湾
周根生	—	1946	长沙市	团员	初中	—	塘湾
周德武	女	1946	长沙市	—	初中	—	塘湾
易光华	—	1946	长沙市	—	初中	—	塘湾
徐菲菲	女	—	长沙市	团员	初中	长沙南站北路 69 号橡胶厂	农科所
陈复员	—	—	长沙市	—	初中	长沙市三下院彭家井	农科所
李中康	女	—	长沙市	—	初中	长沙市上晏家塘钢铺巷 12 号	农科所
许凤球	女	—	长沙市	—	高小	长沙市大托公社九峰大队洋泥塘	农科所
黄　伟	—	—	长沙市	—	初中	北京密王溪北京捷宏零件厂	农科所
吴范斌	—	—	长沙市	团员	高中	长沙市洞开铺周家冲	农科所
程民府	—	—	长沙市	—	高小	长沙市东区东庆街槽坊巷 15 号	农科所
杨元芳	女	—	长沙市	—	初中	长沙市劳动路石家冲 9 号	农科所
曹梦阳	—	—	长沙市	—	高中	长沙市教育干部学校	农科所
曾银娥	女	—	长沙市	—	高中	长沙市二里丰蔬菜店	农科所
徐曼青	女	—	长沙市	—	高中	长沙市岳鹿山东风村 2 栋 12 号	农科所
胡长生	—	—	长沙市	—	初小	长沙市南门口南长湾	农科所
周淑媛	女	—	长沙市	—	初小	长沙市杨家公社杨家大队	农科所
陈　夷	—	—	长沙市	—	—	—	农科所

续表18-4

姓名	性别	出生年月	籍贯	政治面貌	文化程度	家庭详细地址	插队名称
易迪武	—	—	长沙市	—	初中	长沙市大古道巷	红卫工区星火队
刘昭然	—	—	长沙市	—	初中	长沙市岳麓山知新村77号	星火队
唐茜娜	女	—	长沙市	—	初中	长沙市硝厂巷2号	星火队
周清华	女	—	长沙市	—	高中	—	星火队
汤再雄	—	—	浏阳	—	初中	长沙市南门解放四村477号	星火队
周杏姬	女	—	长沙市	团员	初小	长沙市南门贤家塘永远里2号	星火队
黄德博	—	—	长沙市	—	高中	长沙市中医科学院	星火队
夏洛明	女	—	益阳	—	初小	—	星火队
姚寄安	女	—	长沙市	—	高中	—	星火队
郑雪飞	—	—	长沙市	—	高中	长沙市葵锷中路海棠巷12号	星火队
黄雨冬	—	—	长沙市	—	高中	长沙市梁梨跌横街29号	星火队
邓细娥	女	—	长沙市	—	高中	长沙市筝亭子20号	星火队
罗大川	—	—	长沙市	—	初中	长沙市九如里3号	星火队
徐捷民	—	—	长沙市	—	初中	株洲市株洲制药厂	星火队
罗宙林	女	—	长沙市	—	初中	—	星火队
彭佩林	女	—	长沙市	—	初中	—	星火队
刘娟	女	—	长沙市	—	初中	长沙市皇南街刘忠淮祠堂	星火队
周萍碧	女	—	长沙市	—	初中	长沙市照台岭完小	星火队
朱枚桂	女	—	长沙市	团员	初中	长沙县丁字湾大字岭	星火队
廖丽辉	女	—	长沙县	—	高中	长沙林业科学研究所	星火队
梁建长	—	—	长沙市	—	高小	—	星火队
杨志辉	—	—	长沙市	—	初中	—	星火队
田应桥	—	—	长沙市	—	初中	—	星火队
彭渝北	—	—	长沙市	—	初中	—	星火队
成建宁	—	—	湘乡	团员	高中	长沙市南沙井29号	红卫工区上游队
夏燕飞	女	—	益阳	—	初中	三四东区韶山路贺家塘43号	红卫工区上游队
彭曼文	女	—	长沙市	—	初中	—	红卫工区上游队

续表18-4

姓名	性别	出生年月	籍贯	政治面貌	文化程度	家庭详细地址	插队名称
赵衡清	女	—	长沙市	—	初中	长沙市南门口小商码头五号	红卫工区上游队
肖艳辉	女	1947	长沙市	—	高小	长沙市晏家塘29号	东方红工区上枧队
周世元	—	1950	长沙市	—	初中	长沙市衣铺街	上枧二队
周照山	—	1944	长沙市	团员	高中	长沙市坪塘镇新码头100号	上枧二队
邬　琨	—	1946	长沙市	—	高中	长沙市大广路牛角巷4号	上枧二队
张　瑛	女	1949	长沙市	—	初中	长沙市火药苍稻香别墅2号	上枧二队
张　琪	女	1947	长沙市	—	初中	长沙市火药苍稻香别墅2号	上枧二队
胡　斌	—	1949	长沙市	—	初中	—	上枧二队
罗华安	女	1946	长沙市	团员	高小	长沙市澡塘市174号	上枧二队
徐同生	—	1948	长沙市	—	—	—	上枧二队
娄林森	—	1943	长沙市	—	高小	长沙市天心阁甘棠地14号	上枧一队
王世昌	—	1947	长沙市	—	高中	长沙市学院街陈家巷45号	上枧一队
向崇正	—	1947	长沙市	—	高中	长沙市重塘街闽省巷3号	上枧一队
李浩然	—	1945	长沙市	—	初中	长沙市朗黎公社	上枧一队
童乃倩	女	1946	长沙市	—	初中	长沙市东站路车站新村4号	上枧一队
郑诗华	—	1945	长沙市	—	高中	长沙市南区樟树园7号	上枧一队
曾　雄	—	—	长沙市	—	高中	—	上枧一队
李文威	—	1949	长沙市	—	高中	—	上枧一队
李诚定	—	—	长沙市	—	高中	长沙市麓山东路	毛家队
彭丽娟	女	—	长沙市	—	初中	湘乡县北门丁家街愚园108号	毛家队
刘伟年	—	—	长沙市	—	高中	长沙市下碧湘街寿佛巷8号	毛家队
李嘉林	—	—	长沙市	—	高小	—	毛家队
沈贤怡	—	—	长沙市	—	初中	长沙市黄兴路大古道巷8号	毛家队
周习贤	—	—	长沙市	—	初中	—	毛家队
朱慰民	—	—	长沙市	—	高中	—	毛家队
陈孟碧	女	—	长沙市	—	高中	—	毛家队
肖　杰	—	1947	长沙市	—	初中	长沙市石家冲6号	顾家队

续表18-4

姓名	性别	出生年月	籍贯	政治面貌	文化程度	家庭详细地址	插队名称
朱念祖	—	1947	长沙市	—	高中	长沙市劳动路樟树园4号	顾家队
朱忠颐	—	1948	长沙市	—	高中	长沙市劳动路樟树园4号	顾家队
刘大伟	—	—	长沙市	—	—	—	顾家队
王香玲	女	—	长沙市	—	初中	长沙市学院街陈家井43号	顾家队
方　田	女	—	长沙市	—	—	—	顾家队
刘希寿	—	—	衡山	—	大学	衡山县山水公社大刚大队	朱家观队
杨政芝	—	—	长沙市	—	初中	长沙市南门口古道巷60号	朱家观队
简国祥	女	—	长沙市	—	初中	邵阳市小澡市公社大口大队	朱家观队
谭仙艳	女	—	长沙市	—	—	长沙市左家塘阿弥岭51号	朱家观队
任希斌	女	—	长沙市	—	—	—	朱家观队
王建云	—	—	长沙市	—	—	长沙县谷塘公社东塔大队官山塘生产队	回龙队
廖志豪	—	—	广西	—	—	长沙市省林业厅宿舍4栋159号	回龙队
郑擎宇	—	—	长沙市	—	—	长沙市南门外花亭大队	回龙队
李淑华	女	—	长沙市	—	高中	长沙市河西草湾市江家巷27号	回龙队
周伯坤	女	—	长沙市	—	—	长沙市楚湘街11号	回龙队
徐中惠	女	—	长沙市	—	高中	长沙市沿江大道20号	盐下队
谢南昌	—	—	长沙市	—	初中	长沙市仰天湖先锋新村13栋	盐下队
曹泽存	—	—	长沙市	—	初中	长沙市上晏家塘54号	盐下队
黄瑞贤	女	—	长沙市	—	高中	长沙市蔡锷中路184号	盐下队
蔡桂秋	女	—	长沙市	—	高小	长沙市解放四村477号	盐下队
曹幼思	女	—	长沙市	—	初中	长沙市裕南街东瓜山二村新六栋3号	新铺队
曾健君	女	—	长沙市	—	初中	—	新铺队
朱碧云	女	—	长沙市	—	高中	长沙市织杭街耕耘甫8号	新铺队
刘天明	女	—	长沙市	—	初中	长沙市黄兴巷弥罗阁3号	新铺队
杨凤池	女	—	长沙市	—	初中	沙市书院街300号	新铺队
孙佩林	—	—	长沙市	—	高中	长沙市城南区社境岭19号	新铺队

续表18-4

姓名	性别	出生年月	籍贯	政治面貌	文化程度	家庭详细地址	插队名称
陈永盛	—	—	长沙市	—	初中	长沙市书院路407号	新铺队
张志雄	—	—	长沙市	—	大学	—	高圩队
刘路明	女	—	长沙市	—	高中	长沙市大高码头1号	高圩队
马庆如	—	—	长沙市	—	中专	长沙市书院路向家湾83号	高圩队
蔡水彬	—	—	长沙市	—	初中	长沙市西湖路桃家巷71号	高圩队
张书娴	女	—	长沙市	—	高小	—	高圩队
朱沅沅	女	—	长沙市	—	初中	长沙市仰天湖后街70号	高圩队
郑庆明	女	—	长沙市	—	高中	长沙市衣铺街12号	高圩队
唐志农	—	—	长沙市	中共党员	初中	长沙市织杭街63号	高尚队
翟　刚	—	—	河北	团员	高小	安国县翟家营大队	高尚队
罗建辉	—	—	长沙市	—	高中	长沙市福沅巷2号	高尚队
章　路	—	—	长沙市	—	初中	长沙市永湘新街70号	高尚队
陈喜甫	—	—	长沙市	—	高中	长沙市东带街58号	高尚队
杨同文	—	—	长沙市	—	高中	长沙市保安里29号	高尚队
张平香	女	—	长沙市	—	初中	长沙市汽车电器塑料厂	高尚队
刘慎莘	女	—	长沙市	—	高中	长沙市蔺草田111号	高尚队
王昭华	女	—	长沙市	—	高中	长沙市都政街清番留5号	高尚队
吏宏钧	—	—	长沙市	—	高中	长沙市西区吉祥巷同仁里七号	高尚队
曹九皋	女	—	长沙市	—	高中	长沙市半里街82号	高尚队
杨伟芝	女	—	长沙市	—	初中	长沙县小高道巷60号	高尚队
杨铭忠	女	—	长沙市	—	高小	—	关下队
周慧民	女	—	长沙市	—	初中	沙市坡子街87号	关下队
马庆瑜	女	—	长沙市	—	初中	鞍山市通泰街22号	关下队
翁湘珠	女	—	长沙市	—	初中	长沙市黄兴路336号	关下队
陈　平	女	—	长沙市	—	初中	—	关下队
戴灿波	女	—	长沙市	—	初中	—	关下队
罗士中	—	—	长沙市	—	初中	—	关下队

续表18-4

姓名	性别	出生年月	籍贯	政治面貌	文化程度	家庭详细地址	插队名称
张汉辉	女	1949	长沙市	—	初中	长沙市城南区灵官渡64号	彭家队
杨小芳	女	—	长沙市	—	初中	长沙市师范学院长游村七栋1号	彭家队
欧阳宇经	—	—	长沙市	—	高中	长沙市	彭家队
李定安	—	—	长沙市	—	高小	长沙市南门口吴家坪19号	彭家队
肖荣锋	女	—	长沙市	—	初中	长沙市玉泉街8号	彭家队
陈礼容	女	—	长沙市	—	高中	株洲县蝶屏公社高塘大队大票树队	彭家队
王勤芝	女	—	长沙市	—	初中	长沙市黄兴南路小大道巷60号	彭家队
肖中新	—	—	—	—	—	—	彭家队
李运清	—	—	—	—	高小	—	彭家队
聂春玲	女	—	长沙市	—	初中	长沙市格兰街	彭家队
朱之颉	女	—	长沙市	—	高中	长沙市东瓜山电业二村40号	晨光队
梁伯怒	—	—	长沙市	—	高中	长沙市新开铺湖南开关厂干部宿舍	晨光队
郑安定	女	—	长沙市	—	高小	长沙市机床厂分厂	晨光队
刘金碧	—	—	长沙市	—	高小	长沙市南区永远里16号	晨光队
晏世伟	女	—	长沙市	—	初中	长沙市第五中学宿舍	晨光队
殷定安	—	—	长沙市	—	初中	长沙市轻阳巷3号	苗圃
戴季霞	女	—	长沙市	—	高中	新化县柏树公社石圳大队	苗圃
方　旭	女	—	长沙市	—	初中	长沙市西文庙上坪湾6号	苗圃
伍增录	女	—	江西	—	高中	长沙市百站路92号	良种猪场
周丽珊	女	—	长沙市	—	高中	—	良种猪场
谭丽珠	女	—	长沙市	—	高中	—	良种猪场
沈玉华	女	—	长沙市	—	高中	—	良种猪场
袁建霞	女	1947	长沙市	—	高小	长沙市中山西路茶家巷12号	堂锦队
伍育相	—	1946	长沙市	—	高小	长沙市小西门外正街3号	堂锦队
董又昌	—	1944	长沙市	—	初中	长沙市湖南林校	堂锦队
石景山	—	1947	长沙市	—	初中	长沙市	堂锦队
王显极	—	1946	长沙市	—	初中	长沙市玉兰街52号	堂锦队

续表18-4

姓名	性别	出生年月	籍贯	政治面貌	文化程度	家庭详细地址	插队名称
杨曦珍	女	1945	长沙市	—	初中	长沙市小古道巷流水沟7号	堂锦队
骆文敏	—	1948	长沙市	团员	高小	长沙市苏家巷光复里3号	堂锦队
王慈珍	女	1944	长沙市	—	初中	长沙市橘子洲头115号	堂锦队
冯秀珍	女	1945	长沙市	—	初中	韶山路候家塘303号	大地铺队
黄运淑	女	1949	长沙市	—	初中	长沙市南站洪山头40号	大志队
刘康仲	—	1949	长沙市	—	初中	长沙市碧湘街人民银行宿舍	大志队
谢良六	—	1949	长沙市	—	初中	长沙市新义路社壇岭32号	大志队
罗清海	—	1946	长沙市	—	初中	—	大志队
孙志敏	—	1948	长沙市	—	初中	长沙市东瓜山二村六栋45号	大志队
王国栋	—	1950	益阳	—	初中	长沙市南门外沙湖桥古堆山宿舍2栋	等母头队
谭义泽	—	1949	长沙市	—	初中	长沙市南门口流水沟云泉里12号	等母头队
高北斗	—	1947	长沙市	—	初中	长沙市解放四村418号	等母头队
许叔重	—	1944	长沙市	—	高中	长沙市南方口新塘接24-46号	等母头队
周德英	女	1947	长沙市	—	初中	长沙市雷锋公社枫树大队	等母头队
黄厚珊	女	1948	长沙市	—	初中	长沙市南祥湾3号	等母头队
陈跃輝	—	1947	长沙市	—	高小	长沙市左家塘13号	黄家队
邓瑜多	女	1949	长沙市	—	初中	长沙市新兴路85号	黄家队
李天球	—	1947	长沙县	—	初中	长沙县格塘公社卫生院	黄家队
伍共成	—	1949	长沙市	—	初中	长沙市第五中学宿舍	黄家队
余君严	—	1949	长沙市	—	初中	长沙市河西威家湖长沙灯泡厂	黄家队
张知正	女	1949	长沙市	—	初中	长沙市学院街33号	黄家队
易德强	—	1948	长沙市	—	初中	长沙市上晏家塘30号	黄家队
杨冠雄	—	1941	长沙市	—	初中	长沙县莲花桥第七生产队	平利队
乔爱华	女	1946	长沙市	—	高小	长沙市六十街67号	平利队
颜门正	—	1949	长沙市	—	初中	长沙市保安街8号	平利队
王月华	女	1947	长沙市	—	初中	长沙市浏城桥十字里49号	平利队
曹希成	—	1940	长沙市	—	高小	长沙市南门洪家湾26号楼	平利队

续表18-4

姓名	性别	出生年月	籍贯	政治面貌	文化程度	家庭详细地址	插队名称
曹玉辞	女	1948	长沙市	—	高小	长沙市书院路168号	平利队
宾兆明	—	1946	长沙市	—	初中	长沙市新生村99号	平利队
张树根	—	1919	长沙市	—	大学	长沙市黄兴北路332号	平利队
冯仕续	—	1944	长沙市	—	高中	长沙市	平利队
刘万瑜	—	—	湘乡	团员	高中	长沙县板桥公社板桥大队第六生产队	底岗队
彭庆思	女	—	长沙市	团员	高中	长沙市小吴门北墙外4号	底岗队
文克昭	—	—	长沙市	—	初中	长沙市杜页园23号	底岗队
刘明达	—	—	长沙市	—	初中	长沙市局关祠邪和里3号	底岗队
杨荣光	—	—	长沙市	—	高中	长沙市桃花井4号	底岗队
李丽霞	女	—	长沙市	—	高小	长沙市碧湘街湘清别墅9号	底岗队
黄德安	—	—	长沙市	—	初中	长沙市套联园9号	向阳队
王士其	—	—	常德市	—	初中	长沙市套联园9号	向阳队
伍继正	—	—	宁乡	—	高中	长沙市三五街22号	向阳队
赵晓娥	女	—	湘潭	—	高中	长沙市五一西路74号	向阳队
朱敦智	—	—	长沙县	—	高中	长沙市古家巷13号	向阳队
朱楚失	—	—	长沙市	—	初中	长沙市套联园9号	向阳队
黄云自	女	—	湘阴	—	高中	长沙市南大十字路2号	向阳队
徐静文	女	—	长沙市	—	初中	长沙市识机街74号	向阳队
李希前	女	—	长沙市	—	高中	—	向阳队
王永汉	女	—	长沙市	—	初中	长沙市步西搭桥11号	向阳队
马桂林	—	—	长沙市	—	高小	长沙市杜家坡附41号	下岩队
谢文彬	—	—	长沙市	—	—	—	下岩队
邓国斌	—	—	长沙市	—	初中	长沙市稿源巷科脱堆2号	下岩队
李雪梅	女	—	长沙市	—	初中	长沙市南湖巷1号	下岩队
方沛德	—	—	江苏	—	初中	长沙市都街清多留1号	下岩队
张应芝	女	—	长沙市	—	初中	长沙市落心田41号	下岩队

续表18-4

姓名	性别	出生年月	籍贯	政治面貌	文化程度	家庭详细地址	插队名称
金秀芳	女	—	长沙市	—	文盲	长沙市玉农街烟铺汉 27 号	下岩队
汤能锋	—	—	宁乡	—	高中	长沙市堂皇里 27 号	下岩队
谭友成	女	—	长沙市	—	高小	长沙市南湖路 67 号	下岩队
肖金华	女	—	长沙市	—	高小	长沙市燕子岑山上 11 号	下岩队
雷谷生	—	—	长沙市	—	高小	长沙市燕子岭山上 174 号	下岩队
邹文彬	—	—	湘潭	—	高小	湘潭奋斗巷六号	向阳茶山队
熊世旦	女	—	长沙市	—	高中	湘潭奋斗巷六号	向阳茶山队
李一芝	—	—	新化	—	中专	长沙市西湖桥 2 号	向阳茶山队
郑　明	女	—	长沙市	—	初中	长沙市槐树巷 2 号	向阳茶山队
张海清	—	—	长沙市	—	中专	长沙堂田公社兴隆大队	向阳茶山队
王祝晖	女	—	长沙市	—	初中	长沙市黄泥街 30 号	向阳茶山队
曹霞林	—	—	湘潭	—	文盲	长沙市游艺巷 25 号	向阳茶山队
何卫阳	—	—	湖北	—	高中	长沙市六兴街 26 号	向阳茶山队
陈迎楷	—	—	长沙市	—	初中	长沙市堂皇巷五号	向阳茶山队
朱若西	—	—	湘乡	—	初中	长沙市要钱街 3 号	向阳茶山队
王立地	—	—	湘乡	—	初中	长沙市广场村 13 号	向阳茶山队
曾澍霖	—	—	湘乡	—	初中	长沙市小东茅巷 19 号	石头水队
朱　逖	—	—	湘乡	—	初中	长沙市回龙山 16 号	石头水队
肖炳春	—	—	湘乡	—	初中	长沙市黎家坡 2 号	石头水队
廖详云	女	—	湘乡	—	—	长沙市东风钢厂	石头水队
吴　晋	女	—	—	—	—	—	石头水队
倪保露	女	—	长沙市	团员	初中	沙市东茅街 65 号	马鹿头队
梅亚敏	女	—	长沙市	团员	初中	长沙市大古道巷 8 号	马鹿头队
徐宗伟	—	—	长沙市	—	初中	长沙市磨盘湾 17 号	马鹿头队
刘德贵	女	—	长沙市	—	初中	长沙市心安里 77 号	马鹿头队
李婉玲	女	—	长沙市	—	初中	长沙市学院街 27 号	马鹿头队
曾庆宁	女	—	长沙市	—	初中	长沙市古稻田 96 号	马鹿头队

续表18-4

姓名	性别	出生年月	籍贯	政治面貌	文化程度	家庭详细地址	插队名称
唐　恺	—	—	长沙市	—	高中	长沙市鹿芝中学	马鹿头队
邱益康	—	—	平江	—	初中	长沙市礼贤街溢经巷1号	马鹿头队
刘让麟	女	—	长沙市	—	初中	长沙市南大路义荣亭105号	马鹿头队
曾毓娴	女	—	新化	—	高中	长沙市刘忠社祠23号	马鹿头队
邓　经	—	—	长沙市	—	初中	长沙市石子冲附8号	马鹿头队
周苏根	—	—	江苏	—	初中	长沙市湖南机床厂	断岭源
熊大双	女	—	湖北	团员	初中	长沙市妙高峰32号	断岭源
熊小双	女	—	湖北	—	高中	长沙市妙高峰32号	断岭源
梁　曦	女	—	长沙市	团员	高中	长沙市晏家塘横街20号	断岭源
李同文	—	—	长沙市	团员	高中	长沙市勘测设计院宿舍	断岭源
刘　帆	女	—	长沙市	—	初中	长沙市黄兴路45号	断岭源
严群华	女	—	长沙市	团员	初中	长沙市晏家塘横街23号	断岭源
舒树根	—	—	长沙市	—	初中	长沙市南区劳动路64号	断岭源
李美华	女	—	长沙市	—	高小	长沙市南区燕子岭山上16号	断岭源
蔡秋林	—	—	江苏	—	高小	长沙市回龙山村81号	断岭源
肖建凯	女	—	长沙市	—	初中	长沙市南门口吴家坪40号	断岭源
漆　应	—	—	长沙市	团员	初中	长沙市苏运路上宝塔山85号	神仙洞
张运中	—	—	长沙市	—	初中	长沙市西湖路115号	神仙洞
周细陀	女	—	长沙市	团员	初中	长沙市玛仪巷14号	神仙洞
毛季武	—	—	长沙市	—	初中	长沙市铝厂宿舍	神仙洞
杨满绮	女	—	浙江	—	初中	长沙市黄兴南路22号	神仙洞
廖梅仙	女	—	长沙市	—	初中	长沙市都正街	神仙洞
马湘一	—	—	长沙市	—	初中	长沙市桃家巷38号	神仙洞
易悌武	女	—	长沙市	—	初中	长沙市桃家巷	神仙洞
谭规箴	—	—	长沙市	—	中专	长沙市桂花井22号	神仙洞
贾艾利	女	—	长沙市	—	初中	长沙市桂花井	神仙洞
周怀亮	—	—	—	—	—	—	神仙洞

续表18-4

姓名	性别	出生年月	籍贯	政治面貌	文化程度	家庭详细地址	插队名称
刘虎痴	—	—	湖北	—	初中	长沙市汽电职工宿舍	向阳工区
刘建秋	女	—	江苏	—	初中	江苏徐州市公园东巷5号	向阳工区
殷正学	—	—	—	—	—	—	向阳工区
钟韵秋	女	—	长沙市	—	初中	长沙市妙高峰南村五号	向阳工区
王鹤民	—	—	长沙市	—	初中	长沙市城西区坡子街49号	向阳工区
颜庆余	女	—	长沙市	—	初中	长沙市金盆岭二板床厂	向阳工区
汪淮海	女	—	长沙市	—	初中	长沙市凡西巷71号	向阳工区
李梅林	女	—	长沙市	—	初中	—	向阳工区
罗先恬	女	—	长沙市	—	初中	长沙市黄兴南路29号	向阳工区
陈启林	—	—	长沙市	—	初中	长沙市广场新村14号	向阳工区
谢周迪	—	—	湘乡	—	初中	长沙市西牌楼百合巷1号	向阳工区
周云玲	女	1994	长沙	—	—	—	大志工区等母头
何谢甫	—	1947	湘潭	—	初中	长沙市南门新谭街宿舍22号	大志工区等母头

赵可贞	胡学民	陈兆新	罗　雄	王其满	刘锦龙	刘雪兰	刘银珠
陈厚珊	陈先励	周祖强	黄金如	张萍秀	邓净康	吴鄂君	朱德芝
陈美琪	欧阳禄希	刘金碧	刘莜林	刘家强	刘佩龙	陈　平	周国安
周伯勤	张汉林	张志新	谢　甫	吴正平	邹国秋	孔宾林	刘政杰
王　俭	刘家富	刘克菲	刘鹏程	陈庚强	周　娟	周莎露	张玉琴
张洪珍	谢长度	邓洪吉	吴淑君	张寒三	李宪民	杨文森	陈桂林
王香玲	刘晓林	刘树椿	刘旦安	周碧霞	张億尚	吴淑纯	谢庭福
杨登科	贺松林	康冰清	刘定华	刘孝光	朱海林	曾蜀君	肖福林
曹琦丽	廖兴贵	何定国	石玉辉	鄢烈平	方　智	杨铁文	罗应军
彭正元	胡美林	何香英	蔡光珏	石复明	方求林	庞淑兰	卢德志
贺坤如	劳积纯	杨金兰	罗连珍	彭　灼	余正雄	胡景山	叶稳英
莫子贵	马国饮	苏国良	卢春泉	余新亮	浦世来	马国清	杨伟芝
罗英华	赵发梅	徐新云	胡美林	熊汉芳	孔庚元	游德根	莫俊国
马映红	常修文	邱露玲	余天佑	瑶佩兰	杨代琼	廖灿培	胡介符
邹开云	莫羅生	马定国	常细毛	傅增荣	杨云华	何淑君	禹再谦
盛淑芝	凌天福	王静魁	罗远远	王永汉	何志武	曾树林	伍坤录
王世明	刘定华	刘孝光	刘　佩	陈士奇	陈　平	陈庚强	周碧霞

周阳春	周祖强	周伯勤	周国秋	周瑞芝	黄细红	黄凤云	黄翠娥
黄雪纯	黄金如	张玉琴	张德尚	张毕华	张秀萍	张志新	张洪珍
张蜀云	谢树云	谢　军	邓少清	邓待华	邓净康	邓光华	易南杰
邓雪华	邓惠芳	邓洁荷	吴鄂君	吴正平	吴淑君	胡六顺	赵月华
赵振华	徐祥云	廖灿培	唐香兰	徐　红	廖祖培	袁雪梅	沈贤悌
唐增珠	徐维群	袁建坤	孔宾林	郭云贵	许重国	鄢明强	何若莲
潘志英	禹喜桃	金瑞美	苏金凤	宋端贞	骆志军	贺松云	喻微峰
林森桥	余嘉用	柳红船	杭国桃	方佩德	汪淮海	邵　玲	龙建平
毕光明	苟顺卿	王细纯	王家彪	刘莜林	刘承正	陈跳飞	陈金泉
陈丽娟							

留在回龙圩工作的长沙知青一览表

表 18-5

姓名	性别	出生年月	原下放地址	工作单位
王显极	—	1946	大志工区棠锦生产队	回龙圩管理区机关
王世明	—	—	—	回龙圩茶厂
王忠华	女	1940	红旗工区李家塘队	回龙圩粮油厂
王月华	女	1947	大志工区平利生产队	回龙圩茶厂
毛季武	—	—	向阳工区神仙洞生产队	回龙圩茶厂
刘德贵	女	1947	向阳工区马鹿头生产队	回龙圩农机厂
苏国良	—	—	—	回龙圩电站
杨培正	—	1945	红卫工区十工湾队	回龙圩直属库
杨元芳	女	1947	红卫工区农科所生产队	回龙圩中学
李大鹏	—	1946	场直属单位	回龙圩基建队
李婉玲	女	1947	向阳工区马鹿头生产队	回龙圩茶厂
肖金华	女	1946	向阳工区下岩生产队	回龙圩直属库
何香英	女	—	—	回龙圩粮油加工厂
邹业谦	—	1935	红旗工区新思队	—
邹细云	—	1946	红旗工区李家塘队	回龙圩直属库
张运忠	—	1944	向阳工区神仙洞生产队	回龙圩场部机关
张汉辉	女	1949	向阳工区彭家生产队	江永城关一小小教高级
张之发	—	—	—	回龙圩茶厂

续表18-5

姓名	性别	出生年月	原下放地址	工作单位
周金建	—	1944	红卫工区兴隆生产队	回龙圩直属库
周文鑫	—	1945	红旗工区新思队	回龙圩农场机关
周淑元	女	—	—	回龙圩茶厂
庞淑兰	女	1946	—	回龙圩茶厂
赵曼如	女	1948	红卫工区张家生产队	回龙圩教委
徐曼清	女	1945	红卫工区农科所生产队	回龙圩小学小教高级
唐　凯	—	1945	向阳工区马鹿头生产队	回龙圩农工商公司
郭晓玲	女	1947	场直属单位	回龙圩粮油加工厂
谭冬枚	女	1946	红旗工区何家生产队	回龙圩茶厂
潘玉芝	女	1945	红旗工区李家塘队	回龙圩茶厂
龚玉印	—	1946	红卫工区兴隆生产队	回龙圩茶厂
夏燕飞	女	1947	红卫工区兴隆生产队	回龙圩职工医院
石景山	—	1947	大志工区棠锦生产队	回龙圩茶厂
冯秀珍	女	1945	大志工区大志生产队	回龙圩罐头厂
刘明达	—	1946	大志工区底岗生产队	回龙圩茶厂电工
易南杰	—	1941	红卫工区张家生产队	回龙圩中学中教一级
李湘德	—	1946	场部机关	场机关小车队
熊建辉	—	1938	红旗工区大申塘队	—
何德纯	女	1949	红旗工区新思队	回龙圩茶厂
谢文彬	—	—	向阳工区下岩生产队	回龙圩茶厂
唐伟斌	—	1944	场部机关	—
张乃勋	女	1947	场直属单位	—

附　录

一、重要文献辑录

中共湖南省委文件

湘发〔2000〕4号

中共湖南省委
湖南省人民政府
关于国有大中型农场体制改革的意见

（2000年1月24日）

国有农场是农村经济的重要组成部分。自50年代创建以来，我省国有农场为开发土地资源，扩大社会就业，增加商品供给和国家积累作出了重大贡献。当前，随着改革开放的深化和社会主义市场经济体制的建立，国有农场在计划经济体制下形成的政企合一、高度集中的管理体制越来越不适应区域经济社会发展的要求，不利于深化工商企业改革和多种所有制经济共同发展，不利于减轻企业和职工负担，不利于依法行政和依法办事，必须进行改革。为此，省委、省政府就全省国有大中型农场体制改革提出如下意见。

一、指导思想和基本原则

国有农场体制改革要以党的十五届四中全会精神为指针，从有利于解放和发展生产力，有利于深化国有工商企业改革，有利于减轻企业和职工群众负担，有利于维护社会稳定出发，遵循社会主义市场经济体制的客观要求，按照政企分开、职能配套、权利和责任对等、事权与财权统一的原则，建立健全行政管理体制、司法体制、财政体制和符合现代企业制度要求的企业运行机制。通过改革，理顺体制，转换机制，加强管理，增强发展活力。

二、建立健全行政管理体制和司法体制

区分不同情况，建立健全行政管理体制。规模较大的农场设立管理区，规模较小且地理位置毗邻的合并设立。管理区设管理委员会，作为上一级人民政府的派出机构，比照县级政府赋予职能职权，全面负责管理区域内的经济社会事务。规模较小又单个存在的农场改为乡镇建制，并入所在县市区。其他干部管理按“老人老办法、新人新办法”的原则逐步过渡。

管理区建立相应的司法机构。健全司法管理职能，其机构设置按法定程序报批。

三、建立健全财政体制

管理区比照县一级建立分税制财政体制，设立相应的财政管理机构、税收征管机构和国库；建立财政预决算制度，将管理区的各项税收、规费、土地承包费、罚没款和其他各项收入纳入财政统一管理，同时将管理区的行政性支出、社会事业管理和建设支出等列入财政支出预算；按分税制财政体制确定收入级次，省、市州对管理区执行与县市区相同的财政政策。各市州要在确定农场财政管理体制时给予让利照顾。考虑到国有大中型农场主要集中在岳阳、益阳、常德三市，省对三市适当调整财政上解基数，管理区的财政基数确定后，地方税收增长部分、共享税分成部分及上划中央两税系数返还部分，在5年内由管理区全额留用，以调动其深化企业改革，大力发展多种所有制经济和加强税收征管的积极性。

四、理顺省、市州政府及其各部门与管理区的关系

设立管理区后，省、市州政府及其各部门要比照县区一级，将其经济社会发展纳入统一规划。计划、经贸、商贸、财政、文化、教育、卫生、交通、水利、农业、林业、电力、国土、城建、规划、民政、劳动和社会保障，环境、血防、公安等各部门和检察院、法院在项目安排、资金投入、政策扶植、行业管理等方面、应将管理区与名县市区一视同仁，统筹安排。各级财政原来预算中支持农场发展的

“小农水”等经费要继续安排，并逐年增加。

五、深化内部改革

大力精简行政事业机构和人员。管理区党政机构和司法机构要按照精干高效的原则设置，不要攀比县市区，不要强求上下对口。具体方案由所在市州与管理区根据实际情况研究提出，并报省编委批准后执行。同时，对现有农场和生产队进行撤并，改设乡镇或办事处和村，有的可执行管理区和办事处（村）两级管理。对现有教育和医疗清点进行调整集中，并切实抓好人员分流工作。清理清退代干、代教人员和各类临时工；对各类后勤和生产服务体系实行企业化经营。要通过精简机构和分流人员，使管理区由财政负担的人员有较大幅度的减少。

加快农场所属国有工商企业改革。在设立管理区的同时，可组建国有资产经营公司和农垦集团公司，由市州人民政府授权其管理和运营原农场国有资产。农场所属工商企业要加快进行股份制改造，改组为农垦（集团）公司的控股、参股企业，登记为独立法人。其工商企业改制时享受县市区国有企业相同的政策待遇，省、市州有关部门和金融机构要一视同仁给予支持。

深化农业改革。要进一步完善土地承包责任制和统分结构的双层经营体制。试行土地使用权有偿转让，促进土地向经营能手集中，大力扶持发展家庭农场、股份制农场，积极推进农业产业化经营。同时大力发展非公有制经济，鼓励非公有制经济投资主体参与农业资源开发、小城镇建设和发展二三产业。

六、积极推进社会保障体系建设

在国有农场体制改革过程中，要积极探索建立社会保障体制的有效途径。要按照中央和省里的有关文件精神，将原农场的干部、教师、医务人员和国有工商企业职工的养老保险，医疗保险和失业保险逐步纳入社会统筹。要根据农场的特殊性，从实际出发，妥善研究目前普遍存在的农业职工退休养老问题的处理办法。具体方案由各市州专题调查研究后制订。

七、切实加强对农场体制改革工作的领导

这次国有农场体制改革工作由所在市州党委、政府负责组织实施。这项工作涉及面广，情况复杂，政策性很强，各有关市州党委、政府要切实加强领导，由一把手负总责，分管农村工作的副书记、副市（州）长具体负责抓，成立专门班子，指导和帮助农场结合本地实际研究制定具体方案，并精心部署，严密组织实施。要广泛深入地做好思想政治工作，教育、引导农场广大干部职工积极支持和参与农场体制改革。要妥善处理改革、发展和稳定的关系，注意研究改革中出现的新情况、新问题，对各种不利于稳定的因素要及时发现、及早化解，以保证国有农场体制改革的顺利进行。

全省国有大中型农场体制改革的指导工作，由省委副书记胡彪，省委常委、省政府常务副省长周伯华，省政府副省长庞道沐，省政府秘书长谢康生负责；省委政研室、省委政法委、省体改委、省编办、省农办、省农业厅、省财政厅、省民政厅、省劳动和社会保障厅、省农垦局等部门安排力量参与指导督促。其他各部门都要根据各自的职责范围，大力支持配合。

国有小型农场的改革。由各市州、县市区参照本意见，结合各地实际制定具体方案，并负责组织实施。

(此件发市州和省直有关厅局)

湖南省机构编制委员会办公室文件

湘编办〔2000〕28号

关于永州市回龙圩管理区机构编制有关问题的批复

永州市机构编制委员会办公室：

你办《关于永州市回龙圩管理区机构级别、人员编制等事宜的请示》（永编办发〔2000〕11号）悉。根据省委、省人民政府《关于国有大中型农场体制改革的意见》（湘发〔2000〕4号）精神，结合回龙圩管理区的实际，现就有关问题批复如下：

一、回龙圩管理区管理委员会为永州市人民政府的派出机构，行政级别为正县级，并“比照县级政府赋予职能职权全面负责管理区域内的经济社会事务”。其党政工作机构可根据机构编制工作管理权限，按照湘发〔2000〕4号文件和今年6月12日全省国有农场体制改革工作会议精神，在规定的限额内实行综合设置，行政级别为正科级。

实行省以下垂直管理的工商、税务、质量技术监督等部门以及检察院、法院派出机构的设置与人员编制，按有关规定，由主管部门提出具体意见，商省编办另行核定下达。

二、回龙圩管理区管理委员会党政群机关暂核定全额拨款事业编制50名，管理人员实行公务员制度。

机关后勤服务人员事业编制，根据当地经济状况，可按区直机关编制总额的8~10%的比例予以核定。

三、回龙圩管理区管理委员会党政领导职数及内设机构的领导职数从紧配备。

按机构编制管理规定，回龙圩管理区管理委员会的机构编制方案由你市予以批复。今后，农场管理区的机构编制统一纳入市县机构编制的管理范围。此复。

湖南省机构编制委员会办公室

二〇〇〇年十月二十四日

中共湖南省委办公厅文件

湘办发〔2002〕9号

中共湖南省委办公厅
湖南省人民政府办公厅
关于国有大中型农场体制改革的补充意见

（2002年10月17日）

省委、省政府《关于国有大中型农场体制改革的意见》（湘发〔2000〕4号）文件下发后，有关市委、市政府和省直部门认真贯彻落实，使我省农场体制改革取得了突破性进展，经济社会发展取得了可喜的成绩。为了进一步贯彻落实湘发〔2000〕4号文件精神，不断完善和深化农场体制改革，经省委、省政府同意，特补充如下意见：

一、理顺行政管理体制。农场体制改革后设立的管理区，虽不是县级行政区，但纳入县（市、区）管理系统，享有县（市、区）一级职能职权，全面负责管理区域内经济社会事务。

二、完善分税制财政体制。有关市政府、财税部门要按照财权、事权对等的原则和县（市、区）一级党政职能和社会事业管理要求，在管理区比照县（市、区）一级建立分税制财政体制，依据机构编制管理的有关规定建立健全管理区的财政管理机构和税收征管机构。按照新核定的财政供养人员编制，确定合理的财政收入基数，解决支出零基数的历史遗留问题，以确保工资发放和正常运转。对在改革中的原农场管理机构内退和分流人员享受机构改革支付转移政策。

三、进一步健全司法体制。享有县（市、区）一级职能职权的管理区。建立党委政法委员会和公安、检察、审判机构及司法局等司法机构；实行镇建制的，从实际需要出发，建立相应的司法机构，司法机构的设置按法定程序报批，有关机构级别、人员编制、领导职数问题，原则上按湘编办〔2001〕37号文件精神办理。

四、进一步明确和界定相关人员身份。湘发〔2000〕4号文件中确定的干部管理"老人老办法、新人新办法"原则的执行，以省有关部门批准建立区、管理区或镇的文件为时间界限。改革前原农场总场、行政、分场、事业单位、工商企业的干部职工和退休人员，其身份不变、职级不变、待遇不变。改革后录用的公务员（机关工作人员）和聘用的事业单位工作人员，均属新人新办法范畴，在什么岗位工作就享受什么政策待遇。

五、进一步完善社会保障制度。农场体制改革前已达到国家法定正常退休年龄的原国有农场干部、教师、医生和工商企业固定职工，经同级劳动保障部门审定，纳入城镇企业职工基本养老保险后，按规定标准和支付渠道，支付基本养老金；农场体制改革后被录用为公务员（机关工作人员）和聘用为事业单位工作人员的，执行机关、事业单位的社会保险政策；农场体制改革后，属于城镇居民，进入城镇工商企业就业或自谋职业，采取灵活方式就业的，按统一政策规定，参加城镇企业职工基本养老保险、基本医疗保险和失业保险。原农场农业退休职工的养老问题在国家政策尚未明确的情况下，各区域管理区要根据原有政策和实际情况，完善养老政策，妥善解决好区内职工的养老问题。国家明确政策后按国家的政策执行。

六、经营和管理好国有资产，妥善解决债务问题。各管理区和乡镇要有职能机构或农垦经济组织，经营和管理国有资产（包括国有土地），防止资产流失，盘活国有资产，确保其保值增值。对原农场的债务要进一步清理和核实，并采取积极措施进行消赤减债。对原农场企业借用的省、市财政周转金给予豁免。逐笔落实所欠金融机构的债务，确已形成不良贷款的，按照金融机构的有关规定进行处置。原农场内部所欠的职工集资款、农产品兑现款等，管理区和乡镇要制定计划，分类处理，逐步偿还。

七、加大对农场体制改革的支持力度。省、市各有关部门要按照湘发〔2000〕4号文件要求，加大对改制区经济社会事业发展的扶持力度，支持农场体制改革。计划、经贸、财政、科技、教育、文化、卫生、交通、水利、农业、林业、电力、国土资源、城建、民政、劳动保障、工商、物价、技术监督、环保、计划生育等部门，对管理区在政策支持、项目安排、资金投入、行业管理等方面，要与县（市、区）同等对待，并给予政策倾斜，帮助其加快发展。各级农垦管理部门要加强调查研究，及时掌控情况，当好党委、政府的参谋，为深化农场体制改革，促进区域经济发展，维护社会稳定搞好协调、服务工作。

八、农场体制改革后设立的管理区或乡镇，仍要按原统计口径向上级农垦主管部门报送社会经济发展规划和计划，编报统计和会计报表，提供综合情况，并按原渠道向国家农垦主管部门申报有关项目，争取国家支持。各区、管理区党委、行政组织要进一步贯彻落实省委、省政府湘发〔2000〕4号文件精神，以“三个代表”重要思想为指导，认真做好改革、发展、稳定各项工作，加强思想政治教育，切实解决干部职工的实际问题和历史遗留问题，确保经济加快发展、社会大局稳定。

(此件发市州和省直有关厅局)

湖南省人民政府办公厅文件

湘政办发〔2005〕21号

湖南省人民政府办公厅
关于落实国有农垦企业职工及家属城镇
居民政策有关问题的通知

各市州、县市区人民政府，省政府各厅委、各直属机构：

根据农业部、公安部《关于落实农垦系统国有企业事业单位职工及家属非农业户口政策有关问题的通知》（农垦发〔2003〕2号）和中共湖南省委、湖南省人民政府《关于印发〈湖南省深化户籍管理制度改革方案〉的通知》（湘发〔2003〕2号）精神，经省人民政府同意，现就落实国有农垦企业职工及家属城镇居民政策有关问题通知如下：

一、全省国有农垦企业职工及家属，不论居住地是否设立居民委员会和村民委员会，是否承包土地，凡符合规定条件人员，均可按照城镇居民管理，执行相关政策。

二、纳入这次落实城镇居民政策范围的农垦企业单位和职工的认定按以下规定执行。即单位应当是列入农业部2002年度统计范围的农垦企业，包括农场体制改革后，撤场建立区、乡、镇、办事处等行政组织的原农垦企业。其职工应该是农垦企业中有符合规定的招工录用审批手续，有健全的劳动和工资关系，有完整的职工档案的单位2002年12月31日前在册的国有农垦企业职工。国有农垦企业职工家属应当是户口在职工所在单位辖区的直系亲属。

三、落实国有农垦企业职工及家属城镇居民政策的相关问题按以下规定办理。

（一）由农业户口登记为城镇居民的，2005年11月1日起三年内执行农村居民生育政策，原执行城镇居民生育政策的继续执行。

（二）按照城镇居民最低生活保障政策的规定，将符合低保条件的农垦企业困难职工家庭纳入城镇低保范围。农垦企业困难职工申请低保时，其土地经营的纯收入及其收入应计算在家庭收入之内。

（三）在执行退役士兵安置政策时，退伍义务兵入伍前属农村居民的，退出现役后按农村退伍义务兵安置的有关规定执行。

（四）农场体制改革后，已经设立村级集体经济组织，并已将部分原农场国有土地交由村级集体经济组织经营的地方，农垦企业职工及家属落实城镇居民政策后，不再承包这类土地。但在此前已签订了土地承包合同，并已发放农村土地经营权证的仍然维持不变。

（五）国有农垦企业未设立公安局（分局、派出所）的，其城镇居民按照属地管理原则由所在辖区派出所管理。

四、落实农垦企业职工及加速城镇居民政策工作坚持自愿原则。各农垦企业（含农场体制改革后设立的各区、乡、镇、办事处）会同当地户口登记机关，向符合规定条件的国有农垦企业职工及家属发放登记表，自愿登记为城镇居民的，由本人或其法定监护人填写登记表，交发表单位按有关规定进行审核、登记。目前已参军、升学或者服刑，并已销户或迁移户口的人员回原籍后，凭相关材料办理审核登记手续。

五、已经进行户籍制度改革的地方，应按本通知规定切实落实国有农垦企业职工及家属城镇居民政策，尚未进行户籍制度改革的地方，落实国有农垦企业职工及家属城镇居民政策的工作，在户籍管理制度改革中一并进行。

六、这次落实农垦企业职工及家属城镇居民政策工作所发生的费用，由各农垦单位承担，不得摊派或变相摊派给农垦职工及家属。公安机关除按规定向农垦职工及家属收取必要的工本费之外，不得向农垦单位和个人收取其他费用。

七、落实国有农垦企业职工及家属城镇居民政策工作，涉及面广，工作量大，政策性强。各级政府一定要统一思想，加强领导。各相关部门和各农垦单位要互相配合，认真审核，把关严格按政策办事，不得擅自扩大范围，不得弄虚作假，确保整个工作在2005年10月底前顺利完成。

二〇〇五年五月二十四日

中国共产党永州市委员会

永委〔2000〕2号

中共永州市委 永州市人民政府
关于深化农村体制改革、设立
回龙圩管理区的请示

中共湖南省委，湖南省人民政府：

回龙圩农场是省属13大农场之一，也是省里交由我市代管的农垦单位。1997年，农场在经济体制改革方面迈进了一大步，基本确立了县一级财政管理体制，但由于未按照“政企分开，职能配套、权利和责任对等、事权与财权统一”的原则实行配套改革、整体推进，致使农场生产力的发展仍然不快。湘发〔2000〕4号文件下发后，我们通过认真学习贯彻，深感省委，省政府对农场改革的决心大，措施有力。根据湘发〔2000〕4号文件精神，结合回龙圩农场的实际，我们认为，要深化农村改革，加快农场经济发展，使之成为我市农业现代化的示范基地，必须比照全省其他大型国有农场的做法，在回龙圩设立管理区，赋予县一级的职能职权。

一、设立回龙圩管理区符合权利和责任对等原则

回龙圩农场是我市“三高”农业的一个重要基地和示范园地，又是一个比较完整的小社会，承担着辖区内繁重复杂的管理责任。如文教卫、武装、民政、防洪保安、防保、国土房产、城镇建设、交通、电力、通讯、质检、工商、物价等，还有30余公里湘桂边界线的交流与管理。农场建立以来，国家对其发展给与了大力支持，同时也寄予厚望。1996年，回龙圩农场被定为全省首批社会发展综合实验区。1997年，国家体改委、国家建设部等13个部委局将回龙圩农场确定为第二批全国小城镇综合改革试点场。而目前回龙圩农场现行管理体制及其职能显然不适应建设全省全国综合实验区和小城镇综合改革试点场的需要。只有进一步深化农村体制改

革，赋予其县一级管理职能，才能有力地推动农场在综合实验区和小城镇综合改革试点方面的建设，才能使其更好地担负起辖区内的社会管理责任。

二、进一步完善农场县一级财政管理体制

1997 年，回龙圩农场基本建立了县一级财政体制。运作以来实践证明，

这一财政体制有利于调动农场的积极性，是正确的改革举措。按照湘发〔2000〕4 号文件的要求，农场这一财政体制必须进一步完善提高。总的要求是落实省委省政府在湘发〔2000〕4 号文件中提出的关于赋予农场县一级财政职能的各项政策措施，增强农场自身发展的活力。

三、积极稳妥的推进农场人事制度改革

按照“小机关、大服务”的原则，合理设置管理区内机构，切实改革人事制度。可以实行“一室多章，一人多岗”，不强调上下对口。设立回龙圩管理区后，拟定行政编制 50 名，请省编委核定（不占市里指标），编内人员经费请省财政厅核定拨付。其机构人事改革的具体方案由回龙圩农场制定，报市委、市政府批准后实施。

四、回龙圩农场建立管理区后，请省财政厅明确永州市享受益阳、常德、岳阳三市同等待遇，调减财政上解基数 500 万元，同时补助水利资金 200 万元。

五、请省直有关部门大力支持农场改革

回龙圩农场设立管理区后，省直有关部门原支持农场的渠道应保持不变，而且在有些方面还应该提升。如交通、水利、救灾等方面，请省直有关部门把农场纳入县级统筹考虑并适当予以照顾。目前省财政厅安排的支持农场改革的基金请将回龙圩农场考虑进去。

以上请示当否，请批复。

中共永州市委
永州市人民政府
2000 年 6 月 10 日

永州市机构编制委员会文件

永编发〔2001〕02号

关于回龙圩管理区机构编制等事宜的通知

各县（区）委、县（区）人民政府，市直有关单位：

为了贯彻落实《中共湖南省委、湖南省人民政府关于国有大中型农场体制改革的意见》（湘发〔2000〕4号文件）和2000年6月12日全省国有农场体制改革工作座谈会及湘编办〔2000〕28号文件精神，经市委常委研究决定，撤销国有回龙圩农场，设立永州市回龙圩管理区。现就有关事宜通知如下：

一、机构级别、性质及其职能

永州市回龙圩管理区党委、管委会行政级别为正县级。中共永州市回龙圩管理区委员会为管理区的核心领导机构，必须按照《党章》规定设立。回龙圩管理区管理委员会为永州市人民政府的派出机构，代表市人民政府管理本区域的行政、经济和社会事务，行政管理区各项政府职能和职权。

二、内设机构及其分场、镇的设置

管理区管委、管委下设的内设机构，待市委、市政府配定其班子人员后，由管理区写出专题报告，按管理权限和程序报批。其原设立的分场改为行政村，报民政部门审批。保留原有的回农圩镇。

三、人员编制

回龙圩管理区机关和下辖的回龙圩镇共核定全额拨款的事业编制50名。这50名编制内的人员可实行公务员管理。

管理区内事业单位人员编制由管理区管委会商市编委办按有关配备标准从严核定。

四、领导职数

本着精简、统一、高效的原则，回龙圩管理区配领导职数7名，其中党委书记1名，副书记2名，纪委书记1名，管委会主任由1名副书记兼任，副主任3名。

五、其他未尽事项如省里对该场的优惠政策和垂直管理机构设置等事宜按湘发〔2000〕4号文件规定执行。

永州市机构编制委员会

2001年5月17日

中国共产党永州市委员会

永委〔2002〕30号

中共永州市委　永州市人民政府
关于回龙圩管理区机构改革方案的通知

中共永州市回龙圩管理区委员会、永州市回龙圩管理区管委会：

《永州市回龙圩管理区机构改革方案》经永州市机构编制委员会审核，现予以批准，请抓紧组织实施。

中共永州市市委
永州市人民政府
2002年4月6日

永州市人民政府

永政函〔2007〕157号

永州市人民政府
关于回龙圩管理区规范公务员津贴补贴实施办法的批复

回龙圩管理区：

你县《关于批准〈回龙圩管理区规范公务员津贴补贴发放实施办法〉的请示》（东政〔2007〕112号）收悉。经研究，现批复如下：

1. 原则同意《回龙圩管理区规范公务员津贴补贴发放实施办法》，自2007年1月1日起实施。

2. 第一步规范时在职工作人员均津贴补贴发放水平不得高于8000元/年，平均发放水平应置于副科级级与科员之间；最高职级与最低职级（正处至试用期人员）垂直压缩率应控制在1.8~1.9之间。

3. 离、退休人员补贴标准分别按照同职级在职人员津贴补贴标准（工作津贴加生活补贴）及相应比例确定。原则上离休人员补贴占在职人员津贴补贴的比重不高于82%，退休人员补贴占在职人员津贴补贴的比重不高于75%。

4. 你县要调整和优化财政支出结构，确保规范后的津贴补贴及时足额发放；改革事业单位收入分配制度时，确保从事九年义务教育的教师平均工资水平不低于当地公务员的平均工资水平。

5. 你县要严格按照中央、省、市有关规定和本批复精神，对实施办法进行适当调整，并认真组织实施。

二〇〇七年十二月十八日

回龙圩农垦企业职工基本养老保险实施办法

区劳动和社会保障局　区农垦集团公司

（二〇〇四年八月十五日）

第一章　总则

第一条　为做好国有农垦企业职工基本养老保险工作，全面贯彻落实“三个代表”重要思想，巩固农垦企业改革的成果，完善我区社会保障体系，根据湖南省人民政府办公厅湘政办发〔2003〕44号《关于转发省劳动保障厅、省财政厅、省农业厅〈湖南省国有农垦企业职工基本养老保险实施办法〉的通知》精神，结合我区实际情况制定本办法。

撤场建区后，按规定录用为公务员或聘用为事业单位工作人员的，执行机关事业单位养老保险。

第二条　本办法适用于本区境内的所有农垦企业职工，包括工商企业、破产企业、农业企业所有正式职工和退休人员。

国有农垦企业正式职工，必须是有符合规定的审批手续，有健全的劳动和工资关系，有完整的职工档案，并在本区内按规定履行了职工业务的人员（“三有一履行”）。

第三条　撤场建区后，原农场直属工商企业，其有独立法人资格，生产正常，有缴费能力的，执行统一企业职工基本养老保险制度，对停产、破产多年，无缴费能力以及下岗分流人员，重新就业的在新的就业单位参加养老保险。

第四条　2003年6月30日前达到退休条件的农垦企业职工，核定基本养老金，保障基本生活。2003年6月30日前未达到退休条件的农垦企业职工依法参保，履行缴费义务，退休后享受养老保险待遇。

第五条　退休人员认定，必须是国有农垦企业符合职工认定条件，年龄达到男满60周岁，女满55周岁的人员（以人事档案年龄为准），且1995年12月31日前退休的连续工龄满10年，1996年1月1日后退休连续工龄满15年。未达到上述退休年龄和连续工龄条件的，不符合退休条件。

第六条　1986年9月30日前参加工作的人员，其1995年12月31日前的连续工龄计算为视同缴费年限，与参保后的缴费年限合并计算。1986年9月30日后参加工作的人员，按国务院发〔1986〕77号和省人民政府湘政发〔1986〕38号文件规定，统一实行劳动合同制，只有按规定缴纳的养老保险费，才能计算缴费年限。截至2004年12月31日，应参保而未参保的人员，1995年12月31日前的连续工龄不再计算为视同缴费年限，以后参保，将按实际参保并足额缴费的时间计算缴费年限，1995年12月31日之前的连续工龄不再计算为视同缴费年限。

第二章 基本养老保险的征缴

第七条 各用人单位依照《社会保险费征缴暂行条例》（国务院〔1999〕259号令）缴纳基本养老保险费，职工基本养老保险费由用人单位和职工按规定共同缴纳。用人单位缴纳的基本养老保险费在税前列支，职工个人缴纳的养老保险费不计征个人所得税。

第八条 统一企业用人单位的缴费比例按上年度单位职工工资总额作为缴费基数，企业缴费比例为职工工资总额的20%。职工个人以上年度职工月平均工资为缴费基数，无法确定月平均收入的，以全省上年度职工月平均工资为缴纳基数，职工个人缴费比例为本人缴费基数的8%。

实行灵活就业参保方式的人员，其缴费基数为本人上年度本人月平均工资收入为基数，无法确定月平均收入的，以全省上年度职工月平均工资为缴费基数，缴费比例为本人缴费基数的21%。

农业职工养老保险，个人缴费基数统一为全省上年度职工月平均工资的40%，个人缴费比例为个人缴费基数的8%。单位缴费实行与土地耕作、生产经营面积挂钩的办法，将单位应缴纳的养老保险费摊到本企业土地耕作、生产经营面积上征收，一定5年不变。不论工作者是否参保，每亩征缴50元，从2004年元月1日执行。2003年7月1日—12月31日，仍按367元征收，由参保人承担。

凡参加农工养老保险的原农场职工，现没有承包土地的个人缴费按农工社会平均工资的11%缴纳。

第九条 单位和个人缴纳保险费统一由单位代征代缴。

退休人员从批准退休的下月起不再缴纳基本养老保险费的个人缴费部分。

第十条 统一企业用人单位及职工按月缴纳养老保险费。农工可按月、按季、按收获季节缴纳养老保险费。统一企业不允许跨月结算，农工不允许跨年度结算。否则按欠缴额日加2‰的滞纳金。

第十一条 各参保单位在参保人发生变动时，必须到管理区社保站办理有关变动手续。

第十二条 关于补缴问题。

（一）统一企业，1986 年 9 月 30 日前参加工作的，1995 年 12 月 31 日以前的工作年限视同缴费年限，1986 年 1 月 1 日至 1995 年 12 月 31 日，由单位每人每年 40 元补缴；1996 年 1 月 1 日至 1997 年 3 月 31 日按缴费基数（上年度工资总额，下同）单位补缴 24%，个人补缴 3%；1997 年 4 月 1 日至 1998 年 3 月 31 日按缴费基数单位补缴 23%，个人补缴 4%；1998 年 4 月 1 日至 1999 年 3 月 31 日按缴费基数单位补缴 22.5%，个人补缴 4%；1999 年 4 月 1 日至 2000 年 3 月 31 日按缴费基数单位补缴 21.5%，个人补缴 5%；2000 年 4 月 1 日至 2001 年 3 月 31 日按缴费基数单位补缴 21.5%，个人补缴 5%；2001 年 4 月 1 日至 2002 年 3 月 31 日按缴费基数单位补缴 21.5%，个人补缴 6%；2002 年 4 月 1 日后按缴费基数单位补缴 20%，个人补缴 8%。

（二）农业职工，1986 年 9 月 30 日前参加工作的，其 1995 年 12 月 31 日前国家规定计算的连续工龄视同缴费年限，1996 年 1 月 1 日至 2003 年 6 月 30 日期间，可允许职工自行选择，职工自愿缴纳的，只补缴个人账户规模部分（1996 年至 1997 年为个人缴费基数的 16%；1998 年后为个人缴费基数的 11%）。补缴了的，补记个人账户，其工作年限计算为缴费年限，退休后享受相应待遇；不缴的，其工作年限不计算缴费年限。

第三章 基本养老保险基金的建立

第十三条 基本养老保险基金由统筹基金和个人账户构成，统筹基金和个人账户实行分开运行，分别核算，不得互相挤占。

第十四条 个人账户资金的来源

（一）参保职工按本人上年度收入基数的 8%缴纳部分。

（二）单位缴纳的部分中按一定比例划入部分。

1. 统一企业，以上年度单位按职工工资总额的 20%缴费中，以职工个人上年度工资总额的 3%划入；

2. 灵活就业，按上年度全省社会平均工资的 21%中的 11%划入；

3. 农业职工按上年度全省农工平均工资的 3%从单位所缴部分划入。

个人账户的建账时间为 1996 年 1 月 1 日。

参保职工在同一统筹地区流动时，只转移基本养老关系和个人账户档案，不转移个人账户基金；跨统筹地区流动时，除转移基本养老关系和个人账户档案外，还转移个人账户基金。职工和退休人员死亡时，其个人账户余额中的个人缴费部分及其利息一次性支付给其指定受益人或法定继承人，其余部分并入养老保险统筹基金。

第十五条 用人单位缴纳的基本养老保险费，扣除划入职工个人账户部分外，即为基本养老保险统筹基金。

第四章 基本养老保险待遇

第十六条 参保职工，凡达到规定退休年龄，缴费年限（含视同缴费年限）可办理退休手续，并从退休的下月起按月领取基本养老金。

第十七条 符合退休条件办理退休时，统一企业基本养老金计发由基础养老金、个人账户养老金、过渡性养老金、过渡性调节金四部分组成。

基础养老金=全省上年度职工平均工资的20%；

个人账户养老金=个人账户储存额÷120；

过渡性养老金=职工建立个人账户前的视同缴费年限每满一年发给本人指数化平均缴费工资的1.4%；

过渡性调节金=110元（从2003年1月开始每年递减11元，十年过渡完）

农业职工基本养老金核定：2003年6月30日前符合退休条件的农业职工基本养老金=1983年月档案工资×1.35+1983年12月31日前连续工龄×4.5元+1984年1月1日至1995年12月31日连续工龄×3.5元。

2003年7月1日以后由基础养老金、个人账户养老金、视同缴费年限养老金三部分组成。

基础养老金=全省农工上年度月平均工缴费工资20%；

个人账户养老金=个人账户储存额÷120；

视同缴费年限养老金=全省农工上年度月平均缴费工资×1.4%×同缴费年限。

第五章 基本养老保险的服务管理

第十八条 回龙圩管理区社会劳动保险站，专门负责管理此项工作，严格执行国家政策，随时为参保人提供查询服务，接受各部门、各参保人的监督，定期向社会公布基金的收缴情况。

第十九条 严格执行社保基金管理的相关规定，切实加强基金财务检查、监督，严禁挤占挪用，社会部门所需经费由同级财政预算安排，不得基金中提取。

第二十条 养老保险基金坚持“全额征缴，应收尽收”的原则，实行收支两条线管理，专户储存，专款专用，任何单位和个人不得擅自决定基金的其他用途。

第二十一条 抓紧建好参保职工、退休职工、职工个人账户三个数据库，规范个人账户管理和基金管理，逐步实行养老金的社会化发放，建立起完整的业务流程和操作规定。

第二十二条 本办法由管理区劳动和社会保障局负责解释。本办法从 2003 年 7 月 1 日起执行。

二、诗文荟萃

岁月留痕

陈星明

知青——远去的青春

暮鼓晨钟，
钟声鼓点诉说岁月的沧桑。
月落乌啼，
潮起潮落涌动着时代潮流滚滚向前。
神秘的时光隧道在默默向前延伸，
青春的脚步不停在隧道中勇敢穿行。

当祖国需要的时候，
英勇无畏的知青背负着神圣使命，
毫不犹豫地奔赴偏僻的农村；
奔赴那遥远的边疆；
奔赴那祖国一切需要的地方；
为人民献出我们壮丽的青春。

知青，犹如夜空中闪亮的流星，
耗尽自己的热能划过茫茫的苍穹。
让青涩的童年、花一般美的青春，
照亮奋进的路和人生的旅程。
就像飘动的白天、蓝色的闪电，
消失在蔚蓝色的长空。

曾经的欢乐令我陶醉，
美丽的梦令我遐想万千。
曾经的爱恋与情仇远逝，
唯有心中那份真诚的知青情结，
还有第二故乡朴实无华的乡亲和乡情，
依然像醇香的谷酒，像甜的山泉，
永远难以割舍，在我心中窖存。

离 别

北方的寒风吹过星城城头，
留下多少美丽的传说。
金针银缕似的秋雨飘落长街，
好比那美丽的珍珠撒遍大地。
高高的城墙上，
屹立着雄伟壮丽的天心古阁，
见证那历史千百年来的演绎，
诉说着人世间岁月的沧桑。
一座长沙名不见经传的酒楼，
流香在望湘阁宽敞的大厅内外。
无数的亲人和朋友聚集在这里，
为远赴江永农村的知青送行。
双手举起斟满美酒的酒杯，
双眼流下那离别悲伤的晶莹泪花。

年迈的父亲亲自为我饯行，
满头银丝在寒风中微微抖动。
他忧郁而迟钝的眼光显得那么无奈，
饱经风霜的脸庞布满沧桑岁月的皱纹。

无言的沉默，
难舍难分的面容，
我看到了，懂得了父子情深。

透过这蒙蒙细雨，
我仿佛看到了慈祥可敬的母来，
她用鲜血和乳汁哺育我成人，
她赐予我生命，赐于我勇气和力量，
她教会了我走上漫漫人生路。
啊！伟大的母亲，
她不忍看到儿子离开的悲伤，
她泪眼婆娑独自依附在家门前，
滚烫的泪水沿着瘦削的脸庞落下，
湿透了她的衣襟。
50 年后的今天，
我脑海中依然铭刻她悲伤的面容、无奈的表情。

苍劲的寒风吹冷了星城的每个角落，
绵绵的细雨伴随着冷风啊！
吹得离别的人儿心情更加忧愁。
此起彼伏的唠叨声，
在大厅里响个不停。
多少对父与子、母与子、兄与弟。
相依在那里千叮万嘱说不完的话语，
仿佛都要在这离别的前夕倾诉。
隐隐的哭泣声，
高亢有力的笑声，
演奏出一曲勇士出征的离愁。

在风中，在雨中，
在数百人的呐喊声中，
柔弱的肩上扛着背包，
稚嫩的手上拎着装满衣物及用品小包，
数百人在焦急地等待中。
农村是一个广阔的天地，
在那里可以大有作为，
神圣的使命感使我们热血沸腾。

出发的哨音终于吹响，
好像那战士出征的号角。
迎着刺骨冰凉的风，
我勇敢地踏上一个未知的旅程。

路灯散发出泛黄的灯光，
映照着风雨中的行路人。
他们匆匆赶回与家人团聚，
我们却离开故乡走向遥远的农村。

列车像巨龙停靠在站台边，
站台上聚满了话别的亲人友人。
那一眼望不到头的铁轨，
我想说：啊！铁轨的那一头在哪里？
我心中虽充满离乡别井的忧愁，
但更充满对外面多彩世界的好奇和向往。
美好的希望在我脑海中涌现，
美丽的山乡，神秘的男女共存，
带给我无尽的遐想。
多少年后历经岁月的沧桑，
却是知青伙伴的命运大转变。

列车喷吐着白色的蒸汽来了，
站台上的人们顿时涌动。
送别的友和离别的人们互道珍重。
父亲再一次握紧了我的双手，
苍老的脸上充满了难舍地和无奈，
那一年，我刚 14 岁。
火车出发的汽笛再一次拉响，
我猛然松开父亲布满青筋厚茧的双手，
随着拥挤的伙伴走上了列车，
一瞬间，热泪从我眼中如泉涌而落。

汽笛长鸣，随着火车的车轮徐徐开动。
呼亲唤友的声音掩盖了列车的声音。
我从车窗望着站台上，
送别亲人依然没有散去。
我的双眼透过人群，
凝望着生我养我的父亲依然在挥手。
我一次又一次地回望故乡，
从心里默默呼唤我的亲人。
火车加快了速度，驶向遥远异乡，
故乡离我越来越远。
泪水如珠一般散落在胸前。
北方的风吹过故乡的天空，
留下一个悲伤的传说。

写给远村的小白杨

我漫步在群星闪烁的夜空下，
思念飞向遥远宁静的小村庄。
五十载春夏秋冬的迷茫和困惑，
像流星划过浩瀚的天边留下瞬间辉煌。
畅饮漫漫人生路的忧伤烈酒，
让我醉在梦的海洋。

在那偏僻宁静的村庄，
长着一株倔强挺拔的小白杨。
随风起舞的枝叶是你长长的发辫，
柔弱的身躯却能化成擎天的栋梁。
善良的姑娘你能否经受暴风雨的洗礼，
蓦然回首你就是美丽村庄中的小白杨。

红苹果似的脸上总是带着甜甜的微笑，
大而黑的眼睛却隐隐藏着淡淡的忧伤。
湘江之滨的爱恋曾激起千层浪花，
麓山上的誓语感动蓝天上的白云。

十年浩劫中我依然执着地守望真爱，
在弥漫的雾霾中不会迷失方向。

你来了，让我欣慰，让我陶醉，
仿佛看到小村旁挺拔倔强的小白杨。
我渴望你像照亮黑暗的月亮女神，
让我心中充满光明和希望。
然而流言蜚语击垮你脆弱的神经，
在绝望中，你选择了违心地分手。

你说你来看我，却又离离开我，
让悲伤的尘埃塞满我的胸膛，
你摆脱了危险的厄运，获得片刻安宁，
而疲惫的心头又隐藏了多少无望。
别了，罗曼蒂克的爱情神话；
别了，公主与士兵的浪漫爱情，
在苍茫异乡我还要默默前行。

你是我生命轨迹那颗划过夜空的流星，
曾用你瞬间的光芒照亮了我饱受摧残的心。
你美丽善良的眼神曾驱使我心中的恐惧，
温柔的双手曾抚平我心灵深处的伤痕。
虽然我幸运地回到久别的故乡，
我站在湘江之滨总要凝视远村的小镇，
谢谢你，善良美丽、勇敢的小白杨。

永不凋零的红玫瑰

从遥远的山村回到久别的故乡，
故乡却让我对她显得那样地陌生，
似曾相识的人和物让我的记忆显得模糊。
城市变成水泥钢筋建造的森林，
拥挤狭窄的高楼里住着好多好多的人。
没有户口的我，好比这个城市的外星人，

城市虽大，却没有我栖身房屋的那张门。

我漫无目的地游走在故乡宽阔的长街，
无比优郁的心情、疲惫不堪的身影啊，
在冰冷的月光下显得多么憔悴无奈。
昔日上山下乡的光荣自豪的光环，
被时下残酷的现实砸得粉碎。
知青们拥有什么？只有世人投来的冷漠眼神，
还有对命运之神无尽的惆怅和企盼。

是前世今生的约定，还是老天善意的安排！
在茫茫的人海中你我相遇在浪漫的冬天。
你长长的发辫像翩翩起舞的蝴蝶，
大而黑的眼睛好似夜空闪亮的星星。
温柔甜蜜的声音唤醒沉睡的我，
彩虹般笑容像炽热阳光融化我心中的冰。

你，美丽善良的姑娘啊！
我，一个漂泊四方流浪汉一样的知青，
伴着那北风凛列的寒冬走到一起。
对着苍茫大地我们许下爱的诺言。
我说我们相亲相爱到地老天荒永不分离，
你说对爱永不放弃伴我走到时间的尽头。
花儿与少年的浪漫爱情成为美丽传奇。

岁月如歌，往事如烟，
十五个春秋有苦有甜艰难走过。
生活的重担有轻有重我们共同打起，
艰难用苦的人生路上，我们携手并肩，
欢乐开心的日子我们共同分享。
一双男儿的诞生让我对未来充满憧憬，
幸福美满的生活从此再也不是梦想。

然而，在一个寒气逼人的早春，
万恶的病魔降临到你的身上。
你无法抵御病魔的步步逼近，
面对病魔的进攻，我却无能为力。
你苍白的脸上留下饱含辛酸的泪痕，
美丽的大眼溢出对亲亲人的眷念，
忍受着难以想象的痛苦静静地离我而去。

悲痛欲绝的我脑海中一片空白，
紧紧抱住你冰冷的躯体不愿松手。
苍天啊，为什么这样不公，
命运啊，为什么这样捉弄人，
像曾经的誓言在瞬间碾得粉碎。
你既然来到我身边，为什么又离开我？
抛下你一双心爱的孩子，留下寂寞的我。

满天的星星伴随我哭泣，
寒风冷雨赶不走我无尽的思念。
你用美丽的青春为我铺就我的坦途，
你用生命的火花照亮我的人生。
你帮我度过那个时代，春天来了，
你却再也不能与我和孩子相聚，
你是我心中永不凋零的红玫瑰。

美丽的雪莲花

遇见你是我的缘，陪伴我是你的爱，
在一个寒冷的冬天你来到我的身边。
难道说冬天和我有缘？
难道说这是前世今生的约定？
在孤独中我艰难走过了五个春秋。
忧郁使我沮丧，生活的压力好重好重，
命运之神对我为什么这样吝啬刁难。

记不清我走过多少辛劳奔波的求生路，
道不完我熬过多少悲伤忧郁的夜晚。
白天繁重的劳动可以冲淡心中的烦恼，
在漫长的夜色中我苦苦等待着天明。
我一无所有，唯有一双失去母亲的孩子，
生活的压力常常唤起我对前妻的回忆，
我像无边的海上一叶彷徨的孤舟。

在那个金色的秋天某一天，
漫天的白云像万朵莲花撒遍天际。
灿烂的阳光下走来亲爱的你，
一切显得那么地突然，且又那样平常，
盈盈笑容在你的圆脸上如莲花般绽放。
美丽明亮的眼睛凝望着傻傻的我，
我困惑，我迷茫，这一切难道在梦中？

我的世界没有幸福，没有财富，
你对我说财富靠我们共同去创造。
你还说只要有信心决心就会有前途，
真挚的爱情定能创造出美好幸福。
你还说为了爱你愿陪伴我到天涯海角。
共同的语言，相同的遭遇，
我们携手走进了神圣的婚姻殿堂。

赞美你，纯活美丽的雪莲花，
谢谢你，你们一起去延续爱情的神话。
曾记否，你用火一般的热情驱散我的忧郁，
你曾经用温暖的话语抚平我心灵创伤，
你的到来让我的生活充满灿烂阳光。
愿我们的生活幸福美满吉祥安康，
祝福你，我心中美丽又善良的雪莲花。

知青情结

原回龙圩长沙知青下放回龙于50周年聚会有感。

金秋九月夕阳红，黄花遍插少儿人。
春夏秋冬五十载，相聚星城叙友情。
甜酸苦辣同尝尽，往事蹉跎岁月匆。
昨日挥洒青春梦，今日相聚白头翁。

重　逢

2012 年 2 月 20 日，参加江永知青刘开宝赠书会时，逢幼时好友谢将红，自叹相逢太晚，作拙词以念。望将红贤弟雅正。

麓山青青依然在，湘江北去弄潮生。
畅叙儿时风趣事，影像均留脑海中。

童　趣

曾记长圩采桑叶，树下欣闻黄鹂声。
绿草从中觅蟋蟀，碧水圩中戏晚晴。
林间幽径结伴走，无忧无虑乐盈盈。
忽听堂前炮声响，蚕豆已熟锅中鸣。

夕　阳

日出月落岁无痕，潮起潮落洗红尘。
岁月如烟随风去，青丝满头染霜银。
莫说人世千年事，梦醒夕阳又一春。

唐志龙词三首

水龙吟·咏梅

绿影落红狼藉，寒云深锁朔风猛。
华身困雪，冰枝素束，独享凄冷。

黄梅沍金，白梅聚雪，绿萼添静。
谁使东君至，满树妆红，花千朵、胭脂梦。

不曾装点腴绿，喜素靥，只临幽境。
雨梳风抚，蜂飞蝶恋，均成幻影。
冷香冰姿，无意争春，总受春宠。
正霁雪，欲折梅传书，陌上春回，催千帆竞。

念奴娇·下乡旧忆

鼙鼓催处，骤风生，弱冠他乡逞英武。
女子檀栾流慧眄，都作凌波微步。
梦里钟催，点点霁霞，男儿踏朝露。
雨不归，荷岂管日暮。

荒草凄迷前路，曾掷韶胜，销黯与谁诉？
今日潘君又俊游，只缘铸就风骨。
陌上青禽，村前古樟，似把前情悟。
旧林归雁，都作忘情翔舞。

八声甘州·记敝居花地

上东篱、正满园芳菲，彩蝶戏春茵。
望绯桃凝珠，花香袭面，树挂金钟。
痴蜂情迷绣球，玫瑰胭脂红。
悠然樊篱下，哪似衰翁？

绮梦一觉庭槐，宠辱多少事，早化烟尘。
趁未杖藜日，花事乃从容。
少咨瘥、忘却营营，甘淡泊、与人常感恩。
清觞举、寄情花地，醉听鸣禽。

岁月的馈赠

三毛

2012年2月，由永州市党史与地方志征集编纂办公室编著的《中共永州100年大事图志》，由中央文献出版社正式出版，面向海内外公开发行。该书以图文并茂的形式，按照历史事件发生的年月顺序，多层次、多角度立体记叙了中国共产党成立以来在永州历史上所发生的大事、要事，便于人们学习、了解和铭记党领导全市人民所走过的道路，这些宏大场景和精彩时间，有助于我们总结经验，积蓄力量，砥砺前行，也有助于我们读懂昨天，珍惜今天，创造明天。在书中记载的100件大事中，有《王震考察零陵（今永州市）》、《田纪云考察农业开发》两篇，其中分别记载了王震、田纪云考察回龙圩农场（今回龙圩管理区）的情况。这两位党和国家领导人对回龙圩的考察，在他们波澜壮阔的人的人生历程中可谓“小事”，但他们对回龙圩的重视和关心，已成为载入中共永州历史的大事，至今传为美谈。

王震考察回龙圩

1956年5月，中共中央、国务院决定成立农垦部，任命王震同志为农垦部首任部长。早在1941年，王震率领359旅自力更生，艰苦奋斗，把荒无人烟的南泥湾改造成“陕北的江南”，毛泽东亲笔题词称赞他“有创造精神”。

王震，这位农垦精神的缔造者，与回龙圩有较深的渊源。据《回龙圩农场场志·大事记》记载：1960年3月，“奉中央农垦部王震部长的指示，农场组织30人，由高义传带队到广东湛江海鸥、勇士等农场学习种植三叶橡胶和香米作物，从广东湛江引种三叶橡胶和香料作物香茅、枫茅、香根、丁香罗勒等品种进行试种。”随后，回龙圩农场在李家塘、农科所等地种植香根2000亩、薄荷200亩、留兰香100亩、香茅200亩、枫茅10亩、丁香罗勒20亩。1961年7月，农场派高义传参加轻工部在福州召开的全国种植香料作物经验交流会，农场受到大会表彰。1963—1964年，农场又从江苏等地引进薄荷、留兰香种植300亩，于1964年在朱家观兴建香料加工厂，当年购置土加工设备加工香料油，提炼出香茅、薄荷、留兰香等香料油3.64吨，对当时增加农场收入起到了一定的作用。香根因无加工提炼设备未炼出油来；香茅由于不能越冬，枫茅虽能越冬但出油率太低，经济效益不好而停产。1966年，留兰香、薄荷因销售价降低，经济效益差，改种茶叶和柑橘。据回龙圩农场原场长罗君回忆，当时国家为打破国际反华势力在战略物资橡胶上对华的封锁禁运，农垦部部长王震到湖南考察，提出将橡胶种植带北移，在湖南种植橡胶的设想。罗君手持王震亲笔手书便笺，率领包括回龙圩农场在内的全省18家国营农场代表赴雷州半岛和海南军垦农场考察橡胶和其他热带作物种植。罗君与本农场工人一道从当地调运橡胶和其他热带作物种植种苗，在由他担任所长的农科所种植。遗憾的是，胶苗熬不过严冬，全被冻死了。

回龙圩农场当年按照王震的指示种植、加工香料油和种植橡胶虽未取得完全成功，但这种敢于探索、勇于创新的精神给了回龙圩人很大的启迪。

1966 年 7 月 7 日，王震在湖南省委第二书记王延春、零陵地委书记宁生的陪同下，亲临回龙圩农场考察。王震抵达时，回龙圩农场场部大礼堂里座无虚席，农场党委书记正在作报告。当看到清瘦挺拔、手拄拐杖、身着没有帽徽和领章的旧军装的王震步入大礼堂，党委书记和其他领导忙将王震请上主席台。上台后，王震并未落座，而是以标准的军人姿势笔挺地站在那里。党委书记首先向大家介绍："同志们，这位是农垦部部长王震将军。"大家没想到王震将军竟然从首都北京来到了这个偏远的山区农场，感到万分惊讶、高兴。略为迟疑后，会场爆发出雷鸣般的掌声。王震笑容可掬地挥手向大家致意，并亲切问好。但转过脸后，王震的笑容立刻消失了，他严肃地问党委书记："你们这是在干什么？"党委书记小心翼翼地回答："我们正在召开农场党、团积极分子大会，开展批判'三家村'。"王震听，脸色更加严峻、凝重。他当着大家的面毫不留情地批评党委书记说："你身为农场领导干部，知道现在是什么时候了吗？搞好农业生产，这才是当前的主要工作。你却把大家拖在这里学习，讨论与主要工作毫无关联的事情上。你能对今年的农垦工作负责吗？你对今年的收成负责吗？我看你自己就应该好好批判。"接着，他郑重宣布散会。他走下主席台，向两边的人们说："同志们，大家好！你们都是党、团积极分子，请你们马上回去，组织大家搞好卫生，夺取今年的好收成。谢谢大家，谢谢大家！"

走出礼堂大门，王震和其他领导当即上车，朝兴隆分场驰去。愣在一旁的农场党委书记、场长这才回过神来，一边通知秘书立即准备汇报材料，一边通知车队备车。事不凑巧，车队的车全部出去了，无车可备，遂从联合工厂调来东方红拖拉机，摇摇晃晃地开往兴隆分场。就这样，前面小车疾驰而去，后面拖拉机紧追不舍。拖拉机开到兴隆分场，书记、场长忙从车上跳下来。只见王震正和几个老农蹲在大田边，笑眯眯地指着大田说笑着，聊得非常融洽。一位年轻的农技员正往大田里撒石灰，王震叫过农技员，耐心细致地询问农技工作的有关情况。当问到撒石灰的比例时，他严肃地说："小同志，这种比例可不行啊！撒石灰是为了中和大田的酸性，按你定的比例，大田不就变成三合土了吗？你们虽然是专业学校出来的，还是应该根据当地的酸碱度、土质、水质等各方面的实际情况实施。你们要以农为主，兼学别样。不要死抱书本，死背理论。农民才是你们真正的老师，尤其要向当地的老农多多请教啊!”农技员望着王震和几个老农，不好意思地连连点头。这时，书记、场长走上前去，书记手捧材料向王震汇报工作。王震仔细地听取汇报后，又对一些问题反复地询问和了解，然后就农场的工作作了具体的指示。最后，他语重心长地说：“农场工作，在任何情况下都要以生产为核心，以农田为核心。你们要发扬自力更生、艰苦创业的精神，认真做好各项工作，为国家再立新功。

王震在创建农垦事业中，曾将农垦精神提炼为“艰苦奋斗，勇于开拓”。回龙圩农垦精神与王震同志提倡的农是精神一脉相承，并伴随时代的发展不断赋予新的内涵。回龙圩管理区经广泛征求意见、各方代表提议、区党委审议，将回龙圩农垦精神概括为16个字：“艰苦创业、奋发图强、开拓创新、乐于奉献”。这种精神永远不会过时，它曾经引领一代又一代农垦人艰辛拓荒、铸造辉煌，也必将引领回龙圩人在新的历史条件下创造出更大的辉煌。

田纪云考察回龙圩

1988年12月，中共中央政治局委员、国务院副总理田纪云在农业部副部长刘江、湖南省常务副省长陈邦柱的陪同下，到湘南进行为期一周的调研考察。他不顾辛劳到回龙圩农场马鞍山踏荒后，作出了重要的指示，为回龙圩的农业开发指明了方向，注入了活力。

1988年12月17日凌晨4时15分，田纪云在刘江、陈邦柱等陪同下，乘坐115次列车（西安至柳州）来到冷水滩。时任零陵地委书记唐盛世等将田纪云一行迎下了火车。

1988年初，国务院、湖南省人民政府将湘南（包括郴州、零陵、衡阳）列为改革开放过渡试验区和农业重点开发区。零陵地区在农业开发方面作了一些有益的尝试，取得了一定的成效。1988年9月26日至30日召开的党的十三届三中全会，提出了“着重研究深化农村改革，大力发展农业，特别是力争夺取今后两年农业丰收的问题”。田纪云此番来零陵主要是考察湘南的农业开发问题。虽经一夜旅途劳顿，但田纪云精力仍很充沛，在冷水滩市委招待所稍事休息后，吃完早餐就执意启程考察。

当天上午，田纪云一行考察了零陵地区柑橘示范场。下午2时30分出发，驱车160多公里于傍晚6时到达江永县，当晚下榻江永旅社。18日上午8时，由江永县委书记曾昭薰、县长谭政等引路，零陵地委书记唐盛世陪同田纪云一行考察了桃川洞的圣人山、茅草地、香柚基地和粗石江镇槐木村柑橘园。临近中午，田纪云一行返回江永县城吃中饭，下午2点30分又奔赴新的目的地——回龙圩农场。当时，回龙圩农场的党委书记何祥麟和场长罗君不在家，田纪云一行在副场长肖鑫海的陪同下，未进农场办公室就直奔马鞍山。马鞍山地处湘桂边陲，海拔422米，独立于广袤的原野之上，因其山形酷似马鞍而得名。传说古时为防止匪患骚扰，曾在此屯兵立寨，并在山腰洞口左侧用方形巨石砌成宽1. 5米、长20余米的寨场，还有坚固石门和哨卡。北面山脚的饮马槽和练兵台至今遗迹尚存。1958年回龙圩农场建场后，拓荒者在此开发，先后建立过牛场、马场、林场等。

在杂草丛生的马鞍山上，田纪云兴致勃勃地踏荒了很长一段路。他站在马鞍山最高点，看到回龙圩茶场及黄家岭、松柏等一大片平地，一眼望不到边，便高兴地说："南方还有这么大一片可开垦荒地而没有开发，实属少见。"根据在马鞍山观察和了解到的情况，他指示："农场开发，势在必行。这里是块处女地，土壤较好，温光条件也好，就是水利条件差一点，只要解决水的问题，开发很有潜力。你们一定要充分发挥自身优势，加大开发力度，加快开发步伐，将回龙圩打造成湘南的一颗明珠。"

遵照田纪云的指示，农场党委迅速响应，决定开发马鞍山为"以劳养武"基地，同时组建分场级机构，命名为马鞍山园艺场（1990年5月1日正式创立）。

田纪云回到北京不久，湖南省人民政府确定回龙圩农场为全省农业开发试点区之一，并拨款投资50万元。1989年，回龙圩农场正式列入湘南农业综合开发区，投资930万元，对全场范围的宜农宜林荒山荒地进行综合开发，对山、水、田、林、路、宅综合治理。

回龙圩管理区系由原回龙圩农场于2001年改制而成的。如今回龙圩管理区所取得的成就，是与当年田纪云的重视分不开的。

（作者供职单位：回龙圩管理区）

又到腊肉飘香时

卢兆盛

前几天，打电话回老家，母亲告诉我，家里已经开始熏腊鸡腊鸭腊鱼了。

我知道，父母又得好一阵忙碌了。在我们老家回龙圩一带，冬至过后到腊月，正是熏制腊味的时节。这段时光，肉香飘满每一个日子、每一条村巷、每一户农家……熏鸡鸭鱼算是前奏，压轴戏还在后头——那便是熏猪肉。一过腊月二十，家家户户便开始杀年猪，熏腊肉。一头年猪，除留下小部分过年备用外，大部分最后都熏成了腊肉。

熏腊肉的过程看似简单，但做起来却很有讲究。先要准备一口大缸，把猪肉剁砍成条块后放入缸内，按一定比例撒入粗盐，隔两天翻动一次。大山深入的老家，柴草丰茂，乡亲们都用柴火做饭，这也就为熏烘腊肉提供了方便。腌渍后的猪肉一头穿孔扎上竹篾或棕叶，然后，一条条挂到火塘上方的屋梁上。烟火熏烘个把月，肉就腊好了。老家的腊肉正因为熏烘时间长，所以尽管未加任何调料，但洗去烟灰，便色泽鲜艳，黄里透红，看起来让人流涎，吃起来满嘴溢香，令人看了还想看，吃了还想吃。腊肉挂在火塘上，即保鲜又保质，比冰箱还管用，随吃随取，方便极了。如果不想长时间挂在火塘上，那就取下来洗净晾干，切成段，再浸入茶油缸里，也不失为一种理想的保存方式。省吃俭用的人家，头年的腊肉居然可以吃到次年熏烘腊肉的时节呢。

说来不好意思，成家后，每年吃的腊肉还一直都是靠父母“特供”。想自己熏制，但没有条件。那年，一位朋友送我一块腊肉，看起来色泽不错，但吃起来味道却差远了，根本没法与老家的腊肉比。后来才知道，他这些腊肉是放在一个废油桶内，仅用三五天时间突击熏烘出来的。去年冬天，纯美进城小住，看到小区里一些住房也是用这种办法熏制腊味，她头摇个不停：“这也叫熏腊肉？要吃腊肉，到们下乡下去啊。”

想到父母年逾古稀，养猪很不容易。有几年腊月，我提出从城里买猪肉回去熏烘，却都被母亲制止。母亲说：“城里卖的猪肉都是饲料养的，哪有我们家时喂潲的土猪好吃？”话语里满是自豪与坚定，当然也饱含着浓浓的母爱！

我不敢保证城里卖的腊猪肉百分之百来自于喂饲料的猪，但多年来，我却一直固守着这样一种习惯，那就是外出应酬，只要我做东或点菜，我就不会点机械化车间或手工作坊生产的所谓腊肉，只有来自乡间的正宗的腊肉才会写进我的点菜单。

腊肉飘香，飘香腊肉，香满我回乡下老家的那条村路，香满我每一个思乡的梦……

冬夜捕鼠

卢兆盛

寒冬时节，碰上休假，于是回老家小住个把礼拜。这短短的六七天时间，让我重温了少年时代的一个梦，又过了一把捕杀田鼠的瘾，好不快活！

刚回家那天，和母亲聊起田地里的收成，母亲说好是好，就是田鼠太多了，糟蹋了不少庄稼，可惜得很。听得出，母亲很怀念以前有人捕鼠的时光。那些捕鼠的人，不是忙碌的大人，而正是我们这些懵懂贪玩的少年，这些年来，村里的孩子们都忙着用功念书，捕鼠这一活计恐怕将是后继乏人了。捕鼠去——一个念头遽然而起，不管三七二十一，俺也来他个“老夫聊发少年狂”吧！

说干就干。中饭后，我立马到自家屋后竹园砍了几根楠竹，打齐锯子、钻子等工具，马不停蹄地干了起来。一切都是轻车熟路，30 多年前的“课外作业”现在做起来还是那样得心应手。“白班”，“夜班”连着干，到第二天下午，80 件捕鼠器——“鼠筒”大功告成。

这种被称作“鼠筒”的捕鼠器，是老家一带祖传的“专利产品”，一年四季只有冬天才会派上用场，至于何人发明、从哪个年代开始使用已无从考证。从外观看，不用时似一把二胡，用时又像一张弓。结构其实很简单：一截约十公分长的竹筒，一头插入一根长约一米的厚竹片，竹片末梢与竹筒另一头之间系一条光滑而柔韧的细篾片，篾片下端扎一个结，用棕叶绑住后穿过竹筒扎紧，筒内的棕叶就算是机关。只要把竹片压弯成弧形，篾片便沿筒口内壁卷成一个圈套，将煨熟的红薯粘在内棕叶上，老鼠一旦咬断棕叶，便被紧紧套住。别看它简陋粗糙，捕鼠却是十拿九稳，比挖掘鼠洞、水灌烟熏要省事、稳当、环保得多。

一到冬天，下午放学回来，我们所做的第一件事几乎就是捕田鼠。装置好鼠筒后，漫长冬夜的等待便充满了期望，连梦都变得格外香甜。次日早晨收获的喜悦，也就写在了那一张张被寒风吹得红扑扑的小脸上。在那一年难尝几次荤的年代，味道鲜美的腊田鼠肉成了农家改善生活或招待客人的不可多得的奢侈品，通常在取回鼠筒的第一时间，我们就开始处理田鼠这些“战利品”。把鼠皮剥掉，剁去头尾、脚趾，除去内脏，

剩下的成品用篾片串起来，烘挂在火塘上，十天半月后，酱红的腊田鼠肉便供制而成。剁成块的腊田鼠肉，拌上剁红辣椒和大蒜一炒，真是色香味供全，令人垂涎欲滴。

冬天，山里的黄昏来得特别早，还不到 5 点，天便黑了下来，那一把把“二胡”，被我一压一系，瞬间变成了一张张“弓”，筒内棕叶全部粘上煨熟红薯后，装置前的准备工作也就圆满完成。这时节，田里晚稻早已收割，地上作物也早已归仓。田鼠们到了秋天便开始疯狂抢劫偷盗粮食，运回它们的“地下仓库”，以备度过漫漫寒冬。但因生性极贪，加之食物有限，即便寒风冷雨的冬夜，也依然会出洞见食。我拔开田埂茂密而半枯的茅草，察辨鼠路。但见巴掌宽的鼠路斗折蛇行，纵横交错，往往数步之内便有一个鼠洞。我细心寻觅着，每在鼠洞口插上一个鼠筒，就在近旁扎一个草疙瘩，权当做个记号，以图取时快捷方便。

久违的捕鼠行动使我兴奋得失限，而早晨的收获，更令我惊喜不已。80 个鼠筒就捕获了 56 只田鼠！接下来的几天，我每晚换一个地方，收获照样蔚然可观。仅仅几天功夫，就有 230 多只田鼠命丧鼠筒。

母亲的欣慰溢于言表：“大家都动手的话，田鼠就会少多了，年成也会更好

了。”离家那天，母亲送我到村口，叮嘱我：“过段日子回来吃腊田鼠肉啊。”我满口答应，并请母亲帮我保管好那些鼠筒。

杀年猪，吃灌肠

卢兆盛

昨天，母亲打电话来，告知家里过几天杀年猪，要我们全家回去吃灌肠。我当然满口答应，想着那热气腾腾、香味扑鼻的灌肠，口水就差点流了出来。

杀年猪必制作灌肠，这是湘南都庞岭下的老家一带不知流传了多少年代的一个习俗。家家户户只要杀年猪，就都少不了这个环节。制作灌肠是一件复杂而又费时的事情，吃灌肠则更是一年一遇难得的奢侈享受了。

杀年猪吃灌肠，其实也是邀请亲戚们前来做客的一次聚会。在乡村，亲戚间平时各忙各的，走动不是太多，除了红白喜事，一年到头恐怕也就是这个日子聚得比较齐整。定下杀年猪的日子后，就要提前几天通知每户亲戚，大家尽量把日子错开，免得相互“撞车”。一般每家都会来一两个代表，通常以男宾为主，毕竟还要出力的。

猪宰杀褪毛开膛后，主要的工作就是制作灌肠了。大肠清洗干净翻转过来，接着就开始灌注原料。原料的准备、制作尤其重要，灌肠水平的高低基本上取决于这道程序。将杀猪前蒸好的一大锅糯米饭倒入加了盐水的猪血中，并加入适量的水豆腐、切碎的大蒜及生姜，搅拌好了，原料的制作任务才算完成。灌好后的大肠，用棕叶分段扎紧（每段大约根筷子长），放入已经熬着的猪头萝卜汤中加盖熬煮。锅是可容两三担水的大铁锅，灶是柴火灶，劈柴烧得旺火噼啪响，锅内的肉汤噗噗地不停翻滚。灌肠半熟后，就要定时翻动，并用竹签扎一些小孔，以便吸入适量的汤汁，使灌肠的味道更加美妙可口。整个熬煮过程约需个多钟头。宴席的主打菜就是大盆盛装的猪头萝卜和切成片的灌肠了，客人走时每家还要带上一截灌肠，让家里没来做客的尝尝新。一头猪的灌肠毕竟有限，要想一次吃个够那是做不到的，所以嘴馋的孩子们也就年年盼着杀年猪吃灌肠。

时下，老家乡亲们的生活的确一年比一年好，很多习俗也已不声不响地消失了，但吃灌肠这古老的年俗却像祭灶、贴春联、拜年一样，依然保持着旺盛的生命力，年复一年顽强地传承下去。每年杀年猪，母亲都要把我们在外地的儿孙们一一召回，而且尽量把那个日子往后靠，就是考虑让上学的孙辈们都能利用寒假一块回来吃灌肠。

过年，美味佳肴委实太多，但最令我动心的还是那诱人的灌肠……

走近高尚湖

杨华深

很久没有去高尚湖了。应朋友之邀，忙里偷闲，随车前往。今日的高尚湖是青春少女般的阿娜，是黄脸婆似的丑陋，还是黄土高坡样的沧桑？

车沿着蜿蜒狭窄的山路蛇行。窗外的绿，窗外的红，窗外的山风，窗外的鸟语，顿时改变了我疑虑的心，瞬间惬意一身，怡然自得。

上得山来，来到高尚湖入口处，入口处一扇大门把守着。大门看上去有点老，也有点陈旧，但我还是很欣赏它的坚守。欣赏它的固执。门上写着“天宫鱼池”四个大字，“青山绿水自然生态独秀湖中美景”“千年古树高空飞舞喜迎八方来客”的工整对联，让人遐想无边。走进大门，车往右前数米，豁然开朗，一个布袋形状的高尚湖羞涩地躺在我们面前。如果不是有一个清醒的头脑，也许会怀疑是不是进入陶渊明笔下的桃花源。

车在望峰楼停下。眼前的山、眼前的水、眼前的雾把我们迷住。这时我才真正感受到，真正意义上的高尚湖已不再是一泓碧波，而是一幅林海与碧水交融的画景，是牛郎与织女组合的天仙配。高尚湖群山环抱，犹如害羞少女依偎在英俊小伙的怀中，羡煞游人。这里处处飘散着泥土的芳香、绿叶的幽香、群花的清香。身临期境，心旷神怡，宠辱皆忘。

微风吹过湖面，晃起一层层鳞光的涟漪。不时有几只水鸭在打情骂俏，几只秧鸡在戏要追玩。也许我们不经意惊动了它们，它们箭一般朝湖的那一边冲去，后面划出一道道银波，直到许久许久湖面才慢慢平静如初。

山林中，云雾掠过，摆出一个个婆娑的舞姿，不时有几只山鸟穿梭躲藏。昔日的回峰岭遭受过创痛，经历过苦，冰灾留下的痕迹还随处可见。一棵颗参天古树依然昂首挺胸，在新时代的簇拥下，威风不减，“病树前头万木春”在这里得到诠释。

沿阶而下，一块刻着“高尚湖”三个大字的石碑进入我们的眼帘。疾步靠近，方知是一块记载高尚湖修建的记实碑。“高尚湖”三个大字是时任农场党委书记何祥麟的手迹。碑的另一面是《高尚湖记》，刻记着高尚湖诞生的原始“家谱”。从《高尚湖记》中我们隐约又看到“愚公移山”的精神。

高尚湖修建历时三年（1988. 5—1991. 3），不仅为后人建造了一个人间仙境，而且二十多年来还一直喷灌着八仙洞 8000 余亩果园，堪称天设地造之作。我不是经济学家，当时总投资高尚湖的 297 万元在今天是一个什样的数字，我只知道那时的大米是 1. 38 元/斤。

漫步在长 94 米，高 30 米的大坝上，我自感渺小。一坝横切南北，高峡出平湖。涓涓细流，潺潺流水，汇聚于高尚湖中，形成了集水面积2.14平方公里、总库容量8.32万立方米，具有天地之灵气的高尚湖。徜徉在古树参天、藤蔓盘错的林荫小道，感受那天然氧吧。低头寻觅，星星点点多彩的山菇秀出斑斓的世界世界；抬头侧听，叽叽喳喳悦耳的鸟声奏出和谐的旋律。

高尚湖，山水一体，人景相容，天地相连，好一幅美丽动人的画卷……

在回龙圩的儿时记忆

宋金林

人人都称道故乡美，那一方的山山水水、那不一般的风土人情，给人留下了难以忘怀的回忆和终身的眷念。那片土地是曾经哺育我们长大成人的地方，是我们曾生活和战斗过的地方，是我们历经百般锤炼，使思想得升华之地。岁月不能磨灭人们对故乡的眷恋之情，多少年后，在岁月长河中，在心灵深处，总是念念不忘那片土地。

风景这边独好

在湖湘大地上，有一片神奇的土地倚立在湘桂边陲。那里的山水葱郁碧绿，那里的人们实诚淳朴。回峰岭逶迤的山脉，像一条飞舞的青龙，纵情地伸延到八桂大地；回龙河潺潺的流水，像一条欢歌的玉龙，欢笑地奔往浩瀚的洞庭湖。两条巨龙紧紧盘缠的那块广沃原野，就是回龙圩，那里是曾经哺育我成长的地方，是令我终身难以忘怀的故乡。

回首50年前，回龙圩还是一方未开垦的处女地，就像藏在深闺的仙女。回峰群岭环绕大地，森林密布、绿草茵茵，松涛阵阵古柏参天；回龙河畔杨柳依依碧波荡漾，潺潺流水奔涌欢畅。上世纪60年代初，我们兄妹5人随父母从千年古城长沙乘车驶过潇水渡口，翻越双牌大山，走进了江永这片神奇的土地。那时的江永县城还很小，回龙圩农场在通往桃川方向的三元宫村路旁，设了一个不大的接待处。全家在此处整整等了三天后，方等来两辆马车。马车载着我们离开江永县城，行驶在坎坷曲折、尘士飞扬的山道上，从农场门户大地铺村进入回龙圩农场，驶过古老的八字桥，来到了回龙圩场部。每天清晨，我背着书包走进场部后的回龙小学，坐在课堂里听着老师的谆谆教诲。夜幕下灯光初上，我与一般大小的童男童女们，在场部四周的房舍中穿梭不止，做着躲猫猫，老鼠逃的游戏，真不知什么是忧，什么是愁。每当春暖花开时季，我都会在场部中央的果园里，观赏着桃花、李花、橘花众多的花儿盛开。那桃红李白橘黄等七彩斑斓、争相斗艳之美景，无时不深深印在脑海中；夏日背涩的果实挂满枝头，田野葱绿的禾苗迪风飘摇。秋高气爽的沃上上，成熟的稻谷翻着金色的波浪；初冬的原野，片片枫叶点嵌在杉海松林中，像浓妆淡抹之少女，由浅黄入深红，煞是清雅香醇、烂漫秀丽。这回龙圩的四季，可真谓花美、稻香、果甜、叶碧，一派生机盎然的美好景像。

少儿时期的我，清楚地记得，整个场部都是栋栋平房，显得高大的只有那座礼堂。在通往晨光、李家塘方向的一座古老拱桥下，从新风村、彭家方向流来的清澈的河水潺潺而下。春天，杨柳在河岸上裹着微风摇曳多姿。我在树丛中，扬着长长的竹杆，沉思不语地静静钓鱼；炎热的夏日，我脱得一丝不挂地从桥旁一棵大树上飞跃而下，跳进深深的河水中。场部医院后面，从回峰岭流下股清泉，延绵不断、曲曲折折地流过场部、八字桥，向江永县城奔去，汇入潇水奔往湘江，这就是故乡的母亲河——回龙河。那清澈的河水，被盐下大坝拦腰斩断，聚成浩缈无际、烟雾迷漫的宽阔湖面。一湖碧波在太阳映照下，显得那般妩媚妖娆。骄阳似火的盛夏，在碧波荡漾宽阔的湖面，总能看见一个小小的身躯，正展开双臂，划开平静的水波，遨游在清澈如晶玉般的湖水中；有时又静静地躺在湖面上，任凭清风吹拂脸面，张大着双眼，注视着蓝天白云和河岸青翠的树木。金秋时季，遥望回峰岭，天空蔚蓝，白云朵朵；山峦巍峨，气势磅礴；起伏的山脉，仿如一群脱缰骏马，在苍穹中奔驰腾跃。天边的霞光映照在群峰之上，给这钟灵毓秀、奇峻险峙的峰峦抹上如丹泼墨。而在春夏之交，淋淋沥沥的雨水，升腾起迷茫的雾气，如一条条银色的彩带，缭绕在回峰岭上，像七仙女下凡，手挥轻纱飘带，吟唱着动人的歌谣，舞动着婀娜多姿的身躯，给天地增添了无比璀璨的景致。正可谓：山川如此多娇，还看都庞回峰；河流如此清碧，只羡回龙圩！

刻留在心底的画卷

从 1962 年起至 1975 年，连续动员了省城、县城的数批初、高中毕业生和部份社会青年，组成了浩浩荡荡的知青大军，掀起了声势浩大的向荒山要粮、要财富的垦荒造田运动。经十几年的顽强拼搏，回龙圩大地发生了翻天覆地的变化，从一个荒草丛生、荆棘遍野的蛮荒凄凉之地，改变成稻粟丰灿、花果飘香的幸福之乡。在艰苦的劳动生产和困苦的生活中，知青们将青春和热血奉献给了这神圣的土地，在岁月的历炼中苗壮成长，涌现出许许多多共和国的栋梁之材。一大批华夏优秀的儿女，谱写了撼天动地的青春战歌，刻画出战天斗地、青史存名的豪迈画卷。“文革”前期，社会主义教育运动在这片大地上蓬勃开展，知青们组成宣传队，将自己的才艺智慧，融进了历史的进程，奉献了一幕幕、一曲曲歌颂祖国、赞美党和人民的优秀作品。当夜幕降临，场部大礼堂经常有知青们表演的节目上演，那一首首高亢的歌曲、一台台优美的舞蹈，那些由知青们心血聚就的艺术成果，在人们的心里留下了难忘的回忆。特别是知青们表演的《红军不怕远征难》和《洗衣歌》这几幕歌舞，至今还深深地刻留在我的脑海里，使我难以忘怀。现在的我，还会在有事没事之时，不由自主地学着当年舞台上知青们挺着胸、弓着腿、奋发前进的造型；或手拿衣裳，一边唱《洗衣歌》一边做着搓洗衣服的动作。每每这时，自已都会止不住发出朗朗笑声。

林中踏歌去

农场场部过去三四里之外，有一片茂密的树林。树林里古木参天、繁枝翠叶，几人合抱的大树比比皆是。这里的林木，能经历大跃进年代的大炼钢铁运动，完好无损地保留下来，真是一大奇迹和回龙圩的一大盛事。彭家村就坐落在这森林边的山岗上。不知多少回，我们一帮少年总喜欢结伴前往，一来窥探森林的奥秘，二来采摘林中的果实。

深秋的一个下午，天高气爽，蔚蓝的天空阳光灿灿，朵朵白云在万里晴空悠闲飘游。一群少男、少女们，身背背篓，腰别利剪，手握柴刀，兴奋地哼着歌谣，朝彭家村后的山林走去。道路两旁开着无名的花朵，枫树叶片浅黄渐带橘红。我们嗅着花木的芬香，迎着和蔼的清风，带着愉快的心情，踏入了山林。谁知走进山林之中，山风呼啸着掠过枝干树叶，传来阵陈阴沉的啸声。树林深处遮天敞日，幽静黑暗，荆棘丛从，荒草遍野；白雾轻蒙，若隐若现。我们一行人壮着胆，提着心，在树林里慢慢移行。树梢上几束光线射进密林，平添了几分神秘。不远的草丛中，不知有何物穿行，惊动了一群小鸟，鸟群发出惊恐的叫声，抖动着翅膀，拍拍地向林中深处飞去。此时的小伙伴，看着这阴森森的情景，听着这令人恐惧的叫声，大都不敢出，一个个额头渗出豆大的汗珠，根本不记得进入森林的探秘之举，急忙掉转身，飞也似地朝林外跑去。

森林之外，另一番天地。阳光高悬天际，和风吹拂大地，我们抹掉额头上的汗水，相互对视，禁不住大笑不已。又都不服气地相互指着对方埋怨：“都怪你，胆子就那么一丁点大，听到一点响动，跑得比狗还快，害得我们不知出了什么事，只好跟着赶快跑出来。”“算了，你们也别指责我了，都是半斤对八两，一个样，别逞什么能，有种现在再到林中走一走，别到时胆儿都被吓破、叫爹呼娘就蛮不错了。”看来想探索林中奥秘的愿望，没有人再敢提起了。吵闹嘻笑中，只得在树林边，采摘野生板粟、毛栗等野果。这些野果青涩的外壳上布满尖细的硬刺，采摘时一不留心，就能让你手指溅血，疼痛难忍。只有一手戴着厚厚的帆布手套，一手握着剪刀，一个个地慢慢采摘。夕阳西斜，光线逐渐暗淡，大家忙收拾停当，急匆匆打道回府。一路欢歌笑语撒向苍茫的原野。

记忆深处的告白

记得“文革”那年月，父母被打成“走资派”关进“牛棚”，我们兄妹被贬到唐家生产队。那一天，寒风呼啸，白雾茫茫，小雨纷飞。我们兄妹 4 人（大哥正走在通往北京串联的路上）带着简单的行囊，在离场部四里多地的唐家安下身来，成了真正的下放一员。

唐家是一个不足 20 户的小山村。村前是大片田地，从田家水库流出的溪水，在田野间流过，流入下游的晨光水库之中。村后是一片莽莽的森林，林中古树挺拔，青郁苍翠。村内都是青砖青瓦的房舍，房项边是飞翘的瓦檐。村内的每条小巷道都用大块的长条青石板铺成。唐家以种植水稻为主，这里的村民朴实善良。近 30 人的劳动力中，有 3 位长沙下放的男女知青，每天清早就下田劳作，天将黑暗之时才收工回家。3 位知青都很内向，话语不多，每当收工回屋后，都忙碌地洗衣做饭。赵大哥独来独往，不喜欢串门游玩，饭后，总是独自坐在昏暗的煤油灯下，拉着心爱的二胡，曲调时而激情奔放，时而凄凉悲切，在小山村幽静的夜空里回荡。而邓大哥和冬梅大姐还在为不满 2 岁的小孩忙个不停，哪有闲心去体会曲调的喜或悲，那一个“愁”字，不知如何了得？春耕时节，作为生产队的主要劳力，赵大哥和邓大哥手扶犁耙，在田间辛勤劳作，而冬梅大姐却身背幼儿，艰难地扯秧插田。夏秋时季，两位大哥汗流浃背扮禾挑谷，冬梅大姐只有将小孩放在田埂上，自己在稻田中挥镰割稻，流下串串汗珠，那一幕幕曾久久地震荡在我的心里。在唐家不长的日子里，培养了我吃苦耐劳的能力，为我几年后下放农村，打下了良好基础。我曾在村后山林里砍柴，在晨光水库之尾的河岸地里种菜，挖过野生藠苗，寻过各类野菌；在回峰岭下摘过毛栗；在村后部队扯过花生的地里捞过剩花生。春秋繁忙季节，我有时跟在大人身后，也学着扯秧插禾或割稻谷、捡稻穗……春暖花开的季节，村后众多的小石山上，到处生长着嫩嫩的竹笋，我就同村内一帮小伙伴，背着背篓在竹林里扯竹笋。那年春夏之交，乌云密布，大雨瓢泼。田家水库水近坝顶，田家村民赶紧开闸放水，而下游晨光水库的水立马急涌而上，淹没了何家、唐家带大片已长势喜人的禾苗。唐家生产队长、团支书、出纳等十几个年青小伙，急急忙忙向晨光水库大坝赶去，我和二哥、三哥也随大家到了水库大坝。只见水库内浪涛翻滚，水势汹涌，差不多漫过库坝。众人急忙跃进水库中，将头埋进水里，摸索着拉开导水口的塞盖。我也跳进水里，却被已经拉开塞盖的导水口的下泄水流吸住，一只腿落在导水口里，一只腿在导水口外，上不去下也下不来。我哥与团支书等人奋力拼搏才将我救出来。奄奄一息的我躺在大坝上，在大家的抢救下，吐出了肚中之水，才缓过气来，这教训实在深刻，终身难忘。在唐家的时期虽短暂，但留下了许许多多一生难忘的印象。生活虽然艰苦，但那里的乡亲是多么地亲切可敬。知青们的生活、劳动情景也是一首难忘的记忆曲。这许多写不完的故事，给我的一生留下了凝重的一笔，真受益非浅，它永远激励我不断克服前行中的困难，为了美好的理想而不停地攀越。

继往开来，这里将是金光闪烁的大道

八字桥往场部方向不多远，有一个村庄叫朱家观，最开始回龙圩小学就设在村内民房里。不多久，农场在场部医院的后面建起了新的回龙小学。在记忆中，我小小书包里，只装了语文、数学教材、作业本和文具盒。班主任兼音乐老师是从省城来的曾云鹤阿姨（其丈夫后为省教委副主任）。当时我们一帮学生最喜欢上音乐课，曾老师那百灵鸟般动听的声音，至今还深深地留在脑海里。我们听着哆来咪发唆啦西，念着 a、o、e，算着 1+1=2 渐渐长大，在“文化革命”浪潮中完成了小学课程，走进了八字桥旁的场部农中。那时我从唐家到农中读书，每天清晨就得起床做饭，带着中餐饭盒，走晨光水库上的山道，步行八里多地到学校。放学后，摸黑回到唐家小村，点着煤油灯做饭炒菜，真是苦不堪言。在农中读书其实就是半农半读，一会儿停课闹革命，一会儿在生产队参加生产劳动。有时走进神仙峒的山里砍柴；有时又在学校附近的田间地里种庄稼，真正接受知识的熏陶是少之又少。还好，这艰难的时日不长久，回龙圩划归江永县管后，父母平反后安排在县城工作。我进了江永一中校园，告别了那如今还深深难忘的艰辛的回龙圩学生时代。1971、1972 年的寒暑假期间，我曾随学校两次回到回龙圩农场，参加回龙圩农场兴隆工区的夏收和广西麦岭部队的收花生的劳动。感受最深刻的就是在兴隆工区的夏收劳动，同班的 20 多个男同学就睡在公路旁居民楼上的 20 多副棺材旁边。月光照在漆黑的棺材上，反射出耀眼的光芒，吓得一帮十几岁的少男们挤成团，大气都不敢出，整夜无眠，睁大着双眼盼望早晨的霞光早早升起。天明后，大家急急跑下楼，大呼小叫地发泄心中的恐惧情绪。在田间劳作时，女同学们还不时嘲笑这帮少男们都是老鼠般的胆儿，不知以后能干成何等大事，成了一段大家难以忘却的大笑话。

回龙圩农场就是我一生的牵挂，虽然其中有看许多酸甜苦辣。重要的是笔者在这段时期内，接受了艰苦岁月的磨炼，给自己的人生旅途写下了浓浓的笔，留下了不可磨灭的痕迹，为此后的奋斗经历，打下了良好的基础。在回龙圩儿时的记忆里，有太多太多的故事值得好好回味，也应大大地书写下来，以留作自己永久的存念。现在提笔写下在回龙圩农场的那段年月，就是为了展望其崭新的美好明天。回龙圩的未来一定是风光旖旎、硕果飘香，充满无穷魅力的美好地方。

忘不了回龙圩的养育之恩，
写不完回龙圩的难忘往事，
画不出回龙圩的山川秀景，
颂不尽回龙圩的灿烂前程。
祝回龙圩的明天更美好！

（作者幼时曾随工作调动的父母居住回龙圩，后下放到江永县的公社，回城后定居永州。）

回龙圩好地方

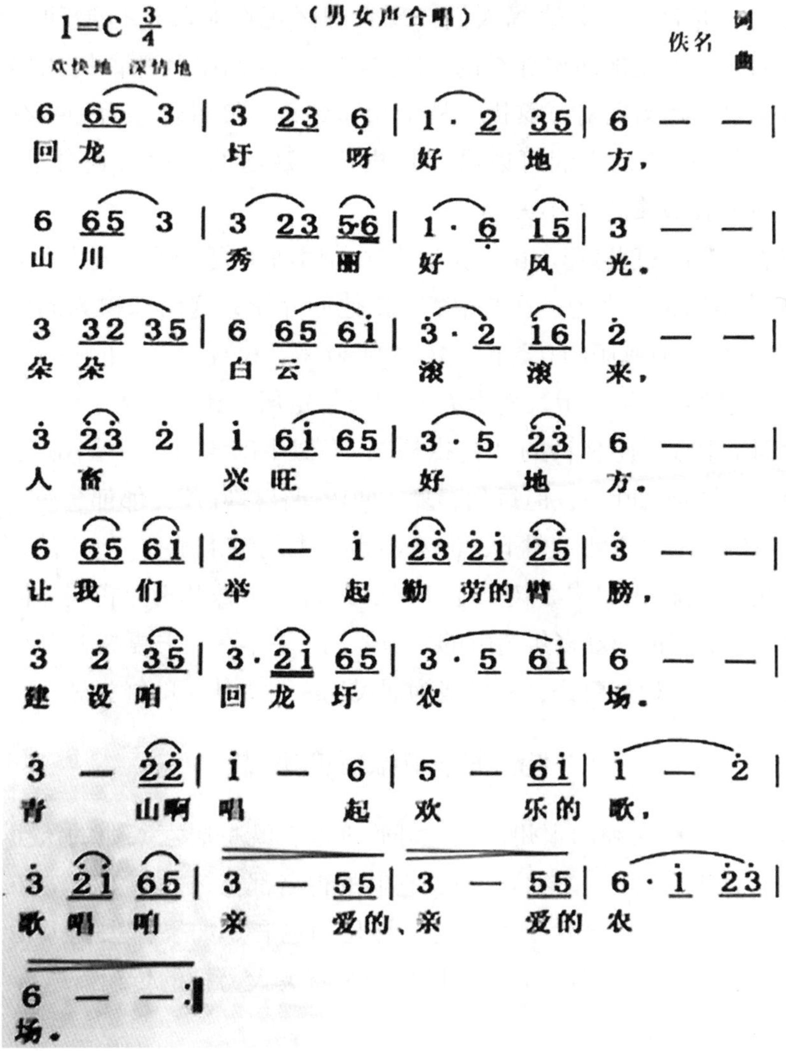

三、民间传说

回龙河上神奇“夫妻树”

容散龙

回龙河为回龙圩管理区的主河道，哺育了一代又一代回龙圩人。为了将回龙河建成回龙圩的风光带，更好造福人们，现管理区正在对其进行治理。在治理踏勘中，笔者在回龙河上发现两株神奇的“夫妻树”：河两岸两株古树犹如一对青年男女，因相互爱慕，逐渐向对方靠拢，枝干相互交叉，最后合二为一，在河面上形成一座独特的“树拱桥”。人们可以沿“树拱桥”从河的这边走到对岸。远远观看，他们就像一对如胶似漆的“小夫妻”

“夫妻树”位于管理区彭家山廉租房小区前面河岸边，区质量技术分局沿河而上约80米处，当地居民称之为“公婆树”。据他们介绍，这两株树为同一树种，俗称“凉木”树。两树树冠遮荫约0.5亩，树高约30米，树杆直径大的一株1.1米，小的一株0.9米，树龄400年以上。树上有喜鹊长年定居，还有老鹰、猫头鹰常来光顾。两树能在河面上形成一座独特的“树拱桥”，形似牛郎织女的“鹊桥”，桥跨度达8米，甚为罕见。虽是落叶树，但每到春夏，两树便枝繁叶茂，郁郁葱葱，历练几百年风雨，风刮不倒，水浸不死。树下，河水清澈，小鱼游来游往。岸边铺有小块石板，常有居民在此洗衣洗菜。“夫妻树”上下游，还存有多株几百年古树。同管理区神仙洞办事处光下村有名的300多年树龄的“母子树”一样，“夫妻树”乃回龙圩留存不多的独特景观之一，稍加整饬，并可成为居民纳凉聊天休闲的好去处。

仙人桥与断岭源的传说

山娇水娟、地利人和的永州市回龙圩管理区，既是居家兴业的沃土，又是寻幽探胜的乐园。这里有许多古老的村庄，它们的得名都与神仙有关，诸如“神仙洞”、“八仙洞”等，给回龙圩这片土地披上了神秘的色彩。如果你去仙人桥和断岭源走走、看看，善良好客的人们定会给你讲述一个有关大力神的传说。

相传很久很久以前，南海边有一座小渔村。

为了生计，一大早，村中壮小伙阿贵带着一群年青人准备出海打渔。“没事的，没事的。”告别时，阿贵望着美丽的妻子幽幽的眼神，将这句安慰的话说了无数遍。阿兰望着丈夫逐渐远去的背影，也在心里默默祈祷：“一定平安回来，一定平安回来。

阿贵和大伙来到海上，天公作美，风和日丽。阿贵想：“这次出海，定有个好收获。”他驾着渔船，带着大伙加快速度向南海深水驶去。到达打渔处，运气真好，几网下去，阿贵他们就收获了满满一仓鱼。返航时，大伙都亮起了嘹亮的歌喉，不知不觉，就到了南海边。谁知就在这时，狂风大作，船在海里打起圈圈来。阿贵奋力抗争，慢慢将船稳了下来，正准备再度返航时，突然一阵风起，接着“咣咣”几声大响，大伙的船重重地撞上了暗谯，顷刻间，阿贵们被海水卷向深处……

噩耗传来，阿兰悲痛欲绝，她对将丈夫出海的方向哭了三天三夜，最后变成了一座泪美人石像。

此后，在阿贵出事的地方，又接连发生几起事故，死人无数。消息传到玉帝那，玉帝大惊，马上派人调查。原来在出事的海域，海水下面隐藏着两座大山，一座扁扁的，一座尖尖的，稍不小心，就会触大山，发生事故。

体恤民情的玉帝得知情由，当即下令：“马上把山移走。”一个大力神领命后，便挑起两座大山日夜兼程，越过平原，爬过高山。一日，大力神挑着两座大山来到了湘桂边界一个叫回峰岭的地方。只见前面群山叠翠，数不尽的奇峰险岭好比一群如风驰骋的野马，奔腾在蓝天白云下的绿色世界中。在那白云弥漫处，郁郁葱葱的山峰恰似那蛟龙踏浪翻腾，或隐或现，神秘莫测、变幻无穷。正当大力神陶醉于这大自然见并神工的超凡之力时，山中远远传来山歌声：

一山树比山高
磨快弯刀砍柴烧
晨收鼎锅清水粥
几时想喝几时捞

又走了一段路，将近中午了，只见唱山歌的砍柴人远远走来。砍柴人见大力神挑着两座大山，甚是惊奇，便邀大力神到家做客。大力神此时确实也有点累了，便答应了。客人来了，砍柴人家没什么好东西招待，就把自家养的老母鸡宰了，把把自家熏的腊肉煮了。席间，几杯土酒“红薯烧”下肚，砍柴人便问起了大力神挑山的缘由。大力神把阿贵阿兰的故事讲了一启遍，砍柴人唏嘘不已，对大力神勇于为民办好事整起了大拇指。这时，砍柴人从菜碗中挟起鸡屁股就往大力神碗里放，口中说：“请一定吃了，请一定吃了。”大力神不解其故，有意推辞。砍柴人解释道：“我们这里，鸡屁股是给家中年龄最长的人吃的，是把你当贵客杀鸡待你，现在请你吃鸡屁股，更能表达我对你的敬意。”大力神听了，对砍柴人的纯朴和好客感动不已。

吃饱喝足，大力神告别砍柴人，挑起两山又上：路了，走过一段路，大力神见前面的一座山上，有十几个人在悄悄前进，有的背着鸟枪，有的拿着棍棒绳索，所有人都佩着砍柴刀，大伙身后，还跟着儿条小狗。突然，林子里传来一长三短的鸟叫声。这时，只见其中的一位老者，将手一挥，大伙分成三队，悄悄包抄上去。大力神定睛一看，再想，明白了他们是在一起围猎，一长三短的鸟叫声，是发现野猪的信号。那只野猪一点也不知道灾难就要降临，眼睛也不望周围，在林子中的空地上大模大祥地用长嘴拱着什么东西。好家伙，那只野猪差不多有小牛犊那么大呢。大力神时兴起，索性放下挑起的两山，站在旁边看起热闹。这时，包围圈已经形成，老者手又一挥，每人身上能敲响的东西都响起来。大家一阵阵呐喊，狗也跟着叫唤起来。那阵势，好似千军万马包围上来。野猪一下慌了神，感到无处可逃，瞪着它那泛着绿光的小眼睛，鼻孔一张一合出气，獠牙竖立起来，似乎在考虑往哪个方向突围，正在野猪迟疑这时，只见老者板机一扣，不偏不你，正中要害，只听轰然一响，野猪倒地。大伙齐上阵，用绳索套好后，把野猪抬回来了家。

按照当地习俗，打猎时，见者有份，只有开第枪者才能多分猎物的头和皮。大力神因当时在场，也分了一份。剩下的骨头，熬了汤，大家一起会了餐。大力神觉得这些老乡对自己太好了，有意多呆一会，当夜便在老乡家住下了。

第二天天还没怎么亮，大力神又挑起两座大山上路了。因昨晚只顾喝酒没有吃饭，走过一段路后，大力神觉得有点饿了。可巧的是，前面村庄有一农户的门开了，大力神便想进屋讨点水喝。进得屋来，没见什么人，大力神便四处找找，突然传来“哇哇”儿声啼哭，原来是女主人正在里屋生孩子呢。帮忙的人从里屋出来后，见到大力神，高兴地把大力神拉到刚出生的孩子面前，大呼小叫着：“干爹来了，干爹来了。”原来，按当地的风俗，谁家生孩子，第一个进他们家的人，男的就是小孩的干爹，女的就是干妈。大力神这下真是乐坏了：真好，不仅讨到了水喝，还当上了干爹。

大力神告别干儿子一家，继续上路，转眼快过去 20 多天了。一天。走过一座山时，大力神又被美丽的山景陶醉了。往上看，蓝天白云悠悠，翻腾不息，一会像万马奔腾在茫茫苍穹，一会又像洁白莲花绽放在万里长空。往下看，只见绿草如毡，绿树成荫，一派生机盎然。正在大力神欣赏这翻美景时，山中又传出美妙动听的山歌来：

瑶山高哎，路道道
瑶山的春天她来早

风在笑哎，花开了
谁家的铜锣荡呀么荡云霄
啊咿耶咿瑶山高哎
啊咿耶咿路道道哎
满山的月亮花它开了
啊咿耶咿瑶山高哎
啊咿耶咿路道道哎
阿哥你怎么还没有来到
瑶山高哎，路超超
瑶山的故事不会老
风在笑哎，云在跑
阿妹的情歌山呀么山醉了
啊响耶响耀山高
哎咿耶咿路迢迢哎
瑶家的小米酒它香了
啊咖耶响周山高
哎啊咿耶咿路迢迢哎
瑶家的日子它越来越美好

听着这美妙动听的歌声，大力神动了凡念："我要是能成为山歌妹子心中的阿哥就好了。"由于听得入神，他忘了赶路，一动不动地站在山下的一座石桥上。非但如此，他还忘了自己肩上还挑着两座山呢。这时，石桥由于负重过大而坍塌，两山被甩出老远，扁扁的山落在湖南，尖尖的山落在广西，扁担飞向半空，也向湖南方向落去，落下时，把一座山削成两半，变成刀削一般的两个小山岭。

大力神当初领命时，玉帝并未明说把两山移到何处，这时扁担断了，再也无法挑走了。想到在这里发生的一系列有趣的事，大力神觉得自已也挺喜欢这里的，干脆就把两山放这里了，然后回去复命。走到半路，大力神想到自己还当了回干爹，便去和干儿子一家告个别。进屋，正碰上吃满月酒，男女主人把大力神请到上席坐下，足是喝了一天。

此后，大力神站的石桥旁边的村庄，就叫仙人桥村，扁担甩到的地方，就叫断岭源村。"杀鸡待客吃屁股""打猎见者有份""当了干爹坐上席"等风俗流传至今。仙人桥上，还留下神仙大脚印。在仙人桥村不远的座无名小岭上，无数个"天坑"被绿树掩盖着，据说这也是神仙踩下的。留在湖南的山，老乡们把它叫"扇山"，留在广西的山，叫"尖山"，这两山遥遥相对，成为湘桂边界道亮丽的风景。

后　记

1990年3月，回龙圩农场党委决定修编《回龙圩农场志》，成立场志编纂委员会，场党委书记何祥麟任主任，农长场长肖鑫海、副场长肖建文任副主任，委员由农场主要领导人20人组成。主编由老场长罗君担任，副主任由欧学勤、卢代旺担任，还聘请原农场的老党委书记王鸣九久、和世明、杜殿魁、周兴忠、张武祥、周嗣海、徐景屏，副书记欧阳章标，副场长郭永厚当顾问，场志编纂委员会下设办公室，办公室主任由卢代旺担任，成员有谭世茂、吴光顺、朱石旺。

《回龙圩场志》的修志历程可分四个阶段。

第一阶段，1991年6月农场党委书记何祥麟主持召开修志工作会议，组织修志人员学习地方修志理论和修志文规，明确编修场志的指导思想、内容、体例、质量要求、行文规范、编写方法，组织修志人员先后到长沙、永州、冷水滩、江华、江永等市、县参观学习考察，参照兄弟农场志书，拟订《回龙圩农场场志》篇目，送农场新、老领导和上级主管部门审阅修正。编写资料提纲50余份，分发给有关单位，并采取“先内后外、先近后远、先急后缓”和“出门一把抓、回来再分家”的办法共走访50个单位，采访4000多人次，共收集资料1000余条30多万字，数据2万多个，为编写场志打下基础。

第二阶段，1992年6月，何祥麟书记调走，肖建文担任回龙圩农场党委书记。为确保前任书记的修场志成果，继续将回龙圩农场场志编纂工作完成，1992年7月成立回龙圩农场第二届场志编纂委员会，场党委书记肖建文任编纂委员会主任，欧学勤、邱元煦任副主任，主编还由老场长罗君担任，副主任由盘新花、何本荣担任，场志办公室主任由何本荣担任，成员有谭世茂、吴光顺、唐本善、谭朝樽、卢先文。

为加快修志速度，保证质量，场党委召开第四次修志工作会议，肖建文书记总结了前段工作情况，布置后段修志任务，党委下发《加快修志步伐，保证修志质量》的通知，要求各单位必须确定专人提供资料，为修志人员采访，撰写提供方便。

第三阶段，1994 年至 1995 年 6 月，根据有关人员和场志编纂需要，调整充实场志编委会，成立场志编缉部，开始总纂场志。编辑将分头撰写的初稿交总纂，总纂看后提出修改补充意见，退给编辑修改补充或重写，然后将二稿交给总纂再修改加工，最后交农场领导审阅，签字打印，同年 6 月送评稿全部打印完毕并分头送达评志单位及有关人员。同时做好稿评会的各项工作，7 月召开志稿评议会 .

第四阶段，1995 年 8 月至 1996 年 4 月，1995 年 8 月，根据志稿评议会提出的 266 条意见，场志编纂委员会制定场志修改方案，细致修改和完善场志初稿，经过修改，场志初稿于 1996 年 2 月修改完毕送场领导审阅，3 月呈报零陵地区修志办审查修正。

2016 年 8 月 23 日，管理区党委、管委研究，为切实加强领导，确保《回龙圩区志》编纂工作的顺利推进，成立以区党委副书记、管委会主任李社光为主任，区党委副书记成萍等 7 名管理区领导为副主任，区党政办主任刘炜等 35 名各科室负责人为成员的《永州市回龙圩管理区志》编纂委员会。编纂委员会下设办公室，办公室设在区党政办，刘炜兼任办公室主任，区志编纂委员会副主任刘香山任区志总纂。2016 年 8 月 23 日，中共永州市回龙圩管理区委员会办公室、永州市回龙圩管理区管理委员会办公室下发关于印发《〈永州市回龙圩管理区志〉编纂实施方案》的通知，根据管理区的实际，区党委决定从 2016 年开始，用三年的时间完成《永州市回龙圩管理区志》的编修工作，系统全面的记载回龙圩发展历史。

2016 年 8 月 25 日上午，回龙圩管理区召开全区《永州市回龙圩管理区志》编纂工作动员大会，主任李社光在动员大会上作动员讲话。他强调，编修回龙圩志是“资治”的需要，是“教化”的需要，是“存史”的需要，要加强组织领导，抓好责任落实，强化考核管理，全区各级各部门一定要切实增强使命感、责任感和紧迫感，各司其职、各负其责、通力合作，共同修好回龙圩的“精品良志”。会上市史志办副主任高波作培训讲话。

2016 年 10 月 3 日，回龙圩管理区退休副处级干部刘香山负责召集卢朝瑞、卢继宗、毛国芳 3 名退休人员，成立回龙圩区志办，撰写《永州市回龙圩管理区志》。《永州市回龙圩区管理区志》分 17 篇 80 章 266 节。编辑人员辛勤工作、虔诚敬业，按照“实事求是、详今略古”的修志原则，兢兢业业、全身投入。先后到江永县志办、金洞管理区取经学习，下办事处、乡村访问调查。采取开座谈会的形式搜集第一手资料，到区直各部、办、委、局搜集资料。经过 2 年笔耕，6 易其稿，于 2018 年秋天，编纂成初稿，2019 年 10 月《回龙圩管理区志》稿评议会召开，12 月，经《永州市志》副总纂高波全面修改，付梓印刷。

编者

2020 年 3 月

索 引

说明：本索引中篇章节名称按第一个字的汉语拼音字母顺序排列，第一个字相同则按第二个字的汉语拼音字母顺序排列，依此类推。如果完全相同，则按先财政、后国税、再地税的顺序排列。

E

F

G

H

J

K

S

T

W

X

Y